제2판

현대투자론

MODERN INVESTMENTS

우춘식 · 조재호 · 신용균

탑북스

제2판 머리말

정보혁명의 물결은 사회전반에 매우 큰 영향을 주고 있고, 증권시장도 그 예외는 아니다. 과거에 비해 투자자들이 투자정보를 취득하고 분석하는 방법이나 과정도 달라졌고, 투자대상이 되는 금융상품에 있어서도 혁신적인 신상품이 날마다 쏟아져 나오고 있다. 해외의 경제충격도 실시간으로 우리나라 증권시장에 영향을 미치고 있다. 제2판은 이렇게 급속히 변모하여 가는 금융현실을 충실하게 반영하고자 하였다.

먼저 제3장의 증권시장은 변경된 제도를 감안하여 전면 개편하였다. 제4장의 증권시장 지표에서는 주가지수를 중심으로 정리하였다. 날로 다양화되는 파생상품의 경우에도 주가지수의 중요성이 더욱 부각되고 있다. 이 책도 이러한 흐름에 맞추어 주가지수에 대하여 자세히 설명하였다. 제16장 파생금융상품과 제17장 파생금융상품의 가치평가도 내용을 보다 알기 쉽게 개편하였고, 변화된 우리나라의 파생금융상품시장도 새롭게 정리하여 소개하였다. 또한 각 장별로 많은 예제를 신설하여 독자들의 이해를 돕고자 하였다. 자료 역시 최신의 것으로 교체하였다.

교재를 집필하다보면 이러저러한 과욕이 앞서게 된다. 그럼에도 이 책이 투자론을 처음 접하는 독자들을 위한 것이라는 점에 유념하여 제2판에서도 기본개념을 보다 알기 쉽게 소개하는 데에 집중하였다. 개념을 정확히 이해했는지를 점검해보는 방법은 연습문제를 풀어보는 것이다. 이 책은 각 장별로 핵심이 되는 문제들을 엄선하여 개정 수록하였고, 자세한 해답을 제시하였다. 꼼꼼히 풀어본다면 큰 도움이 되리라 믿는다.

모쪼록 독자들이 이 책을 통하여 투자이론과 금융현실을 이해하는데 조금이라도 도움이 되기를 기원한다. 그렇지만 개정판을 내면서도 남아있을 부족한 부분에 대해서는 독자들의 질책이 염려된다. 다만 저자들이 더욱 노력하여 개선하겠다는 결의를 보여드릴 뿐이다.

유독 무더운 여름에 출판에 정성을 다하여주신 탑북스 관계자들에게 깊은 감사를 드린다.

2016년 8월

저자들 씀

머리말

증권시장은 기업에게는 자금조달의 기회를 제공하면서 투자자들에게는 여유자금을 운용할 수 있는 투자기회를 제공하는 역할을 담당하고 있다. 기업의 자금조달 측면에서 살펴보면 1997년 말의 외환위기는 기업의 재무구조에 대한 중요성이 새롭게 인식되는 계기가 되었다. 당시 과도하게 부채에 의존한 경영을 한 기업들이 구조조정을 통한 사업의 재편성을 강요받으면서 국민경제에 엄청난 영향을 미쳤기 때문이다. 그 후 많은 기업들은 직접금융을 통하여 재무구조를 개선시키는 노력을 기울인 결과 경영의 투명성과 재무구조의 건전화를 통한 안정적인 성장기반이 구축되었다. 한편 경제가 성장·발전하면서 투자가들은 증권시장을 통하여 자산을 증식할 수 있었다. 이와 같이 우리나라 증권시장은 기업과 투자자들을 연결시켜 주는 가교적인 역할을 효율적으로 수행하여 왔다고 평가할 수 있다.

한편 증권시장의 국제경쟁력을 높이기 위해서는 운영시스템의 개선과 투자자들의 관심을 유발시킬 수 있는 기반조성이 필요하다. 2005년 1월에 기존의 한국증권거래소, 한국선물거래소, 코스닥시장과 코스닥위원회를 통합한 한국증권선물거래소(현 한국거래소)가 새롭게 출범하였고 2009년 2월부터 "자본시장과 금융투자업에 관한 법률"이 시행되면서 운영시스템의 선진화가 추진되고 있다. 이를 계기로 다양한 금융상품이 개발되면서 증권시장의 저변이 계속해서 크게 확대될 것으로 기대된다.

이 책은 투자론을 처음 대하는 독자들을 위하여 집필되었다. 따라서 복잡한 수식은 가능한 줄이면서 투자론의 내용을 보다 쉽게 이해할 수 있도록 노력하였다. 이 책에서는 증권시장의 운영시스템을 소개하는데 많은 부분을 할애하였다. 증권시장의 운영시스템을 충분히 이해해야만 투자론을 체계적으로 공부할 수 있기 때문이다. 또한 투자론을 보다 쉽게 접할 수 있도록 필요한 기초적인 내용을 소개한 다음에 점차 수준 높은 투자이론을 소개하였고, 한 학기 동안에 소화할 수 있는 분량을 고려하여 총 17장으로 편성하였다. 구체적으로 5편으로 구성하여 제1편에서는 투자론의 기초내용을, 제2편과 제3편에서는 채권분석과 보통주분석을, 제4편에서는 균형시장이론을 그리고 마지막 편에서는 파생금융상품에 대하여 소개하였다.

이 책을 집필하면서 많은 분들의 도움을 받았다. 특히 박형중 박사와 류석종 박사께서 이 책의 구성과 내용에 대하여 많은 조언을 해주셨다. 이 분들께 깊은 감사를 드린다.

끝으로 이 책의 출판에 정성을 다하여 주신 탑북스의 김광식 사장님과 편집부 실무자들에게도 깊은 감사를 드린다.

2013년 1월
저자들 씀

차 례

제1편 투자론의 기초

제1장 투자론의 개요

제2장 투자성과의 측정과 추정

제3장 증권시장

제4장 주가지수

제5장 효율적 시장

제6장 형태 재무론

제2편 채권분석

제7장 시장이자율의 기간구조

제8장 채권의 가치평가

제3편 보통주 분석

제9장 보통주의 가치평가

제10장 회계이익의 분석

제11장 기술적 분석

제4편 균형시장이론

제12장 포트폴리오 분석

제13장 자본자산가격 결정모형

제14장 차익거래가격 결정모형

제15장 포트폴리오의 성과평가

제5편 파생금융상품이론

제16장 파생금융상품

제17장 파생금융상품의 가치평가

제 1 편

투자론의 기초

제1장 투자론의 개요

투자론은 증권시장은 물론 증권투자와 관련된 행위를 이론적으로 연구하는 학문으로서 금융자산을 연구대상으로 하고 있다. 금융자산을 연구대상으로 하는 이유는 금융시장이 경쟁적 시장일 뿐만 아니라 적은 금액으로도 투자가 가능하기 때문에 이론의 정립이 용이하다는데 있다.

이 장에서는 투자론에서 다루고 있는 전반적인 내용을 개괄적으로 살펴보기로 한다. 투자의 개념, 투자의 대상이 되는 자산의 유형, 투자론의 발전과정과 투자관리의 과정을 살펴본 다음에 마지막으로 이 책의 구성에 대하여 설명하기로 한다.

Ⅰ. 투자의 의의와 특성

1 투자의 의의

투자의 목적은 장래에 보다 많은 이득을 얻는 데 있다. 부동산, 증권, 기계장치, 공장 또는 고서화 등과 같은 자산을 매입하는 것은 모두 투자활동에 해당된다.

투자(investment)는 장래에 불확실한 투자성과를 얻기 위하여 현재의 확실한 소비를 희생시키는 행위로 정의할 수 있다. 투자수익은 미래의 시점에서 실현되며, 환경변화에 따라 달라지는 불확실한 특성을 지니고 있다. 예를 들어 회사채에 100,000원을 투자하는 경우 1년 후에 115,000원의 투자수익이 기대된다고 하자. 100,000원의 투자액은 지금 소비할 수 있는 확실한 현금인 반면에 1년 후에 기대되는 투자수익

115,000원은 불확실한 현금이라는 특성을 지니고 있다.

그러므로 투자수익은 다음과 같은 두 가지 특성을 지니고 있다. 첫째는 미래의 시점에서 실현된다는 점이다. 앞의 예에서 회사채의 투자수익 115,000원은 1년 후에 실현된다. 둘째는 불확실하다는 점이다. 회사채의 투자수익은 1년 후의 시장여건에 따라 115,000원보다 크거나 작을 수 있다. 시장여건이 좋아지면 115,000원 이상의 투자수익을 얻을 수 있지만, 반대로 시장여건이 나빠지면 115,000원보다 적은 투자수익이 실현될 수도 있다.

한편 투자성과는 투자수익에서 투자비용을 공제한 차이로 측정된다. 투자성과는 현재의 소비를 1년 후로 지연시키는데 따른 보상과 투자성과의 불확실성에 대한 보상 등으로 구성된다. 따라서 투자성과는 식 (1)과 같이 나타낼 수 있다.

$$\text{투자성과} = \text{소비지연에 대한 보상} + \text{불확실성에 대한 보상} \tag{1}$$

식 (1)에서 소비지연에 대한 보상은 시차선호율에 따라 결정되며, 불확실성에 대한 보상은 위험선호율에 따라 결정된다.

시차선호율(time preference rate)은 현재의 확실한 1원과 동일한 가치를 갖는 미래의 확실한 현금의 크기를 의미한다. 다시 말하여 현재의 확실한 현금과 미래의 확실한 현금이 시장에서 교환되는 율을 말한다. 예를 들어 현재의 확실한 1원과 1년 후의 확실한 1.1원이 동일한 가치를 갖는다면 시차선호율은 10%가 된다. 이처럼 시차선호율에 따라 형성되는 이자율을 무위험이자율이라고 한다.

한편 위험선호율(risk preference rate)은 확실한 1원과 동일한 가치를 갖는 불확실한 현금의 크기에 따라 결정된다. 다시 말하여 확실한 현금과 불확실한 현금이 시장에서 교환되는 율을 말한다. 예를 들어 확실한 1원과 동일한 가치를 갖는 불확실한 현금이 1.1원이라면 위험선호율은 10%가 된다.

② 투자성과의 특성

1) 무위험자산의 투자성과

투자성과를 확실하게 예측할 수 있는 상태를 확실성의 상태(state of certainty)라고 하며, 확실성의 상태에서 투자대상이 되는 자산을 무위험자산(risk-free assets)이라고 한다. 무위험자산은 지급불능위험이 없는 자산을 말한다. 예를 들어 재정증권은 정부가 발행하는 증권이기 때문에 무위험증권이라고 말할 수 있다. 인플레이션위험이 존재하지 않는 한 재정증권의 투자성과를 거의 확실하게 예측할 수 있기 때문이다.

무위험증권의 투자성과는 소비지연에 대한 보상으로 구성되며, 소비지연에 대한 보상은 시차선호율에 따라 결정된다. 예를 들어 재정증권이 10%의 수익률에 거래되고 있다면 재정증권의 투자성과는 다음과 같이 계산된다.

$$\text{투자성과} = 100{,}000\text{원}(1+0.1) - 100{,}000\text{원} = 10{,}000\text{원}$$

이 경우 재정증권의 투자성과 10,000원은 소비지연에 대한 보상을 의미한다.

2) 위험자산의 투자성과

불확실성의 상태(state of uncertainty)는 미래의 투자성과를 확실하게 예측할 수 없는 상태를 의미한다. 따라서 불확실성의 상태에서 투자대상이 되는 자산을 위험자산(risky assets)이라고 한다. 회사채, 주식, 수익증권, 옵션 및 선물계약 등은 모두 위험증권에 해당된다.

회사채의 기대수익률이 15%라고 하자. 100,000원을 투자하여 회사채를 매입하는 경우 1년 후의 시장여건에 따라 투자수익이 115,000원보다 낮거나 높을 수 있다. 따라서 회사채의 기대수익률이 15%라는 것은 이처럼 1년 후의 모든 가능한 상황을 고려할 때 기대할 수 있는 평균적인 투자수익률을 의미한다. 회사채에 투자할 때 기대되는 투자성과를 계산하면 다음과 같다.

$$\text{투자성과} = 100{,}000(1+0.15) - 100{,}000\text{원} = 15{,}000\text{원}$$

회사채의 투자성과(15,000원)가 재정증권의 투자성과(10,000원)보다 큰 이유는 소비지연에 대한 보상 이외에 불확실성(위험)에 대한 보상이 반영되기 때문이다. 회사채의 투자성과 중에서 위험에 대한 보상액을 계산하면 다음과 같다.

$$\text{위험보상} = \text{투자성과} - \text{시간보상} = 15{,}000\text{원} - 10{,}000\text{원} = 5{,}000\text{원}$$

투자대상이 어떤 형태의 자산이든 미래의 투자성과가 소비지연에 대한 보상(시간보상)과 불확실성에 대한 보상(위험보상)으로 구성된다는 사실은 투자이론을 이해하는데 중요한 의미를 갖는다. 시간보상은 모든 자산에 동일하게 반영되지만, 위험보상은 자산의 위험특성에 따라 다르게 반영된다. 따라서 위험요인이 중요한 가격결정요인이라는 사실을 알 수 있다.

시장에서는 다양한 형태의 자산이 거래되고 있으며, 이와 같은 다양한 형태의 자산이 서로 다른 시장가격에서 거래되는 이유는 각 자산의 위험 특성이 서로 다르기 때문이다. 따라서 무위험자산의 투자성과는 확실하기 때문에 시간보상만을 고려하여 시장가격을 추정할 수 있지만, 위험자산의 투자성과는 불확실하기 때문에 시간보상 이외에 위험보상을 고려해야만 위험자산의 시장가격을 추정할 수 있다.

③ 저축, 투기와 투자

저축(savings)은 투자성과의 크기와 관계없이 현재의 소비를 미래의 소비로 지연시키는 행위를 의미한다. 예컨대 극단적인 경우지만 현금을 금고 속에 보관하는 행위는 저축에 해당된다. 그러므로 투자와 저축의 차이점은 투자목적에 있다. 투자는 보다 많은 투자성과를 얻는데 목적이 있지만, 저축은 현재의 소비를 미래의 시점으로 지연시키는데 목적이 있다.

한편 투기와 투자를 구분하는 것은 매우 어려운 일이다. 흔히 기대이익에 비하여 상대적으로 높은 위험을 부담하면서 투자하는 행위를 투기(speculation)로 보는 견해가 있다. 예를 들어 단기적인 가격변동에 의한 시세차익을 얻기 위하여 물건을 사거나 파는 거래행위라든가 또는 값이 오르면 처분할 목적으로 아파트나 주식을 매입하는 행위를 투기로 보는 견해도 있다. 그렇지만 투기와 투자의 공통점은 보다 많은 미래의 불확실한 이득을 얻기 위한 목적에서 자산을 사거나 파는 거래가 이루어진다는데 있다.

그럼에도 불구하고 투기와 투자는 엄연히 구분되어야 한다고 주장하는 견해도 있다. 이들의 견해를 종합하여 보면 다음과 같은 점에서 차이점을 찾을 수 있다. 투기는 단기적이고 확인되지 않는 정보와 비합리적인 판단 등에 따라 이루어지는 경향이 있는 반면에 투자는 장기적이고 정확한 정보와 논리적인 판단에 따라 이루어지는 경향이 있다는 점이다. 투기와 투자의 차이점을 정리하면 〈표 1.1〉과 같다.

〈표 1.1〉 저축, 투기와 투자의 구분

구분	저축	투기	투자
목적	소비지연	재매각	소유 또는 이용
기간	장기	단기	장기
정보유형		확인되지 않은 정보	확인된 정보
의사결정기준		비과학적 분석 또는 비논리적 판단	과학적 분석 또는 논리적 판단

Ⅱ. 투자론의 내용

1 금융자산투자와 실물자산투자

투자의 대상이 되는 자산은 금융자산과 실물자산으로 구분된다. 금융자산(financial assets)은 어음, 차용증서, 창고증권, 선하증권, 국공채, 회사채, 수익증권, 보통주, 옵션과 선물계약 등을 포함하는 개념으로 넓은 의미의 유가증권을 의미한다. 그러나 투자론에서는 자본증권으로서 유동성과 대체성이 있는 좁은 의미의 금융자산을 연구대상으로 하고 있다.[1] 따라서 주식, 채권, 수익증권, 옵션과 선물계약 등에 투자하는 것은 금융자산투자(financial assets investments)에 해당된다. 한편 실물자산(real assets)은 기계장치, 부동산, 공장, 매출채권 및 재고자산 등과 같은 유형자산을 말한다. 이와같은 유형자산에 투자하는 것은 실물자산투자(real assets investments)에 해당된다.

투자론의 내용은 투자의 대상이 되는 자산의 유형에 따라 달라진다. 기업재무론(corporate finance)에서는 주로 실물자산에 대한 투자와 관련된 문제를 연구대상으로 하고 있으며, 투자론(investments)에서는 금융자산에 대한 투자와 관련된 문제를 연구대상으로 하고 있다. 그러므로 투자론은 금융자산의 가치평가와 관련된 문제를 연구대상으로 하는 학문분야임을 알 수 있다.

1) 일반적으로 금융자산은 자본증권으로 유동성과 대체성이 있는 유가증권으로 이해되고 있다. 이러한 요건을 충족시키는 유가증권으로 수익증권, 국공채, 회사채, 보통주, 옵션과 선물계약 등이 있으며, 투자론에서는 이와 같은 유가증권을 연구대상으로 하고 있다.

실물자산투자와 금융자산투자의 차이점을 정리하면 〈표 1.2〉와 같다. 〈표 1.2〉에서 볼 수 있는 것처럼, 실물자산투자의 주체는 기업이고, 실물자산에 투자하기 위해서는 거액의 자금이 필요하며, 실물자산이 거래되는 시장이 비경쟁적이라는 특성을 지니고 있다. 한편 금융자산투자의 주체는 기업이나 개인이 되며, 실물자산과 달리 적은 자금으로도 금융자산에 투자할 수 있으며, 금융시장이 경쟁적이라는 특성을 지니고 있다.

〈표 1.2〉 금융자산투자와 실물자산투자의 차이점

	실물자산투자	금융자산투자
주체	기업	기업 또는 개인
투자규모	거액	소액
시장성	낮음	높음
시장특성	비효율적 시장	효율적 시장

② 투자론의 주요내용

투자이론은 경쟁적인 금융시장을 전제로 개발되어 발전되어 왔으며, 투자이론은 기업재무론에서 폭넓게 응용되고 있다. 투자론의 주요 내용을 정리하면 다음과 같다.

첫째, 금융자산의 가격결정요인을 규명하는 문제이다. 투자자들은 여러 가지 요인을 고려하여 금융자산의 수익력과 위험도를 평가한 다음 그에 따라 포트폴리오를 구성하여 자금을 운용한다. 이처럼 모든 투자자들이 수익성과 위험도의 상호관계에서 금융자산의 가치를 평가한다면 금융자산의 가격은 그 자산의 위험도에 따라 결정될 것이다. 예를 들어 회사채의 수익률이 재정증권의 수익률보다 높은 수준에서 형성되며, 주식의 수익률이 회사채의 수익률보다 높은 수준에서 형성되는 이유는 재정증권보다 회사채의 투자위험이 크며, 회사채보다 주식의 투자위험이 더 크기 때문이다.

둘째, 금융시장의 효율성을 검증하는 문제이다. 대부분의 투자이론이 효율적 시장을 전제로 하여 개발되었기 때문에 시장효율성의 여부에 따라 투자이론의 타당성이 좌우된다.

효율적 시장이란 모든 정보가 정확하고 신속하게 시장가격에 반영되는 경쟁적인 시장을 의미한다. 따라서 금융시장이 여러 다양한 정보의 경제적 가치를 어느 정도 신속하고 충분히 시장가격에 반영시키고 있는가는 하나의 실증적 문제이다.

셋째, 시장균형과 균형가격의 형성과정을 규명하는 문제이다. 금융자산의 가격이 시장에서 어떻게 결정되고 있는가와 관련된 문제이다. *CAPM*, *APM* 및 *OPM* 등은 균형시장에서 금융자산의 가격결정과정을 설명하는 대표적인 이론 중의 하나이다. 이와 같은 균형시장이론에서 설명하고 있는 금융자산의 균형가격은 투자결정의 기준은 물론 투자성과를 평가하는 기준으로도 이용되고 있다. 균형가격의 구조를 파악함으로써 합리적인 투자결정이 가능할 뿐만 아니라 투자정책의 수립에 필요한 정보를 얻을 수 있기 때문이다.

넷째, 가격형성의 공정성과 관련된 문제이다. 증권가격이 공정하게 형성될 때 금융시장이 자금의 효율적인 배분기능을 통하여 경제활동에 기여하게 된다. 자산의 내재가치(intrinsic value)는 그 자산으로부터 기대되는 미래의 현금흐름을 시차선호도와 위험선호도가 반영된 적절한 위험조정할인율로 할인한 현재가치를 의미한다. 따라서 어떤 자산의 시장가격이 내재가치와 일치하는 수준에서 형성될 때 시장가격이 공정하게 형성되고 있다고 말할 수 있다.

다섯째, 포트폴리오의 성과평가와 관련된 문제이다. 포트폴리오의 성과는 투자관리의 능력에 따라 영향을 받는다. 포트폴리오의 위험특성, 투자관리자의 증권선택능력과 매매시점의 선택능력 그리고 운용성과의 강점과 약점 등은 투자계획의 수립에 필요한 중요한 정보이다.

Ⅲ. 투자관리의 과정

투자관리는 자금관리를 의미하며, 다음과 같은 다섯 단계를 거쳐 이루어진다.

첫 번째 단계는 투자목표를 확인하는 단계이고, 두 번째 단계는 투자의 대상이 되는 증권의 특성을 파악하는 증권분석 단계이며, 세 번째 단계는 투자의 대상이 되는 자산에 자금을 배분하는 포트폴리오의 구성단계이고, 네 번째 단계는 투자의 대상이 되는 자산의 특성이 변화하는 것을 고려하여 포트폴리오를 수정하는 단계이며, 마지막 단계는 투자성과를 분석하는 단계이다.

① 투자목표의 설정

투자목표의 설정은 투자정책 수립의 첫 번째 단계이다. 투자목표는 투자위험의 부담능력에 따라 달라진다. 투자위험의 부담능력에 따라 자금운용의 방향이 결정되기 때문이다. 예를 들어 여유자금은 다소간의 위험부담이 가능하기 때문에 적극적으로 자금을 운용할 수 있으나, 반대로 일시적인 자금은 위험부담에 많은 제약을 받기 때문에 적극적으로 자금을 운용하는데 한계가 있다.

위험부담능력은 투자자의 경제능력, 직업 및 연령 등에 따라 영향을 받기 때문에 이와 같은 여러 요인을 고려하여 적절한 투자목표를 설정하여야 한다. 투자목표가 설정되면 투자관리방법을 결정해야 한다. 투자관리방법은 적극적 투자관리와 소극적 투자관리로 구분된다.

적극적 투자관리는 투자수익을 극대화하는 방향으로 자금을 운용하는 방법이며, 소극적 투자관리는 투자위험을 최소화하는 방향으로 자금을 운용하는 방법이다. 따라서 소극적 투자관리는 투자자의 위험부담능력을 고려하여 투자위험을 적정수준으로 유지시키는 관리방법이라고 할 수 있다.

비효율적 시장에서는 시장가격이 공정하게 형성되고 있지 않기 때문에 저평가되거나 고평가되는 증권이 얼마든지 존재할 수 있다. 따라서 저평가된 증권을 선별하여 포트폴리오를 구성함으로써 투자수익을 극대화시킬 수 있다. 한편 효율적 시장에서는 모든 자산가격이 내재가치와 일치하는 수준에서 형성되기 때문에 저평가되거나 고평가되는 자산이 존재하지 않는다. 따라서 효율적 시장에서는 투자수익을 극대화하는 투자전략이 의미가 없기 때문에 투자위험을 최소화하는 투자전략이 필요하다.

② 증권분석

증권분석(security analysis)은 투자의 대상이 되는 증권의 특성을 분석하는 것을 의미한다. 여기서 증권의 특성은 수익특성과 위험특성으로 구분된다.

증권분석의 내용은 투자관리방법에 따라 달라진다. 적극적 투자관리에서는 증권의 수익특성을 분석하는데 초점이 두어지는 한편 소극적 투자관리에서는 주로 증권의 위험특성을 분석하는데 초점이 두어진다.

적극적 투자관리에서는 저평가되고 있는 증권으로 포트폴리오를 구성하여 투자수익을 극대화하는데 목적을 두고 있다. 따라서 적극적 투자관리에서 요구되는 증권분석에서는 투자의 대상이 되는 모든 증권의 내재가치를 추정한 다음 시장가격과 비교하여 어느 정도 저평가 또는 고평가되고 있는가를 분석하는데 초점이 두어진다. 한편 소극적 투자관리에서는 투자자의 위험부담능력을 고려하여 일정한 수익률 수준에서 투자위험을 최소화하는데 목적을 두고 있다. 따라서 소극적 투자관리에서 요구되는 증권분석에서는 투자의 대상이 되는 모든 증권의 위험특성을 분석하는데 중점을 두고 있다.

3 포트폴리오의 구성

투자목표에 적합한 포트폴리오를 구성하기 위하여 투자자금을 배분하는 단계가 포트폴리오의 구성단계이다. 적극적 투자관리에서는 저평가된 여러 증권에 자금을 투자하여 투자수익을 극대화하기 위한 목적에서 포트폴리오를 구성하며, 소극적 투자관리에서는 증권의 위험특성에 따라 여러 증권에 분산투자하여 투자위험을 최소화하는 포트폴리오를 구성한다.

4 포트폴리오의 수정

증권의 특성인 수익특성(내재가치)과 위험특성(위험도)은 경제환경의 변화에 따라 영향을 받는다. 따라서 경제환경이 변화함에 따라 증권의 수익 특성과 위험 특성이 변화하기 때문에 이를 고려하여 투자목적에 적합하지 않은 증권을 찾아내어 투자목적에 적합한 새로운 증권으로 교체하여야 한다.

포트폴리오의 수정은 정기적으로 하는 것이 바람직하다. 왜냐하면 포트폴리오를 자주 수정하는 경우 오히려 거래비용의 부담만을 가중시키기 때문이다.

5 투자성과의 평가

투자관리의 마지막 단계는 포트폴리오의 성과를 평가하는 단계이다. 포트폴리오의 성과를 평가하는 목적은 투자관리에 필요한 다양한 정보를 얻는데 있다. 따라서 포트폴리오의 성과와 투자목표의 관계, 포트폴리오의 위험특성, 투자관리자의 증권선택능력 및 매매시점의 선택능력 등에 대한 다각적인 분석이 필요하다.

Ⅳ. 투자론의 발전과정

1 투자론의 발전과정

현대 투자론의 정립에 결정적인 기초를 제공한 사람은 마코위츠(H. Markowitz, 1952)이다. 마코위츠는 1952년에 발표한 「포트폴리오 선택」(portfolio selection)이라는 논문에서 여러 자산에 투자함으로써 투자위험을 분산시킬 수 있으며, 평균-분산기준에 따라 투자행동을 하는 위험회피형 투자자의 포트폴리오 선택과정을 논리적으로 설명하였다.[2]

그 후 샤프(W. F. Sharpe, 1963)가 단일지수모형(single index model)에 기초한 효율적 포트폴리오의 유도방법을 개발함으로써 마코위츠의 포트폴리오선택이론이 갖는 적용상의 한계점을 해소시켰다.[3]

그 밖에 포트폴리오이론을 발전시켜 균형시장이론을 정립하는데 공헌을 한 대표적인 학자들은 샤프(W.F. Sharpe, 1964), 린트너(J. Lintner, 1965)와 모신(J. Mossin, 1966) 등이다.[4] 이들은 투자자들이 마코위츠의 이론에 입각하여 포트폴리오를 선택한다는 가정에서 균형시장에서 자본자산의 가격이 형성되는 과정을 설명하는 대표적인 균형시장이론 중의 하나인 자본자산가격결정모형(capital asset pricing model : *CAPM*)을

2) H. Markowitz, "Portfolio Selection", *The Journal of Finance*, Vol. 7, No. 1(Mar.), 1952, pp. 77~91.

3) W. F. Sharpe, "A Simplified Model of Portfolio Analysis", *Management Science*, No. 9, No. 2 (Jan.), 1963, pp. 277~293.

4) 자세한 내용은 다음 논문을 참고할 것. W. F. Sharpe, "Capital Asset Prices: A Theory of Market Equilibrium under Condition of Risk", *The Journal of Finance,* Vol. 19, No. 3 (Sep.), 1964, pp. 425~442. J. Lintner, "The Valuation of Risky Assets and the Selection of Risky Investments in Stock Portfolio and Capital Budgets", *The Review of Economics and Statistics*, Vol. 47, No. 1 (Feb.), 1965, pp. 13~37; J. Mossin, "Equilibrium in a Capital Market", *Econometrica*, Vol. 34, No. 4 (Oct.), 1966, pp. 768~783.

정립하는 데 많은 공헌을 하였다. *CAPM*에 따르면 모든 자본자산의 가격은 체계적 위험에 따라 결정된다.

*CAPM*은 대부분의 재무관리 교과서에 소개될 정도로 매우 광범위한 의사결정분야에 응용되고 있다. 그러나 롤(R. Roll, 1976)은 *CAPM*의 타당성과 시장포트폴리오의 효율성을 동시에 검증해야 하는 검증상의 문제점이 있을 뿐만 아니라 자산가격이 시장포트폴리오의 수익률 이외에 다른 요인에 의해 영향을 받고 있을지도 모른다는 의문을 제기하였다.[5] 로스(S. A. Ross, 1976)는 자본자산가격이 다수의 공통요인에 따라 형성된다는 가정에서 차익거래가격결정모형(arbitrage pricing model : *APM*)을 개발하였다.[6]

1970년대에 들어 새로운 금융상품으로 옵션과 선물계약이 많은 사람의 관심을 받기 시작하면서 옵션과 선물계약에 대한 연구가 활발하게 이루어졌다.

블랙-숄즈(F. Black-M. Scholes, 1973)는 옵션가격결정모형을 제시하였다.[7] 옵션가격결정모형(option pricing model : *OPM*)은 개발 초기부터 실무계에 널리 활용되기 시작했으며, 그 밖에 보다 현실성이 있는 모형들이 많은 학자에 의하여 개발되어 왔다.

자본자산가격의 구조를 규명하려는 이론적 연구와 함께 증권수익률의 시계열행위를 설명하는 이론의 개발과 증권시장의 효율성을 검증하기 위한 실증적 연구가 학자들 사이에서 시도되어 왔다. 파마(E. F. Fama, 1965)는 그의 논문에서 증권시장이 매우 효율적이라는 놀라운 실증적 연구결과를 발표하였다.[8] 당시만 하더라도 대부분의 투자자들이 공표된 정보(public information)를 분석함으로써 상당히 높은 초과수익률을 실현할 수 있다고 믿었었다. 그러나 파마는 공표된 정보의 경제적 가치가 이미 주가에 충분히 반영되고 있기 때문에 공표된 정보를 이용하더라도 초과수익을 얻을 수 없다고 주장하였다.

1950년대 이후부터 효율적 시장에 대한 많은 실증적 연구결과가 발표되고 있지만, 효율적 시장에 대한 논쟁(efficient market controversy)은 아직까지도 계속되고 있다.

---

5) R. Roll, "Critique of the Asset Pricing Theory's Tests: Part I: On the Past and Potential Testability of the Theory", *Journal of Financial Economics*, Vol. 4, No. 2 (Mar.), 1977, pp. 129~176.

6) S. A. Ross, "The Arbitrage Theory of Capital Asset Pricing", *Journal of Economic Theory*, Vol. 13, No. 3 (Dec.), 1976, pp. 341~360.

7) F. Black and M. Scholes, "The Pricing of Options and Corporate Liabilities", *Journal of Political Economy*, Vol. 81, No. 3 (May-Jun.), 1973, pp. 637~654.

8) E. F. Fama, "The Behavior of Stock Market Prices", *The Journal of Business*, Vol. 38, No. 1 (Jan.), 1965, pp. 34~105.

표준 재무학(Standard Finance)의 경우를 보면 많은 실증적 연구에서 증권시장이 상당히 효율적이라는데 의견을 같이하고 있다. 그러나 최근 행태재무학(Bebavioral Finance)에서는 많은 학자들이 효율적 시장 가설에 의문을 표시하고, 이에 상반되는 연구결과를 보고하고 있어 주목된다.

② 이 책의 구성

이 책은 5편 17장으로 구성되어 있다. 각 편에서 설명하고 있는 내용을 정리하면 다음과 같다.

제1편은 투자론의 기초내용으로 제1장에서 투자론의 전반적인 내용을 개괄적으로 소개하였으며, 제2장에서 투자성과의 측정 및 추정과 관련된 내용에 대하여 설명하고, 제3장에서는 우리나라 증권시장의 운영체계를 중심으로 그 내용을 소개하며, 제4장에서는 증권시장지표와 주가지수에 대하여 설명하고, 마지막으로 제5장에서 효율적 시장에 대하여 설명하고, 제6장에서는 최근 주목받고 있는 행태 재무학(Behavioral Finance)에 대하여 설명하였다.

제2편은 채권분석으로 제7장에서 시장이자율의 유형과 시장이자율의 기간구조에 대하여 설명하였으며, 제8장에서는 채권가치의 평가와 관련된 내용으로 채권의 속성요인, 듀레이션과 볼록성 효과에 대하여 설명하고, 채권등급과 채권수익률의 위험구조에 대하여 설명하였다.

제3편은 보통주분석으로 제9장에서는 보통주의 가치평가방법으로서 할인현금흐름법과 상대적 가치평가법에 대하여 설명하였으며, 그 밖에 이익의 성장원천과 증권분석기관의 평가모형에 대하여 설명하였다. 그리고 제10장에서는 회계이익의 시계열특성, 횡단면적 특성 그리고 회계이익의 예측과 관련된 문제에 대하여 설명하였으며, 마지막으로 제11장에서는 기술적 분석에 대하여 설명하였다.

제4편은 균형시장이론으로 제12장에서 포트폴리오분석에 대하여, 제13장과 제14장에서는 각각 자본자산가격결정이론과 차익거래가격결정이론에 대하여 설명하였다. 마지막으로 제15장에서 포트폴리오의 성과평가에 대하여 설명하였다.

제5편은 파생금융상품이론으로 제16장에서는 콜옵션과 풋옵션, 우리나라의 파생금융상품시장 그리고 파생금융상품을 이용한 투자전략에 대하여 설명하였다. 그리고 제17장에서는 선물계약과 옵션계약의 가격결정이론에 대하여 설명하였다.

연습문제

1. 다음 용어를 간략하게 설명하시오.
   1) 투자
   2) 투기
   3) 저축
   4) 금융자산
   5) 위험선호율
   6) 시차선호율
   7) 실물자산

2. 실물자산투자와 금융자산투자의 차이점을 설명하시오.

3. 투자와 투기의 차이점을 설명하시오.

4. 투자관리의 과정에 대하여 설명하시오.

5. 투자론의 발전과정에 대하여 설명하시오.

제2장 투자성과의 측정과 추정

투자성과는 평균투자수익률을 이용하여 측정할 수 있다. 따라서 어떤 형태의 평균투자수익률을 이용하느냐에 따라 투자성과의 의미가 달라진다.

대부분의 투자이론에서는 투자수익률의 확률분포가 정규분포(normal distribution)를 보인다는 가정에서 투자성과의 특성을 기대수익률과 표준편차를 이용하여 기술하고 있다. 여기서 말하는 기대수익률은 투자성과의 크기를 측정하는 도구로 그리고 표준편차는 투자성과의 질을 측정하는 도구로 이용된다.

이 장에서는 투자성과의 측정도구로서 내부수익률과 기하평균수익률에 대하여 살펴본 다음 확률적 예측을 통한 투자성과의 추정에 대하여 설명한다.

Ⅰ. 투자성과의 측정

1 내부수익률과 기하평균수익률

내부수익률과 기하평균수익률은 모두 평균투자수익률을 의미하지만 재투자의 가정에 차이가 있음을 유의해야 한다. 내부수익률은 매 기간의 투자수익이 내부수익률로 재투자된다는 가정에서 계산되는 평균투자수익률을 의미하며, 기하평균수익률은 매 기간의 투자수익이 다음 기간의 실제수익률로 재투자된다는 가정에서 계산되는 평균투자수익률을 의미한다.

내부수익률(internal rate of return : *IRR*)은 식 (1)에서 할인율을 의미한다.

$$P_0 = \frac{D_1}{(1+r_i)} + \frac{D_2}{(1+r_i)^2} + \cdots + \frac{D_n + P_n}{(1+r_i)^n} \tag{1}$$

D_n : n기 말의 현금배당
P_n : n기 말의 매각수익
P_0 : 보통주의 매입비용(시장가격)
r_i : 자산 i의 내부수익률

식 (1)에서 볼 수 있는 것처럼 보통주를 매입하는 경우 매기의 투자수익이 내부수익률로 재투자되고 있음을 알 수 있다. 따라서 가격변동이 거의 없는 증권의 투자성과를 측정할 때는 문제가 없지만 가격변동이 큰 증권의 투자성과를 측정하는 도구로서는 적합하지 않음을 알 수 있다.

따라서 내부수익률은 채권의 투자성과를 측정하는데 널리 이용되고 있다. 채권가격은 만기까지의 기간에서 얻을 수 있는 현금흐름과 시장이자율에 따라 영향을 받지만, 시장이자율이 안정적인 경우에는 채권가격이 거의 변동하지 않기 때문이다. 그러나 시장이자율이 심하게 변동하는 경우에는 채권가격이 크게 변동하기 때문에 투자성과를 내부수익률로 측정하는 경우 상당한 측정오차를 감수해야 한다. 그러므로 가격변동을 수반하는 증권의 경우에는 기하평균수익률(geometric mean rate of return)을 이용하여 투자성과를 측정해야 한다. 기하평균수익률은 식 (2)와 같다.

$$r_g = [(1+r_1)(1+r_2)\ldots(1+r_n)]^{1/n} - 1 \tag{2}$$

r_g : 기하평균수익률
r_n : n기의 투자수익률

식 (2)에서 r_n는 n기의 투자수익률로서 식 (3)과 같다.

$$r_n = \frac{D_n + (P_n - P_{n-1})}{P_{n-1}} \tag{3}$$

r_n : n기의 투자수익률
D_n : n기 말의 현금배당수익
P_n : n기 말의 매각수익
P_{n-1} : n기 초의 투자비용

식 (3)에서 보여주는 것처럼 r_n은 n기의 투자수익률은 시장가격이 변동함에 따라 영향을 받는다. 따라서 기하평균수익률은 매 기간의 투자수익이 다음 기간의 실제수익률로 재투자된다는 가정에서 계산되는 평균투자수익률임을 알 수 있다.

내부수익률과 기하평균수익률 중 어느 것을 이용하느냐에 따라 투자성과가 달라지는데, 그 이유는 재투자의 가정이 다르기 때문이다.

예제 1

- ○ 2년 전에 서울주를 10,000원에 매입하였다. 서울주의 주가는 1년 전에 5,000원까지 하락하였으나 지금은 10,000원에서 거래되고 있다.
- ○ 서울(주)에서는 현재와 1년 전에 각각 주당 1,000원의 배당이 지급되었다.
- ○ 내부수익률과 기하평균수익률을 구한 다음 이를 비교 · 설명하시오.

먼저 내부수익률을 이용하여 투자성과를 측정하여 보자. 식 (1)에 관련수치를 대입하면 다음과 같다.

$$10,000\text{원} = \frac{1,000\text{원}}{(1+r_i)} + \frac{1,000\text{원} + 10,000\text{원}}{(1+r_i)^2}$$

위의 식에서 내부수익률을 계산하면 $r_i = 10\%$이므로 2년 동안의 연평균투자수익률이 10%임을 알 수 있다. 따라서 서울주를 10,000원에 매입하여 2년 동안 보유하는 경우 연평균 10%의 수익률이 실현되었기 때문에 2년 후의 투자수익을 다음과 같이 계산할 수 있다.

$$\text{투자수익} = 10,000\text{원}(1+0.1)^2 = 12,100\text{원}$$

다음에는 기하평균수익률을 이용하여 투자성과를 측정하여 보자. 첫 번째 연도와 두 번째 연도의 투자수익률을 계산하면 다음과 같다.

$$r_1 = \frac{1,000\text{원} + 5,000\text{원}}{10,000\text{원}} - 1 = -40\%$$

$$r_2 = \frac{1,000\text{원} + 10,000\text{원}}{5,000\text{원}} - 1 = 120\%$$

첫 번째와 두 번째 연도의 투자수익률을 이용하여 기하평균수익률을 계산하면 다음과 같다.

$$r_g = [(1-0.4)(1+1.2)]^{1/2} - 1 = 14.891\%$$

기하평균수익률에 의하면 2년 동안의 연평균투자수익률이 14.891%이기 때문에 서울주를 10,000원에 매입하여 2년 동안 보유하는 경우 2년 후의 투자수익은 13,200원이 된다.

$$\text{투자수익} = 10,000\text{원}\,(1+0.14891)^2 = 13,200\text{원}$$

이상에서 살펴본 바와 같이 내부수익률을 이용하여 투자성과를 측정하는 경우에는 12,100원의 투자수익이 계산되지만, 기하평균수익률로 측정하는 경우에는 13,200원의 투자수익이 계산된다. 이처럼 투자수익이 서로 다르게 계산되는 이유는 재투자의 가정이 다르기 때문이다.

② 기하평균수익률의 우월성

그렇다면 어떤 수익률 척도가 실제의 투자성과를 가장 잘 반영하는가? 이에 대한 해답은 어느 쪽의 재투자 가정이 현실적인가에 달려있다. 결론적으로 기하평균수익률이 정확한 투자성과의 척도이다. 왜냐하면 매 기간의 투자수익이 다음 기간에서 실제로 이용할 수 있는 투자수익률로 재투자된다는 가정이 보다 현실적이기 때문이다.

[예제 1]을 이용하여 구체적으로 살펴보기로 하자. 서울주를 10,000원에 매입하는 경우 1년 후에 받는 배당수익 1,000원으로 당시의 시장가격 5,000원에 서울주 0.2주를 추가로 매입할 수 있기 때문에 1년 후의 보유주식수는 1.2주로 늘어난다. 그러므로 2년 후에 보유주식 1.2주의 매각수익 12,000원(1.2주×10,000원)과 1.2주에 대한 배당금 1,200원(1.2주×1,000원)을 합한 13,200원의 투자수익을 얻을 수 있기 때문에 기하평균수익률을 이용하여 투자성과를 측정하는 것이 바람직함을 알 수 있다.

Ⅱ. 기하평균수익률의 측정

1 보유주식수의 계산

앞서 설명한 바와 같이 배당이 지급됨에 따라 보유주식수가 늘어난다. 보유주식수는 그 밖에도 유상증자, 무상증자, 주식배당 및 주식분할 등에 따라 영향을 받기 때문에 이와 같은 재무거래를 고려하여 기하평균수익률을 측정해야 한다.[1] 보유주식수는 보유기간 동안에 받는 현금배당, 주식배당, 유상증자와 무상증자 등에 따라 추가로 매입되는 주식수와 최초의 매입주식수를 합하여 계산된다.[2]

예제 2

- 20X년 1월 2일에 주당 20,000원으로 서울주 100주를 매입하여 1년간 보유하였다.
- 2월 1일에 10%의 주식배당을 받았으며, 주식배당 직후 주가는 19,000원이었다.
- 3월2일에는 주당 300원의 현금배당을 받았으며, 현금배당직후 주가는 22,000원이었다.
- 6월1일에 2:1의 비율로 주식분할이 되었는데, 주가는 12,000원이었다.
- 7월 15일에 2.5%의 비율로 유상증자를 하였으며, 7월14일의 권리부주가는 13,000원이고, 신주발행가격은 11,975원이며, 7월 15일의 주가는 13,500원이었다.
- 12월 31일의 주가는 15,000원이었다.
- 투자수익률을 계산하시오.

---

1) 배당지급시기는 재투자기간에 영향을 미치기 때문에 투자성과에 영향을 미친다.

2) 배당락일과 배당지급시점이 일치하지 않은 경우에는 현금배당의 재투자기간이 그만큼 짧아지며, 권리락일과 신주인수권의 거래일이 일치하지 않을 때에도 재투자기간이 그만큼 짧아지게 된다는 점을 유의하여야 한다.

20X4년 2월 1일에 주식배당으로 10주를 무상으로 받았기 때문에 보유주식수는 110주로 늘어나며, 3월 2일에 33,000원(110주×주당 300원)의 배당수익으로 1.5주를 추가로 매입할 수 있다.

$$\text{추가 매입주식수} = \frac{33{,}000\text{원}}{22{,}000\text{원}} = 1.5\text{주}$$

따라서 20X4년 3월 2일 현재 보유주식수는 111.5주가 된다.

한편 6월 1일에 2 : 1의 비율로 주식분할을 하였기 때문에 보유주식수는 223주로 증가한다. 그리고 7월 15일에 실시된 2.5%의 유상증자에 따라 신주를 발행가격으로 매입할 수 있는 신주인수권을 갖게 된다. 이 경우 신주인수권을 매각하여 서울주를 추가로 매입할 수 있다.

먼저 신주인수권의 가치를 계산하면 다음과 같다.[3)]

$$\begin{aligned}\text{신주인수권가치} &= \frac{\text{권리부주가} - \text{발행가격}}{\text{필요주식수} + 1} \\ &= \frac{13{,}000\text{원} - 11{,}975\text{원}}{40 + 1} \\ &= 25\text{원}\end{aligned}$$

223주의 서울주를 보유하고 있기 때문에 신주인수권을 매각한 자금 5,575원(223주×25원)으로 서울주 0.413주(5,575원/13,500원)를 추가로 매입할 수 있다. 따라서 7월 15일 현재 보유주식수는 223.413주가 되며, 그 이후에는 보유주식수에 영향을 미치는 재무거래가 없기 때문에 12월 31일 현재 보유주식수는 223.413주가 된다. 그러므로 서울주의 투자수익률을 계산하면 다음과 같다.

$$r = \frac{15{,}000\text{원} \times 223.413\text{주}}{20{,}000\text{원} \times 100\text{주}} - 1 = 67.56\%$$

---

3) 신주인수권의 가치를 계산하는 방법에 대한 자세한 내용은 p. 84를 참고할 것.

이상에서 설명한 것처럼 재무거래에 따른 보유주식수의 계산과정을 정리하면 〈표 2.1〉과 같다.

〈표 2.1〉 보유주식수의 계산과정

연월일	주가	배당실적	주식분할	유상증자	보유주식수
20X4.01.04	20,000원				100주
20X4.02.01	19,000	주식배당(10%)			110
20X4.03.02	22,000	현금배당(300원)			111.5
20X4.06.01	11,000		2 : 1		223
20X4.07.15	13,500			2.5%	223.413
20X4.12.31	15,000				223.413

② 인플레이션과 투자성과

시장가격은 인플레이션에 따라 영향을 받기 때문에 시장가격에 기초하여 측정되는 투자수익률은 명목투자수익률을 의미한다. 따라서 인플레이션의 영향을 제거한 실질투자수익률을 계산해야 하는 경우가 있다.

명목기하평균수익률, 실질기하평균수익률과 기하평균인플레이션율 사이에는 식 (4)의 관계가 성립된다.

$$(1+r_{gn}) = (1+r_{gr})(1+i_g) \tag{4}$$

r_{gn} : 명목기하평균수익률
r_{gr} : 실질기하평균수익률
i_g : 기하평균인플레이션율

예제 3

○ 20X1년~20X5년에서 상도주의 명목투자수익률과 인플레이션율은 다음과 같다.

년도	명목투자수익률(r_n)	인플레이션율(i)
20X1	11.02%	4.81%
20X2	-6.52	6.77
20X3	11.33	9.03
20X4	2.65	13.31
20X5	11.17	12.40

○ 상도주의 실질기하평균수익률을 계산하시오.

상도주를 5년 동안 보유할 때 얻을 수 있는 실질기하평균수익률은 두 가지 방법을 통하여 계산할 수 있다.

첫 번째 방법은 각 연도별로 실질투자수익률을 측정하여 실질기하평균수익률을 계산하는 방법이고, 두 번째 방법은 연도별 명목투자수익률과 인플레이션율을 이용하여 각각 기하평균명목수익률과 기하평균인플레이션율을 계산한 다음 식 (4)에 따라 기하평균실질수익률을 계산하는 방법이다.

먼저 첫 번째 방법을 이용하여 기하평균실질수익률을 계산하여 보자. 20X1년도의 실질투자수익률을 계산하면 다음과 같다.

$$r_{r1} = \frac{(1+0.1102)}{(1+0.0481)} - 1 = 5.93\%$$

같은 방법으로 연도별로 실질투자수익률을 계산하면 〈표 2.2〉와 같다.

〈표 2.2〉 명목투자수익률, 인플레이션율과 실질투자수익률

년도	명목투자수익률 (r_n)	인플레이션율 (i)	실질투자수익률 (r_r)
20X1	11.02%	4.81%	5.93%
20X2	-6.52	6.77	-12.45
20X3	11.33	9.03	2.11
20X4	2.65	13.31	-9.41
20X5	11.17	12.40	-1.09

〈표 2.2〉에서 보여주고 있는 연도별 실질투자수익률을 이용하여 기하평균실질수익률을 계산하면 다음과 같다.

$$\begin{aligned} r_{gr} &= [(1+0.0593)(1-0.1245)(1+0.0211)(1-0.0941)(1-0.0109)]^{1/5}-1 \\ &= -3.23\% \end{aligned}$$

다음으로 두 번째 방법을 이용하여 기하평균실질수익률을 계산하여 보자. 먼저 20X1년~20X5년까지 5년 동안 상도주를 보유할 때의 기하평균명목수익률을 계산하면 다음과 같다.

$$\begin{aligned} r_{gn} &= [(1+0.1102)(1-0.0652)(1+0.1133)(1+0.0265)(1+0.1117)]^{1/5}-1 \\ &= 5.69\% \end{aligned}$$

같은 방법으로 기하평균인플레이션율을 계산하면 다음과 같다.

$$\begin{aligned} i_g &= [(1+0.0481)(1+0.0677)(1+0.0903)(1+0.1331)(1+0.1240)]^{1/5}-1 \\ &= 9.22\% \end{aligned}$$

따라서 기하평균명목수익률과 기하평균인플레이션율을 이용하여 다음과 같이 기하평균실질수익률을 구할 수 있다.

$$r_{gr} = \frac{(1+r_{gn})}{(1+i_g)} - 1 = \frac{(1+0.0569)}{(1+0.0922)} - 1 = -3.23\%$$

이상에서 설명한 바와 같이 명목상으로 보면 5년 동안에 연평균 5.69%의 투자성과가 실현된 것처럼 보이지만 인플레이션을 고려하는 경우 사실상 연평균 -3.23%의 손실이 발생하였음을 알 수 있다.

Ⅲ. 투자성과의 추정

미래의 투자성과는 확률적 예측을 통하여 추정할 수 있다. 확률적 예측이란 확률분포를 추정하는 것을 말한다. 따라서 금융자산에 투자할 때 예상되는 투자수익률이 정규분포를 보인다면 정규확률분포의 모수인 기대수익률과 표준편차를 추정함으로써 투자성과의 특성을 파악할 수 있다.

1 확률분포의 추정

확률분포를 유도하기 위해서는 미래의 상황, 상황의 실현 확률과 상황별 투자수익률을 추정해야 한다. 따라서 확률적 예측은 미래의 가능한 모든 상황에서 얻을 수 있는 투자수익률을 추정한 다음 각각에 확률을 부여하여 정규 확률분포의 모수인 기대수익률과 표준편차를 추정하는 것을 말한다. 확률적 예측은 매우 어려운 작업이지만 미래의 투자성과나 증권가격을 추정하는데 꼭 필요한 작업이다.

확률분포의 추정은 다음과 같은 3단계를 거쳐 이루어진다. 첫째, 미래의 상황을 식별 가능한 상황으로 구분해야 한다. 예를 들어 경제 환경의 변화정도에 따라 미래의 상황을 경기호전, 경기악화 및 경기침체 등으로 구분할 수 있다. 둘째, 각 상황이 실제로 일어날 가능성에 확률을 부여해야 한다. 예를 들어 경제 환경의 변화정도에 따라 미래의 상황을 10가지로 구분하는 경우 각 상황이 실제로 일어날 가능성을 확률로 기술할 수 있다. 셋째, 각 상황에서 얻을 수 있는 투자수익률을 추정해야 한다.

확률은 선험적 확률, 경험적 확률과 주관적 확률 등으로 구분된다. 선험적 확률은 이론적 또는 수학적으로 추정할 수 있는 확률을 말한다. 예를 들어 동전을 던져서 앞면이 나올 확률이 1/2이라든가, 주사위를 던져서 1이 나올 확률이 1/6이라든가 하는 확률은 선험적 확률에 해당된다. 경험적 확률은 과거의 경험에 기초하여 통계적으로 계산되는 확률로서 사망률 또는 재해발생률 등이 이에 속한다. 마지막으로 주관적 확률은 직관력이나 경험에 기초하여 추정되는 확률을 말한다.

투자수익률의 확률분포를 추정하는데 이용되는 확률은 대부분 경험적 확률이나 주관적 확률을 의미한다. 예를 들어 주가가 상승할 확률이 30%라든가, 내년도에 주당순이익이 증가할 확률이 70%이라든가 하는 확률은 과거의 자료에서 통계적으로 계산되거나 또는 직관력에 기초하여 추정되는 확률이다.

② 확률분포의 유형

[그림 2-1]에서 미래의 상황을 여섯 가지의 식별 가능한 상황으로 구분할 때 연간 투자수익률의 확률분포를 보여주고 있다. [그림 2-1]에서 볼 수 있는 것처럼 -5%와 0% 사이의 투자수익률이 실현될 확률은 10%이다. 그러나 실제로는 이보다 세분화된 수준에서 확률이 부여되며, 투자성과의 범위가 좁아질수록 부여되는 확률 값이 작아진다.

실제의 확률분포는 [그림 2-2]와 같은 연속형 확률분포로 나타난다. [그림 2-2]와 같은 확률분포를 정규확률분포(normal probability distribution)라고 한다.

정규확률분포는 기대값(expected value)과 표준편차(standard deviation)를 이용하여 분포의 형태를 완벽하게 기술할 수 있다는 장점이 있다. [그림 2-2]에서 볼 수 있는 바와 같이 -5%와 0% 사이의 투자수익률이 실현될 확률은 -5%와 0% 사이의 면적을 구함으로써 추정할 수 있다.

모든 투자대상에서 투자성과의 확률분포가 정규분포를 보이는 것은 아니다.

그림 2-1 이산형 확률분포 | 그림 2-2 연속형 확률분포

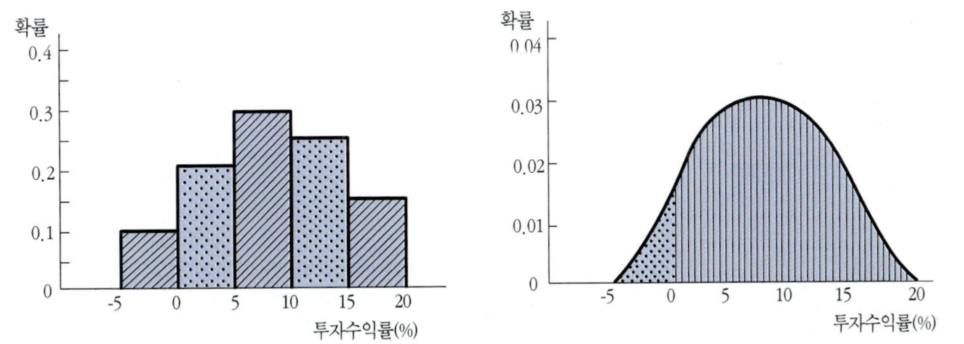

[그림 2-3]에서 서로 다른 투자수익률의 확률분포를 보여주고 있다. 확률분포의 형태에 따라 중심경향치(central tendency)의 특성이 달라진다. [그림 2-3(a)]에서 보여주는 것처럼 정규분포에서는 중심경향치를 나타내는 평균값, 최빈값과 중위값 등이 모두 일치하지만 정규분포가 아닌 경우에는 그렇지 않다.

그림 2-3 투자수익률의 확률분포

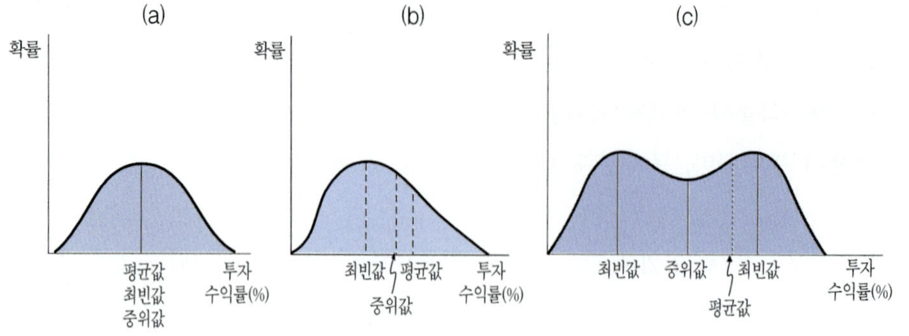

최빈값(mode)은 가장 실현가능성이 높은 값(most likely value)을 의미한다. 그러나 두 개 이상의 최빈값이 존재하는 경우도 있다. [그림 2-3(c)]에서 두 개의 최빈값을 갖는 확률분포를 보여주고 있다. 이처럼 두 개 이상의 최빈값이 존재하는 경우 어느 것이 중심경향치를 나타내는가를 판단하기가 어렵다.

중위값(median)은 확률분포의 중간에 위치하는 값을 의미하며, 평균값(mean)은 가능한 모든 값을 발생확률에 따라 가중 평균한 기대값(expected value)을 의미한다. 투자수익률의 확률분포에서 기대값은 기대수익률을 의미한다.

③ 투자성과의 추정

투자결정에서 가장 중요한 정보는 투자성과의 크기와 질에 대한 정보이다. 이와 같은 정보는 정규분포의 모수를 추정함으로써 얻을 수 있다. 정규확률분포의 모수는 중심경향치를 나타내는 지표와 분포성(dispersion)을 나타내는 지표로 구분된다. 중심경향치는 투자성과의 크기를 나타내는 것으로 기대수익률을 의미하며, 분포성은 투자성과의 질을 나타내는 것으로 분산 또는 표준편차를 의미한다.

1) 채권의 투자성과

앞서 설명한 바와 같이 채권의 투자성과는 내부수익률(만기수익률)을 이용하여 추정할 수 있다. 보통주와 달리, 채권은 만기까지의 기간에서 확정된 이자와 원금이 지급되며, 또한 시장이자율이 크게 변동하지 않는 한 채권가격도 안정적이어서 가격변동을 고려하지 않아도 되기 때문이다. 실제로 채권은 시장에서 만기수익률로 거래되기 때문에 내부수익률을 이용하여 투자성과를 추정하는 것이 보다 현실적이다. 따라서 만기수익률의 확률분포를 이용하여 채권의 특성을 파악할 수 있다.

채권의 만기수익률(yield to maturity)은 원리금이 약속대로 지급된다는 가정에서 현재의 시장가격으로 매입하여 만기까지 보유할 때 얻을 수 있는 평균투자수익률로서 약속만기수익률(promised yield to maturity)을 의미한다.

예제 4

- 만기가 2년이고, 액면가는 10,000원이며, 액면이자율이 10%인 사채 *A*의 가격이 8,472원에 형성되고 있다.
- 사채 *A*의 만기수익률을 계산하시오.

발행회사가 약속된 원리금을 제대로 상환한다고 가정하는 경우 1년 후에 1,000원의 이자를 그리고 2년 후에 11,000원의 이자와 원금을 받을 수 있기 때문에 식 (5)의 관계가 성립한다.

$$8,472\text{원} = \frac{1,000}{(1+r)} + \frac{11,000}{(1+r)^2} \tag{5}$$

식 (5)에서 내부수익률을 구하면 $r=20\%$이다. 따라서 발행회사가 약속된 원리금을 정상적으로 지급하는 경우 사채 *A*를 8,472원에 매입하여 만기까지 보유할 때 20%의 평균투자수익률이 실현됨을 알 수 있다.

그러나 채권에 투자하는 경우 다음과 같은 두 가지 형태의 투자위험을 부담해야 한다. 첫째, 발행회사가 원리금의 지급시기를 지연시킴으로써 투자성과가 줄어드는 위험을 부담해야 한다. 원리금 상환이 지연될수록 원리금의 현재가치가 줄어들기 때문에 채권가격이 하락하게 된다. 둘째, 발행회사가 원리금을 지급하지 못함으로써 투자성과가 줄어드는 위험을 부담해야 한다. 발행회사가 원리금을 지급하지 못하는 경우에는 파산으로 이어지기 때문에 이자는 물론 원금마저 회수할 수 없는 상황에 처할 수 있다.

이와 같은 가능한 모든 상황에서 얻을 수 있는 만기수익률을 상황의 실현확률에 따라 가중평균함으로써 채권의 기대만기수익률(expected yield to maturity)을 추정할 수 있다.

$$E(r_A) = \sum_{s=1}^{n} p_s r_{sA} \tag{6}$$

$E(r_A)$: 채권 A의 기대만기수익률
p_s : 상태 S의 실현확률
r_{sA} : 상태 S에서 얻을 수 있는 채권 A의 만기수익률

한편 표준편차는 분산의 제곱근과 같다. 분산은 가능한 상황에서 실현되는 만기수익률에서 기대만기수익률을 공제한 편차의 제곱을 발생확률에 따라 가중 평균함으로써 추정할 수 있다.

$$\sigma(r_A)^2 = \sum_{s=1}^{n} P_s\{r_{sA} - E(r_A)\}^2 \tag{7}$$

$$\sigma(r_A) = \sqrt{\sigma(r_A)^2} \tag{8}$$

예제 5

○ 사채 *A*의 가격은 8,472원이고, 사채 *A*의 발행회사가 원리금을 지급하지 못하는 가능한 모든 상황을 고려할 때의 현금흐름은 〈표 2.3〉과 같다.

〈표 2.3〉 상황별 원리금의 지급패턴

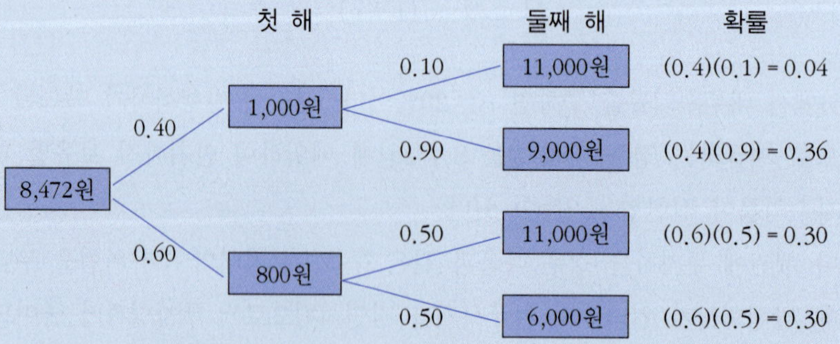

○ 사채 A의 기대수익률과 표준편차를 추정하시오.

〈표 2.3〉에서 보여주는 바와 같이 첫 번째 상황은 발행회사가 원리금을 정상적으로 지급하는 상황으로서 첫 해에 1,000원의 이자를 그리고 둘째 해에 11,000원의 원리금을 지급하는 경우이다. 첫 번째 상황에서 얻을 수 있는 만기수익률을 계산하면 20%이고, 20%의 만기수익률이 실현될 확률은 0.04이다.

두 번째 상황은 발행회사가 첫 해에 1,000원의 이자를 그리고 둘째 해에 9,000원의 원금을 지급하는 상황이다. 두 번째 상황에서 얻을 수 있는 만기수익률을 계산하면 9.14%이고, 9.14%의 만기수익률이 실혈될 확률은 0.36이다.

같은 방법으로 모든 가능한 상황에서 얻을 수 있는 만기수익률과 실현 확률을 구하면 〈표 2.4〉와 같다.

〈표 2.4〉 만기수익률의 확률분포

상황	첫 해(지급액)	둘째 해(지급액)	확률	만기수익률
1	1,000원	11,000원	0.04	20.00%
2	1,000	9,000	0.36	9.14
3	800	11,000	0.30	18.77
4	800	6,000	0.30	-10.99

〈표 2.4〉에서 보여주는 만기수익률의 확률분포를 이용하여 사채 A의 기대수익률을 식 (6)을 이용하여 추정하면 다음과 같다.

$$\begin{aligned}E(r_A) &= 0.04\times 20.00\% + 0.36\times 9.14\% + 0.30\times 18.77\% + 0.30\times(-10.99\%)\\ &= 6.42\%\end{aligned}$$

한편 사채 A의 분산을 식 (7)을 이용하여 추정하면 다음과 같다.

$$\begin{aligned}\sigma(r_A)^2 &= 0.04\times(0.2-0.0642)^2 + 0.36\times(0.0914-0.0642)^2\\ &\quad + 0.30\times(0.1877-0.0642)^2 + 0.30\times(-0.1099-0.0642)^2\\ &= 0.014673\end{aligned}$$

사채 A의 분산을 이용하여 표준편차를 구하면 다음과 같다.

$$\sigma(r_A) = \sqrt{0.014673} = 12.11\%$$

사채 A의 기대수익률과 표준편차가 각각 6.42%와 12.11%임을 알 수 있다. 그러나 시장에서는 실제로 사채 A가 20%의 만기수익률에서 거래되고 있다. 가능한 모든 상황을 고려할 때 사채 A로부터 6.42%의 수익률이 기대됨에도 불구하고 시장에서 실제로 그보다 훨씬 높은 20%에서 거래되고 있는 이유는 무엇인가? 그 이유는 지급불능위험이 매우 높기 때문이다.

시장에서 관찰되는 실제수익률은 원리금이 정상적으로 지급된다는 가정에서 계산되는 약속만기수익률을 의미한다. 따라서 발행회사가 원리금을 약속대로 지급할 수 없는 가능성이 높을수록 채권가격이 하락하기 때문에 약속만기수익률은 올라가게 된다. 그러므로 지급불능위험이 높을수록 기대수익률보다 높은 약속만기수익률에서 거래가 이루어지며, 이 경우 약속만기수익률에서 기대만기수익률을 공제한 차이를 지급불능위험프리미엄이라고 한다.

$$\text{지급불능위험프리미엄} = \text{약속만기수익률} - \text{기대만기수익률} \tag{9}$$

식 (9)에서 보여주는 것처럼 약속만기수익률과 기대만기수익률의 차이가 클수록 지급불능위험이 높다고 말할 수 있다. 사채 A의 경우와 같이 기대만기수익률(6.42%)보다 훨씬 높은 약속만기수익률(20%)에서 거래가 이루어지고 있다는 것은 사채 A의 발행회사가 원리금을 상환하지 못할 가능성이 그만큼 높다는 것을 의미한다.

지급불능위험이 높은 채권일수록 채권가격은 하락하며, 채권가격이 하락하기 때문에 약속만기수익률이 기대만기수익률보다 높은 수준에서 형성된다. 반대로 지급불능위험이 낮은 채권일수록 약속만기수익률은 기대만기수익률에 가까운 수준에서 형성된다. 따라서 지급불능위험이 없는 채권의 경우에는 약속만기수익률과 기대만기수익률이 일치함을 알 수 있다.

2) 보통주의 투자성과

앞서 살펴본 바와 같이 만기수익률은 다음과 같은 가정에서 측정되는 평균투자수익률을 의미한다. 첫째, 현재의 가격으로 매입하여 만기까지 보유한다. 둘째, 만기까지의 기간에서 실현되는 이자수익이 만기수익률로 재투자된다. 따라서 만기수익률에서는 만기일 내에서 채권가격의 변화를 고려하지 않는 단점이 있다. 그러므로 만기수익률은 가격변동이 작은 채권의 투자성과를 추정하는데 유용하지만, 가격변동이 큰 보통주의 투자성과를 추정하는 데는 적합하지 않다.

보통주의 투자성과를 추정할 때는 기하평균수익률을 이용하는 것이 바람직하다. 먼저 보유기간수익률(holding period rate of return)을 추정하여 이를 기하평균수익률로 전환시킬 수 있다. 보유기간수익률은 식 (10)과 같다.

$$r_H = \frac{V_1}{V_0} - 1 \tag{10}$$

r_H : 보유기간수익률
V_1 : 보유기간 말의 투자수익
V_0 : 보유기간 초의 투자비용

보통주의 경우에는 보유기간 동안에 실현되는 투자수익으로 시장에서 직접 보통주를 추가로 매입할 수 있기 때문에 보유기간 말의 보유주식수에 주당배당금과 처분가격을 곱하여 보유기간 말의 투자수익을 계산할 수 있다.

보유기간 말의 투자수익은 식 (11)과 같다.

$$V_1 = P_1 \times n_1 + d_1 \times n_1 \tag{11}$$

P_1 : 보유기간 말의 주가
n_1 : 보유기간 말의 보유주식수
d_1 : 보유기간 말의 주당배당금

보유기간 말의 보유주식수는 재투자 시점의 주가수준에 따라 영향을 받는다. 따라서 만기수익률과 달리 보유기간수익률에서는 보유기간 동안의 주가변화를 고려하고 있다는 점에서 차이가 있다.

보유기간수익률을 기하평균수익률로 전환하면 식 (12)와 같다.

$$r_g = (1 + r_H)^{1/n} - 1 \tag{12}$$

r_g : 기하평균수익률
n : 보유기간에서 재투자 횟수
r_H : 보유기간수익률

예제 6

○ 주식 B에 향후 2년간 투자하며, 현재의 시장가격은 46,000원이고, 1년 후와 2년 후에 각각 1,500원과 2,000원의 주당배당금이 예상된다.

○ 향후 2년 동안에서 가능한 상황과 상황의 실현확률 및 주가의 변동은 〈표 2.5〉와 같이 예상된다.

〈표 2.5〉 주식 B의 재무자료

상황	확률	1년 후의 주가	2년 후의 주가
1	0.2	52,000원	60,000원
2	0.2	50,000	56,000
3	0.2	49,000	51,000
4	0.2	45,000	40,000
5	0.2	44,000	35,000

○ 보통주 B의 기대수익률과 표준편차를 추정하시오.

먼저 상황 (1)에서 예상되는 기하평균수익률을 계산하여 보자. 1년 후의 배당금 1,500원으로 0.029주(1,500/52,000)를 추가로 매입할 수 있기 때문에 1년 후의 보유주식수는 1.029주로 늘어난다. 따라서 2년 후에 1.029주에 대한 배당금 2,058원과 1.029주의 매각수익 61,740원(60,000원×1.029주)을 받을 수 있기 때문에 2년 후에 63,798원의 투자수익을 얻을 수 있다.

배당수익 = 1.029주 × 2,000원 = 2,058원
매각수익 = 1.029주 × 60,000원 = 61,740원

그러므로 상황 (1)에서는 주식 B를 46,000원에 매입하여 2년간 보유함으로써 63,798원의 투자수익을 얻을 수 있기 때문에 상황 (1)에서 2년간의 보유기간수익률을 계산하면 다음과 같다.

$$r_H = \frac{63,798\text{원}}{46,000\text{원}} - 1 = 38.69\%$$

보통주 B에 2년 동안 투자하는 경우 상황 (1)에서 38.69%의 보유기간수익률이 실현되기 때문에 이를 기하평균수익률로 전환시키면 다음과 같다.

$$r_g = (1 + 0.3869)^{1/2} - 1 = 17.76\%$$

따라서 상황 (1)에서 연평균 17.76%의 수익률이 실현됨을 알 수 있다.
같은 방법으로 각 상황에서 추정되는 기하평균수익률을 계산하면 〈표 2.6〉과 같다.

〈표 2.6〉 각 상황별 기하평균수익률의 추정

상황	확률	1년후 주가	2년후 주가	보유주식수	기하평균수익률
1	0.2	52,000원	60,000원	1.029주	17.76%
2	0.2	50,000	56,000	1.030	13.96
3	0.2	49,000	51,000	1.031	8.99
4	0.2	45,000	40,000	1.033	-2.88
5	0.2	44,000	35,000	1.034	-8.80

〈표 2.6〉을 이용하여 보통주 B의 기대수익률을 추정하면 다음과 같다.

$$\begin{aligned} E(r_B) &= 0.2\times 0.1776+0.2\times 0.1396+0.2\times 0.0899 \\ &\quad +0.2\times(-0.0288)+0.2\times(-0.0880) \\ &= 6.0\% \end{aligned}$$

한편 보통주 B의 분산을 구하면 다음과 같다.

$$\begin{aligned} \sigma(r_B)^2 &= 0.2\times(0.1776-0.060)^2+0.2\times(0.1396-0.060)^2 \\ &\quad +0.2\times(0.0899-0.060)^2+0.2\times(-0.0288-0.060)^2 \\ &\quad +0.2\times(-0.0880-0.060)^2 \\ &= 0.0102 \end{aligned}$$

보통주 B의 분산을 이용하여 표준편차를 구하면 다음과 같다.

$$\sigma(r_B)=\sqrt{0.0102}=10.1\%$$

이상에서 살펴본 바와 같이 보통주 B의 수익률이 〈표 2.6〉과 같은 정규 확률분포를 보이는 경우 보통주 B의 기대수익률과 표준편차가 각각 6%와 10.1%임을 알 수 있다.

연습문제

1. 다음 용어를 간략하게 설명하시오.

1) 내부수익률　　2) 기하평균수익률　　3) 실질투자수익률
4) 약속만기수익률　　5) 기대만기수익률　　6) 보유기간수익률
7) 확률적 예측　　8) 정규분포　　9) 지급불능위험프리미엄

2. 내부수익률과 기하평균수익률을 비교 설명하시오.

3. 다음 자료를 이용하여 주식 A의 기대수익률과 표준편차를 계산하시오.

투자수익률(%)	발생확률
−40	.03
−10	.07
0	.30
5	.10
30	.05
40	.20
50	.25

4. 20X1년 초에 서울주를 주당 20,000원에 매입하여 20X2년 말에 처분하였다. 그런데 20X1년과 20X2년 말에 각각 2,000원과 2,500원의 배당금이 지급되었으며, 연말주가는 각각 18,000원과 25,000원이었다.

(1) 내부수익률을 계산하시오.
(2) 기하평균수익률을 계산하시오.
(3) 내부수익률과 기하평균수익률이 다른 이유를 설명하고, 어느 것이 투자성과를 정확하게 측정하는가를 제시하시오.

5. 주식 A를 20X1년 초에 매입하여 20X2년 말에 매각하였다. 20X1년 초와 20X2년 말의 주가는 각각 50,000원과 55,000원이었으며, 20X1년 및 20X2년 말에 배당금

이 각각 1,000원씩 지급되었다. 주식 A의 보유기간 수익률과 기하평균수익률을 계산하시오.

6. 20X1년~20X5년 동안 부산주의 명목투자수익률과 인플레이션율은 다음과 같다. 기하평균수익률을 이용하여 연평균 실질투자수익률을 계산하시오.

연도	명목투자수익률	물가상승률
20x1	10%	5%
20x2	20	4
20x3	-20	7
20x4	3	7
20x5	-30	10

7. 연안주의 시장가격은 10,000원, 향후 2년 동안의 연말주가와 확률이 다음과 같다.

① 1년 후에 주가가 20,000원 및 12,000원까지 상승할 확률은 각각 30%와 60%이며, 8,000원까지 하락할 확률은 10%이다.

② 1년 후에 20,000원까지 상승한 후 2년 후에 주가가 25,000원까지 상승할 확률은 50%이고, 15,000원으로 하락할 확률은 50%이다.

③ 1년 후에 주가가 12,000원까지 상승한 다음 2년 후에 주가가 15,000원까지 상승할 확률이 70%이고, 10,000원까지 하락할 확률은 30%이다.

④ 마지막으로 1년 후에 주가가 8,000원까지 하락한 다음 2년 후에 주가가 4,000원까지 하락할 확률은 40%이고, 12,000원까지 상승할 확률은 60%이다.

(1) 연안주에 투자할 때 기대되는 2년 후의 연말주가와 확률을 견적하여 사상분석수(event tree)로 나타내어 보시오.

(2) 2년 후의 기대주가를 계산하시오.

8. K씨는 영광주 100주를 10,000,000원에 매입하여 3년간 보유하였으며, 연도별 투자수익률은 다음과 같다.

연도	투자수익률(%)
1	20%
2	30
3	-50

1) 기하평균수익률을 계산하시오.

2) 3년 후의 투자수익을 계산하시오.

기출문제

1. 1,000만원을 투자하여 첫 해 말에는 1,000만원, 둘째 해 말에는 2,000만원의 현금을 회수했을 때 그 투자로 인한 수익을 복리로 계산하면 이때의 내부수익률은 얼마인가? (2010 보험계리사)

① 2 ② 0.5 ③ -2 ④ 1

2. 미래수익의 위험(변동정도)을 측정하기 위한 지표로 옳지 않은 것은? (2014 7급)

① 분산 ② 분산의 제곱근 ③ 표준편차 ④ 평균

3. A펀드와 주가지수의 과거 3년 동안의 연간 수익률 r_A와 r_M은 다음과 같다. 같은 기간 중 무위험수익률은 매년 1%였다. 소수점 다섯째 자리에서 반올림하여 넷째 자리까지 사용하시오.

연 도	r_A	r_M
2007년	8%	2%
2008년	-2%	0%
2009년	3%	4%

주가지수수익률의 표준편차를 추정하시오. (2010 CPA 재무관리)

제3장 증권시장

증권시장은 유통성과 대체성이 있는 자본증권이 발행되고 유통되는 시장을 말한다. 발행시장은 이와 같은 자본증권이 발행되는 시장을, 그리고 유통시장은 자본증권이 투자자 사이에서 거래되는 시장을 의미한다.

한편 증권시장에서는 증권거래를 돕기 위하여 많은 기관들이 다양한 금융서비스를 제공하고 있다. 한국거래소는 증권거래와 관련된 시설과 서비스를 제공하고 있고, 증권회사는 증권거래를 중개해 주는 역할을 담당하고 있으며, 한국증권금융은 증권거래에 따른 금융서비스를 제공하고 있다. 또한 한국예탁결제원은 수도결제와 명의개서를 대행하는 역할을 수행하고 있다.

이 장에서는 증권거래와 관련된 거래절차 및 매매제도에 대하여 살펴본 후 한국거래소와 장외시장에 대하여 살펴보기로 한다.

Ⅰ. 증권거래제도

일반적으로 증권거래는 증권회사의 계좌를 통하여 이루어진다. 따라서 한국거래소에서 증권을 거래하고자 하는 경우에는 먼저 증권회사에 가서 자신의 계좌를 개설해야 한다. 그런 다음 위탁증거금을 계좌에 예치한 후 매매주문을 증권회사에 의뢰하면 증권회사가 투자자를 대신하여 고객의 주문을 거래소시장에 제출하고, 거래소시장에서는 전달받은 주문을 정해진 매매체결의 원칙에 따라 처리하여 준다.

매매거래의 처리결과는 즉시 증권회사를 통하여 투자자에게 통보되며, 통보받은 투자자는 매매체결일로부터 3일째 되는 날까지 자신의 계좌에 결제대금 또는 결제증권을 입금시킴으로써 수도결제가 이루어진다.

1 계좌의 개설

매매거래계좌는 현금거래계좌와 신용거래계좌로 구분된다. 현금거래는 현금으로 증권을 사거나 보유증권을 매각하는 증권거래를 말하며, 신용거래는 증권회사로부터 현금 또는 증권을 차입하여 증권을 사거나 매각하는 거래를 말한다.

1) 현금거래계좌

현금거래계좌는 증권회사와 매매거래계좌설정약정계약을 체결함으로써 개설된다. 매매거래계좌설정약정서에는 대략 다음과 같은 사항이 기재되어 있다.

첫째, 한국거래소가 개설한 시장에서 증권을 거래하기 위한 목적으로 계좌를 개설하며, 둘째, 약정서의 모든 내용을 인지하며, 셋째, 자신의 계좌에 예탁한 현금을 증권회사가 임의로 전용하는 것을 허용하며, 넷째, 수도결제에 응하지 않을 경우 증권회사가 해당증권을 임의로 처분하거나 미수금에 대하여 연체료를 부과할 수 있으며, 다섯째, 증권회사가 예탁증권의 관리, 배당금수령 등과 같은 서비스를 대행해 주며, 마지막으로 전화 또는 전산시스템을 통한 매매주문을 할 수 있다.

2) 신용거래계좌

신용거래계좌는 신용거래계좌설정약정계약을 체결함으로써 개설된다. 신용거래에 대해서는 II. 신용거래에서 설명하기로 하고, 이하에서는 유가증권시장을 중심으로 매매제도에 대하여 살펴보기로 한다.

2 호가단위

호가는 한국거래소에서 매매거래를 하기 위하여 매도 또는 매수의사를 표시하는 행위를 말한다. 호가단위는 호가수량단위와 호가가격단위로 구분된다. 호가수량단위는 한국거래소에서 호가할 수 있는 최소단위의 수량이다. 기본적인 상품에 대해서만 살펴보면 다음과 같다. 주식의 경우 유가증권시장에서는 10주 단위로 거래된다. 단 5만원 이상인 경우 1주 단위로 거래된다. 코스닥시장은 1주 단위로 거래된다. 일반채권은 액면 10,000원, 소액채권은 액면 1,000원 단위로 거래된다.

호가수량단위 미만의 주식수를 단주(odd-lot)라고 하며, 단주는 장외시장에서 거래된다.[1] 예를 들어 유가증권시장을 통하여 105주를 매입하고자 하는 경우 거래소시장을 통하여 100주를 매입하고, 나머지 5주는 시간외시장 또는 장외시장을 통하여 매입하여야 한다.

주식의 호가가격단위를 살펴보면 〈표 3.1〉과 같다.

〈표 3.1〉 호가단위

시장가격	주식, ETF 등
1,000원 이하	1원
1,000원 이상~5,000원 미만	5
5,000원 이상~10,000원 미만	10
10,000원 이상~50,000원 미만	50
50,000원 이상~100,000원 미만	100
100,000원 이상~500,000원 미만	500
500,000원 이상	1,000

③ 위탁증거금

위탁증거금은 증권거래에 따른 수도결제의 이행에 대한 보증금으로서 투자자가 결제의무를 이행하지 않을 경우 증권회사가 부담해야 하는 손실을 사전에 방지하기 위한 목적에서 부과되고 있다. 따라서 증권회사에서 정한 위탁증거금을 자신의 계좌에 예치하여야 증권회사에 매매주문을 의뢰할 수 있다.

한편 증권을 거래하는 경우 거래대금의 일정한 비율에 해당하는 위탁수수료를 증권회사에 지불하여야 한다. 위탁수수료는 증권회사가 증권거래를 중개해 주는 대가로 고객으로부터 받는 수수료로서 증권회사의 주요 수입원이 되기도 한다.

1) 단주의 개념은 발행시장과 유통시장에 따라 의미가 다르다. 유통시장에서는 매매수량 단위 미만의 주식수를 단주라고 하며, 발행시장에서는 1주 미만의 주식수를 단주(fractional share)라고 한다.

④ 매매주문의 종류

우리나라의 한국거래소에서 통용되고 있는 매매주문은 지정가 주문, 시장가 주문, 조건부 지정가 주문, 최유리 지정가 주문, 최우선 지정가 주문 및 IOC 또는 FOK와 같은 조건을 부여한 주문 등이 있다.

1) 지정가 주문

지정가 주문(limit order)은 투자자가 매매주문을 증권회사에 의뢰할 때 지정된 가격이나 그보다 유리한 가격으로 거래를 체결해 달라는 주문의 형태를 말한다. 따라서 증권을 매입하고자 할 때는 지정된 가격 이하로 매입할 수 있으며, 증권을 팔고자 하는 경우에는 지정된 가격 이상으로 증권을 매각할 수 있다.

예를 들어 어떤 투자자가 주당 33,500원에 거래되고 있는 서울주 100주를 주당 34,000원에 매입하고자 하는 지정가 주문을 증권회사에 위탁하였다고 하자. 이 경우 증권회사는 반드시 주당 34,000원 이하의 가격으로 매입해 주어야 하며, 반대로 34,000원에 매도하고자 하는 지정가 주문을 증권회사에 의뢰하였다면 증권회사는 주당 34,000원 이상의 가격으로 매도해 주어야 한다.

2) 시장가 주문

시장가 주문(market order)은 종목과 수량만을 지정하여 현재 시장에서 형성되고 있는 가격으로 거래를 체결해 달라는 주문의 형태를 말한다. 따라서 시장가 주문을 증권회사에 의뢰하는 경우 주문이 접수된 시점에서 형성되는 시장가격으로 증권을 사거나 팔 수 있다.

예를 들어 어떤 투자자가 서울주 100주를 매입하고자 하는 시장가 주문을 증권회사에 의뢰하였다면 투자자는 주문이 접수된 시점에서 형성되는 시장가격으로 서울주 100주를 매입할 수 있다. 만일 주문이 접수되는 시점에서 시장가격이 34,000원에서 형성된다면 34,000원에 100주를 매입할 수 있다. 그러나 경우에 따라 100주중 일부는 34,100원에 매입될 수 있다.

3) 조건부 지정가 주문

조건부지정가 주문은 매매거래시간 중에는 지정가 주문으로 처리하되 종가가 결정될 때까지 처리되지 않을 경우에는 종가로 처리해 달라는 주문을 말한다. 예를 들어 서울주 100주를 34,000원으로 매입하고자 하는 조건부 지정가 주문을 증권회사에 의뢰하였다고 하자. 이 경우 34,000원으로 50주만 처리되고 종가가 결정되기 직전까지 나머지 주문량인 50주가 처리되지 않았다면, 50주는 종가로 주문이 체결된다.

4) 최유리 지정가 주문

최유리 지정가 주문은 종목과 수량만을 정하여 시장에서 가장 유리한 상대호가를 지정가로 하여 거래를 체결해 달라는 주문을 말한다. 따라서 매도 주문의 경우에는 호가집계표 상에서 가장 높은 매수호가의 가격이 지정가가 되며, 반대로 매수 주문에서는 호가집계표 상에서 가장 낮은 매도호가의 가격이 지정가가 된다.

5) 최우선 지정가 주문

최우선 지정가 주문은 종목과 수량만을 정하여 시장에서 최우선으로 처리해야 하는 동일 방향의 호가를 지정가로 하여 거래를 체결해 달라는 주문의 형태를 말한다. 따라서 매도주문의 경우에는 호가집계표 상에서 우선적으로 처리해야 하는 가장 낮은 매도호가의 가격이 지정가가 되며, 반대로 매수주문에서는 호가집계표 상에서 가장 우선적으로 처리해야 하는 가장 높은 매수호가의 가격이 지정가가 된다.

이상에서 설명한 매매주문의 형태 중 조건부지정가주문과 최우선 지정가 주문을 제외한 모든 주문에서 IOC 또는 FOK와 같은 조건을 부여할 수 있다. IOC(Immediate or Cancel)의 조건은 당해 주문의 접수시점에서 주문량 중 체결 가능한 수량만을 처리하고 처리되지 않은 주문량은 즉시 취소해달라는 조건을 의미하며, FOK(Fill or Kill)의 조건은 주문의 접수시점에서 주문수량의 전부를 처리할 수 있는 경우에만 주문을 처리하고 그렇지 않은 경우에는 그 주문을 전부 취소해 달라는 조건을 의미한다.

한편 우리나라에서는 특별한 조건이 없는 한 주문의 효력을 매매주문이 제출된 날로 제한하고 있다. 따라서 처리되지 않은 주문은 자동적으로 취소되기 때문에 그 다음 날에 다시 증권회사에 주문을 의뢰해야 한다.

Ⅱ. 신용거래

신용거래는 투자자가 증권거래에 따른 현금 또는 증권을 증권회사로부터 차입하여 수도결제를 하는 거래를 말한다. 신용거래는 융자거래와 대주거래로 구분된다. 융자거래는 투자자가 증권회사로부터 매입대금의 일부를 차입하여 수도결제를 하는 거래를 말하며, 대주거래는 매각하고자 하는 증권을 증권회사로부터 차입하여 수도결제를 하는 거래를 말한다.

신용거래는 증권의 가수요와 공급을 조정함으로써 증권의 시장성을 높여줄 뿐만 아니라 일시적인 수급불균형으로부터 야기되는 주가의 급격한 변동가능성을 줄임으로써 가격을 안정화시킬 수 있다는 점에서 의미가 있다.

1 신용거래계좌의 개설

앞서 설명한 바와 같이 신용거래를 하고자 하는 경우에는 증권회사에 자신의 신용거래계좌를 개설해야 한다.

신용거래계좌는 증권회사와 신용거래계좌설정약정계약을 체결함으로써 개설된다. 신용거래계좌설정약정서에는 다음과 같은 내용이 기재되어 있다. 첫째, 투자자가 신용거래와 관련하여 신용거래보증금으로 예치한 현금, 대용증권, 신용매입증권 또는 신용매도대금을 증권회사가 담보로 설정할 수 있으며, 둘째, 담보가치가 신용거래담보유지비율에 미달할 때에는 증권회사가 추가담보를 요구할 수 있고, 이러한 요구에 응하지 않을 때에는 반대매매를 통하여 신용거래를 청산할 수 있다.

신용매입증권에 대한 권리행사는 증권회사에 귀속된다. 증권의 원소유자는 투자자이지만, 주주명부에는 증권회사가 소유자로 기재되기 때문이다. 그러므로 배당금수령통지서, 유상증자와 무상증자의 실시통보서, 주주총회소집통보서 등이 증권회사 앞으로 송부된다. 그러나 원소유자가 권리를 행사하고자 하는 경우 증권회사가 송부 받은 통지서를 원소유자에게 전달하여 원소유자가 권리를 행사할 수 있도록 도와주고 있다.

1) 신용거래증거금

신용거래증거금은 신용거래의 청산 불이행으로 증권회사가 입을 수 있는 손실을 미연에 방지하기 위하여 설정되는 담보금을 말한다. 따라서 거래대금의 일정한 비율(신용거래증거금률) 이상에 해당하는 현금이나 대용증권을 신용거래증거금 명목으로 신용거래계좌에 예치해야만 신용거래를 할 수 있다.

대용증권은 증권의 활용도를 높이기 위하여 현금 대신에 위탁증거금으로 사용할 수 있도록 거래소가 지정한 유가증권을 말하며, 대용증권은 그 밖에도 각종 보증금, 공탁금 또는 담보증권으로도 사용할 수 있다. 신용거래증거금률은 신용거래종목, 융자거래와 대주거래 등에 따라 증권회사에서 따로 정하도록 하고 있다.

예를 들어 신용거래를 통하여 서울주 100주를 주당 30,000원에 매입하고자 하며, 신용거래증거금률이 40%라고 가정하자. 투자자가 신용거래증거금으로 1,200,000원을 신용거래계좌에 입금한 다음 서울주를 매입하고자 하는 주문을 증권회사에 의뢰할 수 있으며, 주문이 처리되는 경우 나머지 1,800,000원의 결제자금을 증권회사로부터 차입하여 수도결제를 할 수 있다.

$$\text{신용거래증거금} = 30{,}000\text{원} \times 100\text{주} \times 0.4 = 1{,}200{,}000\text{원}$$

그러나 신용거래증거금률은 대용증권 또는 신용매입증권의 가격이 하락함에 따라 영향을 받는다. 증권회사의 입장에서 보면 신용거래증거금률이 낮아질수록 그만큼 신용거래에 따른 청산결제의 담보력이 줄어들기 때문에 투자자가 신용거래를 청산하지 않을 경우에 증권회사가 입을 손실의 가능성이 높아진다. 앞의 예에서 서울주의 주가가 1개월 후에 주당 25,000원으로 하락하는 경우 신용거래증거금률은 28%까지 줄어든다.

$$\text{신용거래증거금률} = \frac{25{,}000\text{원} - 18{,}000\text{원}}{25{,}000\text{원}} = 28\% \tag{1}$$

신용거래증거금률이 줄어든다는 것은 서울주의 담보가치가 그만큼 줄어든다는 것을 의미한다. 극단적으로 주가가 15,000원까지 하락하는 경우 증권회사가 담보로 설정한 담보가치가 대출액(18,000원)보다 낮은 15,000원으로 줄어들게 되며, 이 경우 고객이 신용거래를 청산하지 않을 때 증권회사가 담보로 설정한 서울주를 매각하더라도 대출액 18,000원 중에서 15,000원만 회수되기 때문에 나머지 금액 3,000원을 회수하려면 복잡한 소송절차를 거쳐야 한다. 소송절차를 통해서도 나머지 금액을 회수하지 못하면 증권회사가 그 만큼의 손실을 입게 된다.

2) 담보유지비율

앞서 설명한 것처럼 투자자가 신용거래를 청산하지 않을 경우에 대비하기 위하여 증권회사에서는 여러 가지 안전장치를 두고 있다. 신용매입증권이나 대용증권의 가격이 하락함에 따라 신용거래증거금률이 하락하는 경우에는 증권회사에서 추가담보를 요구하기 때문에 증권회사의 요구에 따라 신용거래계좌에 추가로 대용증권을 예치하여 일정한 수준 이상의 담보유지비율이 유지되도록 하여야 한다.

담보유지비율은 신용거래를 위하여 예치한 담보자산의 시장가격을 융자액으로 나눈 것으로 식 (2)와 같다.

$$\text{담보유지비율} = \frac{\text{담보자산의 시장가격}}{\text{융자액}} \tag{2}$$

신용거래에서 설정된 담보증권의 시장가격이 하락하는 경우 투자자는 다음과 같은 조치를 통하여 증권회사에서 요구하는 담보유지비율을 유지하여야 한다. 첫째 현금이나 대용증권을 추가로 신용거래계좌에 예치하여 일정 수준 이상의 담보유지비율을 유지하거나, 둘째 차입금의 일부를 반대매매나 현금으로 상환하여 신용거래를 일부 청산하거나, 셋째 계좌에 예치된 다른 증권을 처분하여 그 수익금으로 차입금의 일부를 상환하여야 한다. 투자자가 이와 같은 조치를 취하지 않을 때는 증권회사가 임의로 담보증권을 처분하여 신용거래를 청산시킬 수 있다.

❷ 융자거래와 대주거래

1) 융자거래

융자거래(margin trade)는 투자자가 증권매입에 따른 자금의 일부를 증권회사로부터 차입하여 수도결제를 하는 거래를 말한다. 현금거래계좌를 통하여 주식을 매입할 때는 매입대금을 전액 현금으로 자신의 현금거래계좌에 입금시켜야 수도결제가 이루어진다. 그러나 신용거래계좌를 통하여 주식을 매입할 때는 투자자가 매입대금의 일부인 신용거래증거금에 해당하는 현금을 신용거래계좌에 입금시키면 되고, 나머지 결제자금은 증권회사로부터 차입하여 수도결제가 이루어진다.

한편 투자자는 증권회사로부터 차입하는 융자액에 대하여 일정한 이자를 지불해야 하는데, 이를 융자이자율이라고 한다. 융자이자율은 대출이자율 이외에 가산금리를 반영한 수준에서 결정된다. 왜냐하면 융자거래에 필요한 자금을 증권회사가 증권금융(주)로부터 차입하여 이를 고객에게 대여해 주기 때문이다.

2) 대주거래

대주거래는 매각증권을 증권회사로부터 차입하여 수도결제를 하는 거래를 말한다. 융자거래는 낮은 가격으로 증권을 매입하여 높은 가격으로 매각함으로써 이익을 얻을 수 있기 때문에 주가가 상승할 것으로 기대되는 경우에만 이득을 볼 수 있다. 한편 대주거래는 높은 가격으로 증권을 매각한 다음 낮은 가격으로 그 증권을 다시 매입하여 상환함으로써 이익을 얻을 수 있기 때문에 주가가 하락할 것으로 기대되는 경우에만 이득을 볼 수 있는 거래이다. 대주거래에서는 결제증권을 증권회사로부터 차입하여 매도하기 때문에 이를 흔히 공매도(short sales)라고도 한다.

대주거래에 대해서는 거래 및 호가에 제한을 두고 있다. 이는 수도결제의 불이행에 따른 혼란을 방지하는 한편 투기목적에 의한 집중적인 공매도에 따라 주가의 하락을 가속화시키는 시장충격을 억제하는데 있다. 첫째, 증권관련법에서는 상장법인의 임직원과 주요 주주의 경우 해당주식에 대한 공매도를 금지하고 있다. 둘째, 공매도의 경우 직전 가격보다 낮은 가격으로 호가하는 것을 금지하고 있다. 셋째, 시장관리상 필요한 경우 거래소에서 증권회사에 공매도와 관련된 내용을 기재한 자료를 청구할 수 있다.

③ 신용거래의 레버리지효과

신용거래에서는 결제자금 또는 결제증권을 차입하여 수도결제가 이루어지기 때문에 신용거래를 통하여 레버리지효과를 얻을 수 있다. 융자거래를 통하여 주식을 매입하는 경우에는 주가가 하락하는 경우 엄청난 손실을 부담해야 하는 위험이 있는 한편 대주거래를 통하여 주식을 매도하는 경우에는 주가가 상승할 때 엄청난 손실을 부담해야 하는 위험이 있다. 신용거래의 레버리지효과에 대하여 살펴보자.

예제 1

- ○ 신용거래증거금률은 40%이고, 융자이자율은 연리 10%이다.
- ○ 현재 서울주의 주가는 30,000원이며, 1년 후에 주가가 39,000원까지 상승하거나 21,000원까지 하락할 것으로 예상된다.
- ○ 현금거래와 신용거래를 통하여 서울주 100주를 매입하는 경우의 투자수익률을 계산한 다음 이를 비교 설명하시오.

현금거래와 신용거래에 따른 투자수익률을 계산하면 〈표 3.2〉와 같다.

〈표 3.2〉 신용거래의 레버리지효과

구분	투자수익률	
	39,000원	21,000원
현금매입	+30%	−30%
신용매입	+55.5	−94.5

〈표 3.2〉에서 보여주는 것처럼 현금매입의 경우에는 주가변화율과 동일한 투자수익률이 실현되고 있다. 주가가 상승할 때는 30%의 투자수익률이 그리고 주가가 하락할 때는 −30%의 손실이 발생하기 때문에 레버리지효과는 존재하지 않는다.

그러나 신용매입의 경우에는 주가변화율보다 훨씬 큰 이익을 얻거나 손해를 볼 수 있다. 주가가 30% 상승할 때는 그보다 높은 55.5%의 투자수익률이 실현되지만 주가가 30% 하락할 때는 그보다 높은 −94.5%의 손실을 보기 때문에 투자수익률의 변동폭이 커지는 레버리지효과가 존재하고 있음을 알 수 있다.[2]

---

2) (1) 현금매입의 경우 주가가 39,000원으로 상승하는 경우와 21,000원으로 하락하는 경우로 구분하여 투자수익률을 계산하여 보자. 먼저 주가가 39,000원으로 상승할 때의 투자수익률은 다음과 같다.

$$\text{투자수익률} = \frac{(39{,}000\text{원} - 30{,}000\text{원}) \times 100\text{주}}{30{,}000\text{원} \times 100\text{주}} \times 100 = 30\%$$

다음에는 주가가 21,000원으로 하락할 때의 투자수익률은 다음과 같다.

신용거래는 기본적으로 높은 투자위험을 부담해야 하는 거래이기 때문에 무분별한 신용거래는 바람직하지 않다. 위험부담능력을 고려하지 않은 채 무작정 신용거래를 하는 것은 대단히 무모한 일이다. 앞의 예에서 주가가 30% 하락하면 투자원금이 거의 남아있지 않게 된다. 만약 주가가 계속 하락한다면 주식을 팔아도 차입금을 갚을 수 없게 된다. 이것을 소위 '깡통계좌'라고 한다. '깡통계좌'가 사회적인 물의를 일으켰던 때가 있었다. 위험부담이나 시장전망에 대한 확신도 없이 주가가 상승할 것이라는 막연한 기대에서 신용거래에 참여한 것이 '깡통계좌'를 낳게 한 원인이 된 것이다.

Ⅲ. 우리나라의 증권시장

증권시장은 좁은 의미의 금융자산이 거래되는 시장이다. 좁은 의미의 금융자산은 유통성과 대체성이 있는 자본증권을 말한다. 좁은 의미의 금융자산으로는 구체적으로 주식, 회사채, 국·공채, 수익증권, 옵션 및 신물계약 등이 있다.

1 한국거래소

한국거래소는 국제적 금융환경의 변화에 적극적으로 대응하는 한편 증권거래와 관련된 거래비용을 줄이고 이용자의 편의를 높이기 위하여 2005년 1월 27일 "한국증권

$$\text{투자수익률} = \frac{(21{,}000\text{원} - 30{,}000\text{원}) \times 100\text{주}}{30{,}000\text{원} \times 100\text{주}} \times 100 = -30\%$$

(2) 신용매입의 경우 주가가 39,000원으로 상승하는 경우와 21,000원으로 하락하는 경우로 구분하여 투자수익률을 계산하여 보자. 먼저 주가가 39,000원으로 상승할 때의 투자수익률은 다음과 같다.

$$\text{투자수익률} = \frac{(39{,}000\text{원} - 30{,}000\text{원}) \times 100\text{주} - 18{,}000\text{원} \times 100\text{주} \times 0.10}{30{,}000\text{원} \times 100\text{주} \times 0.4} \times 100 = 60\%$$

다음에는 주가가 21,000원으로 하락할 때의 투자수익률은 다음과 같다.

$$\text{투자수익률} = \frac{(21{,}000\text{원} - 30{,}000\text{원}) \times 100\text{주} - 18{,}000\text{원} \times 100\text{주} \times 0.10}{30{,}000\text{원} \times 100\text{주} \times 0.4} \times 100 = -90\%$$

선물거래소법"에 따라 기존의 한국증권거래소, 한국선물거래소, 코스닥시장과 증권업협회의 코스닥위원회를 통합하여 운영하고 있다.

증권선물거래소는 현물시장과 선물시장을 통합하였다는 점에서 의미가 있으며, 증권선물거래소시장은 주식시장(유가증권 시장과 코스닥시장), 채권시장과 선물시장으로 구분된다. 증권선물거래소는 2009년 2월 4일, "자본시장과 금융투자업에 관한 법률" 개정에 따라 한국거래소로 이름을 바꾸었다.

1) 주식시장

주식시장은 상장기업에서 발행하는 주식관련 상품이 거래되는 시장으로서 유가증권시장과 코스닥시장으로 구분된다. 주식시장에서는 정해진 상장요건에 따라 이를 충족시키는 기업들이 발행한 주식과 투자신탁에서 발행하는 수익증권이 거래되고 있다. 이처럼 유가증권시장에서 거래의 대상으로 인정하는 것을 상장(listing)이라고 하며, 상장된 유가증권을 발행한 기업을 상장기업이라고 한다. 상장요건은 기업규모, 주식분산, 재무적 성과와 기타 요건으로 구성되어 있으며, 유가증권시장과 코스닥시장에서 각각의 상장요건을 별도로 정하고 있다.

유가증권시장은 1956년에 설립된 기존의 증권거래소시장으로서 유가증권시장에서는 수익성, 안정성과 성장성이 있는 증권으로서 거래소의 상장요건을 구비한 대규모 우량기업의 주식과 투자신탁회사에서 발행하는 수익증권이 거래되고 있다.

코스닥시장은 성장가능성이 높은 중소기업과 벤처기업이 모험자본을 보다 용이하게 조달할 수 있도록 지원하기 위하여 개설된 시장으로서 정해진 상장요건을 충족한 기업들의 주식이 거래되고 있다. 따라서 코스닥시장은 고위험-고수익을 제공하는 시장이라는 점에서 유가증권시장과 차별화되고 있다. 코스닥시장은 1987년 4월 "중소기업 등의 주식장외거래에 관한 규정"에 따라 한국증권업협회에서 1996년 7월에 개설하였으며 지금은 한국거래소로 통합되어 운영되고 있다.

코넥스시장(KONEX, Korea New Exchange)은 「중소기업기본법」상 중소기업만 상장 가능한 시장으로 2013년 7월 1일 개장되었다. 기술력이 있는 중소기업의 성장을 지원하기 위하여 개설되었으며, 공모, 사모, 직상장 등 진입방법도 다양하고 진입요건도 최소화되어 있다. 또한 분반기보고서도 면제되며 수시공시사항도 축소되고 공시부담도 완화되고 있다. 법상 사외이사와 상근감사 설치의무도 면제되어 지배구조부담도 완화되고 있다.

2) 채권시장

채권시장은 국내에서 공개모집을 통하여 발행되는 채권이 거래되는 시장으로서 국・공채, 특수채, 주식관련채권, 지방채, 회사채와 환매조건부채권 등이 거래되는 시장이다.

채권의 발행자는 크게 정부와 기업으로 구분된다. 정부는 채권시장을 통하여 통화량을 조절하는 한편 재정수요를 충당하고 있으며, 정부가 추진하는 사업의 재원을 조달하고 있다. 또한 기업은 자본구조의 유지, 신규 사업의 추진 또는 기타의 목적으로 채권시장을 통하여 부채를 조달하고 있다.

정부나 기업이 채권시장을 통하여 자금을 원활하게 조달하기 위해서는 무엇보다도 채권의 환금성이 보장되어야 한다. 환금성이 보장되어야만 발행시장에서 채권을 매입한 투자자들이 언제라도 보유한 채권을 유통시장에서 매각하여 원금을 회수할 수 있기 때문이다. 채권이 유통시장을 통하여 활발하게 거래될 때 채권의 환금성이 보장된다. 경쟁적인 시장에서의 공정한 가격형성은 투자자에게는 환금성을 보상해 주는 한편 기업에게는 자본비용과 신규부채의 발행가격을 결정하는 역할을 한다.

채권시장은 장내시장과 장외시장으로 구분된다. 장내시장은 한국거래소에 개설된 시장으로서 상장채권을 대상으로 경쟁매매를 통하여 거래가 이루어지고 있다. 한편 장외시장은 거래소시장 이외의 장소에서 이루어지는 시장으로서 상장의 유무와 관계없이 모든 채권을 거래대상으로 하며, 상대매매에 따라 거래가 이루어진다.

장내시장은 국채전문유통시장, 환매조건부채권시장(REPO시장), 일반채권시장, 소액채권시장 등 4개의 시장으로 구성되어 있다.

국채전문유통시장은 거래소가 국고채시장 활성화 및 거래투명성 제고를 위해 정부의 정책적인 지원을 받아 1999년 3월에 개설한 국채 전자거래시장이다. 거래대상채권은 국고채, 통안증권, 예금보험공사채권이나, 국고채가 거래의 대부분을 차지하고 있으며, 매매수량단위는 10억원의 정수배이다.

환매조건부채권시장은 국채전문딜러와 채권전문딜러를 위하여 개설된 시장으로서 환매조건부채권(REPO)이 거래되는 시장을 말한다. 환매조건부채권거래란 증권회사가 채권을 투자자에게 매도(매입)할 때 미래의 일정한 시점에서 증권회사가 그 채권을 다시 매수(매도)해주기로 하는 조건에서 이루어지는 거래를 말한다. 거래대상채권은 미상환 액면총액이 2,000억원 이상인 채권 중 국고채권, 외국환평형기금채권, 통화안정증권, 예금보험공사채권 및 발행인(또는 보증기관)의 신용등급이 AA 이상인 회사채 및 기타 특수채 증권이다.

일반채권시장은 한국거래소에 상장된 모든 종목의 채권을 거래할 수 있는 시장으로서 회사채, 주식관련 사채, 국민주택채권 등이 거래된다. 시장참여자에 제한이 없으며, 매매수량단위가 액면 1천원으로 소규모 채권투자도 가능하다.

일반채권시장은 주식처럼 개별경쟁매매방식으로 매매가 이루어지며 가격 · 시간우선의 원칙에 따라 매매가 이루어진다.

소액채권시장은 주택구입 · 부동산 등기 · 자동차 등록 등 각종 인 · 허가 시에 의무적으로 매입한 국공채(첨가소화채권)의 환금성을 높이기 위하여 개설된 특수 목적의 시장이다. 거래대상채권은 제1종 국민주택채권, 서울도시철도채권, 지역개발채권, 지방도시철도채권 등이다. 소액채권 매입의무자들 대부분 매입 즉시 매도를 하기 때문에 거래일을 기준으로 당월 및 전월에 발행된 채권에 한하여 거래할 수 있으며, 발행일이 경과한 채권은 일반채권시장에서 거래할 수 있다.

3) 파생금융상품시장

우리나라의 선물시장에서는 선물과 옵션 등 다양한 파생금융상품이 거래되고 있다. 파생금융상품시장은 기본적으로 현물시장에서 발생되는 가격변동위험을 통제하는 위험관리의 기능을 하고 있으며, 국제화와 개방화에 따른 대외 환경변화로 인하여 불확실성이 증가하면서 투자위험을 관리하는 수단으로 이용되면서 놀라운 성장세를 보이고 있다.

1995년 12월 선물거래법이 제정되면서 한국거래소의 전신인 한국증권거래소에서 1996년 5월에 주가지수선물, 1997년 7월에 주가지수옵션, 1999년 9월에 3년만기 국채선물, 2001년 1월과 12월에 코스닥50지수선물과 옵션, 2002년 5월에 3년만기 국채옵션, 2003년 8월에 5년만기 국채선물, 2004년 1월에 개별주식옵션 그리고 2008년 5월에 개별주식선물이 도입되어 거래되고 있다. 이후에도 새로운 선물옵션 상품이 지속적으로 개발되어 상장되고 있다.

한편 한국증권거래소와는 별도로 1999년 4월 한국선물협회가 부산에 선물거래소시장을 개설하여 달러화선물, *CD*금리선물, 금선물과 달러화옵션 등 4개의 상품을 대상으로 시장을 운영하여 오다가 2005년 1월 27일부터 한국증권거래소, 코스닥시장과 한국선물거래소를 현재의 한국거래소로 통합하여 현물시장과 선물시장을 동시에 운영하고 있다.

4) 신주인수권증서시장

한국거래소에서는 상장회사들이 증권시장을 통하여 원활하게 자금을 조달할 수 있도록 지원하기 위하여 2002년 1월에 신주인수권증서시장을 개설하여 운영하고 있다. 신주인수권은 상장회사에서 신주를 발행할 때 주주들에게 부여되는 권리로서 신주를 인수할 수 있는 권리를 말하며, 이와 같은 권리를 증서로 나타낸 것을 신주인수권증서라고 한다. 따라서 상장회사에서 신주를 발행할 때는 주주들에게 지분비율에 따라 신주인수권을 교부하게 되며, 이와 같은 신주인수권증서가 거래되는 시장을 신주인수권증서시장이라고 한다.

신주인수권증서시장에서 매매방법은 주식시장에서와 유사하며, 다만 지정가주문만을 허용하는 한편 가격제한폭을 두지 않고 있다.

5) 신주인수권증권시장

한국거래소에서는 1999년 1월 30일부터 신주인수권부사채(bond with warrant)의 발행이 허용됨에 따라 시장을 활성화시키기 위하여 2000년 7월에 신주인수권증권시장을 개설하여 운영하고 있다. 신주인수권증권(warrant)은 정해진 일정한 기간 내에 발행회사에 대하여 신주발행을 청구하여 신주를 인수할 수 있는 권리를 나타내는 증서를 말한다. 이와 같은 신주인수권증권은 주로 상장회사가 신주인수권을 부여하는 조건으로 신주인수권부사채를 발행할 때 발생하게 된다.

신주인수권증권은 권리의 행사기간이 길다는 점을 제외하고는 기본적으로 신주인수권증서와 유사하기 때문에 매매방법에서 신주인수권증권시장과 동일하다.

6) 수익증권시장

수익증권시장은 자산운용회사에서 발행한 수익증권이 거래되는 시장을 말한다. 수익증권은 투자신탁의 수익권을 균등하게 분할하여 증서로 표시한 유가증권을 말한다. 자산운용회사가 일반투자자로부터 소액의 자금을 모아서 여러 유가증권에 투자하여 그로부터 얻어지는 수익을 투자자에게 배분하는 제도를 투자신탁이라고 한다. 수익증권은 환매가능성의 여부에 따라 개방형과 폐쇄형 수익증권으로 구분할 수 있다. 폐쇄형은 환매가 허용되지 않기 때문에 환금성을 보장하기 위하여 한국거래소에 상장시키는 것을 의무화하고 있다.

7) 상장지수투자신탁시장

상장지수투자신탁시장은 ETF(exchange traded fund)가 거래되는 시장으로서 ETF를 상장지수투자신탁이라고 부른다. ETF는 특정 주가지수와 연동되는 수익률을 얻을 수 있도록 설계된 지수연동형펀드(Index Fund)로서 주식과 지수연동형펀드의 장점을 지닌 금융상품의 하나이다. ETF는 주가지수의 구성종목에 연동되도록 종목을 보유하여 운용된다. 따라서 ETF를 매입하는 것은 주가지수를 매입하는 것과 동일한 의미를 갖는다. 예를 들어 KOSPI200지수에 연동된 ETF를 매입하는 경우 KOSPI200지수가 1,300포인트라면 13,000원(1,300×10증서)으로 KOSPI200지수를 매입하는 셈이 된다. ETF시장에서는 주로 KOSPI200지수를 대상으로 하는 ETF가 거래되고 있다.

8) 상장지수증권시장

상장지수증권시장은 ETN(exchange traded note)가 거래되는 시장으로 ETN을 상장지수증권이라고 한다. ETN은 증권사가 만기에 기초지수의 수익률에 연동하는 수익의 지급을 약속하고 발행하는 파생결합증권으로서 주식처럼 거래소에 상장되어 거래된다. ETN은 ETF에 비해 발행절차가 간소하고 자산운용에 대한 특별한 제한이 없어 다양하고 독창적인 투자전략을 상품화할 수 있으며, ETF와 마찬가지로 분산투자, 매매편의성, 저비용 등의 장점도 지니고 있다. 상장지수펀드(ETF)와 비슷하지만 발행 주체가 자산운용사가 아닌 증권사며, 만기가 있다는 점이 다르다.

9) 주식워런트시장

주식워런트(ELW: equity linked warrant)는 특정 주식 또는 주가지수를 미리 정한 가격으로 사거나 팔 수 있는 권리증서로서 옵션과 유사한 금융상품이다. 주식워런트는 콜워런트와 풋워런트로 구분된다. 콜워런트는 특정 주식 또는 주가지수를 살 수 있는 권리증서를 말하며, 풋워런트는 팔 수 있는 권리증서를 말한다. 예를 들어 삼성전자 주식의 가격이 1,400,000원이라고 하자. 이 주식을 3개월 후에 1,500,000원에 살 수 있는 콜워런트를 50,000원 어치 매입하는 경우를 생각해보자(전환비율이 0.001이라면 50원에 1,000주를 구입한다). 3개월 후에 주가가 1,500,000원 이상으로 상승하는 경우에는 오른만큼 이득을 보지만 반대로 1,500,000원 이하가 된다면 50,000원의 손실을 보게 된다.

이와 같이 워런트는 기본적으로 주식의 미래가치를 사고파는 거래라고 할 수 있으며, 고수익 고위험의 특성을 가지고 있다. 워런트는 옵션상품과 동일한 경제적 효과를 가지지만, 옵션과 달리 증거금을 예탁할 필요가 없고 소액으로 매매할 수 있다.

② 한국거래소시장의 운영시스템

1) 경쟁매매제도

증권시장은 발행시장과 유통시장으로 구분된다. 발행시장은 금융자산이 최초로 발행되는 시장을 말하며, 유통시장은 이미 발행된 금융자산이 투자자들 사이에서 거래되는 시장을 의미한다. 또 유통시장은 한국거래소시장과 장외시장으로 구분된다.

유통시장은 거래방식에 따라 경매시장(auction market)과 계속적 시장(continuous market)으로 세분된다. 경매시장은 증권의 매도량과 매수량 중 한 쪽 수량이 충족될 때까지 다수의 매도자와 매수자가 호가경쟁을 통하여 집단적으로 거래가 이루어지는 시장을 말하며, 계속적 시장은 매도자와 매수자가 호가경쟁을 통하여 개별적으로 거래가 이루어지는 시장을 의미한다.

우리나라의 한국거래소에서 채택하고 있는 경쟁매매제도는 경매시장과 계속적 시장의 특성이 가미된 것이다. 한국거래소에서 형성되는 시장가격은 자금의 흐름에 따라 영향을 받는다. 따라서 증권거래가 연속적으로 이루어지지 않는다는 것은 곧 자금흐름이 원활하게 이루어지지 않고 있다는 것을 의미한다. 그러므로 한국거래소에서는 거래가 연속적으로 이루어지도록 시장을 조성하는 역할이 필요하다. 주가가 급격하게 상승하거나 하락하는 현상은 자금의 흐름을 왜곡시키는 원인이 되기 때문에 바람직하지 않다.

미국의 경우를 보면 일시적인 수급불균형에 의한 시장불안을 해소시키면서 계속적인 거래를 통하여 자금이 원활하게 유통되도록 시장을 조성하는 역할을 딜러와 스페셜리스트가 담당하고 있다. 딜러(dealer)와 스페셜리스트(specialist)는 자금흐름에서 일시적인 수급불균형에 따른 주가변동을 이용하여 단기차익을 얻기 위한 목적으로 증권을 매입 또는 매도함으로써 수급상의 균형을 유지하는데 공헌을 하고 있다. 한편 이들은 내재가치의 변화와 관계없이 증권가격이 크게 변동할 때마다 가격변동을 최소한으로 억제시켜서 증권의 유동성을 높여주어야 하는 책임도 함께 지고 있다.

유동성(liquidity)은 증권의 내재가치에 영향을 미칠 수 있는 어떠한 새로운 정보가 공시되지 않는다는 가정에서 그 증권을 직전가격으로 매각할 수 있는 정도를 의미한다. 따라서 증권의 유동성은 일시적인 수급불균형이 심할수록 낮아지며, 수급상의 균형이 유지될수록 높아진다. 건전한 증권시장의 발전을 위하여 우리나라에서도 증권의 유동성을 제고시킬 수 있는 제도적인 보완이 강구되어야 한다.

2) 한국거래소의 특성

한국거래소는 일정한 매매체결의 원칙에 따라 증권을 대량으로 거래시키는 구체적이고, 조직적이며, 계속적인 시장을 의미한다. 여기서 구체적 시장이라 함은 일정한 장소와 구체적인 시설을 갖춘 장소에서만 거래가 이루어지는 시장을 의미하며, 조직적 시장이라 함은 합리적이고 조직적인 매매체결의 원칙에 따라 거래가 이루어지는 시장을 그리고 계속적 시장이라 함은 일정한 거래시간 동안에 거래가 계속적으로 이루어지는 시장을 의미한다.

한국거래소는 다음과 같은 특성을 가지고 있다. 첫째, 일정한 시설을 갖춘 장소에서 매일 정해진 시간 동안에 거래가 이루어진다. 둘째, 회원(증권회사)에 한하여 증권거래에 참여할 수 있다. 셋째, 일반적인 상품과는 달리 대체성과 유통성이 있는 자본증권을 거래의 대상으로 하고 있다. 넷째, 조직화된 매매체결의 원칙에 따라 증권가격이 결정되는 공개적인 경쟁시장이라는 점이다.

한국거래소는 증권의 공정한 가격형성과 원활한 거래를 위하여 자본시장법에 근거한 여러 가지 규정에 따라 운영되고 있다. 예를 들어 업무규정에는 매매계약체결에서 수도결제까지의 과정에 대한 제반 사항, 시장운영과 관련된 사항, 회원들의 거래활동과 관련된 사항 등을 규정하고 있으며, 수탁계약준칙에는 투자자와 회원들 사이에서 이루어지는 계약체결에서 부터 주문을 접수할 때 준수해야 하는 제반 사항을 규정하고 있다.

3) 거래방법

한국거래소에서는 보통거래와 당일결제거래방법에 따라 거래가 이루어지고 있다. 보통거래는 매매계약일로부터 3일째 되는 날에 수도결제가 이루어지는 거래방식을 말한다. 따라서 결제일 전에 매입증권을 다시 매각하거나 매도증권을 다시 매입하는 이른바 반대매매가 가능하다. 그러나 어떠한 경우라도 3일째 되는 날에는 반드시 수도결제가 이루어져야 한다.

보통거래는 현물거래와 선도거래를 절충한 형태이다. 현물거래(spot transaction)는 매매계약의 체결과 동시에 수도결제가 이루어지는 거래방식을, 선도거래(forward transaction)는 매매계약이 체결된 날로부터 일정한 기간이 경과한 후에 수도결제가 이루어지는 거래방식을 말한다. 한편 우리나라에서 채택하고 있는 당일결제거래는 현물거래의 형태이며, 관리대상종목과 채권거래에만 적용되고 있다.

4) 매매체결의 원칙

거래소시장에서는 개별경쟁을 통하여 다수의 주문을 신속하고 공정하게 처리해 주어야 하기 때문에 업무규정에서 이들 호가를 처리하기 위한 일정한 원칙을 정하고 있다. 매매체결의 원칙은 가격우선의 원칙, 시간우선의 원칙, 수량우선배분의 원칙과 위탁매매우선의 원칙으로 구분된다.

(1) 가격우선의 원칙

가격우선의 원칙은 가장 낮은 매도호가와 가장 높은 매수호가를 우선하여 처리해야 한다는 원칙이다. 예를 들어 같은 시간에 증권회사 (1)과 증권회사 (2)가 각각 서울주 100주를 주당 35,000원과 35,500원에 매수하고자 하는 호가를 제출하였다고 하자. 이 경우 가격우선의 원칙에 따라 증권회사 (2)의 매수주문이 증권회사 (1)의 매수주문보다 우선하여 처리된다.

한편 동시호가매매에서는 시간우선의 원칙이 적용되지 않기 때문에 가격우선의 원칙과 수량우선의 원칙에 따라 주문이 처리된다.

(2) 시간우선의 원칙

시간우선의 원칙은 여러 증권회사에서 동일한 가격으로 호가하는 경우 먼저 접수된 호가를 우선하여 처리해야 한다는 원칙이다. 예를 들어 증권회사 (1)이 서울주 100주를 매수하고자 하는 호가를, 그 다음에 증권회사 (2)가 같은 가격으로 100주를 매수하고자 호가를 하였다고 하자. 이 경우 시간우선의 원칙에 따라 증권회사 (1)의 호가가 우선하여 처리된다. 시간우선의 원칙은 복수가격에 의한 개별경쟁매매(접속매매)에서 적용되고 있다.

(3) 수량우선의 원칙

동시호가매매에서 여러 증권회사가 같은 시간에 동일한 가격으로 특정증권을 매수하고자 하는 호가를 제출한 경우에는 가격우선의 원칙 이외에 수량우선의 원칙에 따라 호가가 처리되고 있다.

수량우선의 원칙은 여러 증권회사가 특정증권에 대하여 같은 시간에 동일한 가격으로 호가를 제출하는 경우 수량이 많은 호가의 순서에 따라 처리해야 한다는 원칙이다. 수량우선배분의 원칙은 동시호가매매에서 적용되고 있으며, 수량의 분배방법은 한국거래소가 정한 기준에 따라 이루어지고 있다.[3)]

(4) 위탁매매우선의 원칙

위탁매매우선의 원칙은 여러 증권회사가 특정증권에 대하여 같은 시간에 동일한 가격으로 호가를 하는 경우 자기매매호가보다 위탁매매호가를 우선하여 처리해야 한다는 원칙이다.

위탁매매호가는 증권회사가 고객의 주문을 위탁받아 고객을 대리하여 제출하는 호가를, 자기매매호가는 증권회사가 자신의 주문을 직접 제출하는 호가를 말한다. 이처럼 자기매매보다 위탁매매를 우선하여 처리해야 한다는 원칙은 기본적으로 투자자를 보호하기 위한 제도이다. 예를 들어 증권회사 (1)이 서울주 10주를 주당 31,000원으로 매입하고자 하는 위탁매매호가와 자기매매호가를 제출한 경우 위탁매매호가를 우선하여 처리해야 한다.

---

3) 수량우선배분의 원칙에 의하면 ① 매매수량 단위의 10배를, ② 매매수량 단위의 50배, ③ 매매 수량 단위의 100배, ④ 매매수량 단위의 200배, ⑤ 잔량의 1/2, 마지막으로 잔량의 순으로 배분한다. 이에 대한 자세한 내용은 한국거래소 유가증권업무규정 시행세칙 제14조 3항을 참고할 것.

③ 매매체결의 방법

증권거래는 한국거래소의 업무규정이 정한 일정한 경쟁매매의 원칙에 따라 이루어진다. 즉 다수의 매도자와 매수자가 호가경쟁을 통하여 접수된 호가를 정해진 경쟁매매의 원칙에 따라 처리하고 있다. 이처럼 경쟁을 통하여 이루어지는 거래를 경쟁매매라고 한다.

경쟁매매는 집단경쟁매매와 개별경쟁매매로 구분된다. 집단경쟁매매는 매도량과 매수량이 일치하는 가격에서 매매가 성립되는 것으로 흔히 격탁매매라고 부르며, 1971년 개별경쟁매매가 도입되기 이전에 적용되었던 매매방식이다. 한편 개별경쟁매매는 개별적인 호가경쟁을 통하여 거래를 성립시키는 방식이며, 단일가격에 의한 개별경쟁매매와 복수가격에 의한 개별경쟁매매로 구분된다.

- 경쟁매매
  - 집단경쟁매매(격탁매매)
  - 개별경쟁매매
    - 단일가격에 의한 개별경쟁매매(동시호가매매)
    - 복수가격에 의한 개별경쟁매매(접속매매)

1) 단일가격에 의한 개별경쟁매매

단일가격에 의한 개별경쟁매매는 일정한 시간 동안에 호가를 받아 이를 동일한 시간에 접수된 호가(이를 동시호가라고 한다)로 간주하여 다수의 주문을 단일가격으로 처리하는 매매방식으로서 동시호가매매라고도 한다. 동시호가매매에서는 일정한 시간 동안에 접수된 호가 중에서 가장 낮은 매도호가와 가장 높은 매수호가의 주문을 순차적으로 처리하여 가장 많이 체결되는 가격을 단일가격으로 하여 매매가 이루어진다.

단일가격에 의한 개별경쟁매매에서는 모든 호가가 동시호가로 처리되기 때문에 시간우선의 원칙이 적용되지 않으며, 가격우선의 원칙과 수량우선배분의 원칙에 따라 주문량을 배분하여 매매를 체결시킨다. 동시호가매매의 방식은 시가와 종가, 거래정지 또는 중단 후 재개할 경우 최초의 가격을 결정할 때 적용되고 있다. 앞서 설명한 바와 같이 동시호가매매에서는 매도호가의 수량과 매수호가의 수량이 일치하거나 어느 한 쪽의 수량이 다른 쪽 수량을 충족시킬 때만 다수의 호가를 단일가격으로 처리하여 거래를 순차적으로 체결시킨다.

먼저 매도호가 수량과 매수호가 수량이 일치하지 않은 경우에는 잔량이 있는 쪽의 호가를 단일가격으로 한다. 서울(주)의 호가집계표가 〈표 3.3〉과 같다고 하자.

〈표 3.3〉의 호가집계표에서 왼쪽의 매도호가와 오른쪽의 매수호가는 일정한 시간에 접수된 호가로서 동시호가에 해당한다. 이 경우 가장 높은 매수호가와 가장 낮은 매도호가를 순차적으로 처리하는 경우 매도호가에서는 가장 낮은 호가인 30,000원부터 30,100원의 호가 순으로 처리해야 하며, 매수호가에서는 가장 높은 30,100원의 호가를 먼저 처리해야 한다. 따라서 거래 가능한 매도호가의 수량은 가장 낮은 30,000원과 30,100원으로 호가한 총 2,750주이고, 거래 가능한 매수호가 수량은 가장 높은 30,100원으로 호가한 총 2,450주이다.

〈표 3.3〉 서울주의 호가집계표

매도호가 수량	호가	매수호가 수량
	30,300원	
900 1,900 400	30,200	
1,000(300) 500 500	30,100	1,500 500 200 250
400 300 50	30,000	1,000 500 300
	29,900	
	29,800	

○ ( )의 수치는 거래가 체결된 후의 잔여주문량을 의미함

이 경우 가격우선의 원칙에 따라 매수호가 수량 2,450주 중 750주는 가장 낮은 30,000원으로 매도호가를 제시한 주문(50주, 300주,400주)에 배분되고 나머지 1,700주는 다음으로 낮은 30,100원으로 매도호가를 제시한 주문에 배분된다. 이때 수량우선배분의 원칙에 따라 1,000주의 주문에 대해서는 300주가 체결되지 않은 상태로서 잔량으로 남게 된다. 이처럼 어느 한쪽이 다른 쪽을 모두 충족시키고 처리되지 않은 잔여수량이 있는 경우에는 잔여수량이 있는 쪽의 호가를 약정가격으로 한다. 따라서 가격은 30,100원으로 결정되며, 30,100원의 가격으로 2,450주가 매매체결이 된다.

약정가격 30,100원은 매수자나 매도자 모두에게 불만이 없는 가격이다. 서울주 2,750주를 주당 30,000원과 30,100원 이상에 매도하고자 하는 투자자들은 주당 30,100원으로 매도되었기 때문에 불만이 없으며, 서울주 2,450주를 주당 30,100원 이하에 매수하고자 하는 투자자들도 주당 30,100원에 매입되었기 때문에 불만이 없을 것이다.

한편 매도측의 호가잔량 300주는 동시호가매매가 이루어진 후 30,100원보다 높은 가격으로 매수하고자 하는 호가가 접수될 때 접속매매를 통하여 처리된다.

〈표 3.3〉에서와 같이 매도호가 수량과 매수호가 수량 중 어느 한쪽을 충족시키고 잔여수량이 있는 경우에는 잔여수량이 있는 호가를 약정가격으로 한다.

한편 매도호가 수량과 매수호가 수량이 정확하게 일치하여 둘 이상의 약정가격이 가능한 경우에는 직전가격 또는 직전가격에 가까운 호가를 약정가격으로 한다. 〈표 3.3〉에서 30,100원의 매도호가 수량 중에서 1,000주가 아니라 700주이었더라면 매도호가수량과 매수호가 수량이 각각 2,550주로 동일하게 된다. 이 경우 전일종가가 주당 29,900원이었다면 30,000원이 약정가격으로 결정된다.

단일가격에 의한 개별경쟁매매에서는 허수성 호가에 의한 가격왜곡에 따른 선의의 투자자가 피해를 보는 것을 방지하는 한편 시장의 투명성과 주가의 가격발견기능을 높이기 위하여 임의종료(Random End) 제도를 운영하고 있다. 임의종료제도는 시가 또는 종가를 결정하기 직전에 공표하는 최고(최저)예상체결가격이 잠정시가 또는 종가보다 5% 이상 괴리를 보이는 경우 단일가격 결정을 최장 5분까지 연장하는 제도를 말한다.

2) 복수가격에 의한 개별경쟁매매

복수가격에 의한 개별경쟁매매에서는 호가의 접수순에 따라 각각의 매도호가와 매수호가가 매매체결의 원칙에 부합할 때마다 여러 개의 가격으로 거래를 체결시킨다. 따라서 거래시간에서 체결 가능한 주문이 접수되는 대로 즉시 복수의 가격으로 매매가 체결되기 때문에 흔히 접속매매라고도 부른다. 이와 같은 접속매매는 시가가 결정된 이후부터 종가가 결정되기 직전까지의 시간에서 적용되고 있다.

예를 들어 서울주의 호가집계표가 〈표 3.4〉와 같다고 하자. 즉 어떤 투자자가

〈표 3.4〉 서울주의 호가집계표

매도호가	가격	매수호가
	31,000원	100 ①
100 ②	30,800	

①과 ②는 호가의 접수순을 의미함

31,000원 이하의 가격으로 100주를 매입하고자 하는 지정가주문을 제출하면 호가집계표 상에 매수호가 수량 100주가 기록된다. 매수호가가 접수된 다음에 다른 투자자가 30,800원 이상의 가격으로 매도하고자 하는 지정가주문을 제출하면 가격조건이 충족되기 때문에 매도주문이 접수되는 시점에서 31,000원의 가격으로 매매가 체결된다. 이처럼 가격과 수량이 합치하는 경우에는 시간우선의 원칙에 따라 먼저 접수된 호가가 체결가격으로 결정된다.

한편 〈표 3.5〉에서는 가격조건은 충족되지만 수량이 일치하지 않은 경우로서 매수호가 수량이 매도호가 수량보다 많은 경우를 보여주고 있다. 어떤 투자자가 주당 30,800원 이상으로 2,000주를 매도하고자 하는 지정가주문을 제출하였는데, 바로 다음에 31,000원 이하로 3,000주를 매수하고자 하는 지정가주문이 접수되면 접수된 시점에서 30,800원의 약정가격으로 2,000주의 주문이 체결되고 나머지 1,000주는 체결 가능한 매도주문이 접수되는 시점에서 거래가 이루어진다.

예컨대 30,800원 이상으로 500주를 매도하고자 하는 지정가주문이 제출되면 주문이 접수되는 시점에서 31,000원으로 500주의 주문이 체결되며, 잔량인 500주는 다음 체결 가능한 주문이 접수되는대로 처리된다. 이처럼 매수호가 수량 3,000주 중에서 2,000주는 주당 30,800원으로 매입되고, 500주는 주당 31,000으로 매입되는 것처럼 복수가격으로 처리되기 때문에 이를 흔히 접속매매라고 부르기도 한다.

〈표 3.5〉 서울주의 호가집계표

매도호가	가격	매수호가
	31,000원	3,000 ②
500 2,000 ③ ①	30,800	

④ 시장관리제도

1) 매매거래중단제도

한국거래소에서는 시장상황이 급변하는 경우 투자자들에게 이를 냉정하게 판단할 수 있는 시간적 여유를 제공함으로써 무분별한 거래에 따른 피해를 줄이기 위한 목적에서 일시적으로 거래를 중단시키는 서킷브레이커(circuit breakers)제도를 운영하고 있다.

서킷브레이커(circuit breakers)제도는 우리나라의 경우 1998년 12월부터 가격제한폭이 12%에서 15%로 확대되면서 급격한 가격변동에 따라 손실을 입을 수 있는 선의의 투자자들을 보호하기 위하여 도입된 제도이다. 서킷브레이커는 3단계로 세분화되고 있다. 1단계는 최초로 코스피지수가 전일에 비해 8% 이상 하락한 경우 거래소가 발동하는데, 모든 주식거래를 20분간 중단하며 이후 10분 동안 새로 호가를 접수받아 거래를 체결시킨다. 2단계는 전일에 비해 15% 이상 하락했을 때 발동하며, 모든 주식거래를 20분간 중단하고, 이후 10분 동안 새로 호가를 접수받아 거래를 체결시킨다. 3단계는 전일에 비해 20% 이상 하락했을 때 발동하는데, 발동시점을 기준으로 그날의 모든 주식거래가 종료시킨다. 각 단계별로 1일 1회로 발동횟수를 제한하며, 1 · 2단계의 경우 장종료 40분전 이후에는 중단하지 않지만 3단계의 경우 장종료 40분 이후에도 발동 가능하다. 한편 선물시장과 옵션시장에서는 선물가격이 전일종가를 기준으로 5% 이상 변동하거나 이론가격을 기준으로 3% 이상 변동하여 1분간 지속되는 경우 5분간 거래를 중단시킨 다음 10분간 호가를 접수받아 단일가격으로 거래를 체결시키고 있다.

한편 경영활동에 중대한 영향을 미치는 풍문 또는 보도 등으로 인하여 주가가 급격하게 변동하거나 변동할 것으로 예상되어 투자자들에게 기업정보를 충분히 주지시킬 수 있는 시간적 여유가 필요하거나 또는 거래의 폭주로 인하여 정상적인 매매체결이 불가능한 경우에 거래소는 특정종목에 대한 매매거래를 일시적으로 중단시킬 수 있다.

2) 가격제한폭 제도

가격제한폭 제도란 유가증권의 공정한 가격형성과 급격한 가격변동에 따른 투자자의 피해를 방지하는 등 거래질서를 확립하기 위하여 하루에 변동할 수 있는 상한선과 하한선을 두고 있는 제도를 말한다. 하루 동안에 상승할 수 있는 최고의 가격을 상한가라고 하며, 하루 동안에 하락할 수 있는 최저의 가격을 하한가라고 한다. 2015년 6월 15일부터 우리나라에서는 기준가격을 기준으로 30%의 가격제한폭을 두고 있다.

가격제한폭 제도는 뇌동매매나 과민반응에 의한 주가의 급격한 변동을 인위적으로 억제시킴으로써 안정적인 주가형성에 기여하게 하는 이점이 있지만, 다른 한편으로는 가격변동을 인위적으로 억제함으로써 균형가격의 형성을 지연시킬 수 있다는 단점도 있다.

가격제한폭을 두지 않고 있는 미국, 영국과 브라질의 경우에는 스페셜리스트

(Specialist) 또는 서킷브레이커제도와 같은 장치를 통하여 가격형성의 안정을 도모하고 있으며, 우리나라를 비롯한 일본, 대만과 태국에서는 가격제한폭제도를 통하여 가격형성의 안정화를 도모하고 있다.

미국의 경우 스페셜리스트는 다음과 같은 두 가지 역할을 수행하고 있다.

첫째, 지정가(limit price)와 시장가격 사이에 현저한 차이가 있어서 처리되지 않은 주문을 수수료브로커들로부터 위탁받아 호가집계표에 기록한 후 가격변동에 따라 체결범위에 들어올 때마다 주문을 처리하여 주는 중개역할을 담당하고 있다.

둘째, 딜러의 역할을 수행한다. 스페셜리스트는 자신에게 할당된 특정증권을 자신의 계산으로 거래할 수 있다. 그러나 스페셜리스트가 딜러로 행동할 때에는 등록된 특정종목에서 매도량과 매수량이 일시적으로 불균형상태에 있을 때 자신의 계산으로 사거나 팔아서 공정한 가격이 유지되도록 해야 한다. 이와 같은 활동을 통하여 시장조성에 기여하고 있다. 뉴욕증권거래소의 경우 모든 상장증권이 각 스페셜리스트에게 할당되어 있으며, 경우에 따라서 한 종목이 두 명의 스페셜리스트에게 할당되는 경우도 있다.

3) 관리종목 제도

관리종목은 영업활동의 정지, 자본잠식 또는 회사의 정리절차 개시 등 상장폐지기준에 해당하거나 관리종목의 지정기준에 해당하는 경우 투자자의 주의를 환기시키기 위하여 별도로 관리하는 종목으로서 신용거래종목에서 제외하는 한편 대용증권으로 사용할 수 없다. 한편 상장폐지가 확정된 종목의 경우에는 상장폐지 조치를 내리기 전에 마지막으로 환금의 기회를 주기 위하여 일정기간 동안 정리매매를 허용하는데 이를 정리매매종목이라고 한다.

4) 시장경보 제도

한국거래소는 주가 및 거래량 등과 관련하여 투기적이거나 불공정 거래의 개연성이 있는 종목의 경우에는 시장경보제도를 통하여 투자자의 주의를 환기시키고 있다. 여기에는 투자 주의종목, 투자 경고종목, 투자 위험종목의 지정의 3단계로 구성되고 있다.

투자 경고종목 또는 투자 위험종목으로 지정되면 신용거래 종목에서 제외되며, 증권회사는 위탁증거금을 100%를 징수해야 한다. 또한 투자 위험종목의 경우 대용증권 사용이 불가능하며, 일정요건에 해당하면 매매거래일 1일간 매매거래를 정지할 수 있다.

5) 프로그램매매호가의 관리제도

프로그램매매는 일반적으로 시장분석, 투자시기의 선택과 주문제출 등의 과정을 컴퓨터로 처리하는 거래방법을 말한다. 다시 말하여 시장상황에 따른 투자전략을 수립하여 그 내용을 컴퓨터에 입력하여 시장상황의 분석내용에 따라 제출되는 주문을 컴퓨터로 처리하는 것을 말한다. 예를 들어 현물가격에 비하여 선물가격이 상대적으로 높게 형성되는 경우에는 선물을 매도하는 동시에 현물을 매입하도록 하며, 반대로 선물가격에 비하여 현물가격이 상대적으로 높게 형성될 때는 선물을 매입하는 동시에 현물을 매도하는 거래를 통하여 무위험수익을 얻을 수 있다. 이와 같은 차익거래를 위하여 선물가격 및 현물가격의 변화와 거래비용을 비교하여 손익을 추적하도록 프로그램화하여 이득이 있을 때는 자동적으로 주문이 제출되도록 처리하는 투자방법을 프로그램매매라고 한다.

프로그램매매는 시장움직임에 대한 기술적 또는 기계적인 투자전략에 의거하여 이루어지기 때문에 시장의 안정성을 해칠 우려가 있다. 예를 들어 많은 기관투자자들이 시황을 비슷하게 예측하는 경우 프로그램 매도 또는 매수주문이 폭주하여 주가의 급격한 변동을 초래할 수 있으며, 기계적인 투자전략에 의한 프로그램매매로 인하여 주가가 내재가치와 무관하게 형성될 우려가 있다. 또한 차익거래의 포지션이 선물과 옵션의 최종거래일까지 누적되는 경우 이를 해소하려는 매매가 집중됨에 따라 주가의 급격한 변동을 초래할 우려가 있다. 이와 같은 급격한 주가변동을 억제시킴으로써 주가의 안정화를 도모하기 위하여 프로그램매매에 대한 관리가 필요하다.

프로그램매매는 주로 기관투자자들이 이용하는 매매전략으로서 코스피 200지수의 채용종목을 대상으로 하여 이루어지고 있다. 프로그램매매는 효율적인 가격조정과 같은 긍정적인 측면도 있지만 반면에 코스피 200지수를 크게 변동시킴으로써 시장을 혼란시킬 수 있다는 부정적인 측면도 있다. 예컨대 선물시장이 급변할 경우 주식시장에 미치는 영향을 최소화함으로써 시장을 안정적으로 운용하기 위하여 프로그램매매호가를 관리하고 있다. 프로그램매매호가의 관리방법으로 공시제도와 사이드카(sidecar) 제도를 두고 있다. 공시제도로서 코스피 200지수에 포함된 종목 중 15개 이상 또는 코스닥 150지수 구성종목 중 10개 이상 종목을 동시에 거래하고자 할 때는 한국거래소에 보고하고 한국거래소는 공익과 투자자보호를 위하여 필요하다고 인정하는 사항은 이를 확인하여 공시할 수 있다.

한편 사이드카제도는 프로그램매매를 규제하는 가장 대표적인 방법으로 시장상황이 급변할 경우 프로그램매매의 호가효력을 일시적으로 제한시킴으로써 프로그램매매가 주식시장에 미치는 충격을 완화하고자 하는 제도이다. 유가증권시장의 경우에는 코스피200선물의 가격이 기준가 대비 5% 이상 상승 또는 하락하여 1분간 지속되는 경우, 프로그램매매의 호가효력을 5분 동안 정지시킨다. 코스닥시장의 경우에는 코스닥150선물 가격이 기준가격 대비 6% 이상 상승(하락)하고 코스닥150지수의 수치가 직전 매매거래일의 최종수치 대비 3% 이상 상승(하락)하여 동시에 1분간 지속되는 경우 해당 시점부터 5분간 접수된 프로그램매매 매매호가를 정지시킨다.

6) 권리락조치 제도

기업이 유상증자나 무상증자를 통하여 자금을 조달하는 경우 신주배정기준일 현재 주주명부에 기재된 주주들에게만 신주를 유상 또는 무상으로 배정받을 수 있는 권리를 부여하는데, 이를 신주인수권이라고 한다. 따라서 신주배정기준일 현재 주주명부에 등재된 주주들만이 신주를 배정받을 수 있는 신주인수권을 갖는다. 그러나 한국거래소에서는 매매일로부터 3일째 되는 날에 수도결제가 이루어지는 보통거래를 채택하고 있기 때문에 신주배정기준일 2일 전까지 구주를 매입한 주주들은 신주인수권을 갖지만, 그 이후에 매입한 주주들은 신주인수권을 갖지 못한다.

(1) 권리부 주가와 권리락 주가

한국거래소에서는 유상증자나 또는 무상증자에서 신주를 배정받을 수 있는 주주와 그렇지 않은 주주를 구분하기 위하여 신주배정기준 직전일에서 권리락 조치를 한다. [그림 3-1]에서 권리부 주가와 권리락 주가를 보여주고 있다.

그림 3-1 권리부주가와 권리락주가

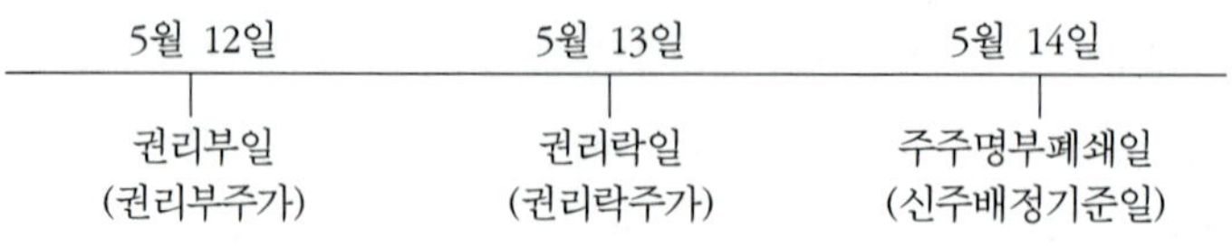

신주배정기준일의 관점에서 보면 2일 전까지 형성되는 주가는 신주를 배정받을 수 있는 권리가 부여된 주가이기 때문에 이를 권리부 주가라고 하며, 신주배정기준 직전일부터 형성되는 주가는 신주를 배정받을 수 있는 권리가 소멸된 상태에서 형성되는 주가이기 때문에 이를 권리락 주가라고 한다.

(2) 권리락 기준가격

기업에서 증자를 하는 경우 주식가치가 희석되기 때문에 권리락일에서 주가가 하향조정이 되는데 이 경우 권리락 직전의 주식가치와 권리락일의 주식가치가 일치하는 수준까지 주가가 조정되어야 하는 가격을 권리락기준가격이라고 한다.

권리락 기준가격은 권리부일의 주식가치가 권리락일에서도 그대로 유지된다고 가정할 때 형성되어야 하는 이론적인 가격을 의미한다. 따라서 권리락일에서 실제로 주가가 권리락 기준가격보다 높게 형성되는 경우에는 주가가 그만큼 상승하였다는 것을 의미하며, 주가가 권리락 기준가격보다 낮게 형성되는 경우는 주가가 그만큼 하락하였음을 의미한다.

유상증자의 경우 권리락 기준가격은 식 (3)의 조건을 충족시키는 수준에서 결정된다. 다시 말하여 구주 1주를 권리부 가격으로 매입하여 신규보통주 r주를 발행가격 P_s로 매입할 때의 비용이 $(1+r)$주를 권리락 기준가격 P_e로 매입할 때의 비용과 일치하여야 한다.

$$P_r + P_s \times r = P_e (1+r) \tag{3}$$

P_r : 권리부 주가
P_s : 발행가격
r : 유상증자비율
P_e : 권리락 기준가격

식 (3)을 권리락 기준가격 P_e에 대하여 정리하면 식 (4)와 같다.

$$P_e = \frac{P_r + P_s \times r}{(1+r)} \tag{4}$$

예제 2

- ○ 강남(주)에서 5월 20일을 신주배정일로 하여 주당 50,000원의 발행가격으로 20%의 유상증자를 실시한다.
- ○ 5월 18일의 종가(권리부주가)는 60,000원이라고 한다.
- ○ 한국거래소에서 언제 권리락 조치를 내려야 하는가? 그리고 권리락 기준가격은 얼마인가?

한국거래소는 5월 19일에 권리락 조치를 내려야 한다. 따라서 5월 18일까지는 권리부주가로 거래가 이루어지지만, 5월 19일부터는 권리락 주가로 거래가 이루어진다. 이 경우 5월 19일의 권리락 기준가격을 계산하면 다음과 같다.

$$P_e = \frac{60{,}000\text{원} + 50{,}000\text{원} \times 0.2}{(1+0.2)} = 58{,}333\text{원}$$

그러므로 5월 19일에 실제로 주가가 58,000원에 형성된다면 강남주의 시장가격은 실제로 333원(권리락 기준가격-실제 주가=58,333원-58,000원)만큼 하락한 셈이 된다.

(3) 신주인수권의 가치

신주의 발행가격이 통상 시장가격보다 낮은 수준에서 결정되기 때문에 신주인수권의 가치는 언제나 정(+)의 값을 갖는다.

예제 3

- ○ 서울(주)의 총발행주식수는 4,000,000주이고, 구주주배정발행(rights offering)을 통하여 주당 50,000원에 신주를 발행하여 100억원의 신규투자자금을 조달하려고 한다.
- ○ 서울주의 현재 시장가격은 주당 60,000원이고, 홍길동 씨는 100주를 소유하고 있다.
- ○ 홍길동 씨가 인수할 수 있는 신주는 몇 주인가? 이 경우 신주인수권의 가치는 얼마인가?

서울(주)의 신규발행주식수와 구주주배정비율을 계산하면 다음과 같다.

$$\text{신규발행주식수} = \frac{10,000,000,000\text{원}}{50,000\text{원}} = 200,000\text{주}$$

$$\text{구주주배정비율} = \frac{200,000\text{주}}{4,000,000\text{주}} \times 100 = 5\%$$

홍길동 씨가 100주를 소유하고 있기 때문에 서울(주)의 신주 5주를 인수할 수 있다. 이 경우 시장가격(60,000원)보다 낮은 주당 50,000원에 매입할 수 있기 때문에 신주인수권은 양(+)의 가치를 갖는다. 신주인수권의 가치는 식 (5)의 조건을 충족시키는 수준에서 결정된다.

$$P_r = P_k(1+N) + P_s \tag{5}$$

P_r : 권리부 주가
P_k : 신주인수권의 가치
N : 신주 1주를 인수하는데 필요한 구주식수
P_s : 신주의 발행가격

구주 1주를 권리부 주가 P_r로 매입할 때의 비용이 신주인수권을 $P_k(1+N)$에 매입하여 발행가격 P_s로 신주 1주를 매입할 때의 비용과 일치해야 한다.[4] 따라서 식 (5)를 신주인수권의 가치 P_k에 대하여 정리하면 식 (6)과 같다.

$$P_k = \frac{P_r - P_s}{N+1} \tag{6}$$

식 (6)을 이용하여 신주인수권의 가치를 계산하면 다음과 같다.

$$P_k = \frac{60,000\text{원} - 50,000\text{원}}{20+1} = 476\text{원}$$

한편 권리락 기준가격으로 주식 1주를 매입하는 비용이 신주인수권을 매입하여 발행가격으로 주식 1주를 매입하는 비용과 일치하는 수준에서 신주인수권의 가치가 결

4) 식 (5)가 성립되지 않을 경우에는 가격 차이를 이용하여 단기차익을 얻고자 하는 차익거래가 이루어진다는 점을 유의할 것.

정된다. 이를 수식으로 나타내면 식 (7)과 같다.

$$P_e = P_k \times N + P_s \tag{7}$$

P_s : 발행가격
P_k : 신주인수권가치
N : 신주보통주 1주를 인수하는데 필요한 신주인수권의 수
P_e : 권리락 기준가격

식 (7)을 P_k에 대하여 정리하면 식 (8)과 같다.

$$P_k = \frac{P_e - P_s}{N} \tag{8}$$

권리락 기준가격이 59,524원이므로 신주인수권의 가치를 계산하면 다음과 같다.[5)]

$$P_k = \frac{59,524\text{원} - 50,000\text{원}}{20\text{주}} = 476\text{원}$$

⑤ 장외시장

한국거래소 시장은 매매수량단위로 상장증권이 거래되는 시장이다. 따라서 매매수량단위 미만의 상장증권으로서 단주(odd-lot)와 비상장증권은 거래소시장에서 거래할 수 없으며, 장외시장을 통하여 거래가 이루어진다.

장외시장(off-board market)은 비상장증권과 단주가 거래되는 시장으로서 상대매매를 통하여 거래가 이루어지는 비조직적인 시장의 특성을 가지고 있다. 장외시장을 통한 거래는 주로 증권회사의 창구에서 투자자와 증권회사의 협상에 따라 이루어지기 때문에 흔히 점두시장(over-the-counter market)이라고도 부른다.

장외시장의 특징은 다음과 같다. 첫째, 정형화된 매매체결의 원칙이 없으며, 구체적인 시설이 없는 비조직적인 시장이다. 둘째, 매도자와 매수자 사이의 개별적인 협상

---

5) 서울(주)의 경우 권리부 주가는 주당 60,000원, 발행가격은 주당 50,000원, 유상증자비율은 5%이다. 따라서 권리락기준가격은 다음과 같이 산출된다.

$$\text{권리락 기준가격} = \frac{60,000\text{원} + 50,000\text{원} \times 0.05}{1 + 0.05} = 59,524\text{원}$$

에 따라 거래가 이루어진다. 셋째, 매도자와 매수자의 협상에 따라 거래조건이 서로 다르기 때문에 같은 종목이라도 체결가격이 서로 다를 수 있다. 마지막으로 상장증권의 단주와 비상장증권이 거래되기 때문에 대상종목이 다양하다.

한편 장외시장의 기능은 다음과 같다. 첫째, 비상장증권에 유동성을 부여함으로써 거래소시장의 전단계적 역할을 한다. 둘째, 거래시간, 거래장소, 거래증권 등에 제한이 없기 때문에 거래소시장의 한계를 보완하여 주는 역할을 한다. 셋째, 거래소시장에서 형성되는 가격을 상호견제하기 때문에 가격형성의 공정화에 기여하고 있다.

연습문제

1. 다음 용어를 간략하게 설명하시오.

   1) 호가단위 2) 매매수량단위 3) 단주
   4) 위탁증거금 5) 지정가 주문 6) 시장가 주문
   7) 조건부지정가 주문 8) 최유리지정가 주문 9) 최우선지정가 주문
   10) 신용거래 11) 융자거래 12) 대주거래
   13) 환매조건부채권시장 14) 신주인수권 15) 동시호가
   16) 가격우선의 원칙 17) 시간우선의 원칙 18) 수량우선의 원칙
   19) 위탁자우선의 원칙 20) 서킷브레이커제도 21) 가격제한폭
   22) 관리종목 23) 사이드카제도 24) 프로그램매매
   25) 권리락조치 26) 장외시장

2. 매매주문의 종류에 대하여 설명하시오.

3. 신용거래는 융자와 대주로 구분된다. 그 내용과 차이점에 대하여 설명하시오.

4. 한국거래소와 장외시장을 비교 설명하시오.

5. 매매체결의 원칙으로 가격우선의 원칙, 시간우선의 원칙, 수량우선배분의 원칙, 위탁매매우선의 원칙이 어떻게 적용되는가를 구체적인 예를 들어 설명하시오.

6. 한국거래소에서는 시장관리의 목적으로 매매거래중단제도를 두고 있다. 그 내용을 설명하시오.

7. 서울(주)의 이사회에서 주주명부폐쇄일을 6월 30일, 유상증자비율을 20%, 발행가격을 5,000원으로 하는 유상증자계획을 확정시켰다. 주가의 변화추이는 다음과 같다. 아래의 질문에 답하시오.

일 자	6월 26일	27일	28일	29일	30일
주 가	20,000원	20,500원	20,400원	20,900원	21,000원

1) 권리락 조치일은?
2) 권리락 기준가격을 계산하여 이를 기초로 주가가 얼마나 상승, 또는 하락하였는지 계산하시오.
3) 유상증자가 아니라 서울(주)에서 추가로 20%의 무상증자를 한다면 권리락 기준가격이 얼마로 조정되어야 하는가?
4) 유상증자에서 기존주주들이 갖는 신주인수권의 가치를 계산하시오.

8. 상도(주)의 이사회에서 주주명부폐쇄일을 5월 20일로 하여 1주를 2주와 교환하는 주식분할을 결의하였다. 주가추이는 다음과 같다. 아래의 질문에 답하시오.

일 자	5월 16일	17일	18일	19일	20일
주 가	20,000원	20,500원	20,400원	20,900원	21,000원

1) 5월 19일에 상도주를 매입한 사람이 상도(주)의 주식분할에 참여할 수 있는 권리를 갖는가?
2) 주식분할에 의한 권리락기준가격을 계산하여 이를 기초로 주가를 조정하시오.

기출문제

1. (주)대한은 새로운 투자안에 소요되는 자금 3.21억원을 조달하기 위해 주당 8,560원에 구주주배정 방식으로 유상증자를 실시하려고 한다. 기발행주식수는 300,000주이며, 유상증자 직전 주가는 주당 10,000원이다. 기존주주는 보유주식 1주당 한 개의 신주인수권을 갖고 있다. 다음 설명 중 가장 적절하지 않은 것은? (2011 CPA)

   ① 신주 1주를 구입하기 위해 필요한 신주인수권의 수는 8개이다.
   ② 기존주주가 보유한 신주인수권의 가치는 160원이다.
   ③ 신주발행 후 이론주가는 9,840원이다.
   ④ 구주 160주를 가진 주주가 신주인수권 행사를 위해 필요한 금액은 153,120원이다.
   ⑤ 구주 160주를 가진 주주의 신주인수권 행사 후 보유주식의 가치는 1,771,200원이다.

제4장 주가지수

증권시장의 전반적인 움직임이나 특정증권의 가격 움직임을 파악하기 위하여 여러 형태의 증권시장지표가 이용되고 있다.

이 장에서는 먼저 증권정보를 어떻게 얻을 수 있는지에 대하여 먼저 살펴본 다음 대표적인 증권시장지표의 하나인 주가지수에 대하여 살펴보기로 한다.

Ⅰ. 증권정보

정보화 사회가 급속히 진행되면서, 투자자들은 각종 투자정보를 온라인으로 취득하게 되었다. 증권회사의 HTS(home trading system)이나 언론사에서도 증권정보를 제공한다. 그러나 공신력 있는 정보는 한국거래소의 홈페이지(http://www.krx.co.kr)에서 얻을 수 있다.

예를 들어 2016년 7월 8일 현재 유가증권시장에 상장된 전체 종목수는 885개, 거래량은 344,630천주, 거래대금은 4,061,941백만원, 시가총액은 1,245.8조원으로 공시되고 있다.

또한 개별종목에 대한 정보도 얻을 수 있다. 예를 들어 2016년 7월 8일 현재 한국거래소에서 삼성전자의 종가는 1,460,000원이며, 시가총액은 208.7조원으로 공시되고 있다.

이 밖에도 파생상품이나 채권시장에 대한 정보도 공지되고 있다.

개별 종목에 대한 분석리포트도 인터넷을 이용하면 쉽게 취득할 수 있다. 예를 들어 삼성전자에 대한 개별 리포트는 증권회사 HTS에 접속하면 최신 분석정보를 얻을 수 있다. 이러한 리포트에서 매출액이나 영업이익, EPS, ROE, PER, PBR 등에 대한 과거치 뿐만 아니라 앞으로의 예상치와 같은 정보도 얻을 수 있다.

Ⅱ. 주가지수의 유용성과 산출방법

주가지수는 주식시장의 전반적인 주가움직임을 종합적으로 나타내는 지표로서 증권시장의 전반적인 주가 움직임을 파악하는데 유용하게 이용될 뿐만 아니라 전반적인 경제동향을 파악하는 지표로서 이용되며, 그 밖에도 포트폴리오의 운용성과를 평가하는 기준으로도 이용되고 있다.

1 주가지수의 유용성

주가지수의 유용성을 살펴보면 다음과 같다.

첫째, 미래의 경제상황을 반영하는 지표로 이용된다. 주가는 미래의 경제환경, 정치·사회·문화적 환경변화에 대한 기대를 반영하여 형성되기 때문에 주가지수는 미래의 경제상황을 예측하는 선행지표로 이용되고 있다.

둘째, 투자성과의 평가기준으로 이용된다. 보통주로 구성한 포트폴리오의 투자성과를 평가하는 경우 주가지수 상의 투자수익률을 기준수익률로 이용할 수 있다. 예컨대 동일 기간 동안 주식으로 구성된 포트폴리오의 투자수익률이 20%이고, 주가지수 상의 투자수익률이 40%라면 포트폴리오의 투자성과가 불량하였다고 평가할 수 있다.

셋째, 미래의 주가수준을 예측하는데 이용된다. 주가지수의 변화행태를 분석함으로써 미래의 주가수준을 예측할 수 있다. 예컨대 기술적 분석에서는 과거의 주가지수 변화를 분석하여 앞으로 주가가 어느 방향으로 움직일 것인가를 예측한다.

넷째, 시장포트폴리오의 대용으로 이용되기 때문에 개별증권은 물론 포트폴리오의 위험을 측정하는데 이용되고 있다. 포트폴리오이론에 의하면 시장포트폴리오의 위험에 미치는 정도에 따라 개별자산의 투자위험이 결정된다.

② 주가평균

주가평균(stock price average)은 단순주가평균과 가중주가평균으로 구분된다. 단순주가평균은 표본증권의 주가를 합하여 표본수로 나눈 것으로 식 (1)과 같다.

$$\text{단순주가평균} = \frac{1}{N}\sum_{i=1}^{n} P_{i,t} \tag{1}$$

$P_{i,t}$: t일에서 종목 i의 시장가격

N : 주가평균의 채용종목 수

식 (1)에서 볼 수 있는 것처럼 단순주가평균은 표본증권의 주가수준에 따라 가중치가 부여되기 때문에 주가수준이 높은 증권에 가중치가 많이 부여되는 반면, 주가수준이 낮은 증권에 가중치가 낮게 부여되는 결점이 있다.

한편 가중주가평균은 이와 같은 결점을 고려하여 전반적인 주가수준을 대표할 수 있도록 표본증권의 발행주식수 또는 시가총액에 따라 가중치를 부여하여 계산되는 주가평균을 의미한다. 가중주가평균은 식 (2)와 같다.

$$\text{가중주가평균} = \frac{\sum_{i=1}^{n} Q_{i,t}\, P_{i,t}}{\sum_{i=1}^{n} Q_{i,t}} \tag{2}$$

$Q_{i,t}$: t일에서 종목 i의 발행주식수

$P_{i,t}$: t일에서 종목 i의 시장가격

③ 주가지수의 유형

주가지수는 비교시점의 주가평균을 기준시점의 주가평균에 대한 상대적인 크기로 나타낸 지수를 말한다. 한국거래소에서는 다양한 형태의 주가지수를 산출하여 발표하고 있다.

2005년 1월 27일 기존의 한국증권거래소, 코스닥시장과 한국선물거래소가 통합된 한국거래소에서는 주식시장에서 형성되는 주가의 움직임을 종합적으로 파악할 수 있는 주가지수인 KRX100지수(Korea Exchange 100지수)를 개발하여 2005년 6월 1일부터 발표하고 있다.

KRX100지수는 유가증권시장과 코스닥시장에서 각각의 시장을 대표하는 한편 유동성이 풍부한 종목 중에서 수익성, 재무건전성 및 안정성이 양호한 100개 종목을 선정하여 2001년 1월 2일을 기준일(기준지수: 1,000p)로 하여 주가지수를 발표하고 있는데, 2012년 7월 24일의 KRX100지수는 3,889.31이었다. 한편 코스피지수는 1,793.93로서 이는 1980년 1월 4일의 주가를 100으로 할 때 약 18배에 해당된다는 것을 의미한다.

주가지수는 표본의 선정과 가중치의 부여방법에 따라 차이가 있다. 일부 증권만을 표본으로 선정하여 주가지수를 계산할 수 있으며, 모든 증권을 대상으로 주가지수를 계산할 수도 있다. 몇 개의 증권을 표본으로 선정하는 것이 타당한가에 대한 이론적인 근거는 없다. 다만 전체시장의 주가움직임을 대변할 수 있는 증권을 표본으로 선정하면 된다.

그러나 전체시장의 움직임을 대변할 수 있는 증권을 선정하는 일은 쉽지 않다. 다행히 컴퓨터산업의 발전에 따라 계산의 번거로움으로 고민할 필요가 없기 때문에 최근에는 전체 상장기업의 보통주를 대상으로 주가지수를 산정하는 경향이 높아지고 있다. 우리나라의 경우도 전체 상장기업의 보통주를 대상으로 코스피지수를 산출하고 있다.

한편 미국에서 1884년부터 이용되고 있는 다우존스산업주가지수(Dow-Jones Industrial Average : *DJIA*)는 뉴욕증권거래소에서 거래되고 있는 주식 중 각 산업을 대표할 수 있는 30개 종목을 표본으로 선정하여 산출되는 주가지수로서 주가예측을 위한 기술적 분석에서 널리 이용되고 있다.

주가지수는 가중치의 부여방법에 따라 다우존스식 주가지수와 시가총액식주가지수로 구분된다. 다우존스식 주가지수에서는 각 채용종목의 주가 수준에 따라 가중치를 부여하는 한편 시가총액식 주가지수에서는 각 채용종목의 시가총액에 따라 가중치를 부여하고 있다.

1) 다우존스식 주가지수

다우존스식 주가지수는 단순주가평균에 근거를 두고 있는 주가지수로서 전체시장의 주가변동을 대표하는 종목을 채용종목으로 선정하여 비교시점의 수정주가평균을 기준일의 단순주가평균으로 나누어 계산된다. 다우존스식 주가지수는 식 (3)과 같다.

$$I_t = \frac{\dfrac{\sum_{i=1}^{n} P_{i,t}}{n^*}}{\dfrac{\sum_{i=1}^{n} P_{i,0}}{n}} \times 100 \qquad (3)$$

$P_{i,t}$: t일에서 종목 i의 종가
$P_{i,0}$: 기준일에서 종목 i의 종가
n : 주가지수의 채용종목수(제수)
n^* : 수정제수

각 채용종목의 주가를 단순 평균하여 비교시점의 주가평균을 기준시점의 주가평균으로 나누어 주가지수를 산출하는 경우에는 무상증자, 유상증자 또는 주식분할 등과 같은 재무거래에 의한 주가의 하향조정이 주가지수에 반영되지 않는 결점이 있다. 이와 같은 결점을 보완하기 위하여 개발된 것이 다우존스식수정주가지수이다.

다우존스식 수정주가지수에서는 각 채용종목에서 무상증자, 유상증자 또는 주식분할 등과 같은 재무거래가 있을 때마다 그에 따른 주가의 하향조정을 고려하여 순수한 가격변동만을 포착할 수 있도록 하기 위하여 제수(분모 값)을 수정하고 있다. 따라서 다우존스식 수정주가지수는 수정된 제수를 이용하여 비교시점의 수정주가평균을 계산한 다음 이를 기준시점의 주가평균으로 나누어 계산된다. 예를 들어 〈표 4.1〉에서 보여주는 4개의 종목으로 표본이 구성된다고 하자.

〈표 4.1〉을 보면 t일에서 주식 (2), 주식 (3)과 주식 (4)의 주가가 크게 하락한 것처럼 나타나고 있다. 그러나 실제로는 t일에서 전반적으로 주가가 상승하였다. 그럼에도 불구하고 t일에서 마치 주가가 전반적으로 하락한 것처럼 보이는 이유는 t일에 주식 (2)는 유상증자, 주식 (3)은 액면분할 그리고 주식 (4)는 무상증자에 의한 권리락 조치가 있었기 때문이다. 따라서 이들 주식의 가격이 t일에 상승했는지 하락했는지를 파악하기 위해서는 권리락기준가격을 계산하여야 한다.

〈표 4.1〉 채용종목의 재무거래와 일별 주가

	P_{i0}	P_{-1}	P
주식 1	20,000원	30,000원	30,500원
주식 2	25,000	27,000	26,000
주식 3	20,000	20,000	11,000
주식 4	30,000	35,000	30,000

* 주식 2 : 유상증자; 발행가격(P_s) = 23,000원,
증자비율(r) = 0.25
주식 3 : 액면분할; 2 : 1
주식 4 : 무상증자; 증자비율 = 0.25

권리락 기준가격은 권리락일에서 주가변동이 없다고 가정하는 경우 형성되어야 하는 주가를 말한다. 주식 (2)의 경우 권리락일에서 주가변동이 없었다면 주식 (2)의 실제주가는 권리락 기준가격과 일치하는 수준에서 형성될 것이다.

주식 (2), 주식 (3)과 주식 (4)의 권리락 기준가격을 기준하면 각각 다음과 같다.

$$\text{권리락 기준가격(주식 2)} = \frac{P_{t-1} + P_s \times r}{(1+r)} = \frac{27{,}000\text{원} + 23{,}000\text{원} \times 0.25}{(1+0.25)} = 26{,}200\text{원}$$

P_{t-1} : $t-1$일의 주가(권리부 주가)
P_s : 신주의 발행가격
r : 유상증자비율

$$\text{권리락 기준가격(주식 3)} = \frac{P_{t-1} + P_s \times r}{1+r} = \frac{20{,}000 + 0 \times 1.0}{1+1.0} = 10{,}000\text{원}$$

$$\text{권리락 기준가격(주식 4)} = \frac{P_{t-1} + P_s \times r}{1+r} = \frac{35{,}000 + 0 \times 0.25}{1+0.25} = 28{,}000\text{원}$$

〈표 4.1〉에서 주식 (2)의 경우를 보자. $t-1$일에서 주가는 27,000원이고, t일에서 주가는 26,000원에 형성되고 있다. 얼핏 보기에 주가가 하락한 것처럼 보인다. 그러나 t일에서 주가가 실제로 하락하였는지를 보기 위해서는 시가를 권리락 기준가격과 비교해야 한다. 유상증자에 의한 주가조정을 고려하는 경우 t일에서 주가는 26,200원

으로 하향조정 되어야 한다. 따라서 t일에서 주가가 실제로 26,200원에서 형성되는 경우에는 주가변동이 없었다고 말할 수 있다. 그런데 t일에서 실제로 주식사격이 권리락 기준가격보다 낮은 26,000원에서 형성되었기 때문에 t일에서 실제로 200원만큼 주가가 하락한 것이다. 이와 같은 관점에서 보면 주식 (3)은 t일에서 실제로 권리락 기준가격보다 높은 11,000원에서 형성되었기 때문에 1,000원 만큼 상승하였으며, 또한 주식 (4)에서도 주가가 2,000원 만큼 상승하였음을 알 수 있다.

다음에는 수정주가지수의 계산과정에 대하여 살펴보자. t일에서 주가변동이 없었다고 가정한다면 $t-1$일의 주가평균은 t일의 주가평균과 일치해야 한다. 따라서 다음과 같은 관계가 성립된다.

$$\frac{112{,}000\text{원}}{4}=\frac{30{,}000\text{원}+26{,}200\text{원}+10{,}000\text{원}+28{,}000\text{원}}{n^*}$$

위의 식에서 수정제수인 n^*를 구하면 $n^*=3.3642857$임을 알 수 있다. 따라서 비교시점인 t일에서 수정주가평균을 계산하는데 필요한 제수는 4에서 3.3642857로 조정되어야 함을 알 수 있다. 주식 (2), 주식 (3)과 주식 (4)의 유상증자, 액면분할과 무상증자 등에 의한 주가조정을 고려하여 제수(분모 값)를 조정함으로써 이와 같은 재무거래의 효과를 통제하여 주가의 연속성을 유지시킬 수 있다.

이상에서 설명한 바와 같이 t일의 수정주가평균을 계산하면 다음과 같다.

$$\text{수정주가평균}=\frac{30{,}500+26{,}000+11{,}000+30{,}000}{3.3642857}=28{,}981\text{원}$$

수정주가평균의 관점에서 보면 전반적으로 주가가 $t-1$일의 28,000원에서 t일에 28,981원으로 상승하였음을 알 수 있다. 이를 다우존스식 수정주가지수로 나타내면 〈표 4.2〉와 같다. t일의 다우존스식 수정주가지수는 122.03이다. 따라서 지수 상으로 보면 $t-1$일에 비하여 t일에 전반적으로 주가가 4.13포인트 상승하였음을 알 수 있다.

〈표 4.2〉 다우존스식 수정주가지수의 산출과정

	$P_{i,0}$	$P_{i,t-1}$	$P_{i,t}$
주식 1	20,000원	30,000원	30,500원
주식 2	25,000	27,000	26,000
주식 3	20,000	20,000	11,000
주식 4	30,000	35,000	30,000
계	95,000원	112,000원	97,500원
n^*	4	4	3.3642857
수정주가평균	23,750원	28,000원	28,981원
주가지수	100.00	117.89	122.03

다우존스식 수정주가지수의 한계점은 다음과 같다.

첫째, 전체시장의 주가움직임을 파악하는 데 한계가 있다는 점이다. 다우존스식 수정주가지수의 채용종목은 시장의 전반적인 주가변동을 대표하는 30개 종목을 채용종목으로 선정하기 때문에 채용종목의 선정에 따라 영향을 받는다.

둘째, 채용종목의 주가수준에 따라 가중치가 부여되기 때문에 주가수준이 높은 종목의 가격변동에 민감한 영향을 받는다는 점이다.

셋째, 유상증자, 무상증자 또는 액면분할 등에 따른 주가조정을 고려하기 위하여 제수(divisor)를 수정해야 한다는 점이다. 따라서 권리락조치에 의한 주가조정이 빈번하게 일어날수록 제수값이 시간의 경과에 따라 0에 수렴하기 때문에 기준시점을 조정해야 하는 문제가 있다.

예제 1

○ 증권시장에는 A와 B 두 회사만 상장되어 있고 두 회사의 주식가격과 발행주식이 다음과 같다고 하자. 기준년도와 비교년도의 다우(존스)식 주가지수는 각각 계산하여 비교년도의 주가지수가 기준년도에 비하여 얼마나 상승하였는지를 평가하시오.

	기준년도	비교년도(1년 후)
A	100원 × 2만주	200원 × 2만주
B	100원 × 1만주	400원 × 1만주

기준년도와 비교년도에서 각각 다우존스식 주가지수를 계산하면 다음과 같다.

$$\text{기준년도 다우(존스)지수 : } \frac{100\text{원} + 100\text{원}}{2} = 100$$

$$\text{비교년도 다우(존스)지수 : } \frac{200\text{원} + 400\text{원}}{2} = 300$$

그러므로 비교년도의 주가지수는 기준년도에 비하여 200% 상승한 것으로 평가할 수 있다.

2) 시가총액식 주가지수

시가총액식 주가지수는 우리나라는 물론 대부분의 국가에서 채택하고 있는 주가지수로서 기준시점과 비교시점의 시가총액을 대비함으로써 전체적인 주가변동을 파악할 수 있도록 고안된 주가지수이다. 시가총액식 주가지수의 산출공식은 식 (4)와 같다.

$$I_t = \frac{\text{비교시점의 시가총액}}{\text{기준시점의 시가총액}} \times 100 \tag{4}$$

$$\text{비교시점의 시가총액} = \sum_{i-1}^{n} Q_{i,t}\, P_{i,t}$$

$$\text{기준시점의 시가총액} = \sum_{i=1}^{n} Q_{i,0}\, P_{i,0}$$

〈표 4.1〉의 경우 기준일에서 각 수식의 발행주식수가 각각 2,000주, 1,200주, 1,400주와 1,600주라고 하자. 이 경우 기준일과 t-1일에서 시가총액식 주가지수를 계산하면 다음과 같다.[1]

$$I_0 = \frac{146{,}000\text{천원}}{146{,}000\text{천원}} \times 100 = 100.00$$

$$I_{t-1} = \frac{176{,}400\text{천원}}{146{,}000\text{천원}} \times 100 = 120.82$$

---

1) 기준일과 $t-1$일에서 시가총액을 계산하면 다음과 같다.
기준일의 시가총액 = 20,000원 × 2,000주 + 25,000원 × 1,200주 + 20,000원 × 1,400주 +30,000원 × 1,600주 = 146,000천원
$t-1$의 시가총액 = 30,000원 × 2,000주 +27,000원 × 1,200주 + 20,000원 × 1,400주 + 35,000원 × 1,600주 = 176,400천원

한편 앞서 살펴본 바와 같이 다우존스식 주가지수에서는 주가지수의 연속성을 유지하기 위하여 유상증자, 무상증자, 주식분할 등의 권리락 조치에 따른 주가의 단층을 제거시키기 위하여 제수를 수정하여 주가지수를 산출하였다. 그러나 시가총액식 주가지수에서는 시가총액의 증감을 수반하는 경우에만 주가지수의 연속성을 유지하기 위하여 기준시점의 시가총액을 수정하여 주가지수를 산출하고 있다. 따라서 무상증자 또는 주식분할과 같이 시가총액이 변동하지 않는 경우에는 기준시가총액을 조정하지 않는 반면, 유상증자, 신규상장, 상장폐지 또는 합병 등에 따라 시가총액이 변동하는 경우에는 그에 따라 비교시점의 시가총액이 변동하기 때문에 기준시가총액을 수정해야만 주가지수의 연속성을 유지시킬 수 있다.

시가총액이 변동하는 경우에는 변동직전일의 주가지수와 변동일의 주가지수를 일치시킬 수 있는 신 기준시가총액을 계산해야 한다. 따라서 변동직전일과 변동일의 시가총액 사이에 다음과 같은 관계가 성립된다.

$$\frac{\text{변동전일의 시가총액}}{\text{구 기준시가총액}} = \frac{\text{변동전일의 시가총액} \pm \text{시가총액 변동액}}{\text{신 기준시가총액}} \tag{5}$$

식 (5)를 신 기준시가총액에 대하여 정리하면 식 (6)과 같다.

$$\text{신 기준시가총액} = \text{구 기준시가총액} \times \frac{\text{변동전일의 시가총액} \pm \text{시가총액 변동액}}{\text{변동전일의 시가총액}} \tag{6}$$

〈표 4.1〉에서 주식 2의 경우를 보자. 유상증자에 따라 t일에서 시가총액이 6,900천원만큼 증가하게 된다.

$$\begin{aligned}\text{시가총액증가액} &= \text{발행가격} \times \text{신규발행주식수} \\ &= 23{,}000\text{원} \times 300\text{주} \\ &= 6{,}900{,}000\text{원}\end{aligned}$$

따라서 신 기준시가총액을 계산하면 다음과 같다.

$$\begin{aligned}\text{신 기준시가총액} &= 146{,}000\text{천원} \times \frac{176{,}400\text{천원} + 6{,}900\text{천원}}{176{,}400\text{천원}} \\ &= 151{,}710\text{천원}\end{aligned}$$

그러므로 t일에서 주가지수를 계산하면 다음과 같다.[2)]

$$I_t = \frac{\text{비교시점의시가총액}}{\text{신 기준시가총액}} \times 100$$

$$= \frac{190,800\text{천원}}{151,710\text{천원}} \times 100$$

$$= 125.77$$

이상에서 설명한 바와 같이 다우존스식 주가지수에서는 상장회사의 규모나 시가총액의 크기와 관계없이 각 종목의 주가수준에 따라 가중치를 부여하고 있기 때문에 가격변동에 큰 종목의 영향을 많이 받지만, 시가총액식 주가지수에서는 시가총액에 따라 가중치를 부여하고 있기 때문에 시가총액이 큰 종목의 영향을 받는다는 점에서 차이가 있다.

현재 한국거래소에서 발표하고 있는 코스피지수를 포함한 모든 주가지수는 시가총액식 주가지수이다. 특히 코스피지수는 가장 대표적인 주가지수로서 유가증권시장에 상장된 전체 상장기업의 보통주를 대상으로 하여 산출되고 있으며, 주가지수의 연속성을 유지하기 위하여 유상증자, 신규상장, 상장폐지, 합병 또는 전환사채의 주식전환 등에 따라 시가총액의 증감이 발생될 경우에는 식 (6)을 이용하여 기준시점의 시가총액을 수정하는 방법으로 주가지수를 산출하고 있다.

예제 2

○ 예제 1의 자료를 이용하여 기준년도와 비교년도의 시가총액식 주가지수를 각각 계산하고 기준년도에 주가지수가 비교년도에 비하여 얼마나 상승하였는지를 평가하시오.

기준년도와 비교년도에서 시가총액식 주가지수를 계산하면 각각 다음과 같다.

$$\text{기준년도의 주가지수} = \frac{(100\text{원} \times 2\text{만}) + (100\text{원} \times 1\text{만})}{(100\text{원} \times 2\text{만}) + (100\text{원} \times 1\text{만})} \times 100 = 100$$

$$\text{비교년도의 주가지수} = \frac{(200\text{원} \times 2\text{만}) + (400\text{원} \times 1\text{만})}{(100\text{원} \times 2\text{만}) + (100\text{원} \times 1\text{만})} \times 100 = 267$$

2) t의 시가총액 = 30,000원×2,000주 + 26,000원 × 1,500주 + 11,000원 × 2,800주 + 30,000원 × 2,000주 = 190,800천원

따라서 기준년도와 비교할 때 비교년도에 주가지수가 167% 상승하였던 것으로 평가할 수 있다.

Ⅲ. 우리나라 주가지수

1 우리나라 주가지수 약사(略史)

우리나라 최초의 주가지수는 1964년 1월 4일부터 17개 종목을 채용종목으로 하여 산출한 다우존스식 수정주가지수이다. 그 후 1972년 1월 4일에 거래소시장의 1부 종목 중 35개 종목을 채용종목으로 한 한국종합주가지수(Korea Composite Stock Price Index)가 발표되기 시작하였다. 그러나 시장규모가 급속하게 확대되면서 35개 종목으로 구성되는 주가지수의 산출방식으로는 시장의 전반적인 움직임을 제대로 반영시킬 수 없다는 문제점이 제기되면서 1979년부터 채용종목을 확대하는 한편 매년 우량종목으로 채용종목을 교체하는 방식으로 개편되었다.

그 후 1983년에 들어 증권시장이 질적 및 양적인 측면에서 성장을 거듭하면서 다우존스식 수정주가지수에 대한 구조적인 문제점과 시가총액식 주가지수로 전환되고 있는 세계적인 추세에 부응하여 1980년 1월 4일을 기준일로 하여 유가증권시장에 상장된 전체 상장기업의 보통주를 대상으로 하여 산출되는 시가총액식 주가지수인 코스피(KOSPI)지수로 개편하여 발표하고 있다. 그 밖에도 다양한 투자자들의 요구에 부응하기 위하여 거래소는 많은 주가지수를 개발하여 발표하고 있다.

그림 4-1 코스피지수의 추이

② 우리나라 주가지수 유형

투자지표에 대한 투자자들의 요구가 다양해지면서 많은 국가의 증권시장에서 이와 같은 다양한 요구에 부응하기 위하여 여러 가지 특화된 주가지수가 발표되고 있다. 이와 같은 국제적인 추세에 따라 우리나라의 한국거래소에서도 다양한 형태의 주가지수를 발표하고 있다.

이하에서는 한국거래소에서 발표하고 있는 주가지수 중에서 대표적인 것에 대하여 살펴보기로 한다.

1) KRX100지수

KRX 100지수(Korea Exchange 100 Stock Price Index)는 한국거래소의 유가증권시장과 코스닥시장을 대표하는 100개의 종목(유가증권시장 종목 87개, 코스닥시장 종목 13개)으로 구성되어 2005년 6월1일 처음 발표된 지수이다. 구성 종목은 매년 정기적으로 조정된다. 주가지수의 산정에서 선정되는 100개의 종목은 시장규모, 유동성(거래대금), 재무기준(자기자본이익률, 유보율과 부채비율)에 따라 각각 백분위 순위로 점수화하여 종합점수를 산정한 다음 산업별로 2개 종목을 배정하고 나머지는 종합점수순으로 배정하여 2001년 1월 2일을 기준일로 정하는 한편 기준일의 지수를 1,000으로 하여 발표하고 있다. KRX 100은 한 종목의 비중을 15% 이내로 제한하며, 최대 주주의 지분과 자사주 등을 제외한 유동주식으로만 지수를 발표한다. 이것을 유동주식기준 시가총액가중(free float market value weighted)방식이라고 한다.

유동주식기준 시가총액가중(free float market value weighted)방식

상장주식중에서 실제로 거래가 가능한 주식을 유동주식(floating stock)이라고 한다. 미국과 유럽 같은 선진시장의 유동주식의 비율은 90% 이상인데 비해 우리나라는 현재 60% 수준을 밑도는 것으로 알려져 있다. 우리나라가 상대적으로 대규모 기업집단 중심의 최대주주 소유 구조가 고착되어 있어 비유동주식의 대부분을 최대주주 및 특수관계인이 보유하고 있기 때문이다.

유동주식의 비중이 낮은데도 시가총액방식으로 주가지수를 산출하면 지수가 시장의 움직임을 잘 반영하지 못하게 된다. 예를 들어 유동주식이 적지만 발행주식이 많아서 시가총액이 큰 주식이 있고, 반면 유동주식이 많지만 발행주식이 적어서 시가총액이 작은 주식 10개가 있다고 하자. 또한 시가총액이 큰 주식이 하락하고 시가총액이 작은 주식 10개는 상승하였는데 시가총액식 주가지수는 변동이 없다고 하자. 이런 경우에 주식투자자들은 주식시장이 상승한 것으로 체감하지만 주가지수는 이를 반영하지 못한다. 따라서 주가지수를 유동주식만을 대상으로 산출할 필요가 있다. 그러면 투자자들이 체감하는 진정한 가격등락상황을 주가지수가 나타낼 수 있다.

유동주식을 산출하기 위해 총발행주식에서 제외되는 비유동주식은 보통 최대주주 및 특수관계인 지분, 정부지분, 자사주 및 자사주펀드 지분, 우리사주 지분, 기타 매각이 명백히 제한된 지분(예, 채권단 지분 등)이다.

2) 섹터지수

섹터지수(sector index)는 특정 산업 또는 시장의 테마를 고려하여 산출되는 주가지수이다. 미국의 경우를 보면 NASDAQ의 IT지수, 필라델피아의 반도체지수, AMEX의 생명공학지수 등이 있다. 섹터지수는 대표시장지수가 잘 포착하지 못하는 해당 섹터의 경기상황을 잘 반영할 수 있다. 따라서 섹터지수가 발표되면 기관투자자는 이를 이용하여 다양한 간접투자상품의 개발과 운용을 할 수 있게 된다. 개인투자자들도 섹터지수를 이용한 간접투자상품에 투자할 수 있게 되어 소액으로도 미래의 성장산업에 분산투자를 할 수 있게 된다. 한국거래소는 KRX섹터지수, KOSPI섹터지수, KOSDAQ 섹터지수로 구분된 다양한 산업의 섹터지수를 발표하고 있다.

3) 코스피200지수

코스피 200지수는 주가지수선물 및 옵션의 거래대상으로 개발된 주가지수로서 유가증권시장의 전체 종목 중에서 시장대표성, 업종대표성 및 유동성 등을 고려하여 200개 종목을 선정하여 산출되는 주가지수이다.

코스피 200지수는 주가지수선물 및 옵션의 기초자산으로 활용되고 있으며, 1990년 1월 3일을 100으로 하여 1994년 6월 15일부터 발표되고 있다. 2007년 12월 14일부터는 유동주식기준 시가총액가중방식으로 주가지수를 산출하고 있다.

4) 코스닥지수

코스닥지수는 코스닥시장에 상장된 보통주를 대상으로 하여 시가총액식 산출방식에 의거하여 산출되는 주가지수로서 1996년 7월 1일을 100으로 하여 1997년 1월 3일부터 실시간으로 발표되었다. 그러나 2000년을 전후하여 벤처붐이 발생하여 코스닥지수가 폭등하였고 그 이후에는 반대로 버블이 붕괴하면서 지수가 폭락하였다. 이에 따라 지수의 유용성이 크게 감소하여 거래소는 2004년 1월 26일부터 100 포인트를 1,000 포인트로 상향 조정하여 발표하였고 이전 자료에도 모두 소급·적용하였다.

5) 코스닥150지수

코스닥 150지수는 코스피200지수를 벤치마킹하여 코스닥시장을 대표할 수 있도록 만든 지수이다. 이 지수는 기술주중심인 코스닥시장의 특성이 잘 반영되도록 시장대표성, 섹터대표성, 유동성이 있는 150개 종목을 대상으로 유동주식기준 시가총액가중방식으로 계산한다. 기준일은 2010년 1월 4일, 기준지수는 1,000포인트이며 2015년 7월 13일부터 발표하였다. 이에 따라 기존의 코스닥지수선물은 폐지되고 코스닥150지수를 기초자산으로 하는 코스닥150선물이 2015년 11월 23일부터 상장되었다.

연습문제

1. 다음 용어를 간략하게 설명하시오.
   1) 주가지수
   2) 다우존스식 주가지수
   3) 권리락
   4) 시가총액식 주가지수
   5) 유동주식
   6) 비유동방식
   7) 유동주식기준 시가총액가중방식
   8) 코스피지수
   9) KRX 100지수
   10) 섹터지수
   11) 코스피200지수
   12) 코스닥지수
   13) 코스닥150지수

2. 주가지수의 유용성에 대하여 설명하시오.

3. 다우존스식 주가지수와 시가총액식 주가지수를 비교 설명하시오.

4. 단순주가평균과 가중주가평균을 비교 설명하시오.

5. 다우존스식 수정주가지수의 한계점에 대하여 설명하시오.

6. 한국거래소에서 공시하고 있는 주가지수의 유형을 설명하시오.

7. 한국거래소는 2007년 11월 14일부터 코스피200지수 산출방법을 시가총액식에서 유동주식기준 시가총액가중방식으로 변경하였다. 그 이유를 설명하시오.

제5장 효율적 시장

대부분의 투자이론에서는 효율적 시장을 가정하고 있다. 따라서 효율적 시장이 성립되어야 투자이론의 타당성을 검증할 수 있다.

투자이론의 타당성과 시장효율성의 검증은 별개의 문제가 아니라 동시에 검증해야 하는 문제이다. 증권시장이 비효율적이면 투자이론의 타당성을 검증할 수 없으며, 투자이론이 타당하지 않으면 시장효율성을 검증할 수 없기 때문이다. 따라서 시장효율성의 문제는 투자론에서 큰 비중을 차지하고 있으며, 많은 학자들이 이에 대한 실증적 증거를 제시하고 있다.

이 장에서는 효율적 시장에 대하여 살펴본다.

Ⅰ. 효율적 시장의 특성과 유형

① 효율적 시장의 의의

금융시장이 공정한 가격으로 자금을 효율적으로 배분하여 주는 기능을 수행할 때 건전한 국민경제가 유지될 수 있다. 이와 같은 자금의 효율적인 배분기능을 완벽하게 수행하는 금융시장을 완전시장(perfect market)이라고 한다.

그러나 불행하게도 이처럼 효율적인 자원배분기능을 완벽하게 수행하는 금융시장은 존재하지 않는다. 따라서 완전시장은 현실적으로 존재하지 않는 가상적인 시장에 불과한 것이다.

완전시장은 운영효율성, 정보효율성과 분배효율성을 모두 충족시키는 시장으로서 다음과 같은 조건을 충족시키는 시장이다. 첫째, 거래비용, 세금 및 정보수집비용 등과 같은 거래와 관련된 어떠한 장애요인도 존재하지 않는 시장이어야 한다. 둘째, 모든 이용 가능한 정보가 시장참여자들에게 즉각적으로 동시에 전달되는 시장이어야 한다. 셋째, 시장에 참여하는 투자자들은 영세한 투자자로서 경쟁적으로 거래에 참여하는 시장이어야 한다. 여기서 첫 번째 조건은 운영효율성을, 두 번째 조건은 정보효율성을 그리고 세 번째 조건은 분배효율성과 관련이 있다.

운영효율성(operation efficiency)은 증권거래와 관련된 거래수수료, 세금 및 정보수집비용 등과 같은 어떠한 부대비용도 존재하지 않는 상태를 말하며, 정보효율성(information efficiency)은 모든 이용 가능한 정보가 현재의 증권가격에 충분히 그리고 신속하게 반영되는 상태를 의미하며, 마지막으로 분배효율성(allocation efficiency)은 수요와 공급이 일치하는 수준에서 가격이 공정하게 형성됨으로써 자금이 공정하게 배분되는 상태를 의미한다. 분배의 효율성은 한계수익률과 한계자본비용이 일치하는 수준에서 공정가격이 형성될 때 유지되기 때문에 이를 흔히 가격효율성(pricing efficiency)이라고도 한다.

한편 효율적 시장(efficient market)은 정보효율성을 충족시키는 시장으로서 모든 이용가능한 정보가 현재의 시장가격에 충분히 반영되고 있는 시장을 말한다. 따라서 완전시장에 비하여 효율적 시장은 보다 현실적인 시장임을 알 수 있다.

② 효율적 시장의 특성

효율적 시장에서는 새로운 정보가 시장에 도달할 때 주가가 즉각적으로 반응하여 새로운 가격으로 변동하게 된다. 효율적 시장에서 좋은 뉴스(good news)가 시장에 도달할 때 주가가 즉각적으로 반응하는 과정을 [그림 5-1]에서 보여주고 있다. [그림 5-1(*a*)]에서는 좋은 뉴스가 시장에 도달하기 전에는 P_0의 가격에서 거래가 이루어지다가 좋은 뉴스가 시장에 도달하는 $t=1$ 시점에서 즉각적으로 반응하여 새로운 균형가격인 P_1로 조정되는 과정을 보여주고 있다. 한편 [그림 5-1(*b*)]에서는 좋은 뉴스가 시장에 도달하기 이전부터 반응하여 $t=1$ 시점에서 주가에 충분히 반영되는 과정을 보여주고 있다. [그림 5-1(*a*)]와 [그림 5-1(*b*)]에서 보여주는 것처럼 효율적 시장에서

그림 5-1 효율적 시장에서 주가반응

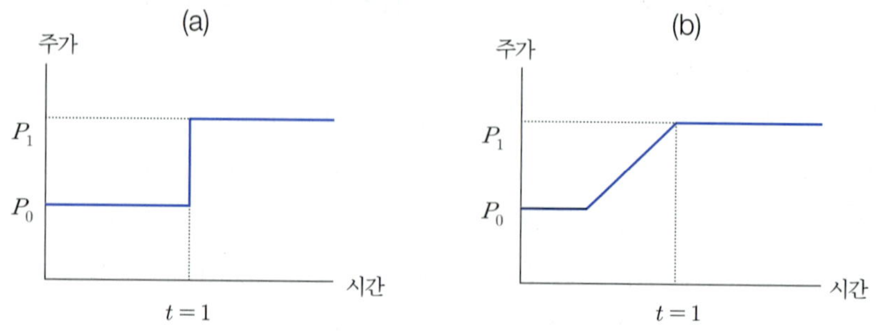

는 적어도 $t=1$ 시점까지 새로운 뉴스의 경제적 가치가 주가에 충분히 반영되어야 한다.

[그림 5-2]에서는 비효율적 시장에서 주가의 반응과정을 보여주고 있다. [그림 5-2(a)]에서는 새로운 정보가 시장에 도달하는 $t=1$ 시점에서 주가가 과민반응을 한 후 서서히 주가가 조정되어 $t=2$ 시점에서 새로운 균형가격(P_1)으로 회복되는 과정을 보여주고 있다. 한편 [그림 5-2(b)]에서는 새로운 정보가 시장에 도달하는 $t=1$ 시점부터 서서히 주가에 반영되어 $t=2$ 시점에서 새로운 균형가격인 P_1로 조정되는 과정을 보여주고 있다.

효율적 시장은 다음과 같은 특성을 갖는다.

그림 5-2 비효율적 시장에서 주가반응

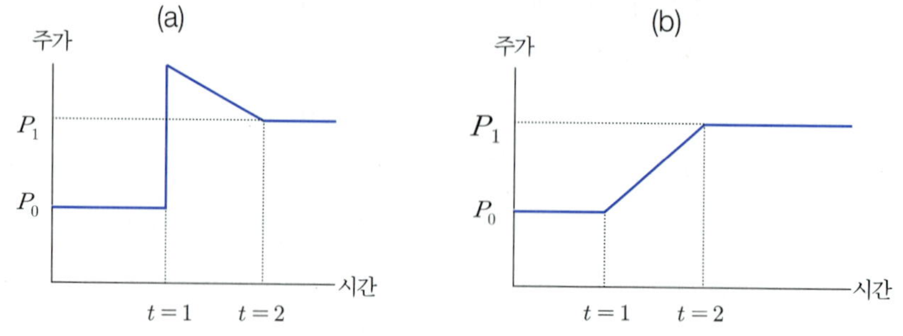

첫째, 효율적 시장에서는 모든 이용 가능한 정보의 경제적 가치가 현재의 시장가격에 충분히 반영되기 때문에 주가는 그 기업의 미래 현금흐름에 대한 기대를 나타내는 정보원으로서 의미를 갖는다. 주가지수가 전체 경제활동의 선행지표로 이용되는 이유도 여기에 있다. 따라서 효율적 시장에서는 모든 증권의 시장가격이 내재가치와 일치하는 수준에서 형성되기 때문에 고평가 또는 저평가된 증권을 선별하는 증권분석은 의미가 없다.

둘째, 효율적 시장에서는 주가수준이 재무정책결정에 어떠한 영향도 미치지 않는다. 주가가 하락할 때는 유상증자보다 사채발행을 통하여 자금을 조달하는 것이 유리하며, 주가가 상승할 때는 사채발행보다 유상증자를 통하여 자금을 조달하는 것이 더 유리하다는 주장이 있다. 그러나 효율적 시장에서는 이와 같은 주장이 통하지 않는다. 과거의 주가변동 추세에 따라 주가가 영향을 받지 않으며, 주가는 기업의 미래 현금흐름에 영향을 미치는 새로운 정보에 의해서만 변동하기 때문이다. 일부 사람들만 알고 있는 내부정보가 존재할 수 있지만 이러한 내부정보는 주가의 역사적인 추세변동과 관계가 없다는 점을 유의하여야 한다.

마지막으로 효율적 시장에서는 모든 이용 가능한 정보의 경제적 가치가 시장가격에 충분히 반영되는 시장이기 때문에 이와 같은 정보를 이용하는 어떠한 투자전략을 이용하더라도 초과수익을 얻을 수 없다.

한편 효율적 시장에서는 투자위험이 동일한 모든 증권이 하나의 가격에서 거래되기 때문에 효율적 시장은 단일가격의 법칙이 적용되는 시장이라고 말할 수 있다. 단일가격의 법칙(law of one price)은 위험이 동일한 모든 증권의 시장가격이 언제나 일치하여야 한다는 것이다.

증권 A와 B의 위험도가 동일함에도 불구하고 일시적으로 증권 A의 시장가격이 증권 B의 시장가격보다 높은 수준에서 형성되는 경우에는 모든 투자자들이 증권 A를 매각하여 그 자금으로 증권 B를 매입하는 차익거래(arbitrage)를 통하여 초과수익률을 얻을 수 있다. 이와 같은 일시적인 불균형 상태가 유지되는 경우에는 모든 투자자들이 경쟁적으로 차익거래에 참여하기 때문에 차익거래의 수익률이 0%가 되는 수준에서 두 증권의 시장가격이 일치하는 균형이 유지된다. 따라서 효율적 시장에서는 증권 A와 B의 경우 투자위험이 동일하기 때문에 두 증권의 시장가격이 동일한 수준에서 형성되게 된다.

효율적 시장은 고도의 경쟁적 시장을 의미한다. 다수의 투자자들이 경쟁적으로 거래에 참여함으로써 모든 이용가능한 정보의 경제적 가치를 시장가격에 경쟁적으로 반영시키고 있기 때문이다.

③ 효율적 시장의 유형

모든 이용 가능한 정보의 경제적 가치가 실제로 시장에서 형성되고 있는 증권가격에 신속하고 정확하게 충분히 반영되고 있는가는 실증적 문제이다. 또한 정보의 유형에 따라 가격에 반영되는 정도가 다를 수 있기 때문에 정보의 효율성은 상대적인 관점에서 검증되어야 할 것이다.

증권가격에 영향을 미치는 정보는 다음과 같은 3가지의 유형으로 구분된다. 첫 번째의 정보유형은 역사적인 주가 및 거래량의 변동자료에서 얻을 수 있는 시계열정보(information in the previous prices and volumes of securities)이며, 두 번째의 정보유형은 역사적인 주가 및 거래량 변동에 관한 정보 이외에 *GNP*, 산업생산량, 순이익, 배당, 유·무상증자 등과 같은 공개된 이용 가능한 정보(publicly available information)를 포함하는 정보이다. 세 번째의 정보유형은 모든 공개된 이용 가능한 정보 이외에 공개되지 않은 내부정보(inside information)를 포함하는 정보이다.

파마(E. Fama, 1965)는 효율적 시장의 유형을 정보의 유형에 따라 약형(weak form), 준-강형(semi-strong form) 및 강형(strong form) 효율적 시장으로 구분하였다.[1] [그림 5-3]에서 정보의 유형과 효율성의 수준을 보여주고 있다.

그림 5-3 정보의 유형과 효율성의 수준

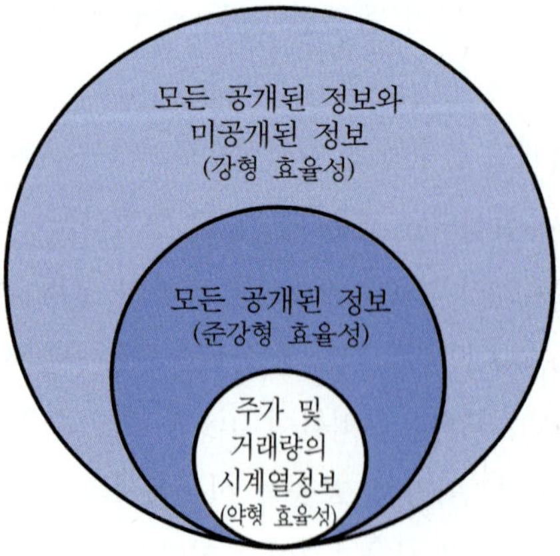

1) E. Fama, "The Behavior of Stock Market Prices", *The Journal of Finance*, Vol., 38, No. 1 (Jan.), 1965, pp. 34~105.

1) 약형 효율적 시장

약형 효율적 시장(weak form efficient market)은 과거의 주가와 거래량의 변동추세 등으로부터 얻을 수 있는 시계열정보가 현재의 시장가격에 충분히 반영되고 있는 시장을 말한다. 따라서 약형 효율적 시장에서는 주가가 시간의 경과에 따라 독립적이고 무작위하게 변동하는 특성을 보인다. 그러므로 약형 효율적 시장에서는 기술적 분석을 이용한 어떠한 투자전략에서도 초과수익을 얻을 수 없다. 기술적 분석(technical analysis)은 과거의 주가변동이나 거래량의 변화추세를 분석하여 미래의 주가를 예측하는 증권분석을 말한다. 따라서 증권시장이 약형에서 효율적인지의 여부는 주가변동의 시계열상관성 또는 기술적 거래방법의 투자성과를 분석함으로써 검증할 수 있다.

2) 준강형 효율적 시장

준강형 효율적 시장(semi-strong form efficient market)은 주가와 거래량 등과 같은 시계열 정보는 물론, 이용 가능한 공개된 정보(public information)의 경제적 가치가 현재의 시장가격에 충분히 반영되고 있는 시장을 말한다. 따라서 준-강형 효율적 시장에서는 기본적 분석을 이용한 어떠한 투자전략에서도 초과수익을 얻을 수 없다. 기본적 분석(fundamental analysis)은 이용 가능한 공개된 정보를 분석하여 그 증권이 시장에서 어느 정도 고평가 또는 저평가되고 있는지를 파악하는 증권분석을 말한다.

공개된 정보는 주가와 거래량 등의 시계열정보 이외에 보고이익의 공시, 경제·금융정책의 공시, 증권관계기관의 추천자료, 유·무상증자의 공시, 합병공시 등과 같은 모든 공개된 정보를 포함한다. 따라서 정보공시에 대한 주가반응을 분석함으로써 준강형 효율적 시장의 여부를 검증할 수 있다. 공시된 정보가 공시시점 이전에 이미 주가에 반영되고 있다면 증권시장이 준강형에서 효율적 시장이라고 말할 수 있다.

3) 강형 효율적 시장

강형 효율적 시장(strong form efficient market)은 시계열정보, 공개된 정보 이외에 공개되지 않은 내부정보(inside information)를 포함한 모든 이용 가능한 정보의 경제적 가치가 현재의 시장가격에 충분히 반영되는 시장을 말한다. 내부정보란 공개되지는 않았지만 주가에 영향을 미치는 정보로 특정인이 독점적으로 소유하고 있는 정보를 말한다. 내부정보를 소유하고 있는 사람을 내부자(insider)라고 한다. 예를 들어 정책결정에 직접 참여하는 사람 또는 제품개발에 직접 참여하고 있는 사람 등은 정책내용과 제품개발 내용을 사전에 알고 있는 내부자에 속한다.

따라서 이와 같이 내부정보를 소유하고 있는 사람들의 투자성과를 분석함으로써 증권시장이 강형에서 효율적인지의 여부를 검증할 수 있다. 내부자들의 투자성과가 시장의 평균적인 성과보다 크지 않다면 시장이 효율적이라고 말할 수 있다.

Ⅱ. 효율적 시장과 주가의 시계열행위

1950년대 이후 증권시장의 효율성에 대한 연구가 활발하게 이루어져 왔다. 연구활동은 효율적 시장에서 주가의 시계열행위에 대한 이론적 연구와 시장효율성에 대한 실증적 연구로 구분된다. 주가의 시계열행위에 관한 이론적 연구에서는 효율적 시장에서 증권가격이 시간의 경과에 따라 어떻게 변동하고 있는가를 규명하는데 초점을 두고 있다. 주가의 시계열행위 모형으로는 랜덤워크 모형과 공정게임 모형이 있다.

1 랜덤워크 모형

랜덤워크 모형(random walk model)은 효율적 시장에서 주가변동은 시간의 경과에 따라 독립적이기 때문에 매 기에서 관찰되는 주가변동의 확률분포가 동일하다고 보는 모형이다. 따라서 효율적 시장에서 주가변동이 랜덤워크 모형에 따른다면 주가수익률의 확률분포 상에서 기대수익률과 표준편차가 시간의 경과와 관계없이 동일해야 한다.

랜덤워크 모형은 식 (1)과 같다.

$$f(r_{i,t} \mid \phi_t) = f(r_{i,t}) \tag{1}$$

$r_{i,t}$: t기에서 증권 i의 수익률
ϕ_t : t기초의 이용 가능한 시계열 정보
f : 확률밀도함수

랜덤워크 모형에서는 주가 및 거래량의 변동 등과 같은 시계열 정보를 이용 가능한 정보로 정의하고 있으며, 이와 같은 정보의 경제적 가치가 현재의 시장가격에 충분히 반영되고 있다면 식 (1)에서 볼 수 있는 바와 같이 t기 초의 이용 가능한 정보 집합에 기초하여 추정되는 주가수익률의 조건부 확률분포가 실제의 확률분포와 일치할 것이다.

그러나 랜덤워크 모형은 다음과 같은 한계점이 있다.

첫째, 이용 가능한 정보 집합을 과거의 역사적인 주가 또는 거래량의 변동 등과 같은 시계열정보만으로 정의하고 있다는 점이다. 그러나 실제로는 이와 같은 시계열정보 이외에도 공개된 정보와 공개되지 않은 정보 등이 주가에 영향을 미치고 있다. 이처럼 이용 가능한 정보의 범위를 제한시킴으로써 가격형성과정에서 정보의 역할을 충분히 설명하지 못하고 있다는 점에서 한계가 있다.

둘째, 매 기에서 관찰되는 주가수익률의 확률분포에서 기대수익률과 표준편차가 동일해야 함을 요구하고 있다는 점이다. 시간의 경과에 따라 기대수익률은 동일할 수 있지만 표준편차는 다를 수 있다. 투자위험은 시간의 경과에 따라 점점 해소되는 특성이 있기 때문이다. 따라서 매 기에서 관찰되는 표준편차가 동일해야 된다는 요구는 매우 비현실적이다.

랜덤워크 모형에서는 주가수익률의 확률분포에 기초하여 주가의 시계열행위를 설명하고 있다. 그러나 앞서 살펴본 바와 같이 표준편차의 동일성을 요구하고 있으며, 가격형성과정에서 정보의 역할을 충분히 배려하지 못하고 있다는 점에서 비현실적이라는 비판을 받고 있다.

② 공정 게임모형

공정 게임모형(fair game model)은 기대수익률의 관점에서 주가의 시계열행위를 설명하는 모형으로 t기초의 이용 가능한 정보에 근거하여 추정되는 조건부기대수익률이 실제수익률과 일치한다고 보는 모형이다.

모든 이용 가능한 정보의 경제적 가치가 주가에 충분히 반영되고 있다면 t기 초의 모든 이용 가능한 정보에 기초하여 추정되는 t기 말의 조건부 기대주가는 t기 말의 실제주가와 일치해야 한다. 따라서 t기 말의 조건부 기대주가와 실제주가 사이에는 식 (2)의 관계가 성립한다.

$$E(P_{i,t+1} \mid \phi_t) = P_{i,t+1} \tag{2}$$

$E(P_{i,t+1} \mid \phi_t)$: t기초의 이용 가능한 정보 집합 ϕ_t에 기초한 증권 i의 조건부 기대기말가격
$P_{i,t+1}$: t기말의 실제주가
ϕ_t : t기초의 이용 가능한 정보 집합

식 (2)에서 t기말의 조건부 기대주가는 식 (3)과 같다.

$$E(P_{i,t+1} \mid \phi_t) = P_{i,t}[1 + E(r_{i,t} \mid \phi_t)] \tag{3}$$

$E(r_{i,t} \mid \phi_t)$: t기초의 이용 가능한 정보 집합 ϕ_t에 기초한 증권 i의 조건부 기대수익률
$P_{i,t}$: 증권 i의 기초가격

식 (3)에서 조건부 기대수익률은 식 (4)와 같다.

$$E(r_{i,t+1} \mid \phi_t) = \frac{E(P_{i,t+1} \mid \phi_t) - P_{i,t}}{P_{i,t}} \tag{4}$$

공정게임 모형에서는 식 (4)에서 $E(P_{i,t+1} \mid \phi_t) = P_{i,t+1}$의 관계가 성립되기 때문에 t기의 조건부 기대수익률이 실제수익률과 일치하게 된다. 따라서 공정게임 모형에 의하면 식 (5)가 성립된다.

$$\varepsilon_{i,t} = r_{i,t} - E(r_{i,t} \mid \phi_t) = 0 \tag{5}$$

식 (5)에서 보여주는 바와 같이 증권가격이 시간의 경과와 함께 공정게임모형에 따라 변동한다면 어떠한 정보를 이용하는 투자전략을 통해서도 초과수익률을 얻을 수 없다는 사실을 알 수 있다. 따라서 어떤 사람이 특정정보를 이용하여 초과수익률을 얻고 있다면, 이는 모든 이용 가능한 정보의 경제적 가치가 시장가격에 충분히 반영되지 않고 있기 때문에 공정게임 모형이 성립되지 않는 비효율적 시장이라고 말할 수 있다.

공정게임 모형의 장점은 다음과 같다.

첫째, 이용 가능한 정보 집합을 시계열 정보 이외에 공개된 정보와 내부정보 등을 포함하는 정보로 정의하고 있다는 점이다. 랜덤워크 모형과 달리 이 처럼 정보의 범위를 확대시킴으로써 가격형성과정에서 정보의 역할을 분명하게 설명할 수 있다.

둘째, 랜덤워크 모형과 달리 시간의 경과에 따른 주가의 변화행위를 기대수익률의 차원에서 설명하고 있다는 점이다. 랜덤워크 모형에서는 기대수익률과 표준편차가 시간의 경과와 관계없이 일정해야 함을 요구하고 있으나, 공정게임 모형에서는 기대수익률이 시간의 경과와 관계없이 일정해야 함을 요구하고 있다는 점에서 현실적인 모형이라고 힐 수 있다.

셋째, 장기적인 주가추세를 고려할 수 있다는 점이다. 장기적인 주가추세를 고려하는 경우 공정게임 모형은 섭-마팅겔 모형과 마팅겔 모형으로 구분된다.

1) 섭-마팅겔 모형

섭-마팅겔 모형(sub-martingale model)은 매 기에서 관찰되는 조건부 기대수익률이 0보다 클 것으로 기대되는 효율적 시장에서 주가의 시계열 행위를 설명하는 공정게임모형의 하나이다. 매 기에서 관찰되는 조건부 기대수익률이 0보다 크다는 것은 곧 주가가 장기적으로 상승할 것으로 기대된다는 것을 의미한다. 따라서 이용 가능한 정보 집합에 기초한 t기 말의 조건부 기대주가가 t기초의 실제주가보다 높게 형성되는 효율적 시장에서 주가의 시계열 행위를 설명하는 공정게임 모형으로 이해할 수 있다.

t기초의 실제주가와 t기말의 조건부 기대주가 사이에는 식 (6)과 같은 관계가 성립한다.

$$E(P_{i,t+1} \mid \phi_t) > P_{i,t} \tag{6}$$

장기적인 상향추세가 지속되는 효율적 시장에서는 주가가 시간의 경과와 함께 섭-마팅겔 모형에 따라 변동할 것이다. 따라서 섭-마팅겔 모형에서 t기의 조건부 기대수익률은 식 (7)과 같다.

$$E(r_{i,t} \mid \phi_t) > 0 \tag{7}$$

2) 마팅겔 모형

앞서 설명한 바와 같이 섭-마팅겔 모형은 이용 가능한 정보 집합에 기초한 t기말의 조건부기대주가가 t기초의 실제주가보다 높게 형성될 것으로 기대되는 효율적 시장에서 주가의 시계열 행위를 설명하는 공정게임 모형 중의 하나이다.

한편 마팅겔 모형(martingale model)은 t기초의 이용 가능한 정보 집합에 기초한 t기말의 조건부기대주가가 t기초의 실제주가와 같을 것으로 기대되는 효율적 시장에서 주가의 시계열 행위를 설명하는 공정게임 모형 중의 하나이다.

효율적 시장에서 주가가 시간의 경과와 함께 마팅겔 모형에 따라 변동한다면 t기말의 조건부 기대주가와 t기초의 실제주가 사이에는 식 (8)과 같은 관계가 성립한다.

$$E(P_{i,t+1} \mid \phi_t) = P_{i,t} \tag{8}$$

식 (8)에서 보여주는 것처럼 t기말의 조건부 기대주가가 t기초의 실제주가와 일치한다는 것은 장기적인 주가추세가 존재하지 않는 효율적 시장에서 주가가 시간의 경과에 따라 무작위하게 변동하고 있음을 의미한다. 마팅겔 모형에 의하면 t기의 조건부 기대수익률은 식 (9)와 같다.

$$E(r_{i,t} \mid \phi_t) = 0 \tag{9}$$

Ⅲ. 효율적 시장의 검증

1 약형 효율적 시장의 검증

1) 주가변동의 무작위성

약형 효율적 시장은 역사적인 주가 및 거래량의 변화에 포함된 시계열정보의 경제적 가치가 현재의 시장가격에 충분히 반영되고 있는 시장을 의미한다. 따라서 시계열정보의 경제적 가치가 주가에 충분히 반영되고 있다면 시간의 경과에 따른 주가변동이 독립적이라고 말할 수 있다. 그러므로 주가변동의 독립성을 검증함으로써 증권시장이 약형 효율적 시장인지를 판단할 수 있다.

주가변동의 독립성을 검증하는 방법으로는 시계열상관 검증과 연(連)의 검증(run test) 등이 있다. 시계열상관 검증(serial correlation test)은 어제의 주가변동에 따라 오늘의 주가변동이 영향을 받고 있는가를 검증하는 통계적 검증의 하나이다. 어제의 주가변동과 오늘의 주가변동 사이에 존재하는 시계열 상관계수를 측정하여 시계열 상관계수가 0이면 주가변동이 시계열적으로 독립적이라고 말할 수 있다.

파마(E. Fama, 1965)는 1957년 12월~1962년 9월까지의 기간에서 다우존스 수정주가지수의 30개 채용종목을 대상으로 t일과 $t-1$일, $t-4$일, $t-9$일 및 $t-16$일의 주가 사이에 존재하는 시계열 상관계수를 측정한 결과 시계열 상관계수가 0과 유의적으로 다르지 않음을 발견하였다. 이와 같은 검증결과는 주가변동이 시간의 경과와 관계없이 독립적이라는 것을 의미한다. 다시 말하여 과거의 주가변동을 분석함으로써 미래의 주가를 예측할 수 없다는 것을 의미한다.

연의 검증은 주가가 일정한 추세를 따라 변동하고 있는지를 분석하는데 이용되는 통계적인 검증방법이다. 주가가 전일보다 상승한 경우에는 (+)로 그리고 주가가 전일에 비하여 하락한 경우에는 (-)로 표시하여 동일한 부호를 갖는 연의 수를 이론적인 연의 수와 비교함으로써 추세가 존재하는지를 검증할 수 있다.

연은 동일한 부호를 갖는 주가변화의 수를 의미한다. 예컨대 주가변화의 부호가 + + + - - + - - 이라면 첫 번째 3개의 (+)부호, 두 번째 2개의 (-)부호, 세 번째

1개의 (+)부호와 네 번째 2개의 (-)부호로 구분할 수 있기 때문에 연의 수는 4가 된다. 이와 같은 방법으로 관찰되는 연의 수가 이론적인 연의 수보다 작으면 주가변동에 추세가 존재한다고 말할 수 있다.

파마(Fama)는 연의 검증을 통하여 일별 주가변동에서는 통계적 유의성은 낮지만 연이 존재하였으나, 4일, 9일 및 16일간의 주가변동에서는 통계적으로 유의적인 연이 존재하지 않음을 발견함으로써 주가변동이 독립적이라는 점을 입증하였다.

2) 기술적 거래방법의 투자성과

기술적 거래방법은 과거의 주가와 거래량의 변동추세를 분석하여 미래의 주가변동을 예측하는 기술적 분석에 근거를 두고 있다. 따라서 단순한 매입-보유전략과 비교하여 기술적 거래방법의 투자성과가 더 우수한가를 분석함으로써 약형 효율적 시장을 검증할 수 있다.

기술적 분석의 결과에 따라 기계적으로 증권을 사고파는 거래방법 중에서 가장 대표적인 것으로 필터기법(filter rule)이 있다. 필터기법은 일정한 주가변동폭을 정해놓고 주가가 최저점에서 그 이상으로 상승할 때 매입하는 한편 최고점에서 그 이하로 하락할 때 매도하는 기계적인 거래방법을 말한다. 필터를 10%로 설정하는 경우 주가가 최저점에서 10% 이상 상승할 때 매입하고, 최고점에서 10% 이상 하락할 때 매각한다. 따라서 필터 폭에 따라 다양한 거래방법을 적용할 수 있다.

파마-브름(Fama-Blume, 1969)은 시계열상관검증에서 이용된 똑같은 자료를 이용하여 0.5%~50%까지 25개의 필터를 정하여 필터기법과 단순한 매입-보유 전략(naive buy and hold strategy)의 투자성과를 비교분석한 결과 가장 작은 0.5%의 필터에서 초과수익이 실현됨을 발견하였으나, 이러한 초과수익률이 거래비용을 상쇄할 만큼 충분하지 못하였기 때문에 경제적인 의미를 부여할 수 없다는 사실을 발견하였다.[2] 이러한 결과는 과거의 주가자료를 이용하여 미래의 주가를 예측함으로써 비정상적인 초과수익을 얻을 수 없다는 실증적 증거로서 약형 효율적 시장을 지지하는 것으로 평가된다.

그 밖에 거래비용을 고려하는 경우 기술적 분석방법인 이동평균법이나 상대적 강도법을 이용한 투자성과가 단순한 매입보유 전략의 투자성과를 능가하지 못하고 있는

---

2) E. Fama and M. Blume, "Filter Rules and Stock Market Trading," *The Journal of Business,* Vol. 39, Issue I, Part 2: Supplement on Security Prices, Jan, 1966, pp. 226~241.

것으로 나타났다. 따라서 투자성과 면에서 볼 때 과거의 주가나 거래량을 이용한 기술적 거래방법이 매입보유전략보다 우수하지 않기 때문에 증권시장이 약형에서 효율적 시장이라고 말할 수 있다.

2 준강형 효율적 시장의 검증

준강형 효율적 시장의 검증에서는 공개된 정보가 주가에 얼마나 신속하게 반영되고 있는가를 분석하는데 초점이 두어지고 있다. 공개된 정보(public information)는 주가와 거래량 변동 등에 포함된 시계열정보 이외에 순이익, 배당금, 유상증자, 무상증자, 신제품개발, 새로운 사업진출, 통화량, 경제정책, 산업정책 등의 공시정보를 의미한다. 이와 같은 정보의 공시일 전·후의 기간에서 증권가격이 어떻게 반응하는가를 분석함으로써 준강형 효율적 시장을 검증할 수 있다. 만일 증권시장이 준강형에서 효율적이라면 공시일 이전부터 정보의 경제적 가치가 주가에 반영되기 시작하여 공시일까지 주가에 반영되기 때문에 공시일 이후에는 어떠한 주가반응도 일어나지 않을 것이다.

준강형 효율적 시장의 검증에서는 주로 잔차수익률 분석(residual returns analysis)이 이용되고 있다. 준강형 효율적 시장의 검증에 대한 실증적 연구 중에서 가장 대표적인 것은 주식분할공시에 대한 시장반응을 분석한 파마 - 피셔 - 젠센 - 롤(E. Fama, L. Fisher, M. Jensen and R. Roll, 1969 : FFJR)의 연구이다.[3]

주식분할일 전·후의 기간에서 일어나는 주가변동은 전체시장의 주가변동에 따라 영향을 받는 부분과 주식분할에 따라 영향을 받는 부분으로 구분된다. 따라서 실제의 주가변동으로부터 주식분할의 공시에 따른 주가변동을 분리시키는 작업이 필요하다. 이를 위하여 주식분할 이외의 모든 정보의 경제적 가치가 주가에 반영될 때의 조건부 기대수익률을 추정해야 한다.

조건부 기대수익률은 공정게임 모형을 이용함으로써 추정할 수 있다. 따라서 주식분할에 기인한 주가변동은 잔차수익률로 나타나며, 잔차수익률은 실제수익률에서 조건부 기대수익률을 공제함으로써 식 (10)과 같이 측정된다.

---

3) E. Fama, L. Fisher, M. Jensen and R. Roll, "The Adjustment of Stock Price to New Information," *International Economics Review*, Vol. 10, No. 1 (Feb.), 1969, pp. 1~21.

$$\epsilon_{i,t} = r_{i,t} - E(r_{i,t} \mid \phi_t) \tag{10}$$

$\epsilon_{i,t}$: t기에서 주식분할에 기인한 초과수익률(잔차수익률)
$r_{i,t}$: t기에서 증권 i의 주가수익률
$E(r_{i,t} \mid \phi_t)$: t기초의 이용 가능한 시장정보에 근거한 조건부 기대수익률
ϕ_t : t기초의 이용 가능한 정보로서 주식분할의 공시정보

식 (10)에서 조건부 기대수익률이 시장모형(market model)에 따라 형성된다면 조건부 기대수익률은 식 (11)과 같다.

$$E(r_{i,t} \mid \phi_t) = \alpha_i + \beta_i\, E(r_{M,t} \mid \phi_t) \tag{11}$$

따라서 식 (12)를 이용하여 주식분할에 기인한 잔차수익률을 측정할 수 있다.

$$\epsilon_{i,t} = r_{i,t} - [\alpha_i + \beta_i E(r_{M,t} \mid \phi_t)] \tag{12}$$

$r_{i,t}$: 주식분할의 공시일 전·후 t월에서 증권 i의 실제수익률
$r_{M,t}$: 주식분할의 공시일 전·후 t월에서 시장지수수익률
$\epsilon_{i,t}$: 주식분할의 공시일 전·후 t월에서 잔차수익률

FFJR은 과거의 주가수익률을 이용하여 식 (11)의 α와 β를 추정한 후 주식분할 이전 29개월부터 주식분할 이후 29개월까지의 기간에서 각 표본주식의 월별 잔차수익률을 계산한 다음 식 (13)을 이용하여 평균비정상수익률(average abnormal return : AAR)을 측정하였다.

$$AAR_{p,t} = \frac{\sum_{i=1}^{n} AR_{i,t}}{N} \tag{13}$$

N: 주식분할을 공시한 표본기업 수

한편 식 (14)를 이용하여 주식분할 전·후의 기간에서 누적평균비정상수익률(cummulative average abnormal return : $CAAR$)을 측정하였다.

$$CAAR_{p,T} = \sum_{t=1}^{T} AAR_t \tag{14}$$

그림 5-4 주식분할 월 전·후의 누적적 비정상수익률

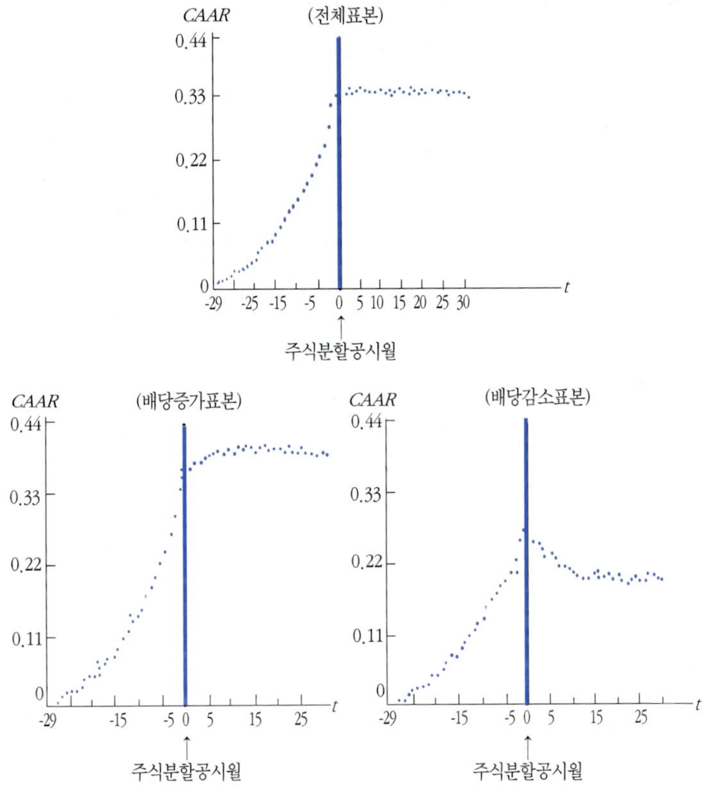

[그림 5-4]에서 FFJR의 연구결과를 보여주고 있다. 0월은 주식분할이 공시된 월을 그리고 −1월은 주식분할 직전월을 의미한다. [그림 5-4]에서 볼 수 있는 것처럼 주식분할 이전 29개월 동안에서 *CAAR*이 지속적으로 증가하였지만 주식분할월 이후에는 *CAAR*이 변화하지 않고 있음을 알 수 있다. 이러한 결과는 주식분할과 같은 공개된 정보의 경제적 가치가 시장가격에 충분히 반영되고 있음을 의미하며, 따라서 준강형에서 효율적 시장이라고 말할 수 있다. 이처럼 특정사건의 공시일을 중심으로 전·후의 기간에서 비정상수익률의 움직임을 분석하는 연구를 사건연구(event study)라고 한다. 사건연구는 효율적 시장의 검증과 관련된 대부분의 실증적 연구에서 널리 활용되고 있다.

한편 [그림 5-4]에서 전체 표본을 배당증가를 수반한 표본과 배당감소를 수반한 표본으로 분류하여 각 표본에 대한 *CAAR*을 보여주고 있다. 배당감소 표본에서는 주식분할 이전에 주가가 상승하였으나 주식분할 이후에 다시 원래의 수준으로 되돌아왔던 반면 배당증가 표본에서는 주식분할 이전에 주가가 지속적으로 상승하다가 공시월 이후에도 미미하지만 상승하고 있는 것으로 나타났다. 이처럼 배당증가를 수반한 표본에서 누적적 비정상수익률이 증가하고 있다는 것은 기업이 지속적인 성장으로 이익증가가 예상될 때 주식분할을 하는 경향이 있음을 의미한다. 따라서 주식분할이 미래의 이익전망에 대한 정보를 신호하는 수단으로 이용되기 때문에 주식분할 이후에도 주가가 상승하는 것으로 해석할 수 있다.

그 밖에 많은 연구에서 준-강형 효율적 시장을 지지하는 증거를 제시하고 있다. 예를 들어 금리, 통화량, 배당, 이익 및 회계처리방법의 변경 등과 같은 공개된 정보의 경제적 가치가 주가에 매우 신속하게 반영되고 있는 것으로 나타나고 있다.

한편 부분적으로는 준강형 효율적 시장을 기각하는 실증적 연구도 제시되고 있다. 이와 같은 현상을 이례적 현상(market anomaly)이라고 한다. 효율적 시장을 부정하는 이례적 현상으로는 규모효과, 1월효과, 주말효과와 배당수익률효과 등이 있다. 이례적 현상에 대해서는 V.에서 설명하기로 한다.

③ 강형 효율적 시장의 검증

공개된 정보 이외에 내부정보까지 현재의 주가에 반영하고 있는가를 분석함으로써 강형 효율적 시장을 검증할 수 있다. 따라서 강형 효율적 시장에 대한 증거는 일반투자자보다 쉽게 기업의 내부정보에 접근할 수 있으며, 그러한 내부정보를 분석할 수 있는 능력이 있는 전문투자기관들이 비정상적인 수익률을 실현하는지를 분석함으로써 얻을 수 있다.

내부자(insider)의 투자성과를 분석함으로써 강형 효율적 시장에 대한 실증적 증거를 얻을 수 있다. 자패(J. Jaffe, 1974)는 미국의 증권거래위원회(SEC)에서 매월 발간되고 있는 기업의 내부자들이 자신의 거래상황을 보고한 "Summary of Security Transaction and Holdings"의 자료에 근거하여 투자성과를 분석한 결과 내부자들이 상당히 높은 초과수익률을 실현하고 있음을 발견함으로써 강형 효율적 시장을 기각하는 실증적 증

거를 제시하였다.[4)]

Ⅳ. 채권시장의 효율성

채권시장의 효율성을 검증한 실증적 연구는 매우 많다. 대부분의 실증적 연구에 의하면 완전하지는 않지만 채권시장이 준강형에서 효율적이라는데 의견을 같이 하고 있다.

1 약형 효율적 시장의 검증

채권시장의 효율성을 검증한 초기의 연구에서는 재정증권의 가격행위에 초점을 두고 있다.

롤(R. Roll, 1970)은 1946년 10월~1964년 12월의 기간에서 796개의 주별수익률 자료를 이용하여 채권가격의 행위를 분석하였다.[5)] 그는 역사적인 재정증권가격의 변화에 관한 정보가 미래의 재정증권가격을 예측하는데 도움이 되지 않는다는 사실을 발견하였다. 이러한 결과는 재정증권시장이 약형 효율적 시장임을 지지하는 실증적 증거이다.

2 준강형 효율적 시장의 검증

전문가들은 많은 공개된 정보를 분석하여 미래의 이자율을 예측한다. 따라서 전문가들의 이자율예측이 정확한가의 여부를 분석함으로써 채권시장이 준강형 효율적 시장인가를 평가할 수 있다.

---

4) J. Jaffe, "Special Information and Insider Trading," *Journal of Business,* Vol. 47, No. 3 (Jul.), 1974, pp. 410~428.

5) R. Roll, *The Behavior of Interest Rates*, New York : Basic Books, Inc., 1970.

엘리오트-바이어(J. W. Elliot and J. R. Baier, 1979)는 전문적인 예측기관에서 이용하고 있는 6개의 서로 다른 이자율예측모형과 순수기대모형(naive expectation model)의 예측정확성을 비교분석한 결과 순수기대모형의 예측정확성이 나머지 6개의 예측모형보다 높았음을 발견하였다.[6)]

순수기대모형은 $t+1$기의 이자율이 t기의 이자율과 일치하는 것으로 보는 모형이기 때문에 이러한 결과는 채권시장의 효율성과 일치하는 증거로 평가할 수 있다. 그 밖에 많은 실증적 연구의 결과를 요약하면 순수기대모형이 가장 정확한 미래의 이자율 예측치를 제공하는 것으로 알려지고 있으나 반대로 전문가들의 예측치가 더 정확하다고 주장하는 증거도 있다. 따라서 연구결과의 내용이 서로 다르기 때문에 일관적인 결론을 얻을 수 없으나 대체적으로 채권시장이 준-강형에서 효율적이라는데 의견을 같이하고 있는 것으로 평가되고 있다.

채권시장의 효율성을 검증하는 또 다른 하나의 방법은 채권등급의 변화에 대한 채권가격의 반응을 분석하는 것이다. 공개된 정보에 따라 채권등급이 결정되고 있다면 특정정보가 공개된 후에 채권등급이 재분류될 것이다. 따라서 채권시장이 준-강형에서 효율적이라면 등급변화가 공시되기 이전에 채권가격이 변화하며, 채권등급의 변화 이후에는 채권가격이 변동하지 않을 것이다.

웨인스타인(J. W. Weinstein, 1977)은 채권등급의 변화를 공시한 전·후의 기간에서 채권가격의 변화를 분석한 결과 채권가격이 공시 이전의 기간에서 충분히 조정된다는 증거를 발견하였다.[7)] 한편 핀치-싱글톤(G. E. Pinches and J.C. Singleton, 1978)은 채권등급의 변화를 공시한 전·후의 기간에서 주가의 변화를 분석한 결과 공시일 이전에서 주가조정이 이루어진다는 결론을 얻었다.[8)]

---

6) J. W. Elliot and J. R. Baier, "Econometric Models and Current Interest Rates : How Well Do They Predict Future Rates?," *The Journal of Finance,* Vol. 34, No. 4 (Sep.), 1979, pp. 975~986.

7) M. I. Weinstein, "The Effect of a Rating Change Announcement on Bond Price", *Journal of Financial Economics,* Vol. 5, No. 3 (Dec.), 1977, pp. 329-350.

8) G. E. Pinches and J. C. Singleton, "The Adjustment of Stock Prices to Bond Rating Changes", *The Journal of Finance,* Vol. 33, No. 1 (Mar.), 1978, pp. 29~44.

Ⅴ. 효율적 시장의 이례적 현상

대부분의 실증적 연구에 의하면 *CAPM*이 실제로 증권가격의 형성과정을 충분히 설명하지 못하는 것으로 나타나고 있다. 예를 들어 체계적 위험 이외에 기업규모, 배당수익률 및 주가수익률의 계절성 등이 증권수익률에 영향을 미치고 있는 것으로 나타나고 있다. 이와 같은 사실은 특정정보를 이용함으로써 실제로 초과수익률을 얻을 수 있는 투자기회가 존재하고 있음을 의미한다. 따라서 *CAPM*이나 효율적 시장의 측면에서 볼 때 이와 같은 연구결과는 매우 이례적인 현상으로 볼 수 있다. 이하에서는 규모효과, 1월효과와 주말효과 등에 대하여 살펴보자.

1 규모효과

규모효과(firm size effects)는 규모가 작은 보통주의 수익률이 규모가 큰 보통주의 수익률보다 높은 수준에서 형성되는 현상을 말한다.

반즈(Banz, 1981)는 1931년~1975년에서 *NYSE*에 상장된 보통주를 시장가치에 따라 측정한 규모의 크기에 따라 서열을 매겨 배열한 후 규모가 큰 보통주와 규모가 작은 보통주로 각각 포트폴리오를 구성하여 비정상수익률의 차이를 분석한 결과, 규모가 작은 보통주포트폴리오의 비정상수익률이 규모가 큰 보통주포트폴리오보다 연율로 18.24%가 높았음을 발견하였다.[9)]

2 1월효과

1월효과(January effects)는 연중의 다른 월에 비하여 1월에 주가수익률이 높게 형성되는 현상을 말한다. 월마다 주가수익률이 서로 다른 수준에서 형성되는 이른바 주가수익률의 계절성을 뒷받침할 수 있는 이론적 근거는 없지만 실제로 주가수익률에

---

9) R. W. Banz, "The Relationship between Return and Market Value of Common Stocks," *Journal of Financial Economics*, Vol. 9, No. 1 (Mar.), 1981, pp. 3~18.

계절적 패턴이 존재하고 있는 것으로 나타났다.

로제프-키니(Rozeff-Kinney, 1976)는 1904년~1974년에서 *NYSE*에 상장된 보통주를 대상으로 하여 1월과 기타 월의 평균주가수익률을 측정하여 비교한 결과 1월의 평균주가수익률이 다른 월의 평균주가수익률보다 높았음을 발견하였다.[10] 〈표 5.1〉에서 보여주는 바와 같이 1월과 기타 월의 평균수익률을 보면 1월의 평균수익률이 월등히 높게 형성되고 있음을 알 수 있다.

1월의 평균수익률이 기타 월의 평균수익률보다 높은 현상이 1월의 전반기와 후반기 중에서 어느 시기에 집중되는지는 또 다른 하나의 흥미로운 과제이다. 아리엘(Ariel, 1987)의 실증적 연구에 의하면 1월 중에서 전반 15일의 평균주가수익률이 후반 15일의 평균주가수익률보다 높은 것으로 나타나고 있다.[11] 이러한 사실은 1월의 전반기에서 주가가 이례적으로 상승한 결과로서 나타나는 현상으로 1월효과가 월중 전반기에 집중되고 있음을 의미하는 것이다.

〈표 5.1〉 주가수익률의 계절성

	평균수익률(1월)	평균수익률(기타월)	수익률차이
1904-1974	3.48	0.42%	3.06%
1904-1928	1.30	0.44	0.86
1929-1940	6.63	-0.60	7.23
1941-1974	3.91	0.70	3.21

자료 : M. S. Rozeff and W. R. Kinney, "Capital Market Seasonality : The Case of Stock Returns", *Journal of Financial Economics 3,* Oct., 1976, p.388.

③ 주말효과

주말효과(week-end effects)는 월요일에 주가수익률이 상대적으로 낮게 형성되고, 다른 요일에 높게 형성되는 현상을 말한다. 이러한 사실은 전반적으로 월요일에 주가가 하락하는 한편 다른 요일에서는 주가가 상승하는 경향이 있음을 의미한다.

대부분의 실증적 연구에 의하면, 〈표 5.2〉에서 보여주는 것처럼 실제로 월요일의

10) M. S. Rozeff and W. R. Kinney, "Capital Market Seasonality : The Case of Stock Returns," *Journal of Financial Economics,* Vol. 3, No. 4 (Oct.), 1976, pp. 379~402.

11) R. A. Ariel, "A Monthly Effect in Stock Returns," *Journal of Financial Economics,* Vol. 18, No. 1 (Mar.), 1987, pp. 161~174.

평균주가수익률이 나머지 요일의 평균주가수익률보다 훨씬 작았으며, 특히 월요일의 평균주가수익률이 음(-)의 값이었으나 나머지 요일의 평균주가수익률이 양(+)의 값을 보이는 경향이 있는 것으로 나타나고 있다.[12)]

〈표 5.2〉 주말효과에 대한 분석결과

	월요일	화요일	수요일	목요일	금요일
French의 연구 (1953-1977)	-0.17%	0.02%	0.10%	0.04%	0.09%
Gibbons-Hess (1962-1978)	-0.13	0.00	0.10	0.03	0.08
Keim-Stambaugh (1928-1982)	-0.18	0.05	0.09	0.05	0.06

4 규모효과와 1월효과

다른 월에 비하여 1월에 주가가 비정상적으로 상승하는 1월효과가 규모효과에 기인할 수도 있다. 다시 말하여 규모가 작은 종목들이 1월의 주가상승을 주도하는 경향이 있을 수 있다.

케임(Keim, 1983)은 규모효과의 관점에서 1월효과를 설명할 수 있다는 연구결과를 제시하였다. 케임의 연구결과에 의하면 1월효과가 존재하는 이유는 규모가 작은 종목들이 주가상승을 주도하는데 기인한다고 주장하였다.[13)] [그림 5-5]에서 볼 수 있는 바와 같이 규모가 큰 보통주로 구성된 포트폴리오에서는 1월의 비정상수익률이 음(-)의

12) 이에 대한 실증적 연구로서 다음 논문을 참고할 것. K. R. French, "Stock Returns and the Weekend Effect," *Journal of Financial Economics,* Vol. 8, No. 1 (Mar.), 1980, pp. 55~69.; M. R. Gibbons and P. Hess, "Day of the Week Effects and Asset Returns," *The Journal of Business,* Vol. 54, No. 4 (Oct.), 1981, pp. 579~596.; D. B. Keim and R. F. Stambaugh, "A Further Investigation of the Weekend Effects in Stock Returns," *The Journal of Finance,* Vol. 39, No. 3 (Jul.), 1984, pp. 819~835.; R. J. Rogalski, "New Findings Regarding Day-of-the-Week Returns over Trading and Non-Trading Period : A Note," *The Journal of Finance,* Vol. 39, No. 5 (Dec.), 1984, pp. 1603~1614. ; L. Harris, "How to Profit from Intradaily Stock Returns," *The Journal of Portfolio Management,* Vol. 12, No. 2 (Winter), 1986, pp. 61~64.; L. Harris, "A Transaction Data Study of Weekly and Intradaily Patterns in Stock Prices," *Journal of Financial Economics,* Vol. 16, No. 1 (May), 1986, pp. 99~117.

13) D. B. Keim, "Size-related Anomalies and Stock Return Seasonality : Further Empirical Evidence," *Journal of Financial Economics,* Vol. 12, No. 1 (Jun.), 1983, pp. 13~32.

그림 5-5 규모효과와 1월효과의 관계

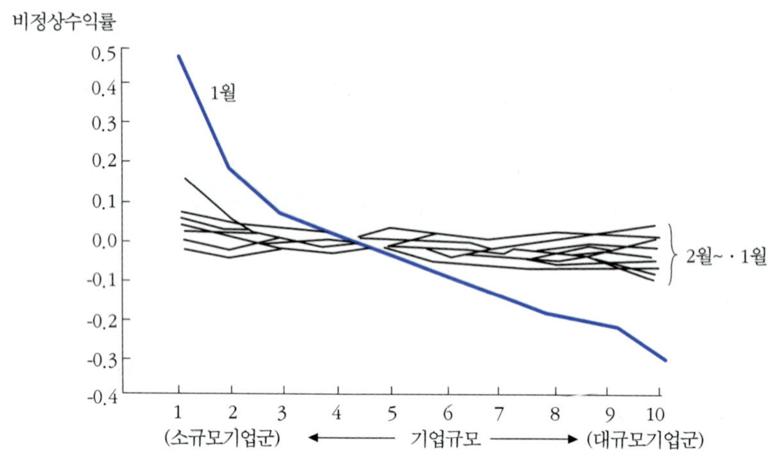

값을 보였지만, 규모가 작은 보통주로 구성된 포트폴리오에서는 1월의 비정상수익률이 양(+)의 값을 보이고 있다.

이러한 결과는 1월에 규모가 큰 보통주의 주가는 오히려 하락하는 경향이 있으며, 반대로 규모가 작은 보통주의 주가가 상승하는 경향이 있음을 시사하는 것으로서 1월의 높은 평균수익률을 규모효과로 설명할 수 있다는 증거로서 의미를 갖는다.

한편 로갈스키(Rogalski, 1984)는 1월에서 나타나는 규모효과가 연초 5일간의 거래기간에 집중되고 있다고 주장하였다. 소규모증권과 대규모증권의 평균비정상수익률의 차이를 분석한 결과 연중 월평균비정상수익률의 차이는 30.4%이었던 반면 1월의 평균비정상수익률의 차이가 8.0%로서 연중 규모효과(30.4%)의 26.3%(8.0%÷30.4%)가 연초 5일간에 집중되고 있음을 의미한다.[14)]

1월효과를 설명할 수 있는 하나의 근거는 세금유인적 매각가설(tax incentive selling hypothesis)이다. 자본손실을 실현시켜서 세금을 최소화시키기 위하여 주가하락이 큰 주식을 연말에 매도하기 때문에 연말이 가까워질수록 매도압력에 따라 주가가 하락하게 되고 연초에 다시 그 주식을 매입하기 때문에 연초에 주가가 비정상적으로 상승한다는 것이다.[15)]

14) R. J. Rogalski, *op. cit.*, 1984.
15) E. A. Dyl, "Capital Gains Taxation and Year-End Stock Market Behavior," *The Journal of*

두 번째의 가능한 근거는 규모가 작은 보통주의 경우 연말과 연초에 주가변동이 큰 관계로 1월에서 투자위험이 상대적으로 증가하기 때문에 1월의 비정상수익률이 높게 형성된다는 주장이다. 로갈스키-티닉(Rogalski-Tinic, 1986)의 연구결과에 의하면 규모가 작은 보통주의 경우 β계수가 연초에 상승하는 경향이 있는 것으로 나타나고 있다.[16)]

⑤ 규모효과와 주말효과

앞서 설명한 관점에서 보면 주말효과와 규모효과 사이에도 의미 있는 관계가 존재할 수 있을 것이다. 이에 대한 해답을 얻기 위하여 케임-스탬바우(Keim -Stambaugh, 1984)가 주말효과와 규모효과의 관계를 분석한 바 있다. 그들은 1928년~1982년의 기간에서 일별수익률을 분석한 결과 월요일의 주가수익률이 통계적으로 유의한 음(-)의 값을 보였으며, 또한 1979년~1982년의 기간에서 장외시장 표본을 대상으로 분석한 결과에서도 주말효과를 지지하는 실증적 증거를 발견하였다.

한편 주말효과가 규모효과에 기인하는지를 분석하기 위하여 1963년~1979년의 기간에서 *NYSE*와 *AMEX* 증권을 표본으로 선정하여 규모에 따라 포트폴리오를 구성한 다음 각 요일별로 평균주가수익률을 측정한 결과 모든 포트폴리오에서 월요일의 평균주가수익률이 음(-)의 값을 보임으로써 규모효과와 무관하게 주말효과가 존재한다고 주장하였다.[17)]

Finance, Vol. 32, No. 1 (Mar.), 1977, pp. 165~175.; M. R. Reinganum, "The Anomalous Stock Market Behavior of Small Firms in January : Empirical Tests for Tax-Loss Selling Effects," *Journal of Financial Economics,* Vol. 12, No. 1 (Jun.), 1983, pp. 89~104.

16) R. J. Rogalski and S. M. Tinic, "The January Size Effect : Anomaly or Risk Mismeasurement?," *Financial Analysts Journal,* Vol. 42, No. 6 (Nov.-Dec.), 1986, pp. 63~70.

17) D. B. Keim and R. F. Stambaugh, *op. cit.*, 1984.

연습문제

1. 다음 용어를 간략하게 설명하시오.

1) 섭-마팅겔 모형	2) 랜덤워크 모형	3) 공정게임 모형
4) 마팅겔 모형	5) 사건연구	6) 정보 효율성
7) 필터기법	8) 규모효과	9) 1월효과
10) 주말효과	11) 운영효율성	12) 분배효율성
13) 내부정보	14) 세금유인적 매각가설	15) 완전시장
16) 공개된 정보	17) 시계열정보	

2. 효율적 시장가설의 세 가지 유형과 검증방법에 대하여 설명하시오.

3. 효율적 시장과 완전시장을 비교 설명하시오.

4. 공정게임 모형과 랜덤워크 모형을 비교 설명하시오.

5. 많은 실증적 연구결과에 따르면 다른 월에 비하여 1월에 주가가 상승하는 경향이 있는 것으로 나타나고 있다. 그 이유를 어떻게 설명할 수 있는가?

6. 효율적 시장의 특성에 대하여 설명하시오.

7. 효율적 시장에 대한 이례적 현상으로 규모효과, 1월효과와 주말효과에 대하여 설명하시오.

기출문제

1. 효율적 시장가설에 대한 설명으로 가장 적절한 것은? (2012 지방직 7급 경제학)

① 시장 참여자에게 공개된 정보로 증권의 미래가격의 변동을 예측할 수 있다면 시장은 그 정보 집합에 대해 효율적이다.
② 과거의 정보 뿐 아니라 현재 이용 가능한 모든 공개정보도 즉각 주가에 반영된다면 강형 효율적 시장가설이 성립한다.
③ 차익거래는 비합리적 투자가들에 의한 시장왜곡 현상을 바로 잡는 역할을 한다.
④ 약형 효율적 시장가설이 성립하면 준-강형과 강형 효율적 시장가설도 성립한다.

2. 효율적 시장가설에 관한 다음의 설명 중 가장 옳지 않은 것은? (2005 CPA)

① 시장의 준-강형 효율성 가설을 검증하는 한 방법으로 사건연구(event study)를 활용할 수 있다.
② 미국 증권시장의 일일 주가 수익률을 분석해 보면 소형주의 수익률은 전날 대형주 수익률을 추종하나, 대형주의 수익률은 전날 소형주 수익률을 추종하지 않는 것으로 나타난다. 이는 시장이 약형으로 효율적이지 않다는 증거로 볼 수 있다.
③ 시장이 강형으로 효율적이라면 베타계수가 작은 주식에 투자한 경우 베타계수가 큰 주식에 투자했을 때보다 더 높은 수익률을 올릴 수 없다.
④ 미국 주식을 가치주와 성장주로 나누어 그 수익률을 분석해 보면 양 그룹 간에 확연한 차이가 발견된다. 이는 시장이 준-강형으로 효율적이지 않다는 증거로 볼 수 있다.
⑤ 기업의 인수·합병 발표 직후 피인수·합병 기업의 주가가 상승하는 것으로 나타난다. 이는 시장이 강형으로 효율적이지 않다는 증거로 볼 수 있다.

3. 다음 중 가장 옳지 않은 것은? (2007 CPA)

① 날씨가 맑은 날에는 주가지수가 상승하고, 그렇지 않은 날에는 주가지수가 하

락하는 경향이 전 세계적으로 관찰되고 있음을 보인 연구결과가 있다. 만일 이 연구결과가 사실이라면 이는 시장이 약형으로 효율적이지 않다는 증거이다. (매일 다음 날의 일기예보가 발표되며 일기예보는 50%보다 높은 정확도를 갖는다고 가정하시오)

② 시장이 약형으로 효율적이라면 기술적 분석을 이용해서 초과수익률을 얻을 수 없다.

③ 국내 주식시장에서 개인투자자들의 투자성과가 외국인투자자들이나 국내 기관투자자들에 비해 지속적으로 나쁘다는 연구결과가 있다. 모든 투자자들이 공개된 정보만을 이용하여 투자한다는 가정 하에, 이는 시장이 준-강형으로 효율적이지 않다는 증거로 볼 수 있다.

④ 시장이 효율적이고 $CAPM$이 맞다고 해도 베타가 같은 두 주식의 실현수익률이 다를 수 있다.

⑤ 시장이 약형으로 효율적일 때, 과거 6개월간 매달 주가가 오른 주식이 다음 달에도 주가가 또 오를 수 있다.

제6장 행태 재무론

행태 재무론(behavioral finance)은 주가에 대한 잘못된 기대를 형성하는 투자행동을 심리적인 요인으로 설명하려는 것으로 이와 같은 심리적 요소가 투자행태에 어떤 영향을 미치는가를 연구하는 학문이다. 많은 실증적 연구에 의하면 효율적 시장을 기각하는 이례적인 현상이 관찰되고 있는데, 이와 같은 이례적인 현상을 설명하는데 이용되고 있다.

투자이론에서는 모든 투자자들이 합리적으로 행동한다고 가정하고 있다. 다시 말하여 모든 투자자들은 위험을 회피하며, 같은 위험이라면 높은 이익을 얻을 수 있는 방향으로 투자한다고 가정하고 있다. 그러나 실제로 시장에서 투자자들은 이와 같은 합리성과 거리가 먼 행동을 하고 있다. 예를 들어 여러 증권에 자금을 분산해서 투자해야만 위험을 줄일 수 있다는 사실을 알고 있음에도 불구하고 하나의 증권에 집중적으로 투자를 한다거나, 손실을 보고 있는 증권에 더 많은 자금을 투자하는 경우 손실이 커진다는 사실을 알고 있으면서도 물타기 투자를 거침없이 감행하기도 한다.

이와 같은 투자자들의 비합리적인 투자행태는 기존의 투자이론으로는 도저히 설명할 수 없을 정도로 주가를 폭등시키는 결과를 가져오게 되고, 그렇게 되면 증권시장은 매우 큰 후유증에 시달리게 된다. [그림 6-1]과 같이 우리나라 코스닥 지수는 2000년 3월에 2,925.50로 최고치를 기록하였다. 1998년 11월의 최저치가 605.60이었던 점을 감안하면 불과 1년 반이 안 되는 사이에 주가지수 수준이 5배나 성장했던 것이다. 당시 어느 한 벤처기업의 시가 총액이 POSCO의 시가총액을 추월하는 사건까지 발생하였다. 그리고 나서 2000년 12월에 516.50까지 폭락하였다. 그 이후 10여년이 지난 후에도 코스닥 지수는 뚜렷한 회복세를 나타내고 있지 못하다.

그림 6-1 코스닥의 추이

이러한 현상이 우리나라 시장에만 나타나는 것도 아니다. 미국의 *NASDAQ* 시장도 마찬가지였다. [그림 6-2]에서 보여주는 것처럼 *NASDAQ* 시장도 1999년에 주가가 폭등한 바 있다. 그 배경에는 인터넷이 있었다. 1990년대 중반에 인터넷 사용의 증가와 그 성장잠재력에 주목한 분석가들은 신경제(new economy)에 도취되었다.

당시 수많은 인터넷 기업들은 사업이 될 만한 아이디어만으로 막대한 공모자금을 조달할 수 있었으며, 어느 정도의 실적만 있으며 상장도 가능하였다. 미국에서 대부분의 인터넷기업들의 이름이 .com으로 끝나기 때문에 이들 회사를 지칭하여 흔히 닷컴기업이라고 불렀으며, 이로 인한 주가의 버블을 닷컴 버블이라고 불렀다.

그림 6-2 나스닥(NASDAQ)의 추이

[그림 6-3]은 일본 *Nikkei* 225 지수의 동향을 보여주고 있다. 이 지수는 1980년 3월과 비교하면 1989년 12월까지 약 6배로 급등하였으나 2012년 7월에는 약 1/4 수준에 머무르고 있었으며, 그 후 20년이 지나도록 아직도 버블의 후유증에서 벗어나지 못하고 있다.

이 이외에도 주식시장의 버블과 붕괴는 여러 나라의 시장에서도 쉽게 관찰된다. 비교적 최근의 주식시장을 살펴보아도 1987년 미국의 블랙먼데이, 1997년 아시아 외환위기로 인한 아시아 시장의 붕괴, 2008년의 미국의 서브프라임 모기지 사태로 인한 전 세계적인 주식시장의 붕괴, 2011년 유럽의 재정위기로 인한 주식시장의 붕괴 등이 있다. 이와 같은 경험론에서 시장을 살펴볼 때 시장이 효율적이며 합리적으로만 움직인다고 하면 의문을 가지지 않을 수 없다. 기존의 이론에서는 이와 같은 버블과 붕괴 현상을 설명할 수 있는 이론을 제시하지 못하고 있다. 이에 대하여 행태경제학자와 재무학자들은 나름대로의 이론적인 틀을 제시하려 하고 있다.

그림 6-3 일본 NIKKEI 225의 추이

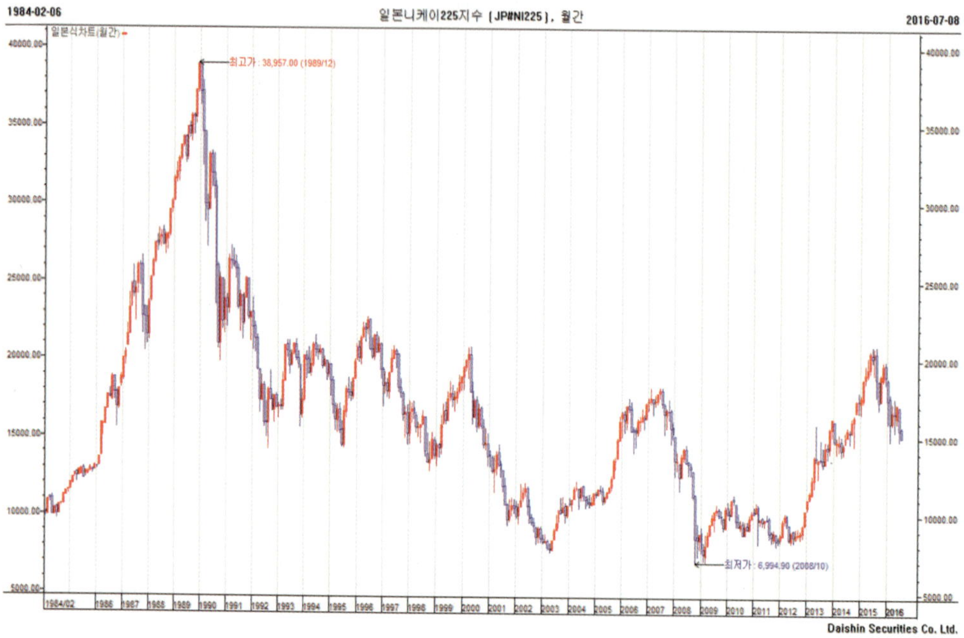

행태 재무론에서는 인지부조화나 정서적인 편의에서 인간의 비합리적인 행위가 비롯되며, 이러한 투자자들의 투자행태가 주가에 대한 그릇된 기대를 형성하게 하는 요인으로 작용하게 된다고 보고 있다. 경제학에서는 모든 경제주체가 이기적(self-interest)이고 합리적(rationality)이라는 호모 이코노미쿠스(homo economicus)를 가정하고 있다. 그러나 1978년 노벨 경제학을 수상한 바 있는 사이먼(H. Simon)에 따르면 인간은 철저하게 합리적인 존재일 수 없고, 오직 제한된 합리성(bounded rationality)만을 갖고 있을 뿐이다. 합리적인 투자분석 또는 투자행위에는 방대한 지식과 정보가 필요하며, 이와 같은 방대한 정보를 완벽하게 활용한다는 것이 현실적으로 매우 어렵기 때문에 결국 어느 정도 적절하다고 생각하는 선에서 만족하고 의사결정을 내리게 된다는 것이다. 이 점에서 사이먼의 주장은 시사하는 바가 크다.

심리학자인 트버스키(Tversky)와 카네만(Khaneman)은 인간행위의 특성을 휴리스틱(heuristic)과 편의(bias)로 정리하였다. 사전을 찾아보면 휴리스틱은 '발견을 돕는'

이라는 뜻을 가지고 있으며, 보다 친근한 우리말로 표현한다면 '대충' 또는 '주먹구구식'에 해당된다. 보통 사람들에게는 모든 것을 철저히 분석하고 그에 따라 행동하는 합리적 의사결정보다 시간과 비용 측면에서 휴리스틱한 의사결정이 유리할 때가 많다. 또한 사람들이 매사에 있어 합리적으로 행동하는 것은 아니며, 많은 경우에 자기 편한 대로 행동을 하는데 그렇다고 해서 무원칙하게 아무렇게나 행동하는 것이 아니라 자기 나름대로 일관성을 지니고 있다.[1]

이처럼 행태 재무론에서는 심리학적인 요소에 많이 의존하고 있기 때문에 용어 자체가 다소 생소하게 느낄 수도 있다. 또한 하나의 용어가 다른 용어와 의미가 중첩되어 혼돈스러운 경향이 있다. 그렇지만 기존의 투자이론에서 간과하거나 설명할 수 없었던 많은 부분을 나름대로 설명할 수 있고, 때로는 기존의 투자이론과 반대되는 주장을 펼치면서 새로운 시각을 제공하여 주기도 한다. 아직 이론적인 체계가 완성되지 않은 상태여서 학자들 사이에 학문적 통일성을 갖추었다고 볼 수는 없지만 행태 재무론은 빠른 발전을 보이고 있다.

이 장에서는 먼저 제1절에서 행태 재무론과 관련된 주요 개념을 몇 가지 살펴보고, 제2절에서는 행태 재무론과 관련된 주요 이론을 살펴본 다음, 제3절에서는 전망이론(prospect theory)에 대하여 살펴보고, 마지막으로 제4절에서 행태 재무론과 기술적 분석의 관계에 대하여 설명한다.

Ⅰ. 행태 재무론의 기본 용어

현실 세계에서는 합리성의 가정에 위배되는 여러 특이한 현상을 관찰할 수 있다. 그 중에서 행태 재무론에서 주목하고 있는 중요한 개념을 간추려 보자.

이러한 개념들은 서로가 연결되어 있어 각 용어의 설명력을 보완하고 있다.

---

1) 자세한 내용은 다음을 참고할 것. 이준구 · 이창용, "경제학원론", 법문사, 2010

1 프레이밍 효과

어떤 틀에 의해 사물 또는 사건을 인지하는가에 따라 사람들의 행태가 달라진다. 이를 프레이밍 효과(framing effect)라고 한다. 또한 이를 준거의존성(reference dependency)이라고도 한다. 예를 들어 컵에 물이 반쯤 차있다고 하자. 만약 물이 반이나 차있다고 생각한다면 그는 낙관적인 사람이며, 물이 반밖에 차있지 않다고 생각한다면 그는 비관적인 사람이라고 말할 수 있다. 만일 여러분도 그렇게 생각했다면 지금 유행어로 '낚인 것'이다. 즉 사고의 틀이 고정화된 것이다. 이렇게 되면 다른 각도로 문제를 대처하는 것이 매우 어렵게 된다.[2] 또 다른 예로 여론조사를 실시할 때 같은 내용이라 하더라도 질문순서 또는 질문방법에 따라 다른 결과가 도출되는 경우가 있다는 것은 잘 알려진 사실이다. 여기에도 프레이밍 효과가 반영된 것이다.

2 재산유지효과

어떤 물건의 소유 여부가 가치평가에 영향을 미치는 경우가 있는데, 이를 재산유지효과(endowment effect)라고 한다. 즉 사람들은 자신이 소유하고 있는 물건에 더 높은 가치를 부여하는데, 이 경우 교환보다는 자산을 그대로 유지하려는 보수성을 지니는 경향이 있다. 예를 들어 지금 보유하고 있는 주식보다 유망한 주식이 있어 종목을 교체하는 것이 바람직하다고 하자. 그러나 재산유지 효과가 있다면 기존의 주식에 더 높은 가중치를 부여하기 때문에 종목교체가 어려워지게 된다.

3 대표성 편의

대표성 편의(representativeness bias)란 고정관념에 기초한 판단에서 야기되는 편의를 말한다. 좋은 일이 계속되면 또 좋은 일이 일어날 것이라고 기대하는 심리가 이에 속한다. 예를 들어 어느 사람이 어떤 대학 또는 지역 출신에 대해 기분 좋은 경험을 가지고 있다고 하자. 이 경우 앞으로도 계속해서 그 대학 또는 지역 출신에 대해 좋

---

2) 미국의 유명한 코미디언이었던 카린(G. Carlin)은 컵이 필요보다 2배나 크다고 생각한다고 하였다.

게 평가하는 경향을 나타내곤 한다. 사람들은 투자의 세계에서도 좋은 기업과 좋은 투자대상을 혼동하는 경향이 있다. 사람들은 과거의 실적이 좋은 기업을 좋은 기업이라고 생각한다. 그렇다면 과연 과거에 좋은 실적을 보인 기업이 미래에도 좋은 실적을 보인다고 말할 수 없다. 그럼에도 불구하고 투자자들은 종종 과거의 실적이 좋은 기업이 미래에도 좋은 실적을 보일 것이라는 편견을 가진다.

④ 친숙성 편의

사람들은 자기가 잘 아는 기업에 투자하려는 경향이 있다. 이를 친숙성(familiarity) 편의라고 한다. 예를 들어 회사원들은 자기회사 주식에 투자하는 경우가 많다. 이러한 투자행태는 분산투자 원칙에 반하는 행동이다. 회사원들의 미래소득은 자기회사에서 창출되는 것이다. 즉 자신의 노동자산이 이미 회사에 투자된 것으로 간주할 수 있다. 그러므로 분산투자의 원칙에 따르면 노동자산 이외의 다른 투자자산으로 자기회사에 투자해서는 안된다.

또한 포트폴리오 이론에서는 해외주식을 포함하는 것이 분산효과 때문에 보다 더 바람직하다고 한다. 그러나 일반적인 사람들은 해외증권에 대해서 생소하기 때문에 국내 증권에만 투자하려고 하는데, 이를 국내투자 편의(home bias)라고 한다.

⑤ 손실회피 편의

사람들은 손실을 싫어한다. 손실은 똑같은 금액의 이익보다도 훨씬 더 강하게 평가된다. 이렇게 되면 손실을 보고 있는 주식을 매각하고 같은 크기의 이익을 볼 것으로 기대되는 주식으로 종목으로 교체하는 투자가 어려워지게 된다. 왜냐하면 손실 10,000원의 상처가 이익 10,000원의 기쁨보다 크다고 생각하기 때문이다. 이러한 손실회피(loss aversion) 편의는 손익분기(break even) 효과로 연결된다. 매몰비용(sunk cost)은 의사결정과 아무 관련이 없는 비용이기 때문에 과거의 손실은 의사결정과 무관하게 그대로 감수하여야 한다. 그러나 원금(본전)을 강력하게 인지하고 그에 따라 행동하는 것이 인간의 본성이다.

6 군집행동 편의

군집행동(herd behavior) 편의는 노이즈 거래(noise trading)와 관련이 있다. 일반 군중들은 정보가 부족한 투자자(uninformed investors)이기 때문에 남들의 투자를 모방하려고 한다. 이 경우 남들이 매입하는 것을 매입하는 심리 때문에 시장이 과열될 수가 있다. 시장이 과열되어 있을 때 경험이 없는 투자자들까지 시장에 몰려와서 주식을 매입하는 경향이 있는데, 이러한 현상이 군집행동의 대표적인 예이다.

이 경우 주식의 내재가치와 상관없이 주가가 크게 상승하는 현상이 나타나면서 버블국면에 진입한다. 버블국면에서는 주가가 내재가치 이상으로 상승하였다는 사실을 알고 있음에도 불구하고 투자자들은 주가 상승에 따른 이익을 챙긴 후에 자기보다 더 한 바보에게 주식을 넘길 수 있다는 생각에 무모하게 주식을 더 매입하기도 한다. 이를 '더 큰 바보이론'(greater fool theory)이라고 한다.

실제로 우리나라에서도 2000년을 전후한 시기에 이러한 일이 발생하였다. 신생 벤처기업들의 주가는 어떠한 이론으로도 설명할 수 없을 만큼 크게 상승하였다. 사실 이러한 우려는 투자자들 사이에는 광범위하게 인지되었다. 그러나 이들은 다음날 더 높은 가격에 매도할 수 있다는 믿음으로 무모한 투자를 하였으며, 그 결과는 처참하였다. 2000년에 버블이 붕괴되자 당시의 많은 대표적인 벤처기업들이 몇 년을 버티지 못하고 사라졌고 투자자들은 큰 손실을 입어야 했다.

Ⅱ. 형태 재무론과 관련된 여러 가지 효과

이 절에서는 행태 재무론과 관련된 내용 중 투자이론과 관련하여 대표적인 것을 중심으로 살펴보기로 한다.

1 기분효과

사람들은 후회를 기피하고 한편 만족감을 높이는 쪽으로 행동하는 성향이 있다. 쉐프린

-스테이트만(Shefrin-Stateman, 1985)에 의하면 이러한 성향 때문에 투자자들은 이익을 얻고 있는 종목은 너무 일찍 매도하는 한편 손실을 보고 있는 종목은 너무 오래 보유하는 경향이 있으며, 이러한 경향을 기분효과(disposition effect)로 설명하였다.3) 예를 들어 어느 투자자가 A 종목에서 20% 이익을 얻고 있는 한편 B 종목에서 20%의 손실을 보고 있다고 하자. 이 경우 그는 A 종목을 처분하는 한편 B 종목을 그대로 보유하려고 한다. 이렇게 되면 주가가 상승한 종목은 양(+)의 비정상적 거래량을 보이는 한편 주가가 하락한 종목은 음(-)의 비정상적 거래량을 보이게 된다. 이것은 '거래량이 증가하면 주가는 상승하고, 거래량이 감소하면 주가는 하락한다'는 실무적으로 잘 알려진 투자속설을 뒷받침해 주는 증거로 간주된다.

기분효과를 통해서 '일반 투자자들이 시장상승률 보다 낮은 수익률을 얻는 이유'를 설명할 수 있다. 또한 투자자들이 후회를 한 번으로 제한하기 위하여 손실을 보고 있는 종목을 처분할 때에는 한 종목 이상을 동시에 매도하지만 즐거움을 오랫동안 즐기기 위하여 이익을 얻고 있는 종목을 처분할 때에는 여러 날에 걸쳐 매도하는 경향이 있는데, 이러한 현상도 기분효과를 이용하여 설명할 수 있다. 이렇게 되면 이익을 내고 있는 종목은 '과도한 매도 압력' 때문에 시장에서 '과소평가'를 받게 되는 한편 손실을 보고 있는 종목은 '과도한 매수 압력' 때문에 시장에서 오히려 '과대평가'를 받을 수 있다. 이 역시 '오르는 종목을 매수하라'는 투자격언을 설명해주는 근거가 되기도 한다.

② 모멘텀 효과

앞서 설명한 기분효과는 종종 모멘텀 효과(momentum effect)로 연결되기도 한다. 어제 상승한 주식이 오늘도 계속 상승하고, 어제 하락한 주식이 오늘도 계속 하락한다면, 높은 양(+)의 시계열 상관성(serial correlation)을 보이게 된다. 콘래드-카울(Conrad- Kaul, 1988)과 로-맥킨레이(Lo-MacKinlay, 1988)는 뉴욕증권거래소에서 거래되고 있는 주식의 주간 수익률을 이용하여 시계열 상관성을 조사한 결과 비록 작기는 하지만 단기적으로 양(+)의 시계열 상관성(serial correlation)을 보인다는 사실을 발

3) H. Shefrin and M. Stateman, "The Disposition to Sell Winners Too Early and Ride Losers Too Long : Theory and Evidence", *The Journal of Finance,* Vol. 40, No. 3 (Jul.), 1985, pp. 777~790.

견하였다.4)5)

제가디쉬-티트만(Jegadeesh-Titman, 1993)도 단기적(3-12개월)으로 주가가 하락하거나 상승한 주식이 다음 기간에서도 그러한 주가 추이가 지속적으로 이어지는 모멘텀 효과를 발견하였다.6) 그들은 비록 개별종목의 수익률은 예측하기 매우 어렵지만, 최근에 뛰어난 성과를 보인 포트폴리오가 단기적으로 여전히 뛰어난 성과를 보인다고 주장하였다.

이와 같은 모멘텀 효과도 기분효과와 마찬가지로 "주가가 상승하는 종목을 매수하는 한편 주가가 하락하는 종목을 매도하라"는 투자속설을 지지하는 증거로 간주된다. 미국 월가에는 "Trend is your friend"라는 말이 있다. 바로 이러한 것을 지적하는 것이다. 실제로 트레이딩 시스템은 추세 추종형(trend following)으로 구성된 경우가 많다.

③ 반전효과

포테르바-섬머즈(Poterba-Summers, 1988)는 장기적인 관점에서 보면 주가수익률은 음(-)의 시계열 상관성(serial correlation)을 보이는데, 이를 유행가설(fad hypothesis)이라고 하였다.7) 따라서 유행가설은 주식시장이 정보에 과민반응(overreaction)을 보인다는 사실에 논리적인 근거를 두고 있다. 주가의 과민반응은 장기적으로는 음(-)의 시계열 상관성을 보이지만 단기적으로는 양(+)의 시계열 상관성을 보이는 경향이 있다는 실증적 근거가 많은 연구에서 속속 밝혀지고 있다.

드본-탈러(DeBondt-Thaler, 1985)는 뉴욕증권거래소에 상장된 주식을 대상으로 하여 5년간의 투자성과를 분석한 결과 '패자'(loser) 포트폴리오를 매입하는 투자전략이 '승자'(winner) 포트폴리오를 공매하는 투자전략보다 평균 25%의 초과이익이 실현되었음을 발견하였다.8) 패자 포트폴리오는 과거 5년 동안 가장 많이 주가가 하락한 주식

---

4) J. Conrad and G. Kaul, "Time Variation in Expected Returns", *The Journal of Business,* Vol. 61, No. 4 (Oct.), 1988, pp. 409~425.

5) A. W. Lo and C. MacKinlay, "Stock Market Price Do Not Follow Random Walk : Evidence from a Simple Specification Test", *The Review of Financial Studies,* Vol. 1, No. 1, 1988, pp. 41~66.

6) N. Jegadeesh and S. Titman, "Return to Buying Winners and Selling Losers : Implications for Stock Market Efficiency", *The Journal of Finance,* Vol. 48, No. 1 (Mar.), 1993, pp. 65~91.

7) J. M. Poterba and L. H. Summers, "Mean Reversion in Stock Prices : Evidence and Implications", *Journal of Financial Economics,* Vol. 22, Issue 1 (Oct.), 1988, pp. 27~59.

8) W.F.M. De Bondt and R. H. Thaler, "Does the Stock Market Overreact?", *The Journal of Finance,* Vol. 40, No. 3 (Jul.), 1985, pp. 793~805.

만으로 구성되는 포트폴리오를 그리고 승자 포트폴리오는 과거 5년 동안 가장 많이 주가가 상승한 주식으로 구성되는 포트폴리오를 말한다. 한편 여기서 말하는 투자전략은 패자 포트폴리오를 매입하여 3년 후에 매각하는 한편 승자 포트폴리오를 공매하여 3년 후에 청산하는 투자전략을 말한다.

패자 포트폴리오를 매입하여 3년 후에 매각하거나 승자 포트폴리오를 공매하여 3년 후에 청산하는 투자전략으로부터 의미 있는 초과이익이 실현된다는 것은 장기적으로 주가가 반전하는 특성을 보이고 있음을 의미하는 것이다. 이러한 반전효과(reversal effect)는 주식시장이 뉴스에 과민반응(overreaction)하는 결과로 나타나는 현상으로서 과민반응 이후에 주가가 반대방향으로 움직이기 때문에 나타나는 것이다.[9]

이상과 같은 세 가지 효과는 약형 효율성 가설을 부정하는 것으로 볼 수 있다. 다시 말하여 과거의 정보, 즉 주가와 거래량 정보를 분석하여 투자하더라도 초과이익을 얻을 수 없다는 약형 효율적 시장 가설을 부정하는 결과를 보여주기 때문이다.

4 심리직 회계

심리적 회계(mental accounting)는 Thaler(1980)가 제안한 이래 행태 재무론의 핵심 개념으로 자리매김하고 있다.[10] 그는 사람들이 금전에 대한 의사결정을 할 때는 다양한 요인이나 선택대안을 종합적으로 평가하여 합리적으로 결정을 하는 것이 아니라 비교적 좁은 프레임을 만든 다음 그 프레임에 끼워 넣어 결정한다고 주장하였다. 그는 이와 같은 프레임을 기업의 회계장부나 가정의 가계부에 비유하여 심리적 회계라고 하였다. '주머니 돈이 쌈짓돈'이라는 말이 있다. 1,000원이 어디에 있건 관계없이 동일한 가치를 지니는 것은 당연하다. 그러나 일반인들은 이에 반하는 결정을 할 때가 있다. 여행을 가기 위해서 저금리로 저축을 하면서, 고금리의 신용카드를 사용하는 경우가 그 예이다. 만일 그가 합리적인 사고를 가지고 있는 사람이라면 지금 저금리로 저축을 하는 대신에 신용카드를 사용하지 않아야 할 것이다.

홍길동이 삼성전자와 POSCO의 주식을 매입하였는데 삼성전자에서는 20%의 이익을 보고 있고, POSCO에서는 20%의 손실을 보고 있는데, 다음 날 악재로 인하여 두 주식

9) 반대의견투자전략이란 최근에 하락한 주식은 매수하고, 상승한 주식은 매도하는 전략이다.

10) R. H. Thaler, "Towards a Positive Theory of Consumer Choice", *Journal of Economic Behavior and Organization,* Vol. 1, No. 1 (Mar.), 1980, pp. 39~60.

의 가격이 각각 5%씩 하락하였다고 하자. 이 경우 그는 삼성전자에서는 여전히 이익을 보고 있고, POSCO에서는 여전히 손실을 보고 있다고 생각할 것이다. 그는 아마도 시간이 지남에 따라 매입가격과 시가(時價)를 비교하면서 실현되지 않은 이익과 손실을 계속 계산할 것이고, 따라서 매입가격에 따라 그의 기분도 달라질 것이다. 이러한 현상은 심리적 회계에 기인한 것이다. 하지만 매입가격은 일종의 매몰비용(sunk cost)이다. 따라서 합리적인 투자자라면 매입가격을 고려하지 말고 향후 전망에 따라 주식을 관리해야 할 것이다. 그러므로 홍길동의 투자행태는 결코 합리적인 행위라고 할 수 없다.

포트폴리오 이론과 관련하여 볼 때 심리적 회계는 중요한 시사점을 제공한다. 다음과 같은 질문을 생각해보자. "가진 돈의 일부만 위험이 큰 종목에 투자할 것인가? 아니면 위험이 작은 종목에 자금의 전부를 투자할 것인가?"[11] 일반적인 사람들은 아마도 전자를 선호할 것이다. 그러나 현대 포트폴리오이론의 핵심은 후자이다. 포트폴리오이론에서는 투자위험을 최소화하는 포트폴리오를 권유하기 때문이다. 따라서 이러한 시각에서 본다면 포트폴리오이론은 어딘가 현실과 괴리되어 있는 것처럼 보일 수도 있다.

⑤ 공짜 돈 효과와 위험회피 효과

도박사들은 최근에 딴 돈을 하우스 머니(house money)라고 부른다. 여기서 도박용어로 하우스는 카지노를 의미한다. '하우스 머니로 도박을 한다'는 것은 딴 돈으로 도박을 한다는 것을 의미한다. 이 경우 사람들은 보다 공격적으로 도박에 참여하기 쉽다고 알려져 있다. 이것을 공짜 돈 효과(house-money effect)라고 한다. 주가상승기에는 투자자들이 주식으로 수익을 거두기 쉬운데 이 수익으로 보다 위험을 더 적극적으로 추구하기 때문에 시장이 버블국면에 진입하기 쉽다. Thaler(1980)에 의하면 심리적 회계가 1990년대의 주가상승에 크게 기여했다고 한다. 수많은 사람들이 지난 몇 년 동안 주식으로 벌어들인 돈만으로 투자를 하는 것이라고 합리화하며 점점 더 높은 위험을 감수했기 때문이라는 것이다.[12]

이와 반대되는 효과가 위험회피 효과(snake-bite effect)이다. 뱀에 물려본 경험이 있는 사람은 뱀을 피하기 마련이다. 우리 속담에도 '자라 보고 놀란 가슴 솥뚜껑 보고 놀란다'는 말이 있다. 일반적인 투자자들은 주가가 하락하면 겁을 먹고 주식을 서둘러

11) J. R. Nofsinger, "The Psychology of Investing", *Pearson Education*, 2007.
12) 리차드 탈러 · 캐스 선스타인(안진환 옮김), "넛지", 리더스 북, 2009.

싸게 처분하는 경향이 있다. 주가하락기에 이 효과가 군집행동편의와 함께 나타난다면 주가는 적정가치보다 과도하게 하락하는 투매국면으로 진입할 수 있다. 이것은 주가의 역 버블을 설명하는 하나의 이론이 된다.

6 과민반응

라코니쇼크-슬라이퍼-비쉬니(Lakonishok-Schleifer-Vishny, 1995)는 성장주(growth stock)라고 부르는 주식들의 성과를 분석하였다.[13][14] 이에 대비되는 기업은 가치주(value stock)라고 한다. 이들은 매출액 평균성장률이 가장 높은 상위 10%의 기업을 성장주로 그리고 매출액 성장률이 낮은 기업군을 가치기업으로 분류하였다. 그런 다음 5년간의 총수익률의 평균을 계산해 보았더니 성장주 군에서는 총수익률의 평균이 81.8%이었고, 가치주 군에서는 총수익률의 평균이 143.4%이었음을 발견하였다. 한편 주가수익비율(*PER* ratio, Price/Earning ratio)을 기준으로 *PER*이 높은 주식을 성장주로 그리고 *PER*가 낮은 주식을 가치주로 분류하여 조사한 결과에서도 성장주 군에서는 총수익률의 평균이 71.7%이었고, 가치주 군에서는 총수익률의 평균이 138.8%이었음을 발견하였다.

그들에 따르면 주식분석가들의 전망에 체계적인 오류가 있다는 것이다. 분석가들은 과거의 실적이 미래에도 오래 이어질 것으로 추정하기 때문에, 최근에 좋은 실적을 보인 기업은 과대평가(overprice)되며, 최근에 나쁜 실적을 보인 기업은 과소평가(underprice)된다고 한다. 궁극적으로 시장참가자들이 이러한 오류를 인지하게 되면 가격흐름은 역전된다. 그들의 설명은 앞에서 설명한 반전효과와 부합된다.[15]

라포타(La Porta, 1995)의 연구도 이와 부합한다.[16] 그는 분석가들이 수익이 낮을 것이라고 예상한 주식들이 수익이 높을 것이라고 예상한 주식들보다 실제 수익이 높은

---

13) J. Lakonishok, A. Schleifer and R. W. Vishny, "Contrarian Investment, Extrapolation, and Risk," *The Journal of Finance,* Vol. 49, No. 5 (Dec.), 1994, pp. 1541~1578.

14) 성장주는 매우 매력적이라는 뜻에서 글래머 주식(glamour stock)이라고도 부른다.

15) 이에 대비하여 시장효율론자들은 성장주에 대비하여 가치주의 수익률이 높게 나타나는 것은 리스크 프리미엄에 기인하는 것이라고 하였다. 예를 들어 E. F. Fama and K. R. French, "Common Risk Factors in the Returns on Stocks and Bonds," *Journal of Financial Economics*, Vol. 33, No. 1 (Feb.), 1993, pp. 3~56.

16) R. La Porta, "Expectations and the Cross-Section of Stock Returns," *The Journal of Finanace,* Vol. 51, No. 5 (Dec.), 1996, pp. 1715~1742.

것을 발견하였다. 분석가들은 수익성장이 낮은 기업에 대해서는 과도하게 비관적이며, 높은 기업에 대해서는 과도하게 낙관적이다. 극단적인 전망이 수정될 때 수익성장이 낮을 것으로 전망된 주식의 수익률은 높을 것으로 전망된 주식의 수익률을 압도한다.

⑦ 차익거래의 한계

금융자산의 가격이 이론적인 가격에 비해 잘못 형성되어 있다면 차익거래자들은 언젠가 그러한 오류가 해소될 것으로 믿고 차익거래를 실행한다. 이때 차익거래자의 상대방을 노이즈 거래자(noise trader)라고 한다. 노이즈 거래자는 정확한 정보나 자료를 분석하여 거래를 하지 않는 것으로 간주된다.[17] 일반적으로 차익거래자는 수익을 보고 해당거래를 청산시킬 것이다. 그러나 만약 노이즈 거래자들이 같은 방향으로 행동하면 불균형이 해소되지 않기 때문에 자산가격이 오히려 더 왜곡될 수 있다. 이렇게 되면 차익거래자가 오히려 손실을 보고 자산을 처분하게 되는 상황에 몰릴 수 있다. 일반적으로 차익거래자는 금융기관의 딜러이다. 이들은 투자자금의 조달비용이나 투자기간에 따른 성과측정을 고려하여 때때로 차익거래에 대하여 손절매를 하지 않을 수 없는 상황에 처해지기도 한다. 차익거래가 항상 이익을 보는 것은 아니고 손실을 볼 수도 있다고 하면 차익거래자들은 가격이 불균형인 상황이 지속되어도 차익거래에 소극적일 수밖에 없게 된다. 즉 시장가격이 내재가치에서 괴리되더라도 주가의 불균형이 해소되지 않을 수 있다. 이상의 것을 기본적 위험이라고 한다. 또한 차익거래를 실시하는데 들어가는 집행비용과 이론적인 균형가격을 산출하는 데에 있어서의 오류가능성을 나타내는 모형위험도 차익거래를 제한적으로 만든다. 이와 같은 차익거래의 한계(limit to arbitrage)가 나타난다면 자산가격은 상당기간 균형에서 이탈해 있을 수 있다.

글로벌 금융위기 국면 이전에 우리나라 채권시장에서는 국고채와 스왑시장을 이용한 차익거래가 활발하였다. 그런데 2008년 금융위기 국면에서 외국인은 무조건적인 자금회수에 나섰고 이에 따라 시장의 왜곡이 심해지면서 딜러들의 포지션은 평가손실이 누적되었다. 이를 견디지 못하였을 때 차익거래 손절청산이 급격히 출회되면서 국고채 시장과 스왑시장은 시장왜곡이 더욱 심해지는 극심한 혼란상황을 겪은 바 있다.

---

17) J. B. De Long, A. Schleifer, L. H. Summers and R. J. Waldmann, "Noise Trader Risk in Financial Markets," *Journal of Political Economy*, Vol. 98. No. 4 (Aug.), 1990, pp. 703~738.

8 인지부조화

사람들은 자신의 생각이나 태도가 객관적인 현실과 일치하지 않을 때 심리적 갈등을 보이다가 자기 합리화를 통하여 갈등을 극복하는 경향이 있다. 심리학자인 페스팅거(L. Festinger)는 이러한 심리적인 메카니즘을 인지부조화(cognitive dissonance)라고 하였다. 그는 1950년대에 인류종말(대홍수)을 예언한 사이비종교를 연구하였다. 예언이 이루어지기로 한 날에 예언과는 달리 아무런 일도 일어나지 않았다. 이때 사이비 종교의 신자들이 어떤 반응을 보였을까? 자기들의 잘못을 자각하고 인정했을까? 놀랍게도 그들은 자기들이 밤새 너무 열심히 기도하였기에 신이 세상을 구원키로 생각을 바꾸어 홍수를 발생시키지 않기로 하였다는 메시지를 받고 흥분했었다.

위의 상황을 분석하여 보자. 자신의 생각과 현실이 다르다고 하는 모순이 그들에게 일어났다. 이 경우 현실을 인정하여 바보가 될 것인가? 아니면 생각을 바꾸어 지구를 구한 영웅이 될 것인가? 결과적으로 그들은 후자를 선택하여 영웅이 된 것이다. 이처럼 사람들은 자신의 생각과 행동이 일관되지 않는 모순이 존재하는 경우 비일관성이나 모순을 불쾌하게 여기며, 따라서 사람들은 일관성이 없는 모순으로 인한 불쾌한 감정을 감소시키기 위하여 그들의 생각과 행동을 바꾸려고 시도하게 된다. 하지만 생각은 다른 사람들이 모르지만 행동은 이미 다른 사람들이 알고 있기 때문에 대부분의 경우 행동에 맞게 생각을 바꾸려고 한다. 이솝 우화 중에서도 이와 유사한 사례가 있다. 포도밭에 들어간 여우가 포도를 따먹지 못하자 그 포도를 신 것으로 생각하고 포기한다.

일상생활에서 이와 같은 사례를 많이 발견할 수 있지만 투자와 관련해서 보면 포트폴리오를 평가하고 관리하는 과정에서도 일어날 수 있다. 다른 사람들은 주식 A의 가격이 떨어질 것으로 보고 있지만 나 혼자만 주식 A의 가격이 언젠가는 오를 것이고, 따라서 주식 A로 곧 부자가 될 것이라고 자기합리화를 시키며 주식을 제대로 관리하지 못하는 사람들이 많이 있다.

다른 예로서 과거의 투자성과가 좋지 않았지만 자신이 스스로 탁월한 투자자라고 생각하고 있다고 하자. 이 경우 그는 자신의 이미지에 부합되도록 과거의 투자성과에 대한 기억을 '상향' 조정한다. 말하자면 실제성과와 관계없이 자기합리화를 하는 것이다. 이러한 편의를 지니게 되면 투자결정을 평가하고 관리하는 능력이 떨어지게 된다.

주식투자에서는 전문지식(재무분야가 아닌 다른 분야의 전문가)을 지닌 사람들의 투자성과가 평범한 사람들의 투자성과보다 못한 경우를 흔히 접하게 된다. 기존의 정보와 대립되는 새로운 정보가 출현했을 때 이를 반영하는 정도에 있어 전문가들이 일반인보다 인지부조화에 따른 자기합리화 성향이 강하다고 한다면 이러한 현상을 쉽게 이해할 수 있을 것이다.

⑨ 과도한 변동성

효율적 시장 가설에 따르면 자산의 가격은 내재가치를 반영하여 형성된다고 한다. 그런데 최근의 증권시장을 보면 가격 변동성이 점점 커지고 있는 것으로 나타나고 있다. 그렇다면 이와 같은 현상이 내재가치의 변동성이 커졌기 때문에 나타나는가? 아니면 내재가치보다 시장가격의 변동성이 커졌기 때문인가? 만일 후자가 옳다면 우리는 이를 과도한 변동성(excess volatility)이라고 말할 수 있다.

애커로프-실러(Akerlof-Shiller, 2009)는 이와 같은 과도한 변동성을 가격 사이의 피드백으로 설명하였다.[18] 투자자들은 시장이 급등할 때 빠르게 돈을 벌고, 시장이 부진할 때 가치를 지키고 싶어 한다. 만약 사람들이 주가 상승에 대한 반응으로 주식을 사고, 주가 하락에 대한 반응으로 주식을 판다면 피드백 효과로 주가는 같은 방향으로 더 크게 변동할 것이다. 따라서 가격이 상승하기 시작하면 거품이 형성되기 시작하고, 거품이 형성될수록 증권가격과 실물경제 사이의 피드백이 중요한 작용을 한다. 예를 들어 주가와 집값 그리고 주가와 소비가 그 좋은 예이다. 추가적인 피드백으로 가격변동성이 커지고, 일반대중들은 가격변동성이 커질수록 자신감이 충만해지고, 그렇게 되면 경제활동이 활발해져서 기업의 수익력이 향상되어 이것이 다시 주가를 밀어 올린다. 그러나 이와 같은 거품은 결국 터지게 되기 때문에 주가가 하락할 때도 마찬가지로 변동성이 커지는 것이다.

실무에서는 변동성에 기반한 투자전략들이 많이 있다. 물론 이러한 전략들이 지속적인 수익을 보장하는 것은 아니다. 그러나 많은 시장참여자들이 변동성 증가에 '주목'하고 있다는 것은 '주목'할 만한 사실이다.

---

18) 조지 애커로프 · 로버트 실러(김태훈 옮김), "야성적 충동", 랜덤하우스 코리아, 2009

Ⅲ. 전망이론

카네만-트버스키(Kahneman-Tversky, 1979)의 전망이론(prospect theory)에 대하여 살펴보자.[19][20] 여기서 전망(prospect)은 기대효용이론에서 복권(lottery)과 비슷한 뜻을 갖고 있다.[21] 기대효용이론에서는 여러 가지 복권 사이에서 하나를 선택하는 틀에서 불확실한 선택 문제를 접근하지만 전망이론에서는 여러 가지 전망 사이에서 하나를 선택하는 틀로 이 문제를 접근하고 있다.[22]

[그림 6-4]에서 전형적인 가치함수(value function)를 보여주고 있다. 여기서 말하는 가치란 효용을 의미한다. 가치함수는 사람마다 다른 형태를 보이며, 또한 같은 사람이라고 해도 결정해야 할 문제에 따라 달라지기도 한다.

첫째, 원점은 초기 자산이며, 이를 기준점(reference point)이라고 한다. 세로축은 손익을 나타내는데, 원점의 오른쪽은 이익, 왼쪽은 손실을 나타낸다. 위쪽은 양(+)의 가치를 그리고 아래쪽은 음(-)의 가치를 의미한다. 가치는 기준점으로부터 변화에 의하여 측정된다. 즉 절대적인 수준에 따라 결정되는 것이 아니라 상대적인 수준에 의해서 결정된다. 예를 들어 A는 1억원의 자산을 보유하고 있지만 최근에 투자를 잘못하여 1,000만원의 손실을 보았으며, 반면에 B는 8,000만원의 자산을 보유하고 있지만 최근에 투자를 잘하여 1,000만원의 이익을 보았다고 하자. 기대효용 이론에서 보면 두 사람의 효용함수가 같다면 두 사람의 만족도(행복감)는 동일하여야 한다. 그러나 실제로는 1,000만원의 손실을 볼 때보다 1,000만원의 이익을 볼 때 더 만족스럽게 생각하는 사람이 더 많다는 것이다.

---

19) D. Kahneman and A. Tversky, "Prospect Theory : An Analysis of Decision Risk", *Econometrica*, Vol. 47, No. 2 (Mar.), 1979, pp. 263~292.

20) 이스라엘 심리학자인 트버스키와 카네만은 공동연구를 많이 수행하였다. 그런데 전망이론에 대하여 설명할 때는 전망이론의 논문에 카네만의 이름이 트버스키의 이름보다 앞에 있어 카네만-트버스키로 표시한다. 카네만은 2002년에 노벨경제학상을 수상하였다(이준구, 미시경제학, 5판, 법문사, 2011).

21) 기대효용이론에 대해서는 제12장을 참조하라.

22) 이준구, 전게서, 2011.

그림 6-4 가치함수(value function)

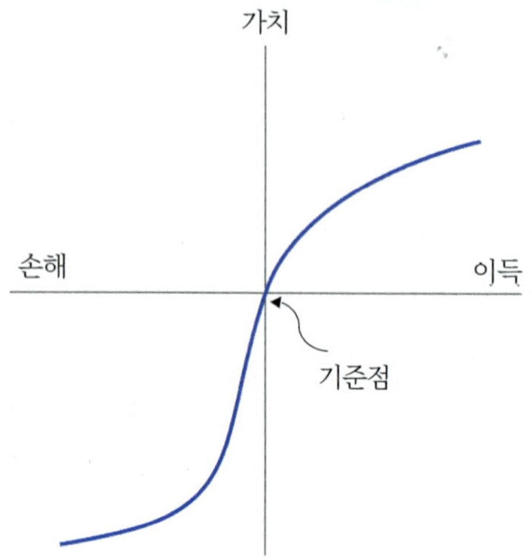

둘째, 가치함수는 이익구간에서 오목한(concave) 형태를 보이는 반면 손실구간에서는 볼록한(convex) 형태를 보인다. [그림 6-4]에서 보여주는 것처럼 기준점 근처에서는 이익이 적게 증가하여도 가치는 크게 증가한다. 예를 들어 주식 투자의 경우 조그마한 투자수익에 크게 만족감을 느끼지만 이러한 만족감은 투자이익이 증가함에 따라 점차 감소한다. 이를 민감도 체감성(diminishing sensitivity)이라고 한다.

셋째, 손실구간에서 가치함수는 볼록형(convex)이며 기울기가 더 가파르다. 손실의 증가에 대하여 한계효용이 체감적으로 감소한다. 손실의 감소에 대하여 한계효용은 체증적으로 증가한다. 만일 위험회피형 기대효용이론이 맞다면 손실에 대한 투자자들의 한계효용이 체증적으로 감소하여야 한다. 이것은 경험론적으로 받아들이기 힘들다. 대부분의 경우 사람들은 결과가 점점 나빠질 때에는 초기에는 매우 민감하지만(준거점에서 왼쪽의 그래프 형태가 매우 가파른 것에 유념하라), 어느 순간을 지나면 체념의 상태에 이르게 되기 쉽기 때문이다. 즉 손실구간에서 민감도 체감성(diminishing sensitivity)이 나타난다. 이러한 한계효용을 갖는 투자자를 손실기피형(loss aversion) 투자자라고 한다. 손실을 경험하고 있는 투자자는 원금을 회복하기 위해 위험추구(risk seeking)의 성향을 보이게 된다. 이것이 앞에서 설명한 손실회피편의와 결합되면 종종 대형 금융사고로 이어진다.

[그림 6-4]에서 기준점을 중심으로 손실구간에서 기울기가 이익구간에서의 기울기보다 더 가파르기 때문에 손실에 의한 실망감이 같은 크기의 이익에 의한 만족감보다 더 크게 나타난다. 즉 100원의 이익을 보았을 때보다 100원의 손실을 보았을 때의 실망감이 보다 크게 나타날 수 있다. 이러한 실망감은 손실액에 따라 체감하기 때문에 나중에는 큰 손실액에서도 실망감이 둔감해진다. 많은 투자자들이 초기에는 투자손실에 민감하게 반응하지만 투자손실이 일정폭(예를 들어 50% 손실)을 넘어서게 되면 자포자기 상태에 빠져 이익(손실)관리를 포기하곤 한다. 결국 손절매(loss-cut)의 시기를 놓쳐 보다 더 큰 손실을 보게 된다.[23] 이와 같이 가치함수는 일반인이 이익(손실)관리를 잘 하지 못하는 이유를 잘 설명하고 있다.

Ⅳ. 형태 재무론과 기술적 분석

효율적 시장의 관점에서 보면 모든 이용 가능한 정보를 충분히 반영하여 주가가 형성되기 때문에 주가의 패턴이나 거래동향을 분석하여 주가를 예측하는데 이용되는 기술적 분석(technical analysis)은 의미가 없다. 그럼에도 불구하고 실무에서는 이와 같은 시장 효율성을 경시한 채 기술적 분석에 의존하여 주가를 예측하고 있다. 이와 같은 이론과 실무의 인식 차이가 좀처럼 좁혀질 수 없는 것처럼 보인다. 이는 이론과 실무의 간극이 매우 크게 느껴지는 전형적인 사례이다.

그런데 행태 재무론의 발전은 이러한 인식의 차이에 새로운 시사점을 던져준다. 만일 증권시장이 효율적 시장이 아니라면 과거의 주가패턴이나 거래 동향을 분석함으로써 초과이익을 얻을 수 있다. 따라서 증권시장이 (약형) 효율적 시장이 아니라고 믿는 기술적 분석가들은 과거의 주가나 거래량 자료를 분석하는 틀에 근거를 두고 있는 다양한 투자전략을 개발하여 이용하고 있다. 나아가 저항선, 지지선과 같은 전통적인 용어에 심리학적 용어를 가미하여 증권가격의 움직임을 보다 풍부하게 해석할 수 있

23) 1995년의 영국의 베어링 은행의 파산을 야기한 리슨(Leeson)에 대한 기록은 주디스 H. 론슬레이(김석동 역), 토탈리스크(길벗, 1997)을 참조할 것. 이 기록에 의하면 리슨은 초기의 조그마한 손실이 발생하였고, 이를 만회하기 위하여 점점 무모한 거래를 하였으며, 나중에는 자포자기 상태에 빠졌다고 한다. 그 결과는 유서 깊은 은행의 파산이었다.

다. 이제 기술적 분석도 나름대로의 이론적 토대를 확보하게 된 것처럼 보인다. 물론 이러한 해석이 전적으로 타당하다거나 투자수익을 반드시 보장하는 것은 결코 아니다. 단지 해석이 그럴 듯하다는 것이다.

예를 들어 주가가 11,000원에서 10,000원으로 하락한 경우와 9,000원에서 10,000원으로 상승 경우를 비교하여 보자. 다음날 주가는 어떻게 움직일 것으로 예상되는가? 랜덤워크 이론에 따르면 향후 두 주식의 예상가격은 동일할 것이다. 기술적 분석가에게 물어본다면 전자는 10,000원을 심리적 지지선이라고 간주하여 상승할 것이라고 진단하는 한편 후자는 10,000원을 심리적 저항선이라고 간주하여 하락할 것이라고 진단하는 경우가 많다. 때때로 이러한 분석은 유용성이 크게 나타난다. 제11장에서 후술하는 [그림 11-6]과 [그림 11-7]에서 주가하락 또는 상승을 암시하는 여러 가지 주가 패턴을 소개하고 있다. 그 기저에는 이와 같은 심리적 저항선 또는 지지선이라는 개념이 있다. 이러한 분석에 대해 일반 대중들이 자기성취적 예언(self-fulfilling prophecy)에 따라 집단행동을 한다면 효과는 가중되게 될 것이다. 이와 같은 사례 이외에도 랜덤워크 이론과 대립되지만 실무에서 전해져오는 많은 투자격언과 투자속설도 행태 재무론 덕분에 새로운 의미로 해석이 가능해졌다. 실무에서 행태 재무론을 반기는 것은 이러한 이유에서이다.

또한 과거의 주가나 거래량 자료 이외에 남녀 성별의 차이에 따른 투자성과 분석, 변동성의 크기에 따른 분석, 퇴직 연금관리에 있어서 '선택설계'와 같은 분석은 투자론에 새로운 지평을 개척하고 있다고 할 수 있다.

연습문제

1. 모멘텀 효과(Momentum Effect)와 역전효과(Reversal Effect)에 대하여 설명하라.

2. 약형 효율성 가설에 대하여 행태 재무학적으로 논하여라.

3. 인지부조화는 마케팅에서도 잘 활용되고 있는 개념이다. 인터넷에서 검색하여 어떻게 활용되고 있는지 조사해보라.

4. 가치함수의 특성 세 가지를 열거하여라.

5. 현대 포트폴리오이론의 태두인 마코위츠는 은퇴연금 계좌를 어떻게 배분하는가에 대한 질문에 대하여 다음과 같이 말했다. "과거 투자자산에 대하여 공분산을 계산해보고 효율적인 투자분야를 도출했어야 하는데 대신 기여분을 그저 50 대 50으로 나눠 각각 채권과 보통주에 투자했지요".[24] 이 주장에 대하여 행태 재무론의 관점에서 접근해 보라.

---

24) 리차드 탈러 · 캐스 선스타인, 전게서, 2009에서 인용.

기출문제

1. 다음 중 행태경제학(behavioral economics) 분야의 주장을 모두 고르면? (2015 CPA 경제학)

> 가. 처음에 설정된 가격이나 첫인상에 의해 의사결정이 영향을 받는다.
> 나. 기준점(reference point)과의 비교를 통해 의사결정을 내린다.
> 다. 이득의 한계효용이 체증한다.
> 라. 동일한 금액의 이득과 손실 중 손실을 더 크게 인식한다.

① 가, 나 ② 나, 라 ③ 가, 나, 다 ④ 가, 나, 라 ⑤ 가, 나, 다, 라

2. 한 소비자의 효용함수는 $u(w)=\sqrt{w}$ 이다. 즉 w만큼의 확실한 부(wealth)로부터 그 소비자가 얻는 효용은 $\sqrt{w}$ 이다. 그 소비자가 폰노이만-몰겐스턴(von-Neumann-Morgenstern) 기대효용함수를 가지고 있다고 하자. 0.4의 확률로 10,000원을, 0.6의 확률로 90,000원을 탈 수 있는 복권이 그 소비자에게 주는 기대효용은 얼마인가? (2004 CPA 경제학)

① 58,000 ② $\sqrt{58,000}$ ③ 220 ④ 180 ⑤ 100,000

3. 어떤 사람의 초기자산(W)이 1억원이고, 화재발생시 손실액은 7,500만원이다. 이 사람의 효용함수가 $U=\sqrt{W}$이고 화재 발생확률이 0.1인 경우, 이 사람으로부터 보험사가 얻을 수 있는 최대 위험수당(risk premium)은? (2010 CPA 경제학)

① 750만원 ② 550만원 ③ 225만원 ④ 125만원
⑤ 이 사람은 위험 선호자이므로 보험에 가입하지 않는다.

4. 영화배우 A씨는 영화제작사와 새 영화에 출연하는 대가로 1,600만원의 기본급과 영화가 성공할 경우 추가로 2,000만원, 실패할 경우 0원을 받는 출연계약을 맺었다. 영화가 성공할 확률은 0.5라고 한다. A씨의 돈(m)에 대한 기대효용함수는 $U(m)=\sqrt{m}$ 이라고 한다. 만약 A씨가 동료 영화배우 B씨에게 이 출연계약을 이

전할 수 있다면 최소한 얼마를 요구하겠는가? (2011 CPA 경제학)

① 2,000만원 ② 2,500만원 ③ 2,600만원

④ $(1,600+0.5\sqrt{2,000})$만원 ⑤ 3,600만원

5. 투자자 A는 부의 크기(W)로 효용(U)을 얻는 것이 아니라 투자로 인한 부의 증감(ΔW)에 따라 효용을 얻는다. 그의 효용함수는 다음과 같다.

$\Delta W \geq 0$인 경우, $U(\Delta W) = \sqrt{\Delta W}$

$\Delta W < 0$인 경우, $U(\Delta W) = -\sqrt{|\Delta W|}$ (2011 CPA 재무관리)

(1) ΔW에 대한 이 투자자의 효용함수를 도시하고, 이 투자자는 위험에 대해 어떤 태도를 보이는 투자자인지 설명하시오.

(2) 이 투자자는 어떤 투자를 시작한 직후 10원의 평가손실을 얻게 되었다. 투자를 계속하게 되면 50%의 확률로 -15원의 결과($\Delta W = -15$)를 얻게 되거나 50%의 확률로 -5원의 결과($\Delta W = -5$)를 얻게 된다. 이 투자의 위험프리미엄을 구하시오. 계산결과는 반올림하여 소수점 아래 네 자리까지 표시하시오.

(3) 이 투자자의 효용함수를 토대로 전망이론(prospect theory)에서 말하는 '손실회피'(loss aversion) 현상이 발생하는 이유를 5줄 이내로 설명하시오.

제 2 편

채권분석

제7장 시장이자율의 기간구조

시장이자율은 만기와 지급불능위험에 따라 영향을 받는다. 시장이자율의 기간구조 이론에서는 만기와 시장이자율의 관계를 설명하고 있는 한편, 시장이자율의 위험구조 이론에서는 시장이자율과 지급불능위험의 관계를 설명하고 있다.

이 장에서는 시장이자율의 기간구조에 대하여 설명한다. 먼저 시장이자율의 유형으로서 명목이자율과 실질이자율의 관계 그리고 현물이자율과 선도이자율의 관계에 대하여 살펴본 다음에 시장이자율의 기간구조에 대하여 설명하기로 한다.

Ⅰ. 명목이자율과 실질이자율

1 인플레이션과 시장이자율

명목이자율(nominal rate of interest)은 인플레이션에 따라 시장에서 실제로 형성되고 있는 시장이자율을 말한다. 따라서 명목이자율은 자본의 한계생산성 이외에 인플레이션에 따라 영향을 받는다.

인플레이션의 정도는 물가지수를 이용하여 측정할 수 있다. 그러나 모든 상품의 가격변화를 조사하는 일이 쉽지 않기 때문에 시장의 전반적인 상품의 가격변화를 대변할 수 있는 대표적인 상품을 선정하여 이들 표본상품의 가격을 지수화하여 평균적인 물가수준을 측정하고 있다.

물가지수가 소비자들이 느끼는 물가수준을 그대로 대변한다고 보기는 어렵다. 소비자들이 실제로 매입하는 상품이 표본상품과 어느 정도 유사한 용도를 갖는가에 따라 의미가 달라질 수 있기 때문이다. 예를 들어 버터가격이 상승할 때는 가격이 상대적으로 낮은 마가린으로 대체하여 소비함으로써 소비를 줄일 수 있기 때문이다.

흔히 물가지수 상의 물가상승률과 소비자들이 피부로 느끼는 물가상승률 사이에 차이가 있다고 말한다. 그 이유는 표본상품이 소비재의 전반적인 가격변화를 대변한다고 보기가 어려울 뿐만 아니라 그 밖에도 대체소비의 행태를 충분히 반영하지 못하고 있는데 기인한다. 따라서 소비자물가지수를 이용하더라도 전반적인 물가수준을 정확하게 측정할 수는 없으며, 다만 전반적인 물가수준을 대략적으로 측정할 수 있다는 점을 유의해야 한다.

한편 실질이자율(real interest rate)은 인플레이션이 존재하지 않는 상태에서 형성되어야 하는 시장이자율을 말한다. 피셔(Fisher, 1965)의 이자율구조이론에 의하면 실질이자율은 자본의 한계생산성에 따라 영향을 받는다. 자본의 한계생산성은 실물자산에 대한 투자기회가 많을수록 증가한다. 실물자산에 대한 투자기회가 많을수록 자본에 대한 수요가 증가하기 때문에 실질이자율이 상승하게 된다.[1)]

② 실질이자율과 명목이자율의 관계

소비자물가지수가 전반적인 물가수준을 충분히 반영하고 있다는 가정에서 명목이자율과 실질이자율의 관계에 대하여 살펴보자.

예제 1

- 소비자물가지수가 연초의 150포인트에서 연말에 162포인트로 상승하였다.
- 소비자물가지수에 포함된 상품조합 1단위의 연초가격은 15,000원이다.
- 명목이자율이 10%라면 실질이자율은 얼마인가?

1) I. Fisher, *The Theory of Interest*, Augustus M. Kelly, Publishers, New York, 1965. Reprinted from the 1930 edition.

연초에 상품조합 1단위를 매입할 수 있는 15,000원을 10%의 명목이자율로 투자하는 경우 연말에 16,500원을 받을 수 있다. 한편 상품조합 1단위의 가격은 연초의 15,000원에서 연말에는 16,200원으로 상승할 것이다. 따라서 16,500원의 투자수익으로 연말에 매입할 수 있는 상품조합의 양을 계산함으로써 실질이자율을 구할 수 있다.

$$\text{연말에 매입 가능한 상품조합의 단위 수} = \frac{16{,}500\text{원}}{16{,}200\text{원}} = 1.0185\text{단위}$$

이상에서 살펴본 바와 같이 15,000원을 10%의 명목이자율로 투자하여 얻을 수 있는 연말의 투자수익 16,500원으로 상품조합 1.0185단위를 매입할 수 있는 것으로 나타나고 있다. 따라서 명목이자율 10%를 실질이자율로 전환하면 실질이자율은 1.85%임을 알 수 있다.

이상에서 설명한 내용에 기초하여 명목이자율과 실질이자율의 관계를 유도하면 식 (1)과 같다.

$$C_0(1+r_n) = C_0(1+i)(1+r_r) \tag{1}$$

C_0 : 상품조합 1단위의 연초가격
$C_0(1+i)$: 상품조합 1단위의 연말가격
i : 물가상승률
r_r : 실질이자율
r_n : 명목이자율

식 (1)을 정리하여 식 (2)와 같은 관계식을 얻을 수 있다.

$$(1+r_n) = (1+i)(1+r_r) \tag{2}$$

한편 식 (2)를 실질이자율에 대하여 정리하면 식 (3)과 같다.

$$r_r = \frac{(1+r_n)}{(1+i)} - 1 \tag{3}$$

식 (3)을 이용하여 실질이자율을 계산해 보자. 먼저 물가상승률을 구하면 다음과 같다.

$$i = \frac{162-150}{150} = 0.08 \text{ 또는 } 8\%$$

물가가 전반적으로 8% 상승하였으므로 식 (3)을 이용하여 실질이자율을 계산하면 다음과 같다.

$$r_r = \frac{(1+0.10)}{(1+0.08)} - 1 = 1.85\%$$

따라서 10%의 명목이자율을 실질이자율로 환산하면 1.85%임을 알 수 있다.

한편 식 (2)를 풀어쓰면 식 (4)와 같다.

$$1 + r_n = 1 + i + r_r + ir_r \tag{4}$$

식 (4)를 r_n에 대하여 정리하면 식 (5)와 같다.

$$r_n = i + r_r + ir_r \tag{5}$$

식 (5)에서 보여주는 바와 같이 물가상승률이 매우 적은 경우에는 $i \times r_r \simeq 0$ 이므로 식 (6)의 관계가 성립된다.

$$r_r \simeq r_n - i \tag{6}$$

식 (6)에서 보여주는 것처럼 물가상승률이 매우 낮은 경우에는 명목이자율에서 물가상승률을 차감하여 실질이자율을 대략적으로 계산할 수 있다. 식 (6)을 이용하여 실질이자율을 계산하면 다음과 같다.

$$r_r \simeq 10\% - 8\% = 2\%$$

식 (6)에 따라 계산된 실질이자율 2%와 식 (3)에 의해 계산된 실질이자율 1.85%를 비교하여 보면 다소 차이가 있다. 이처럼 차이를 보이는 이유는 물가상승률이 높았기 때문이다. 물가상승률이 낮은 경우에는 거의 차이가 없을 것이다.

Ⅱ. 현물이자율과 선도이자율

1 현물이자율

현물이자율(spot interest rate)은 현물계약(spot contracts)에서 정해진 이자율로서 현재의 시장가격으로 일정한 기간 동안 자금을 차입할 때 부담해야 하는 이자율을 의미한다. 현물계약은 현재의 시점에서 계약과 동시에 수도결제가 이루어지는 계약을 말한다. 따라서 현물이자율은 현재 시장에서 형성되고 있는 시장이자율을 의미한다.

그러나 현물계약을 통하여 자금을 차입하는 경우 이자의 지급방법 등 차입조건에 따라 차입자가 실제로 부담해야 하는 이자율이 달라진다. 일반적으로 현재의 시점에서 이자를 공제한 금액을 빌려준 다음 만기일에서 원금을 회수하는 것이 보통이다. 이처럼 이자를 먼저 지급하는 조건으로 자금을 차입할 때 부담해야 하는 이자율을 할인이자율(discount interest rate)이라고 한다.

할인이자율로 자금을 차입하는 경우 차입자가 실제로 부담해야 하는 유효이자율은 그보다 높아진다. 그 이유에 대하여 살펴보기로 하자. 100원을 할인이자율 8%로 차입하고자 할 때 차입자가 실제로 부담해야 하는 유효이자율은 얼마인가? 100원을 8%의 할인이자율로 차입하는 경우 이자를 먼저 공제하기 때문에 실제 차입액은 92원이 되며, 차입자는 92원의 차입액에 대하여 8원의 이자를 부담해야 한다. 따라서 차입자가 실제로 부담해야 하는 유효이자율을 계산하면 다음과 같다.

$$\text{유효이자율} = \frac{8\text{원}}{100\text{원} - 8\text{원}} = 8.7\%$$

이상에서 살펴본 바와 같이 할인이자율 8%로 100원을 차입하고자 하는 경우 차입자의 입장에서 보면 그보다 높은 8.7%의 이자를 부담해야 한다는 사실을 알 수 있다. 이처럼 이자를 선 공제하는 한편 만기일에서 원금을 상환하는 조건으로 발행되는 채권을 순수할인채(pure discounted bond)라고 한다.

현물이자율은 순수할인채의 만기수익률을 이용하여 측정할 수 있다. 할인채의 만기수익률은 만기에 따라 차이가 있다. 그 이유에 대해서는 시장이자율의 기간구조에서 상세하게 설명할 것이다.

T년 만기 현물이자율은 식 (7)에서 ${}_0r_T$를 의미한다.

$$P_0 = \frac{C_T}{(1+{}_0r_T)^T} \tag{7}$$

P_0 : T년 말에 원금을 상환되는 순수할인채의 현재 시장가치
C_T : T년 말에 상환되는 순수할인채의 액면금액
${}_0r_T$: T년 만기 현물이자율

식 (7)을 이용함으로써 만기별 현물이자율을 계산할 수 있다. [예제 2]를 이용하여 만기별 현물이자율의 계산과정에 대하여 살펴보기로 하자.

예제 2

ㅇ 순수할인채인 재정증권 A, B와 이표채인 재정증권 C의 자료는 다음과 같다.

	재정증권 A	재정증권 B	재정증권 C
시장가격	934.58원	857.34원	923.60원
액면이자율			5%
만 기	1년	2년	3년
액 면 가	1,000원	1,000원	1,000원

ㅇ 1년, 2년 및 3년 만기 현물이자율을 각각 계산하시오.

재정증권 A의 만기수익률을 계산함으로써 1년 만기 현물이자율을 구할 수 있다. 재정증권 A의 만기수익률은 식 (8)에서 할인율 ${}_0r_1$을 의미한다.

$$934.58\text{원} = \frac{1{,}000\text{원}}{(1+{}_0r_1)} \tag{8}$$

식 (8)에서 ${}_0r_1 = 7\%$이므로 1년만기 현물이자율이 7%임을 알 수 있다.

한편 2년 만기 현물이자율은 재정증권 B의 만기수익률을 계산함으로써 구할 수 있다. 재정증권 B의 만기수익률은 식 (9)에서 ${}_0r_2$를 의미한다.

$$857.34\text{원} = \frac{1{,}000\text{원}}{(1+{}_0r_2)^2} \tag{9}$$

식 (9)에서 ${}_0r_2$ =8%이므로 2년 만기 현물이자율이 8%임을 알 수 있다.

마지막으로 3년 만기 현물이자율은 3년 만기 이표채(coupon bond)를 이용하여 구할 수 있다. 이표채는 만기까지의 기간에서 일정한 기간마다 정해진 이자를 지급하는 한편 만기일에서 원금을 상환하는 조건으로 발행되는 채권을 말한다.

이표채인 재정증권 C의 만기는 3년이고, 액면이자율이 5%이며, 시장가격이 923.60원에서 형성되고 있다. 한편 1년 만기와 2년 만기 현물이자율이 각각 7%와 8%이다. 따라서 식 (10)에서 ${}_0r_3$을 구함으로써 3년 만기 현물이자율을 계산할 수 있다.

$$923.60\text{원} = \frac{50\text{원}}{(1+0.07)} + \frac{50\text{원}}{(1+0.08)^2} + \frac{1{,}050\text{원}}{(1+{}_0r_3)^3} \qquad (10)$$

식 (10)에서 ${}_0r_3$ =8%이므로 3년만기 현물이자율이 8%임을 알 수 있다.

이상과 같이 단기 순수할인채 수익률을 이용하여 장기 이표채에서 장기 순수할인채의 수익률을 순차적으로 구하는 것을 붓스트랩(bootstrap) 법이라고 한다.

② 선도이자율

선도이자율(forward interest rate)은 선도계약 상의 이자율로서 미래의 시점에서 일정한 기간 동안 자금을 차입할 때 부담하기로 하는 이자율을 말한다. 따라서 선도이자율은 현재의 시점에서 정해진 미래의 시장이자율을 의미한다.

선도계약(forward contract)은 미래의 일정한 시점에서 일정한 기간 동안 자금을 차입하는 조건으로 체결되는 계약을 말한다. 예를 들어 1년 후에 연리 6%로 이자를 먼저 공제하는 조건으로 자금을 차입하여 2년 후에 원금을 상환하기로 하는 계약은 선도계약에 해당되며, 연리 6%는 선도이자율을 의미한다.

③ 현물이자율과 선도이자율의 관계

효율적 시장에서는 선도이자율이 미래의 현물이자율에 대한 기대를 반영하여 결정되기 때문에 선도이자율과 미래의 현물이자율 사이에는 식 (11)의 관계가 성립한다.

$$_{1}f_{2} = E(_{1}r_{2}) \tag{11}$$

$_{1}f_{2}$: 1년 후에 1년 동안 자금을 차입하기로 하는 선도이자율

$E(_{1}r_{2})$: 1년 후에 예상되는 1년 만기 현물이자율

[예제 2]에서 2년 만기 현물이자율(8%)이 1년 만기 현물이자율(7%)보다 높은 수준에서 형성되고 있다. 이처럼 장기이자율이 단기이자율보다 높은 수준에서 형성되는 이유는 1년 만기 현물이자율이 현재의 7%에서 1년 후에는 9%까지 상승할 것이라는 기대가 반영되기 때문이다.

한편 2년 만기 현물이자율과 1년만기 현물이자율 사이에는 식 (12)의 관계가 성립한다.

$$(1 + {}_{0}r_{2})^{2} = (1 + {}_{0}r_{1})(1 + E(_{1}r_{2})) \tag{12}$$

그런데 효율적 시장에서는 $_{1}f_{2} = E(_{1}r_{2})$의 관계가 성립되기 때문에 현물이자율과 선도이자율 사이에는 식 (13)의 관계가 유지된다.

$$(1 + {}_{0}r_{2})^{2} = (1 + {}_{0}r_{1})(1 + {}_{1}f_{2}) \tag{13}$$

예제 3

○ 1년 및 2년 만기 현물이자율은 각각 7%와 8%이다.
○ 1년 후의 1년 만기 선도이자율을 구하시오.

다음과 같은 두 가지 방법을 이용하여 2년 동안 자금을 차입할 수 있다. 첫 번째 방법은 2년 만기 현물계약을 통하여 자금을 차입하는 경우로서 식 (13)의 왼쪽에 해당된다. 두 번째 방법은 1년 만기 현물계약을 통하여 자금을 차입한 다음 1년 후에 다시 1년 만기 현물계약을 통하여 자금을 차입하는 경우이다. 그런데 효율적 시장에서는 1년 후의 선도이자율이 1년 후에 예상되는 1년 만기 현물이자율을 반영함으로써 결정되기 때문에 이는 식 (13)의 오른쪽에 해당된다.

첫 번째 방법으로 1,000원을 8%의 2년 만기 현물이자율로 차입하는 경우 2년 후에 1,166.40원의 원리금을 지불해야 한다. 한편 두 번째 방법으로 1,000원을 7%의 1년 만기 현물이자율로 1년 동안 자금을 차입하는 한편 $_{1}f_{2}$의 선도이자율로 1년 후에 자금을

차입하는 경우 2년 후에 $1,070(1+{}_1f_2)$원의 원리금을 지불해야 한다.

그런데 효율적 시장에서는 식 (13)의 조건이 충족되는 수준에서 선도이자율이 결정되기 때문에 식 (13)을 이용하여 선도이자율을 다음과 같이 구할 수 있다.

$$1,166.40\text{원} = 1,070\text{원}(1+{}_1f_2)$$

위 식에서 ${}_1f_2$를 구하면 ${}_1f_2 = 9\%$이다. 이처럼 선도이자율이 9%에서 형성되는 이유는 시장에서 1년 만기 현물이자율이 현재의 7%에서 1년 후에는 9%까지 상승할 것으로 기대되기 때문이다.

Ⅲ. 재투자수익률위험과 이자율위험

채권의 투자수익은 이자수익과 매각수익으로 구성된다. 이자수익은 시장이자율이 하락할수록 감소하는 한편 매각수익은 시장이자율이 상승할수록 감소한다. 자금의 운용기간과 일치하는 만기를 갖는 무위험채권에 투자하는 경우에는 시장이자율의 변동에 따른 위험을 부담하지 않아도 된다. 그러나 자금의 운용기간보다 길거나 짧은 만기를 갖는 무위험채권에 투자하는 경우에는 시장이자율이 변동함에 따라 이자수익 또는 매각수익이 줄어드는 위험을 감수해야 한다.

2년 동안 무위험채권에 투자한다고 하자. 이 경우 두 가지 방법을 고려할 수 있다. 첫 번째 방법은 1년 만기 채권에 반복 투자하는 방법이고, 두 번째 방법은 3년만기 채권에 투자하여 2년 후에 처분하는 방법이다. 첫 번째 경우에서는 시장이자율이 하락할수록 이자수익이 줄어드는 재투자수익률위험(reinvestment return rate risk)을 부담해야 하며, 두 번째 경우는 시장이자율이 상승할수록 매각수익이 줄어드는 이자율위험(interest rate risk)을 부담해야 한다.

예제 4

○ 지급불능위험이 없는 재정증권의 시장자료는 다음과 같다.

만기	1년	2년	3년
만기수익률 기간이자율	10% 10	10% 10	10% 10

(1) 기간이자율은 현물이자율 또는 선도이자율을 의미함.
(2) 각 채권은 무위험채권임.

○ 10,000원을 2년 동안 투자하려고 한다. 1년 만기 재정증권에 반복 투자할 때와 3년만기 재정증권에 투자하여 2년 후에 매각할 때 시장이자율의 변동에 따라 투자수익이 어떻게 영향을 받는지를 설명하시오.

앞서 설명한 것처럼 자금의 운용기간과 일치하는 만기를 갖는 재정증권에 투자하는 경우에는 시장이자율의 변동과 관계없이 정해진 투자수익을 얻을 수 있기 때문에 투자위험을 부담하지 않아도 된다. 운용기간과 일치하는 2년만기 재정증권에 투자하는 경우 2년 후의 투자수익을 계산하면 다음과 같다.

$$2년\ 후의\ 투자수익 = 10,000원(1+0.1)^2 = 12,100원$$

자금의 운용기간과 일치하는 2년만기 재정증권에 투자하는 경우에는 2년 만기수익률이 확정되어 있기 때문에 1년 후의 시장이자율과 관계없이 2년 후에 12,100원의 투자수익을 얻을 수 있음을 알 수 있다. 그러나 운용기간보다 짧거나 긴 만기를 갖는 재정증권에 투자하는 경우에는 시장이자율의 변동에 따라 재투자수익률위험이나 이자율위험을 부담해야 한다.

① 재투자수익률위험

재투자수익률위험은 운용기간보다 짧은 만기를 갖는 재정증권에 투자하는 경우 시장이자율이 하락함에 따라 재투자수익이 줄어드는 위험을 말한다.

[예제 4]에서 2년만기 재정증권의 만기수익률이 10%에서 형성되는 이유는 현재의 1년 만기 시장이자율 10%가 1년 후에도 그대로 유지될 것으로 기대되기 때문이다. 그

러나 예상과 달리 시장이자율이 하락할 수도 있다. 1년 만기 시장이자율이 현재의 10%에서 1년 후에 9%로 하락하는 경우를 가정하여 1년 만기 재정증권에 반복 투자할 때 2년 후의 투자수익을 계산하면 다음과 같다.

$$2년\ 후의\ 투자수익 = 10{,}000원(1+0.1)(1+0.09) = 11{,}990원$$

2년 만기 재정증권에 투자하는 경우의 투자수익과 비교할 때, 투자수익이 12,100원에서 11,990원으로 줄어든 이유는 시장이자율이 현재의 10%에서 1년 후에 9%로 하락하여 이자수익이 줄어들었기 때문이다.

② 이자율위험 또는 가격위험

이자율위험은 운용기간보다 긴 만기를 갖는 재정증권에 투자하는 경우 시장이자율이 상승함에 따라 매각수익이 줄어드는 위험을 말한다. 시장이자율이 상승함에 따라 재정증권의 가격이 하락하여 매각수익이 줄어들기 때문이다. 이자율위험은 채권가격의 하락에 따라 매각수익이 줄어드는 위험을 의미하기 때문에 흔히 가격위험(pricing risk)이라고도 한다.

[예제 4]에서 3년 만기 재정증권에 투자하여 2년 후에 매각하는 경우에 예상과 달리 시장이자율이 현재의 10%에서 1년 후에 11%로 상승하였다고 하자. 이 경우 2년 후의 투자수익을 계산하면 다음과 같다.

$$\begin{aligned} 2년\ 후의\ 투자수익 &= 이자수익+매각수익 \\ &= 10{,}00 \times 0.1 + (10{,}000 \times 0.1)(1+0.11) \\ &\quad + \frac{11{,}000}{1+0.11} = 12{,}020원 \end{aligned}$$

이와 같이 시장이자율이 11%로 상승하면 2년 후의 투자수익이 12,100원(이자수익은 2,100원, 매각수익은 0원)에서 12,020원으로 감소한다. 그 이유는 시장이자율이 상승하면 이자수익이 2,010원으로 10원 만큼 증가하여도 매각수익이 9,910원으로 90원 만큼 감소하기 때문이다.

Ⅳ. 시장이자율의 기간구조

1 무위험채권의 수익률곡선

지급불능위험이 없는 무위험채권이라 하더라도 만기에 따라 만기수익률이 서로 다른 수준에서 형성된다. [그림 7-1]에서 국고채의 수익률곡선(yield curve)을 보여주고 있다. 수익률곡선은 특정시점에서 만기가 서로 다른 무위험채권의 만기수익률을 그림으로 나타낸 것이다. [그림 7-1]에서 보여주고 있는 수익률곡선은 우리나라의 국고채를 대상으로 만기수익률을 나타낸 것이다. 그림에서 볼 수 있는 것처럼 만기가 길수록 국고채의 만기수익률이 높아지고 있음을 볼 수 있다.

그림 7-1 국고채의 수익률곡선

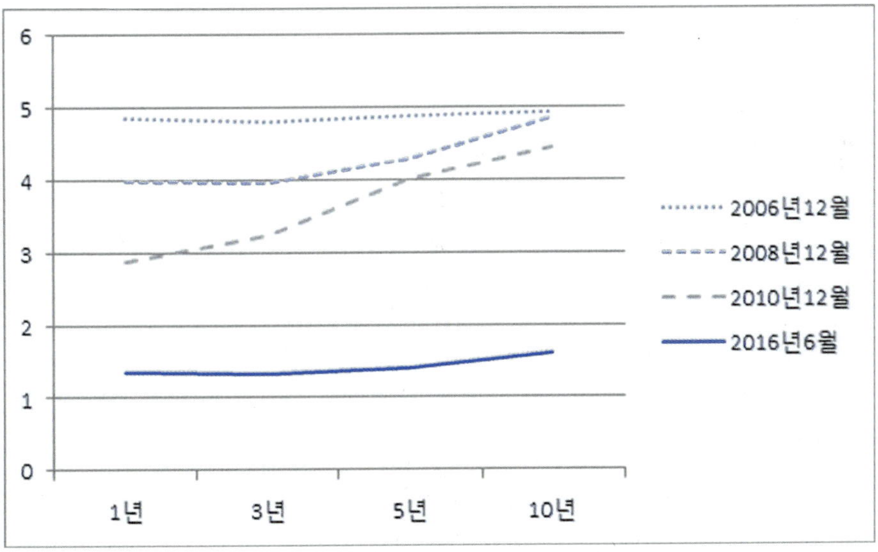

단위 : %
출처 : 통계청

지급불능위험이 없는 무위험채권이라 하더라도 만기 이외에 이자의 지급방법, 세금과 수의 상환조건 등과 같은 발행조건에 따라 만기수익률이 영향을 받는다. 따라서 만기수익률과 만기의 관계를 규명하기 위해서는 만기 이외의 특성요인이 만기수익률에 미치는 영향을 통제해야 한다. 그렇게 함으로써 여타의 발행조건이 일정한 경우 만기에 따라 만기수익률이 다른 수준에서 형성되는 이유를 효과적으로 설명할 수 있기 때문이다.

이와 같은 특성요인과 지급불능위험을 통제하는데 적합한 채권은 국고채이다. 국고채는 정부가 발행하는 채권이기 때문에 지급불능위험이 없는 무위험채권으로 볼 수 있다.

② 시장이자율의 기간구조

여기서는 시장이자율의 기간구조이론에 대하여 살펴보기로 한다. 시장이자율의 기간구조이론은 만기에 따라 무위험채권의 만기수익률이 서로 다른 수준에서 형성되고 있는 이유를 설명하는 이론을 말한다. 시장이자율의 기간구조이론으로 불편기대이론, 유동성프리미엄이론과 시장분할이론 등이 있다.

1) 불편기대이론

불편기대이론(unbiased expectations theory)은 효율적 시장에 논리적 근거를 두고 있다. 불편기대이론에 의하면 단기이자율이 앞으로 상승할 것으로 기대될 때는 장기이자율이 단기이자율보다 높게 형성되기 때문에 상향기울기의 수익률곡선이 나타나는 한편, 단기이자율이 하락할 것으로 기대될 때는 단기이자율이 장기이자율보다 높은 수준에서 형성되기 때문에 하향기울기의 수익률곡선이 나타난다.

[예제 3]에서처럼 1년 만기 현물이자율이 현재의 7%에서 1년 후에 9%로 상승할 것으로 기대되기 때문에 2년 만기 현물이자율이 8%에서 형성되고 있다. 이처럼 시장이자율이 상승할 것으로 기대되는 경우에는 상향기울기의 수익률곡선이 나타날 것이다. 이 경우 선도이자율은 미래의 현물이자율에 대한 시장의 기대를 충분히 반영하여 형성되기 때문에 선도이자율과 미래의 현물이자율이 일치할 때 시장에서 균형이 유지된다.

$$_{t}f_{t+n} = E(_{t}r_{t+n}) \tag{14}$$

$_{t}f_{t+n}$: t년 후에 n년 동안 자금을 차입하기로 하는 선도이자율
$E(_{t}r_{t+n})$: t년 후에 예상되는 n년 만기 현물이자율

일시적으로 선도이자율과 미래의 현물이자율이 일치하지 않을 수도 있다. 이처럼 시장에서 불균형상태가 유지되는 경우에는 모든 투자자들이 경쟁적으로 차익거래에 참여하기 때문에 차익거래에 의한 시장압력에 따라 선도이자율이 미래의 기대 현물이자율과 일치하는 수준으로 조정될 때 시장에서 균형이 유지된다.

〈표 7.1〉 선도이자율이 10%, 9%, 6%일 때 2년 후의 투자수익

선도이자율	투자대안	투자수익
10%	대안 1	1,000원(1+0.07)(1+0.10)=1,177원
	2	1,000원(1+0.08)(1+0.08)=1,166.4원
9%	대안 1	1,000원(1+0.07)(1+0.09)=1,166.4원
	2	1,000원(1+0.08)(1+0.08)=1,166.4원
6%	대안 1	1,000원(1+0.07)(1+0.06)=1,134.2원
	2	1,000원(1+0.08)(1+0.08)=1,166.4원

〈표 7.1〉에서 선도이자율이 9%보다 높거나 낮은 수준에서 형성되는 경우 2년 후의 투자수익을 보여주고 있다. 선도이자율이 9%보다 높은 10% 수준에서 형성되는 경우에는 모든 사람들이 2년 만기 현물계약을 통하여 자금을 차입할 것이기 때문에 선도계약에 대한 수요가 줄어들어 선도이자율이 9%까지 하락할 때 시장에서 균형이 유지되며, 반대로 선도이자율이 9%보다 낮은 6% 수준에서 형성되는 경우에는 선도계약을 통하여 자금을 차입하고자 하기 때문에 선도계약에 대한 수요가 증가하여 선도이자율이 9%까지 상승할 때 시장에서 균형이 유지된다.

이상에서는 상향기울기의 수익률곡선이 형성되는 근거에 대하여 설명하였다. 하향기울기의 수익률곡선도 마찬가지이다. 시장이자율이 하락할 것으로 예상되는 경우에는 2년 만기 현물이자율이 1년 만기 현물이자율보다 낮은 수준에서 형성되며, 시장이자율이 변화하지 않을 것으로 예상되는 경우에는 수평적인 수익률곡선이 관찰된다. 예를 들어 1년 만기 현물이자율이 지금 7%에서 형성되고 있으나 1년 후에 5%까지 하락할 것으로 예상되는 경우에는 2년 만기 현물이자율이 6%에서 형성되기 때문에 하향기울기의 수익률곡선이 형성된다.

불편기대이론에서는 식 (15)의 관계가 유지된다.

$$(1+{}_tr_{t+2})^2 = (1+{}_tr_{t+1})(1+{}_{t+1}f_{t+2}) \tag{15}$$

그림 7-2 불편기대이론에서 암시하는 수익률곡선

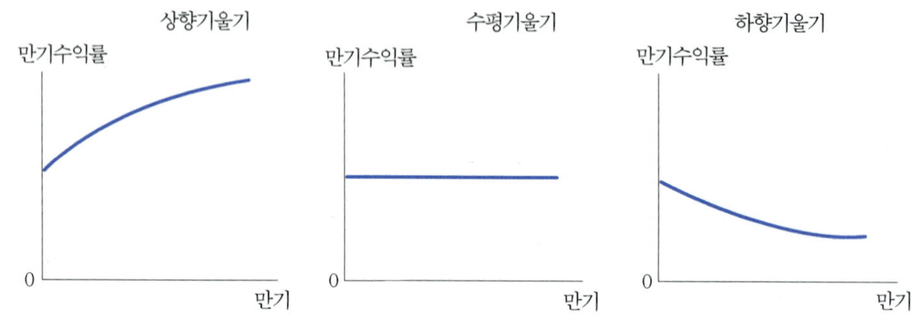

따라서 불편기대이론에서 암시하는 수익률곡선은 [그림 7-2]와 같다.

일반적으로 단기현물이자율이 비정상적으로 높을 때는 앞으로 단기현물이자율이 하락할 것이라는 기대가 반영되기 때문에 하향기울기를 갖는 수익률곡선이 형성되는 반면, 단기현물이자율이 비정상적으로 낮을 때는 단기현물이자율이 상승할 것이라는 기대가 반영되기 때문에 상향기울기를 갖는 수익률곡선이 관찰된다. 이러한 현상은 역사적인 시장이자율의 자료에서 나타나고 있다.

한편 경기 침체기에서는 실질이자율이 상승할 것이라는 시장의 기대가 반영되기 때문에 상향기울기를 갖는 수익률곡선이 관찰되며, 반대로 경기정점에서는 실질이자율이 하락할 것이라는 시장의 기대가 반영되기 때문에 하향기울기를 갖는 수익률곡선이 관찰된다.

불편기대이론에서는 하향기울기와 상향기울기를 갖는 수익률곡선이 각각 같은 비율로 관찰된다고 보고 있다. 그러나 실제로는 상향기울기를 갖는 수익률곡선이 하향기울기를 갖는 수익률곡선보다 더 많이 관찰되고 있다. 그 이유는 유동성프리미엄이 작용하기 때문이다.

2) 유동성프리미엄이론

유동성프리미엄이론(liquidity premium theory)은 다른 조건이 동일한 경우 모든 투자자들이 장기채권보다 단기채권을 선호한다는 사실에 논리적인 근거를 두고 있다. 유동성프리미엄이론에 의하면 기대현물이자율 이외에 유동성프리미엄이 반영되어 선도이자율이 결정되기 때문에 하향기울기의 수익률 곡선보다 상향기울기의 수익률곡선이 더 많이 관찰된다고 보고 있다.

투자자들은 단기채권에 투자할 때 이자율위험이 작을 뿐만 아니라 환금성이 높기 때문에 단기채권을 선호하는 경향이 있다.[2] 예를 들어 〈표 7.1〉에서 보여주는 것처럼 투자수익이 동일하더라도 1년만기 현물이자율로 반복 투자하는 〈대안 1〉을 선택할 것이다. 왜냐하면 연말에 급히 증권을 매각하여 현금화시킬 필요가 있는 경우 〈대안 2〉 보다 〈대안 1〉의 환금성이 높기 때문이다.

〈대안 2〉를 선택하는 경우 연말에 보유하고 있는 2년만기 재정증권을 처분하여야 하는데, 2년 만기 재정증권의 연말 처분가격은 1년 후의 현물이자율에 따라 영향을 받는다. 따라서 〈대안 2〉에는 이자율위험이 존재하지만, 〈대안 1〉에는 이자율위험이 존재하지 않는다. 그러므로 2년 동안 투자하더라도 〈대안 2〉의 투자수익이 〈대안 1〉의 투자수익보다 크지 않는 한 〈대안 2〉를 선택하지 않는다는 것이다.

이와 같은 이유로 자금을 장기간 차입하고자 하는 경우 투자자에게 적절한 보상을 제공해야 하는데, 그러한 보상을 유동성프리미엄(liquidity premium)이라고 한다. 차입자의 경우 유동성프리미엄을 지불하더라도 장기간 자금을 차입하는 것이 유리하다고 보는 이유는 다음과 같다.

첫째, 장기채권을 발행함으로써 발행비용을 절약할 수 있기 때문이다. 단기채권을 발행하여 자금을 차입하는 경우 차환발행에 따른 등록비, 광고비, 인쇄비 및 인수수수료 등과 같은 발행비용을 추가로 부담하여야 하지만, 장기증권을 발행함으로써 이와 같은 비용을 줄일 수 있다.

둘째, 단기채권보다 장기채권을 발행하여 자금을 차입함으로써 위험을 줄일 수 있기 때문이다. 다시 말하여 장기채권을 발행하여 자금을 장기간 차입함으로써 단기채권의 발행에 따른 차환발행의 위험을 부담하지 않아도 되기 때문이다.

---

2) 이러한 위험을 흔히 유동성위험이라고 한다. 그러나 이는 장기증권을 처분할 때 처분가격의 변동성을 의미하기 때문에 가격위험(price risk)이라고 하는 것이 더 정확할 것이다.

유동성프리미엄이론에 의하면 기대현물이자율과 선도이자율 사이에 식 (16)의 관계가 성립된다.

$$ {}_{t+1}f_{t+2} = E({}_{t+1}r_{t+2}) + {}_{t+1}L_{t+2} \qquad (16) $$

${}_{t+1}L_{t+2}$: 유동성프리미엄

[예제 3]에서 1년 후에 기대되는 1년 만기 현물이자율이 9%이고, 유동성프리미엄이 1%라면 선도이자율은 10%에서 형성될 것이다.

$$ {}_{1}f_{2} = E({}_{1}r_{2}) + {}_{1}L_{2} = 9\% + 1\% = 10\% $$

이 경우 1년 만기와 2년 만기 현물이자율은 각각 7%와 8.49%에서 형성될 것이다. 불편기대이론과 비교할 때 2년만기 현물이자율이 8%보다 높은 8.49%에서 형성되는 이유는 유동성프리미엄이 반영되어 선도이자율이 결정되기 때문이다. 이러한 사실은 선도이자율이 기대현물이자율과 유동성프리미엄을 합한 수준에서 결정될 때 시장에서 균형이 유지된다는 것을 의미한다.

유동성프리미엄은 수익률곡선에서 상향기울기의 각도를 높여주는 역할을 하며, 하향기울기의 각도를 낮춰주는 역할을 한다. 따라서 불편기대이론에 의하면 1년만기 현물이자율이 1년 후에 7% 미만까지 하락할 것으로 기대될 때 하향기울기를 갖는 수익률곡선이 형성되지만, 유동성프리미엄이론에 의하면 1년만기 현물이자율이 1년 후에 6% 미만까지 하락할 것으로 기대될 때 하향기울기를 갖는 수익률곡선이 형성됨을 알 수 있다.

현실적으로 상향기울기의 수익률곡선이 더 많이 관찰되는 이유는 시장이자율에 대한 기대 이외에 유동성프리미엄이 작용하고 있기 때문이다. 그러므로 만기에 따라 시장이자율이 서도 다른 수준에서 형성되는 이유를 설명하는 이론으로서 불편기대이론과 유동성프리미엄이론은 상호 배타적인 이론이 아니라 상호 보완적인 이론으로 이해해야 한다.

유동성프리미엄이론에서 암시하는 수익률곡선은 [그림 7-3]과 같다.

그림 7-3 유동성프리미엄이론에서 암시하는 수익률곡선

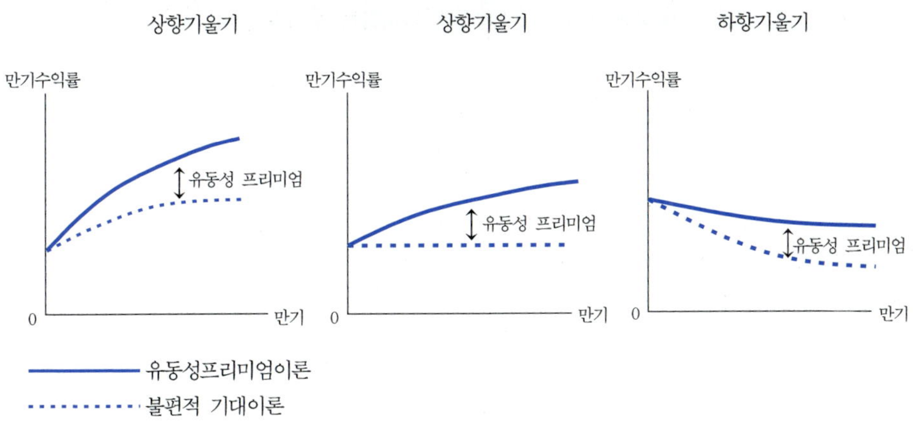

3) 시장분할이론

이상에서 설명한 불편기대이론 및 유동성프리미엄이론과는 달리, 시장분할이론(market segment theory)에서는 투자자들의 선호체계에 따라 특정한 만기를 갖는 자금이 거래되는 독립적인 시장이 존재한다는 가정에 논리적 근거를 두고 있다. 다시 말하여 자금의 만기에 따라 단기자금시장, 중기자금시장 및 장기자금시장 등으로 세분화된 시장이 존재한다는 가정에 근거를 두고 있다.

시장분할이론에 의하면 만기별 자금시장에서 형성되는 현물이자율은 각각의 독립적인 시장에서 수요와 공급이 일치하는 수준에서 형성되는데, 단기자금시장의 균형점이 장기자금시장의 균형점보다 낮은 수준에서 형성되는 경우에는 상향기울기의 수익률곡선이 형성되며, 반대의 경우는 하향기울기의 수익률곡선이 형성된다는 것이다.

시장분할이론에서 암시하는 수익률곡선을 [그림 7-4]에서 보여주고 있다. [그림 7-4(*a*)]에서 보여주는 바와 같이 단기채권시장의 균형점이 장기채권시장의 균형점보다 낮은 수준에서 형성되고 있기 때문에 수익률곡선이 상향기울기로 형성되고 있다.

그러나 이처럼 시장을 만기에 따라 세분화된 독립적인 시장으로 구분하여도 시장간의 차익거래가 가능하다. 만약 차익거래가 발생한다면 시장의 독립성을 저해시킬 수 있다. 따라서 시장분할이론은 차익거래의 가능성이 존재하는 현실성을 고려하지 못하고 있다는 점에서 한계가 있다.

그림 7-4 시장분할이론에서 암시하는 수익률곡선

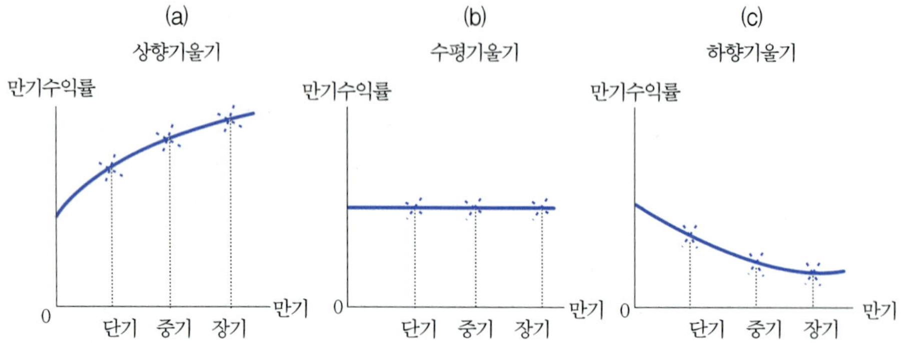

③ 실증적 증거

이상에서 만기에 따라 시장이자율이 서로 다른 수준에서 형성되고 있는 이유를 설명하는 세 가지 모형에 대하여 살펴보았다. 많은 학자들이 역사적인 시장이자율 자료를 이용한 실증적 연구를 통하여 어느 모형이 현실적인 모형인가를 검증하였으나, 실증적 증거의 내용이 각양각색이기 때문에 일반적인 결론을 내리기에는 한계가 있는 것으로 보인다.

그러나 다음과 같은 공통점을 발견할 수 있다. 첫째, 시장분할이론을 지지하는 실증적 증거가 상대적으로 약하며, 둘째, 수익률곡선이 미래의 시장이자율에 대한 정보를 제공하고 있으며, 셋째, 유동성프리미엄이 작용하고 있다는 점이다.

이러한 사실은 불편기대이론과 유동성프리미엄이론을 통하여 수익률곡선을 어느 정도 설명할 수 있음을 시사한다. 한편 유동성프리미엄은 1년 이내의 만기에서는 만기에 따라 증가하지만, 1년 이상의 만기에서는 거의 증가하지 않는 것으로 나타나고 있다.

연습문제

1. 다음 용어를 간략하게 설명하라.

1) 명목이자율	2) 현물이자율	3) 선도이자율
4) 수익률곡선	5) 선도계약	6) 실질이자율
7) 유동성프리미엄	8) 할인이자율	9) 할인채
10) 이표채	11) 이자율위험	12) 재투자수익률위험

2. 이자율의 기간구조이론으로 불편기대이론, 유동성프리미엄이론, 시장분할이론을 비교 설명하시오.

3. 불편기대이론과 유동성프리미엄이론의 관점에서 선도이자율과 기대현물이자율의 관계를 비교 설명하시오.

4. 명목이자율과 실질이자율의 관계를 설명하시오.

5. 채권 A와 B에 대한 다음의 시장자료를 이용하여 만기수익률을 계산하라.

	유형	시장가격	액면가	액면이자율	만기	이자지급시기
채권 A	할인채	80,000원	100,000원		3년	
채권 B	이표채	77,540	100,000	6%	3	연말

6. 채권 C의 액면가는 100,000원, 액면이자율은 연리 6%, 만기는 3년이며, 이자는 매년 말에 지급된다고 한다. ${}_0r_1 = 6\%$, ${}_1f_2 = 7\%$ 및 ${}_2f_3 = 8\%$이라면 채권 C의 시장가격은 얼마인가?

7. 1년 후에 8%, 2년 후에 10%, 3년 후에 12%의 이자를 받을 수 있는 3년 만기채권에 3,000,000원을 투자하기로 하였다.

(1) 이자를 6개월마다 복리투자를 한다면 3년 후의 투자수익은 얼마인가?

(2) 이자가 연속적으로 복리투자를 한다면 3년 후의 투자수익은 얼마인가?

8. 100,000원을 연리 10%로 1년 동안 정기예금에 가입하였는데, 물가가 8% 상승하였다. 정기예금의 실질이자율은 얼마인가?

9. 재정증권의 수익률곡선이 상향기울기로 나타나고 있다. 다음 중에서 어느 채권의 만기수익률이 더 높게 형성되는가?

(1) ① 15년 만기 할인채 ② 10년 만기 할인채

(2) ① 액면이자율이 연리 5%이고, 만기가 10년인 이표채
② 액면이자율이 연리 6%이고, 만기가 10년인 이표채

10. 무위험채권의 만기별 할인계수는 다음과 같다.

만기	할인계수
1	0.9259
2	0.8534
3	0.7829
4	0.7150

(1) 각 연도별 선도이자율을 구하시오.

(2) 매년 말에 1,000원 씩의 이자를 지급하고, 만기일에 원금 10,000원을 지급하는 4년 만기 무위험채권 A의 현재가치를 계산하시오.

(3) 이자를 선 지급하는 한편 만기일에 원금 10,000원을 지급하는 4년 만기 무위험채권 B의 현재가치는 얼마인가?

11. 1년만기 현물이자율과 2년 만기 현물이자율은 10%와 12%이다.

(1) 불편기대이론의 관점에서 보는 경우 1년 후에 1년 만기 현물이자율이 어느 수준에서 형성되어야 하는가?

(2) 유동성프리미엄이 2%이라고 한다. 1년 후에 1년 만기 현물이자율이 어느 수준에서 형성되어야 하는가?

기출문제

1. 다음 세 가지 경품의 현재가치를 할인율 10%를 적용하여 계산하였더니 모두 100원으로 동일하게 나타났다. (2006 CPA)

> 경품 1: 현재부터 W원을 매년 영구히 받는다.
> 경품 2: 1년 후에 상금 X원을 받는다.
> 경품 3: 1년 후에 상금 Y원, 2년 후에 상금 X원을 받는다.

변수 W, X, Y에 관한 다음 관계식 중 옳지 않은 것은?

① 100 〈 X+Y ② X 〉 Y ③ W 〈 10
④ Y 〈 10 ⑤ Y 〉 W

2. 올해 1월 1일 현재 채권시장에서 (갑), (을), (병) 세 가지 종류의 무이표 국고채가 거래되고 있다. (갑) 채권은 액면가 10,000원, 만기 1년이고 만기수익률이 2%이다. (을) 채권은 액면가 10,000원, 만기 2년이고 만기수익률이 4%이며, (병) 채권은 액면가 10,000원, 만기 3년이고 만기수익률이 5%이다. (갑), (을), (병) 채권으로 복제포트폴리오를 구성하여 액면가 1,000,000원, 액면이자율 2%, 만기 3년이며 이자를 1년에 한번씩 연말에 지급하는 국고채의 가격을 구할 때 차익거래가 발생하지 않기 위한 채권가격과 가장 가까운 것은? 단, 현재 시장에서는 거래비용이 없다고 가정한다. (2016 CPA)

① 920,000 ② 940,000 ③ 960,000 ④ 940,000 ⑤ 1,000,000

3. 정부가 발행한 채권의 만기에 따른 현물이자율(spot rate)과 선도이자율(forward rate)이 다음과 같을 때 3차년도와 4차년도 2년간의 내재선도이자율(implied forward rate)을 연단위로 계산하면 얼마인가? (단, 가장 근사치를 구하라.) (2010 CPA)

만기(년)	현물이자율	선도이자율
1	5.0%	-
2	6.5%	?
3	?	10.0%
4	8.5%	?

① 10.2% ② 10.5% ③ 10.8% ④ 11.1% ⑤ 11.3%

4. 만기가 t년(단, t = 1, 2)인 무위험 무이표채의 수익률(yield)을 뜻하는 현물이자율(spot rate) R(t)가 시장에서 R(t) = 0.07 + k×t로 결정되었다고 가정하자. 예로서 k = 0.02 이면 R(1) = 0.09, R(2) = 0.11이다. 단, k 값의 범위는 -0.02 ≦ k ≦ 0.02 이며 또한 k ≠ 0이다. 다음 주장 중 맞는 것을 모두 골라라. 현재로부터 1년 후 시점과 2년 후 시점을 연결하는 선도이자율(implied forward rate) ${}_1f_2$는 1년을 단위기간으로 하는 이산복리법에 의하여 결정된다. 시장에는 만기 1년과 만기 2년의 무위험 무이표채만이 존재하며, 이 채권들을 각기 하나씩 포함하는 포트폴리오를 C라고 명명한다. (2009 CPA)

> a. 선도이자율 ${}_1f_2$가 R(1)과 R(2) 사이의 값을 가질 수 있다
> b. 선도이자율 ${}_1f_2$가 항상 R(1)과 R(2)의 최대값보다 크다
> c. 포트폴리오 C의 만기수익률은 선도이자율 ${}_1f_2$보다 작을 수 있다
> d. 포트폴리오 C의 만기수익률은 선도이자율 ${}_1f_2$보다 클 수 있다

① a ② a, c ③ a, c, d ④ b, c, d ⑤ c, d

5. 이자율 기간구조에 대한 설명으로 옳은 것을 모두 고른 것은? (2011 7급 경제학)

> ㄱ. 기대이론에 의하면, 미래의 단기 이자율 상승이 예상된다는 것은 수익률 곡선이 우상향함을 의미한다.
> ㄴ. 기대이론에 의하면, 미래의 단기 이자율 하락이 예상된다는 것은 수익률 곡선이 우하향함을 의미한다.
> ㄷ. 유동성 프리미엄 이론에 의하면, 미래의 단기 이자율 상승이 예상된다는 것은 수익률곡선이 우상향함을 의미한다.
> ㄹ. 유동성 프리미엄 이론에 의하면, 미래의 단기 이자율 하락이 예상된다는 것은 수익률곡선이 우하향함을 의미한다.

① ㄱ,ㄴ,ㄷ ② ㄱ,ㄴ,ㄹ ③ ㄱ,ㄷ,ㄹ ④ ㄴ,ㄷ,ㄹ

6. 다음 설명 중 가장 적절하지 않은 것은? (2007 CPA)

① 기대이론에 따르면, 시장에서 향후 이자율이 상승할 것이라고 기대될 때에만 우상향하는 수익률곡선(yield curve)이 나타난다.

② 유동성선호이론은 수익률곡선이 항상 우상향 모양을 띠게 된다고 주장한다.

③ 국채의 수익률곡선이 평평할 때, 회사채의 수익률곡선은 우상향할 수 있다.

④ 기대이론에 따르면, 선도이자율이 미래의 각 기간별 기대 현물이자율과 일치한다.

⑤ 3년 만기의 회사채 만기수익률이 5년 만기 국채의 만기수익률보다 더 낮을 수 있다.

7. 이자율 기간구조이론에 관한 설명으로 가장 적절하지 않은 것은? (2012 CPA)

① 기대가설에 따르면 미래 이자율이 오를 것으로 예상하면 수익률곡선은 우상향한다.

② 유동성선호가설에 따르면 투자자들이 위험회피형이라고 할 때, 선도이자율은 미래 기대현물이자율(expected spot rate)보다 높다. 따라서 미래 기대현물이자율이 항상 일정한 값을 갖는다고 해도 유동성프리미엄이 점차 상승한다면 수익률곡선은 우상향한다.

③ 기대가설에 따르면 2년 만기 현물이자율이 1년 만기 현물이자율보다 높으면 현재로부터 1년 후의 선도이자율은 1년 만기 현물이자율보다 높아야만 한다.

④ 기대가설에 따라 계산한 선도이자율은 미래 기대현물이자율과 같지 않다.

⑤ 실질이자율과 이자율위험프리미엄이 일정하다고 가정할 때 투자자들이 미래의 인플레이션율이 더 높아질 것이라고 믿는다면 수익률곡선은 우상향한다.

제8장 채권의 가치평가

채권가격은 시장이자율에 따라 영향을 받는다. 시장이자율이 하락하면 채권가격은 상승하고, 시장이자율이 상승하면 채권가격이 하락하는 반비례의 관계를 갖는다. 따라서 채권의 가치평가에서 중요한 의미를 갖는 것은 시장이자율이 변동함에 따라 채권가격이 어느 정도 변동하는 특성을 보이는가를 분석하는 일이다.

이 장에서는 채권의 가치평가 문제, 채권가격과 시장이자율의 관계, 이자율탄력성, 듀레이션과 볼록성 효과에 대하여 살펴본 다음 시장이자율의 위험구조에 대하여 설명하기로 한다.

Ⅰ. 현가법과 수익률법

채권가치는 화폐가치 또는 수익률의 관점에서 평가할 수 있다. 화폐가치의 관점에서 채권가치를 평가하는 방법을 현가법(present value method)이라고 하며, 수익률의 관점에서 채권가치를 평가하는 방법을 수익률법(yield method)이라고 한다.

현가법에 의하면 채권가치는 만기까지의 기간에서 얻을 수 있는 현금흐름을 요구수익률로 할인한 현재가치와 같다. 한편 수익률법에 의하면 채권가치는 만기까지의 기간에서 약속된 사항이 정상적으로 이행된다고 가정할 때 현재의 시장가격으로 매입하는 경우 얻을 수 있는 평균투자수익률로서 약속만기수익률(promised yield to maturity)을 의미한다.

① 현가법

현가법에 의하면 채권가치는 식 (1)과 같다.

$$V_0 = \frac{C_1}{(1+k_d)} + \frac{C_2}{(1+k_d)^2} + \ldots + \frac{C_n}{(1+k_d)^n} \tag{1}$$

C_n : n기의 현금흐름

k_d : 채권자들의 요구수익률로서 부채비용

식 (1)에서 현금흐름은 만기까지의 기간에서 정기적으로 실현되는 이자수익과 만기일에서 회수되는 원금을 의미한다. 한편 투자자들은 채권에 투자할 때 인플레이션과 투자위험에 상응하는 보상을 요구하기 때문에 채권가치는 인플레이션과 투자위험을 고려한 요구수익률을 얻기 위하여 투자자가 지불할 수 있는 가치를 의미한다.

먼저 현가법을 이용하여 채권의 가치를 평가하는 방법에 대하여 살펴보기로 하자.

예제 1

- 채권 A의 만기는 3년이고, 매년 말에 6%의 이자가 시급되고, 만기일에 원금이 상환되며, 액면가는 1,000원이라고 한다.
- 채권 A가 시장에서 1,000원에 거래되고 있다.
- 요구수익률이 각각 9%와 4%라는 가정에서 현가법을 이용하여 채권가치를 평가하시오.

먼저 요구수익률이 9%인 경우 식 (1)을 이용하여 채권 A의 내재가치를 계산하면 다음과 같다.

$$V_0 = \frac{60\text{원}}{(1+0.09)} + \frac{60\text{원}}{(1+0.09)^2} + \frac{1,060\text{원}}{(1+0.09)^3} = 924\text{원} \tag{2}$$

식 (2)에서 보여주는 것처럼 채권 A의 내재가치 924원은 이자수익의 현재가치와 원금의 현재가치로 구성되어 있다. 이와 같은 평가결과에 의하면 924원의 가치가 있는 채권 A가 시장에서 1,000원에 거래되고 있기 때문에 76원 만큼 고평가되고 있음을 알 수 있다.

한편 요구수익률이 4%라고 가정하는 경우 채권 A의 내재가치를 계산하면 다음과 같다.

$$V_0 = \frac{60\text{원}}{(1+0.04)} + \frac{60\text{원}}{(1+0.04)^2} + \frac{1{,}060\text{원}}{(1+0.04)^3} = 1{,}056\text{원} \tag{3}$$

채권 A의 내재가치가 1,056원으로 액면가보다 높은 것으로 나타나고 있다. 따라서 요구수익률이 4%라면 채권 A가 시장에서 저평가되고 있는 것으로 평가할 수 있다.

이상에서 살펴본 바와 같이 채권의 경우에는 만기까지의 기간, 액면이자율과 액면가치가 정해져 있기 때문에 시장할인율(요구수익률)에 따라 채권가치가 결정됨을 알 수 있다. 따라서 시장가격과 채권가치를 비교함으로써 투자여부를 결정할 수 있다. 시장가격이 채권가치보다 낮은 경우에는 채권이 시장에서 저평가되고 있음을 의미하며, 반대의 경우에는 고평가되고 있음을 의미한다.

② 수익률법

수익률법을 이용하여 채권의 가치를 평가하는 방법에 대하여 살펴보기로 하자. 수익률의 관점에서 보면 채권가치는 약속만기수익률에 따라 결정한다. 약속만기수익률(promised yield to maturity)은 만기까지의 기간에서 이자와 원금이 정상적으로 지급된다는 가정에서 현재의 시장가격으로 매입하여 만기까지 보유할 때 얻을 수 있는 평균투자수익률을 의미한다. 우리가 흔히 말하는 만기수익률(YTM; yield to maturity)은 약속만기수익률을 의미한다.

만기수익률은 식 (4)에서 할인율로서 내부수익률을 의미한다.

$$P_0 = \frac{C_1}{(1+y)} + \frac{C_2}{(1+y)^2} + \cdots + \frac{C_n}{(1+y)^n} \tag{4}$$

P_0 : 현재의 채권가격
C_n : n기의 현금흐름
y : 만기수익률(내부수익률)

예제 2

- 채권 A의 만기는 3년이며, 매년 말에 6%의 이자가 지급되고, 만기일에 원금이 상환되며, 액면가는 1,000원이라고 한다.
- 채권 A의 요구수익률은 6%라고 한다.
- 채권가격이 각각 924원과 1,056원에서 형성되고 있다는 가정에서 수익률법을 이용하여 채권가치를 평가하시오.

채권가격이 924원일 때와 1,056원일 때로 구분하여 채권 A의 만기수익률을 계산할 수 있다. 먼저 채권 A의 가격이 924원이라면 채권 A의 만기수익률은 식 (5)에서 할인율을 의미한다.

$$924\text{원} = \frac{60\text{원}}{(1+y)} + \frac{60\text{원}}{(1+y)^2} + \frac{1{,}060\text{원}}{(1+y)^3} \tag{5}$$

식 (5)에서 $y = 9\%$이다. 따라서 채권 A가 924원에서 거래되고 있다는 것은 곧 9%의 만기수익률에서 거래되고 있음을 의미한다. 채권 A의 경우처럼 액면가보다 낮은 수준에서 거래되는 것을 할인거래된다고 말한다. 이처럼 할인거래되는 이유는 투자자들이 액면이자율보다 높은 수익률을 요구하고 있기 때문이다. 따라서 채권 A에 대하여 시장에서 6%의 만기수익률을 요구하고 있음에도 불구하고 9%의 만기수익률에서 거래되고 있기 때문에 3%포인트만큼 저평가되고 있음을 알 수 있다.

한편 채권 A가 시장에서 1,056원에 거래되고 있다면 식 (6)을 이용하여 만기수익률을 구할 수 있다.

$$1{,}056\text{원} = \frac{60\text{원}}{(1+y)} + \frac{60\text{원}}{(1+y)^2} + \frac{1{,}060\text{원}}{(1+y)^3} \tag{6}$$

식 (6)에서 $y = 4\%$이기 때문에 채권 A가 시장에서 1,056원에 거래되고 있다는 것은 4%의 만기수익률에서 거래되고 있음을 의미한다. 이처럼 액면가보다 높은 수준에서 거래되는 것을 할증거래된다고 말하며, 할증거래되는 이유는 투자자들이 액면이자율보다 낮은 수익률을 요구하고 있기 때문이다. 따라서 채권 A에 대하여 시장에서 6%의 만기수익률을 요구하고 있음에도 불구하고 4%의 만기수익률에서 거래되고 있기 때문에 채권 A가 시장에서 2%포인트 고평가되고 있음을 알 수 있다.

그런데 시장이자율은 만기별로 다르다. 이를 반영하여 채권가격을 다시 계산하여 보자. 만약 1년 시장이자율이 4%, 2년 시장이자율이 5%, 3년 시장이자율이 6%라고 하면 이때 채권가격은 다음과 같이 계산된다.

$$1{,}002\text{원} = \frac{60\text{원}}{(1+{}_0r_1)} + \frac{60\text{원}}{(1+{}_0r_2)^2} + \frac{1{,}060\text{원}}{(1+{}_0r_3)^3} \tag{7}$$

$$= \frac{60\text{원}}{(1+0.04)} + \frac{60\text{원}}{(1+0.05)^2} + \frac{1{,}060\text{원}}{(1+0.06)^3}$$

이를 앞장에서 살펴본 선도이자율로 표시하여 보자

$$(1+{}_0r_1)(1+{}_1f_2) = (1+{}_0r_2)^2 \rightarrow (1+0.04)(1+{}_1f_2) = (1+0.05)^2$$

$$\therefore\ {}_1f_2 = 0.06$$

$$(1+{}_0r_2)^2(1+{}_2f_3) = (1+{}_0r_3)^3 \rightarrow (1+0.05)^2(1+{}_2f_3) = (1+0.06)^3$$

$$\therefore\ {}_2f_3 = 0.08$$

$$1{,}002\text{원} = \frac{60\text{원}}{(1+{}_0r_1)} + \frac{60\text{원}}{(1+{}_0r_1)(1+{}_1f_2)} + \frac{1{,}060\text{원}}{(1+{}_0r_1)(1+{}_1f_2)(1+{}_2f_3)}$$

$$= \frac{60\text{원}}{(1+0.04)} + \frac{60\text{원}}{(1+0.04)(1+0.06)} + \frac{1{,}060\text{원}}{(1+0.04)(1+0.06)(1+0.08)}$$

이상에서 설명한 바와 같이 만기수익률과 요구수익률을 비교함으로써 채권의 가치를 평가할 수 있다. 만기수익률이 요구수익률보다 높은 경우에는 그만큼 저평가되고 있음을 의미하며, 반대의 경우에는 고평가되고 있음을 의미한다.

[예제 2]에서 보여주는 바와 같이 채권가격은 만기수익률이 상승할수록 하락하며, 만기수익률이 하락할수록 상승한다. 만기수익률과 채권가격의 관계를 그림으로 나타내면 [그림 8-1]과 같다. [그림 8-1]에서 보여주는 것처럼 만기수익률과 채권가격의 관계가 원점에 대하여 볼록한 곡선의 형태를 보임을 알 수 있다. 이처럼 채권가격과 만기수익률 사이에 존재하는 관계를 채권의 볼록성(convexity)이라고 하며, 이에 대해서는 III 듀레이션과 볼록성의 효과에서 다시 살펴보기로 한다.

그림 8-1 채권가격과 만기수익률의 관계

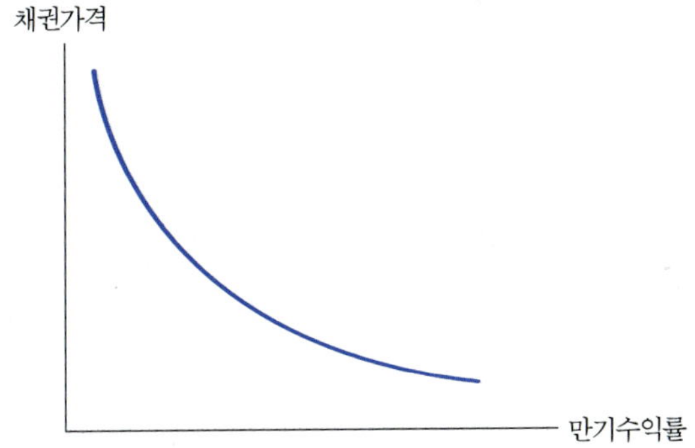

한편 만기수익률과는 달리 단순수익률(current yield)은 계산이 간편하다. 단순수익률은 액면이자를 채권가격으로 나눈 것이다. 위의 경우 단순수익률은 6%(60원/1002원)이다.

따라서 할증채의 경우에는

만기수익률 < 단순수익률 < 액면이자율

의 관계가 성립한다. 할인채의 경우에는

만기수익률 > 단순수익률 > 액면이자율

의 관계가 성립한다. 채권가격이 액면가와 동일한 액면가 채권(par value bond)의 경우에는

만기수익률 = 단순수익률 = 액면이자율

의 관계가 성립한다.

반면 순수할인채의 경우에는 액면이자율이 0%이므로 단순수익률은 0이 된다.

Ⅱ. 채권의 가격결정정리

1 말킬의 채권정리

말킬(B. G. Malkiel, 1962)은 채권가격이 액면가, 액면이자율, 만기까지의 기간과 만기수익률에 따라 결정된다고 분석하면서 다음과 같은 다섯 가지 정리를 만들었다.[1)]

❙정리 1❙ 채권가격과 만기수익률은 반비례한다. 만기수익률이 상승할수록 채권가격은 하락하며, 반대로 만기수익률이 하락할수록 채권가격은 상승한다.

예제 3

- ○ 만기는 5년이고, 액면이자율은 8%이며, 액면가는 1,000원이다.
- ○ 매년 말에 이자를 지급하는 채권 A의 시장가격은 1,000원이라고 한다.
- ○ 채권가격이 1,100원으로 상승하는 경우와 900원으로 하락하는 경우의 만기수익률을 계산하시오.

채권 A의 만기수익률은 8%이다. 왜냐하면 채권가격이 액면가와 일치하는 수준에서 형성되고 있기 때문이다.

먼저 채권가격이 1,100원으로 상승할 때의 만기수익률을 계산하면 다음과 같다.

$$1{,}100\text{원} = \frac{80\text{원}}{(1+y)} + \frac{80\text{원}}{(1+y)^2} + \frac{80\text{원}}{(1+y)^3} + \frac{80\text{원}}{(1+y)^4} + \frac{1{,}080\text{원}}{(1+y)^5}$$

위의 식에서 만기수익률을 계산하면 $y = 5.65\%$ 이다. 한편 같은 방법으로 채권가격이 900원으로 하락할 때의 만기수익률을 계산하면 $y = 10.68\%$ 이다. 따라서 채권가격이 1,000원에서 1,100원으로 상승하면 만기수익률은 8%에서 5.65%로 하락하며, 반대로 채권가격이 900원으로 하락하면 만기수익률이 8%에서 10.68%까지 상승함을

---

1) B. G. Malkiel, "Expectations, Bond Prices, and the Term Structure of Interest Rates", *The Quarterly Journal of Economics,* Vol. 76, No. 2 (May), 1962, pp. 197~218.

알 수 있다.

▌정리 2▐ 채권의 잔존기간이 길수록 동일한 수익률변동에 따른 가격변동률은 커진다.

그림 8-2 만기수익률이 일정한 경우 시간의 경과에 따른 채권가격의 변화

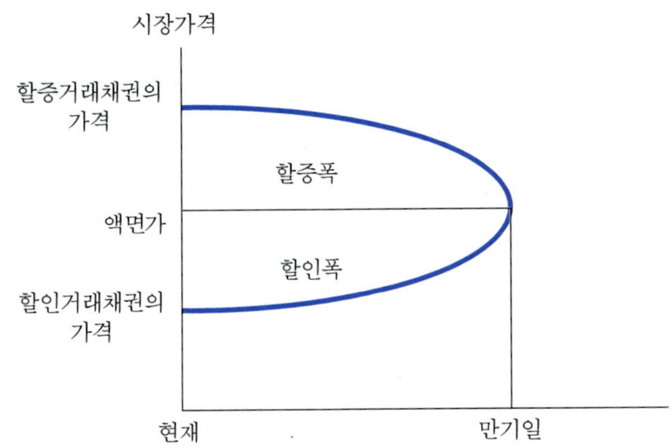

[그림 8-2]에서 볼 수 있는 것처럼 할인 또는 할증거래되고 있는 채권가격은 시간이 경과함에 따라 액면가에 수렴함을 알 수 있다.

▌정리 3▐ 채권의 잔존기간이 길어짐에 따라 발생하는 가격변동률은 체감한다.

예제 4

- 채권 B의 만기는 5년이고, 매년 말에 8%의 액면이자율에 따라 이자를 지급하며, 액면가는 1,000원이다.
- 현재의 시장가격은 961.10원이고, 만기수익률은 9%이다.
- 만기수익률이 일정한 경우 1년 및 2년 후의 채권가격을 계산하시오.

채권 B의 경우 현재 시장에서 38.90원(1,000원−961.10원)만큼 할인거래되고 있다. 그런데 1년 후까지 9%의 만기수익률이 그대로 유지된다면 채권가격은 967.60원으로 상승하게 된다.

$$\frac{80원}{(1+0.09)}+\frac{80원}{(1+0.09)^2}+\frac{80원}{(1+0.09)^3}+\frac{1,080원}{(1+0.09)^4}=967.60원$$

한편 만기수익률이 2년 후까지 그대로 유지된다면 채권가격은 974.69원으로 상승하게 된다.

$$\frac{80원}{(1+0.09)}+\frac{80원}{(1+0.09)^2}+\frac{1,080원}{(1+0.09)^3}=974.69원$$

따라서 만기수익률이 그대로 유지되는 경우 할인액은 현재의 38.90원에서 1년 후에는 32.40원(1,000원-967.60원)으로 줄어들며, 2년 후에는 25.31원(1,000원-974.69원)으로 줄어들고 있음을 알 수 있다. 따라서 1년 후에는 할인액이 6.50원(38.90원-32.40원)만큼 줄어드는 한편 2년 후에는 7.09원(32.4원-25.31원)만큼 줄어들고 있어 할인액이 시간의 경과에 따라 체증적으로 감소하고 있음을 알 수 있다.

❙ 정리 4 ❙ 만기수익률이 상승할 때 채권가격의 하락폭보다 만기수익률이 하락할 때 채권가격의 상승폭이 더 크다.

예제 5

- 만기는 5년이고 액면이자율은 7%이며, 액면가가 1,000원인 채권 C의 시장가격은 1,000원이라고 한다.
- 채권 C의 만기수익률을 구하고, 만기수익률이 1% 상승하거나 하락할 때의 채권가격을 계산하여 비교하여 보시오.

채권 C의 경우 만기수익률이 7%에서 8%로 상승하는 경우 채권가격은 1,000원에서 960.07원으로 39.93원 만큼 하락하며, 반대로 만기수익률이 7%에서 6%로 하락하는 경우에는 채권가격이 1,000원에서 1,042.12원으로 42.12원 만큼 상승하게 된다. 따라서 만기수익률이 같은 크기로 변동하는 경우 만기수익률이 상승할 때의 가격하락폭보다 만기수익률이 하락할 때의 가격상승폭이 더 크다는 사실을 알 수 있다.

❙ 정리 5 ❙ 만기수익률의 변동에 따른 채권가격의 변화율은 액면이자율이 낮을수록 더 크게 나타난다.

예제 6

- 채권 C와 D의 만기는 5년이고, 만기수익률은 7%이다.
- 채권 C와 D의 액면이자율은 각각 7%와 9%이다.
- 만기수익률이 현재의 7%에서 8%로 상승하는 경우 채권 C와 채권 D 중 어느 채권의 가격이 더 많이 하락하는가?

현재의 만기수익률 7%에서 채권 C와 D의 시장가격을 계산하면 각각 1,000원과 1,082원이다. 한편 만기수익률이 8%로 상승하는 경우 채권 C와 D의 시장가격을 계산하면 각각 960.07원과 1,039.93원이다. 이 경우 채권 C와 D의 가격하락률을 계산하면 각각 다음과 같다.

$$\text{채권 } C\text{의 가격하락률} = \frac{1{,}000\text{원} - 960.07\text{원}}{1000\text{원}} = 3.993\%$$

$$\text{채권 } D\text{의 가격하락률} = \frac{1{,}082\text{원} - 1{,}039.93\text{원}}{1{,}082\text{원}} = 3.888\%$$

따라서 액면이자율이 낮을수록 가격변화율이 크다는 사실을 알 수 있다. [그림 8-3]에서 이를 보여주고 있다.

그림 8-3 만기수익률 변동에 따른 채권가격의 변화율

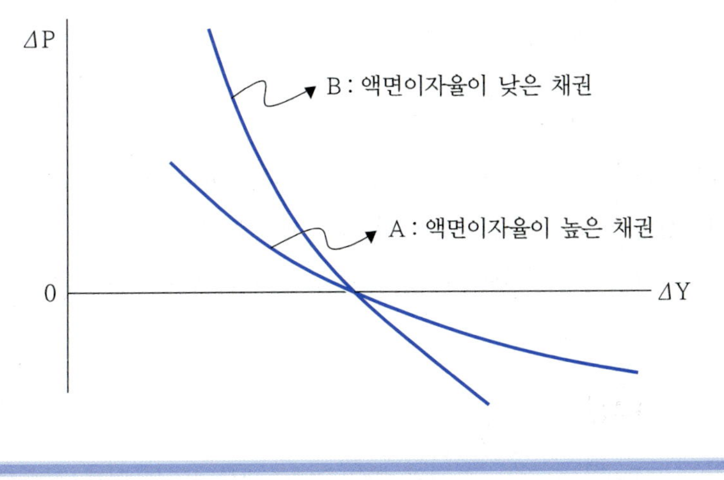

이상에서 살펴본 바와 같이 채권의 가격결정정리에 의하면 만기수익률과 채권가격 사이에는 선형관계가 존재하지 않는다. 만기수익률이 하락(상승)할수록 채권가격이 상승(하락)하는 반비례의 관계가 존재하지만 만기수익률이 같은 크기로 변동하는 경우 만기수익률이 하락할 때의 가격상승폭이 만기수익률이 상승할 때의 가격하락폭보다 더 크게 나타나기 때문이다.

② 이자율탄력성

이자율탄력성(interest rate elasticity : IE)은 만기수익률이 변화함에 따라 채권가격이 변화하는 정도를 측정하는데 이용된다. 다시 말하여 이자율탄력성은 만기수익률이 변화할 때 채권가격이 어느 정도 반응을 보이는가를 나타내는 민감도계수를 의미한다. 채권의 이자율위험은 만기수익률의 변동에 따른 채권가격의 변동성을 의미한다. 따라서 이자율탄력성을 이용하여 이자율 위험을 측정할 수 있다. 이자율탄력성이 클수록 만기수익률의 변동에 따른 채권가격의 변동폭이 확대되기 때문이다.

이자율탄력성은 식 (8)과 같다.

$$IE_i = \frac{\text{채권 } i\text{의 가격변화율}}{\text{채권 } i\text{의 만기수익률변화률}} = \frac{\frac{\Delta P_0}{P_0}}{\frac{\Delta r}{r}} \tag{8}$$

Δr : 만기수익률의 변화
r : 만기수익률
P_0 : 채권가격
ΔP_0 : 채권가격의 변화

앞서 설명한 바와 같이 채권가격과 만기수익률 사이에는 반비례의 관계가 존재하기 때문에 이자율탄력성은 언제나 음(-)의 값을 갖는다. 예를 들어 만기수익률이 10% 상승할 때 채권 i의 시장가격이 8% 하락한다면 채권 i의 이자율탄력성은 -0.8이 된다.

$$IE = -\frac{0.08}{0.1} = -0.8$$

이자율탄력성이 -0.8이라는 것은 현재의 만기수익률에서 1% 포인트 상승(하락)할 때 채권가격은 0.8% 하락(상승)한다는 것을 의미한다.

듀레이션의 개념을 이용하여 이자율탄력성을 정의하면 식 (9)와 같다.[2)]

$$IE = \frac{\partial P_0 / P_0}{\partial r / r} = -D \frac{r}{1+r} \tag{9}$$

D : 듀레이션

식 (9)에서 보여주는 것처럼 이자율탄력성은 듀레이션이 증가할수록 커진다. 따라서 듀레이션이 긴 채권일수록 이자율의 변동에 따른 가격변동성이 크다는 사실을 알 수 있다. 듀레이션에 대해서는 Ⅲ. 듀레이션과 볼록성의 효과에서 살펴보기로 한다.

예제 7

- 만기가 3년인 이표채와 할인채가 10%의 만기수익률에서 거래되고 있으며, 이표채의 듀레이션은 2.78년이다.
- 만기수익률이 10%에서 9%로 하락하는 경우 이표채와 할인채 중 어느 채권의 가격이 더 많이 상승하는가?

식 (8)을 이용하여 두 채권의 이자율탄력성을 계산하면 다음과 같다.

할인채 : $IE = -D \times \frac{r}{1+r} = -3 \times \frac{0.1}{1.1} = -0.27$

이표채 : $IE = -D \times \frac{r}{1+r} = -2.78 \times \frac{0.1}{1.1} = -0.25$

만기수익률이 10%에서 9%로 1%포인트 하락하는 경우 할인채와 이표채의 가격이 각

---

2) 각주 3)의 식 (5)를 이용하여 채권가격의 변화율과 듀레이션의 관계를 다음과 같이 유도할 수 있다.

$$\frac{\partial P_0}{P_0} = -D \frac{\partial r}{(1+r)} \tag{1}$$

식 (1)의 양 변을 $\partial r / r$로 나누면 식 (2)와 같다.

$$\frac{\partial P_0}{P_o} / \frac{\partial r}{r} = -D \frac{\partial r}{(1+r)} \cdot \frac{r}{\partial r} \tag{2}$$

식 (1)에서 왼쪽 항은 이자율탄력성(IE)을 의미한다. 그러므로 식 (2)을 이자율탄력성(IE)에 대하여 정리하면 식 (3)과 같다.

$$IE = -D \frac{r}{1+r} \tag{3}$$

각 0.27%와 0.25% 씩 상승함을 보여주고 있다. 따라서 할인채의 가격이 더 많이 상승함을 알 수 있다.

만기수익률의 변화에 따른 가격변동성을 의미하는 이자율 탄력성은 여러 가지 채권의 속성요인에 따라 영향을 받는다. 그런데 이자율탄력성은 액면이자율과 반비례하는 한편 듀레이션과 비례하는 관계를 갖는다. 따라서 이와 같은 복합적인 요인에 의해서 결정되는 이자율탄력성을 이해하기 위해서는 듀레이션과 볼록성에 대한 설명이 필요하다.

이하에서는 듀레이션과 볼록성에 대하여 살펴보기로 한다.

Ⅲ. 듀레이션과 볼록성의 효과

듀레이션과 볼록성(convexity)은 채권가격의 변동성(위험)을 측정하는 적절한 지표로 이용되고 있다. 만기수익률의 변화에 따른 채권가격의 변화는 듀레이션 효과에 의한 가격변화와 볼록성 효과에 의한 가격변화로 구분되기 때문이다.

이하에서 듀레이션과 볼록성의 효과에 대하여 살펴보기로 한다.

1 듀레이션

1) 듀레이션의 의의

맥콜리(F. R. Macaulay, 1938)는 채권가격의 변동성에 영향을 미치는 만기와 액면이자율의 효과를 종합한 듀레이션의 개념을 최초로 도입하였다. 듀레이션(duration)은 만기까지의 기간에서 회수되는 현금흐름의 현재가치비율에 따라 실현시기를 가중평균한 만기를 의미한다. 다시 말하여 투자액이 회수되기까지의 가중평균기간을 말한다.

듀레이션은 식 (10)과 같다.[3]

3) 이표채의 시장가격은 식 (1)과 같다.

$$P_0 = \frac{C}{(1+r)} + \frac{C}{(1+r)^2} + \cdots + \frac{C}{(1+r)^T} + \frac{F}{(1+r)^T} \qquad (1)$$

$$D = \sum_{t=1}^{T} \frac{PV(C_t)}{P_0} t \tag{10}$$

P_0 : 채권의 시장가격
C_t : t년째 말에서 지급하기로 약속된 현금흐름
t : 약속된 이자가 지급되는 시기

예제 8

- 채권 S의 시장가격은 950.25원, 만기수익률은 10%, 만기까지의 기간은 3년, 액면가는 1,000원, 액면이자율이 8%이라고 한다.
- 채권 S의 듀레이션을 계산하시오.

식 (10)을 이용하여 채권 S의 듀레이션을 구하면 〈표 8.1〉과 같다.

〈표 8.1〉 듀레이션의 계산과정(채권 S)

t	C_t	$\frac{1}{(1+r)^t}$	$PV(C_t)$	$\frac{PV(C_t)}{P_0}$	$\frac{PV(C_t)}{P_0}t$
1	80원	0.9091	72.73원	0.07653	0.0765
2	80	0.8265	66.12	0.06958	0.1392
3	1,080	0.7513	811.40	0.85388	2.5616
			950.25	1.00000	2.7773

식 (10)에서 $PV(C_t)/P_0$는 만기까지의 기간에서 회수되는 현금흐름의 현재가치가 채권가격에서 차지하는 비율로서 투자액이 회수되는 비율을 의미한다.

C: 이자지급액, F: 채권의 원금, r : 만기수익률

식 (1)을 r에 대하여 편미분하면 식 (2)와 같다.

$$\frac{\partial P_0}{\partial r} = -\frac{1}{(1+r)}\left[\frac{C}{(1+r)} + \frac{2C}{(1+r)^2} + \cdots + \frac{TC}{(1+r)^T} + \frac{TF}{(1+r)^T}\right] \tag{2}$$

식 (2)의 양변에 $(1+r)$을 곱하면 식 (3)과 같다.

$$\frac{\partial P_0}{\partial r}(1+r) = -\left[\frac{C}{(1+r)} + \frac{2C}{(1+r)^2} + \cdots + \frac{TC}{(1+r)^T} + \frac{TF}{(1+r)^T}\right] = -\sum_{i=1}^{T} PV(C_t)t \tag{3}$$

식 (3)을 식 (1)로 나누면 식 (4)와 같다.

$$\frac{\partial P_0}{P_0}\frac{(1+r)}{\partial r} = -\sum_{i=1}^{T} PV(C_t)t = -D \tag{4}$$

식 (4)를 채권가격의 변화율에 대한 식으로 정리하면 식 (5)와 같다.

$$\frac{\partial P_0}{P_0} = -\frac{\partial r}{(1+r)}D \tag{5}$$

〈표 8.1〉에서 볼 수 있는 것처럼 채권 S의 경우 1년 후에 매입비용의 7.653%, 2년 후에 6.958% 그리고 3년 후에 85.388%가 각각 회수되고 있다. 따라서 현금흐름의 실현시기를 회수비율에 따라 가중 평균함으로써 듀레이션을 계산할 수 있다.

채권 S의 듀레이션을 계산하면 다음과 같다.

$$D = 1 \times 0.07653 + 2 \times 0.06958 + 3 \times 0.85388 = 2.78\text{년}$$

채권 S의 듀레이션이 만기보다 짧은 이유는 만기까지의 기간 내에서 이자수익을 통하여 투자액의 일부가 회수되기 때문이다. 따라서 듀레이션과 액면이자율은 반비례한다. 액면이자율이 높을수록 듀레이션은 짧아지며, 액면이자율이 작을수록 듀레이션은 만기에 수렴한다.

한편 순수할인채(pure discounted bond)의 듀레이션은 만기와 일치한다. 순수할인채의 경우에는 만기일에서 투자액이 모두 회수되기 때문이다. 순수할인채는 발행시점에서 이자를 먼저 지급하는 한편 만기일에서 원금을 상환하는 조건으로 발행되는 채권을 말한다.

순수할인채의 듀레이션에 대하여 살펴보자. 순수할인채의 시장가격은 식 (11)과 같다.

$$P_0 = \frac{C_T}{(1+r)^T} \tag{11}$$

식 (11)을 식 (10)에 대입하여 정리하면 식 (12)와 같다.

$$D = \frac{P_0}{P_0} T = T \tag{12}$$

식 (12)에서 보여주는 것처럼 순수할인채의 경우 듀레이션과 만기가 일치함을 알 수 있다.

이상에서 살펴본 바와 같이 액면이자율이 있는 이표채의 경우에는 듀레이션이 언제나 만기보다 작은 값을 갖는 반면 액면이자율이 없는 순수할인채의 경우에는 언제나 듀레이션과 만기와 일치한다.

> 이표채 : 듀레이션 〈 만기
> 순수할인채 : 듀레이션 = 만기

그림 8-4 만기와 듀레이션의 관계

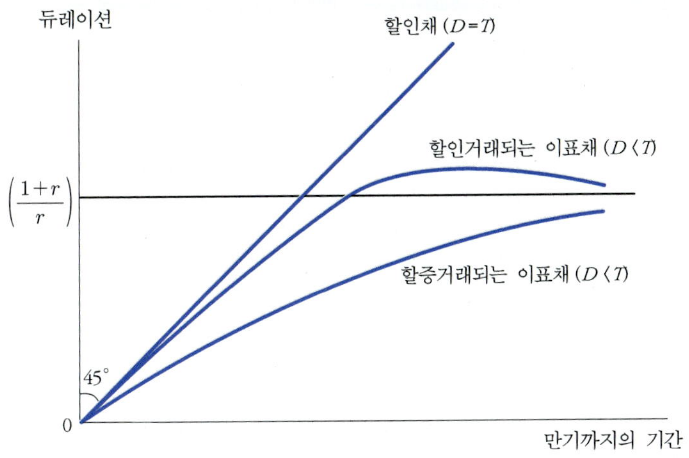

[그림 8-4]에서 순수할인채와 이표채의 듀레이션을 보여주고 있다. 순수할인채의 경우에는 만기와 듀레이션이 일치하지만 이표채의 경우는 언제나 듀레이션이 만기보다 짧은 것으로 나타나고 있다.

2) 듀레이션의 결정요인

(1) 만기까지의 기간

듀레이션은 만기까지의 기간이 길수록 체감적으로 증가한다. 〈표 8.2〉에서 액면이자율과 만기수익률이 각각 7%인 재정증권의 듀레이션을 보여주고 있다. 만기가 길어짐에 따라 듀레이션이 체감적으로 증가하고 있음을 알 수 있다.

(2) 액면이자율

듀레이션은 액면이자율이 높을수록 짧아진다. 〈표 8.3〉에서 액면이자율과 듀레이션의 관계를 보여주고 있다. 만기수익률이 7%인 30년 만기 정증권의 경우를 보면 액면이자율이 높아짐에 따라 처음에는 듀레이션이 급격하게 짧아지지만, 액면이자율이 일정한 수준 이상으로 높아지는 경우에는 듀레이션이 크게 줄어들지 않고 있음을 알 수 있다.

〈표 8.2〉 만기와 듀레이션의 관계

(액면이자율과 만기수익률이 7%인 재정증권)

만기까지 기간	듀레이션	만기까지의 기간	듀레이션
1년	0.98년	9년	6.83년
2	1.90	10	7.36
3	2.76	15	9.52
4	3.56	20	11.05
5	4.30	25	12.14
6	5.00	30	12.91
7	5.65	40	13.84
8	6.26	50	14.31

〈표 8.3〉 액면이자율과 듀레이션의 관계

(만기수익률이 7%인 30년만기재정증권)

액면이자율(%)	듀레이션	액면이자율(%)	듀레이션
0	30.00	9	12.41
1	20.00	11	12.08
2	17.03	13	11.85
3	15.38	15	11.67
4	14.40	17	11.53
5	13.74	19	11.42
7	12.91	20	11.37

(3) 만기수익률

듀레이션은 만기수익률이 높을수록 짧아진다. 만기수익률이 높으면 채권전체 현금흐름의 현재가치 중에서 후반부 현금흐름 현재가치가 차지하는 비중이 작아지기 때문이다. 반대로 만기수익률이 낮은 채권일수록 듀레이션이 길어진다. [그림 8-5]에서 만기수익률과 듀레이션의 관계를 보여주고 있다.

그림 8-5 만기수익률과 듀레이션의 관계(30년만기재정증권)

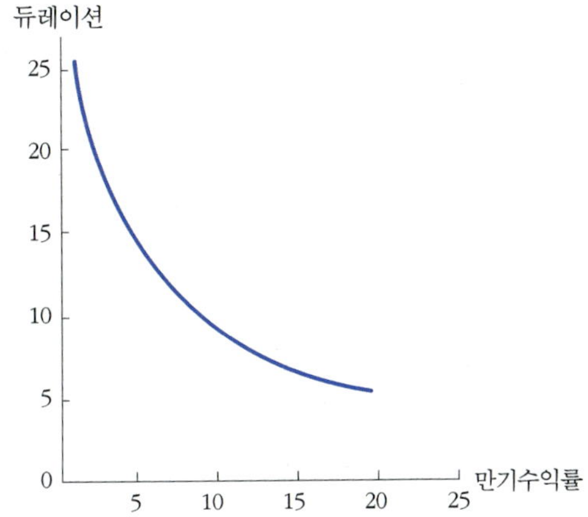

(4) 지급빈도

이자 지급빈도가 증가할수록 듀레이션은 짧아진다. 즉 1년에 이자를 4번 지급하는 채권의 듀레이션이 1년에 1번 이자를 지급하는 채권의 듀레이션 보다 짧다.

(5) 수의상환채권과 상환청구권부채권

이자율이 하락하면 발행자가 채권을 일방적으로 상환할 수 있도록 권리를 부여한 채권을 수의(隨意)상환채권(callable bond)이라고 한다. 이 경우 발행자는 종전보다 낮은 이자율로 채권을 발행할 수 있으므로 유리하다. 즉 발행자는 콜(call)을 행사하여 저금리채권을 다시 발행할 수 있어서 유리하다. 반면 투자자는 이자율이 하락했을 때 얻을 수 있는 가격 상승분을 향유할 수 없기 때문에 불리하다. 이 경우 이자율과 채권의 가격은 [그림 8-6]과 같이 나타난다. 이자율이 하락하여도 가격이 상승하지 않기 때문에 음(−)의 볼록성을 가진다고 한다. 수의상환채권은 투자자에게 불리한 조건을 가진 채권이므로 채권을 발행할 경우에는 일반채권보다 높은 만기수익률로 발행해야 한다.

이와 대비하여 이자율이 상승하면 투자자가 발행자에게 채권을 일방적으로 상환하도록 청구할 수 있는 권리를 부여한 채권을 상환청구권부채권(puttable bond)라고 한다.

그림 8-6 수의상환채권

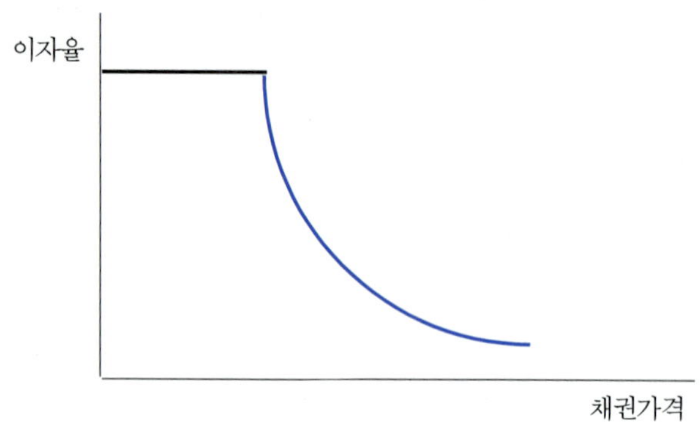

이자율이 상승하면 채권가격이 하락하는데 투자자는 발행자에게 가격 하락 이전의 가격으로 상환을 청구할 수 있는 권리가 있어서 투자자에게 유리하다. 즉 투자자는 풋(put)을 행사하여 고금리채권에 재투자할 수 있어 유리하다. 반면 투자자는 일단 채권을 상환하고 종전보다 높은 이자율로 채권을 다시 발행해야 하기 때문에 발행자에게 불리하다. 이 경우 이자율과 채권의 가격은 [그림 8-7]과 같이 나타난다. 상환청구권부 채권은 투자자에게 유리한 조건을 가진 채권이므로 채권을 발행할 경우에는 일반채권보다 낮은 만기수익률로 발행된다.

그림 8-7 상환청구권부채권

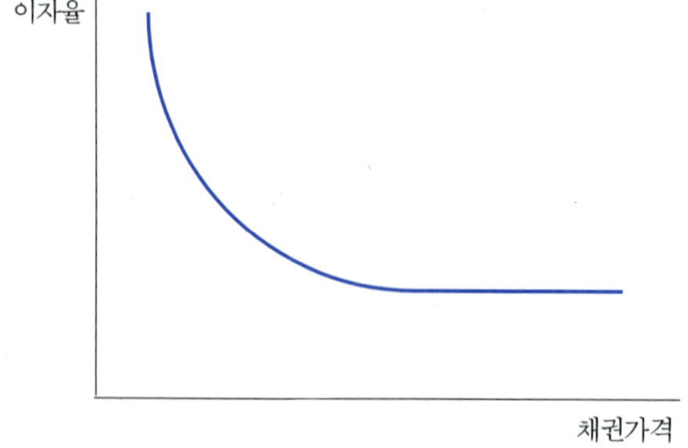

(6) 감채기금조항

감채기금조항은 채권발행회사가 당기순이익의 일부를 원금상환을 위하여 적립한다는 계약서상의 조항을 말한다. 감채기금조항이 설정된 경우에는 원금상환의 평균기간이 줄어들기 때문에 듀레이션이 짧아진다. 예를 들어 액면이자율과 만기수익률이 7%인 20년 만기 채권의 듀레이션이 11.05년이라고 하자. 11년부터 매년 원금의 10%의 감채조항이 있을 때, 원금의 90%에 해당하는 감채기금이 확보된 경우에는 듀레이션이 9.60년으로 줄어든다.

이상에서 설명한 바와 같이 채권의 속성요인과 듀레이션의 관계를 정리하면 다음과 같다.

첫째, 순수할인채는 만기일에서만 원금이 지급되는 채권이기 때문에 순수할인채의 듀레이션은 언제나 만기까지의 기간과 일치한다.

둘째, 만기까지의 기간과 만기수익률이 일정한 경우 액면이자율이 높을 수록 듀레이션이 짧아진다. 따라서 다른 조건이 일정한 경우 액면이자율이 낮은 채권의 듀레이션이 높은 채권의 듀레이션보다 길다.

셋째, [그림 8-3]에서 보여주는 것처럼 듀레이션은 만기까지의 기간에 비례한다. 예를 들어 액면이자율이 동일한 채권 E와 F의 만기가 각각 2년과 5년이라면 채권 F의 듀레이션이 채권 E의 듀레이션보다 길다는 사실을 알 수 있다.

넷째, 수의상환조항이나 감채기금조항이 있는 채권일수록 듀레이션이 짧다.

2 듀레이션 효과

듀레이션을 이용하여 만기수익률의 변화에 따른 채권가격의 변동성을 추정할 수 있다. 채권가격의 변화율과 듀레이션의 관계는 식 (13)과 같다.[4]

$$\frac{\partial P_0}{P_0} = -\frac{\partial r}{1+r}D \tag{13}$$

식 (13)을 고쳐 쓰면 식 (14)와 같다.

4) 각주 3)의 식 (5)를 참조할 것.

$$\frac{\partial P_0}{P_0} = - \frac{D}{1+r} \partial r \quad (14)$$

식 (14)에서 $\frac{D}{(1+r)}$를 수정듀레이션(modified duration : *MD*)이라고 한다. 따라서 만기수익률이 변화할 때 추정되는 채권가격의 변화액은 식 (15)와 같이 나타낼 수 있다.

$$\partial P_0 = - P_0 \times MD \times \partial r \quad (15)$$

식 (15)에서 보여주는 것처럼 만기수익률의 변화에 따른 채권가격의 변화액이 듀레이션에 따라 결정되고 있음을 알 수 있다. 따라서 듀레이션을 이용하여 만기수익률이 변화할 때 채권가격이 어느 정도 변동할 것인지를 추정할 수 있다. 그러나 만기수익률이 작은 율로 변화하는 경우에만 의미가 있다는 점을 유의해야 한다. 듀레이션은 만기수익률과 채권가격 사이에 선형관계가 존재한다는 가정에 논리적인 근거를 두고 있기 때문이다.

③ 듀레이션의 응용

식 (13)에서 채권의 가격 P 대신에 자산(A), 또는 부채(L)을 대입하여 보자.

1) 자산듀레이션

채권의 가격 P 대신에 자산 A를 대입하고 이때의 듀레이션을 자산듀레이션이라고 하면 식 (16)이 성립한다.

$$\partial A = - \frac{\partial r}{1 + r} D_A A \quad (16)$$

D_A : 자산듀레이션

식 (16)을 이용하면 이자율이 한 단위 상승(하락)할 때 자산이 얼마나 감소(증가)하는지 계산할 수 있다.

2) 부채듀레이션

채권의 가격 P 대신에 자산 L을 대입하고 이때의 듀레이션을 부채듀레이션이라고 하면 식 (17)이 성립한다.

$$\Delta L = -\frac{1}{1+r} D_L L \, \Delta r \tag{17}$$

D_L : 부채듀레이션

식 (17)을 이용하면 이자율이 한 단위 상승(하락)할 때 부채가 얼마나 감소(증가)하는지 계산할 수 있다.

이자율이 변동하면 자산의 크기가 변동하며 부채의 크기도 변동한다. 만약 그 크기가 동일하다면 이자율 위험을 헤지할 수 있다. 듀레이션 분석으로 헤지를 하여야 할 필요성을 다음과 같은 사례를 통하여 살펴보자.

(사례 1) 금융기관과 듀레이션

은행은 자산 중에서 고정자산이 차지하는 비중이 매우 작고(1% 수준), 부채에 비해서 자기자본이 상당히 작다는 특징이 있다. 따라서 자산부채관리가 매우 중요하다. 그런데 은행의 주업무는 단기로 자금을 조달하여 장기로 대출하는 것이다. 이러한 경우 자산의 듀레이션은 길고, 부채의 듀레이션은 짧게 된다. 따라서 금리 인하기에는 자산의 증가폭이 부채의 증가폭보다 커져서 경영상 유리한 여건이 조성된다. 반대로 금리 인상기에는 자산의 감소폭이 부채의 감소폭보다 커져서 경영상 불리한 여건이 조성된다. 그러므로 이자율 인상 시기에 은행의 수익기반은 악화된다. 이렇게 되면 은행은 자기자본을 확충하거나 대출을 줄이거나 심사를 강화하는 방향으로 나아가야 한다. 2008년 국제 금융위기 시에 세계 금융당국들은 공격적으로 금리를 인하하였다. 이러한 정책은 은행의 수익기반을 강화시켜 주었다. 그 결과 금융위기 시에 은행은 여러 위기에서 탈피할 수 있었다.

이와 대조적으로 생명보험회사는 종신보험 등 장기 고정부채가 많은 반면, 자산은 주로 단기채권으로 구성되어 있는 경우가 많다. 이러한 경우 부채의 듀레이션은 길고, 자산의 듀레이션은 짧게 된다. 따라서 금리 인하기에는 부채의 증가폭이 자산의 증가폭보다 커져서 경영상 불리한 여건이 조성된다. 그러므로 생명보험회사는 듀레이션 조정을 통하여 적극적으로 자산과 부채를 관리하여야 한다. 반대로 금리 인상기에는 부채의 감소폭이 자산의 감소폭보다 커져서 경영상 유리한 여건이 조성된다. 예를 들어 국제금융위기 시에 하락하였던 이자율이 정상화되는 국면에 진입된다면 생명보험사에게는 유리한 환경이 조성된다.

(사례 2) 미국의 저축대부조합(S&L : Saving and Loan Association) 파산

미국의 저축대부조합은 단기예금으로 장기 저리의 주택담보대출에 사용하였다. 이 경우 시장 금리가 하락하면 큰 이익을 보지만 시장금리가 상승하면 큰 손실을 보게 된다. 1980년대초 시장금리가 급격히 상승하자, 자산부채만기구조의 불일치로 저축대부조합은 큰 위기에 봉착하였다.

(사례 3) 우리나라 외환위기

1990년대 중반에 우리나라는 세계화정책으로 금융기관의 해외진출을 적극 추진하였다. 그 과정에서 금융기관은 달러를 단기자금으로 조달하여 장기대출을 실시하였다. 단기금리가 작으므로 장기대출을 하면 바로 수익이 창출된다. 그러나 아시아 외환위기에 봉착하게 되자 이는 매우 값비싼 영업전략이 되고 말았다. 이 전략이 가능하려면 단기로 조달한 자금이 만기가 되었을 때 계속 연장 또는 새로 차입할 수 있어야 한다. 그러나 외환위기국면에서 한국의 금융기관은 자금의 연장 또는 신규차입이 불가능하였다. 더욱이 아시아 국가에 대출했던 장기자금은 부실화하여 더욱 큰 위기를 맞이하였다

④ 볼록성 효과

만기수익률과 채권가격 사이에는 선형관계가 유지되지 않으며, 볼록성의 관계가 유지되고 있다. 그 이유에 대해서는 채권의 가격결정정리에서 이미 설명하였다. 따라서 만기수익률이 큰 폭으로 변동하는 경우에는 듀레이션을 이용하여 채권가격을 추정할 때 상당한 오차를 감수해야 한다.

[그림 8-8]에서 만기수익률의 변화와 채권가격의 변화관계를 보여주고 있다. [그림 8-8]에서 곡선은 만기수익률의 변화에 따른 실제의 채권가격을 의미하는 반면, 직선은 만기수익률이 변화할 때 듀레이션을 이용하여 추정한 채권가격을 나타낸 것이다.

[그림 8-8]에서 보여주는 것처럼 만기수익률이 작은 크기로 변동하는 경우에는 듀레이션을 이용하여 추정한 채권가격과 실제가격 사이에 큰 차이가 없지만, 만기수익률이 크게 변동하는 경우에는 추정가격과 실제가격 사이에 상당한 차이가 존재함을 알 수 있다. 이와 같은 차이를 보이는 이유는 볼록성 효과가 존재하기 때문이다. 볼록성 효과는 만기수익률의 변화에 따른 채권의 실제가격과 듀레이션에 의한 추정가격 사이의 차이로 나타나게 된다. 이와 같은 볼록성 효과는 액면이자율이 낮을수록, 만

기가 길수록 크게 나타나며, 만기가 짧고 액면이자율이 높을수록 작아지는 특성이 있다.

[그림 8-8]에서 보여주고 있는 만기수익률과 채권가격 사이에 존재하는 곡선에서 보면 듀레이션은 곡선 상의 한 점에서 기울기를 의미하며, 볼록성은 듀레이션의 변화율을 의미한다. 따라서 테일러 확장식(Taylor's expansion)을 이용하여 만기수익률의 변화에 따른 채권가격의 변화율을 나타내면 식 (18)과 같다.

그림 8-8 만기수익률의 변화에 따른 실제가격과 추정가격의 변화

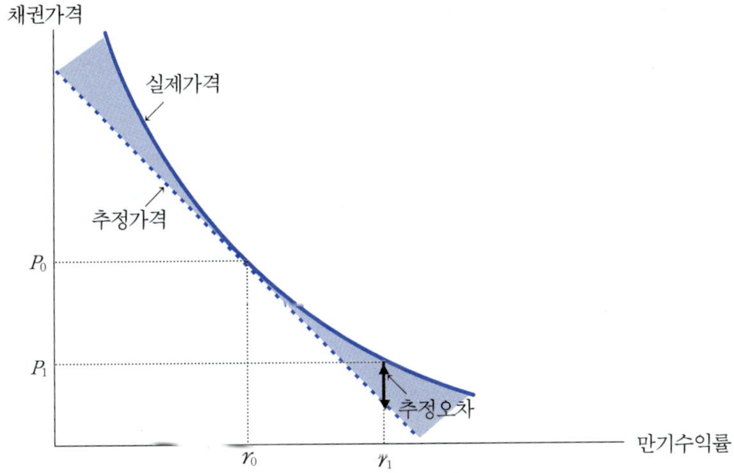

$$\frac{\partial P_0}{P_0} = -\frac{\frac{\partial P_0}{\partial r}}{P_0}\partial r + \frac{1}{2}\frac{\frac{\partial^2 P_0}{\partial r^2}}{P_0}(\partial r)^2 \tag{18}$$

식 (18)에서 첫 번째 항은 듀레이션 효과에 의한 가격변화율을 그리고 두 번째 항은 볼록성 효과에 의한 가격변화율을 의미한다. 식 (18)에서 수정듀레이션과 볼록성은 각각 식 (19) 및 식 (20)과 같다.

$$\text{수정듀레이션}(MD):\ \frac{\frac{\partial P_0}{\partial r}}{P_0} = -\frac{D}{(1+r)} \tag{19}$$

$$\text{볼록성}(CV):\ \frac{\partial^2 P_0}{\partial r^2} = \frac{1}{P_0 \times (1+r)^2}\left[\sum_{t=1}^{n} \frac{CF_t}{P_0}(t^2+t)\right] \tag{20}$$

따라서 식 (18)을 식 (21)와 같이 나타낼 수 있다.

$$\frac{\partial P_0}{P_0} = -MD \times \partial r + \frac{1}{2} \times CV \times (\partial r)^2 \tag{21}$$

식 (21)에서 볼 수 있는 것처럼 채권가격의 변화율은 듀레이션 효과에 의한 가격변화율과 볼록성 효과에 의한 가격변화율로 구분됨을 알 수 있다. 만기수익률이 변화함에 따라 채권가격이 변화하는 듀레이션 효과와 블록성 효과에 대하여 살펴보기로 하자.

예제 9

- 액면이자율은 12%이고, 액면가는 1,000원이며, 만기까지의 기간은 3년이고, 만기수익률이 9%라고 한다.
- 만기수익률이 9%에서 8%로 하락하는 경우 듀레이션 효과와 볼록성 효과에 의한 가격변화를 계산하시오.

만기수익률이 9%에서 8%로 하락하는 경우 채권가격은 실제로 1,075.95원에서 1,103.08원으로 27.135원이 상승하게 된다.

먼저 듀레이션 효과에 대하여 살펴보기로 하자. 듀레이션과 수정듀레이션을 계산하면 각각 2.7015년과 2.478년이다. 이 경우 듀레이션 효과에 의한 가격상승액을 계산하면 다음과 같다.

$$\begin{aligned}\text{듀레이션 효과에 의한 가격상승액} &= -P_0 \times MD \times \partial r \\ &= -1{,}075.95\text{원} \times 2.478 \times (-0.01) \\ &= 26.66\text{원}\end{aligned}$$

따라서 만기수익률이 9%에서 8%로 하락하는 경우 듀레이션 효과에 따라 채권가격이 26.66원 만큼 상승하는 것으로 추정할 수 있다.

다음으로 볼록성 효과에 의한 가격상승액을 계산하면 다음과 같다. 볼록성을 측정하기 위하여 식 (18)에서 [ ]의 값을 계산해야 한다. 〈표 8.4〉에서 그 결과를 보여주고 있다.

식 (18)을 이용하여 볼록성을 계산하면 다음과 같다.

$$\text{볼록성} = \frac{1}{(1+0.09)^2} \times \frac{11,204.50}{1,075.95} = 8.765$$

〈표 8.4〉 볼록성의 계산을 위한 [ ]의 계산과정

(1) t	(2) CF_t	(3) $PVIF_{t,9\%}$	(4) $PV(CF_t)$	(5) t^2+t	(6) (4)×(5)
1	120원	0.9174	110.09원	2	220.18원
2	120	0.8417	101.00	6	606.00
3	120	0.7722	92.66	12	1.111.92
3	1,000	0.7722	772.20	12	9,266.40
			1,075.95		11,204.50

따라서 볼록성 효과에 의한 가격상승액을 계산하면 다음과 같다.

$$\begin{aligned}\text{볼록성 효과에 의한 가격상승액} &= \frac{1}{2} \times P_0 \times CV \times (\partial r)^2 \\ &= \frac{1}{2} \times 1,075.95 \times 8.765 \times (0.01)^2 \\ &= 0.47\text{원}\end{aligned}$$

이상에서 살펴본 바와 같이 만기수익률이 9%에서 8%로 하락하는 경우 채권가격은 실제로 1,075.95원에서 1,103.08원으로 27.13원이 상승하는데, 이와 같은 채권가격의 상승액은 듀레이션 효과에 의한 상승액 26.66원과 볼록성 효과에 의한 가격상승액 0.47원으로 구성됨을 알 수 있다.

Ⅳ. 채권의 등급평가

1 채권의 위험등급

Standard & Poor사와 Moody's사 등과 같은 신용평가기관에서 채권발행기관의 지급불능위험의 정도에 따라 채권의 등급을 매겨 공시하고 있다. 이와 같은 채권등급은 발행회사의 지급불능위험을 나타내는 지표로 이용되고 있다. 우리나라에서도 한국신용평가(주), 한국기업평가(주)와 한국신용정보(주) 등에서 *CP*, 일반사채, 신주인수권부사채 및 전환사채 등을 발행하는 회사를 대상으로 등급을 산정하고 있다.

채권등급은 투자적격등급(investment grade bonds)과 투자부적격등급(speculative grade bonds)으로 구분된다. S&P사에서는 BBB-등급 이상을 투자적격등급으로 분류하고 있으며, Moody's사에서는 Baa-등급 이상을 투자적격등급으로 분류하고 있다. 한편 투자부적격등급으로 분류되는 채권을 흔히 불량채권(junk bond)이라고 부른다.

투자적격등급에 속하는 채권은 지급불능위험이 거의 없기 때문에 만기수익률이 상대적으로 낮은 수준에서 형성되는 한편 투자부적격등급에 속하는 채권은 지급불능위험이 크기 때문에 만기수익률이 높은 수준에서 형성되고 있다. 은행, 보험회사 및 연금기금 등 기관투자자들은 투자적격등급에 속하는 우량채권에만 투자하는 경향이 있다.

〈표 8.5〉와 〈표 8.6〉에서 S&P사와 Moody's사의 채권 및 *CP*에서 등급의 구분과 의미를 보여주고 있다. 채권등급은 상대적인 투자의 질에 대한 정보를 제공하기 위한 목적에서 설계된 투자정보시스템이다. 그러나 과거 및 현재의 실적과 더불어 가까운 미래의 잠재적인 최악의 가능성 등이 충분히 반영되어 채권등급이 결정되는가는 실증적인 문제이다. 미래의 잠재적인 최악의 가능성에 따라 채권의 질이 좌우되지만 채권등급이 이와 같은 모든 요인을 반영한다고 기대할 수는 없다. 일반적으로 평가기관에서는 발행기관의 원리금지급능력, 채권의 보호조항 및 채무우선순위 등을 주관적으로 진단하여 채권등급을 결정하기 때문이다.

채권등급의 결정에서 중요한 의미를 갖는 요인은 양적 재무요인이다. 채권등급과 기업성과의 관계를 분석한 실증적 연구결과에 의하면 기업성과와 채권등급 사이에 의미 있는 관계가 존재하는 것으로 알려지고 있다.[5] 즉 채권등급이 높을수록 주당순이익의 변동성과 레버리지가 낮았으며, 기업규모와 수익성이 높았다.

한편 채권등급의 정보가 채권가격에 충분히 반영되고 있는 것으로 알려지고 있다. 등급변화 전·후의 기간에서 사채가격의 변화행위를 분석한 웨인스테인(M. I. Weinstein, 1977)의 실증적 연구에 의하면 사채가격이 등급변화 전 18개월에서 7개월 사이에 이미 조정되는 것으로 나타났으며, 등급변화 전 6개월과 변화 후 6개월 사이에서는 의미 있는 사채가격의 변화를 관찰할 수 없었다.6) 이와 같은 실증적 결과는 공개된 이용 가능한 정보를 이용하여 채권등급의 변화를 예측할 수 없기 때문에 사채시장이 준-강형에서 효율적이라는 가설과 일치한다.

〈표 8.5〉 S&P사와 Moody's사의 채권등급과 의미

S&P	무디스	의미
AAA	Aaa	최상급 채권으로 원리금지급능력이 극히 좋음.
AA+ AA AA-	Aa1 Aa2 Aa3	상급 채권으로 원리금지급능력이 매우 좋음.
A+ A A-	A1 A2 A3	중상급 채권으로 원리금지급능력은 좋지만, 경제상황의 변화에 따라 문제가 발생할 가능성도 약간 있음.
BBB+ BBB BBB-	Baa1 Baa2 Baa3	중급 채권으로 원리금지급능력은 충분하지만, 경제상황의 변화에 따라 문제가 발생할 가능성이 다소 높음.
BB+ BB BB-	Ba1 Ba2 Ba3	저급 채권으로 원리금지급능력이 불확실하고, 약간의 투기적 요소가 있음.
B+ B B-	B1 B2 B3	투자에 적합하지 않은 채권으로 원리금지급능력 또는 계약조건의 유지가능성이 낮음.
CCC	Caa	채무불이행가능성이 높음.
CC	Ca	매우 투기적이고, 채무불이행가능성이 매우 높음.
C D	C	최하급 채권으로 극히 투기적이며, 채무불이행 상태에 있음.

5) 이와 관련된 실증적 연구로는 다음 논문을 참고할 것. T. M. Pogue and R. M. Soldofsky, "What's in a Bond Rating?", *The Journal of Financial and Quantitative Analysis,* Vol. 4, No. 2 (Jun.), 1969, pp. 201~228.; R. R. West, "An Alternate Approach to Predicting Corporate Bond Ratings", *Journal of Accounting Research,* Vol. 8, No. 1 (Spring), 1970, pp.118~125.; G. E. Pinches and K. A. Mingo, "A Multivariate Analysis of Industrial Bond Ratings", *The Journal of Finance*, Vol. 28, No, 1 (Mar.), 1973, pp.1~18.; R. S. Kaplan and G. Urwitz, "Statistical Models of Bond Ratings : A Methodological Inquiry", *The Journal of Business,* Vol. 52, No. 2 (Apr.), 1979, pp. 231~261.

6) M. I. Weinstein, "The Effects of a Rating Change Announcement on Bond Price", *Journal of Financial Economics,* Vol. 5, No. 3 (Dec.), 1977, pp. 329~350.

〈표 8.6〉 S&P사와 Moody's사의 CP등급과 의미

S&P	무디스	의 미
A1	Prime-1	최상위 등급으로 채무불이행위험이 거의 없음.
A2	Prime-2	상위 등급으로 경제상황에 따라 약간 영향을 받을 수 있음.
A3	Prime-3	중간 등급으로 경제상황에 따라 영향을 받기 쉬움.
D	Not Prime	하위 등급으로 투자부적격으로 분류되며, 채무불이행위험이 높음.

② 채권등급의 평가요소

채권등급은 평가기관에서 자체적으로 설정한 일정한 평가기준에 따라 기업의 모든 환경요인, 고유요인 및 계약내용 등을 고려하여 지급불능위험을 평가하여 그에 따라 등급을 결정하고 있다. 등급평가에서 고려되는 공통적인 요소를 살펴보면 다음과 같다.

첫째, 현금흐름의 창출능력과 지속성이다. 현금흐름의 창출능력과 그러한 능력을 계속 유지할 수 있는 정도가 높을수록 장기채무의 상환능력이 높다고 볼 수 있다. 현금창출능력을 결정하는 외적 환경요인으로 대체품의 출현가능성, 시장진입에 대한 장벽, 제품의 라이프사이클, 법률적 규제, 경기변동에 대한 탄력성 등이 있으며, 내적 환경요인으로 마케팅 능력, 시장점유율, 제품의 다양성, 신제품개발능력, 조직의 활동성, 경쟁력 등이 있다. 대부분의 평가기관에서는 그 밖에도 등급평가를 위하여 지급이자보상비율, 현금흐름보상률, 총자본영업이익률 등과 같은 재무비율을 이용하고 있다.

둘째, 재무적 건전도이다. 장기채무의 상환능력이 안정적으로 유지될 수 있는지를 평가하기 위하여 자본구조와 관련된 재무비율은 물론 현금흐름의 변동성 등을 이용하고 있다.

셋째, 산업의 성격과 기업규모이다. 지급불능가능성은 평가기업이 속해 있는 산업의 구조적 성격, 기업규모 등과 밀접한 상관관계를 갖고 있다. 예컨대 경기변동의 영향이 작은 동시에 수익성이 높은 산업에 속하는 기업일수록 지급불능가능성이 낮으며, 중소기업보다 대기업의 지급불능가능성이 상대적으로 낮다고 볼 수 있다. AAA 등급에 속하는 기업의 평균규모가 A등급에 속하는 기업의 평균규모에 비하여 두 배 이상 큰 것으로 나타나고 있으며, 이와 같은 규모의 차이는 BBB 등급 또는 CCC 등급으로 갈수록 점점 확대되고 있다.

넷째, 계약상의 보호조항이다. 채권의 이면에 명시된 보호조항에 따라 지급불능위험에 차이가 있다. 지급보증의 유무, 원리금 상환에 대한 담보내용, 채무의 변제순위, 감채기금조항, 담보설정방법 등에 따라 지급불능위험이 영향을 받기 때문이다.

Ⅴ. 채권수익률의 위험구조

1 지급불능위험프리미엄

채권은 보통주와 달리 일정한 만기를 갖기 때문에 만기수익률의 확률분포를 이용하여 기대수익률을 추정한 후 이를 위험조정할인율과 비교함으로써 저평가 또는 고평가의 여부를 판단할 수 있다. 한편 발행회사가 원리금의 지급시기를 지연시키거나 지급하지 못할 가능성이 높을수록 만기수익률이 기대수익률보다 높은 수준으로 상승한다. 이처럼 만기수익률이 기대수익률보다 높은 수준으로 상승하는 이유는 지급불능위험이 존재하기 때문이다.

식 (22)에서 보여주는 것처럼 채권의 만기수익률은 세 가지 요소로 구성되어 있다.

$$\text{만기수익률} = r_f + r_{sp} + r_{dp} \tag{22}$$

r_f : 무위험수익률

r_{sp} : 체계적 위험프리미엄

r_{dp} : 지급불능위험프리미엄

채권수익률은 무위험수익률 이외에 체계적 위험프리미엄과 지급불능위험프리미엄 등으로 구성되어 있음을 알 수 있다. 식 (22)에서 무위험수익률은 만기구조에 의해서 결정되며, 체계적 위험프리미엄은 경제성과의 변화에 따라, 그리고 지급불능위험프리미엄은 기업고유의 채무상환능력에 따라 영향을 받는다.

[그림 8-9]에서 채권수익률의 구조를 보여주고 있다. 만기수익률(12%)이 기대수익률(9%)보다 높은 수준에서 형성되고 있는 이유는 지급불능위험이 존재하기 때문이다. [그림 8-9]에서 보여주는 것처럼 만기수익률에서 무위험수익률을 차감한 차이를 수익률차이(spread)라고 한다.

그림 8-9 채권수익률의 위험구조

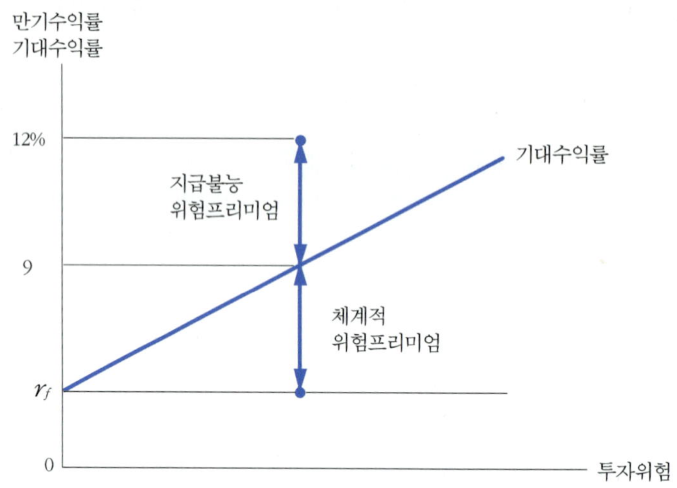

$$수익률차이 = 만기수익률 - 무위험수익률 \tag{23}$$

식 (23)에서 수익률차이는 위험프리미엄을 의미하며, 체계적 위험프리미엄과 지급불능위험프리미엄으로 구분된다. 체계적 위험프리미엄은 기대수익률에서 무위험수익률을 차감한 차이를 말한다.

$$체계적\ 위험프리미엄 = 기대수익률 - 무위험수익률 \tag{24}$$

한편 지급불능위험프리미엄(default risk premium)은 만기수익률에서 기대수익률을 차감한 차이를 말한다.

$$지급불능위험프리미엄 = 만기수익률 - 기대수익률 \tag{25}$$

지급불능위험이 클수록 채권가격이 하락하기 때문에 만기수익률이 기대수익률 이상으로 상승하게 된다. 따라서 지급불능위험이 높을수록 만기수익률에서 기대수익률을 차감한 차이가 확대된다는 것을 의미한다.

파이(Pye, 1974)는 지급불능위험이 반영된 이론적인 만기수익률을 추정할 수 있는 모형을 제시하였다.7) 이 모형에서는 첫째 만기까지의 기간에서 지급불능확률이 시간의 경과와 관계없이 일정하고, 둘째, 미래의 시점에서 파산할 때 발행회사가 직전년도의 채권가격에 $(1-\lambda)$값을 곱한 금액을 채권자에게 지급할 수 있다고 가정하고 있다.

파이의 견해에 의하면 식 (26)의 관계가 성립되는 수준에서 만기수익률이 형성될 때 시장균형이 유지된다고 하였다.

$$r(1-p_d) = E(r) + \lambda p_d \tag{26}$$

r : 이론적 만기수익률
p_d : 지급불능확률
$E(r)$: 기대만기수익률

식 (26)을 이론적인 만기수익률에 대하여 정리하면 식 (27)과 같다.

$$r = \frac{E(r) + \lambda p_d}{(1-p_d)} \tag{27}$$

식 (27)을 식 (25)에 대입하여 지급불능위험프리미엄(P_{dp})에 대한 식으로 정리하면 식 (28)과 같다.

$$p_{dp} = r - E(r) = \frac{E(r) + \lambda p_d}{(1-p_d)} - E(r) \tag{28}$$

따라서 식 (26)을 이용하여 지급불능위험프리미엄을 측정할 수 있다.

예제 10

- ○ 채권 A의 지급불능확률이 6%이고, 지급불능 시 발행회사가 직전년도 시장가격의 60%를 채권자에게 지급할 수 있으며, 기대수익률은 9%라고 한다.
- ○ 시장에서 형성되어야 하는 채권 A의 이론적인 만기수익률과 지급불능 위험프리미엄을 추정하시오.

7) 자세한 내용은 다음 내용을 참조할 것. G. Pye, "Gauging the Default Premuim", *Financial Analysts Journal,* Vol. 30, No. 1 (Jan-Feb.), 1974, pp. 49~52.

식 (27)를 이용하여 채권 A의 이론적인 만기수익률을 계산하면 다음과 같다.

$$r = \frac{0.09 + 0.4 \times 0.06}{1 - 0.06} = 12.13\%$$

한편 식 (28)을 이용하여 채권 A의 지급불능위험프리미엄을 계산하면 다음과 같다.

$$p_{dp} = \frac{0.09 + 0.4 \times 0.06}{1 - 0.06} - 0.09 = 3.13\%$$

힉크만(Hickman, 1953)은 1900년~1943년 동안 모든 채권을 Moody's사의 채권등급에 따라 분류하여 각 채권의 만기수익률을 계산하는 한편 발행 이후에 실제로 지급불능이 된 기업의 상대적 비율을 계산하였다.[8] 〈표 8.7〉에서 보여주는 것처럼 발행시점에서 계산된 만기수익률이 높을수록 발행일 이후에 실제로 지급불능이 된 상대적 비율이 높아지고 있음을 알 수 있다.

알트만-나마커(Altman - Nammacher, 1985)는 발행시점에서 투기등급과 투자등급으로 분류된 사채의 지급불능비율을 1970년~1984년까지의 기간에서 분석한 결과 지급불능비율이 투기등급에서 훨씬 더 높았음을 발견하였다.[9]

〈표 8.7〉 Hickman의 실증적 연구결과

채권등급	발행시점에서 계산한 만기수익률	만기일 이전에서 지급불능 비율	위험등급에 따라 계산한 만기수익률
Aaa	4.5%	5.9%	5.1%
Aa	4.6	6.0	5.0
A	4.09	13.4	5.0
Baa	5.4	19.1	5.7
Baa이하	9.5	42.4	8.6

자료 : W. B. Hickman, *Corporate Bond Quality and Investor Experience*, Prinston, N. J.: Prinston University Press, 1953, p.10.

8) 자세한 내용은 다음 내용을 참조할 것. W. B. Hickman, *Corporate Bond Quality and Investor Experience*, Prinston, N.J. : Prinston University Press, 1953.

9) E. I. Altman and S. A. Nammacher, "The Default Rate Experience on High-Yield Corporate Debt", *Financial Analysts Journal,* Vol. 41, No. 4 (Jul.-Aug.), 1985, pp. 25~41.

② 체계적 위험프리미엄

위험채권의 체계적 위험프리미엄은 기대수익률에서 위험채권과 동일한 만기와 액면이자율을 갖는 무위험채권의 만기수익률을 공제한 차이로 측정된다. 채권시장이 효율적 시장이라면 채권의 기대수익률은 체계적 위험만을 반영함으로써 결정되기 때문에 증권시장선(*SML*)을 이용하여 기대수익률을 추정할 수 있다.

[예제 10]에서 채권 A와 동일한 만기 및 액면이자율을 갖는 무위험채권의 만기수익률이 8%라면 채권 A의 체계적 위험프리미엄(P_{sp})은 다음과 같이 계산된다.

$$p_{sp} = E(r) - r_f = 9\% - 8\% = 1\%$$

$CAPM$의 관점에서 보면 체계적 위험프리미엄은 체계적 위험에 따라 결정된다. 경제환경의 변화에 따라 모든 기업의 지급불능위험이 함께 증가하거나 감소하는 경향이 있기 때문이다. 이처럼 경제성과의 변화에 따라 결정되는 지급불능위험프리미엄을 체계적 위험프리미엄이라고 한다. 예를 들어 경기침체기에 접어들수록 모든 기업의 수익력이 악화되기 때문에 체계적 위험이 증가하며, 호황기에 접어들수록 모든 기업의 수익력이 호전되기 때문에 체계적 위험은 감소한다.

③ 채권등급과 지급불능위험

지급불능위험이 클수록 채권의 만기수익률이 상승한다. 채권등급이 이와 같은 지급불능위험의 정도를 충분히 반영하여 결정되고 있다면 만기수익률은 채권등급이 낮을수록 높아질 것이고, 채권등급이 높을수록 낮아질 것이다.

[그림 8-10]에서 볼 수 있는 바와 같이 채권등급이 낮을수록 만기수익률이 높게 형성되고 있으며, 채권등급 사이에서 만기수익률의 차이가 시간의 경과에 따라 크게 변동하고 있다. 이러한 결과는 채권등급이 상대적인 지급불능위험의 정도를 나타내는 지표로 이용될 수 있다는 것을 의미한다.

채권등급이 지급불능위험의 절대적인 지표라면 채권등급은 지급불능가능성을 정확하게 반영함으로써 결정될 것이다. 따라서 경제환경이 악화될 때는 보다 낮은 등급으로 재분류될 것이고, 지급불능가능성이 같은 채권들이 동일한 채권등급으로 분류될

그림 8-10 채권등급별 수익률차이의 변화(만기: 30년)

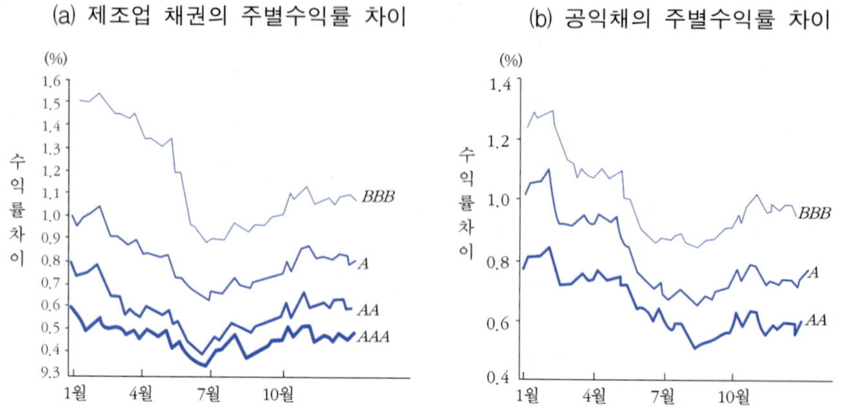

것이기 때문에 동일등급에 속하는 채권의 만기수익률 사이에 거의 차이가 없을 것이다. 그러나 [그림 8-10]에서 볼 수 있는 바와 같이 각 채권등급에서 만기수익률의 차이가 시간의 경과에 따라 변화하고 있다. 이러한 사실은 채권등급이 상대적인 지급불능위험을 반영하여 결정되고 있다는 증거이다.

④ 수익률차이의 결정모형

피셔(Fisher, 1959)는 지급불능위험과 시장성을 나타내는 네 가지 척도를 이용하여 채권의 수익률차이를 설명하는 모형을 제시하였다.[10] 채권의 수익률차이는 지급불능위험이 높을수록 확대되며, 시장성이 높을수록 좁아진다. 피셔의 모형은 식 (29)와 같다.

$$\log DR_i = 0.987 + 0.307\log EV_{i,t} - 0.235\log P_{i,t} - 0.537\log L_{i,t} - 0.275\log B_{i,t} \quad (29)$$

DR_i : 채권 i의 수익률차이

$EV_{i,t}$: 채권 i의 과거 9년간에서 순이익의 분산계수
(분산계수 = 표준편차/평균순이익)

$P_{i,t}$: 원리금이 정상적으로 지급된 기간

---

10) L. Fisher, "Determinants of Risk Premiums on Corporate Bonds", *Journal of Political Economy,* Vol. 67, No. 3 (Jun.), 1959, pp. 217~237.

$L_{i,t}$: 발행기업의 자기자본가치/부채액면가치

$B_{i,t}$: 채권 i의 시장성을 측정하는 척도로서 부채의 시장가치

식 (29)는 366개의 사채를 대상으로 4개의 변수를 독립변수로, 수익률차이를 종속변수로 한 회귀분석의 결과이다. 식 (29)에서 각 변수에 로그값을 취하였기 때문에 그 효과는 변화율을 사용한 효과와 일치한다. 예를 들어 분산계수가 1% 증가할 때 수익률 차이는 0.307% 증가하며, 원리금을 제대로 지급한 기간이 1% 증가할 때 수익률차이는 0.235% 감소한다는 것을 의미한다. 따라서 각 회귀계수는 독립변수의 값이 1% 변화할 때 수익률차이가 영향을 받는 정도를 나타내는 민감도계수이다.

5 지급불능가능성의 예측

지급불능가능성의 예측에서 다양한 재무비율이 이용되고 있다. 지급불능가능성의 예측방법은 단일변량분석법과 다변량분석법으로 구분된다.

1) 단일변량분석

단일변량분석(univariate analysis)은 하나의 변수를 이용하여 발행회사의 지급불능가능성을 예측하는 통계적인 방법을 말한다.

현금유입의 증가는 기업의 현금잔액을 증가시키며, 현금유출의 증가는 기업의 현금잔액을 감소시키기 때문에 현금흐름과 지급불능가능성 사이에 의미 있는 상관관계가 존재한다. 기업이 현금을 확보하지 못하면 원리금을 상환할 수 없다. 따라서 첫째, 기업의 현금잔액이 감소하거나, 둘째, 예상 순현금흐름이 감소하거나, 셋째, 순현금흐름의 변동성이 커질수록 지급불능가능성이 높아진다.

[그림 8-11]에서 비버(Beaver, 1968)의 연구결과를 보여주고 있다.[11] [그림 8-11(a)]를 보면 지급불능기업과 정상기업을 대상으로 측정한 총부채에 대한 순현금흐름의 평균비율이 시간의 경과에 따라 다르게 변화하고 있음을 알 수 있다. 총부채에 대한 순

11) 자세한 내용은 다음 논문을 참고할 것. W. H. Beaver, "Market Prices, Financial Ratios and the Prediction of Failure", *Journal of Accounting Research,* Vol. 6, No. 2 (Autumn), 1968, pp. 179~192.; J. M. Gahlon and R. L .Vigeland, "Early Warning Signs of Bankruptcy Using Cashflow Analysis", *Journal of Commercial Bank Lending,* Vol. 71, No. 4 (Dec.), 1988, pp. 4~15.

현금흐름의 평균비율이 지급불능 5년 전부터 매우 큰 차이를 보이고 있으며, 지급불능 시점에 가까워질수록 점점 확대되고 있다. 이는 지급불능가능성이 시간의 경과와 함께 변화한다는 것을 의미한다.

시장가치의 차이도 현저하였다. [그림 8-11(*b*)]에서 보여주는 것처럼, 지급불능 5년 전부터 정상기업의 시장가치는 지속적으로 상승하고 있는 반면, 지급불능기업의 시장가치는 크게 하락하고 있다. 이는 지급불능가능성이 증가하고 있다는 경고적인 신호가 보통주가격 및 사채가격의 하락으로 나타난다는 것을 의미한다.

그림 8-11 정상기업과 지급불능기업의 시장가치 및 재무비율의 변화

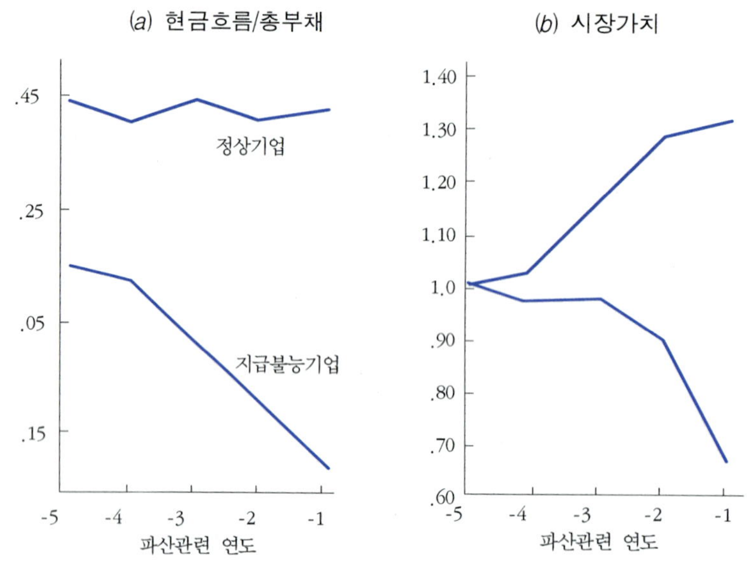

자료 : W. H. Beaver, "Market Prices, Financial Ratios and the Prediction of Failure", *Journal of Accounting Research 6*, Autumn, 1968, p.182.

2) 다변량분석

다변량분석(multivariate analysis)은 여러 재무비율을 이용하여 기업의 지급불능가능성을 예측하는 통계적인 방법을 말한다. 알트만(Altman, 1968)은 판별분석(discriminant analysis)을 이용한 실증적 연구에서 정상기업과 지급불능기업으로 분류

하는데 이용될 수 있는 식 (30)의 판별함수를 제시하였다.[12)]

$$Z = 1.2X_1 + 1.4X_2 + 3.3X_3 + 0.6X_4 + 0.99X_5 \tag{30}$$

X_1 : $\dfrac{\text{유동자산} - \text{유동부채}}{\text{총자산}}$

X_2 : $\dfrac{\text{유보이익}}{\text{총자산}}$

X_3 : $\dfrac{\text{이자 및 세금공제 전 순이익}}{\text{총자산}}$

X_4 : $\dfrac{\text{자기자본의 시장가치}}{\text{총부채의 장부가치}}$

X_5 : $\dfrac{\text{매출액}}{\text{총자산}}$

12) E. I. Altman, "Financial Ratios, Discriminant Analysis and the Prediction of Corporate Bankruptcy", *The Journal of Finance,* Vol. 23, No. 4 (Sep.), 1968, pp. 589~609.

연습문제

1. 다음 용어를 간략하게 설명하시오.

1) 투자적격등급	2) 수의상환조항	3) 지급불능위험프리미엄
4) 시장성	5) 듀레이션	6) 채권등급
7) 이자율탄력성	8) 채권등급	9) 재투자수익률위험
10) 이자율위험	11) 수익률차이	12) 채권의 볼록성
13) 약속만기수익률	14) 기대만기수익률	15) 불량채권(Junk Bond)

2. 듀레이션 효과와 볼록성 효과를 비교 설명하시오.

3. 채권수익률의 위험구조에 대하여 설명하시오.

4. 듀레이션과 이자율탄력성의 관계를 설명하시오.

5. 듀레이션의 결정요인에 대하여 설명하시오.

6. 채권의 가치평가방법으로서 현가법과 수익률법을 비교 설명하시오.

7. 채권의 가격결정정리에 대하여 설명하시오.

8. 만기가 4년이고, 액면가가 10,000원이며, 액면이자율이 8%인 재정증권이 시장에서 8,000원에 거래되고 있다. 재정증권의 만기수익률은 얼마인가?

9. 액면가가 1,000원이고, 만기가 5년인 할인채가 10%의 만기수익률에서 거래되고 있다.
   1) 할인채의 가격은 얼마인가?
   2) 만기수익률이 9%로 하락하는 경우 채권가격이 얼마까지 상승하는가?

10. 채권 Y가 시장에서 1,019원에 거래되고 있다. 채권 Y의 만기는 3년이고, 액면이자율과 요구수익률은 각각 6%이며, 이자는 매년 말에 지급된다고 한다. 수익률법을 이용하여 채권 Y가 시장에서 어느 정도 고평가 또는 저평가되고 있는 지를 평가하시오.

11. 채권 S의 만기는 3년이고, 액면이자율은 6%이며, 이자는 매년 말에 지급되며, 시장에서 924원에 거래되고 있다. 채권 S의 요구수익률은 6%라고 한다. 채권 S가 시장에서 어느 정도 저평가 또는 고평가되고 있는지를 현가법을 이용하여 평가하라.

12. 만기가 각각 3년과 5년인 순수할인채가 시장에서 10%의 수익률에서 거래되고 있다. 두 채권의 이자율탄력성을 계산하고, 그 의미를 설명하시오.
만기를 제외하고 두 채권 사이에 다른 조건이 모두 동일한 경우, 이자율 하락이 예상된다면 어느 채권에 투자하는 것이 보다 유리한가.

13. 만기는 3년이고, 액면이자율이 10%이며, 매년 말에 이자가 지급되고, 액면가가 1,000원인 채권 D가 9%의 수익률에서 거래되고 있다. 만기수익률이 10%로 상승하는 경우 듀레이션 효과와 볼록성효과를 측정하시오.

14. 채권 X의 지급불능확률은 10%이고, 발행회사가 지급불능 시에 직전년도 시장가격의 60%를 채권소유자들에게 지급할 수 있으며, 기대만기수익률이 8.5%라고 한다. 지급불능위험프리미엄을 계산하시오.

15. 채권 A, B와 C의 자료는 다음과 같다.

채권	액면가	만기	액면이자율	시장가격
A	10,000원	5년	7%	9,223원
B	10,000	10	10	12,104
C	10,000	10	4	7,887

1) 각 채권의 만기수익률을 계산하시오.
2) 만기수익률이 하락하는 경우 채권 A와 C중 어느 채권의 가격이 가장 많이 상승하는가? 그 이유를 설명하시오.
3) 만기수익률이 하락하는 경우 채권 B와 C중 어느 채권이 더 많이 상승하는가? 그 이유를 설명하시오.

16. 매년 1원씩 만기가 없이 영원히 지급하는 채권이 있다고 하자. 이러한 채권을 영구채(perpetual bond)라고 한다. 시장이자율이 r이라고 하자.

1) 이 영구채의 현재가격은 얼마인가?
2) 이 영구채의 듀레이션은 얼마인가? ($\frac{\partial P_0}{\partial r} = -\frac{P_0}{1+r}D$의 관계를 이용하라)
3) 현재 시장이자율이 5%이라면 이 영구채의 가격은 얼마인가?
4) 이때 영구채의 듀레이션은 얼마인가?

17. 다음 자료를 이용하여 아래의 질문에 답하시오.

1) 각 채권의 듀레이션을 구하시오.
2) 만기수익률이 하락한다는 가정에서 투자의 우선순위를 정하고, 그 이론적 근거를 제시하시오.

채권	만기	액면이자율	만기수익률
1	30년	10%	10%
2	30	-	10
3	30	10	7
4	5	10	10

기출문제

1. 〈보기〉는 이표채(coupon bond)의 채권가격과 만기수익률에 대한 설명이다. 〈보기〉에서 옳은 것을 모두 고르면? (2011 입법 8급 경제학)

> ㄱ. 채권가격이 액면가와 같은 경우 만기수익률(yield to maturity)은 표면수익률(coupon rate)과 같다.
> ㄴ. 채권가격과 만기수익률은 서로 음(-)의 관계를 갖는다.
> ㄷ. 채권가격이 액면가 이하일 때는 만기수익률이 표면이자율보다 작아진다.

주) 이표채란 액면가로 채권을 발행하고 이자를 일정기간 마다 지불하며 만기에 원금을 상환하는 가장 보편적인 채권을 말한다.

① ㄱ,ㄴ,ㄷ ② ㄱ,ㄴ, ③ ㄱ,ㄷ ④ ㄴ,ㄷ ⑤ ㄴ

2. 수지는 액면금액(face value)이 100만원인 2년 만기 채권을 보유하고 있다. 이표이자율(coupon rate)은 4.5%이고 보유기간이 1년이 경과하여 4만5천원의 이자를 지급받았으며 만기까지 남은 기간이 1년이라고 한다. 채권시장의 불완정성은 존재하지 않고 시장의 이자율이 연 10%일 때, 수지가 보유하고 있는 채권의 가격은 얼마인가? (입법 8급 경제학)

① 90만원 ② 95만원 ③ 100만원 ④ 105만원 ⑤ 100만원

3. 이자율과 채권가격에 관한 설명으로 가장 적절하지 않은 것은? (2014 CPA)

① 이자율이 상승하면 채권가격은 하락한다.
② 만기가 길어질수록 동일한 이자율변동에 대한 채권가격 변동폭이 커진다.
③ 만기가 길어질수록 동일한 이자율변동에 대한 채권가격 변동폭은 체감적으로 증가한다.
④ 이자율 상승시 채권가격 하락보다 동일 이자율 하락시 채권가격 상승이 더 크다.
⑤ 액면이자율이 높을수록 동일한 이자율 변동에 대한 채권가격 변동률이 더 크다.

4. 옵션적 특성이 없는 채권(일반사채)과 관련된 다음의 설명 중 가장 올바른 것은?
(2005 CPA)

① 만기에 가까워질수록 할증채와 할인채 모두 할증폭과 할인폭이 작아지며, 가격변화율도 작아진다.

② 만기에 가까워질수록 액면채는 이자수익률이 커지며 자본이득률이 작아진다.

③ 시장분할가설은 만기에 따라 분할된 하위시장 자체 내에서 기대이자율과 유동성프리미엄에 의해 이자율이 결정된다는 가설이다.

④ 순수할인채나 이자부채권이 영구채에 비해 이자율변동위험이 더 크게 노출된다.

⑤ 순수할인채의 재투자위험은 없으며 현재수익률(current yield)이 0이다.

5. 만기가 5년인 채권 A의 액면이자율(coupon rate), 경상수익률(current yield)과 만기수익률(yield to maturity)이 각각 10%, 9.09%, 그리고 7.56%이다. 다음 중 가장 적절하지 않은 것은? 단, 이 채권은 채무불이행위험이 없고, 옵션적 특성이 없는 채권(일반채권)으로 가정하며, $경상수익률 = \frac{연간\ 액면이자}{채권가격}$이다. (2015 CPA)

① 채권 A의 액면가는 10,000원이다. 이 채권이 반년마다 액면이자를 지급한다면, 6개월마다 지급하는 액면이자는 500원이다.

② 채권 A의 액면이자율과 경상수익률이 동일하다면, 이 채권의 가격은 액면가와 동일하다.

③ 다른 조건이 변하지 않는다면, 시간이 경과하여도 채권 A의 가격은 변하지 않을 것이다.

④ 다른 조건이 변하지 않는다면, 채권 A의 만기수익률이 상승하면 듀레이션은 작아진다.

⑤ 투자자가 만기수익률을 실현하기 위해서는 채권 A를 만기까지 보유하여야 하고, 지급받은 모든 액면이자를 만기수익률로 재투자하여야 한다.

6. 이표이자를 1년마다 한 번씩 지급하는 채권이 있다. 이 채권의 만기수익률은 연 10%이며, 이 채권의 듀레이션을 구한 결과 4.5년으로 나타났다. 이 채권의 만기수익률이 0.1% 포인트 상승한다면, 채권가격 변화율은 근사치로 얼마이겠는가? 단, 채권가격의 비례적인 변화율과 만기수익률의 변화와의 관계식을 이용해야 한다.
(2007 CPA)

① -0.4286% ② -0.4091% ③ -0.2953% ④ -0.2143% ⑤ -0.2045%

7. 채권A, 채권B, 채권C에 대한 정보가 다음의 표와 같다. 시장이자율의 변동이 각 채권의 만기수익률에 동일한 크기의 영향을 미친다고 가정할 때 채권A, 채권B, 채권C에 대한 설명으로 가장 적절하지 않은 것은? (2011 CPA)

분류	채권A	채권B	채권C
채권 유형	무이표채	이표채	이표채
액면금액	1억원	1억원	1억원
액면이자율	-	연 5%	연 10%
잔존만기	5년	5년	5년
액면이자 지급시기	-	매년 12월 31일	매년 12월 31일
만기수익률	연 8%	연 8%	연 8%

① 현재시점에서 채권A의 가격이 가장 낮다.
② 시장이자율이 변동하면 채권A의 가격변동률이 가장 크다.
③ 채권A의 듀레이션(duration)은 5년이다.
④ 채권B와 채권C의 듀레이션은 5년 보다 작다.
⑤ 현재시점에서 채권B의 듀레이션 및 가격은 채권C의 듀레이션 및 가격보다 작다.

8. 채권가치평가와 채권포트폴리오 관리에 관련된 다음 설명 중 가장 적절하지 않은 것은? (2008 CPA)

① 다른 조건은 동일하고 만기만 다른 채권 A(1년), B(3년), C(5년)가 있다. 시장이자율이 상승할 때, 채권 A와 채권 B의 가격하락폭의 차이는 채권 B와 채권 C의 가격하락폭의 차이보다 작다.
② 다른 조건이 일정할 경우 시장이자율이 하락하면 채권의 듀레이션은 길어진다.
③ 시장이자율이 하락할 때 채권가격이 상승하는 정도는 시장이자율이 같은 크기만큼 상승할 때 채권가격이 하락하는 정도보다 더 크다.
④ 채권포트폴리오의 이자율위험을 면역화하기 위해서는 시간이 경과함에 따라 채권포트폴리오를 지속적으로 재조정해야 한다.
⑤ 채권포트폴리오의 이자율위험을 면역화하기 위해서는 시장이자율이 변동할 때마다 채권포트폴리오를 재조정해야 한다.

9. 다음 여러 가지 채권의 볼록성(convexity)에 대한 설명 중 가장 옳지 않은 것은? (2005 CPA)

① 일반사채(straight bond)의 경우 볼록성이 심할수록 이자율 상승시 채권가격이

적게 하락하고, 이자율 하락시 채권가격이 많이 상승한다.

② 이자율이 상승하거나 하락하거나 일반사채의 볼록성은 항상 양(+)의 값을 가진다.

③ 이자율이 상승하면 일반사채에 비하여 상환청구권부사채(puttable bond)의 볼록성이 약하다.

④ 이자율이 하락하면 수의상환사채(callable bond)의 볼록성은 음(-)의 값을 가진다.

⑤ 이자율이 상승하면 수의상환사채의 볼록성은 일반사채와 같게 된다.

10. 채권에 대한 다음 설명 중 가장 옳지 않은 것은? 단, 다른 조건은 일정하다. (2009 CPA)

① 일반채권의 경우 볼록성(convexity)이 심한 채권의 가격이 볼록성이 약한 채권의 가격보다 항상 비싸다.

② 일반채권의 볼록성은 투자자에게 불리하다.

③ 이자율이 하락하면 수의상환채권(callable bond)의 발행자에게는 유리할 수 있고 투자자에게는 불리할 수 있다.

④ 이자율이 상승하면 상환청구권부채권(puttable bond)의 투자자에게는 유리할 수 있고 발행자에게는 불리할 수 있다.

⑤ 우상향 수익률곡선의 기울기가 심하게(steeper) 변한다면, 단기채를 매입하고 장기채를 공매하는 투자전략이 그 반대전략보다 투자자에게 유리하다. (단, 기울기는 항상 양의 값을 가진다.)

11. 자산의 시장가치가 1,000억원이고 듀레이션이 4년이며, 부채의 시장가치가 700억원이고 듀레이션이 5년인 가상은행이 있다고 하자. 이 은행은 어떤 금리위험에 노출되어 있으며, 이를 줄이기 위해 어떤 조치를 취할 수 있는가? (단, 아래 각 항의 조치는 나머지 변수들에는 영향을 미치지 않는다고 가정) (2001 CPA)

① 금리상승위험을 줄이기 위해 부채의 시장가치를 줄인다.

② 금리하락위험을 줄이기 위해 부채의 듀레이션을 늘린다.

③ 금리상승위험을 줄이기 위해 자산의 시장가치를 줄인다.

④ 금리하락위험을 줄이기 위해 자산의 듀레이션을 늘린다.

⑤ 금리하락위험을 줄이기 위해 자산과 부채의 듀레이션을 일치시킨다.

12. 총자산이 100조원이고 자기자본비율이 8%인 금융기관이 있다고 하자. 자산과 부채의 듀레이션(duration)은 각각 6년과 4년이다. 이 금융기관의 경영자는 조만

간 이자율이 현재 8%에서 9%로 상승한다고 예측하고 대응전략을 강구하고 있다. 만일 이 예측이 사실이라면 주주의 입장에서 얼마만큼의 손실 혹은 이익이 발생하는가? (채권으로 인한 볼록성(convexity)은 무시하고 가장 근사치를 고를 것) (2002 CPA)

① 2.148조원 손실 ② 2.008조원 이익 ③ 1.525조원 손실
④ 1.525조원 이익 ⑤ 1.945조원 이익

13. 신용등급이 낮은 어떤 국내 기업이 1년 후 105만 원을 상환하는 회사채를 오늘 발행하였다. 현재 1년 만기 국채의 이자율이 연 5%라고 할 때, 이 회사채의 현재 가격은? (2016 9급 경제학)

① 100만 원 미만 ② 100만 원
③ 100만 원 초과 105만 원 이하 ④ 105만 원 초과

제 3 편

보통주 분석

제9장 보통주의 가치평가

증권분석은 증권의 수익특성이나 위험특성을 분석하는 것을 말한다. 그러나 효율적 시장에서는 주로 증권의 위험특성을 분석하는데 초점이 두어진다. 효율적 시장에서는 모든 증권의 시장가격이 내재가치와 일치하는 수준에서 형성되기 때문에 투자수익을 극대화하는 투자전략이 의미가 없기 때문이다.

한편 비효율적 시장에서는 증권에 따라 내재가치보다 높거나 낮은 수준에서 시장가격이 형성될 수 있기 때문에 투자의 목표를 투자수익을 극대화하는데 두고 자금을 운용한다. 따라서 비효율적 시장에서 이루어지는 증권분석에서는 고평가 또는 저평가되고 있는 증권을 탐색하는데 초점이 두어진다.

비효율적 시장에서 수행되는 증권분석은 기본적 분석과 기술적 분석으로 구분된다. 이 장에서는 기본적 분석에 대하여 설명하기로 한다.

Ⅰ. 보통주의 가치평가방법

보통주의 가치를 평가하는 일은 중요하지만 결코 쉬운 과제는 아니다. [그림 9-1]에서 보통주의 가치를 평가하는데 이용되고 있는 평가방법을 보여주고 있다.

그림 9-1 보통주의 가치평가방법

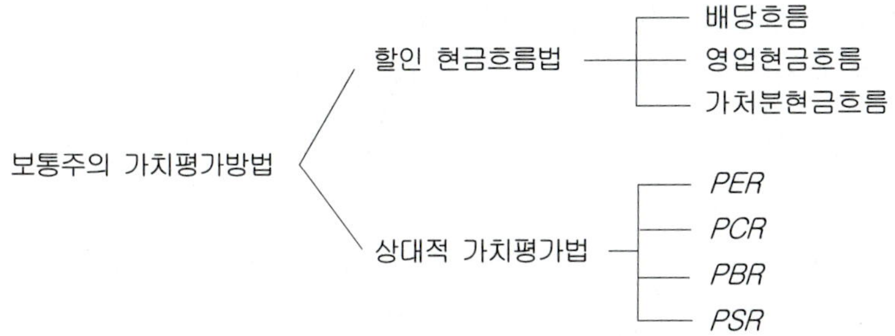

[그림 9-1]에서 보여주는 것처럼 보통주의 가치를 평가하는데 이용되는 방법은 할인 현금흐름법(Discounted Cash-flow Valuation Techniques)과 상대적 가치평가법(Relative Valuation Techniques)으로 분류된다.

할인 현금흐름법에서는 주당배당금, 주당영업현금흐름 또는 주당가처분현금흐름 등과 같은 미래의 현금흐름을 자본비용으로 할인한 현재가치에 기초하여 보통주의 가치를 평가한다. 한편 상대적 가치평가법에서는 주가에 영향을 미치는 재무변수로서 주당순이익, 주당현금흐름, 주당장부가치 또는 주당매출액 등과 같은 재무변수의 값을 현재의 시장가격으로 나눈 상대적 가치평가비율에 기초하여 보통주의 가치를 평가한다.

이들 두 가지의 방법은 다음과 같은 공통점이 있다. 첫째, 모든 평가방법이 보통주에 대한 투자자의 요구수익률에 따라 영향을 받는다는 점이다. 투자자의 요구수익률이 할인율로 이용되거나 또는 할인율의 중요한 구성요소로 작용하기 때문이다. 둘째, 모든 평가방법은 가치평가모형에서 이용되는 재무변수로서 주당배당금, 주당순이익, 주당현금흐름 또는 주당매출액 등의 성장률 패턴에 대한 추정에 따라 영향을 받는다는 점이다. 결과적으로 분석가에 따라 주요 재무변수에 대한 추정결과가 다를 수 있기 때문에 똑같은 평가방법을 이용하더라도 분석가에 따라 평가결과가 다를 수 있다는 사실을 유의해야 한다.

1 할인 현금흐름법

할인 현금흐름법에서는 보통주의 가치를 '미래에 기대되는 현금흐름의 현재가치'로 정의하고 있기 때문에 이론적인 의미가 명확한 가치평가모형이라고 할 수 있다. 다만 할인 현금흐름법에서는 현금흐름을 구체적으로 어떻게 정의하느냐에 따라 여러 가지 형태의 가치평가모형으로 구분할 수 있다.

첫째, 미래의 주당배당금을 현금흐름으로 사용할 수 있다. 보통주의 가치평가에서 가장 분명하고 직접적인 현금흐름의 척도는 주당배당금이다. 보통주에 투자하는 경우 기업에서 지급하는 배당금이 곧 투자자가 받는 현금흐름이기 때문이다. 따라서 미래의 배당흐름을 자기자본비용으로 할인하여 보통주의 내재가치를 추정할 수 있다.

둘째, 영업현금흐름을 현금흐름으로 사용할 수 있다. 영업현금흐름은 채권자와 주주 등 자본공급자에게 이자와 배당으로 배분되는 재원으로 이용된다. 따라서 영업현금흐름법에 의하면 미래의 영업현금흐름을 가중평균자본비용으로 할인한 기업가치에서 부채가치를 공제하여 보통주의 내재가치를 추정할 수 있다. 영업현금흐름법은 다양한 자본구조를 가지고 있는 기업의 내재가치를 비교할 때 유용하게 이용될 수 있다.

셋째, 주주의 현금흐름을 현금흐름으로 사용할 수 있다. 주주의 현금흐름은 영업현금흐름에서 채권자에게 지급되는 이자와 기업의 자산가치를 유지하기 위하여 지출되는 자본지출을 공제하여 측정된다. 이 경우 주주의 현금흐름은 주주들이 이용할 수 있는 현금흐름이기 때문에 자기자본비용으로 할인하여 보통주의 내재가치를 추정할 수 있다.

2 상대적 가치평가법

앞서 설명한 할인현금흐름법의 문제점은 미래 현금흐름의 성장률과 요구수익률 등 투입변수에 대한 추정결과에 따라 시장가격보다 높거나 낮은 내재가치가 추정되는 결점이 있다. 한편 상대적 가치평가법은 전체시장, 산업과 기업규모 또는 위험도가 유사한 기업군과 비교할 때 특정기업의 보통주가 시장에서 상대적으로 어떻게 평가되고 있는지에 대한 정보를 얻을 수 있다는 이점이 있다. 그러나 이와 같은 상대적인 평가방법이 적절한 평가방법인지를 판단할 수 있는 객관적인 기준이 없다는 점에서 한계가 있다.

이와 같은 사실은 상대적인 가치평가의 기준(benchmark)에 따라 평가결과가 달라질 수 있음을 의미한다. 예를 들어 어떤 산업이 시장에서 상대적으로 고평가되고 있다면 그 산업에 속하는 개별기업의 보통주 또한 시장에서 고평가되고 있을 것이다. 이 경우 산업의 상대적 가치평가비율을 평가기준으로 설정하여 개별 기업의 보통주를 평가하는 경우 그 보통주가 오히려 시장에서 저평가되고 있는 것으로 잘못 평가하는 우를 범할 수 있다.

따라서 다음과 같은 두 가지의 점을 고려하여 상대적 가치평가법을 이용해야 한다. 첫째, 산업, 기업규모 및 위험의 차원에서 유사한 기업군을 상대적인 평가기준으로 이용하여야 하며, 둘째, 전체시장, 산업과 기업규모 또는 위험도가 유사한 기업군 중에서 고평가 또는 저평가의 정도가 작은 것을 선정하여 상대적인 평가기준으로 이용하여야 한다.

Ⅱ. 배당할인모형

1 순현가법과 내부수익률법

할인 현금흐름법에서는 보통주를 소유함으로써 장래에 얻을 수 있는 기대현금흐름에 따라 보통주의 내재가치가 결정된다고 보기 때문에 미래에 기대되는 현금흐름을 적절한 위험조정할인율로 할인함으로써 보통주의 가치를 평가한다.

위험조정할인율이 시간의 경과와 관계없이 일정하다고 가정한다면 보통주의 내재가치는 식 (1)과 같다.

$$V_0 = \frac{E(C_1)}{(1+k_s)} + \frac{E(C_2)}{(1+k_s)^2} + \cdots + \frac{E(C_\infty)}{(1+k_s)^\infty} \tag{1}$$

V_0 : 보통주의 내재가치
$E(C_t)$: t기에서 기대되는 보통주의 현금흐름
k_s : 자기자본비용(위험조정할인율)

보통주의 경우 주주에게 돌아가는 미래의 현금흐름은 배당수익으로 구성된다. 따라서 식 (1)에서 현금흐름을 배당흐름으로 정의하는 경우 식 (1)을 배당할인모형(dividend discount model)이라고 한다.[1] 배당할인모형은 식 (2)와 같다.

$$V_0 = \frac{E(D_1)}{(1+k_s)} + \frac{E(D_2)}{(1+k_s)^2} + \cdots + \frac{E(D_\infty)}{(1+k_s)^\infty} \tag{2}$$

k_s : 자기자본비용

식 (2)에서 보통주의 내재가치는 미래의 배당흐름을 자기자본비용으로 할인한 현재가치를 의미한다. 따라서 배당흐름의 성장패턴에 대한 가정에 따라 여러 형태의 배당할인모형을 설계할 수 있다. 어떤 형태의 배당할인모형을 이용하든 순현가(NPV)법과 내부수익률(IRR)법을 이용하여 보통주가 시장에서 어느 정도 고평가 또는 저평가되고 있는지를 평가할 수 있다.

1) 순현가법

보통주의 순현가(NPV)는 내재가치에서 시장가격(매입비용)을 공제한 차이로 측정되며, 식 (3)과 같다.

$$NPV = \sum_{t=1}^{\infty} \frac{E(D_t)}{(1+k_s)^t} - P_0 \tag{3}$$

P_0 : 보통주의 시장가격(매입비용)

k_s : 자기자본비용

식 (3)에서 NPV가 0원보다 크다는 것은 시장에서 그 만큼 저평가되고 있다는 것을 의미하는 반면, NPV가 0원보다 작다는 것은 그 만큼 고평가되고 있다는 것을 의미한다.

$NPV > 0$: 저평가

$NPV < 0$: 고평가

---

1) 배당할인모형에서는 배당흐름의 현재가치를 보통주의 내재가치로 정의하고 있다. 따라서 배당흐름의 정확한 예측에 따라 분석결과가 달라지기 때문에 배당실적이 없는 보통주의 분석에서는 배당할인모형을 적용하는데 한계가 있다.

2) 내부수익률법

보통주의 내부수익률은 식 (4)에서 IRR을 의미한다.

$$P_0 = \sum_{t=1}^{\infty} \frac{E(D_t)}{(1+IRR)^t} \tag{4}$$

식 (4)에서 IRR은 현재의 시장가격으로 보통주를 매입할 때 기대되는 평균 투자수익률을 의미한다. 따라서 IRR(내부수익률)이 k_s(자기자본비용)보다 높은 경우에는 시장에서 그 만큼 저평가되고 있는 반면, IRR이 k_s보다 낮은 경우에는 그 만큼 고평가되고 있다고 말할 수 있다.

따라서 내부수익률에서 자기자본비용을 공제한 것을 수익률 차이로 정의하는 경우 수익률 차이(differential return : $DR = IRR - k_s$)를 이용하여 보통주의 가치를 다음과 같이 평가할 수 있다.

$DR > 0$: 저평가
$DR < 0$: 고평가

② 배당할인모형의 유형

배당할인모형은 배당흐름의 성장패턴에 따라 제로성장률모형, 항상성장률모형과 다단계성장률모형 등으로 구분된다.

1) 제로성장률모형

제로성장률모형(zero-growth model)은 배당성장률이 0%라는 가정에서 보통주의 가치를 평가하는데 이용되는 배당할인모형 중의 하나이다. 배당성장률이 0%라는 것은 매년 지급되는 미래의 주당배당금이 일정하다는 것을 의미한다. 따라서 제로성장률모형을 이용하여 미래의 일정한 배당흐름을 자기자본비용으로 할인하여 보통주의 내재가치를 추정할 수 있다.

제로성장률모형에 의하면 보통주의 내재가치는 식 (5)와 같다.

$$V_0 = \frac{E(D)}{(1+k_s)} + \frac{E(D)}{(1+k_s)^2} + \cdots + \frac{E(D)}{(1+k_s)^{\infty}} \tag{5}$$

식 (5)에서는 묵시적으로 $k_s > 0$을 가정하고 있다. 한편 무한등비수열의 특성을 이용하여 식 (5)를 정리하면 식 (6)과 같다.

$$V_0 = \frac{E(D)}{k_s} \tag{6}$$

따라서 제로성장률모형에서 보통주의 NPV는 식 (7)과 같다.

$$NPV = \frac{E(D)}{k_s} - P_0 \tag{7}$$

한편 보통주의 내부수익률은 식 (8)에서 IRR을 의미한다.

$$P_0 = \frac{E(D)}{IRR} \tag{8}$$

식 (8)을 IRR에 대하여 정리하면 식 (9)와 같다.

$$IRR = \frac{E(D)}{P_0} \tag{9}$$

따라서 제로성장률모형에서 DR은 식 (10)과 같이 나타낼 수 있다.

$$DR = \frac{E(D)}{P_0} - k_S \tag{10}$$

예제 1

- 보통주 A에 투자하는 경우 영구적으로 매년 8,000원씩의 주당배당금이 기대된다.
- 보통주 A의 시장가격은 65,000원이고, 자기자본비용은 10%이다.
- IRR법과 NPV법을 이용하여 보통주 A가 시장에서 어느 정도 저평가 또는 고평가되고 있는지를 분석하시오.

먼저 보통주 A의 NPV를 계산하면 다음과 같다.

$$NPV_A = \frac{E(D_{A1})}{k_s} -- P_{A0} = \frac{8,000원}{0.1} - 65,000원 = 15,000원$$

NPV 법에 의하면 보통주 A의 경우 80,000원의 내재가치를 가지고 있는 데도 불구하고 시장에서 65,000원에 거래되고 있기 때문에 15,000원 만큼 저평가되고 있다고 말할 수 있다.

한편 보통주 A의 DR을 구하면 다음과 같다.

$$\begin{aligned} DR_A &= \frac{E(D_A)}{P_A} - k_s = \frac{8,000원}{65,000원} - 0.10 \\ &= 12.3\% - 10\% \\ &= 2.3\% \text{ 포인트} \end{aligned}$$

따라서 IRR 법에 의하면 보통주 A가 시장에서 2.3% 포인트만큼 저평가되고 있음을 알 수 있다.

이상에서 살펴본 바와 같이 제로성장률모형에서는 배당이 영구적으로 일정하다는 가정에 근거를 두고 있기 때문에 모형의 활용성이 매우 제한적이라는 한계가 있다. 보통주의 가치평가에서 이와 같은 가정은 극히 비현실적이다. 그럼에도 불구하고 제로성장률모형은 하나의 특수한 상황에서 매우 유용하게 이용될 수 있는 모형이다. 즉 우량 우선주의 가치평가에서 제로성장률모형을 적절하게 이용할 수 있다. 대부분의 우량 우선주의 경우에는 주당순이익이 변화하더라도 고정된 주당배당금이 지급되는 경향이 있기 때문이다.

2) 항상성장률모형

항상성장률모형(constant growth model)은 주당배당금이 매년 일정한 율로 영구히 성장한다는 가정에서 보통주의 가치를 평가하는데 이용되는 배당할인모형 중의 하나이다. 주당배당금이 매년 일정한 율(g)로 성장한다고 가정하고 있기 때문에 보통주의 내재가치를 식 (11)과 같이 나타낼 수 있다.

$$V_0 = \frac{D_0(1+g)}{(1+k_s)} + \frac{D_0(1+g)^2}{(1+k_s)^2} + \cdots + \frac{D_0(1+g)^\infty}{(1+k_s)^\infty} \quad (11)$$

식 (11)에서는 묵시적으로 $k_s > g$임을 가정하고 있다. 한편 무한등비수열의 특성을 이용하여 정리하면 식 (12)와 같다.

$$V_0 = \frac{D_0(1+g)}{k_s - g} \tag{12}$$

따라서 항상성장률모형에서 보통주의 NPV는 식 (13)과 같다.

$$NPV = \frac{D_0(1+g)}{k_s - g} - P_0 \tag{13}$$

한편 보통주의 내부수익률은 식 (14)에서 IRR을 의미한다.

$$P_0 = \frac{D_0(1+g)}{IRR - g} \tag{14}$$

식 (14)를 IRR에 대하여 정리하면 식 (15)와 같다.

$$IRR = \frac{D_0(1+g)}{P_0} + g \tag{15}$$

따라서 항상성장률모형에서 DR은 식 (16)과 같다.

$$DR = \left[\frac{D_0(1+g)}{P_0} + g\right] - k_s \tag{16}$$

예제 2

- ㅇ 보통주 B의 현재 주당배당금은 1,800원이며, 향후 주당배당금이 영구적으로 매년 5%씩 증가할 것으로 기대되고 있다.
- ㅇ 보통주 B의 자기자본비용은 11%이고, 현재 시장에서 40,000원에 거래되고 있다.
- ㅇ IRR법과 NPV법을 이용하여 시장에서 보통주 B가 어느 정도 저평가 또는 고평가되고 있는지를 분석하시오.

먼저 보통주 B의 NPV를 계산하면 다음과 같다.

$$NPV_B = \frac{D_0(1+g)}{k_s - g} - P_0 = \frac{1{,}800\text{원}(1+0.05)}{0.11-0.05} - 40{,}000\text{원} = -8{,}500\text{원}$$

따라서 NPV법에 의하면 보통주 B가 시장에서 8,500원 만큼 고평가되고 있는 것으로 평가할 수 있다.

한편 보통주 B의 IRR을 계산하면 다음과 같다.

$$IRR_B = \frac{D_0(1+g)}{P_0} + g = \frac{1{,}800\text{원}(1+0.05)}{40{,}000\text{원}} + 0.05 = 9.725\%$$

따라서 보통주 B의 DR을 계산하면 다음과 같다.

$$DR_B = IRR_B - k_s = 9.725\% - 11\% = -1.275\%\text{ 포인트}$$

그러므로 IRR법에 의하면 보통주 B가 시장에서 1.275% 포인트만큼 고평가되고 있음을 알 수 있다.

앞서 설명한 제로성장률모형은 특수한 형태의 항상성장률모형이다. 항상성장률모형에서 보면 제로성장률모형은 $g=0$일 때의 특수한 상황을 설명하는 모형이기 때문이다. 항상성장률모형의 경우 미래의 배당성장률에 대한 가정이 제로성장률모형에서보다 덜 제한적이기는 하지만 항상성장률모형 역시 배당성장률에 대한 가정이 비현실적이라는 한계를 지니고 있다. 왜냐하면 주당배당금이 매년 일정한 율로 성장하는 기업은 거의 존재하지 않기 때문이다.

3) 다단계성장률모형

다단계성장률모형(multiple growth model)은 향후 일정한 기간에서 주당배당금이 비정상적인 높은 율로 성장한 다음 성장률이 다시 정상적인 수준으로 조정되어 영구히 일정한 율로 성장한다는 가정에서 보통주의 가치를 평가하는데 이용되는 배당할인모형 중의 하나이다.

다단계성장률모형을 이용하여 보통주의 가치를 평가하기 위해서는 첫째, 비정상적으로 높은 성장률이 지속되는 기간, 둘째, 비정상적인 성장률의 크기와 셋째, 이후 영구히 지속되는 정상적인 성장률의 크기를 예측해야 한다. 비정상적인 성장률이 지속되는 T년까지의 기간에서 주당배당금은 식 (17)과 같다.

$$
\begin{aligned}
E(D_1) &= D_0(1+g_1),\\
E(D_2) &= D_0(1+g_1)(1+g_2)\\
&\ \ \vdots\\
E(D_T) &= D_0(1+g_1)(1+g_2)\cdots(1+g_T)
\end{aligned}
\tag{17}
$$

한편 비정상적으로 높은 성장률이 지속되는 T년 이후에는 성장률이 정상적인 수준으로 조정된다고 가정하고 있기 때문에 주당배당금이 $T+1$년부터 영구적으로 정상적인 율로 성장할 것이다. 따라서 $T+1$년 이후에 기대되는 주당배당금은 식 (18)과 같다.

$$
\begin{aligned}
E(D_{T+1}) &= E(D_T)(1+g)\\
E(D_{T+2}) &= E(D_T)(1+g)^2\\
&\ \ \vdots\\
E(D_{T+\infty}) &= E(D_T)(1+g)^{\infty}
\end{aligned}
\tag{18}
$$

식 (17)과 식 (18)을 식 (2)에 대입하여 정리하면 식 (19)와 같다.

$$
\begin{aligned}
V_0 = &\frac{E(D_1)}{(1+k_s)}+\frac{E(D_2)}{(1+k_s)^2}+\cdots+\frac{E(D_T)}{(1+k_s)^t}\\
&+\frac{1}{(1+k_s)^T}\left[\frac{D_T(1+g)}{(1+k_s)}+\frac{D_T(1+g)^2)}{(1+k_s)^2}+\cdots+\frac{D_T(1+g)^{\infty}}{(1+k_s)^{\infty}}\right]
\end{aligned}
\tag{19}
$$

식 (19)는 두 개의 부분으로 구성되어 있다. 첫 번째 부분은 T년 동안에서 기대되는 배당흐름의 현재가치를 의미하고, 두 번째 부분은 $T+1$년 이후에서 영구히 기대되는 배당흐름의 현재가치를 의미한다.

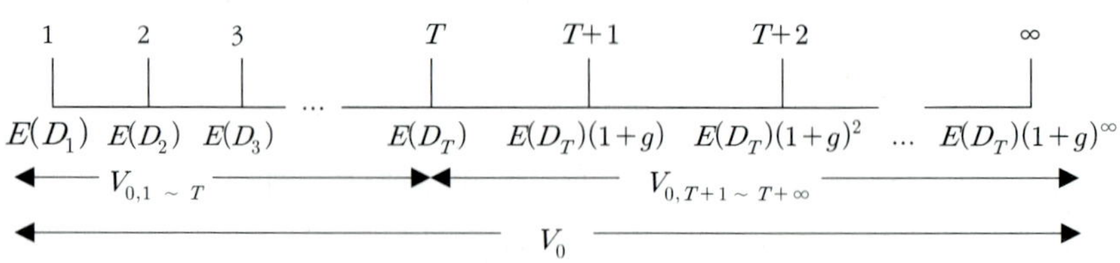

첫 번째 부분을 수식으로 나타내면 식 (20)과 같다.

$$V_{0,1\sim T}=\frac{D_0(1+g_1)}{(1+k_s)}+\frac{D_0(1+g_1)(1+g_2)}{(1+k_s)^2}+\cdots+\frac{D_0(1+g_1)(1+g_2)\cdots(1+g_T)}{(1+k_s)^T} \quad (20)$$

한편 두 번째 부분을 수식으로 나타내면 식 (21)과 같다.

$$V_{0,T+1\sim T+\infty}=\frac{1}{(1+k_s)^T}\left[\frac{E(D_T)(1+g)}{(1+k_s)}+\frac{E(D_T)(1+g)^2}{(1+k_s)^2}+\cdots+\frac{E(D_T)(1+g)^\infty}{(1+k_s)^\infty}\right] \quad (21)$$

식 (21)의 괄호 안은 항상성장률모형에 해당한다. 따라서 식 (21)을 정리하면 식 (22)와 같다.

$$V_{0,T+1\sim T+\infty}=\frac{E(D_T)(1+g)}{(1+k_s)^T(k_s-g)} \quad (22)$$

그러므로 식 (22)를 식 (19)에 대입하여 식 (23)의 다단계성장률모형을 유도할 수 있다.

$$V_0=\frac{E(D_1)}{(1+k_s)}+\frac{E(D_2)}{(1+k_s)^2}+\cdots+\frac{E(D_T)}{(1+k_s)^T}+\frac{E(D_{T+1})}{(1+k_s)^T(k_s-g)} \quad (23)$$

한편 식 (23)을 이용하여 *IRR*을 추정할 수 있다. *IRR*은 식 (24)에서 할인율을 의미한다.

$$P_0=\frac{E(D_1)}{(1+IRR)}+\frac{E(D_2)}{(1+IRR)^2}+\cdots+\frac{E(D_T)}{(1+IRR)^T}+\frac{E(D_{T+1})}{(1+IRR)^T(IRR-g)} \quad (24)$$

식 (23)과 식 (24)를 다단계성장률모형이라고 한다.

다단계성장률모형의 이점은 보다 현실적인 주당배당금의 성장패턴을 보통주의 가치평가모형에 반영시킬 수 있다는 점이다. 어느 기업이든 일정한 율로 영구히 성장하는 기업은 없으며, 기업에 따라 성장패턴에 차이가 있다. 예를 들어 라이프사이클 상의 도입기에 있는 기업이라면 도입기, 성장기 및 성숙기 등과 같은 3단계의 성장과정을 거치기 때문에 이와 같은 성장과정에서 성장의 지속기간과 성장률을 추정함으로써 내재가치를 보다 정확하게 추정할 수 있다. 이처럼 현실적인 성장패턴을 고려함으로써 2단계, 3단계 또는 4단계 성장률모형 등 현실적인 다양한 형태의 평가모형을 설계할 수 있다.[2)]

예제 3

- 보통주 C가 현재 시장에서 55,000원에 거래되고 있는데, 금년도에 주당 750원의 배당을 지급한 바 있다.
- 보통주 C의 경우 주당배당금이 1년 후와 2년 후에 각각 167%와 50%씩 증가할 것으로 기대되며, 3년 후부터는 매년 10%씩 영구히 증가할 것으로 기대되며, 자기자본비용은 15%라고 한다.
- 다단계 성장률모형을 이용하여 보통주 C가 시장에서 어느 정도 저평가 또는 고평가되고 있는지를 평가하시오.

보통주 C의 경우 3단계의 성장과정을 거치고 있다. 먼저 비정상적으로 높은 성장률을 보이는 1년 및 2년 후와 정상적인 율로 성장하는 3년 후의 주당배당금을 계산하면 다음과 같다.

$$E(D_1) = D_0\,(1+g_1) = 750\text{원}\,(1+1.67) = 2{,}000\text{원}$$
$$E(D_2) = D_0\,(1+g_1)(1+g_2) = 750\text{원}\,(1+1.67)(1+0.5) = 3{,}000\text{원}$$
$$E(D_3) = E(D_2)\,(1+g) = 3{,}000\text{원}\,(1+0.10) = 3{,}300\text{원}$$

이와 같이 추정된 연도별 주당배당금을 식 (23)에 대입하여 보통주 C의 내재가치를 계산하면 다음과 같다.

$$V_0 = \frac{2{,}000\text{원}}{(1+0.15)} + \frac{3{,}000\text{원}}{(1+0.15)^2} + \frac{3{,}300\text{원}}{(1+0.15)^2(0.15-0.10)} = 53{,}920\text{원}$$

먼저 보통주 C의 NPV는 다음과 같다.

$$NPV_C = \ 53{,}920\text{원} - 55{,}000\text{원} = -\,1{,}080\text{원}$$

2) 대부분의 전문평가기관에서 이와 같은 다단계성장률모형을 이용하여 본질가치를 추정하여 투자정보를 제공하고 있다.

따라서 *NPV*법에 의하면 보통주 C가 시장에서 1,080원 만큼 고평가되고 있음을 알 수 있다.

한편 식 (24)를 이용하여 내부수익률을 구하면 $IRR_C = 14.9\%$이므로 보통주 C의 DR_C는 다음과 같다.

$$DR_C = 14.9\% - 15\% = -0.1\% \text{ 포인트}$$

따라서 *IRR* 법에 의하면 보통주 C가 시장에서 0.1% 포인트만큼 고평가되고 있음을 알 수 있다.

③ 주당배당금의 성장원천

주당배당금이 성장할 것으로 기대되는 이유는 무엇인가? 항상성장률모형을 이용하여 그 이유를 살펴보기로 하자. 외부로부터 신규자본을 조달하지 않으며, 주식을 재매입하지 않는다고 가정하자. 이 경우 영업활동을 통하여 벌어들인 이익 중에서 배당으로 지급하고 난 나머지는 신규사업에 재투자를 위하여 사용될 것이다. 결론적으로 말하여 성장률에 영향을 미치는 요인은 배당성향과 신규투자수익률이다. 신규투자수익률이 자본비용보다 높은 한 배당성향을 낮추어 신규투자를 많이 할수록 성장률이 높아진다. 그 이유에 대하여 살펴보자.

t년의 주당순이익 중 일부가 배당으로 지급되고, 나머지가 신규사업에 재투자되는 경우 t년의 신규투자액은 식 (25)와 같다.

$$I_t = EPS_t\,(1 - d_t) \tag{25}$$

I_t : t년의 신규투자액
EPS_t : t년의 주당순이익
d_t : t년의 배당성향

신규투자의 결과 얻어지는 $t+1$년의 주당순이익은 식 (26)과 같다.

$$EPS_{t+1} = EPS_t + I_t\,r_t = EPS_t + EPS_t\,[r_t\,(1 - d_t)] = EPS_t\,[1 + r_t\,(1 - d_t)] \tag{26}$$

r_t : t년의 신규투자수익률

식 (26)에서 보여주는 바와 같이 신규투자로 인하여 $t+1$년에 주당순이익이 t년의 EPS_t에서 $EPS_t\ [1+r_t\ (1-d_t)]$로 증가함을 알 수 있다. 따라서 t년의 신규투자로 인하여 $t+1$년에는 주당순이익이 식 (27)에서 보여주는 것처럼 g_t의 율로 성장할 것이다.

$$g_t = r_t\ (1-d_t) \tag{27}$$

같은 맥락에서 보면 $t+1$년에는 EPS_{t+1}의 일부가 배당으로 지급되고, 나머지가 재투자되기 때문에 $t+2$년의 주당순이익은 식 (28)과 같다.

$$EPS_{t+2} = EPS_{t+1}[1+r_{t+1}(1-d_{t+1})] \tag{28}$$

EPS_{t+2} : $t+2$년의 주당순이익
EPS_{t+1} : $t+1$년의 주당순이익
r_{t+1} : $t+1$년의 신규투자수익률
d_{t+1} : $t+1$년의 배당성향

식 (26)을 식 (28)에 대입하면 식 (29)와 같다.

$$\begin{aligned} EPS_{t+2} &= EPS_t\ [1+r_t\ (1-d_t)]\ [1+r_{t+1}\ (1-d_{t+1})] \\ &= EPS_t\ (1+g_t)(1+g_{t+1}) \end{aligned} \tag{29}$$

식 (29)에서 볼 수 있는 바와 같이 배당성향과 신규투자수익률에 따라 주당순이익의 성장률이 달라진다는 사실을 알 수 있다. 따라서 모든 자본이 내부금융을 통해서만 조달되는 경우 성장률은 재투자수익률이 높을수록 그리고 배당성향이 낮을수록 증가함을 알 수 있다. 다시 말하여 재투자수익률이 자본비용보다 높은 한 배당성향을 낮출수록 보통주의 내재가치가 증가함을 알 수 있다.

예제 4

- ○ 서울(주)의 경우 금년도의 주당순이익은 5,000원인데 그 중 2,500원을 배당으로 지급하였으며, 내년에는 주당순이익의 60%를 배당으로 지급할 것으로 기대된다.
- ○ 금년도에는 신규투자로부터 20%의 투자수익률을 그리고 내년에는 30%의 투자수익률이 기대된다.
- ○ 주당순이익의 성장률을 계산하시오.

서울(주)의 1년 후와 2년 후의 주당순이익을 계산하면 각각 다음과 같다.

$$EPS_1 = EPS_0\,[1 + r_0\,(1 - d_0)] = 5{,}000\text{원}\,(1 + 0.2 \times 0.5) = 5{,}500\text{원}$$
$$EPS_2 = EPS_1\,[1 + r_1\,(1 - d_1)] = 5{,}500\text{원}\,(1 + 0.3 \times 0.4) = 6{,}160\text{원}$$

따라서 서울(주)의 경우 1년 후와 2년 후에 각각 주당순이익이 10%와 12%씩 성장하고 있음을 알 수 있다. 이처럼 성장률이 높은 이유는 신규투자에 따라 수익력이 개선되고 있는데 기인한다.3)

Ⅲ. 상대적 가치평가모형

이상에서 살펴본 할인현금흐름법에서는 미래의 추정성장률과 할인율에 근거하여 보통주의 내재가치를 추정한 다음 이를 시장가격과 비교함으로써 보통주가 시장에서 어느 정도 고평가 또는 저평가되고 있는지를 판단하였다.

한편 상대적 가치평가법에서는 보통주의 가치에 영향을 미치는 관련변수(순이익, 현금흐름, 장부가치 또는 매출액)를 이용하여 주가에 대한 상대적인 가치평가비율을 계산한 다음 이와 같은 상대적 가치평가비율이 시간의 경과에 따라 어떻게 변화하는지를 시장전체, 산업 또는 비교기업의 그것과 비교함으로써 보통주의 가치를 평가한다. 상대적 가치평가법에서 흔히 이용되고 있는 가치평가비율은 주가수익비율(Price-Earnings Ratio : *PER*), 주가현금흐름비율(Price-Cashflow Ratio : *PCR*), 주가장부가치비율(Price-Book Value : *PBR*)과 주가매출액비율(Price-Sales Ratio : *PSR*)로 구분할 수 있다.

이하에서 상대적 가치평가모형에서 이용되고 있는 가치평가비율을 중심으로 살펴보기로 한다.

---

3) 1년 후의 주당순이익 성장률은 $g_1 = r_0(1-d_0) = 0.2(1-0.5) = 10\%$, 2년 후의 주당순이익 성장률은 $g_2 = r_1(1-d_1) = 0.3(1-0.6) = 12\%$이다.

❶ PER

상대적 가치평가법에서 가장 널리 이용되고 있는 재무비율은 PER이며, PER을 이용하는 상대적 가치평가법을 흔히 PER모형이라고 부른다.

보통주에 투자하는 경우 주주들이 받을 수 있는 배당수익의 원천은 기업의 순이익이다. 이 경우 보통주의 가치를 평가할 수 있는 하나의 방법은 최근 1원의 주당순이익에 대하여 투자자들이 얼마까지 지불하면서 보통주에 투자할 수 있는가를 추정하는 것이다. 예를 들어 투자자들이 주당순이익의 10배까지 지불하면서 보통주에 투자할 수 있다고 하자. 이 경우 주당순이익 1,000원을 벌어들였다면 보통주의 가치는 10,000원이 될 것이다. 주가를 주당순이익으로 나누면 주당순이익 1원이 주식시장에서 얼마에 평가되는지를 나타낼 수 있다.

$$PER = \frac{P_0}{EPS_0} \tag{30}$$

EPS_0: 현재의 주당순이익

그런데 식 (30)에서 현재의 주당순이익 대신에 1년 후의 예상 주당순이익을 이용하여 PER을 계산할 수 있다.[4] 이처럼 1년 후의 예상 주당순이익을 이용하여 추정한 PER을 $Foward\ PER$이라고 하며, 이는 식 (31)과 같다.

$$Forward\ PER = \frac{P_0}{EPS_1} \tag{31}$$

EPS_1 : 1년 후의 예상 주당순이익

실제로 증권분석에서 많이 사용되고 있는 PER은 $Foward\ PER$이다. 이 경우 미래의 예측치를 사용하여 PER을 추정하기 때문에 분석가의 능력에 따라 PER의 값이 달라진다.

한편 과거 3분기의 순이익과 현재 분기의 잠정적인 순이익을 합산한 순이익을 발행

---

4) 혼동을 피하기 위해서 PER 앞에 연도를 붙이기도 한다. 2016년 7월 현재 보통주의 PER은 다음과 같이 계산하여 표시한다.
2015년 PER = (2015년 마지막 영업일 시가총액) / (2015년 실제순이익)
2016년 PER = (2016년 현재의 시가총액) / (2016년 예상순이익)

주식수로 나누어 계산한 주당순이익을 이용하여 측정한 PER을 $Trailing\ PER$이라고 한다. $Trailing\ PER$은 과거 실적을 이용하는 것이기 때문에 누가 계산해도 동일한 값이 나온다. 따라서 $Trailing\ PER$은 PER의 역사적인 변화 추세를 파악하는 데는 유용하게 사용되지만 주가가 적정한 수준에서 형성되고 있는지를 분석하는 데는 의미가 없다.

이와 같은 방법으로 PER을 추정한 다음 보통주의 PER이 시간의 경과에 따라 변화하는 패턴을 전체 시장, 기업이 속해 있는 산업 또는 유사기업의 PER과 비교하면 PER이 상대적으로 높은지 또는 낮은지를 판단할 수 있다.

PER에 기초한 상대적 가치평가모형을 이해하기 위해서는 어떤 요인이 PER에 영향을 미치는가를 이해해야 한다. 항상성장률모형을 이용하여 살펴보기로 하자. 만일 보통주가 시장에서 공정하게 평가되고 있다면 보통주의 시장가격은 식 (32)와 같이 나타낼 수 있다.

$$P_0 = \frac{D_1}{k_s - g} \tag{32}$$

D_1 : 1년 후의 예상배당금

식 (32)의 양변을 현재의 주당순이익 EPS_0으로 나누면 식 (33)과 같다.

$$\frac{P_0}{EPS_0} = \frac{\frac{D_1}{EPS_0}}{k_s - g} \tag{33}$$

식 (33)에서 분자 항은 배당성향을 의미한다. 따라서 식 (33)의 분자 항을 식 (34)와 같이 나타낼 수 있다.

$$\frac{D_1}{EPS_0} = \frac{D_0(1+g)}{EPS_0} = (1-b)(1+g) \tag{34}$$

b: 유보율

한편 식 (34)에서 g는 식 (35)와 같다.

$$g = b \times r \tag{35}$$

그러므로 식 (35)와 식 (34)를 식 (33)에 대입하면 식 (36)과 같다.[5)]

$$\frac{P_0}{EPS_0}=\frac{(1-b)(1+g)}{k_s-b\times r} \tag{36}$$

식 (36)에서 보여주는 것처럼 보통주의 PER은 자기자본비용(k_s)과 음(-)의 관계를 갖는 한편 성장률(g)과 양(+)의 관계에 있다. 그런데 자기자본비용은 위험도와 비례적인 관계에 있기 때문에 보통주의 PER이 위험도와 음(-)의 관계에 있다. 한편 보통주의 PER과 유보율의 관계는 $r> k_s$인 경우에는 유보율과 양(+)의 관계를 갖는 반면 $r< k_s$인 경우에는 유보율과 음(-)의 관계를 갖는다. 여기서 배당성향은 장기적으로 안정적이기 때문에 배당성향이 PER에 미치는 영향은 거의 미미하다. 따라서 주당순이익의 변동성과 성장률이 보통주의 PER에 영향을 미치는 중요한 변수임을 알 수 있다.

② PCR

주당순이익은 회계처리방법에 따라 조작이 가능하지만 현금흐름은 회계처리방법에 따라 영향을 받지 않는다. 따라서 현금흐름은 보통주의 가치평가에서 중요한 의미를 갖는 가치평가변수이다. 특히 현금흐름은 신용분석에서 중요한 의미를 갖는다. 왜냐하면 신용분석에서는 현금이 신용의 전부이기 때문이다.

PCR은 다음과 같이 정의된다.

$$PCR=\frac{P_0}{CF_0} \tag{37}$$

CF_0: 현재의 주당현금흐름

상대적인 가치평가비율인 PCR에 영향을 미치는 요인은 PER과 유사하다. 다시 말하여 PCR에 영향을 미치는 주요 변수는 현금흐름의 성장률과 주당현금흐름의 변동성이다.

---

5) 분모를 EPS_1로 계산하면 $\frac{P_0}{EPS_1}=\frac{1-b}{k_s-g}=\frac{1-b}{k_s-b\times r}$가 된다.

③ PBR

PBR은 은행산업에서 널리 이용되고 있는 상대적인 가치평가의 척도이다. 채권 및 상업대출과 같은 대부분의 은행자산은 장부가치에 해당하는 가치를 갖기 때문에 은행의 내재가치를 나타내는 좋은 지표로서 장부가치가 널리 이용되어 왔다. Fama-French (1992)는 PBR과 보통주의 초과수익률 사이에 의미 있는 음(-)의 관계가 존재함을 실증연구를 통하여 제시하였다.[6] 이와 같은 연구결과에 의하면 PBR은 모든 기업에 적용할 수 있는 상대적 가치평가의 척도로 이용될 수 있다.

PBR은 식 (38)과 같다.

$$PBR = \frac{P_0}{BV_0} \tag{38}$$

BV_0: 현재의 주당장부가치

PER과 마찬가지로 현재의 주가를 현재의 주당장부가치로 나누어 PBR을 측정한다. 이때 역사적인 성장률을 이용하거나 또는 유지가능성장률 공식인 $g = (ROE \times 유보율)$을 이용하여 추정한 1년 후의 주당장부가치로 $Forward\ PBR$을 또는 과거의 주당장부가치를 이용하여 $Trailing\ PBR$을 계산할 수도 있다.

PBR의 크기를 결정하는 요인에 대하여 살펴보기로 하자. 주당순이익이 매년 g의 율로 성장하며, 유보율(b)과 신규투자수익률(r)이 일정하다면 내년도의 주당배당금(D_1)을 식 (39)와 같이 나타낼 수 있다.

$$D_1 = EPS_1(1-b) = EPS_0(1+g)(1+b) \tag{39}$$

한편 항상성장률모형에 의하면 보통주의 가치는 식 (40)과 같다.

$$P_0 = \frac{EPS_0(1+g)(1-b)}{k_s - g} \tag{40}$$

$EPS_0 = BV_0 \times r$이므로 이를 식 (40)에 대입하면 식 (41)과 같다.

---

6) E. F. Fama and K. R. French, "The Cross-Section of Expected Stock Returns", *The Journal of Finance,* Vol. 47, No. 2(Jun), 1992, pp. 427~465.

$$P_0 = \frac{BV_0 \times r(1-b)(1+g)}{k_s - g} \tag{41}$$

식 (41)의 양변을 BV_0으로 나누면 식 (42)과 같다.[7)]

$$\frac{P_0}{BV_0} = \frac{r(1-b)(1+g)}{k_s - g} \tag{42}$$

식 (42)에서 보여주는 것처럼 PBR은 신규투자수익률(r) 및 성장률(g)과 양(+)의 관계를 가지며, 자기자본비용(k_s)과 음(-)의 관계에 있음을 알 수 있다. 한편 PBR의 크기는 k_s와 r의 관계에 따라 결정된다. $r > k_s$ 인 경우에는 PBR이 1보다 큰 값을 가지며, 반대로 $r < k_s$ 인 경우에는 PBR이 1보다 작은 값을 가질 것이다. 이러한 사실은 신규투자수익률이 자기자본비용보다 높은 성장기업의 경우 투자자들이 장부가치 이상의 프리미엄을 지불하면서 보통주에 투자할 것이라는 의미를 갖는다.

4 PSR

PSR에 기초한 상대적 가치평가법을 이용하여 보통주의 가치를 평가하는 사람들은 다음과 같은 두 가지 이유에서 PSR이 의미 있고 유용한 비율이라고 생각한다. 첫째, 성장기업에서는 강하고 지속적인 매출의 성장이 필수적이라는 점이다. 비록 지속적인 평균 이상의 매출액이익률도 중요한 의미를 갖지만 매출액의 성장에서 성장과정이 시작된다고 생각하기 때문이다. 둘째, 재무상태표와 손익계산서에서 모든 자료가 주어지기 때문에 다른 항목보다 매출액의 경우 인위적인 조작이 덜하다는 점이다. PSR은 식 (43)과 같다.

$$PSR = \frac{P_0}{S_0} \tag{43}$$

S_0: 현재의 주당매출액

PSR을 이용하여 보통주의 상대적 가치를 평가하는 경우 다음과 같은 두 가지의 점을 유의해야 한다. 첫째, 시간의 경과에 따른 PSR의 변동성이 산업에 따라 큰 차

---

7) 분모를 BV_1로 하면 $\frac{P_0}{BV_1} = \frac{r(1-b)}{k_s - g}$ 이 된다.

이를 보인다는 점이다. 예를 들어 소매업의 주당매출액이 컴퓨터제조업의 주당매출액보다 훨씬 높은 것이 일반적이다. 둘째, 매출액이익률을 고려해야 한다는 점이다. 예를 들어 소매업의 경우 주당매출액은 높지만 매출액이익률이 낮은 것이 일반적이다. 그러므로 상대적 가치법을 이용하여 보통주의 가치를 평가할 때는 동일산업에 속하는 기업을 기준기업(benchmark firm)으로 선정하여 비교하여야 한다.

이상에서 설명한 여러 가지 상대적 가치평가비율을 이용하여 보통주의 가치를 평가할 수 있다. 그러나 상대적 가치평가법을 적절하게 활용하기 위해서는 여러 가지 가치평가비율을 비교하는 것 이외에 어떤 요인들이 각각의 가치평가비율에 영향을 미치며, 그리고 왜 차이를 보이는가를 충분히 이해하여야 한다.

상대적 가치평가비율인 PER을 이용하여 제약회사의 보통주가치를 평가한다고 가정하자. 상대적 가치평가의 첫 단계는 시간의 경과에 따른 제약회사의 PER 변화를 전체 제조업, 제약산업 및 경쟁회사와 비교하는 단계이다. 이와 같은 비교의 결과, 전체 제조업, 제약산업 및 경쟁회사와 비교할 때, 제약회사의 PER이 시간의 경과에 따라 지속적으로 높은 수준을 보였던 것으로 나타났다고 하자.

다음 단계에서는 PER에 영향을 미치는 요인으로 성장률과 요구수익률을 비교하여 그 결과가 제약회사의 높은 PER을 뒷받침하는지를 확인하는 단계이다. 예컨대 성장률이 과거에도 높았고 미래에도 높은 수준을 유지할 뿐만 아니라 요구수익률이 낮을 것으로 기대된다면 이와 같은 사실이 제약회사의 높은 PER을 뒷받침할 것이다. 이와 같은 결과는 제약회사의 보통주가 시장에서 저평가되고 있음을 의미한다. 반대로 제약회사의 기대성장률이 제약산업과 경쟁회사와 거의 같거나 낮고 요구수익률이 제약산업과 경쟁회사보다 높다면, 이와 같은 사실이 낮은 PER을 뒷받침하기 때문에 제약회사의 보통주가 시장에서 상대적으로 고평가되고 있다고 볼 수 있다.

Ⅳ. 증권분석기관의 평가모형

증권분석기관에서는 자체적으로 개발한 독자적인 평가모형을 이용하여 보통주의 가치를 평가하여 평가결과에 따라 분류한 투자정보를 투자자들에게 제공하고 있다.

웰파고모형과 밸류라인모형에 대하여 살펴보기로 하자.

1 웰파고모형

웰파고모형(Wells Fargo Model)은 웰파고 투자자문회사에서 사용하고 있는 보통주의 가치평가모형을 말한다. 웰파고 투자자문회사에서는 다단계성장률모형과 $CAPM$ 을 이용하여 보통주를 평가하고 있다. 다단계성장률모형을 이용하여 내재가치를 추정하고, $CAPM$ 을 이용하여 자기자본비용을 추정한 후 예상수익률과 자기자본비용을 비교하여 보통주의 가치를 평가하고 있다.[8)]

웰파고모형은 내부수익률법에 근거를 두고 있으며, 구체적으로 식 (44)와 같다.

$$DR_i = E(IRR_i) - k_{i,s} \tag{44}$$

DR_i : 보통주 i의 수익률차이
$E(IRR_i)$: 보통주 i의 예상 내부수익률
$k_{i,s}$: 보통주 i의 자기자본비용

식 (44)에서 DR_i는 수익률 차이로서 보통주 i가 시장에서 고평가 또는 저평가의 정도를 의미한다.

$DR > 0$: 저평가
$DR < 0$: 고평가

웰파고투자자문회사에서는 주당순이익이 향후 5년간 높은 비정상적인 율로 성장한 다음 그 이후부터는 정상적인 율로 영구히 성장한다는 가정에 기초하고 있는 다단계성장률모형을 이용하여 예상수익률을 추정하고 있다.

다단계성장률모형에서 요구되는 추정자료는 첫째, 향후 5년 동안의 연도별 예상주당순이익, 둘째, 5년째 되는 해의 예상주당순이익, 셋째, 5년째 되는 해의 배당성향, 넷째, 5년 이후에 예상되는 정상적인 성장률 등이다. 한편 보통주의 위험조정할인율

8) 예상수익률은 내재가치에 기초하여 추정된다.

은 $CAPM$ 에 기초하여 추정하고 있다.

〈표 9.1〉에서 웰파고투자자문회사가 1984년 10월에 추정한 산업별 투자정보를 보여주고 있다. 금융산업이 2.44%포인트만큼 저평가되고 있으며, 전력산업이 2.27% 포인트만큼 고평가되고 있음을 보여주고 있다.

〈표 9.1〉 산업별 수익률차이

산 업	예상수익률	위험조정할인율	수익률차이
금융산업	20.37%	17.93%	2.44%
식품산업	16.86	15.86	1.00
건설장비산업	17.17	17.04	0.13
음료산업	14.45	15.71	−1.26
전력산업	14.73	17.00	−2.27

자료 : G. Foster, *Financial Statement Analysis,* 2nd Ed., Prentice-Hall Inc., 1986, p. 430.

② 밸류라인모형

밸류라인모형(Value Line Investment Survey Model)은 투자자문회사인 밸류라인사에서 자체적으로 개발한 보통주의 가치평가모형으로서 시장에서 거래되는 모든 보통주의 가치를 평가하여 고평가 또는 저평가의 정도에 따라 5등급으로 분류하여 그 결과를 투자자들에게 제공하고 있다. 밸류라인 모형은 많은 보통주평가모형 중에서 고평가 또는 저평가되고 있는 보통주를 가장 잘 식별하는 것으로 알려져 있다.

밸류라인모형에서는 상대적 이익순위, 상대적 가격순위, 이익동인 및 예상 밖의 이익변동 등과 같은 요인을 분석하여 보통주의 가치를 평가하고 있다.

첫 번째 요인은 상대적 이익순위와 상대적 가격순위이다. 상대적 이익순위는 개별기업의 최근 1년간의 상대적 이익을 최근 10년간의 평균 상대적 이익으로 나누어 다음과 같이 계산된다.

$$\text{이익순위} = \frac{\text{최근 1년간의 상대적 이익}}{\text{최근 10년간의 평균 상대적 이익}}$$

여기서 개별기업의 상대적 이익은 다음과 같이 계산된다.

$$\text{상대적 이익} = \frac{\text{개별기업의 최근 1년간 이익}}{\text{전체기업의 최근 1년간 평균이익}}$$

이와 같이 모든 기업의 상대적 이익순위를 측정하여 그 결과에 따라 1,700에서 1까지 서열화한다. 같은 방법으로 최근 10주간의 평균주가를 전체 기업의 평균주가로 나누어 상대적 가격을 계산한 다음 보통주의 상대적 가격을 과거 52주간의 평균 상대적 주가로 나누어 가격순위를 측정하여 그 결과에 따라 1,700에서 1까지 순위를 매긴다. 그리고 나서 이익순위와 가격순위를 결합하여 그 순위에 따라 10등급으로 분류한다. 이익순위와 가격순위를 결합한 순위가 가장 높은 보통주는 10등급에 분류되고, 가장 낮은 보통주는 1등급에 분류된다.

두 번째 요인은 이익동인(earnings momentum)으로 다음과 같다.

$$\text{이익동인} = \frac{\text{개별기업의 전년동기대비 분기이익변동액}}{\text{전체기업의 전년동기대비 분기이익변동액}}$$

각 보통주를 이익동인의 크기에 따라 3등급으로 분류하여 가장 높은 등급에 1,200점, 다음 등급에 800점, 가장 낮은 등급에 400점을 부여한다.

세 번째 요인은 예상 밖의 이익변동이다. 분기이익의 예측치와 실제치의 차이인 예측오차를 측정하여 예측오차에 따라 다음과 같이 분류하여 각각에 점수를 부여한다.

예측오차	점수
−30% 이하	−400점
−15%~−29%	−200
−14%~+14%	0
+15%~+29%	+200
+30% 이상	+400

이상에서 설명한 세 가지 요인을 각각의 기준에 따라 분류하여 이를 합산한 최종점수를 계산하여 그 결과에 따라 다음과 같은 다섯 가지 등급으로 분류한다.

상위 100개 보통주	1등급
다음 상위 300개 보통주	2등급
다음 상위 900개 보통주	3등급
다음 상위 300개 보통주	4등급
하위 100개 보통주	5등급

1등급은 가장 높은 주가상승이 예상되는 보통주로 구성되며, 5등급은 가장 높은 주가하락이 예상되는 보통주로 구성된다.

연습문제

1. 다음 용어를 간략하게 설명하시오.

1) 항상성장률모형
2) 상대적 가치평가모형
3) 배당할인모형
4) 내재가치
5) 제로성장률모형
6) 다단계성장률모형
7) 배당성향
8) *PER*
9) *PCR*
10) *PBR*
11) *PSR*

2. 보통주의 평가방법으로 순현재가치법과 내부수익률법을 비교 설명하시오.

3. 주당순이익의 성장원천에 대하여 설명하시오.

4. 보통주의 가치평가방법으로서 할인현금흐름법과 상대적 가치평가법에 대하여 설명하시오.

5. 배당할인모형에 대하여 설명하시오.

6. 상대적 가치평가법에서 이용되는 재무비율에 대하여 설명하시오.

7. 다단계성장률모형을 이용하여 보통주가치를 평가할 때 요구되는 투입자료에 대하여 설명하시오.

8. 금년도에 500원의 주당배당금을 지급한 서울(주)가 매년 4%씩 배당금을 증액지급하며, 서울주와 동일한 위험을 갖는 주식의 기대수익률이 12%이다. 서울주의 내재가치는 얼마인가?

9. 상도(주)에서 1년 전에 주당 454원의 배당금을 지급하였으며, 최근에 주당 500원의 배당금이 지급되었다. 상도주의 β 계수는 1.5이고, 무위험수익률은 6%, 그리고 시장포트폴리오의 위험프리미엄은 4%라고 한다. 최근의 배당성장률은 앞으로도 그대로 유지될 것으로 예상된다. 상도주의 내재가치는 얼마인가?

10. 소망주의 시장가격은 35,000원이고, 최근에 2,000원의 주당배당금이 지급되었으며, 주당배당금이 매년 6%씩 성장할 것으로 기대된다고 한다. 소망주의 할인율을 계산하시오.

11. 정훈기업은 지금까지 순이익의 60%를 재투자하였으며, 이러한 투자정책은 앞으로도 계속 유지된다고 한다. 재투자수익률은 10%로 매년 일정하며, 부채비율도 25%로 일정하고, 무위험수익률은 8%이며, 시장포트폴리오수익률은 15%이고, 정훈주의 β계수는 1.3이며, 금년도 주당배당금은 2,500원이고, 정훈주의 시장가격이 30,000원이다. 정훈주의 고평가 또는 저평가의 여부를 분석하시오.

12. 서울(주)의 금년도와 내년도의 배당성향은 각각 40%와 50%이며, 금년도의 주당수익이 5,000원이라고 한다. 금년도와 내년도의 신규투자수익률이 각각 30%와 40%라면 금년도와 내년도에 주당순이익이 각각 얼마의 율로 성장하는가?

13. 상도(주)의 금년도 주당순이익은 1,000원이고, 자기자본비용이 10% 이며, 상도주가 시장에서 180,000원에 거래되고 있다. 한편 상도(주)의 주당배당금은 2단계를 거쳐 성장할 것으로 기대된다. 향후 5년 동안 주당배당금이 매년 20%씩 성장을 보이다가 6년부터 영구적으로 매년 9%의 율로 성장할 것으로 예상된다고 한다.

(1) 다단계성장률모형을 이용하여 상도주의 내재가치를 추정하시오.

(2) 상도주가 시장에서 어느 정도 고평가 또는 저평가되고 있는가?

기출문제

1. 기업 A의 현재 주식 가격은 이 기업의 기대 배당금 흐름을 할인한 현재가치들의 합인 5만 원에 형성되어 있다. 이와 관련한 설명으로 옳지 않은 것은? (2016 9급 경제학)

① 기업 A의 할인율이 상승하면 이 기업의 주식가격은 상승한다.
② 기업 A의 기대 배당금흐름이 증가하면 이 기업의 주식가격은 상승한다.
③ 기업 A의 미래 현금흐름 변동성 위험이 증가할수록 이 기업의 할인율은 상승한다.
④ 기업 A의 미래현금흐름이 위험해질수록 이 기업의 주식가치는 하락한다.

2. (주)고구려의 자기자본비용은 14%이며 방금 배당을 지급하였다. 이 주식의 배당은 앞으로 계속 8%의 성장률을 보일 것으로 예측되고 있으며, (주)고구려의 현재 주가는 50,000원이다. 다음 중 옳은 것은? (2007 CPA)

① 배당수익률이 8%이다.
② 배당수익률이 7%이다.
③ 방금 지급된 주당 배당금은 3,000원이다.
④ 1년 후 예상되는 주가는 54,000원이다.
⑤ 1년 후 예상되는 주가는 57,000원이다.

3. ㈜대한의 발행주식수는 20만주이고 배당성향은 20%이며 자기자본이익률(return on equity)은 10%이다. 한편 ㈜대한 주식의 베타값은 1.4로 추정되었고 현재시점의 주당배당금(D_0)은 4,000원이며 무위험이자율이 4%, 시장포트폴리오의 기대수익률은 14%이다. 이러한 현상이 지속된다고 가정하고 배당평가모형을 적용하였을 때 가장 적절한 것은? (2012 CPA)

① ㈜대한의 성장률은 10%이다.
② ㈜대한의 성장률은 9%이다.

③ ㈜대한의 요구수익률은 19%이다.
④ ㈜대한의 1년후 시점의 주가(P_1)는 46,656원이다.
⑤ ㈜대한의 2년후 시점의 주가(P_2)는 55,388.48원이다.

4. 한국기업은 1년 후부터 매년 20,000원씩의 주당순이익을 예상하며 주당순이익 전부를 배당으로 지급하고 있다. 한국기업은 매년 순이익의 40%를 투자할 것으로 고려하고 있으며 이때 자기자본순이익률이 13%가 될 것으로 예상한다. 한국기업이 순이익 전부를 배당으로 지급하는 대신에 40%를 투자한다면 주가가 얼마나 변화하겠는가? 한국기업 주식의 적정 수익률은 13%이다. △P는 가격변화이다. (2006 CPA)

① △P ≤ −2,000원　② −2,000원 < △P < 0원
③ △P = 0원　④ 0원 < △P < 2,000원
⑤ △P ≥ 2,000원

5. (주)한국의 발행주식수는 100,000주이고 배당성향이 30%이며 자기자본이익률이 10%이다. (주)한국의 주식베타값은 1.2이고 올해 초 주당 배당금으로 2,000원을 지불하였다. 또한 무위험이자율이 5%이고 시장포트폴리오의 기대수익률이 15%이라고 한다. 이러한 현상이 지속된다고 가정할 때, (주)한국의 2년말 시점의 주가는 약 얼마가 되는가? (2005 CPA)

① 20,000원　② 21,400원　③ 22,898원
④ 24,500원　⑤ 26,216원

6. S사의 1년도 말($t = 1$)에 기대되는 주당순이익(EPS)은 2,000원이다. 이 기업의 내부유보율(retention ratio)은 40%이고 내부유보된 자금은 재투자수익률(ROE) 20%로 재투자된다. 이러한 내부유보율과 재투자수익률은 지속적으로 일정하게 유지된다. S사의 자기자본비용이 14%라고 할 경우 S사 주식의 이론적 가격(P_0)에 가장 가까운 것은? (2014 CPA 경영학)

① 13,333원　② 16,333원　③ 20,000원　④ 21,600원　⑤ 33,333원

7. ㈜한국은 100억원을 투자하여 전자사업부를 신설하려고 하는데 향후 순현금흐름은 다음과 같이 예상된다. 순현금흐름의 성장률은 $t = 1 \sim 4$ 시점까지는 높게 형성되다가, $t = 5$ 시점 이후부터는 4%로 일정할 것으로 예상된다. 할인율은 고성장기간 동안 20%, 일정성장기간 동안 10%라고 할 때, 이 투자안의 순현재가치(NPV)

와 가장 가까운 것은? (2009 CPA)

t	1	2	3	4	5
순현금흐름 (단위 : 억원)	10	16	20	30	16

① −6.30억원 ② 26.13억원 ③ 74.09억원
④ 80.41억원 ⑤ 84.13억원

8. 다음에 주어진 자료에 근거하여 A, B 두 기업의 현재 주당 주식가치를 평가했을 때, 두 기업의 주당 주식가치의 차이와 가장 가까운 것은? (단, 배당금은 연 1회 연말에 지급한다.) (2011 CPA)

> 기업 A : 내년(t=1)에 주당 2,500원의 배당금을 지급하고 이후 2년간(t=2~3)은 배당금이 매년 25%로 고성장하지만, 4년째(t=4)부터는 5%로 일정하게 영구히 성장할 것으로 예상된다. 주주의 요구수익률은 고성장기간 동안 연 15%, 이후 일정성장기간 동안 연 10%이다.
> 기업 B : 올해 주당순이익은 3,200원이며, 순이익의 80%를 배당금으로 지급하였다. 순이익과 배당금은 각각 매년 5%씩 성장할 것으로 예상되고, 주식의 베타(β)는 1.20이다. 무위험자산수익률은 2.5%, 위험프리미엄은 6.0%이다.

① 3,477원 ② 3,854원 ③ 4,114원
④ 4,390원 ⑤ 4,677원

9. ㈜XYZ는 금년도($t = 0$)에 1,000원의 주당순이익 가운데 60%를 배당으로 지급하였고, 내부유보된 자금의 재투자수익률(ROE)은 10%이다. 내부유보율과 재투자수익률은 영원히 지속될 것으로 기대된다. ㈜ XYZ에 대한 주주들의 요구수익률은 9%이다. 다음 중 가장 적절하지 않은 것은? 단, 일정성장배당평가모형(constant dividend growth model)이 성립하고, 주가는 이론적 가격과 동일하며, 또한 이론적 가격과 동일하게 변동한다고 가정한다. (2015 CPA)

① 다른 조건이 일정할 때, 재투자수익률이 상승하면 ㈜XYZ의 현재($t = 0$) 주가는 하락할 것이다.
② 다른 조건이 일정할 때, ㈜XYZ가 내부유보율을 증가시키면 배당성장률은 상승한다.
③ 1년 후($t = 1$) ㈜XYZ의 주당 배당은 624원이다.
④ ㈜XYZ의 현재($t = 0$) 주가는 12,480원이다.
⑤ ㈜XYZ의 주가수익비율(주가순이익비율, PER)은 매년 동일하다.

제10장 회계이익의 분석

제9장에서 우리는 보통주의 가치를 평가하는 방법에 대하여 살펴보았다. 할인현금흐름모형에 의하면 보통주의 내재가치는 미래에 기대되는 주당배당금을 위험조정할인율(자기자본비용)로 할인한 현재가치를 의미한다. 따라서 보통주의 내재가치를 추정하기 위해서는 미래의 주당배당금을 예측해야 한다. 주당배당금은 주당순이익에 배당성향을 곱한 것과 같기 때문에 주당순이익과 배당성향을 예측함으로써 주당배당금을 추정할 수 있다.

실제로 재무분석가들은 다양한 방법을 이용하여 주당순이익과 배당성향을 예측하고 있다. 이 장에서는 주당순이익과 배당금을 예측할 때 알아두어야 하는 이익의 특성에 대하여 살펴보기로 한다.

Ⅰ. 이익과 주가의 관계

1 이익, 배당과 주가의 관계

배당금은 주주들이 기업으로부터 직접 받을 수 있는 현금흐름에 해당되기 때문에 특히 주주들에게 중요한 의미를 갖는다. 제9장에서 설명한 배당할인모형에 의하면 배당성향이 높아짐에 따라 주주들의 부가 증가할 것이다. 이와 같은 사실은 배당정책이 주주들에게 매우 중요한 의미를 갖는다는 것을 의미한다. 그러나 밀러-모디글리아니(M. Miller

-F. Modigliani, 1961, 이하 M-M)는 보통주의 내재가치는 주당배당금이 아니라 잉여현금흐름(free cashfiow)에 의해서 결정되기 때문에 주주들에게 중요한 의미를 갖는 것은 기업의 수익력이라고 주장하였다.[1)]

M-M은 기업이 순이익에서 신규투자액을 공제한 차액보다 많은 배당을 지급하거나 적은 배당을 지급하더라도 이와 같은 배당지급이 주주들의 부에 영향을 미치지 않는다고 주장하였다. 주주들은 순이익에서 신규투자액을 공제한 차이인 현금흐름$(E_t - I_t)$을 소비할 수 있기 때문에 미래에 기대되는 현금흐름$(E_t - I_t)$을 적절한 자기자본비용으로 할인함으로써 자기자본가치를 추정할 수 있다. 이를 수식으로 정리하면 식 (1)과 같다.

$$S_0 = \frac{(E_0 - I_0)}{(1+r)^0} + \frac{(E_1 - I_1)}{(1+r)^1} + \frac{(E_2 - I_2)}{(1+r)^2} + \cdots + \frac{(E_\infty - I_\infty)}{(1+r)^\infty} \quad (1)$$

식 (1)에서 볼 수 있는 것처럼 자기자본가치는 미래에 기대되는 현금흐름$(E_t - I_t)$의 현재가치와 일치함을 알 수 있다. 이와 같은 사실은 보통주의 가치평가에서 기업의 배당정책은 의미가 없으며, 신규투자에 따라 영향을 받는 기업의 미래 수익력이 중요한 의미를 갖는다는 것을 암시한다.

그렇다면 제9장에서 설명한 배당할인모형과 M-M의 배당무관련이론은 서로 상충되는 것인가? 얼핏 보기에 배당할인모형과 M-M의 배당무관련이론이 서로 상충되는 것처럼 보이지만 그렇지 않다. M-M의 배당무관련이론에 의하면 부채정책과 투자정책의 효과를 통제하는 경우 현재의 배당을 높일수록 배당지급에 필요한 재원을 신규보통주의 발행을 통해서 조달해야 하기 때문에 발행주식수의 증가에 따라 미래의 배당금이 그만큼 줄어든다. 따라서 M-M의 모형에 의하면 현재의 배당증가는 미래의 배당감소와 정확하게 상쇄되기 때문에 주주의 부가 달라지지 않게 된다.

❷ 배당의 결정요인

1) 현재의 이익 수준

일반적으로 일정한 배당성향을 유지하는 기업은 흔치 않다. 왜냐하면 매년 순이익

1) Merton H. Miller and Franco Modigliani, "Dividend Policy, Growth and the Valuation of Shares", *The Journal of Business,* Vol. 34, No. 4 (Oct.), 1961, pp. 411~433.

이 변동하기 때문에 일정한 배당성향에 따라 배당을 지급하는 경우 그에 따라 배당금도 변동하기 때문이다. 따라서 기업은 장기적인 관점에서 바람직한 배당수준을 유지하려고 한다.

린트너(J. Lintner, 1956)의 연구결과에 따르면, ① 대부분의 경영자는 장기적인 목표배당성향에 따라 배당금을 단계적으로 조정하고 있으며, ② 절대적인 배당수준보다 배당조정의 상대적인 크기에 중요한 의미를 부여하며, ③ 1년 또는 2년 이내에 다시 조정하여야 하는 경우 이익수준과 관계없이 배당금을 조정하지 않고, ④ 순이익이 장기적이고 지속적으로 증가할 것이라는 확신이 있을 때에 배당금을 상향조정하는 경향이 있다.[2)]

린트너의 주장대로 기업이 장기적인 목표배당성향에 따라 배당을 지급하는 경우 t년의 목표배당지급액은 식 (2)와 같다.

$$D_t^* = T_D \times E_t \tag{2}$$

D_t^* : t년의 목표배당지급액
T_D : 장기적인 목표배당성향
E_t : t년의 순이익

식 (2)의 양 변에서 $t-1$년도의 실제배당지급액을 공제하여 t년의 목표배당조정액에 대한 식으로 나타내면 식 (3)과 같다.

$$D_t^* - D_{t-1} = T_D E_t - D_{t-1} \tag{3}$$

D_{t-1} : $t-1$년의 실제배당지급액

그러나 대부분의 기업에서 배당금을 한꺼번에 D_{t-1}에서 D_t^*로 상향조정하지 않고 단계적으로 조정하는 경향이 있기 때문에 t년도의 실제배당조정액은 식 (4)와 같다.

$$D_t - D_{t-1} = a(D_t^* - D_{t-1}) \tag{4}$$

a : 배당조정계수($0 \leq a \leq 1$)

2) J. Lintner, "Distribution of Incomes of Corporations among Dividends, Retained Earnings and Taxes," *The American Economic Review,* Vol. 46, No. 2 (May), 1956, pp. 97~113.

식 (4)에서 D_t^* 대신에 $T_D E_t$ 를 대입하여 D_t 에 대하여 정리하면 식 (5)와 같다.

$$D_t = a T_D E_t + (1 - a) D_{t-1} \tag{5}$$

식 (5)에서 볼 수 있는 것처럼, t년의 실제배당지급액은 t년의 순이익과 직전 연도의 배당수준에 따라 결정됨을 알 수 있다.

한편 식 (5)를 실제배당조정액인 $(D_t - D_{t-1})$에 대하여 정리하면 식 (6)과 같다.

$$D_t - D_{t-1} = a (T_D E_t - D_{t-1}) \tag{6}$$

식 (6)에서 보여주는 것처럼, 실제배당조정액은 순이익과 양(+)의 상관관계, 그리고 전년도의 배당지급액과 음(−)의 상관관계에 있음을 알 수 있다. 다시 말하여 실제배당조정액의 크기는 당해년도의 순이익이 높을수록 증가하며, 직전 연도의 배당지급액이 높을수록 줄어든다.

예제 1

- 서울(주)의 금년도 순이익은 20억원이며, 전년도 배당지급액은 8억원, 목표배당성향은 60%이고, 배당조정계수는 0.5이다.
- 금년도의 배당지급액을 계산하시오.

식 (5)를 이용하여 서울(주)의 실제배당지급액을 구하면 다음과 같다.

$$D_t = 0.5 \times 0.6 \times 20\text{억원} + (1 - 0.5) \times 8\text{억원} = 10\text{억원}$$

목표배당성향에 따라 배당을 지급한다고 가정할 때 금년도에 지급해야 하는 목표배당지급액은 12억원(20억원×0.6)이지만 배당금을 단계적으로 조정한다고 가정하였다. 따라서 배당조정계수가 0.5이므로 전년도의 배당지급액 8억원과 배당조정액 2억원[0.5×(12억원-8억원)]을 합한 10억원을 금년도에 배당으로 지급할 수 있다.

파마(E. F. Fama, 1974)는 식 (6)과 같은 배당결정모형이 실제로 기업의 배당결정행위를 어느 정도 설명하고 있는가를 실증적으로 분석하였다.[3)]

3) E. F. Fama, "The Empirical Relationship between the Dividend and Investment Decision of Firms," *The American Economic Review,* Vol. 64, No. 3 (Jun.), 1974, pp. 304~318.

〈표 10.1〉 목표배당성향과 배당조정계수(1946-1968년, 표본기업 298개)

배당조정계수	누적비율	목표배당성향	누적비율	R^2	누적비율
0.104	10%	0.401	10%	0.10	10%
0.182	30	0.525	30	0.32	30
0.251	50	0.584	50	0.42	50
0.339	70	0.660	70	0.54	70
0.470	90	0.779	90	0.72	90
평균 0.269		0.591		0.42	

자료 : E. F. Fama, "The Empirical Relationship Between the Dividend and Investment Decisions of Firms," *American Economic Review 64*, June, 1974, p. 310.

〈표 10.1〉에서 볼 수 있는 바와 같이, 목표배당성향과 배당조정계수의 평균값이 각각 0.591(59.1%)와 0.269인 것으로 나타났다. 그러나 대부분의 기업에서 실제로 지급되는 배당지급패턴이 목표배당성향 및 배당조정계수에서 암시하는 패턴과 상당한 차이가 있음을 발견하였다.

2) 미래의 이익 수준

〈표 10.2〉에서 파마-바비에크(E. F. Fama-H. Babiak, 1968)의 연구결과를 보여주고 있다.4) 〈표 10.2〉에서 보여주는 것처럼 표본기업 중에서 전년도에 비하여 순이익이 증가한 기업은 59.3%이었고, 그 중 65.8%에 해당하는 기업에서 배당을 상향조정한 것으로 나타났다. 한편 전년도에 비하여 순이익이 감소한 기업은 40.7%이었고 이들 기업에서 39.5%만 배당을 하향조정한 것으로 나타났다.

〈표 10.2〉 392개 제조업의 순이익과 배당의 변화(1946년-1964년)

이익변화			상대적 비율		
t년	t-1년	상대적 비율	배당증가	배당불변	배당감소
+		59.3%	65.8%	13.9%	20.3%
−		40.7	42.8	17.7	39.5
+	+	33.4	74.8	11.4	13.8
+	−	25.9	54.1	17.2	28.7
−	+	24.7	49.7	16.9	33.4
−	−	16.0	31.8	19.4	48.8

자료 : E. F. Fama and H. Babiak, "Dividend Policy : An Empirical Analysis," *Journal of the American Statistical Association 63*, Dec., 1968, p. 1134

4) E. F. Fama and H. Babiak, "Dividend Policy : An Empirical Analysis," *Journal of the American Statistical Association,* Vol. 63, No. 324 (Dec.), 1968, pp. 1132~1161.

이러한 현상은 연속적으로 순이익이 증가하거나 감소한 경우에서 더욱 뚜렷하게 나타났다. 2년 동안 연속적으로 순이익이 증가한 기업은 33.4%이었고, 이들 기업 중 74.8%가 배당을 상향조정하였으며, 반대로 2년 동안 연속적으로 순이익이 감소한 기업은 16.0%이었고, 이들 기업 중 48.8%가 배당을 하향조정하였음을 볼 수 있다. 이러한 결과는 순이익이 지속적으로 증가할 때 배당수준이 상향조정되는 한편 순이익이 지속적으로 감소할 때 하향조정되는 경향이 있다는 사실을 입증하는 것이다.

증권시장에는 여러 형태의 불완전요인이 존재하고 있다. 이러한 불완전요인은 특히 기업의 재무정책결정에 영향을 미친다. 경영자가 기업의 미래 이익전망에 대한 내부정보를 소유하고 있는 것처럼, 한 사람 또는 한 집단이 독점적으로 소유하고 있는 정보를 비대칭적 정보(asymmetric information)라고 한다. 경영자가 기업의 미래 이익전망에 대한 내부정보를 일반투자자에게 전달하여 주가를 높임으로써 주주의 부를 극대화하는 유인(incentive)을 갖는다.[5] 주가를 높임으로써 더 많은 보상을 받을 수 있기 때문이다. 이와 같은 논리에 근거를 두고 있는 이론이 배당의 신호이론(the signalling theory of dividends)이다.

배당의 신호이론에 의하면, 배당증가는 그 기업의 순이익이 장기적으로 증가할 것이라는 경영자의 확신을 나타내는 신호(signal)이기 때문에 시장에서 유리한 뉴스(good news)로 받아들여지며, 한편 배당감소는 그 기업의 순이익이 장기적으로 감소할 것이라는 경영자의 확신을 전달하는 신호이기 때문에 시장에서 불리한 뉴스(bad news)로 받아들여진다.[6]

배당의 신호이론은 식 (4)에서 배당조정계수가 0인 경우를 의미한다. 구체적으로 배당조정계수가 0일 때 기대되는 배당조정액$(D_t - D_{t-1})$은 0원이 된다. 따라서 직전년도에 비하여 배당액이 상향조정되는 것은 유리한 뉴스로 작용하고, 반대로 배당액이 하향조정되는 것은 불리한 뉴스로 작용한다.

아로니-스워리(J. Aharony-I. Swary, 1980)의 실증적 연구결과에 의하면, 배당의 신호이론이 의미가 있는 것으로 나타나고 있다. 그들은 배당지급이 이익공시보다

---

5) 배당정책은 부채정책과 함께 경영자들이 내부정보를 일반투자자들에게 전달할 때 이용하는 신호표시도구(signalling device) 중 하나로 알려지고 있다.

6) 배당의 신호표시이론에 대한 자세한 내용은 다음 논문을 참고할 것. S. Bhattacharya, "Imperfect Information, Dividend Policy and "The Bird in Hand Fallacy," *The Bell Journal of Economics,* Vol. 10, No. 1 (Spring), 1979, pp. 259~270. ; N. H. Miller and K. Lock, "Dividend Policy under Asymmetric Information," *The Journal of Finance,* Vol. 40, No. 4 (Sep.), 1985, pp. 1031~1051.

그림 10-1 배당공시에 따른 누적적 비정상수익률

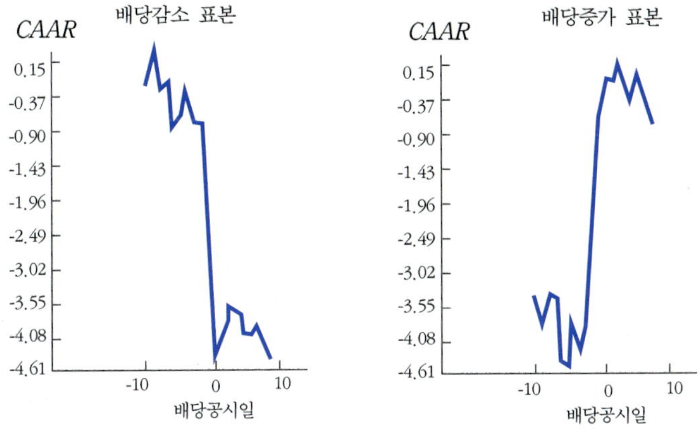

자료 : J. A. Aharony and I. Swary, "Quarterly Dividend and Earnings Announcements and Stockholders' Returns : An Empirical Analysis," *Journal of Finance* 35, March, 1980, p. 8.

적어도 11일 이전에 공시되었던 기업만을 표본으로 선정하여 배당공시에 따른 주가변화를 분석하였다.7)

[그림 10-1]에서 볼 수 있는 바와 같이, 배당증가와 배당감소를 공시한 표본에서 각각 의미 있는 양(+)의 주가반응과 음(-)의 주가반응이 있었음을 알 수 있다. 이와 같은 사실은 경영자가 기업의 미래 이익전망에 대한 내부정보를 일반투자자에게 전달할 때 배당정책을 신호표시도구로 이용하고 있다는 사실을 의미한다.

Ⅱ. 회계이익의 특성

회계이익의 예측은 특히 증권분석에서 중요한 의미를 갖는다. 보통주의 가치평가에서 요구되는 미래의 기대배당흐름이 회계이익과 밀접한 연관성을 갖고 있기 때문이다.

---

7) J. Aharony and I. Swary, "Quarterly Dividend and Earnings Announcements and Stockholders' Return : An Empirical Analysis," *The Journal of Finance,* Vol. 35, No. 1 (Mar.), 1980, pp. 1~12.

이하에서는 회계이익의 특성, 회계이익의 예측 그리고 회계이익에 대한 주가의 반응에 대하여 살펴보기로 하자.

1 회계이익과 경제적 이익

1) 회계이익

대부분의 기업에서는 일정한 회계처리원칙에 따라 매 회계연도 말에 재무제표를 작성하여 회계이익을 보고하고 있다. 회계이익(accounting earnings : E_t^a)은 수익에서 비용을 공제한 순이익을 의미한다. 따라서 회계이익은 주주들의 몫으로서 이를 발행주식수로 나눈 것을 주당순이익이라고 한다.

회계처리의 기본원리에 의하면 자기자본의 기말 장부가치는 기초 장부가치와 당해 회계년도의 유보이익을 합한 것으로 식 (7)과 같다.

$$B_t = B_{t-1} + E_t^a - D_t \tag{7}$$

B_{t-1} : t기초의 자기자본가치(장부가치)
B_t : t기 말의 자기자본가치(장부가치)
E_t^a : t기의 회계이익
D_t : t기의 배당금

식 (7)을 정리하여 회계이익에 대한 관계식으로 나타내면 식 (8)과 같다.

$$E_t^a = (B_t - B_{t-1}) + D_t \tag{8}$$

식 (8)에서 보여주는 바와 같이, 회계이익은 자기자본의 장부가치변화액과 배당지급액을 합한 것과 같다.

2) 경제적 이익

경제적 이익(economic earnings : E_t^e)은 기업의 경제적 가치변화액과 배당지급액을 합한 것으로 식 (9)와 같다.

그림 10-2 PBR 비율의 변화(유가증권시장, 2014. 1~2016. 6)

$$E_t^e = (V_t - V_{t-1}) + D_t \tag{9}$$

E_t^e : 경제적 이익
V_t : t기 말에서 기업의 경제적 가치
V_{t-1} : t기 초에서 기업의 경제적 가치

부채가치가 일정한 경우 식 (9)에서 기업의 경제적 가치변화액은 곧 자기자본의 시장가치변화액을 의미한다.

[그림 10-2]에서 우리나라 유가시장을 대상으로 하여 측정한 PBR(Price Book Value Ratio, 주가순자산 비율)의 변화를 보여주고 있다. PBR의 비율이 전반적으로 1.0보다 큰 값을 보일 뿐만 아니라 매년 크게 변동하고 있는 것으로 나타나고 있다. 이처럼 자기자본의 장부가치와 시장가치가 일치하지 않는다는 것은 회계이익과 경제적 이익에 상당한 차이가 존재함을 의미한다.

흔히 기업의 과거와 현재의 주당순이익을 보통주의 가치평가모형에 대입하여 내재가치를 추정하는 경우가 있는데, 이는 위험한 일이다. 왜냐하면 일반적으로 인정되는 기업회계기준에서 회계처리방법의 변경을 허용하고 있기 때문이다. 실제로 일부 경영자들은 회계처리방법을 바꾸어 회계이익을 부풀리거나, 성장률을 높이는 반면 이익변동성을 줄이려는 등의 시도를 하고 있다. 그러나 많은 실증적 연구에 의하면, 투자자들이 이와 같은 회계이익의 조작에 속임을 당하지 않는 것으로 알려지고 있다. 투자자들은 회계조작에 의한 회계이익의 증가보다 수익력의 개선에 의한 회계이익의 증가에 의미를 부여한다. 이러한 사실은 수익력의 개선에 의한 회계이익이 그 기업의 미래 이익전망에 대한 정보원으로 이용될 수 있음을 의미한다.

② 회계이익의 특성

1) 영구적 이익과 일시적 이익

[그림 10-3]에서 우리나라 유가시장 상장기업을 대상으로 하여 측정한 평균 *PER* (Price-Earning Ratio, 주가이익비율)의 변화를 보여주고 있다. 평균 *PER*이 시간의 경과에 따라 크게 변동하고 있음을 알 수 있다. 그 이유는 회계이익의 특성에 기인한다. 왜냐하면 회계이익에는 기업의 수익력과 무관한 일시적 이익이 포함되기 때문이다.

회계이익은 영구적 이익과 일시적 이익으로 구성되어 있다. [그림 10-3]에서 보여주는 것처럼 평균 *PER*이 시간의 경과에 따라 불규칙하게 변화하고 있는 이유는 일시적

그림 10-3 PER의 변화(유가증권시장, 2004. 1~2016. 6)

이익이 PER에 영향을 미치기 때문이다. PER은 일시적 이익이 양(+)의 값을 보일수록 낮아지며, 반대로 음(-)의 값을 보일수록 높아지게 된다.

영구적 이익(permanent profit)은 정상적인 영업활동으로부터 매년 계속적으로 실현되는 이익을 의미하며, 일시적 이익(transitory profit)은 정상적인 영업활동과 무관하게 일시적으로 실현되는 이익을 말한다. 예컨대 회계처리방법을 바꾸거나, 보유자산을 처분하여 얻어지는 이익 등은 수익력과 무관한 일시적 이익에 해당한다.

기업의 수익력이 일정하다면 영구적 이익은 매년 반복적으로 실현될 것이다. 그러나 일시적 이익은 기업의 수익력과 무관하기 때문에 시간의 경과에 따라 크게 변동하는 특성을 갖는다.

보통주의 내재가치는 기업의 미래 수익력에 따라 영향을 받는다. 이와 같은 사실은 보통주의 가치변화가 일시적 이익의 변화가 아니라 영구적 이익의 변화와 깊은 연관성을 갖는다는 것을 의미한다. 따라서 PER모형을 이용하여 보통주의 가치를 평가하기 위해서는 이와 같은 회계이익의 특성을 잘 이해하여야 한다.

예제 2

○ 강남(주)와 인천(주)에 대한 재무자료는 다음과 같다.

강남(주)와 인천(주)의 재무자료

	강남(주)	인천(주)
주가	30,000원	30,000원
주당순이익	5,000	3,000
영구적 이익	4,000	4,000
일시적 이익	1,000	-1,000
PER	6배	10배

○ 주가가 동일함에도 두 기업의 PER이 서로 다른 이유를 설명하시오.

결론적으로 수익력이 동일함에도 불구하고 두 기업의 PER이 서로 다른 이유는 수익력과 무관한 일시적 이익이 다르기 때문이다. [예제 2]에서 보여주는 것처럼 영구적 이익이 동일함에도 불구하고 강남(주)와 인천(주)의 PER이 각각 6배와 10배로서 차이를 보이는 이유는 일시적 이익이 각각 주당 1,000원과 -1,000원으로 큰 차이를 보이고 있기 때문이다. 이와 같은 사실은 상대적 가치평가모형인 PER모형을 이용하여 보통주의 가치를 평가하는 경우 기업의 수익력을 나타내는 영구적 이익에 기초하여 PER을 추정하는 것이 바람직함을 시사한다.

기업의 수익력이 개선될수록 영구적 이익이 증가하며, 영구적 이익의 증가는 미래의 이익전망이 밝다는 것을 의미한다. 따라서 미래의 이익전망이 밝은 기업의 주가는 상승할 것이고, 주가의 상승에 따라 PER도 높아질 것이다.

한편 일시적 이익이 PER의 변화에 미치는 영향은 포트폴리오를 구성함으로써 제거시킬 수 있다. 개별 보통주의 경우 PER이 시간의 경과에 따라 무작위하게 변동한다면 포트폴리오의 PER은 시간의 경과에 따라 전체시장의 평균 PER에 수렴하는 특성을 보일 것이다. 비버-모스(Beaver-Morse, 1978)의 연구에서 그 증거를 찾을 수 있다.[8] [그림 10-4]에서 비버-모스의 연구결과를 보여주고 있다.

그림 10-4 비버-모스의 실증적 증거

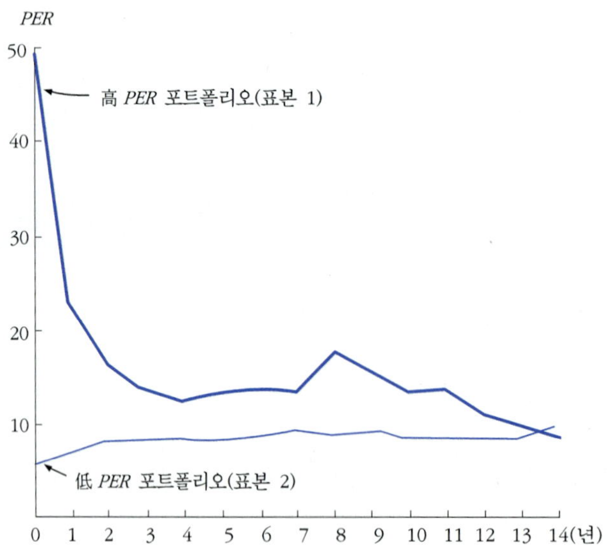

자료 : W. Beaver and D. Morse, "What Determines Price-Earnings Ratio?", *Financial Analysts Journal 34*, July-August, 1978, p. 68.

---

8) W. Beaver and D. Morse, "What Determines Price-Earnings Ratio?", *Financial Analysts Journal,* Vol. 34, No. 4 (Jul.-Aug.), 1978, pp. 65~76.

[표본 1]은 높은 PER을 갖는 증권으로 구성된 포트폴리오이며, [표본 2]는 낮은 PER을 갖는 증권으로 구성된 포트폴리오이다. [그림 10-4]에서 보여주는 것처럼 두 포트폴리오의 PER이 시간의 경과에 따라 전체시장의 평균 PER에 수렴하고 있음을 알 수 있다. 이러한 결과는 높은 PER을 갖는 기업으로 구성되는 [표본 1]의 경우 표본기업의 일시적 이익이 음(-)의 값을, 그리고 낮은 PER을 갖는 기업으로 구성되는 [표본 2]의 경우 표본기업의 일시적 이익이 양(+)의 값을 갖는 경향이 있음을 시사한다. 왜냐하면 음(-)의 일시적 이익은 PER을 일시적으로 상승시키며, 양(+)의 일시적 이익은 PER을 일시적으로 하락시키는 요인으로 작용하기 때문이다.

2) 회계이익의 시계열 특성

보통주의 가치를 평가하기 위해서는 주당순이익을 예측해야 하기 때문에 역사적인 자료를 이용하여 시간의 경과에 따른 주당순이익의 변화패턴을 분석하여 회계이익의 시계열 특성을 파악해야 한다. 이러한 분석은 성장기업의 가치를 평가하는데 있어 특히 중요한 의미를 갖는다.

역사적인 자료를 분석하여 보면 수당순이익이 전체기업의 평균성장률보다 높은 율로 성장하는 기업이 있는 한편 낮은 율로 성장하는 기업도 있다. 이처럼 전체기업의 평균성장률보다 높은 율로 성장하는 기업을 성장기업이라고 하며, 낮은 율로 성장하는 기업을 사양기업이라고 한다.

〈표 10.3〉에서 브릴리(Brealey, 1983)의 연구결과를 보여주고 있다.[9] 그는 1950년~1964년 동안에 610개 기업을 대상으로 세후순이익의 변화율을 계산하여 이익변화율이 50분위 이상인 기업을 우수기업으로, 50분위 이하인 기업을 사양기업으로 분류하였다.

〈표 10.3〉의 두 번째와 세 번째 열은 지속적인 성장을 보인 우수기업과 사양기업의 수를 보여주고 있으며, 마지막 열은 평균성장률보다 높은 성장을 지속한 기간과 낮은 성장을 지속한 기간의 상대적 빈도가 50 대 50이라고 가정할 때 기대되는 기업수를 보여주고 있다.

〈표 10.3〉에서 볼 수 있는 바와 같이 평균 이상 또는 평균 이하의 이익성장이 미래에도 그대로 지속되지 않는 것으로 나타났다. 이와 같은 결과는 이익변화율이 시계열

9) R. A. Brealey, *An Introduction to Risk and Return from Common Stocks*, Cambridge, Mass.: The MIT Press, 1983.

적으로 독립적이라는 사실을 뒷받침하는 증거이다. 따라서 위의 연구결과에 의하면 회계이익이 시간의 경과에 따라 마팅겔 모형에 따르고 있다고 말할 수 있다.

〈표 10.3〉 회계이익의 시계열 특성(표본 : 610개사, 1950-1964년)

성장기간	평균 이상의 성장률을 보인 기업수	평균 이하의 성장률 보인 기업수	확률이 50 : 50이라고 가정할 때의 기업수
1	1,152	1,102	1,068
2	562	590	534
3	266	300	267
4	114	120	133
5	55	63	67
6	24	20	33
7	23	12	17
8	5	6	8
9	3	3	4
10	6	0	2
11	2	0	1
12	1	0	1
13	0	0	0
14	0	1	0

자료 : R. A. Brealey, *An Introduction to Risk and Return from Common Stocks*, Cambridge, Mass. : The MIT Press, 1983, p. 89.

마팅겔 모형에 의하면 t년의 회계이익이 t-1년의 회계이익을 중심으로 무작위하게 변동하기 때문에 이를 수식으로 정리하면 식 (10)과 같다.

$$E_t = E_{t-1} + e_t \tag{10}$$

E_t : t년의 순이익
E_{t-1} : $t-1$년의 순이익
e_t : 확률적 오차항

3) 회계이익의 횡단면 특성

개별기업의 회계이익은 경제 및 산업성과에 따라 영향을 받는다. 이는 전체 경제와 산업의 평균이익이 변동함에 따라 개별기업의 회계이익이 함께 변동하는 경향이 있음을 의미한다.

브릴리(Brealey, 1971)의 연구결과에 의하면 산업에 따라 차이가 있지만 회계이익이 전체 경제와 산업의 성과에 따라 영향을 받는 것으로 알려지고 있다.[10] 그는 1948년~1966년 동안에 217개 기업의 회계이익을 전체 기업의 평균이익 및 동일산업의 평균이익과 비교하여 이익변동의 상대적 비율을 분석한 결과, 이익변동의 상대적 비율이 산업에 따라 현저한 차이가 있었으며, 평균적으로 전체 기업과 산업의 이익변동이 개별기업의 이익변동을 각각 21%씩 설명하였음을 발견하였다.

Ⅲ. 회계이익의 예측

1 회계이익의 예측

브릴리(Brealey, 1983)의 연구결과는 회계이익이 시간의 경과와 관계없이 무작위하게 변동하는 이른바 마팅겔모형(martingale model)에 따른다는 가설과 일치한다. 마팅겔모형에 의하면 금년도의 기대이익은 전년도의 회계이익과 같다. 따라서 금년도의 실제이익이 전년도의 이익 이상으로 증가하는 경우에는 예상 밖으로 이익이 증가하였다고 말할 수 있으며, 반대로 그 이하로 감소하는 경우에는 예상 밖으로 이익이 감소하였다고 말할 수 있다.

마팅겔모형에 의하면 t년도의 기대이익은 t-1년도의 실제이익과 같으며, 이는 식 (11)과 같다.

$$E(E_t) = E_{t-1} \qquad (11)$$

그러나 분기 또는 반기이익은 판매의 계절성에 따라 영향을 받는다. 예를 들어 아이스크림의 판매량은 여름에 증가하고, 겨울에 감소하는 경향이 있기 때문에 상반기의 회계이익이 더 많을 것이다. 따라서 분기 또는 반기이익을 예측할 때는 이와 같은 계절적 요인을 고려해야 한다.

---

10) R. Brealey, "Some Implications of the Comovement of American Company Earnings", *Applied Economics,* Vol. 3, No. 3 (Sep.), 1971, 183~196.

계절적 요인을 고려하는 하나의 방법은 t년도 하반기의 전년동기 대비 이익변화액($\Delta E_{t,2}$)을 t년도 상반기의 전년동기 대비 이익변화액($\Delta E_{t,1}$)에 회귀시키는 방법이다. 이와 같은 방법으로 분기 또는 반기이익을 예측하는데 이용되는 모형을 자기회귀모형(auto regression model)이라고 한다. 자기회귀모형은 식 (12)와 같다.

$$\Delta E_{t,2} = a + b(\Delta E_{t,1}) + e_t \tag{12}$$

$\Delta E_{t,2}$: t년도 하반기의 전년동기 대비 이익변화액
$\Delta E_{t,1}$: t년도 상반기의 전년동기 대비 이익변화액
a, b : 회귀계수
e_t : 확률적 오차항

식 (12)에서 t년도 상반기와 하반기의 이익변화액은 식 (13) 및 식 (14)와 같다.

$$\Delta E_{t,1} = E_{t,1} - E_{t-1,1} \tag{13}$$

$$\Delta E_{t,2} = E_{t,2} - E_{t-1,2} \tag{14}$$

식 (13)과 (14)를 식 (12)에 대입하여 $E_{t,2}$에 대하여 정리하면 식 (15)와 같다.[11)]

$$E_{t,2} = a + E_{t-1,2} + b(E_{t,1} - E_{t-1,1}) + e_t \tag{15}$$

따라서 식 (16)을 이용하여 t년도 하반기의 기대이익을 예측할 수 있다.

$$E(E_{t,2}) = a + E_{t-1,2} + b(E_{t,1} - E_{t-1,1}) \tag{16}$$

예제 3

- ○ 역사적인 반기이익 자료를 분석한 결과 식 (15)에서 a와 b가 각각 50원과 0.4로 추정되었다.
- ○ 작년도 하반기와 상반기의 주당이익은 각각 2,000원과 3,000원이었으며, 금년도 상반기의 주당이익은 2,600원이었다.
- ○ 금년도 하반기에 기대되는 반기이익을 추정하시오.

11) 전년 동기 하반기 이익변화액을 종속변수로, 그리고 전년 동기대비 상반기 이익변화액을 독립변수로 하는 식 (12)를 통하여 회귀계수 a와 b를 추정할 수 있다.

식 (16)을 이용하여 금년도 하반기에 기대되는 주당이익을 추정하면 다음과 같다.

$$E_{t,2} = 50원 + 2,000원 + 0.4(2,600원 - 3,000원) = 1,890원$$

2 재무분석가의 예측력

재무분석가들은 회계이익의 시계별 특성 이외에 다양한 기업의 내·외적 정보를 이용하여 미래의 이익을 예측하고 있다. 따라서 이익의 시계열 특성만을 고려한 시계열예측모형을 이용하는 것보다 더 정확하게 이익을 예측한다고 말할 수 있다. 과연 재무분석가들이 앞서 설명한 자기회귀모형과 같은 계량적 모형을 이용할 때보다 더 정확하게 이익을 예측하고 있는가?

브라운-로제프(Brown-Rozeff, 1978)가 이에 대한 흥미로운 연구결과를 발표하였다. 그들은 1971년~1975년 동안에 50개의 표본기업을 선정하여 식 (16)의 자기회귀모형에 의한 분기이익의 예측치와 Value Line Investment Survey에 보고된 재무분석가의 이익예측치를 비교·분석한 결과 재무분석가의 이익예측이 상대적으로 우수하였음을 발견하였다.[12] 이와 같은 결과는 재무분석가들이 실제로 이익의 시계열특성 이외에 다양한 정보를 이용하여 이익을 예측하고 있음을 의미한다.

〈표 10.4〉 재무분석가와 자기회귀모형의 이익예측의 비교

실제이익의 상대적 비율로 측정한 예측오차	자기회귀모형 식 (16)	분석가의 예측치 Value Line사
5%	15.0%	18.0%
10	26.5	32.0
25	54.5	63.5
50	81.0	86.5
75	87.5	90.5
100	89.5	92.0

자료: L. D. Brown and M. S. Rozeff, "The Superiority of Analyst Forecasts as Measures of Expectations: Evidence from Earnings", *Journal of Finance 33,* March, 1978, pp. 7~8.

〈표 10.4〉에서 보여주는 바와 같이 재무분석가와 자기회귀모형에 의한 이익예측치의 32%와 26.5%가 10% 이내의 예측오차율을 보임으로써 재무분석가의 예측정확도가

12) L. D. Brown and M. S. Rozeff, "The Superiority of Analyst Forecasts as Measures of Expectations : Evidence from Earnings", *The Journal of Finance,* Vol. 33, No. 1 (Mar.), 1978, pp. 1~16.

상대적으로 높았으며, 이와 같은 결과는 예측오차의 범위를 달리한 경우에도 달라지지 않았다.

③ 예측오차의 원천

재무분석가들이 시계열정보 이외에 많은 다양한 정보를 이용하더라도 실제이익과 일치할 정도로 정확하게 예측할 수는 없으며, 어느 정도의 예측오차를 감수해야 한다. 그렇다면 이와 같은 예측오차는 주로 어떤 요인에 기인하는가?

엘톤-그루버-굴테킨(Elton-Gruber-Gultekin, 1984)이 이와 같은 질문에 대한 해답을 제시하는 연구결과를 제시하였다. 그들은 재무분석가들의 이익예측오차를 세 가지의 부분, 즉 경제, 산업 및 개별기업의 성과에 대한 불확실성에 기인하는 부분으로 구분하여 예측오차의 원천을 분석하였다.[13)]

〈표 10.5〉에서 보여주는 바와 같이 경제성과의 불확실성에 기인하는 예측오차는 모든 월에서 3% 미만으로 매우 작았으며, 산업성과의 불확실성에 기인하는 예측오차는 1월의 37.3%에서 시간의 경과에 따라 12월에는 15.5%까지 감소하였던 반면에 기업

〈표 10.5〉 이익에 대한 예측오차의 원천

	경제성과	산업성과	기업성과
1월	2.0%	37.3%	60.7%
2	2.2	36.8	61.0
3	2.4	36.2	61.5
4	2.1	33.1	64.8
5	2.5	32.6	64.9
6	2.7	29.4	67.9
7	2.8	30.2	67.0
8	2.7	30.6	66.8
9	2.7	26.5	70.8
10	2.3	26.3	71.5
11	1.3	23.0	75.7
12	0.8	15.5	83.7

자료 : E. J. Elton, M. J. Gruber and M. N. Gultekin, "Professional Expectations : Accuracy and Diagnosis of Errors", *Journal of Financial and Quantitative Analysis*, Dec., 1984. P. 357.

13) E. J. Elton, M. J. Gruber and M. N. Gultekin, "Professional Expectations : Accuracy and Diagnosis of Errors", *The Journal of Financial and Quantitative Analysis,* Vol. 19, No. 4 (Dec.), 1984, pp. 351~363.

성과의 불확실성에 기인하는 예측오차는 1월의 60.7%에서 12월의 83.7%까지 증가하고 있음을 알 수 있다. 이와 같은 결과는 예측오차의 대부분이 기업성과의 불확실성에 기인하고 있음을 의미한다. 따라서 경제성과나 산업성과에 대한 예측보다 기업성과에 대한 예측이 보다 중요한 의미를 갖는다고 볼 수 있다.

Ⅳ. 이익공시의 시장반응

1 이익공시와 주가의 관계

주가는 실제이익과 기대이익의 차이에 따라 영향을 받는다. 실제이익이 기대이익보다 높을수록 주가는 상승하며, 실제이익이 기대이익보다 낮을수록 주가는 하락한다. 예를 들어 금년도의 주당이익을 3,000원으로 기대하였는데, 실제로 주당이익이 3,200원으로 증가는 경우에는 주가가 상승하지만, 주당이익이 2,900원으로 하락하는 경우에는 주가가 하락한다.

니이더호퍼-리건(Niederhoffer-Regan, 1972)의 연구결과에서 이에 대한 증거를 찾을 수 있다. 그들은 *NYSE*의 상장주식을 대상으로 1970년 중 주가가 가장 많이 상승한 보통주 50개, 가장 많이 하락한 보통주 50개와 무작위로 선정한 보통주 50개로 각각 포트폴리오를 구성하여 포트폴리오의 주가변화율과 이익변화율을 비교·분석하였다.[14]

〈표 10.6〉에서 보여주는 것처럼 주가변화율과 예상이익변화율 사이에서는 의미 있는 관계가 존재하지 않음을 알 수 있다. 모든 포트폴리오에서 주가변화율과 무관하게 예상이익변화율이 양(+)의 값을 보이고 있다. 이와 같은 결과는 금년도의 기대이익이 전년도의 실제이익보다 높다고 해서 주가가 상승한다고 볼 수 없으며, 반대로 낮다고 해서 주가가 하락한다고 볼 수 없음을 시사한다.

---

14) V. Niederhoffer and P. J. Regan, "Earnings Changes, Analysts' Forecasts, and Stock Prices", *Financial Analysts Journal,* Vol. 28, No. 3 (May-Jun.), 1972, pp. 65~71.

〈표 10.6〉 니이더호퍼-리건의 분석결과

포트폴리오	주가변화율	실제이익변화율	예상이익변화율
1	48.4%	+21.4%	+7.7%
2	−3.2	−10.5	+5.8
3	−56.7	−83.0	+15.3

자료 : V. Niederhoffer and P. J. Regan, "Earnings Changes, Analysts' Forecasts, and Stock Prices", *Financial Analysts Journal* 28, May..June, 1972, p. 67.

주가는 오히려 기대이익의 크기와 관계없이 예상 밖의 이익변화에 따라 반응하는 것으로 알려지고 있다. 〈표 10.6〉에서 보여주는 것처럼 주가변화율과 실제이익변화율 사이에 의미 있는 양(+)의 관계가 존재함을 알 수 있다. 이러한 결과는 회계이익이 시간의 경과에 따라 무작위하게 변동하는 이른바 마팅겔모형에 따른다는 회계이익의 시계열 특성을 고려하는 경우 예상 밖의 이익변화(실제이익−예상이익)에 따라 주가가 변동한다는 사실을 뒷받침하는 증거이다.

2 예상 밖의 이익변화와 주가의 반응

효율적 시장에서는 모든 이용 가능한 정보의 경제적 가치가 주가에 신속하게 반영된다. 따라서 주가가 예상 밖의 이익변화에 따라 영향을 받는다면 이와 같은 예상 밖의 이익변화 효과는 회계이익이 공시되는 시점 이전에서 주가에 반영될 것이다.

포스터-올슨-쉬브린(Foster-Olsen-Shevlin, 1984)이 이에 대한 연구결과를 제시하였다. 그들은 1974년~1981년까지의 기간에서 이익을 공시한 2,053개 기업을 표본으로 선정하여 이익공시에 따른 주가반응을 분석하였다.[15] 그들은 식 (17)의 자기회귀모형을 이용하여 각 표본기업의 기대 분기이익을 추정하였다.

$$E(QE_t) = a + QE_{t-4} + b(QE_{t-1} - QE_{t-5}) \tag{17}$$

식 (17)에서 a와 b는 1981년 2/4분기 이전의 역사적 분기이익 자료를 이용하여 추정된 회귀계수이다. 식 (17)을 이용하여 기대 분기이익을 추정한 다음 표본기업의 실제이익에서 기대이익을 차감하여 예측오차를 계산하여 예측오차를 예상 밖의 이익변

15) G. Foster, C. Olsen and T. Shevlin, "Earnings Releases, Anomalies and the Behavior of Security Returns", *The Accounting Review,* Vol. 59, No. 4 (Oct.), 1984, pp. 574~603.

화로 정의하였다. 예측오차는 식 (18)과 같다.

$$QE_{e_t} = QE_t - E(QE_t) \tag{18}$$

QE_{e_t} : 예상오차로서 예상 밖의 이익변화
QE_t : t분기의 실제이익
$E(QE_t)$: t분기의 기대이익

한편 이와 같은 예상 밖의 이익변화가 의미 있는 것인지를 파악하기 위하여 식 (19)을 이용하여 표준예측오차(standardized unexpected earnings : *SUE*)를 계산하였다.

$$SUE_t = \frac{QE_{e_t}}{\sigma(QE_{e_t})} \tag{19}$$

$\sigma(QE_{e_t})$: t분기~t-20분기의 기간에서 계산된 예측오차의 표준편차

예를 들어 대전(주)의 예상 주당순이익이 3,000원, 실제 주당순이익이 5,000원이라면 주당순이익의 예측오차는 2,000원이 된다.

$$QE_{e_t} = 5{,}000\text{원} - 3{,}000\text{원} = 2{,}000\text{원}$$

그런데 역사적 이익자료를 이용하여 추정된 예측오차의 표준편차가 800원이라면 표준예측오차는 다음과 같이 계산된다.

$$SUE_t = \frac{2{,}000}{800} = 2.5\text{원}$$

표준예측오차가 2.5원으로 회계이익의 예측오차(2,000원)가 과거의 평균적인 이익변동(표준편차 : 800원)보다 크기 때문에 의미있는 이익변화로서 회계이익이 예상 밖으로 증가하였다고 말할 수 있다.[16)]

이와 같은 방법으로 표본기업의 표준예측오차를 계산하여 그 크기에 따라 서열화한 후 동일한 규모로 10개의 포트폴리오를 구성하였다. 포트폴리오 1은 가장 큰 음(-)의 표준예측오차를 갖는 기업군을, 포트폴리오 10은 가장 큰 양(+)의 표준예측오차를

16) 예측오차의 표준편차가 4,000원이라면 표준예측오차가 0.5원(2,000원÷4,000원)으로 보고이익의 예측오차(2,000원)가 표준편차(4,000원)보다 작기 때문에 이익이 예상 밖으로 증가하였다고 말할 수 없다.

갖는 기업군을 의미한다.

〈표 10.7〉에서 10개의 포트폴리오에 대한 이익공시 전·후의 기간인 (-60일, 0일), (-1일, 0일)과 (+1일, 60일)의 평균비정상수익률을 보여주고 있다. 〈표 10.7(*a*)〉에서 보여주는 바와 같이 포트폴리오 10의 경우 이익공시일 이전부터 주가가 상승하였던 반면 포트폴리오 1의 경우에는 주가가 하락하였던 것으로 나타나고 있어 예상 밖의 이익변화액과 비정상수익률 사이에 강력한 양(+)의 상관관계가 존재함을 알 수 있다.

〈표 10.7〉 이익공시일 전·후 기간의 비정상수익률

포트폴리오	비정상수익률		
	(a) (−60일, 0일)	(b) (−1일, 0일)	(c) (+1일, +60일)
1	−5.57%*	−1.36%*	−3.2%*
2	−4.01*	−0.94*	−2.59*
3	−2.29*	−0.50*	−1.58*
4	−1.19**	−0.25*	−1.34*
5	−0.18*	0.04*	−0.48*
6	0.96	0.28*	0.55*
7	1.71*	0.54*	1.31*
8	3.41*	0.90*	2.46*
9	5.35*	1.40*	3.22*
10	5.83*	1.44*	2.93

* 표시는 1%수준에서 통계적으로 유의적임을 나타냄

자료: G. Foster, C. Olsen and T. Shevlin, "Earnings Releases, Anomalies and the Behavior of Security Returns", *Accounting Review 59*, Oct., 1984, p. 587.

〈표 10.7(*b*)〉에서 공시기간의 비정상수익률을 보여주고 있다. 예상 밖의 분기이익이 클수록 비정상수익률이 높아지고 있다. 포트폴리오 1의 비정상수익률은 -1.36%이었던 한편 포트폴리오 10의 비정상수익률은 1.44%이었다. 이와 같은 결과는 예상 밖의 이익증가가 시장에서 유리한 뉴스(good news)로 받아들여지고 있으며, 예상 밖의 이익감소는 불리한 뉴스(bad news)로 받아들여지고 있음을 의미한다.

한편 〈표 10.7(*c*)〉에서 (+1일, +60)일의 비정상수익률을 보여주고 있다. 예상 밖으로 높은 분기이익을 공시한 표본의 경우 공시일 이후에도 주가가 계속 상승하였던 반면 예상 밖으로 낮은 분기이익을 공시한 표본의 경우 공시일 이후에도 주가가 계속 하락하였던 것으로 나타나고 있어 사실상 시장에서 이익공시의 정보가 주가에 충분히 반영되고 있지 않는다는 증거로서 증권시장이 준강형에서 비효율적임을 시사한다.

연습문제

1. 다음 용어를 간략하게 설명하시오.

1) 회계이익	2) 경제적 이익	3) 목표배당성향
4) 사양기업	5) 비대칭적 정보	6) 영구적 이익
7) 일시적 이익	8) 예측오차	9) 배당조정계수

2. 배당할인모형과 $M-M$ (1961)의 배당모형을 비교 설명하시오.

3. 회계이익과 경제적 이익을 비교 설명하시오.

4. 회계이익을 예측할 때 발생되는 예측오차의 원천에 대하여 설명하시오.

5. 일시적 이익과 영구적 이익을 비교 설명하시오.

6. 개별기업의 경우 시간의 경과에 따라 PER이 불안정하게 변화하는 이유를 설명하시오.

7. 회계이익의 시계열 특성과 횡단면 특성에 대하여 설명하시오.

제11장 기술적 분석

효율적 시장에 대한 개념이 정립되기 이전에는 주가예측을 위한 목적으로 기본적 분석과 기술적 분석이 널리 이용되었다.

기본적 분석(fundamental analysis)은 경제, 산업 및 기업성과 등에 대한 공개된 정보를 분석하여 보통주의 내재가치를 추정한 다음 이를 주가와 비교하여 그 증권이 시장에서 어느 정도 고평가 또는 저평가되고 있는가를 분석함으로써 주가를 예측하는데 이용되었다.

한편 기술적 분석(technical analysis)은 과거의 주가변동이나 거래량의 변동추세를 분석하여 시장의 기술적 특성―초과공급 또는 초과수요 현상―을 파악함으로써 미래의 주가를 예측하는데 이용되었다.

이 장에서는 기술적 분석을 중심으로 다우이론(Dow theory)에 대하여 살펴본 다음에 전체시장과 개별증권의 기술적 특성을 분석하는데 이용되는 여러 가지 기법에 대하여 설명하기로 한다.

Ⅰ. 기술적 분석의 의의와 목적

1 기술적 분석의 의의

주가는 기본적으로 모든 재화와 마찬가지로 수요와 공급에 의해 형성된다. 수요가 공급보다 많으면 주가는 상승하게 되며, 수요가 공급보다 적으면 하락하게 된다. 이와 같은 수급상태의 변화는 전체 경제, 산업 및 기업의 성과 등과 같은 합리적 요인에 따라 영향을 받지만, 그 밖에도 투자심리, 시장에서의 인기도 또는 투자분위기 등과 같은 수많은 비합리적 요인에 의해서도 영향을 받는다. 따라서 모든 수급요인을 분석한다는 것은 매우 어려운 일이기 때문에 수급상태에 따라 형성되는 주가의 변화패턴을 분석함으로써 앞으로 시장에서 초과 수요 혹은 공급현상이 유지될 것인지를 파악할 수 있으며, 그 결과에 따라 미래의 주가를 예측할 수 있다는 것이 기술적 분석가들의 주장이다.

주가는 수많은 투자자들의 투자활동에 의해서 영향을 받고 있으며, 투자자들은 자신의 판단에 따라 투자결정을 하고 있다. 어떤 투자자는 증권의 내재가치보다 시장분위기 또는 인기도 등과 같은 비합리적 요인을 중요시하는가 하면, 또 어떤 투자자들은 비합리적 요인보다 내재가치에 영향을 미치는 합리적인 요인을 더 중요한 투자결정의 요인으로 생각하기도 한다.

이와 같은 관점에서 보면 주가에 영향을 미치는 수많은 합리적인 요인 혹은 비합리적인 요인을 분석하는 것보다 그와 같은 요인을 고려하여 투자하는 투자자들의 투자행위가 시장에서 어떻게 변화되고 있는가를 분석하는 것이 주가의 예측에 오히려 도움이 될 수도 있다. 이와 같은 투자자들의 행태변화는 결국 주가와 거래량의 변화추세에 반영되기 때문에 과거의 주가와 거래량의 변화추세를 분석함으로써 효과적으로 시장의 기술적 특성을 파악할 수 있다.

기술적 분석에서는 수많은 투자자들의 공통적인 투자행동이 어떤 방향으로 이루어지고 있는가를 분석하는데 초점을 두고 있다. 기술적 분석에서 말하는 투자자들의 투자행태 변화는 시장의 기술적 특성을 의미한다. '기술적'이라는 개념에는 특수한 의미가 내포되어 있다. 상품 또는 제조과정과 관련하여 연상할 수 있는 기술의 개념이 아니라 시장에서 일어나고 있는 투자행태의 변화를 의미한다.

② 기술적 분석의 여러 가지 가정

기술적 분석에서는 다음과 같은 몇 가지 사실을 가정하고 있다. 첫째, 주가는 수요와 공급에 따라 형성되며, 둘째, 수요와 공급은 수많은 합리적인 요인 이외에 비합리적인 요인에 따라 영향을 받으며, 셋째, 주가의 미세한 변동(minor fluctuation)을 무시한다면, 주가는 상당히 오래 지속되는 추세를 따라 변동하는 경향이 있고, 넷째, 수요와 공급의 변화는 그 원인이 무엇이든 주가차트 상에서 주가와 거래량의 일정한 변화 패턴으로 나타나며, 이와 같은 주가와 거래량의 변화 패턴은 투자자들의 투자행동이 총합되는 결과로 형성되며, 마지막으로 주가차트 상에서 나타나는 모든 주가와 거래량의 변화 패턴은 반복적으로 형성되는 경향이 있다는 것이다.

이상의 가정 중에서 첫 번째와 두 번째의 가정은 효율적 시장에서도 수용되는 가정이다. 대부분의 재무이론에서는 수많은 요인에 따라 수요와 공급이 형성되고 있다는 점을 인정하고 있다. 효율적 시장의 관점에서 보면 비합리적인 요인이 일시적으로 수요와 공급에 영향을 미칠 수 있지만, 장기적으로 보면 합리적인 요인에 따라 수요와 공급이 형성된다고 믿고 있다.

세 번째의 가정은 효율적 시장의 의미와 상반되는 가정이다. 효율적 시장에서는 주가가 무작위하게 변동한다고 보고 있다. 효율적 시장에서는 모든 정보가 즉각적으로 주가에 반영되기 때문에 새로운 정보가 나타날 때만 주가가 변동하는데, 새로운 정보가 언제 나타날지 아무도 모르기 때문에 미래의 주가를 예측할 수 없다는 것이다.

기술적 분석에서도 장기적으로 주가가 내재가치에 접근한다는 사실을 인정하고 있다. 그러나 합리적인 요인보다 비합리적인 요인에 따라 주가가 변동하는 경향이 있기 때문에 기술적 분석에서는 내재가치를 크게 벗어나는 범위에서 주가가 변동하는 경향이 있는 것으로 보고 있다. 한편 효율적 시장에서는 모든 정보가 주가에 즉각적으로 반영되기 때문에 기본적으로 주가가 내재가치와 일치하는 수준에서 형성된다고 보고 있다.

기술적 분석에서는 수요와 공급에 영향을 미치는 새로운 정보가 주가에 신속하게 반영되는 것이 아니라 서서히 반영되기 때문에 주가가 내재가치에 수렴하여 새로운 시장균형에 도달하기까지 상당한 시간이 걸린다는 것이다. 따라서 기술적 분석의 타당성은 이와 같이 새로운 정보가 즉각적으로 증권가격에 반영되지 않고 서서히 반영된다면 주가와 거래량의 변화추세를 분석함으로써 새로운 정보에 따른 수요와 공급의 변화를 추적할 수 있다는데 있다.

③ 기술적 분석의 목적

기술적 분석의 목적은 매매시점(timing)을 포착하는데 있다. 다시 말하여 과거의 주가와 거래량의 변화추세를 분석함으로써 전체시장이나 개별증권의 기술적 강점과 약점을 파악하여 적기(適期)에 증권을 매입・매도하는 데 있다. 정보는 시장에 알려지기 이전부터 주가에 반영되기 시작한다. 기술적 분석에서는 이와 같은 정보의 흐름을 주가나 거래량의 변화에서 유추할 수 있다고 보고 있다. 매매시점을 잘못 포착하면 강세시장에서도 손해를 볼 수 있으며, 매매시점을 잘 이용할 수 있다면 약세시장에서도 시세차익을 얻을 수 있다.

기술적 분석에서는 보통주의 가격은 기업내용과 별개라고 보고 있다. 주변 환경이나 생활여건이 아무리 좋더라도 아파트에 대한 선호경향이 확산될 때는 단독주택이 투자대상으로 상대적인 매력을 잃게 된다. 마찬가지로 아무리 좋은 기업 내용을 갖는 우량주라도 시장의 인기도나 투자분위기가 성숙되지 않으면 투자대상으로 적합하지 않다는 것이다.

기술적 분석가들은 내재가치의 변동에는 관심이 없고 다만 주가와 거래량의 변화추세를 분석하여 매매시점을 적절하게 활용함으로써 자본차익을 얻는 데만 관심을 두고 있다. 기술적 분석에서는 합리적인 요인보다 비합리적인 요인을 더 중요시하고 있다. 이러한 현상은 증권시장에서 투자분위기 또는 투자심리 등의 변화에 따라 시세차익을 얻고자 하는 투기적인 활동이 시장을 지배하거나 특정산업이나 기업의 보통주가 시장을 지배할 때 나타난다.

원인이 무엇이든 시장에서 일단 초과수요가 형성되면 그러한 현상이 상당히 오랫동안 지속되는 경향이 있다고 보는 것이 기술적 분석의 전제조건이다. 따라서 시장에서 초과수요 현상이 일어나면 그에 따라 주가가 상당한 기간 동안 상승할 것이고, 반대로 초과공급 현상이 일어나면 하락할 것이다. 이처럼 주가가 상승하거나 하락하는 과정에서 형성되는 추세의 진행과정에서 반대의 방향으로 새로운 추세가 형성될 때에는 수요와 공급 측의 투자활동이 활발하게 이루어지기 때문에 도표 상에서 주가변동이 빈번하게 반복되면서 거래량이 급격하게 증가하는 현상이 나타나게 된다.

기술적 분석에서는 안정주(safety stock)보다 투기주(speculative stock)를 분석대상으로 하고 있다. 투기주는 가격변동이 크기 때문에 주가방향을 예시하는 주가의 변화패턴을 쉽게 발견할 수 있지만, 안정주는 가격변동이 적어 주가의 변화 패턴이 잘 나타나지 않기 때문이다.

기술적 분석에서 분석대상이 될 수 있는 증권은 다음과 같은 조건을 구비해야 한다. 첫째, 거래역사가 충분한 증권이어야 한다. 거래역사가 긴 증권일수록 주가나 거래량 자료가 충분하기 때문에 주가의 변화 패턴을 분석하기가 용이하며, 기술적 분석에서 요구되는 충분한 시계열정보를 얻을 수 있다. 둘째, 상당한 자본차익을 얻을 수 있는 증권이어야 한다. 상당한 자본차익을 얻을 수 있는 증권은 충분한 가격범위(price range)에서 주가가 변동하는 증권을 의미한다.

Ⅱ. 증권시장의 동향분석

1 다우이론

1) 다우이론의 내용

다우이론은 기술적 분석의 기초가 되는 이론으로 미국의 월스트리트저널(Wall Street Journal)을 창간한 찰스 다우(Charles H. Dow)에 의해 1900년에 개발된 이론이다. 다우이론은 증권시장의 평균적인 움직임을 분석하여 전체적으로 증권시장이 호황국면에 있는지 아니면 불황국면에 있는지를 예측하는데 이용되고 있다.

다우이론에서는 주가 추세를 단기 추세(소 추세; minor trends), 중기 추세(2차 추세; secondary or intermediate trends)와 장기 추세(주 추세; primary trends)로 구분하고 있다.

장기 추세는 주가가 1년 이상 일정한 주가의 변화추세를 따라 적어도 20% 이상 지속적으로 상승하거나 하락할 때 형성되는 추세를 말한다. 우리나라의 증권시장은 그 역사가 짧기 때문에 장기 추세의 순환과정을 유도하기가 어렵지만 미국에서는 평균적으로 3년 기간으로 반복되는 것으로 알려지고 있다. 우리가 알고 있는 약세시장(bear market)이나 강세시장(bull market)은 이와 같은 장기 추세에 기초를 두고 있는 개념이다. 장기 추세는 여러 개의 중기 추세로 구성된다.

중기 추세는 장기 추세의 진행과정에서 주가 추세의 진행방향이 조정될 때 나타나는 주가의 반동 작용(reaction)에 의해서 형성되는 주가 추세를 말한다. 따라서 중기 추세는 주가가 지나치게 또는 급속하게 상승하거나 하락할 때 나타난다. 예를 들어 강세시장에서 중기 추세는 주가가 급속하게 상승한 후의 조정과정에서 나타나며, 약세시장에서 중기 추세는 주가가 급속하게 하락한 후의 조정과정에서 형성된다.

중기 추세는 일반적으로 2주~3개월까지 지속되는 경향이 있으며, 중기 추세선에서 주가는 장기 추세선에서 변동폭의 대략 1/3~2/3까지 조정되는 것으로 알려지고 있다. 예를 들어 장기 추세에서 주가가 50포인트 상승한 후에 중기추세가 형성된다면 주가는 대략 16포인트~33포인트까지 하락할 것으로 예상할 수 있다.

단기 추세는 중기 추세에서 주가가 일시적으로 변동할 때 나타나며, 대략 1주일 이내에 끝나는 경향이 있기 때문에 불규칙하고 반복성이 없는 추세이다. 단기 추세는 전혀 예측할 수 없는 우발적인 추세이므로 별다른 의미가 없다. 다우이론에서는 중기 추세나 장기 추세를 파악하여 추세가 전환되는 시점을 포착하는데 초점을 두고 있다.

2) 장기 추세의 진행과정

다우이론에 따르면 강세시장은 매집국면, 호황국면과 과열국면으로 구분되는 한편 약세시장은 분산국면, 공황국면과 침체국면으로 구분된다.

(1) 강세시장의 3국면

① 매집국면

매집국면은 강세시장의 초기단계에 해당한다. 이 단계의 특징은 전체 경제의 성과가 극히 부진하여 주가변동이 거의 없는 가운데 거래활동이 매우 부진한 상태를 보인다. 통계상으로도 극히 어두운 경제지표가 발표되기 때문에 이와 같은 어두운 경제상황에 실망한 일반 투자자들의 투자심리가 크게 위축되어 거래가 부진한 상태를 보이게 된다. 그러나 다른 한편에서는 경제상황이 호전되고, 투자여건이 개선될 것으로 기대하는 전문투자자들이 전략적으로 보이지 않게 일반투자자들의 매도물량을 모두 흡수하여 주식을 매집하는 활동이 시작된다.

매집국면의 특징은 전문투자자들의 투자행태에서 볼 수 있다. 통계자료가 매우 불리한 수치를 보일 뿐만 아니라 증권시장에 대한 실망감을 느낀 많은 일반투자자들이 시장을 떠나기 때문에 시장이 매우 침체된 양상을 보이고 있음에도 불구하고 전문투자자들은 호황에 대비하기 위하여 보이지 않게 주식을 사들이는 투자활동이 일어나기 때문이다.

② 호황국면

호황국면은 주가가 지속적으로 상승하는 국면에 해당한다. 이 단계에 접어들면서 경제지표나 재무제표 상의 수치 등과 같은 여러 가지 통계수치가 점점 호전되어 일반투자자들의 자금이 시장에 유입되면서 주가가 크게 상승하는 현상을 보인다. 따라서 호황국면에서 주가는 매우 가파르게 상승하기 때문에 기술적 분석가들이 가장 높은 투자수익을 얻을 수 있는 국면이기도 한다.

③ 과열국면

과열국면은 강세시장의 마지막 국면에 해당한다. 호황국면에서 많은 일반투자자들이 시장에 몰려들어와 경쟁적으로 거래활동에 참여하기 때문에 주가가 과도하게 상승하는 과열현상을 보인다. 과열국면의 특징은 전체 경제의 성과와 회계이익 등과 같은 통계수치가 일반투자자들의 관심을 불러일으킬 정도로 크게 개선되는 양상을 보이며, 유상증자가 급격하게 증가하고, 여러 매스컴에서 증권시장에 대한 뉴스가 연일 보도되면서 투기적 양상이 확산되어 거래량이 급격하게 증가하는 경향을 보인다.

(2) 약세시장의 3국면

① 분산국면

강세시장의 마지막 국면에서 경제 활동이나 기업 활동에 대한 통계수치가 크게 개선되기는 하지만 전문투자자들은 이러한 통계수치의 개선이 지나치다고 판단하여 조만간 경제 활동이 둔화될 것에 대비하여 보유하고 있는 주식을 처분하는 활동을 시작하는 국면이다.

이와 같은 전문투자자들의 매도활동에 따라 주식시장은 약세시장으로 전환된다. 약세시장의 제1국면인 분산국면에서는 추세선의 기울기가 점점 완만하게 조정이 이루어지면서 거래량이 여전히 높은 수준을 유지한다. 주가추세의 진행과정에서 기술적 특성을 갖는 주가의 변화패턴이 형성되는 국면이 바로 분산국면이다. 따라서 기술적 분석가들은 분산국면에서 주가추세의 반전을 확인하려는 노력을 게을리 하지 않는다. 분산국면에서는 주가가 하락할 때 거래량이 증가하는 이례적인 현상을 보인다.

② 공황국면

공황국면은 일반투자자들의 매입세력이 크게 위축되고, 매도세력이 늘어나면서 주가가 빠른 속도로 하락하는 국면을 말한다. 공황국면에서는 경제지표와 회계자료 등과 같은 통계수치가 점점 악화됨에 따라 일반투자자들이 보유하고 있는 주식을 처분하고자 하기 때문에 거래량이 크게 줄어들면서 주가가 급격하게 하락하는 양상을 보이게 된다. 주가가 급격하게 하락한 후에 조정과정을 거치면서 다음 국면으로 이어지게 된다.

③ 침체국면

침체국면은 주가추세선의 기울기가 매우 완만하지만 매도세력이 여전히 시장을 지배하고 있기 때문에 주가가 크게 하락하거나 상승하지 않은 채 지루하게 제자리 걸음을 하는 침체상태를 보이는 국면이다. 전체경제나 회계자료의 수치가 거의 절망감을 느낄 만큼 크게 떨어지며, 일반투자자들이 실망한 나머지 시장을 떠나기 때문에 거래가 거의 이루어지지 않는 특성을 보인다.

강세시장과 약세시장의 각 국면별로 일반투자자들과 전문투자자들의 투자심리를 정리하면 〈표 11.1〉과 같다.

〈표 11.1〉 강세시장과 약세시장에서 투자심리의 변화

구 분	강세시장			약세시장		
	제1국면	제2국면	제3국면	제1국면	제2국면	제3국면
장세상황	매집국면	호황국면	과열국면	분산국면	공황국면	침체국면
일반투자자	두려움	두려움	자신감	자신감	자신감	두려움
전문투자자	자신감	자신감	두려움	두려움	두려움	자신감

장기추세의 전환점을 알려주는 신호는 추세선의 반전을 확인하는 원칙에 따라 얻을 수 있다. 그 중에서 하나의 방법은 [그림 11-1]에서 볼 수 있는 것처럼 유산점(abortive point)을 이용하는 것이다.

유산점은 장기간 일정한 추세선이 유지되다가 반대방향으로 새로운 추세선이 형성되고 있음을 확인하는 점이다. 유산점은 상향 추세선에서 하향 추세선으로 전환되거나 하향 추세선에서 상향 추세선으로 전환되는 과정에서 주가가 추세선의 반대방향으로 움직일 때 나타난다.

[그림 11-1]과 같이 상향 추세선에서 하향 추세선으로 바꾸어지는 과정에서 형성되는 유산점은 중기추세선 상의 최고점(B)이 이전 최고점(A)보다 낮은 수준에서 형성될

때 나타나며, 반대로 하향 추세선에서 상향 추세선으로 바꾸어지는 과정에서 형성되는 유산점은 중기추세선 상의 최저점(D)이 이전의 최저점(C)보다 높은 수준에서 형성될 때 나타난다.

그림 11-1 주가추세의 전환시점

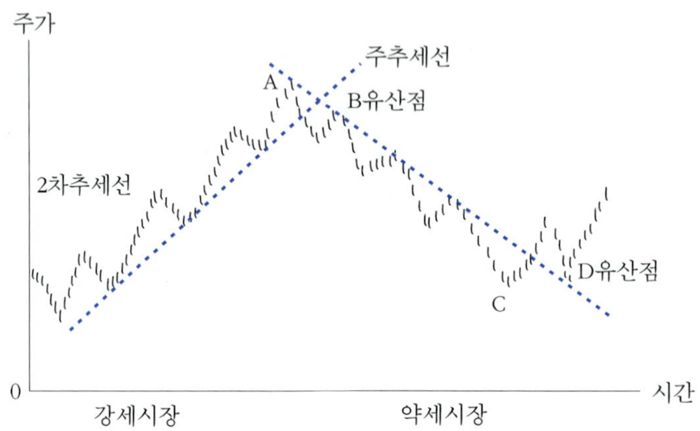

3) 다우이론의 한계점

다우이론은 이론적인 타당성이나 객관성에 기초를 두고 있는 것이 아니라 경험에 근거를 두고 있다. 따라서 증권시장의 흐름을 파악하는데 필요한 객관적인 정보를 얻을 수 없을 뿐만 아니라 주가예측을 더욱 혼란스럽게 할 수 있는 가능성이 있다. 왜냐하면 똑같은 주가의 변화추세를 놓고 분석가에 따라 분석결과가 서로 다를 수 있기 때문이다.

다우이론의 한계점을 정리하면 다음과 같다.

첫째, 추세반전이 너무 늦게 확인되기 때문에 실제의 투자활동에 도움이 되지 못한다는 점이다. 예를 들어 장기추세의 주가변동 중에서 처음의 1/3과 마지막의 1/3은 추세반전의 확인과정에 해당하기 때문에 실제로 투자활동에 이용될 수 있는 것은 가능한 주가변동 중에서 1/3뿐이라는 것이다.

둘째, 분석자의 능력이나 경험에 따라 추세선의 반전시점이 달라질 수 있다는 점이다. 따라서 추세선의 반전이 분명하게 확인되지 않는 경우에는 오히려 분석자의 투자판단을 혼란시킬 수 있다.

셋째, 다우이론은 장기추세의 분석에 초점을 두고 있기 때문에 중기추세를 이용하고자 하는 투자자들에게는 별다른 도움이 되지 않는다.

마지막으로 평균적인 주가흐름을 파악하는 데는 도움이 될지 모르지만 위험을 고려하지 못하고 있기 때문에 분산투자를 위한 어떠한 정보도 얻을 수 없다.

2 주가동향 분석

1) 주가이동평균선

여러 가지 기술적 지표 중에서 가장 쉽고 신뢰할 수 있는 것이 주가이동평균선이다. 주가이동평균선은 주가의 불규칙한 변동을 제거시킴으로써 장기적인 주가추세를 파악하는데 이용된다.

이동평균주가(moving average stock price)는 일정한 기간을 설정하여 첫 번째 날의 주가를 가장 최근의 주가로 대체시키는 방법으로 매일 주가를 단순 평균하여 계산되는 평균주가를 말하다. 일반적으로 이동평균주가로는 5일, 20일과 60일 이동평균주가 등이 가장 널리 이용되고 있다.

〈표 11.2〉은 5일 이동평균선의 계산방법을 보여주고 있다.[1]

〈표 11.2〉 이동평균주가의 계산

구분 / 일자	1	2	3	4	5	6	7	8	9
종합주가지수	707	698	708	705	693	701	710	714	711
5일이동평균값					702.2	701	703.4	704.6	705.8

5일에서 이동평균주가는 다음과 같이 계산된다.

$$5일에서\ 이동평균주가 = \frac{707+698+708+705+693}{5} = 702.2$$

1) 유상증자나 무상증자가 있는 경우에는 권리락이나 배당락에 의한 주가 갭이 발생하기 때문에 권리락 기준가격을 산출하여 과거의 주가를 수정하여 이동평균주가를 계산해야 한다.

6일에서 이동평균주가는 1일의 주가지수인 707을 제외시키는 대신에 6일의 주가지수 701을 포함시켜 이를 단순 평균함으로써 다음과 같이 계산된다.

$$6\text{일에서 이동평균주가} = \frac{698+708+705+693+701}{5} = 701$$

주가이동평균선은 앞서와 같은 방법으로 이동평균주가를 계산하여 그래프로 나타낸 것을 말한다. 주가이동평균선은 평균을 계산하는 기간에 따라 단기이동평균선(5일, 10일, 20일 등), 중기이동평균선(60일)과 장기이동평균선(120일, 240일) 등으로 구분된다.

중기 또는 장기이동평균선은 매일 매일의 주가변동을 신속하게 파악할 수 없으나 주가의 대세를 판단하는데 유용하게 이용된다. 한편 단기이동평균선은 주가의 변동을 신속하게 파악할 수 있는 이점이 있지만 주가의 작은 변동에도 영향을 받기 때문에 매매시점을 포착하기가 상당히 어려운 결점이 있다. 따라서 주가를 예측할 때는 단기이동평균선, 중기이동평균선과 장기이동평균선의 변화추이를 함께 관찰하여 시장동향이나 매매시점을 포착하여야 한다.

상승추세에서 투자전략은 다음과 같다.

첫째, 단기이동평균선이 중기 또는 장기이동평균선을 뚫고 급속하게 상승할 때를 매입신호로 본다. 둘째, 단기·중기·장기이동평균선이 모두 상승추세를 보이는 경우 주가가 상당한 기간 지속적으로 상승하는 국면에 있는 것으로 본다. 셋째, 중·장기이동평균선이 계속 상승하고 있지만 단기이동평균선이 더 이상 상승하지 않고 하락할 때 주가가 천정권에 있는 것으로 본다. 넷째, 단기·중기·장기이동평균선의 추세가 얽혀있을 때는 장세가 불투명하므로 매입을 보류하는 것이 좋다.

하락추세에서 투자전략은 다음과 같다.

첫째, 단기이동평균선이 중기·장기이동평균선을 뚫고 급속하게 하락할 때는 매도신호로 본다. 둘째, 단기·중기·장기이동평균선이 모두 하락하는 경우 주가가 상당한 기간 지속적으로 하락하는 국면에 있는 것으로 본다. 셋째, 중기·장기이동평균선이 계속 하락하고 있지만 단기이동평균선이 더 이상 하락하지 않고 상승할 때는 주가가 바닥권에 있는 것으로 본다.

2) 이격도

이동평균선은 일정한 기간을 설정하여 매일 주가를 단순 평균한 것이기 때문에 추세의 변화를 파악하는 데는 도움이 되지만 매매시점을 포착하는데 한계가 있다. 이와 같은 이동평균선의 단점을 보완하기 위하여 개발된 보조적인 기술적 지표가 이격도이다.

이격도(disparity)는 당일의 주가를 당일의 이동평균주가로 나눈 것으로 주가가 이동평균주가로부터 어느 정도 떨어져 있는지를 판단하는데 이용된다.

$$\text{이격도} = \frac{\text{당일의 주가(종합주가지수)}}{\text{당일의 이동평균주가(이동평균종합주가지수)}} \times 100$$

예를 들어 종합주가지수가 620이고, 60일이동평균주가지수가 650이라면 이격도는 95.4%가 된다. 이격도가 100% 이상이면 당일의 주가지수가 이동평균선 위에 있고, 100% 이하이면 주가지수가 이동평균선 아래에 있음을 의미한다. 따라서 이격도가 커질수록 주가지수가 이동평균주가지수의 수준으로 조정될 수 있는 가능성이 높아지기 때문에 이격도를 이용하여 주가지수의 변화방향을 예측할 수 있다.

〈표 11.3〉에서 이격도를 이용한 투자전략을 보여주고 있다. 상승국면에서는 20일이동평균선과 60일이동평균선의 이격도가 98%보다 낮을 때 매입시섬으로 보며, 20일이동평균선의 이격도가 106% 이상일 때 그리고 60일 이동평균선의 이격도가 110% 이상일 때 각각 매도시점으로 본다.

〈표 11.3〉 이격도를 이용한 투자전략

국면	이격도 상태	투자전략
상승	20일선 이격도 98% 이하 60일선 이격도 98% 이하	매입
	20일선 이격도 106% 이상 60일선 이격도 110% 이상	매도
하락	20일선 이격도 92% 이하 60일선 이격도 88% 이하	매입
	20일선 이격도 102% 이상 60일선 이격도 104% 이상	매도

3) 등락종목수선

등락종목수선(advance-decline line : ADL)은 시장의 내부세력을 측정하는 기술적 지표로 시장에 전반적으로 자금이 유입되고 있는지, 유출되고 있는지를 판단하는 데 이용된다. 등락종목수는 상승종목수에서 하락종목수를 뺀 차이를 누계하여 계산된다. 등락종목수의 계산과정은 〈표 11.4〉와 같다.

〈표 11.4〉 등락종목수의 계산(예)

일자	상승종목수(*A*)	하락종목수(*B*)	(*A-B*)	등락종목수	종합주가지수
1	450	400	50	50	1515
2	450	200	250	300	1500
3	500	350	150	450	1520
4	450	425	25	475	1550
5	350	400	−50	425	1570
6	300	350	−50	375	1520

〈표 11.4〉와 같이 계산된 등락종목수를 그래프로 나타낸 것이 등락종목수선이다. 등락종목수와 종합주가지수가 모두 상승하면 시장에 새로운 자금이 유입되고 있는 것으로 판단할 수 있다. 그러므로 종합주가지수가 하락하고 있는 가운데 등락종목수가 상승하는 경우에는 새로운 자금이 시장에 유입되고 있어서 주가가 조만간에 상승할 것으로 판단할 수 있다. 반대로 종합주가지수가 상승하고 있는 가운데 등락종목수선이 하락하고 있는 경우에는 자금이 시장으로부터 유출되고 있기 때문에 주가가 조만간에 하락할 것이라고 판단할 수 있다.

등락종목수선은 종합주가지수의 선행지표로서 의미가 있다. [그림 11-2]에서 종합주가지수와 등락종목수선의 변화추이를 보여주고 있다. 종합주가지수는 하락이 지속되었지만 등락종목수선은 상승하고 있음을 볼 수 있다. 이러한 현상은 증권시장에서 상승이 준비되고 있다는 신호이며, 실제로 그 이후에 종합주가지수가 큰 폭으로 상승하였다.

그림 11-2 등락종목수선

4) 투자심리선

주가는 기본적으로 경제적 요인 이외에 시장의 기술적 여건에 따라 영향을 받는다. 이러한 투자심리의 변화를 파악하여 시장이 과열 또는 침체 상태에 있는지를 판단하는데 이용되는 기술적 지표가 투자심리선이다.

투자심리선은 매일 투자심리비율을 계산하여 이를 그래프로 나타낸 것을 말한다. 투자심리비율은 최근 10일 동안에 종합주가지수가 전일에 비하여 상승한 일수를 10으로 나누어 계산된다. 투자심리비율이 75% 이상이면 과열상태에 있다고 보며, 25% 이하면 침체상태에 있는 것으로 본다. 따라서 투자심리 비율이 75% 이상일 때는 매도시점이고, 25% 이하일 때는 매입시점이다.

5) 상대적 강도

레비(Levy, 1966)의 주장에 따르면 강세시장이라도 일부 증권의 가격이 다른 증권의 가격보다 상대적으로 빠르게 상승하며, 약세시장이라도 일부 증권의 가격이 다른 증권에 비하여 상대적으로 빠르게 하락하는 경향이 있다고 한다.[2] 따라서 전체시장의 움직임에 따라 개별증권이 반응을 보이는 상대적인 가격변동을 분석함으로써 주가를 쉽게 예측할 수 있는데, 이를 상대적 강도(relative strength)라고 한다.

상대적 강도는 개별증권의 주가변화율을 주가지수의 변화율로 나누어 계산된다. 개별증권의 상대적 강도는 다음과 같이 정의된다.

$$\text{증권 } A\text{의 상대적 강도} = \frac{\text{증권 } A\text{의 가격변화율}}{\text{주가지수의 지수변화율}}$$

상대적 강도분석에서는 상대적 강도가 큰 주식에 투자함으로써 상당한 이익을 기대할 수 있다고 보고 있다. 상대적 강도는 $CAPM$에서 체계적 위험을 나타내는 베타계수(β)와 유사한 의미를 갖고 있다. 〈표 11.5〉에서 상대적 강도를 계산하는 방법을 보여주고 있다.

〈표 11.5〉 상대적 강도의 계산

일자	종합주가지수 변동률(A)	주식 A의 주가 변동률(B)	상대적 강도 (B/A)
3.2-3.31	0.58	0.71	1.22
4.1-4.30	-0.37	-0.45	1.22
5.1-5.31	0.16	0.21	1.31
6.1-6.30	0.24	0.35	1.46

상대적 강도는 시간의 경과에 따라 평균에 수렴하는 경향이 있는 것으로 가정한다. 따라서 상대적 강도의 값이 평균값보다 높다는 것은 조만간 주가가 하락할 것이라는 사실을 의미하며, 반대로 상대적 강도의 값이 평균값보다 낮은 경우에는 조만간 주가가 상승할 것이라고 예상할 수 있다. 〈표 11.5〉의 자료를 이용하여 상대적 강도의 평균값을 구하면 다음과 같다.

---

2) R. A. Levy, "Conceptual Foundation of Technical Analysis", *Financial Analysts Journal*, Vol. 22, No. 4 (Nov.-Dec.), 1966, pp. 83~89.

$$\text{상대적 강도의 평균(주식 } A) = \frac{1.22 + 1.22 + 1.31 + 1.46}{4} = 1.30$$

따라서 6월 1일에서 6월 30일까지의 기간에서는 주식 A가 시장에서 상대적으로 고평가되고 있음을 알 수 있으며, 반대로 3월 2일에서 4월 30일의 기간에서는 저평가되고 있음을 알 수 있다.

③ 거래동향 분석

기술적 분석에서 중요시하고 있는 또 하나의 기술적 지표는 거래량 지표이다. 거래량의 변동은 증권의 수급관계에 따라 영향을 받기 때문에 거래량 지표를 이용하여 개별증권이나 시장 전체의 추세반전을 확인할 수 있다. 일반적으로 주가가 상승할 때 거래량이 증가하면 시장이 초과수요 상태에 있는 것으로 해석하며, 주가가 하락할 때 거래량이 증가하면 초과공급 상태에 있는 것으로 해석할 수 있다.

1) *OBV*

거래량에 기초를 두고 있는 대표적인 기술적 지표는 *OBV*(On Balance Volume)이다. *OBV*는 그랜빌(J. E. Granville)에 의해 고안된 것으로 주가가 전일에 비해 상승하였을 때의 거래량 누계에서 하락하였을 때의 거래량 누계를 차감하여 계산된다.[3)]

*OBV*의 계산과정을 〈표 11.6〉에서 보여주고 있다. 2일에는 종합주가지수가 전일에 비하여 상승하였으며, 1,500주가 거래되었고, 3일에 종합주가지수가 전일에 비하여 하락하였고 1,580주가 거래되었다. 따라서 3일의 *OBV*는 다음과 같이 계산된다.

$$\begin{aligned} OBV &= \text{상승한 날의 누적거래량} - \text{하락한 날의 누적거래량} \\ &= 1{,}500\text{주} - 1{,}580\text{주} = -80\text{주} \end{aligned}$$

3) 주가가 전일에 비하여 상승하거나 하락하지 않은 경우에는 *OBV*의 계산에서 제외시키고 있다. 자세한 내용은 다음을 참고할 것. J. E. Granville, *Granville's New Strategy of Daily Stock Market Timing for Maximum Profit,* Prentice-Hall, Inc., 1976.

〈표 11.6〉 *OBV*의 계산

일자	종합주가 지수	거래량	상승시 거래량	하락시 거래량	상승시 누적거래량	하락시 누적거래량	*OBV*
1	745	1,200					
2	750	1,500	1,500		1,500		1,500
3	748	1,580		1,580	1,500	1,580	−80
4	748	1,450			1,500	1,580	−80
5	752	1,880	1,880		3,380	1,580	1,800
6	751	1,000		1,000	3,380	2,580	800
7	753	2,500	2,500		5,880	2,580	3,300

4일에는 종합주가지수가 변동하지 않았으므로 *OBV*는 여전히 -80주가 된다. 한편 5일에 종합주가지수가 전일에 비하여 상승하였으므로 *OBV*는 1,800주로 증가한다.

$$OBV = \text{직전일의 } OBV + \text{상승한 날의 거래량}$$
$$= -80\text{주} + 1{,}880\text{주} = 1{,}800\text{주}$$

반면 6일에 종합주가지수가 하락하였으므로 같은 방법으로 *OBV*를 계산하면 다음과 같다.

$$OBV = 1{,}800\text{주} - 1{,}000\text{주} = 800\text{주}$$

*OBV*선상의 고점이 이전의 고점보다 올라갈 때에 주가가 상승할 것으로 보며, 저점이 이전의 저점보다 내려갈 때에 주가가 하락할 것으로 판단한다. [그림 11-3]은 종합주가지수와 *OBV*선을 보여주고 있다. 주가는 고점이 높아지는 상승세를 보이고 있으나 *OBV*선은 고점이 낮아지고 있다. 이러한 것은 주가의 하락반전을 예고하는 것으로 간주되고 있으며, 실제로 주가는 큰 폭으로 하락하였다.

그림 11-3 *OBV*선

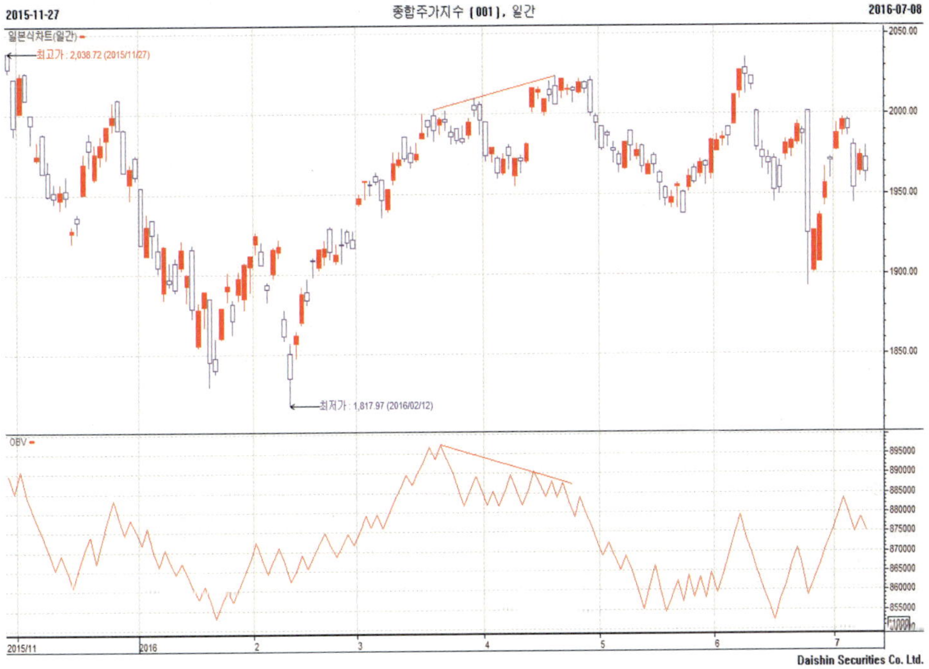

2) 단주거래지수

일반투자자들은 시장분위기에 쉽게 휩쓸리기 때문에 투자판단을 잘못하는 경향이 있다. 그러므로 일반투자자들과 반대로 거래하는 투자전략이 오히려 의미가 있다는 것이 반대의견의 이론(theory of contrary opinion)이다. 반대의견의 이론 중의 하나는 단주이론이다.

단주이론은 단주거래자들과 반대되는 투자전략을 통해서 시세차익을 얻을 수 있다는 사실에 근거를 두고 있다. 단주거래에서는 일반적으로 높은 거래수수료를 지불하여야 하기 때문에 소액투자자나 초심자들 사이에서 이루어지는 경향이 있다. 초심자들은 미래의 시장동향을 판단할 수 있는 충분한 지식을 갖추고 있지 않기 때문에 주가가 지나치게 높을 때에 매입하는 한편 주가가 지나치게 낮을 때에 매각하는 경향이 있다는 것이다.

단주(odd-lot)는 거래소에서 거래할 수 있는 매매수량단위에 미달되는 주식으로 장외시장(over-the-counter market)에서 거래된다. 우리나라에서는 매매수량단위를 유가증권시장에서 5만원 미만의 주식의 경우 10주로 정하고 있기 때문에 10주에 미달되는 것을 단주라고 한다.

단주이론에서 주장하는 것처럼 실제로 시장에서 주가가 단주의 가격과 반대로 변동한다면 단주거래지수를 이용하여 주가를 예측할 수 있을 것이다. 단주거래지수는 다음과 같다.

$$\text{단주거래지수} = \frac{\text{단주매입량}}{\text{단주매도량}}$$

위의 식과 같이 단주거래지수가 1 보다 크면 소액투자자나 초심자들이 시장에서 전반적으로 단주를 매입하고 있음을 의미하며, 반대로 단주거래지수가 1 보다 작으면 소액투자자나 초심자들이 시장에서 전반적으로 단주를 매도하고 있음을 의미한다. 그러므로 단주거래지수가 1보다 크면 주가가 하락할 것으로 예상할 수 있으며, 반대로 단주거래지수가 1보다 작으면 주가가 상승하는 것으로 판단할 수 있다.

Ⅲ. 주가차트의 분석

주가변동을 그래프로 나타내는 방법은 여러 가지가 있으나, 가장 널리 이용되고 있는 도표는 봉차트, P&F차트(점수도표), 삼선전환도 등이 있다.

1 봉차트의 분석

봉차트는 매일 매일의 주가변동을 막대로 나타낸 주가차트를 말한다. 대부분의 증권회사에서 제공하고 있는 주가차트는 봉차트이며, 일본식이 이용되고 있다. 일본식 봉차트는 캔들차트(candle chart)라고 하며, 시가, 고가, 저가 및 종가를 음양괘선으로 표시한다. 한편 미국식 봉차트는 바차트(bar chart)라고 하며, 고가, 저가 및 종가를 막대로 표시한다. 일본식과 미국식의 봉차트를 작성하는 방법을 그림으로 나타내면 [그림 11-4]와 같다.

그림 11-4 일본식 및 미국식 봉차트의 작성방법

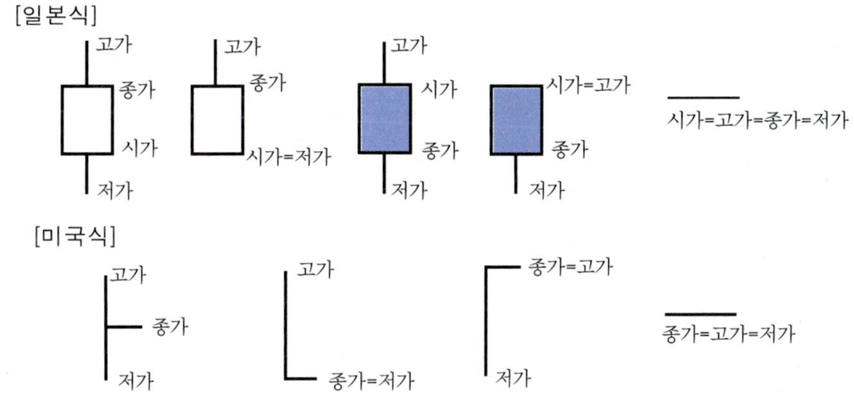

대부분의 증권회사에서 산술눈금 차트를 작성하고 있다. 그런데 이 산술눈금차트는 주가변동이 작은 주식의 주가차트를 분석할 때는 문제가 없으나 주가변동이 큰 주식의 주가차트를 분석할 때는 추세선을 파악하기가 어렵기 때문이다. 주가가 1,000원에서 100원 상승할 때와 10,000원에서 100원이 상승한다고 하자. 산술눈금의 차트에서는 주가변동이 동일한 크기로 나타난다. 이 경우 로그차트를 사용하면 10,000원에서 1,000원이 상승할 때 똑같은 크기로 나타난다.

주가추세는 주가상승률을 의미한다. 따라서 봉차트를 작성할 때는 로그차트를 이용하기도 한다. 1,000원에서 100원 상승하는 경우의 주가상승률은 10%이지만 10,000원에서 100원 상승하는 경우의 주가상승률은 1%이다. 주가상승률이 다름에도 불구하고 산술눈금의 차트를 이용하면 같은 각도의 추세선이 유도되기 때문에 주가변화의 패턴을 잘 못 해석할 수 있는 가능성이 높아진다.

봉차트를 분석하는 방법은 매우 복잡하고 어렵다. 왜냐하면 봉차트에서 나타나는 주가패턴이 무수히 많을 뿐만 아니라 그것을 해석하는 원리가 자의적이어서 매우 복잡하기 때문이다. 봉차트에서 나타나는 의미 있는 주가패턴은 머리어깨형(head and shoulders),4) 원형, 정삼각형, 역삼각형, 이중형, 확대형및 채널(직사각)형 등이 있다.

[그림 11-5]과 같이 주가하락을 암시하는 머리어깨형은 왼쪽 어깨, 머리와 오른쪽

---

4) 밀집영역이 3개의 봉우리로 구성되어 있다고 해서 흔히 삼봉형이라고도 한다.

그림 11-5 주가하락을 예시하는 머리어깨형

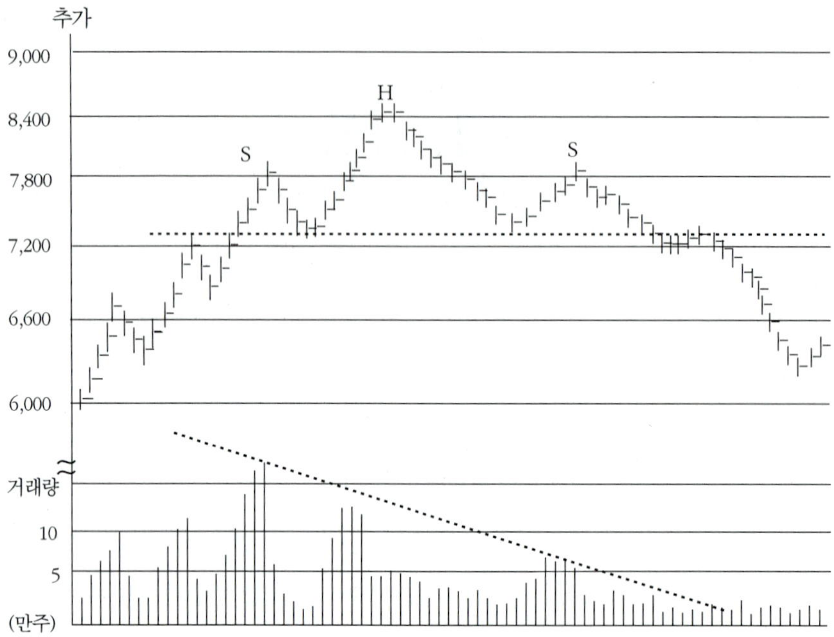

어깨에 해당하는 봉우리로 구성되어 있다.

왼쪽 어깨에서는 일반투자자들의 강력한 매입세력과 전문투자자들의 점진적인 분산활동에 따라 거래량이 급격하게 증가하고 주가가 일시적인 조정국면으로 접어들 때 나타난다.

머리에서는 주가가 앞서의 고점 이상으로 상승하지만 시장세력이 점점 소진되기 때문에 거래량이 점점 줄어드는 양상을 보이며, 주가가 하락할 때 거래량이 급격하게 줄어드는 현상을 보이는 것이 특징이다.

오른쪽 어깨에서는 전문투자자들이 거의 분산활동을 끝낸 상태에서 단기차익을 얻고자 하는 일반투자자들 사이에서만 거래가 이루어지기 때문에 봉우리가 머리보다 낮은 수준에서 형성되며, 거래량이 현저히 줄어드는 것이 특징이다.

왼쪽 어깨와 오른쪽 어깨의 저점을 연결한 선을 목선(neckline)이라고 하며, 주가가 머리어깨형을 형성한 후 목선 아래로 하락할 때 주가패턴이 완성되는 것을 확인할 수 있기 때문에 목선을 흔히 확인점이라고도 한다.

[그림 11-6]에서는 주가하락을 암시하는 여러 가지 주가패턴 중 쐐기형, 직삼각형, 역삼각형과 정삼각형의 주가패턴을 보여주고 있다. 이와 같은 주가패턴이 형성되는 과정에서 거래량이 급격하게 줄어드는 한편 주가패턴이 완성된 다음에는 거의 거래가 이루어지지 않는 것이 특징이다.

그림 11-6 주가하락을 암시하는 주가패턴의 유형

* 상승쐐기형〈엔씨소프트〉

* 하락채널형〈LG〉

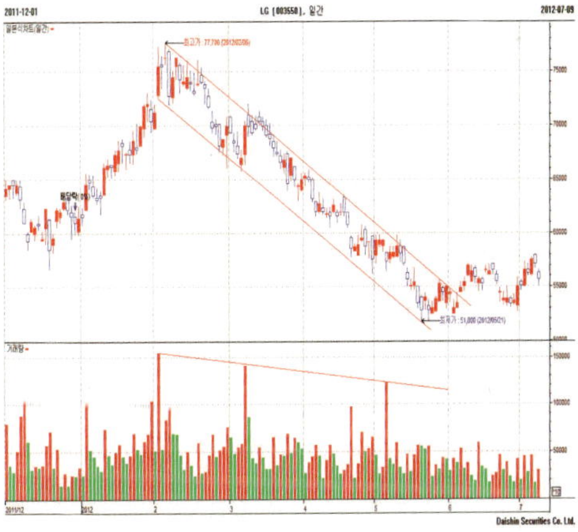

* 하락삼각형〈POSCO〉

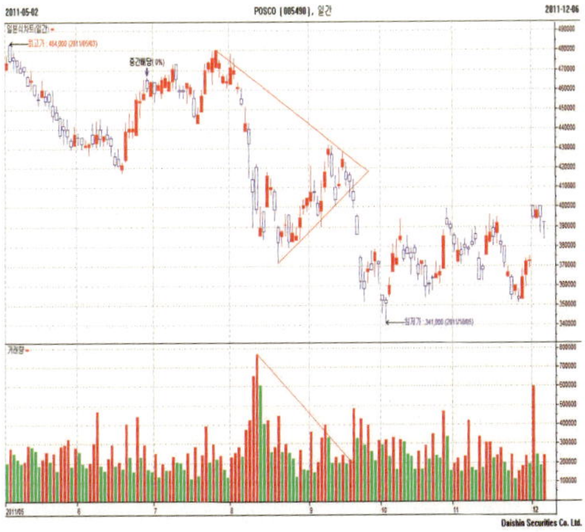

* 머리어깨형(헤드 앤드 숄더형)〈KB금융〉

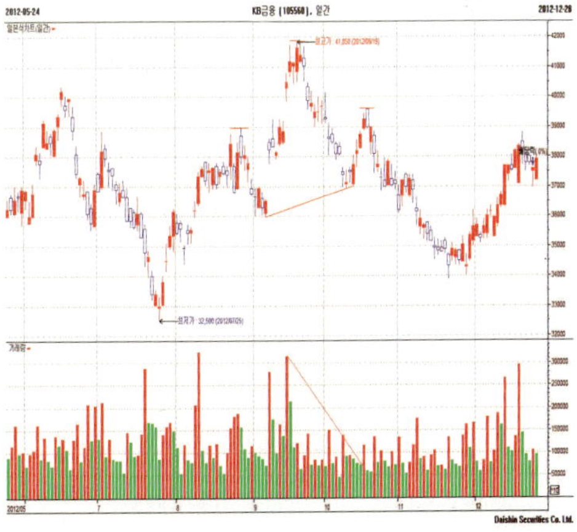

한편 주가상승을 암시하는 주가패턴은 침체시장에서 나타나게 된다. [그림 11-7]에서 주가상승을 암시하는 여러 가지 주가패턴을 보여주고 있다. 주가상승을 암시하는 주가패턴은 모형이 형성되는 과정에서는 거래량이 전반적으로 줄어들지만 모형이 완성된 다음에는 거래량이 눈에 보이게 현저히 증가하는 양상을 보이는 것이 특징이다.

그림 11-7 주가상승을 암시하는 주가패턴의 유형

* 하락쐐기형〈두산중공업〉

* 상승채널형〈삼성전자〉

* 상승삼각형〈오리온〉

* 이중바닥형〈SKC〉

② P&F차트의 분석

1) P&F차트의 작성방법

P&F차트(Point & Figure Chart, 점수도표)는 사소한 주가변동을 무시하고 중요한 의미가 있는 주가변동만을 그래프로 나타낸 것을 말한다. 주가는 수급상태에 따라 변동하며, 수요와 공급의 세력관계를 관찰함으로써 매매시점을 파악할 수 있다는 것이 이 차트의 기본가정이다.

P&F차트는 일정한 가격변동폭을 점수(point)로 설정하여 주가가 정해진 점수 이상으로 변동할 때마다 일정한 기호로 가격변동의 방향과 크기를 그려나간다. 주가가 상승할 때는 ×표로 표시하고, 주가가 하락할 때는 ○표로 표시하여 주가가 계속 상승할 때는 ×표만을, 주가가 계속 하락할 때는 ○표만을 Y축에 표시한다. 주가가 상승에서 하락으로 반전될 때는 줄을 바꾸어 ×표에서 ○표로 바꾸어 표시하고, 하락에서 상승으로 반전할 때는 ○표에서 ×표로 바꾸어 표시한다.

P&F차트는 점수를 얼마로 설정하느냐에 따라 의미가 달라진다. 종목마다 가격변동폭이 다르기 때문이다. 따라서 P&F차트를 작성할 때는 중요한 의미를 부여할 수 있는 점수를 적절하게 설정하는 것이 무엇보다 중요하다. 예를 들어 주식 X의 주가동향이 〈표 11.7〉과 같으며, 점수를 500원으로 설정하였다면 P&F차트는 [그림 11-8]과 같이 나타난다. 3월 2일의 주가는 10,000원이고, 3월 3일의 주가는 11,000원이므로 주가가 1,000원만큼 상승하였다. 따라서 3월 3일에 두 개의 ×표가 나타나며, 3월 4일은 13,000원이므로 연속하여 4개의 ×표가 기록된다. 3월 5일은 13,300원으로 상승하였으나 상승폭이 500원 미만이므로 어떠한 표시도 나타나지 않는다. 한편 3월 6일은 주가가 11,800원으로 하락하였기 때문에 줄을 바꾸어 3개의 ○표가 나타나며, 3월 7일에도 주가는 10,800원으로 1,000원이 하락하였으므로 2개의 ○표가 추가로 기록된다.

〈표 11.7〉 주식 X의 주가자료

일자	3월 2일	3	4	5	6	7	8
주가 점수	10,000원	11,000 ××	13,000 ××××	13,300	11,800 ○○○	10,800 ○○	12,000 ××

그림 11-8 주식 *X*의 점수도표

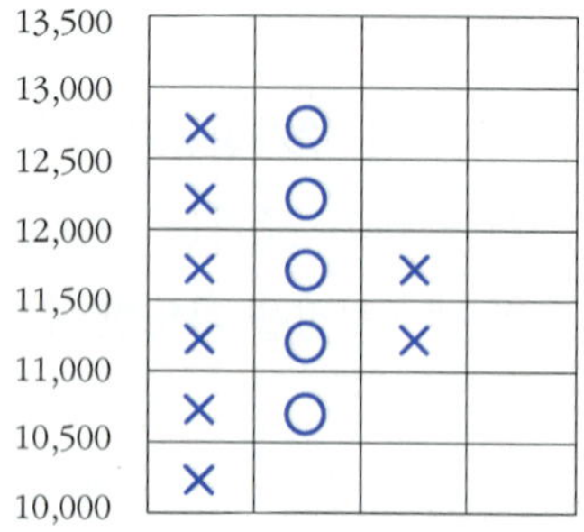

2) 분석방법

P&F차트에서 ×표나 ㅇ표가 연속적으로 나타나다가 ×표와 ㅇ표가 반복적으로 나타나는 현상을 볼 수 있는데 이러한 주가영역을 밀집영역(congestion area)이라고 한다. 밀집영역은 시장에서 수요와 공급세력이 경합할 때 나타나기 때문에 밀집영역에서 형성되는 주가패턴을 분석함으로써 주가의 변화방향을 예측할 수 있다.

주가패턴으로는 혁대형(band pattern), 2중형(double pattern) 및 3중형(tripple pattern) 등이 있다. [그림 11-9]에서 볼 수 있는 것처럼, 강세형은 일정한 패턴을 따라 움직이다가 ×표가 상한저지선을 뚫고 상승할 때 나타나며, 약세형은 ㅇ표가 하한저지선을 뚫고 하락할 때 나타난다.

P&F차트를 이용하여 특정주식의 가격이 앞으로 어느 정도 상승하거나 하락할 것인가를 예상할 수 있다. 즉 밀집영역이 넓을수록 주가가 상승하거나 하락하는 정도가 커지는 것으로 예상할 수 있다. 예를 들어 밀집영역이 20,000원~25,000원에 형성되다가 상한저지선을 뚫고 상승한다면 주가는 대략 5,000원 정도까지 상승할 것으로 예상할 수 있다.

그림 11-9 강세형과 약세형 주가패턴

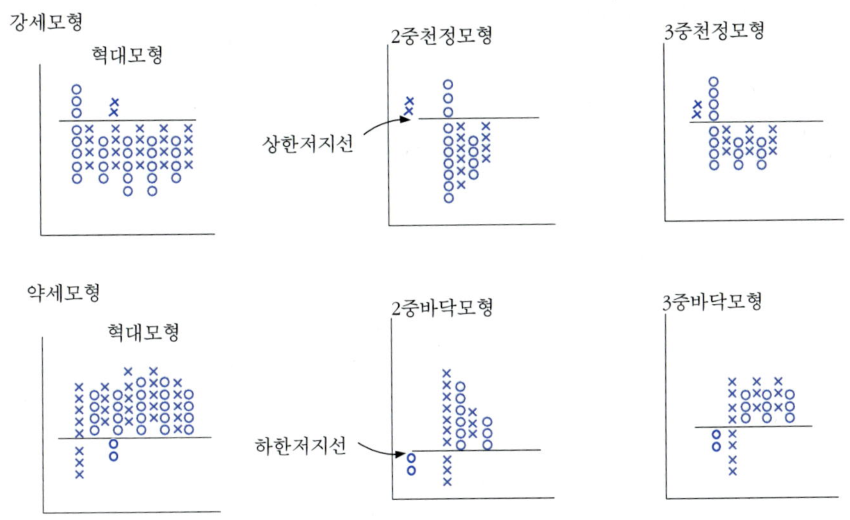

③ 삼선전환도의 분석

삼선전환도는 P&F차트에서와 마찬가지로 사소한 주가변동을 무시하고 지속적으로 큰 폭의 주가변동이 있을 때에 음양괘선으로 나타낸 주가차트를 말한다.

주가가 하락할 때는 음선으로 표시되며, 주가가 상승할 때는 양선으로 표시된다. 그러나 주가가 계속 상승하다가 하락한다고 해서 바로 음선이 나타나는 것은 아니며, 직전의 양선 3개에 해당되는 주가하락이 있을 때에만 비로소 음선이 나타난다. 이를 음 전환이라고 하며 매도신호로 본다. 반대로 주가가 계속 하락하다가 직전의 3개에 해당하는 양선을 커버할 수 있을 만큼 주가가 상승할 때 새로운 양선이 나타난다. 이를 양 전환이라고 하며 매입신호로 본다.

〈표 11.8〉의 주식 A의 주가자료를 이용하여 삼선전환도를 작성하면 [그림 11-10]과 같다. 〈표 11.8〉에서 1일의 주가는 9,500원이고, 2일의 주가는 9,800원이므로 1개의 양선이 나타나며, 3일에도 주가가 상승하였기 때문에 양선이 표기된다. 그러나 4일자에 주가가 하락했으나 하락폭이 직전의 양선 3개에 미달되기 때문에 음선이 나타

나지 않으며, 5일에도 마찬가지로 주가가 상승하였으나 삼선도의 요건에 미달되어 양선이 표기되지 않는다. 8일에 주가가 9,400원으로 하락하여 양선 3개를 커버할 수 있기 때문에 비로소 음선이 기록된다.

〈표 11.8〉 주식 *A* 의 주가자료

일자	주가(원)	표시	일자	주가(원)	표시
1	9,500	--	15	10,000	□
2	9,800	□	16	10,100	□
3	9,900	□	17	10,200	□
4	9,700		18	10,300	□
5	9,800		19	10,500	□
6	9,600		20	10,300	
7	휴일		21	휴일	
8	9,400	■	22	10,000	■
9	9,200	■	23	9,800	■
10	9,100	■	24	9,600	■
11	9,400		25	9,300	■
12	9,700		26	9,400	
13	9,900	□	27	9,100	■
14	휴일		28	휴일	

주) □ : 상승, ■ : 하락.

그림 11-10 주식 *A* 의 삼선전환도

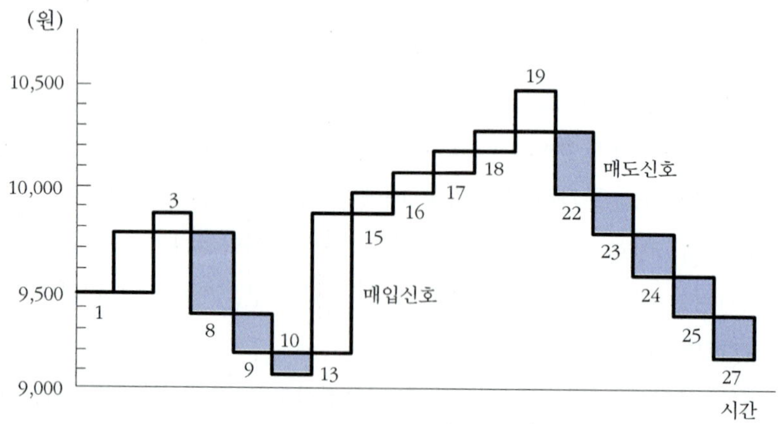

삼선 전환도는 매매신호를 명백히 나타내주는 장점이 있으나, 시장여건이 불안정하여 단기간에 주가등락이 심하게 나타나는 경우에는 적용하기가 어려운 단점도 있다. 이러한 문제를 해결하기 위하여 10%필터기법이 함께 이용되기도 한다. 필터기법은 주가가 고점이나 저점에서 일정한 비율(10%) 이상으로 하락하거나 상승할 때 보유주식을 매각하거나 매입하는 신호로 이용되는데, 일정한 비율을 필터(filter)라고 하며, 삼선 전환도에서 매매신호가 나타나지 않을 때는 이 방법을 활용하여 투자결정을 할 수 있다.

Ⅳ. 기술적 분석의 비판과 한계

1 기술적 분석의 비판

기술적 분석은 주가와 거래량의 변화추세를 분석함으로써 주가의 변화방향을 예측하는데 목적이 있다. 그러나 기술적 분석은 여러 가지의 관점에서 많은 비판을 받고 있다.[5]

여러 가지 기술적 지표와 주가도표를 이용하는 기술적 분석의 공통적인 특징은 과거의 주가나 거래량의 변동추세를 분석함으로써 미래의 주가를 예측할 수 있기 때문에 적절한 투자시점을 발견하여 초과수익을 실현할 수 있다는 것이다.

기술적 분석의 매력은 분석방법이 간단할 뿐만 아니라 시각적으로 추세를 분석할 수 있다는 점이다. 따라서 투자자들은 경제상황, 이자율변동, 비체계적 위험과 회계문제 등에 주의를 할 필요가 없으며, 단순히 과거의 주가와 거래량의 변화추세를 도표화하여 분석함으로써 주가를 예측할 수 있다는 것이다. 그러나 효율적 시장에서는 이러한 논리가 더 이상 적용되지 않는다.

기술적 분석가들은 흔히 일반투자자들이 기술적 분석에 기초한 거래기법을 쉽게 인식하지 못하기 때문에 전문투자자들의 투자행태가 총합되는 결과로 나타나는 주가의

5) R. C. Redcliffe, *Investment : Concept, Analysis and Strategy*, Scott, Foresman and Company, 1982, p. 615.

변화 패턴을 분석함으로써 높은 주가차익을 얻을 수 있다고 주장한다. 그러나 효율적 시장에서는 모든 투자자들이 이와 같은 기술적 특성은 물론 모든 다양한 정보의 경제적 가치를 경쟁적으로 분석하여 주가에 반영시키고 있기 때문에 이러한 논리는 더 이상의 의미가 없다.

과연 기술적 분석이 유용한가? 이에 대한 실증적 연구는 수없이 많다. 이들의 연구결과에서 보면 기술적 분석을 이용한 투자전략의 투자성과가 평균적인 투자성과를 능가하고 있지만 빈번한 거래로 인한 많은 거래비용을 부담하여야 하기 때문에 이와 같은 거래비용을 고려하는 경우 기술적 투자전략의 투자성과가 평균적인 투자성과를 결코 능가하지 못한다는 견해가 있다. 다시 말하여 기술적 분석에 의한 투자전략으로 초과수익을 얻을 수 없을 정도로 증권시장이 효율적이라는 것이다. 그럼에도 불구하고 투자 실무계에서는 기술적 분석에 크게 의존하고 있는 것이 현실이다. 이 점에 대해서는 6장 행태재무학(Behavioral Finance)을 참고하기 바란다.

② 기술적 분석의 한계점

기술적 분석의 한계점은 다음과 같다.

첫째, 증권의 내재가치를 무시하고 지나치게 주가의 변동추세에 집착하고 있기 때문에 실제로 시장에서 주가가 변동하는 경우 그 이유를 구체적으로 알 수 없다는 한계가 있다.

둘째, 주가가 일정한 추세에 따라 순환적으로 변동한다고 가정하고 있으나, 과거의 주가추세나 패턴이 미래에도 반복되는 경향이 있다는 가정은 매우 비현실적이다.

셋째, 과거의 주가패턴이 미래에도 똑같은 형태로 나타난다고 보기가 어렵기 때문에 주가패턴의 분석에 주관이 개입될 수밖에 없다는 점이다.

연습문제

1. 다음 용어를 간략하게 설명하시오.

1) 다우이론	2) 투자심리선	3) 이격도
4) 등락종목수	5) 삼선 전환도	6) OBV
7) 상대적 강도	8) 단주거래지수	9) 머리어깨형
10) 이동평균주가	11) 주 추세선	12) 중기 추세선
13) 단기 추세선	14) 유산점	15) 점수도표

2. 기술적 분석과 기본적 분석을 비교 설명하시오.

3. 기술적 분석의 장점과 한계점을 설명하시오.

4. 등락종목수선에 대하여 설명하시오.

5. 다우이론에 의하면 강세시장과 약세시장은 각각 3 가지의 국면을 거치는 것으로 알려져 있다. 각 국면별 특징에 대하여 설명하시오.

6. 최근 1개월간의 주가자료를 이용하여 점수도표, 봉도표, 삼선전환도를 그려보고 매도시점이나 매입시점을 포착하시오.

7. 주가 이동평균선을 이용한 투자전략에 대하여 설명하시오.

8. 이격도를 이용한 투자전략에 대하여 설명하시오.

제4편

균형시장이론

제12장 포트폴리오 분석

투자의 대상이 되는 대부분의 증권은 투자수익이 불확실하기 때문에 위험증권에 투자할 때는 어느 정도의 위험을 감수해야 한다. 그러므로 투자결정에서 고려해야 할 기본적인 사항은 "어느 정도의 투자위험을 부담하면서 투자해야 하는가?"이다.

이와 같은 투자결정의 문제는 가능한 포트폴리오집합 중에서 최적포트폴리오를 선택하는 문제와 연관성을 갖고 있다. 최적포트폴리오의 선택에 대한 하나의 해답은 H. M. Markowitz(1952)의 포트폴리오선택이론에서 찾을 수 있다.

이 장에서는 마코위츠가 제시한 포트폴리오선택이론에 대하여 살펴보기로 한다.

Ⅰ. 포트폴리오의 선택원리

1990년에 노벨경제학상을 수상한 마코위츠(H. M. Markowitz, 1952)는 1952년에 '포트폴리오의 선택원리'를 발표하였다.[1] 포트폴리오(portfolio)는 자산집합을 의미한다. 예를 들어 3개의 증권을 소유한다는 것은 3개의 증권으로 구성된 포트폴리오를 소유한다는 것을 의미하며, 하나의 증권을 소유한다는 것은 하나의 증권으로 구성된 포트폴리오를 소유함을 의미한다.

투자대상이 되는 증권은 미래의 투자수익률이 불확실하기 때문에 확률적 예측을 통하여 기대수익률을 추정해야 한다. 따라서 투자자들은 기대수익률이 큰 증권으로

1) H. M. Markowitz, "Portfolio Selection", *The Journal of Finance*, Vol. 7, No. 1 (Mar.), 1952, pp. 77~91.

포트폴리오를 구성함으로써 투자수익을 높이고자 할 것이다. 그러나 마코위츠는 이와 같은 투자결정이 잘못된 것임을 분명히 하였다. 높은 투자수익률을 기대할수록 높은 투자위험을 부담해야 하기 때문이다. 이러한 사실은 포트폴리오의 선택에서 상반되는 투자목표가 존재한다는 것을 의미한다.

1 투자목표의 이중성

포트폴리오의 기대수익률은 식 (1)과 같다.

$$E(r_p) = \frac{E(W_1)}{W_0} - 1 \tag{1}$$

W_0 : 포트폴리오의 투자비용
$E(W_1)$: 포트폴리오의 기대 기말수익

식 (1)을 $E(W_1)$에 대하여 정리하면 식 (2)와 같다.

$$E(W_1) = W_0 [1 + E(r_p)] \tag{2}$$

식 (2)에서 보여주는 것처럼 포트폴리오의 기대수익은 기대수익률에 따라 결정된다. 한편 포트폴리오의 기대수익률은 투자위험에 따라 영향을 받는다. 포트폴리오의 기대수익률은 투자위험이 높을수록 높아지며, 낮을수록 낮아지기 때문이다. 따라서 높은 기대수익률을 요구할수록 높은 투자위험을 부담해야 한다는 사실을 알 수 있다.

투자수익률의 확률분포가 정규분포를 보이는 경우에는 정규분포의 모수인 기대수익률과 표준편차를 이용하여 포트폴리오의 특성을 파악할 수 있다. 기대수익률은 포트폴리오의 잠재적인 투자성과의 크기를 나타내는 척도이며, 표준편차는 투자성과의 질(투자위험)을 측정하는데 이용된다.

왜 투자목표가 서로 상충되는지에 대하여 살펴보기로 하자. 포트폴리오 A와 B의 기대수익률과 표준편차가 〈표 12.1〉과 같다고 하자.

〈표 12.1〉 포트폴리오 *A*와 *B*의 기대수익률과 표준편차

	A	*B*
기대수익률	8%	12%
표준편차	10	20

기초(期初)에 300,000원을 포트폴리오 A와 B에 투자할 때 예상되는 기대수익을 계산하면 다음과 같다.

$$E(W_{A1}) = W_{A0}[1+E(r_A)] = 300,000\text{원}(1+0.08) = 324,000\text{원}$$
$$E(W_{B1}) = W_{B0}[1+E(r_B)] = 300,000\text{원}(1+0.12) = 336,000\text{원}$$

두 포트폴리오의 기대수익 만을 비교하는 경우 포트폴리오 B가 유리함을 알 수 있다. 포트폴리오 B의 기대수익률이 포트폴리오 A보다 크기 때문이다.

그러나 포트폴리오 B의 투자위험이 포트폴리오 A보다 크다는 점을 유의하여야 한다. 〈표 12.2〉에서 포트폴리오 A와 B의 누적확률분포를 보여주고 있다. 투자수익이 300,000원 이하로 감소할 확률을 보면 포트폴리오 A와 B에서 각각 21%와 27%임을 알 수 있다. 이러한 사실은 포트폴리오 B의 투자위험이 포트폴리오 A보다 크다는 것을 의미한다.

〈표 12.2〉 포트폴리오 *A*와 *B*의 누적확률분포

투자수익	확률	
	포트폴리오 *A*	포트폴리오 *B*
210,000원	0%	2%
240,000	0	5
270,000	4	14
300,000	21	27
330,000	57	46
360,000	88	66
390,000	99	82

이상에서 살펴본 바와 같이 기대수익률의 관점에서 보면 포트폴리오 B가 유리하지만, 투자위험의 관점에서 보면 포트폴리오 A가 유리하기 때문에 높은 투자수익률을 기대할수록 높은 투자위험을 부담해야 한다는 사실을 알 수 있다.

그렇다면 어느 포트폴리오를 선택해야 하는가? 마코위츠의 포트폴리오선택이론에

의하면 기대수익률과 투자위험에 대한 투자자의 태도에 따라 포트폴리오의 선택이 결정된다. 포트폴리오의 선택원리에 대하여 살펴보기로 하자.

② 포트폴리오의 선택원리

1) 무차별곡선

포트폴리오선택이론에서는 모든 증권의 수익과 위험 특성을 정규분포의 모수인 기대수익률과 표준편차를 이용하여 기술할 수 있다고 가정하고 있다. 이 경우 투자자들은 자신의 무차별곡선(indifference curve)을 이용하여 모든 가능한 포트폴리오의 가치를 주관적으로 평가할 수 있다. 무차별곡선은 동일한 효용을 제공하는 포트폴리오집합을 그래프로 나타낸 것을 말한다. 따라서 투자자들은 자신의 무차별곡선을 고려하여 가장 높은 효용을 얻을 수 있는 포트폴리오를 선택할 수 있다.

[그림 12-1]에서 위험회피형 투자자의 무차별곡선을 보여주고 있다. 무차별곡선상에 위치하는 모든 포트폴리오는 동일한 효용을 제공하는 포트폴리오임을 의미한다. 포트폴리오 A와 B를 보자. 기대수익률과 표준편차는 서로 다르지만 동일한 무차별

그림 12-1 위험회피형 투자자의 무차별곡선

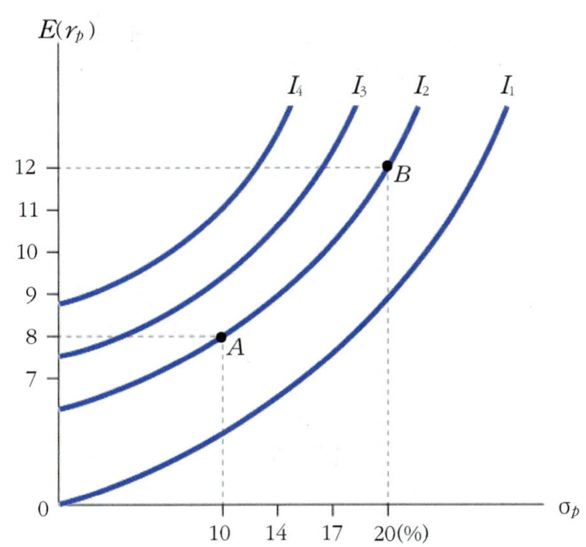

곡선(I_2) 상에 위치하고 있기 때문에 위험회피형 투자자는 두 포트폴리오가 동일한 가치를 갖는다고 생각할 것이다. 따라서 포트폴리오 A와 B가 무차별곡선 I_2 상에 위치하고 있다는 것은 포트폴리오 A와 B 중 어느 쪽을 선택하더라도 동일한 효용을 얻을 수 있다는 것을 의미한다.

투자위험의 관점에서 보면 포트폴리오 A의 표준편차(10%)가 포트폴리오 B의 표준편차(20%)보다 작기 때문에 포트폴리오 A가 바람직하지만, 기대수익률의 관점에서 보면 포트폴리오 B의 기대수익률(12%)이 포트폴리오 A의 기대수익률(8%)보다 크기 때문에 포트폴리오 B가 바람직할 것이다. 그러나 [그림 12-1]과 같은 무차별곡선을 갖는 위험회피형 투자자는 포트폴리오 B의 높은 투자위험에 의한 불만족을 포트폴리오 A의 낮은 기대수익률에 의한 불만족으로 상쇄시킬 수 있기 때문에 포트폴리오 A와 B가 동일한 가치를 갖는다고 생각한다.

2) 무차별곡선의 특성

무차별곡선은 다음과 같은 특성이 있다.

무차별곡선은 교차하지 않는다. [그림 12-2(a)]에서 두 개의 무차별곡선이 점 W에서 교차하는 경우를 보여주고 있다. 포트폴리오 W는 무차별곡선 I_1 상에 위치하기 때문에 포트폴리오 X와 W는 동일한 효용을 제공하며, 또한 포트폴리오

그림 12-2 무차별곡선의 특성

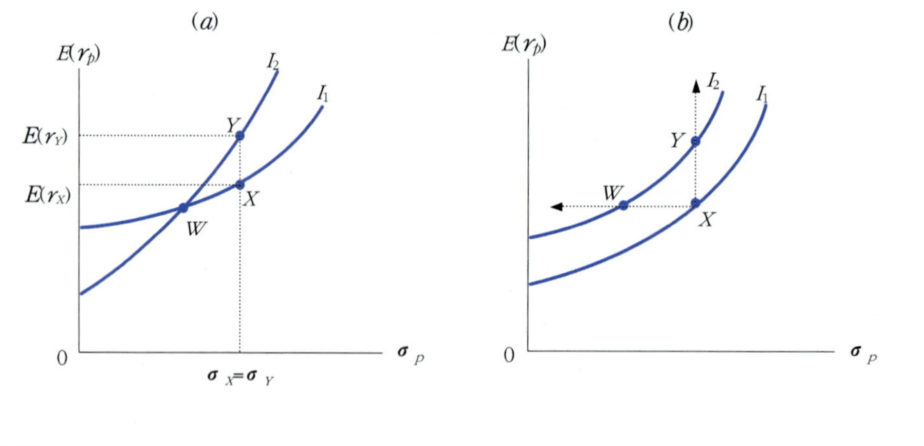

W가 무차별곡선 I_2 상에도 위치하고 있기 때문에 포트폴리오 Y와 W 또한 동일한 효용을 제공할 것이다. 그러나 무차별곡선 I_1과 I_2는 각각 서로 다른 효용의 수준을 나타내는 무차별곡선이라는 사실을 유의해야 한다. 따라서 무차별곡선 I_1과 I_2는 서로 교차할 수 없다.

무차별곡선이 서로 교차하는 경우에는 다음에 설명할 불포화 만족과 위험회피성의 가정에도 위배된다. 예컨대 [그림 12-2(b)]에서 보여주는 포트폴리오 X와 Y의 경우 투자위험이 동일하기 때문에 기대수익률이 높은 포트폴리오 Y가 더 바람직하기 때문이다.

둘째, 무차별곡선은 위쪽으로 이동할수록 효용이 증가함을 의미한다. [그림 12-2(b)]에서 포트폴리오 W와 Y는 무차별곡선 I_2에 위치하고 있는 한편, 포트폴리오 X는 무차별곡선 I_1에 위치하고 있음을 보여주고 있다. 무차별곡선 I_2에 위치하는 포트폴리오의 효용이 무차별곡선 I_1에 위치하는 포트폴리오의 효용보다 높기 때문에 포트폴리오 X보다 포트폴리오 W 또는 Y가 더 바람직함을 알 수 있다.

이와 같은 사실은 불포화 만족과 위험회피성의 가정에서 보면 더욱 명확해진다. 포트폴리오 W와 X는 기대수익률이 동일하기 때문에 위험회피성의 가정에 따라 투자위험이 작은 포트폴리오 W가 바람직하며, 포트폴리오 Y와 X는 투자위험이 동일하기 때문에 불포화 만족의 가정에 따라 기대수익률이 높은 포트폴리오 Y가 바람직함을 알 수 있다.

마지막으로 무수히 많은 무차별곡선이 존재한다는 점이다. 이러한 사실은 [그림 12-2(b)]에서 무차별곡선 I_1과 I_2 사이에 수없이 많은 무차별곡선이 존재함을 의미한다.

그렇다면 어떻게 무차별곡선을 유도할 수 있는가? 투자자들은 자신만의 고유한 무차별곡선을 갖고 있다. 무차별곡선의 형태를 유도하는 하나의 방법은 가상적인 기대수익률과 표준편차를 갖는 포트폴리오집합을 투자자에게 제시하여 그 중에서 가장 바람직한 포트폴리오를 선택하도록 요구하는 것이다. 투자자가 자신의 무차별곡선에 따라 행동할 것이라고 가정한다면 이와 같은 방법을 통하여 투자자가 여러 차례에 걸쳐 가상적인 포트폴리오를 선택하도록 유도함으로써 이를 토대로 하여 무차별곡선을 유도할 수 있다.

이상에서 설명한 바와 같이 모든 투자자들은 기대수익률과 표준편차에 대한 선호관계를 나타내는 자신만의 무차별곡선을 가지고 있다. 이와 같은 사실에 비추어 볼 때, 투자목표의 이중성이 존재함에도 불구하고, [그림 12-1]에서와 같이 각 포트폴리오의 기대수익률과 표준편차를 측정하여 가장 위쪽의 무차별곡선과 접하는 포트폴리오 C를 선택함으로써 효용을 극대화할 수 있다.

위험회피적이라는 것은 투자위험을 싫어한다는 것을 의미한다. 이는 투자위험을 부담해야 하는 경우에는 그에 따른 적절한 보상을 요구한다는 것을 의미한다. 따라서 위험회피형 투자자의 무차별곡선은 양(+)의 기울기를 가지며, 원점에 대하여 볼록한 형태로 나타난다. 무차별곡선의 볼록성(convexity)은 무차별곡선을 따라 위쪽으로 이동할수록 기울기가 점점 가파르게 된다는 것을 의미한다.

위험회피성의 정도에 따라 무차별곡선이 다르기 때문에 모든 투자자들이 동일한 위험회피성을 갖는 것은 아니다. [그림 12-3]과 [그림 12-4]에서 위험회피형 투자자의 무차별곡선을 보여주고 있다. 위험회피성이 높은 투자자는 높은 위험프리미엄을 요구하기 때문에 [그림 12-3]과 같이 무차별곡선의 기울기가 가파른 특성을 보이며, 위험회피성이 낮은 투자자는 낮은 위험프리미엄을 요구하기 때문에 [그림 12-4]와 같이 무차별곡선의 기울기가 완만한 특성을 보인다.

그림 12-3 위험회피성이 높은 투자자의 무차별 곡선

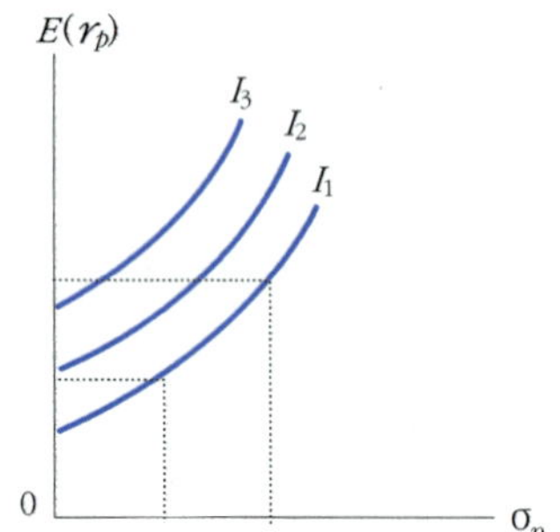

그림 12-4 위험회피성이 낮은 투자자의 무차별곡선

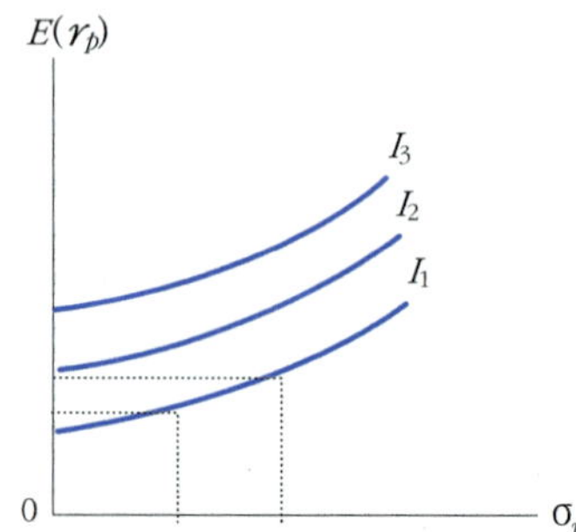

Ⅱ. 요구위험프리미엄의 측정

1 불포화 만족과 위험회피성의 가정

마코위츠의 포트폴리오선택이론에서는 모든 투자자들이 불포화 만족과 위험회피성의 가정에 따라 포트폴리오를 선택한다고 가정하고 있다. 이와 같은 투자행동 기준을 평균—분산 기준(mean-variance criteria)이라고 하며, 평균—분산 기준에 따라 행동하는 투자자를 위험회피형 투자자라고 한다.

평균—분산 기준은 포트폴리오의 선택에서 가정하고 있는 위험회피형 투자자의 투자행동기준으로서 투자위험이 동일한 경우에는 가장 높은 기대수익률을 갖는 포트폴리오를 선택하며, 기대수익률이 동일한 경우에는 가장 낮은 투자위험을 갖는 포트폴리오를 선택한다는 투자행동기준을 말한다.

불포화 만족(nonsatiation)의 가정은 모든 투자자들이 동일한 투자위험 수준에서는 가장 높은 기대수익률을 제공하는 포트폴리오를 선호한다는 가정이다. [그림 12-5]에서처럼 포트폴리오 A와 B가 있다고 하자. 불포화 만족의 가정에 의하면 포트폴리오 A와 B의 표준편차가 동일하기 때문에 위험회피형 투자자들은 기대수익률이 높은 포트폴리오 A를 선택할 것이다.

한편 위험회피성(risk aversion)의 가정은 모든 투자자들이 동일한 기대수익률 수준에서는 가장 낮은 투자위험을 제공하는 포트폴리오를 선호한다는 가정이다. [그림 12-5]에서 포트폴리오 A와 C를 보자. 위험회피성의 가정에 의하면 포트폴리오 A와 C의 기대수익률이 같기 때문에 위험회피형 투자자들은 투자위험이 낮은 포트폴리오 A를 선택할 것이다.

그림 12-5 불포화 만족과 위험회피성의 가정에 기초한 포트폴리오의 선택과정

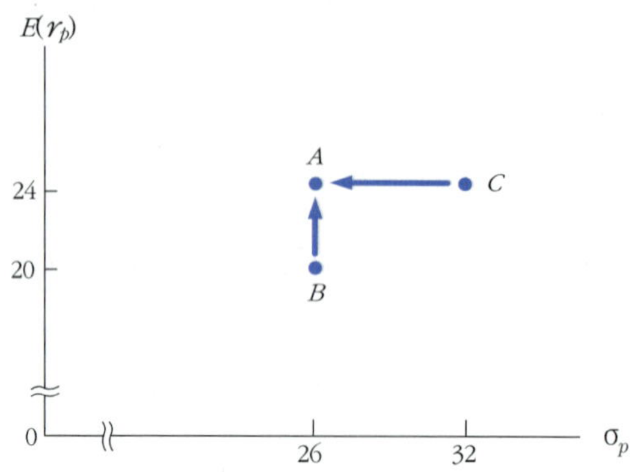

② 요구위험프리미엄의 측정

투자자마다 기대수익률과 투자위험에 대한 태도가 다르기 때문에 그들이 요구하는 위험프리미엄도 다르게 된다. 위험증권에 투자할 때 요구되는 위험프리미엄에 대하여 살펴보기로 하자.

경제학에서는 소비나 투자와 같은 경제행위를 통하여 얻는 상대적인 만족도를 계량적으로 측정하기 위하여 효용(utility)이라는 용어를 사용하고 있다. 효용이론에 의하면 만족스러운 경제행위는 양(+)의 효용을 보이며, 불만족스러운 경제행위는 음(−)의 효용을 수반한다.

사람에 따라 각각의 취향이 다르기 때문에 어떤 사람은 특정 경제행위로부터 다른 사람보다 더 많은 효용을 경험할 수 있다. 그러므로 모든 사람들이 합리적이고 효용을 극대화하는 쪽으로 행동한다고 가정하는 경우 포트폴리오의 선택문제도 마찬가지로 이와 같은 논리에서 설명할 수 있다.

모든 투자자들은 자신만의 고유한 효용함수를 가지고 있으며, 효용함수는 부의 수준에 따라 영향을 받는다. 왜냐하면 부의 수준에 따라 동일한 부의 증가액에 대한 만족도가 다르기 때문이다. 부의 증가액에 대한 한계효용은 부의 수준이 증가함에 따라 체감적으로 증가하는데, 이를 한계효용체감의 법칙이라고 한다.

어떤 투자자의 효용함수가 식 (3)과 같다고 하자.

$$U = \sqrt{W} \tag{3}$$

이 투자자의 자산이 9원이라면 효용은 3 utile이 된다. 이것을 그림으로 나타내면 [그림 12-6]과 같다. 여기에서 자산의 수준이 증가함에 따라 효용의 증가폭이 점점 작아지고 있음을 볼 수 있다. 이처럼 체감적인 한계효용을 갖는 투자자를 위험회피형 투자자라고 한다.

그림 12-6 부와 효용의 관계

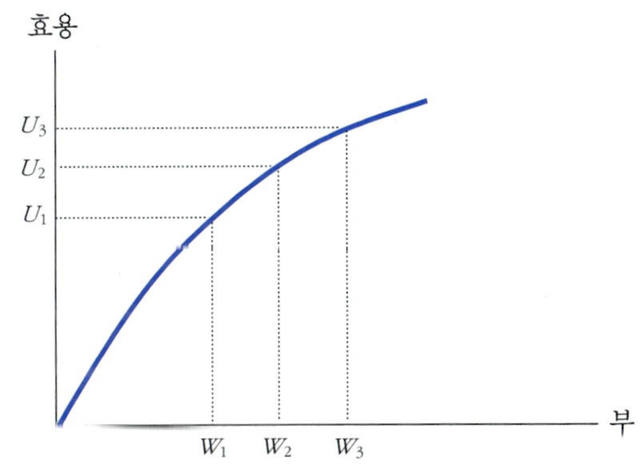

위험회피형 투자자는 투자위험에 상응하는 보상이 주어질 때만 위험자산에 투자를 한다. 공정게임(fair game)을 통하여 위험회피성의 정도를 파악할 수 있다. 기대수익보다 적은 금액을 공정게임에 투자할수록 위험회피성이 높다고 말할 수 있다. 공정게임을 이용하여 위험프리미엄을 측정해 보기로 하자. 〈표 12.3〉과 같은 게임이 있다고 하자.

〈표 12.3〉 게임의 확률분포

상황	투자수익
앞 면	25원
뒷 면	9
기대수익	17

이 게임에 17원을 투자하는 경우 앞면이 나올 때 자산의 증가액이 8원, 뒷면이 나올 때 자산의 감소액이 8원으로 같고, 앞면과 뒷면의 발생확률이 같으며, 투자액과 기대수익이 같다. 이러한 게임을 공정게임이라고 부른다. 공정게임(fair game)이란 자산의 증가액과 감소액, 앞면과 뒷면의 발생확률 그리고 투자액과 기대수익이 동일한 게임을 말한다.

위험회피형 투자자는 이와 같은 공정게임에 기대수익과 일치하는 금액을 투자하지 않는다. 왜냐하면 투자위험에 대한 보상이 없기 때문이다. 위험회피형 투자자(risk averter)는 투자위험에 상응하는 적절한 위험프리미엄이 주어지는 경우에만 위험자산에 투자한다.

공정게임에 응하지 않는 이유는 공정게임(fair game)에 응하는 경우 부의 수준이 17원에서 25원으로 8원 증가할 때의 만족도보다 9원으로 8원 감소할 때의 불만족도가 크다고 생각하기 때문이다. 다시 말하여 공정게임에 응하지 않는 경우에는 17원을 확실하게 소비할 수 있으나 공정게임에 응하는 경우에는 그보다 작은 9원을 소비해야 하는 위험을 감수해야 하기 때문이다. 따라서 위험회피형 투자자는 기대수익보다 적은 금액을 공정게임에 투자하고자 할 것이다.

이 게임에 응할 때 얻을 수 있는 기대수익의 효용을 측정할 수 있다. 확실한 현금 25원과 9원의 효용이 각각 5 utile과 3 utile이라면 이때의 기대효용은 4 utile이다.

$$
\begin{aligned}
\text{기대효용} &= U(25\text{원}) \times 0.5 + U(9\text{원}) \times 0.5 \\
&= 5\ utile \times 0.5 + 3\ utile \times 0.5 \\
&= 4\, utile
\end{aligned}
$$

[그림 12-7]에서 보여주는 효용함수를 갖는 투자자가 이 게임에 투자할 수 있는 금액은 16원이다. 그는 게임으로부터 기대할 수 있는 불확실한 현금 17원과 확실한 현금 16원이 동일한 가치를 갖는다고 생각하기 때문에 이 게임에 16원을 투자하는 것이다. 따라서 불확실한 현금 17원을 확실한 현금으로 환산하면 16원의 가치를 갖는데 이를 확실성 등가현금(certainty equivalent cash)라고 한다.

따라서 게임에 응할 때 요구되는 위험프리미엄은 게임으로부터 기대되는 기대수익에서 확실성등가현금을 공제함으로써 측정할 수 있다. 위험프리미엄은 식 (4)와 같다.

$$\text{위험프리미엄} = \text{기대수익} - \text{확실성 등가현금} \tag{4}$$

그림 12-7 위험회피형 투자자의 효용함수

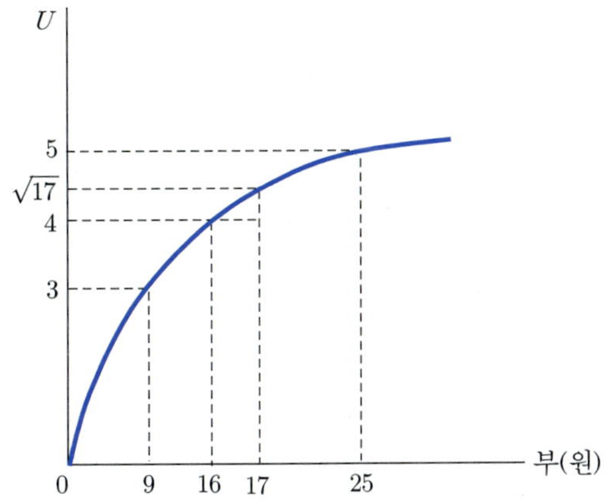

투자자가 앞의 게임에 투자할 때 요구하는 위험프리미엄은 다음과 같이 계산된다.

$$\text{위험프리미엄} = 17\text{원} - 16\text{원} = 1\text{원}$$

따라서 앞의 게임에 투자할 때 요구되는 위험프리미엄은 1원이다. [그림 12-7]의 효용함수를 갖는 위험회피형 투자자는 위험프리미엄으로 1원을 기대하면서 이 게임에 16원을 투자하는 것이다. 따라서 위험회피형 투자자들이 요구하는 위험프리미엄은 언제나 양(+)의 값을 가지며, 자산의 수준이 증가함에 따라 한계효용이 체감하기 때문에 위험회피형 투자자의 효용함수는 원점에 대하여 오목한 형태로 나타난다.

Ⅲ. 포트폴리오의 기대수익률과 표준편차

1 포트폴리오의 기대수익률

포트폴리오의 기대수익률은 각 구성증권의 기대수익률을 투자비율에 따라 가중평균한 것과 같다. 따라서 포트폴리오의 기대수익률은 식 (5)와 같다.

$$E(r_p) = \sum_{i=1}^{n} w_i E(r_i) \tag{5}$$

$E(r_p)$: 포트폴리오의 기대수익률
$E(r_i)$: 증권 i의 기대수익률
w_i : 증권 i에 대한 투자비율

식 (5)에서 볼 수 있는 것처럼 포트폴리오의 기대수익률은 구성증권의 기대수익률과 투자비율에 따라 영향을 받는다는 사실을 알 수 있다. 식 (5)를 이용하여 포트폴리오의 기대수익률을 계산하면 다음과 같다.

$$\begin{aligned} E(r_p) &= 0.2325 \times 16.2\% + 0.4070 \times 24.6\% + 0.3605 \times 22.8\% \\ &= 22\% \end{aligned}$$

예제 1

○ 증권 X, W와 Z의 기대수익률이 각각 16.2%, 24.6%, 22.8%이고, 증권 X, W와 Z에 각각 23.25%, 40.70% 및 36.05%를 투자하여 포트폴리오를 구성하려고 한다.
○ 포트폴리오의 기대수익률을 계산하시오.

한편 각 증권에 대한 투자비율을 달리함으로써 다양한 형태의 포트폴리오를 구성할 수 있다. 모든 자금을 증권 X에 투자함으로써 가장 낮은 기대수익률(16.2%)을 갖는 포트폴리오를 구성할 수 있으며, 모든 자금을 증권 W에 투자함으로써 가장 높은 기대수익률(24.6%)을 갖는 포트폴리오를 구성할 수 있다.

그러나 이와 같이 하나의 증권에 모든 자금을 투자하는 사람은 거의 없으며, 이와 같은 극단적인 투자정책을 권유하는 자문회사도 없다. 오히려 여러 증권에 분산투자하는 투자정책을 권유하고 있다. 그 이유는 분산투자를 통하여 투자위험을 줄일 수 있기 때문이다.[2)]

---

2) 분산투자효과에 대한 자세한 내용은 제13장 III을 참고할 것.

② 포트폴리오의 표준편차

투자수익률의 확률분포가 정규분포를 보이는 경우 표준편차를 이용하여 투자위험을 측정할 수 있다.[3] 정규분포는 기대수익률을 중심으로 왼쪽과 오른쪽 면적이 동일하기 때문이다.

포트폴리오의 분산은 각 증권수익률 사이의 공분산을 투자비율에 따라 가중 평균한 것과 같다. 따라서 포트폴리오의 표준편차는 식 (6)과 같다.

$$\sigma_p = \left[\sum_{i=1}^{n} \sum_{j=1}^{n} w_i w_j \sigma_{ij} \right]^{1/2} \tag{6}$$

σ_p : 포트폴리오수익률의 표준편차
w_i : 구성증권 i에 대한 투자비율
w_j : 구성증권 j에 대한 투자비율
σ_{ij} : 구성증권 i와 j 사이의 수익률 공분산

1) 공분산

식 (6)에서 σ_{ij}는 증권 i와 j의 공분산을 의미한다. 공분산(covariance)은 두 확률변수 사이의 상호 영향관계를 측정하는 통계척도 중의 하나로서 증권 i와 j의 수익률이 환경변화에 따라 어느 방향으로 함께 움직이는 경향이 있는가를 측정하는데 이용된다. 공분산이 양(+)의 값이면 두 증권의 수익률이 환경변화에 따라 같은 방향으로 움직이는 경향이 있음을 의미하며, 공분산이 음(−)의 값이면 두 증권의 투자수익률이 환경변화에 따라 반대의 방향으로 움직이는 경향이 있음을 의미한다.

2) 상관계수

공분산을 표준화시킨 것을 상관계수(correlation coefficient)라고 한다. 상관계수는 한 증권의 수익률이 1% 변동할 때 다른 증권의 수익률이 영향을 받는 상대적인

3) 이에 대한 내용은 다음 논문을 참고할 것. H. Levy and H. M. Markowitz, "Approximating Expected Utility by a Function of Mean and Variance", *The American Economic Review,* Vol. 69, No. 3 (Jun.), 1979, pp. 308~317. ; Y. Kroll, H. Levy and H. M. Markowitz, "Mean-Variance versus Direct Utility Maximization", *The Journal of Finance,* Vol. 39, No. 1 (Mar.), 1984, pp. 47~61.

정도를 측정하는데 이용되는 통계척도로서 두 확률변수 사이의 공분산을 각 확률변수의 표준편차로 나눈 것과 같다. 상관계수는 식 (7)과 같다.

$$\rho_{ij} = \frac{\sigma_{ij}}{\sigma_i \sigma_j} \tag{7}$$

ρ_{ij} : 증권 i와 j의 상관계수
σ_i : 증권 i의 표준편차
σ_j : 증권 j의 표준편차

상관계수는 -1과 $+1$ 사이의 값을 갖는다. $\rho_{ij}=-1$은 증권 i와 j의 수익률이 완전 음(−)의 상관관계에 있음을 의미한다. [그림 12-8*a*]에서 완전 음(−)의 상관관계에 있는 증권 i와 j의 수익률에 대한 산포도를 보여주고 있다. 두 증권의 수익률이 -1의 기울기를 갖는 직선상에 위치하고 있다. 이는 증권 i와 증권 j 중에서 한 증권의 수익률이 1% 상승할 때 다른 증권의 수익률이 1% 하락한다는 것을 의미한다. $\rho_{ij}=+1$은 두 증권의 수익률이 완전 양(+)의 상관관계에 있음을 의미한다. [그림 12-8(*b*)]에서 볼 수 있는 것처럼 한 증권의 수익률이 1% 상승할 때 다른 증권의 수익률도 정확하게 1% 상승하고 있다. $\rho_{ij}=0$은 두 증권의 수익률이 상호독립적인 관계에 있음을 의미한다. [그림 12-8(*c*)]에서와 같이 한 증권의 수익률이 변동하더라도 다른 증권이 전혀 영향을 받지 않고 독립적으로 움직이고 있음을 보여주고 있다.

그림 12-8 두 증권의 수익률 산포도

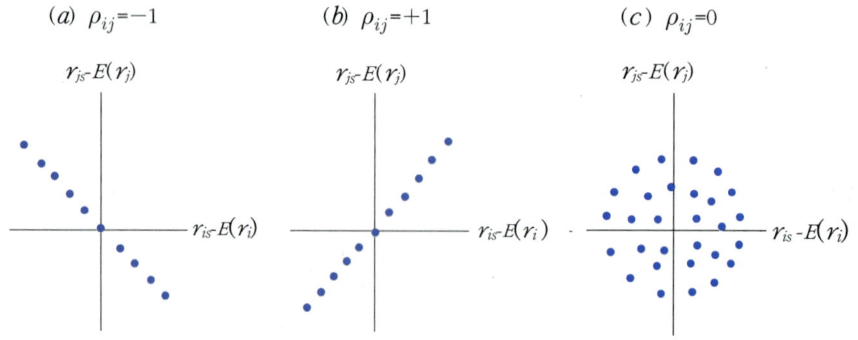

3) 표준편차의 계산

공분산과 상관계수는 포트폴리오의 표준편차를 측정하는데 있어 중요한 의미를 갖는다. 2중 합산의 과정을 이용하여 포트폴리오의 표준편차를 계산하는 과정에 대하여 살펴보자. 〈표 12.4〉에서 2중 합산의 과정을 보여주고 있다.

〈표 12.4〉 2중 합산의 과정

	$j=1$	2	3	
$i=1$		$w_1 w_2 \sigma_{12}$	$w_1 w_3 \sigma_{13}$	$w_1 \sum_{j=1}^{n} w_j \sigma_{1j} (= w_1 \sigma_{1M})$
2	$w_2 w_1 \sigma_{21}$	$w_2 w_2 \sigma_{22}$	$w_2 w_3 \sigma_{23}$	$w_2 \sum_{j=1}^{n} w_j \sigma_{2j} (= w_2 \sigma_{2M})$
3	$w_3 w_1 \sigma_{31}$	$w_3 w_2 \sigma_{32}$	$w_3 w_3 \sigma_{33}$ $w_1 w_1 \sigma_{11}$	$w_3 \sum_{j=1}^{n} w_j \sigma_{3j} (= w_3 \sigma_{3M})$
	$w_1 \sum_{i=1}^{n} w_i \sigma_{i1}$	$w_2 \sum_{i=1}^{n} w_i \sigma_{i2}$	$w_3 \sum_{i=1}^{n} w_i \sigma_{i3}$	

〈표 12.4〉에서 보여주는 2중 합산의 과정을 수식으로 나타내면 다음과 같다.

$$\sigma_p = \left[w_1 \sum_{j=1}^{n} w_j \sigma_{1j} + w_2 \sum_{j=1}^{n} w_j \sigma_{2j} + w_3 \sum_{j=1}^{n} w_j \ \sigma_{3j} \right]^{1/2}$$

$$= (w_1^2 \sigma_1^2 + w_2^2 \sigma_2^2 + w_3^2 \sigma_3^2 + 2 w_1 w_2 \sigma_{12} + 2 w_1 w_3 \sigma_{13} + 2 w_2 w_3 \sigma_{23})^{1/2} \quad (8)$$

식 (8)에서 각 항은 두 증권 i와 j의 공분산과 투자비율을 곱한 것을 의미한다. 따라서 3개의 증권으로 포트폴리오를 구성하는 경우 합산 항의 수는 $3^2 = 9$개가 되며, 9개의 항 중에서 3개는 분산 항이고, 나머지 6개의 항은 공분산 항이다.

한편 식 (7)을 공분산에 대하여 정리하면 식 (9)와 같다.

$$\sigma_{ij} = \rho_{ij} \sigma_i \sigma_j \quad (9)$$

식 (9)에서 $i = j = 1$인 경우 증권 i의 공분산은 식 (10)과 같다.

$$\sigma_{11} = \rho_{11} \sigma_1 \sigma_1 \quad (10)$$

식 (10)에서 $\rho_{11} = 1$이므로 이를 정리하면 식 (11)과 같다.

$$\sigma_{11} = \sigma_1 \sigma_1 = (\sigma_1)^2 = \sigma_1^2 \tag{11}$$

식 (11)에서 보여주는 것처럼 증권 i의 공분산은 곧 분산을 의미한다.

예제 2

○ 증권 X, Y와 Z의 분산—공분산 행렬이 다음과 같으며, 각 증권에 23.25%, 40.70%와 36.05%를 각각 투자하여 포트폴리오를 구성하려고 한다.

	$j=X$	Y	Z
$i=X$	0.0146	0.0187	0.0145
Y	0.0187	0.0854	0.0104
Z	0.0145	0.0104	0.0289

○ 포트폴리오의 표준편차를 계산하시오.

[예제 2]의 분산 – 공분산 행렬에서 $i=j$ 항은 증권 i의 분산을 그리고 $i \neq j$ 항은 증권 i와 j의 공분산을 의미한다. 예를 들어 증권 X와 Y의 공분산은 0.0187이고, 증권 Y와 Z의 공분산은 0.0104이며, 한편 증권 X, Y와 Z의 분산은 각각 0.0146, 0. 0854 및 0.0289이다. 따라서 식 (8)을 이용하여 포트폴리오의 표준편차를 계산하면 다음과 같다.

$$\begin{aligned}\sigma_p = &[(0.2325)^2 \times 0.0146 + (0.4070)^2 \times 0.0854 + (0.3605)^2 \times 0.0289 \\ &+ 2 \times 0.2325 \times 0.4070 \times 0.0187 + 2 \times 0.2325 \times 0.3605 \times 0.0145 \\ &+ 2 \times 0.4070 \times 0.3605 \times 0.0104]^{1/2} \\ = &16.65\%\end{aligned}$$

Ⅳ. 효율적 포트폴리오집합의 특성

마코위츠의 포트폴리오 선택이론에 의하면 위험회피형 투자자는 자신의 무차별 곡선을 이용하여 가장 위쪽의 무차별 곡선과 접하는 포트폴리오를 선택함으로써 효용을 극대화시킬 수 있다.

그러나 아직 해결되지 않은 문제가 있다. 첫째, 투자대상이 되는 무한의 포트폴리오가 존재할 때 이들 포트폴리오의 특성을 모두 파악해야 하는가? 둘째, 선택 가능한 포트폴리오 집합이 어떤 특성을 보이는가? 셋째, 무위험자산을 고려하는 경우 선택 가능한 포트폴리오 집합의 특성이 어떻게 달라지는가?[4)]

1 위험자산만을 고려하는 경우

1) 포트폴리오 기회집합

*N*개의 증권으로 구성되는 가능한 포트폴리오의 수는 수없이 많다. 증권 *X*, *W*와 *Z*로 포트폴리오를 구성한다고 가정하자. 3개의 증권 중 하나의 증권에 투자액의 100%를 투자할 수도 있으며, 두 개의 증권에 각각 50%씩 투자할 수도 있다. 이처럼 세 개의 증권에 대한 투자비율을 각각 달리할 수 있기 때문에 수없이 많은 포트폴리오를 구성할 수 있다.

그렇다면 포트폴리오의 선택과정에서 이와 같은 수많은 모든 포트폴리오의 특성을 파악해야 하는가? 그렇지 않다. 포트폴리오의 선택에서 중요한 의미를 갖는 것은 선택 가능한 효율적 포트폴리오 집합의 특성만 파악하면 된다.

2) 효율적 포트폴리오 집합의 정리

효율적 포트폴리오 집합의 정리(the efficient portfolio set theorem)에 대하여 살펴보자. 효율적 포트폴리오 집합의 정리는 모든 투자자들이 효율적 포트폴리오 집합에 속하는 포트폴리오 중에서 하나의 포트폴리오를 선택한다는 명제를 말한다. 효율적 포트폴리오 집합의 정리에 의하면 정규분포의 모수인 기대수익률과 표준편차를 이용하여 구성 가능한 모든 포트폴리오의 특성을 파악할 수 있으며, 이 경우 효율적 포트폴리오 집합은 원점에 대하여 오목한 곡선으로 나타난다.

---

4) 신용거래는 융자와 대주로 구분된다. 융자는 증권회사로부터 자금을 차입하여 증권을 매입한 다음에 일정한 기간이 경과한 후에 다시 매입증권을 매각하여 차입금을 상환하는 거래를 말하며, 대주는 증권회사로부터 증권을 차입하여 매각한 다음에 일정한 기간이 경과한 후에 다시 시장에서 매각증권을 다시 매입하여 차입증권을 상환하는 거래를 말한다.

N개의 증권으로 구성되는 가능한 모든 포트폴리오를 포트폴리오 기회집합(portfolio opportunity set)이라고 한다. [그림 12-9]에서 포트폴리오 기회집합을 보여주고 있다. [그림 12-9]에서 보여주는 바와 같이 구성 가능한 모든 포트폴리오는 우산모양의 경계선 AGB의 오른쪽에 위치하고 있다. AGB의 오른쪽에 위치하는 모든 포트폴리오를 포트폴리오 기회집합이라고 한다. 그러나 포트폴리오 기회집합은 구성증권의 특성에 따라 이보다 왼쪽이나 오른쪽에 위치할 수도 있고, 높거나 낮은 수준에 위치할 수도 있으며, 경계선의 기울기가 더 가파르거나 완만할 수도 있다.

그림 12-9 포트폴리오기회집합

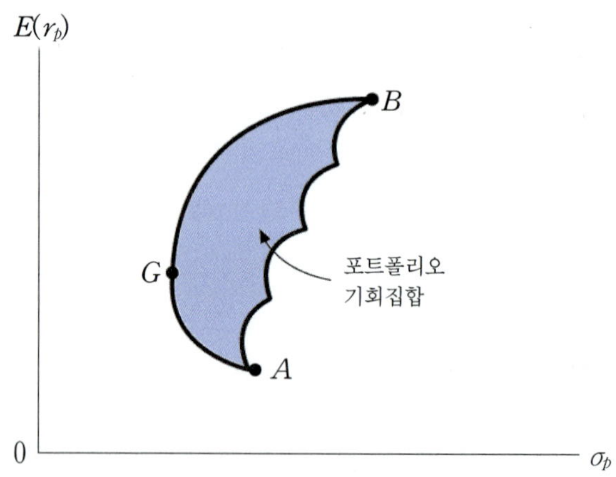

그렇다면 이와 같은 구성 가능한 모든 포트폴리오 중에서 어떤 포트폴리오를 선택할 수 있는가? 효율적 포트폴리오 집합에 속하는 포트폴리오 중에서 자신의 무차별 곡선과 접하는 포트폴리오를 선택할 수 있다. 포트폴리오의 선택에서 가정하고 있는 투자행동 기준으로서 불포화 만족의 가정과 위험회피성의 가정에 대하여 설명한 바 있다. 이와 같은 투자행동 기준은 효율적 포트폴리오 집합의 유도에서도 유용하게 이용된다.

효율적 포트폴리오 집합의 유도에서는 이와 같은 투자행동 기준을 지배정리(dominance theorem)라고 부른다. 지배정리는 투자행동 기준과 같은 의미를 갖는 것으로 동일한 위험수준에서 가장 높은 기대수익률을 제공하는 포트폴리오가 나머지 포트폴리오를 지배하며, 동일한 기대수익률의 수준에서 가장 작은 위험을 제공하는 포트폴리오가 나머지 포트폴리오를 지배한다는 명제를 말한다. 따라서 효율적 포트폴리오 집합(efficient portfolio set)은 이와 같은 지배정리를 충족시키는 포트폴리오 집합을 의미한다.

[그림 12-10]에서 점 A와 X를 연결한 수직선 상에 위치하는 모든 포트폴리오는 동일한 표준편차를 갖기 때문에 이들 중 가장 높은 기대수익률을 갖는 포트폴리오 X가 선택 가능한 포트폴리오에 해당된다. 이와 같은 방법으로 표준편차의 수준을 달리하면서 선택 가능한 포트폴리오를 선별하면 모든 효율적 포트폴리오가 점 G의 오른쪽의 곡선 상에 위치하게 된다.

그림 12-10 효율적 포트폴리오집합

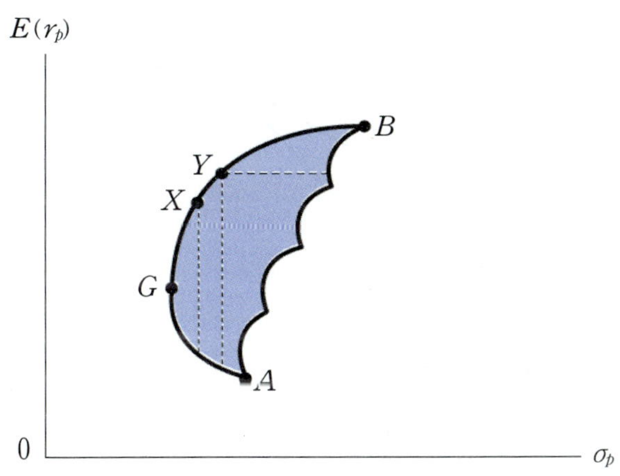

한편 점 Y와 연결한 수평선 상에 위치하는 모든 포트폴리오는 기대수익률이 동일하기 때문에 이들 중 가장 낮은 표준편차를 갖는 포트폴리오 Y가 선택 가능한 효율적 포트폴리오이다. 이와 같은 방법으로 기대수익률의 수준을 달리하는 경우 선택 가능한 효율적 포트폴리오는 점 A와 B를 연결한 곡선 상에 위치하게 된다. 따라서 이와 같은 두 가지의 조건을 모두 충족시키는 효율적 포트폴리오 집합은 $AGXYB$의 곡선에서 곡선 $GXYB$에 위치하게 된다.

곡선 $GXYB$에 위치하는 모든 효율적 포트폴리오는 동일한 기대수익률 수준에서 가장 낮은 표준편차를, 그리고 동일한 표준편차의 수준에서 가장 높은 기대수익률을 갖는 포트폴리오 집합을 의미한다. 이와 같은 두 가지의 조건을 충족시키는 포트폴리오 집합을 효율적 포트폴리오 집합이라고 한다. 따라서 곡선 $GXYB$에 위치하는 효율적 포트폴리오만이 선택의 대상이 되며, 나머지 포트폴리오는 선택의 대상이 되지 않는다.

3) 효율적 포트폴리오 집합의 오목성

효율적 포트폴리오 집합은 원점에 대하여 오목한 형태를 보인다. 왜 효율적 포트폴리오 집합이 원점에 대하여 오목한 형태를 보이는지에 대하여 살펴보자.

그림 12-11 두개의 증권으로 구성되는 포트폴리오집합

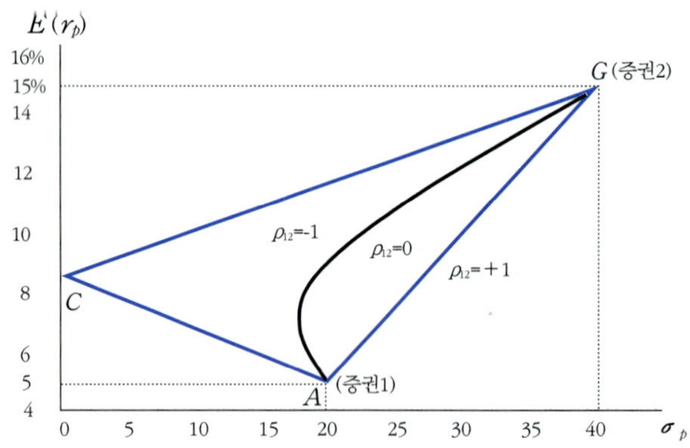

두 개의 증권으로 포트폴리오를 구성하는 경우 선택 가능한 포트폴리오 집합을 [그림 12-11]에서 보여주고 있다. 상관계수의 값을 달리할 때 모든 선택 가능한 포트폴리오가 삼각형 안에 위치하고 있음을 알 수 있다. 포트폴리오의 표준편차는 구성증권 간의 상관관계에 따라 영향을 받는다. [그림 12-11]에서 보여주는 것처럼 상관계수가 1보다 작은 두 개의 증권으로 포트폴리오를 구성하는 경우 포트폴리오의 표준편차가 두 증권의 표준편차를 가중 평균한 것보다 작아지고 있다. 이처럼 포트폴리오의 표준편차가 감소하는 현상을 분산투자효과(diversification effects)라고 한다.

$0 < \rho_{12} < 1$인 두 개의 증권으로 포트폴리오를 구성하는 경우 선택 가능한 포트폴리오집합은 곡선 AG(점선)의 오른쪽에 위치하며, 한편 $-1 < \rho_{12} < 0$인 두 개의 증권으로 포트폴리오를 구성하는 경우에는 선택 가능한 포트폴리오 집합이 곡선

AG(점선)의 왼쪽에 위치하게 된다. 그런데 상관계수는 −1과 1 사이의 값을 갖기 때문에 시장에서 거래되는 모든 증권으로 포트폴리오를 구성하는 경우 선택 가능한 효율적 포트폴리오 집합이 오목한 형태를 보이게 된다.

4) 최적 포트폴리오의 선택

[그림 12-12]에서 최적 포트폴리오의 선택과정을 보여주고 있다. 위험회피형 투자자는 자신의 무차별 곡선을 이용하여 선택 가능한 효율적 포트폴리오의 가치를 평가하기 때문에 선택 가능한 효율적 포트폴리오 집합 중에서 가장 위쪽에 위치하는 자신의 무차별 곡선과 접하는 효율적 포트폴리오 Y를 선택함으로써 가장 높은 효용을 얻을 수 있다.

그림 12-12 위험회피성과 최적 포트폴리오

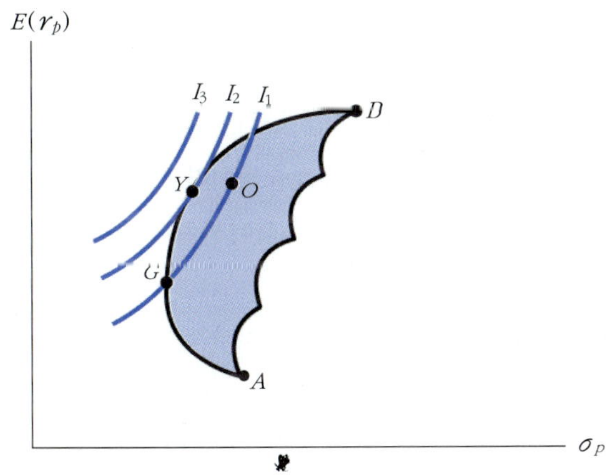

효율적 포트폴리오 Y를 최적 포트폴리오라고 한다. 최적 포트폴리오(optimal portfolio)는 투자자가 선택할 수 있는 효율적 포트폴리오 집합 중에서 가장 높은 효용을 제공하는 효율적 포트폴리오이다.

최적 포트폴리오는 투자자의 위험회피성에 따라 영향을 받는다. 위험회피성이 높은 투자자들의 최적 포트폴리오는 효율적 포트폴리오 Y의 왼쪽에 위치하는 효율적 포트폴리오 중의 하나이며, 위험회피성이 낮은 투자자들의 최적 포트폴리오는 효율적 포트폴리오 Y의 오른쪽에 위치하는 효율적 포트폴리오 중의 하나이다.

❷ 무위험증권을 고려하는 경우

무위험증권이 존재하는 경우에는 [그림 12-12]에서 곡선 GYB에 위치하는 효율적 포트폴리오와 무위험증권을 결합함으로써 새로운 포트폴리오를 구성할 수 있기 때문에 효율적 포트폴리오 집합의 특성이 달라진다. 이 경우 효율적 포트폴리오 집합은 직선의 형태를 보이게 된다.

무위험수익률로 자금을 대출하거나 차입할 수 있다는 가정에서 효율적 포트폴리오 집합의 특성에 대하여 살펴보자.

1) 무위험증권의 의의

무위험증권(risk−free securities)은 기말(期末)의 투자성과를 확실하게 예측할 수 있는 증권을 말한다. 흔히 지급불능위험이 없고 만기가 짧은 재정증권이 무위험증권의 대용으로 이용되고 있다. 재정증권은 정부가 발행하는 증권이기 때문에 지급불능위험이 없을 뿐만 아니라 만기가 짧기 때문에 인플레이션위험이 거의 없다고 볼 수 있기 때문이다. 그러나 엄밀한 의미에서 보면 무위험증권은 현실적으로 존재하지 않는 가상적인 증권이다. 정부가 발행하는 재정증권이라고 해서 지급불능위험이 전혀 없는 것이 아니며, 만기가 짧다고 해서 인플레이션위험이 전혀 없는 것이 아니기 때문이다.

지급불능위험이 없는 재정증권에 투자하는 경우라도 실제로 인플레이션에 따라 시장이자율이 변동하기 때문에 이자율위험(interest rate risk) 또는 재투자수익률위험(reinvestment rate risk)을 감수해야 한다. 이자율위험은 보유기간보다 긴 만기를 갖는 재정증권에 투자할 때 나타나는 한편 재투자수익률위험은 보유기간보다 짧은 만기를 갖는 재정증권에 투자할 때 나타난다. 따라서 보유기간과 일치하는 만기를 갖는 재정증권에 투자할 때만 확실한 투자성과를 얻을 수 있다.

무위험증권의 투자수익은 환경변화와 관계없이 확정되어 있기 때문에 무위험수익률의 표준편차는 0%이고, 또한 무위험증권과 위험증권 사이의 공분산도 0의 값을 갖는다. 그러므로 위험증권 X와 무위험증권 Y의 수익률 사이에는 다음과 같은 관계가 성립한다.

$$\sigma_{XY} = \rho_{XY}\sigma_X\sigma_Y = 0 \times \sigma_X \times 0 = 0 \tag{12}$$

2) 무위험증권의 효과

무위험자산에 투자한다는 것은 다른 투자자에게 자금을 빌려준다는 것을 의미하기 때문에 무위험 대출(risk-free lending)이라고 하며, 한편 무위험자산을 매각한다는 것은 다른 투자자로부터 자금을 차입한다는 것을 의미하기 때문에 무위험 차입(risk-free borrowing)이라고 한다. 따라서 무위험증권을 통하여 대출 및 차입의 효과를 얻을 수 있다.

투자액의 일부를 무위험증권에 투자하고 나머지를 위험증권에 투자함으로써 대출 포트폴리오(lending portfolio)를 구성할 수 있으며, 무위험증권을 매각하여 그 자금을 위험증권에 투자함으로써 차입 포트폴리오(borrowing portfolio)를 구성할 수 있다. 투자액의 일부를 무위험증권 Y에 투자하고, 나머지를 위험증권 X에 투자함으로써 구성되는 대출 포트폴리오의 기대수익률과 표준편차는 식 (13) 및 식 (14)와 같다.[5)]

$$E(r_p) = w_X E(r_X) + w_Y r_Y \tag{13}$$

$$\sigma_p = w_X \sigma_X \tag{14}$$

예제 3

○ 위험증권 X와 무위험증권 Y의 기대수익률과 표준편차는 다음과 같다.

	위험증권 X	무위험증권 Y
$E(r_i)$	16.2%	4%
σ_i	12.08	0

○ 투자액의 50%를 각각 위험증권 X와 무위험증권 Y에 투자하여 대출 포트폴리오를 구성하려고 한다.

○ 대출 포트폴리오의 기대수익률과 표준편차를 계산하시오.

식 (13)을 이용하여 대출 포트폴리오의 기대수익률을 계산하면 다음과 같다.

$$\begin{aligned} E(r_p) &= 0.162 w_X + 0.04 w_Y \\ &= 0.162 \times 0.5 + 0.04 \times 0.5 \\ &= 10.1\% \end{aligned}$$

5) $\sigma_p = (w_X^2\sigma_X^2 + w_Y^2\sigma_Y^2 + 2w_Xw_Y\sigma_{XY})^{1/2} = [w_X^2\sigma_X^2 + w_Y^2(0) + 2w_Xw_Y(0)]^{1/2} = w_X\sigma_X$

한편 식 (14)를 이용하여 대출 포트폴리오의 표준편차를 계산하면 다음과 같다.

$$\sigma_p = \sigma_X w_X = 0.1208 \times 0.5 = 6.04\%$$

다음에는 [예제 3]에서 무위험증권 Y를 공매하여 투자액의 25%를 차입하여 위험증권 X에 투자액의 125%를 투자함으로써 차입 포트폴리오를 구성한다고 하자. 이 경우 무위험증권에 대한 투자비율은 −0.25이고, 위험증권에 대한 투자비율은 1.25가 된다. 따라서 차입 포트폴리오의 기대수익률을 계산하면 다음과 같다.

$$\begin{aligned} E(r_p) &= 0.162w_X + 0.04w_Y \\ &= 0.162 \times 1.25 + 0.04 \times (-0.25) \\ &= 19.25\% \end{aligned}$$

한편 차입 포트폴리오의 표준편차를 계산하면 다음과 같다.

$$\sigma_p = \sigma_X w_X = 0.1208 \times 1.25 = 15.10\%$$

이상에서 설명한 방법으로 두 증권에 대한 투자비율을 달리할 때 구성되는 대출 포트폴리오와 차입 포트폴리오의 기대수익률과 표준편차를 계산하여 정리하면 〈표 12.5〉와 같다.

〈표 12.5〉 대출 및 차입포트폴리오의 기대수익률과 표준편차

	대출포트폴리오				차입포트폴리오				
	Y	B	C	D	X	F	G	H	I
w_X	0.00	0.25	0.50	0.75	1.00	1.25	1.50	1.75	2.00
w_Y	1.00	0.75	0.50	0.25	0.00	−0.25	−0.50	−0.75	−1.00
$E(r_p)$	4.0%	7.05	10.10	13.15	16.20	19.25	22.30	25.35	28.40
σ_p	0.00%	3.02	6.04	9.06	12.08	15.10	18.12	21.14	24.16

한편 대출 포트폴리오와 차입 포트폴리오의 기대수익률과 표준편차를 그래프로 나타내면 [그림 12-13]과 같다. [그림 12-13]에서 볼 수 있는 것처럼 위험증권 X와 무위험증권 Y에 대한 투자비율을 달리할 때 구성되는 대출 포트폴리오의 기대수익률과 표준편차는 직선 YX선상에 위치하는 한편 무위험증권 Y를 공매하여 위험증권 X에 투자하여 구성하는 차입 포트폴리오의 기대수익률과 표준편차는 직선 XI 선상에 위치한다.

그림 12-13 위험증권 X와 무위험증권 Y로 구성되는 가능한 모든 대출 및 차입포트폴리오의 기대수익률과 표준편차

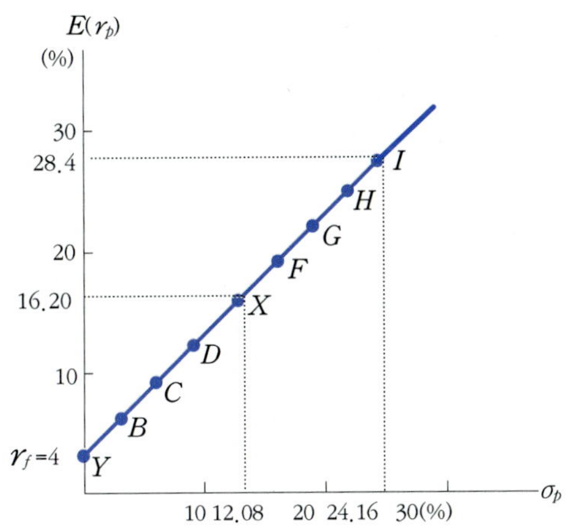

3) 효율적 포트폴리오 집합의 선형성

위험증권만으로 구성되는 효율적 포트폴리오 집합은 원점에 대하여 오목한 형태를 보이지만 무위험증권을 고려하는 경우에는 직선의 형태로 나타나게 된다. 이는 무위험증권을 고려하는 경우 효율적 포트폴리오 집합의 특성이 오목성에서 선형성으로 변화되고 있음을 의미한다.

[그림 12-14]에서처럼 위험증권만을 고려하는 경우의 효율적 포트폴리오 집합은 원점에 대하여 오목한 형태를 보이는 한편 무위험증권을 고려하는 경우에는 직선의 형태를 보이고 있다.

무위험증권을 고려한 효율적 포트폴리오 집합의 특성에 대하여 살펴보자. 무위험증권이 존재한다면 곡선 QRW 상에 위치하는 효율적 포트폴리오와 무위험증권을 결합함으로써 새로운 포트폴리오를 구성할 수 있다. 이 경우 구성 가능한 포트폴리오는 직선 YP와 직선 YP'의 안쪽에 위치한다. 따라서 효율적 포트폴리오 집합의 정리를 적용하면 투자자가 선택할 수 있는 가능한 포트폴리오는 직선 YP 상에 위치한다.

이상에서 살펴본 바와 같이 위험자산으로 구성되는 효율적 포트폴리오집합 중에서 무위험증권과 결합할 수 있는 효율적 포트폴리오는 하나뿐임을 알 수 있다.

그림 12-14 무위험증권 Y를 고려할 때의 효율적 포트폴리오 집합

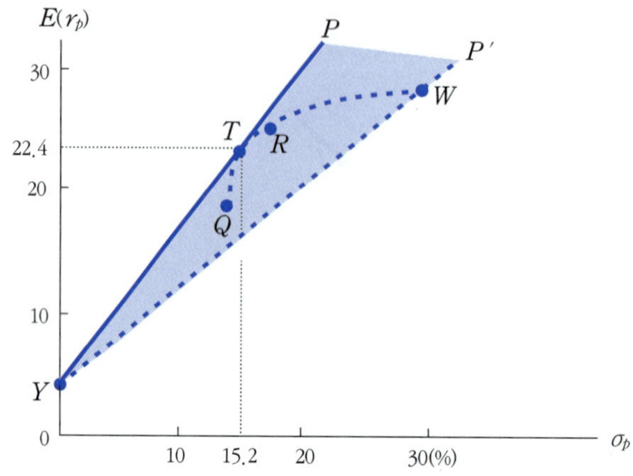

[그림 12-14]에서 곡선 QRW와 직선 YP가 접하는 효율적 포트폴리오 T가 그것이다. 이 경우 효율적 포트폴리오 T를 접점 포트폴리오(tangent portfolio)라고 한다.

4) 최적 포트폴리오의 선택

이상에서 설명한 것처럼 최적 포트폴리오의 선택에서 중요한 의미를 갖는 것은 접점 포트폴리오(T)이다. 접점 포트폴리오만이 무위험증권과 결합시킬 수 있는 유일한 효율적 포트폴리오이기 때문이다. 그러므로 점접 포트폴리오의 기대수익률과 표준편차를 추정하여 무위험증권 Y와 결합함으로써 [그림 12-15]에서와 같은 직선 형태의 효율적 포트폴리오 집합을 유도할 수 있다.

[그림 12-15]에서 무위험증권을 고려한 최적 포트폴리오의 선택과정을 보여주고 있다. 최적 포트폴리오의 선택은 투자자의 무차별 곡선에 따라 결정된다.
위험회피성이 높은 방어적 투자자라면 대출 포트폴리오 O를 선택할 것이고, 위험회피성이 낮은 공격적 투자자라면 차입 포트폴리오 N을 선택할 것이다.[6)]

6) 방어적 투자자는 위험에 대한 보상을 많이 요구하는 투자자를, 공격적 투자자는 위험에 대한 보상을 상대적으로 적게 요구하는 투자자를 말한다.

그림 12-15 최적 포트폴리오의 선택과정

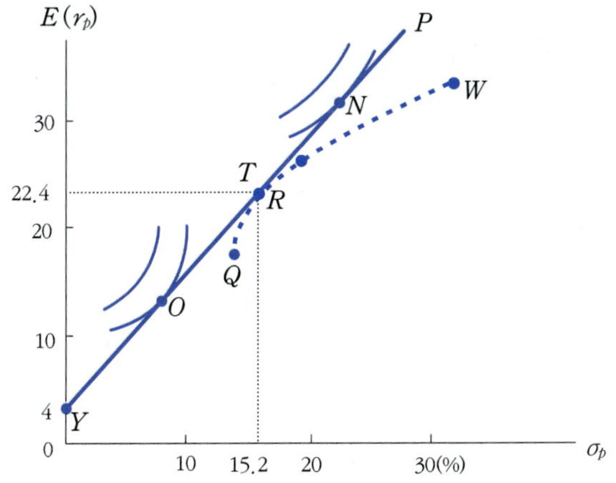

연습문제

1. 다음 용어를 간략하게 설명하시오.

1) 효율적 포트폴리오집합	2) 위험회피형 투자자	3) 평균-분산 기준
4) 위험회피성의 가정	5) 상관계수	6) 공분산
7) 포트폴리오 기회집합	8) 접점 포트폴리오	9) 대출포트폴리오
10) 차입포트폴리오	11) 불포화 만족의 가정	12) 무차별곡선
13) 공정게임	14) 지배정리	15) 최적포트폴리오

2. 자산의 수준이 증가함에 따라 위험회피형 투자자의 한계효용이 점점 체감하는 이유에 대하여 설명하시오.

3. 마코위츠의 포트폴리오 이론에 의하면 위험자산만을 고려하는 경우 효율적 포트폴리오 집합이 원점에 대하여 오목한 특성을 보인다. 그 이유에 대하여 설명하시오.

4. 위험회피형 투자자의 포트폴리오 선택과정을 설명하시오.

5. 포트폴리오 선택과정에서 무차별곡선이 어떻게 이용되는가에 대하여 설명하시오.

6. 아래의 자료를 사용하여 다음 질문에 답하시오.

주식	기초가격	기대기말가격	투자비율
A	500원	700원	19.2%
B	200	250	7.7
C	1,000	1,100	38.5
D	900	1,350	34.6

1) 각 주식의 기대수익률을 구하시오.
2) 포트폴리오의 기대수익률을 계산하시오.

7. 다음의 자료를 이용하여 질문에 답하시오.

주식	표준편차	상관계수		
		A	B	C
A	12%	1.0	−1.0	0.2
B	15	−1.0	1.0	0.6
C	10	0.2	0.6	1.0

(1) 주식 A와 C에 각각 투자액의 30%와 70%를 투자하여 구성되는 포트폴리오의 표준편차를 계산하시오.

(2) 주식 A, B와 C에 투자액의 30%, 30%, 40%를 투자하여 구성되는 포트폴리오의 표준편차를 계산하시오.

(3) 표준편차가 0%인 포트폴리오를 구성하려면 주식 A와 B에 얼마씩 투자해야 하는가?

8. 주식 X와 Y에 대한 투자비율을 달리하여 포트폴리오를 구성하려고 한다. 두 주식 간의 상관계수를 각각 1.0, 0.0, 0.5 및 −1.0으로 가정하여 포트폴리오의 기대수익률과 표준편차를 계산하여 그림으로 나타내어 보시오.

주식	기대수익률	표준편차
X	25%	12%
Y	30	14

9. 다음과 같은 두 개의 증권으로 포트폴리오를 구성하려고 한다.

증 권	기대수익률	표준편차
위험증권	20%	15%
무위험증권	10	−

1) 무위험증권과 위험증권에 각각 70%, 30%씩 투자하는 대출 포트폴리오의 기대수익률과 표준편차를 구하시오.

2) 무위험수익률로 50%를 차입하여 위험증권에 150%를 투자하는 차입 포트폴리오의 기대수익률과 표준편차를 계산하시오.

기출문제

1. 다음 그림에서 가로 축은 투자안의 위험을 나타내고 세로 축은 투자안의 기대수익을 나타낸다. 이 그림 중에서 위험중립형 투자자의 무차별곡선은 어느 것인가?

(2012 CPA)

①

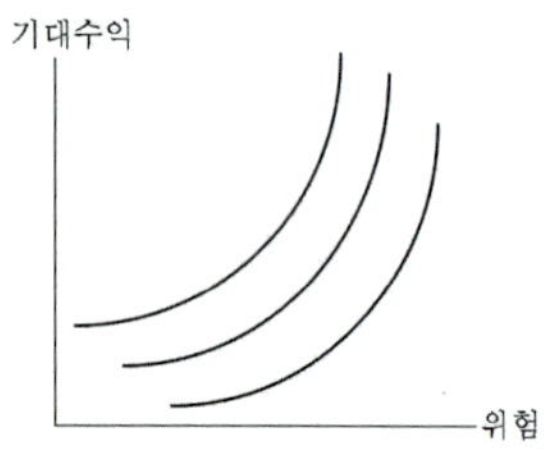

②

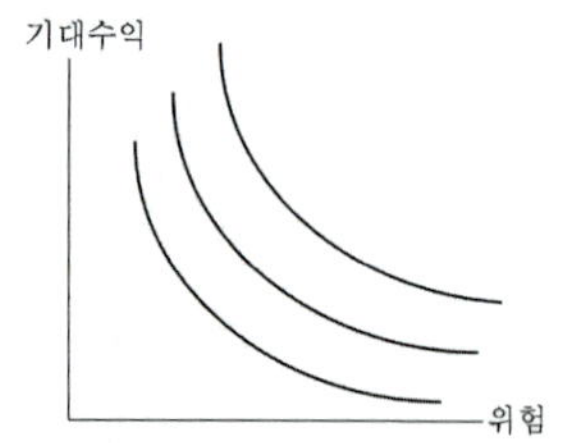

③

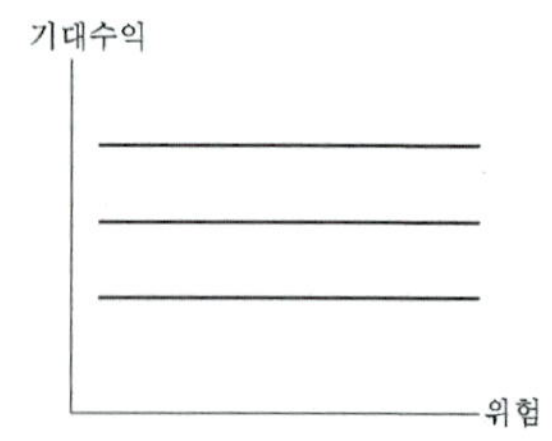

④

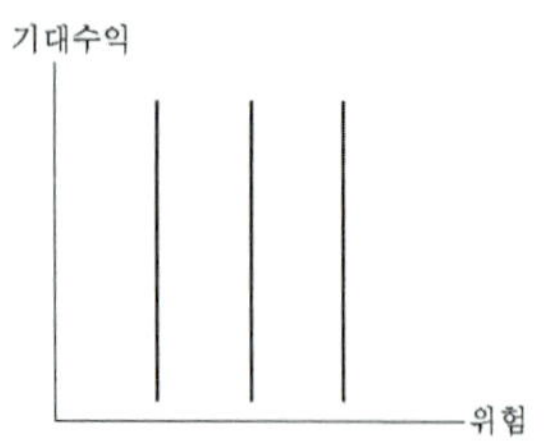

⑤

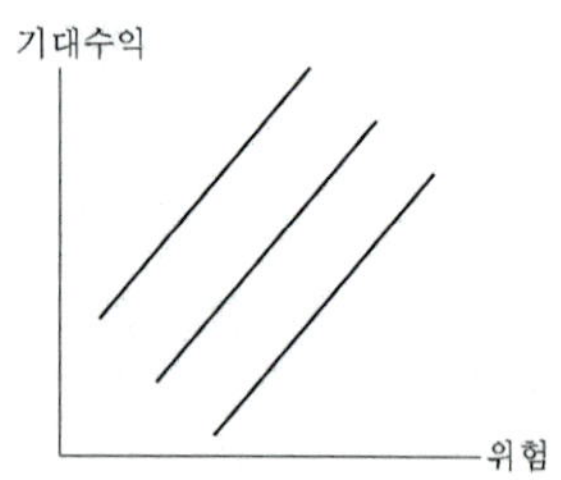

2. 최근 해외투자가 급증하고 있는 가운데 투자가들은 투자 포트폴리오의 미래가치에 대한 분산(불확실성)을 최소화 하고자 한다. 세 프로젝트 중 2개에 동일한 비중으로 투자할 때, 불확실성을 최소화하기 위한 포트폴리오는? (단, 각 프로젝트에서 발생할 수 있는 수익은 동일하고 프로젝트 간 분산 및 공분산행렬(variance covariance matrix)은 아래와 같다)

(2015 지방직 7급 경제학)

구분	중동	동남아	남미
중동	0.4		
동남아	0.5	0.6	
남미	0.25	0.4	0.2

① 프로젝트 중동과 동남아 ② 프로젝트 중동과 남미
③ 프로젝트 동남아와 남미 ④ 세 프로젝트 모두 차이가 없음

3. 다음은 세 가지 위험자산(A, B, C)의 기대수익률과 표준편차이다.

	A	B	C
기대수익률	10%	15%	20%
표준편차	5%	?	15%

가나지배원리를 적용하였을 때, 옳은 것만을 모두 고르면? 단, 투자자는 위험회피형이고, 투자자의 효용함수는 2차함수의 형태를 가지며, 수익률은 정규분포를 따른다고 가정한다. (2015 CPA)

a. B의 표준편차가 3%이면, A가 B를 지배한다.
b. B의 표준편차가 18%이면, B가 C를 지배한다.
c. B의 표준편차가 13%이면, A, B, C 사이에는 지배관계가 성립하지 않는다.

① a ② b ③ c ④ a, b ⑤ b, c

4. 다음은 A, B 두 주식에 대한 기대수익률, 수익률의 표준편차, 수익률의 공분산이다.

$E(R_A) = 8\%$ $E(R_B) = 10\%$
$\sigma(R_A) = 10\%$ $\sigma(R_B) = 15\%$ $Cov(R_A, R_B) = -0.006$

포트폴리오	주식 A	주식 B
I	1억원	-
II	5천만원	5천만원
III	-	1억원

총 1억원의 투자자금으로 위의 주식들을 활용하여 I, II, III 세 가지의 포트폴리오를 구축하였다고 하면 위험회피형 투자자의 투자 행태에 대한 설명으로 가장 적절한 것은? (2005 CPA)

① 포트폴리오 I은 적절한 투자안이 될 수 있다.
② 포트폴리오 II는 적절한 투자안이 될 수 있다.
③ 지배원리에 의하면 포트폴리오 III은 포트폴리오 II보다 효율적인 투자안이므로 II를 지배한다.
④ 위험회피도가 낮은 투자자는 포트폴리오 III에 비하여 포트폴리오 I을 선택할

가능성이 높다.

⑤ 위험회피도가 높은 투자자는 포트폴리오 II에 비하여 포트폴리오 III을 선택할 가능성이 높다.

5. 투자자 갑과 투자자 을이 자본시장선(CML) 상에 있는 포트폴리오 중에서 자신의 기대효용을 극대화하기 위해 선택한 최적포트폴리오의 기대수익률과 표준편차는 다음과 같다. 단, 시장포트폴리오의 기대수익률은 18%이며, 무위험이자율은 6%이다.

투자자	기대수익률	표준편차
갑	21%	15%
을	15%	9%

위험회피(risk aversion) 성향이 갑보다는 높지만 을보다 낮은 투자자가 투자원금 1,000만원을 보유하고 있다면 자신의 기대효용을 극대화하기 위한 다음 포트폴리오 중 가장 적절한 것은? (2008 CPA)

① 300만원을 무위험자산에 투자하고 나머지 금액을 시장포트폴리오에 투자한다.
② 500만원을 무위험자산에 투자하고 나머지 금액을 시장포트폴리오에 투자한다.
③ 670만원을 무위험자산에 투자하고 나머지 금액을 시장포트폴리오에 투자한다.
④ 80만원을 무위험이자율로 차입해서 원금과 함께 총액인 1,080만원을 모두 시장포트폴리오에 투자한다.
⑤ 500만원을 무위험이자율로 차입해서 원금과 함께 총액인 1,500만원을 모두 시장포트폴리오에 투자한다.

6. 시장포트폴리오와 상관계수가 1인 포트폴리오 A의 기대수익률은 12%이고, 무위험수익률은 5%이다. 시장포트폴리오의 기대수익률과 수익률의 표준편차는 각각 10%와 25%이다. 포트폴리오 A 수익률의 표준편차에 가장 가까운 것은? 단, $CAPM$이 성립한다고 가정한다. (2016 CPA)

① 30% ② 35% ③ 40% ④ 45% ⑤ 50%

7. 주식 A의 수익률의 평균(=기대값)과 표준편차는 각각 9%와 20%이고, 주식 B의 수익률의 평균과 표준편차는 각각 5%와 10%이다. 이 두 주식에 분산투자하는 포트폴리오 C의 수익률의 평균과 분산에 관한 주장 중 맞는 것을 모두 골라라. 단, 주식의 공매도(short sale)가 가능하며, 두 주식의 수익률의 공분산은 0이다. (2009 CPA)

a. 포트폴리오 C의 수익률의 평균이 29%가 될 수 있다.
b. 포트폴리오 C의 수익률의 평균이 0%가 될 수 있다.
c. 포트폴리오 C의 수익률의 평균이 -5%가 될 수 있다.
d. 포트폴리오 C의 분산이 0이 될 수 있다.

① a, b, c, d ② a, b, c ③ b, c ④ a, c ⑤ b, c, d

8. 현재(t=0) 주당 배당금 2,000원을 지급한 A기업의 배당 후 현재 주가는 30,000원이며, 향후 매년말 배당금은 매년 5%의 성장률로 증가할 것으로 예상된다. 또한 매년말 700원을 영구적으로 지급하는 채권은 현재 10,000원에 거래되고 있다. A기업 주식 4주와 채권 4주로 구성된 포트폴리오의 기대수익률은? (2008 CPA)

① 8.75% ② 9.25% ③ 10.75%
④ 11.25% ⑤ 12.75%

9. 두개의 자산으로 포트폴리오를 구성하고자 한다. 각 자산의 수익률의 표준편차와 구성비율은 다음과 같다.
단, $\sigma_1 < \sigma_2$, $w_1 + w_2 = 1$, $w_1 \geq 0$, $w_2 \geq 0$ 이다.

	표준편차	구성비율
자산 I	σ_1	w_1
자산 II	σ_2	w_2

아래에서 옳은 기술만을 모두 모은 것은? (2006 CPA)

a. 상관계수가 -1일 경우 무위험포트폴리오를 만들기 위한 구성비율은
$w_1 = \dfrac{\sigma_1}{\sigma_1 + \sigma_2}$, $w_2 = \dfrac{\sigma_2}{\sigma_1 + \sigma_2}$ 이다.
b. 만약 $\sigma_1 = 0$ 이고, $w_1 = w_2 = 0.5$ 이면 포트폴리오의 표준편차는 $0.5\sigma_2$ 이다.
c. 상관계수가 양수이면 포트폴리오의 표준편차는 항상 σ_1 보다 크거나 같다.

① a ② b ③ a,b ④ b,c ⑤ a,b,c

10. 투자자 A는 확정수익률 6%인 무위험자산(risk-free asset)과 기대수익률 9%, 표준편차 3%인 위험자산(risk asset)으로 구성된 시장포트폴리오에 전 재산을 투자

한다. 투자자 A가 보유하고 있는 전 재산은 1이고, 이중 위험자산에 x만큼 투자할 때, 다음 물음에 답하시오. (2014 행시 경제학)

(1) A가 보유한 시장포트폴리오의 기대수익률(r_p)과 표준편차(σ_p) 간의 관계식을 도출하고, 그래프를 활용하여 위험성의 가격(price of risk)을 설명하시오. (단, 그래프의 수직축은 기대수익률(r_p), 수평축은 표준편차(σ_p)로 표시한다)

(2) A의 효용함수가 다음과 같이 주어졌을 때, 효용함수의 특성을 설명하고 시장포트폴리오의 최적 기대수익률(r_p)과 표준편차(σ_p)를 구하시오.
A의 효용함수: $u(r_p, \sigma_p) = \min(r_p, B - \sigma_p)$, $B = 10\%$

(3) A의 효용을 극대화하기 위해 전 재산의 얼마만큼을 위험자산에 투자할지를 구하시오.

제13장 자본자산가격 결정모형

제12장에서 최적 포트폴리오의 선택과정에 대하여 살펴보았다. 최적 포트폴리오를 확인하기 위해서는 고려대상이 되는 모든 개별증권의 기대수익률, 분산 및 공분산은 물론 무위험수익률을 알아야 한다. 그렇게 함으로써 접점 포트폴리오에서 각 구성증권의 투자비율과 접점 포트폴리오의 기대수익률 및 표준편차를 확인할 수 있다.

이러한 과정을 통하여 효율적 포트폴리오 집합을 확인한 다음 효율적 포트폴리오 집합 중에서 자신의 무차별곡선과 접하는 효율적 포트폴리오를 선택함으로써 효용을 극대화할 수 있다. 이 경우 최적 포트폴리오는 무위험수익률에 의한 대출 또는 차입을 통하여 접점 포트폴리오에 투자할 때 구성되는 대출 포트폴리오나 차입 포트폴리오 중의 하나가 된다. 왜냐하면 무위험수익률을 고려하는 경우 효율적 포트폴리오 집합이 직선의 형태를 보이기 때문이다.

이 장에서는 균형시장에서 증권가격이 어떻게 결정되고 있는가를 설명하는 균형가격결정모형에 대하여 살펴보기로 한다. 제12장에서 설명한 것처럼 모든 투자자들이 마코위츠의 포트폴리오 선택이론에 따라 최적 포트폴리오를 선택한다면 균형시장에서 모든 증권의 기대수익률은 체계적 위험에 따라 결정된다는 것이 자본자산가격결정모형(capital assets pricing model : *CAPM*)의 핵심적인 내용이다.

Ⅰ. 토빈의 분리정리

① CAPM의 여러 가지 가정

균형시장에서 증권가격이 어떻게 결정되고 있는가를 이해하기 위해서는 이를 설명할 수 있는 하나의 모형을 설계해야 한다. 모든 요인을 고려해야 하는 복잡한 현실에서는 모형의 설계가 어렵기 때문에 복잡한 현실을 단순한 상황으로 축소시킬 필요가 있으며, 이와 같은 단순한 상황을 전제로 하여 모형을 설계하는 것이 보통이다. 따라서 모형의 설계에 필요한 단순한 상황을 설정하기 위하여 여러 가지 가정이 필요하다. 이와 같은 가정이 합리적인가는 중요하지 않다. 가정의 합리성을 따지는 것보다 모형의 타당성과 예측성이 더 중요한 의미를 갖기 때문이다.

*CAPM*에서 가정하고 있는 내용은 크게 두 가지로 구분된다. 포트폴리오 선택이론에서 설정하고 있는 가정과 모형의 설계를 위하여 필요한 그 밖의 가정이다. 포트폴리오 선택이론에서 설정하고 있는 가정은 다음과 같다.

① 모든 투자자들은 포트폴리오의 기대수익률과 표준편차를 이용하여 포트폴리오의 가치를 평가한다.

② 모든 투자자들은 평균-분산 기준(mean-variance criteria)에 따라 투자하는 위험회피형 투자자이다.[1)]

③ 투자자들은 단주(odd lots)를 매입하거나 매도할 수 있다.

④ 모든 투자자들은 동일한 무위험수익률로 자금을 무한히 대출하거나 차입할 수 있다.

한편 모형의 설계를 위하여 요구되는 그 밖의 가정은 다음과 같다.

⑤ 모든 투자자들은 단일기간에서만 증권을 보유한다.

⑥ 자본시장에는 세금, 거래비용 및 기타 거래활동을 저해하는 어떠한 장애요인도 존재하지 않는다.

---

1) 평균-분산 기준(mean-variance criteria)은 불포화 만족과 위험회피성의 가정에 따라 투자하는 기준을 의미한다. 다시 말하여 분산이 동일한 경우에는 기대수익률이 높은 쪽으로 투자하고, 기대수익률이 동일한 경우에는 분산이 적은 쪽으로 투자하는 투자행동 기준을 말한다.

⑦ 모든 투자자들은 증권가격에 영향을 미치는 모든 정보를 자유롭고 즉각적으로 이용할 수 있다.

⑧ 모든 투자자들은 동질적 기대(homogeneous expectation)를 한다. 동질적 기대는 모든 투자자들이 증권의 기대수익률, 표준편차 및 공분산에 대하여 동일한 예측을 한다는 것을 의미한다.

이상에서 기술하고 있는 가정을 주의 깊게 살펴보면 *CAPM*이 매우 극단적인 상황에서 유도된 모형이라는 것을 알 수 있다. 예를 들어 모든 투자자들이 동일한 정보를 가지고 있기 때문에 증권의 미래성과에 대하여 똑같은 기대를 갖는다는 가정은 극히 비현실적이다. 왜냐하면 모든 투자자들이 동일한 방법으로 정보를 분석하지 않기 때문이다. 또한 증권시장이 완전시장(perfect market)이라는 가정도 극히 비현실적이다. 완전시장에서는 투자활동을 저해하는 세금, 거래비용 및 기타 어떠한 장애요인이 존재하지 않으며, 그 밖에도 대출이자율과 차입이자율이 동일하고, 분할투자에 대한 어떠한 제한도 없기 때문이다.

② 토빈의 분리정리

앞서와 같은 가정에서 보면 모든 투자자들은 각 개별증권의 특성을 분석하여 무위험증권과 결합할 수 있는 유일한 접점 포트폴리오를 구성할 것이다. 결과적으로 모든 투자자들은 균형시장에서 동일한 접점 포트폴리오를 소유할 것이다. 모든 투자자들이 무위험수익률의 수준은 물론 각 증권의 기대수익률, 분산과 공분산에 대하여 의견을 같이 하기 때문에 이러한 결과는 매우 자연스러운 현상이다. 또한 제12장에서 살펴본 것처럼 접점 포트폴리오와 무위험 대출 또는 무위험 차입의 결합으로 유도되는 효율적 포트폴리오 집합은 직선의 형태를 보이게 된다. 이러한 사실은 모든 투자자들이 동일한 효율적 포트폴리오 집합을 유도하게 된다는 것을 의미한다.

그럼에도 불구하고 투자자들이 서로 다른 최적 포트폴리오를 선택하는 이유는 자신만의 고유한 무차별 곡선을 갖고 있기 때문이다. 예를 들어 [그림 12-15]에서 보여주는 것처럼 공격적 투자자와 방어적 투자자의 경우 서로 다른 최적 포트폴리오를 선택하고 있다. 여기서 중요한 의미를 갖는 것은 이들 투자자들이 공통적으로 접점 포트폴리오 T를 구성한다는 사실이다. 따라서 포트폴리오의 선택과정에서 접점 포트폴리오의 구성과 최적 포트폴리오의 선택이 독립적으로 이루어지고 있음을 알 수 있다. 이를 흔히 토빈의 분리정리(Tobin's seperation theorem)이라고 부른다.

토빈의 분리정리는 모든 투자자들이 무차별 곡선과 무관하게 접점 포트폴리오를 구성한다는 명제이다. Tobin의 분리정리에 의하면, ① 모든 투자자들은 접점 포트폴리오를 구성한 다음, ② 자신의 무차별 곡선에 따라 무위험자산과 접점 포트폴리오에 대한 투자비율을 조정하여 가장 큰 효용을 얻을 수 있는 최적 포트폴리오를 선택하게 된다.

③ 시장 포트폴리오

$CAPM$의 또 다른 하나의 특징은 균형시장에서 모든 개별증권이 접점 포트폴리오 T의 구성증권이어야 한다는 사실이다. 위험자산만으로 구성되는 효율적 포트폴리오 집합 중에서 모든 투자자들이 소유하는 접점 포트폴리오 T의 구성비율이 시장 포트폴리오 M의 구성비율과 일치할 때 균형이 유지되기 때문이다. 따라서 균형시장에서 접점 포트폴리오 T는 곧 시장 포트폴리오 M을 의미한다.

그 이유에 대하여 살펴보기로 하자. 모든 투자자들이 접점 포트폴리오 T를 소유하기 때문에 접점 포트폴리오 T에 포함되지 않은 증권에는 투자하지 않는다. 증권 A의 가격이 지나치게 높은 수준에서 형성되고 있다고 가정하자. 이 경우 어느 투자자도 증권 A에 투자하지 않을 것이므로 증권 A가 접점 포트폴리오 T에 포함되지 않는 불균형상태가 유지된다. 이와 같은 불균형상태가 유지되는 경우 차익거래의 압력에 따라 증권 A의 가격이 하락할 것이고, 이러한 조정과정을 거쳐 모든 투자자들이 증권 A를 소유하게 될 때 증권 A가 접점 포트폴리오 T에 포함되는 균형이 유지된다.

이상에서 설명한 바와 같이 균형시장에서는 첫째, 각 투자자들이 위험증권에 대한 일정한 양(+)의 투자비율을 유지할 것이고, 둘째, 투자자들이 소유하고 있는 주식수가 발행주식수와 일치하는 수준에서 각 증권의 시장가격이 결정되며, 셋째, 총차입액과 총대출액이 일치하는 수준에서 무위험수익률이 결정될 것이다. 따라서 균형시장에서 접점 포트폴리오 T는 구체적으로 시장 포트폴리오 M을 의미하기 때문에 접점 포트폴리오와 시장 포트폴리오의 구성비율이 일치하게 된다.

시장 포트폴리오(market portfolio)는 시장에서 거래되는 모든 증권을 시장가치비율에 따라 투자할 때 구성되는 포트폴리오를 말한다. 따라서 시장 포트폴리오 M에서 각 위험증권에 대한 투자비율은 각 위험증권의 시장가치비율과 일치하게 된다. 각 위험증권에 대한 투자비율은 식 (1)과 같다.

$$w_i = \frac{P_i\,Q_i}{\sum_{i=1}^{n} P_i\,Q_i} \tag{1}$$

w_i : 위험증권 i에 대한 투자비율
P_i : 위험증권 i의 시장가격
Q_i : 위험증권 i의 발행주식수

$CAPM$에서 시장 포트폴리오 M은 매우 중요한 의미를 갖는다. 효율적 포트폴리오 집합에서 무위험증권과 결합할 수 있는 유일한 효율적 포트폴리오가 바로 시장 포트폴리오 M이기 때문이다. 시장 포트폴리오 M은 보통주뿐만 아니라 채권, 우선주와 부동산 등과 같은 모든 종류의 위험자산으로 구성되는 포트폴리오를 말한다. 따라서 엄밀한 의미에서 보면 시장 포트폴리오는 실제로 존재하지 않는 가상적인 포트폴리오이다.

이와 같은 시장 포트폴리오의 비현실적인 문제 때문에 실제로는 모든 보통주로 구성되는 포트폴리오가 시장 포트폴리오의 대용으로 활용되고 있다. 예컨대 증권시장의 전반적인 성과를 나타내는 시장지수(market index)를 시장 포트폴리오의 대용으로 이용할 수 있다.

Ⅱ. 자본시장선과 증권시장선

1 자본시장선

$CAPM$의 관점에서 보면 효율적 포트폴리오의 기대수익률과 위험의 관계는 아주 단순하다. [그림 13-1]에서 효율적 포트폴리오의 기대수익률과 위험의 관계를 그

래프로 보여주고 있다. [그림 13-1]에서 점 M은 시장 포트폴리오를 의미하며, r_f는 무위험수익률을 의미한다. 무위험 대출 또는 무위험 차입과 시장 포트폴리오 M을 결합함으로써 구성되는 모든 효율적 포트폴리오는 점 r_f와 점 M을 연결한 직선상에 위치한다. 이와 같은 선형적인 효율적 포트폴리오 집합을 자본시장선(Capital Market Line : CML)이라고 부른다. 한편 시장 포트폴리오 이외의 비효율적 포트폴리오와 무위험 대출 또는 무위험 차입을 결합함으로써 구성되는 모든 포트폴리오는 CML의 아래쪽에 위치한다.

그림 13-1 자본시장선

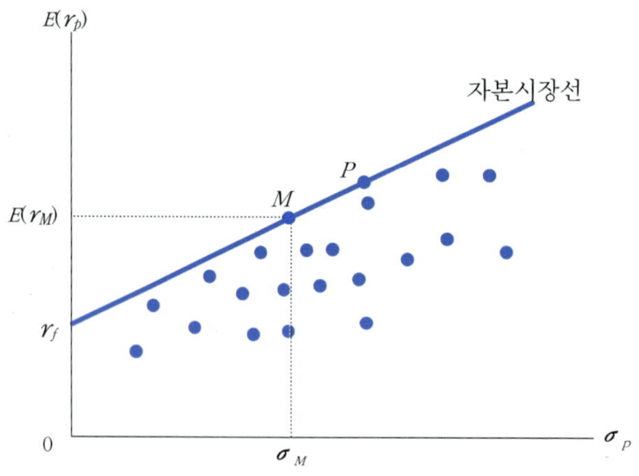

자본시장선(CML)은 균형시장에서 무위험증권(r_f)과 시장 포트폴리오(M)로 구성되는 효율적 포트폴리오의 가격결정 과정을 설명하는 모형으로서, 구체적으로 말하면 효율적 포트폴리오의 기대수익률과 총위험(표준편차)의 관계를 설명하는 모형이다.

자본시장선은 식 (2)와 같다.[2)]

$$E(r_p) = r_f + \frac{E(r_M) - r_f}{\sigma_M}\sigma_p \tag{2}$$

2) 자본시장선과 증권시장선의 유도에 대한 자세한 내용은 참고사항을 참고할 것.

$E(r_p)$: 효율적 포트폴리오의 기대수익률
$E(r_M)$: 시장 포트폴리오의 기대수익률
r_f : 무위험수익률
σ_M : 시장 포트폴리오의 표준편차
σ_p : 효율적 포트폴리오의 표준편차

CML의 기울기와 절편은 다음과 같은 의미를 갖는다. 첫째, CML의 기울기는 효율적 포트폴리오의 단위 위험당 프리미엄으로 위험가격(price of risk)을 의미하며, 둘째, CML의 절편은 보유기간 말까지 소비를 지연시키는데 대한 보상으로 시간가격(price of time)을 의미한다. 따라서 $CAPM$의 관점에서 보면 증권시장은 수요와 공급에 따라 증권의 위험가격과 시간가격이 결정되는 곳이라고 말할 수 있다.

CML에 의하면 효율적 포트폴리오의 균형가격을 결정하는 유일한 요인은 총위험(표준편차)이다. 그러나 시장 포트폴리오 M의 총위험은 체계적 위험만으로 구성된다는 점을 유의해야 한다. 그 이유에 대해서는 분산투자효과에서 상세하게 설명하기로 한다.

결론적으로 시장 포트폴리오 M은 모든 위험자산으로 구성되는 포트폴리오이고, 무위험자산 또한 위험이 없는 자산이기 때문에 무위험자산과 시장 포트폴리오를 결합함으로써 구성되는 효율적 포트폴리오는 분산이 잘된 포트폴리오(well diversified portfolio)로서 비체계적 위험이 완전히 제거된 포트폴리오를 의미한다[3] 그러므로 CML은 균형시장에서 체계적 위험만을 갖는 효율적 포트폴리오의 가격형성과정을 설명하는 모형이라고 이해하여야 한다.[4]

② 증권시장선

자본시장선은 효율적 포트폴리오의 기대수익률과 표준편차의 관계를 설명하는 모형이다. 그러나 개별증권을 포함한 비효율적 포트폴리오는 자본시장선(CML)의 아래쪽에 위치하기 때문에 자본시장선이 이와 같은 개별증권을 포함한 비효율적 포트폴리오의 기대수익률과 위험의 관계를 설명하지 못하는 한계가 있다. 그러므로 개별

3) 분산이 잘된 포트폴리오(well diversified portfolio)는 여러 증권에 분산투자를 함으로써 비체계적 위험이 완전히 제거되어 체계적 위험만을 지니는 포트폴리오를 의미한다.
4) 체계적 위험과 비체계적 위험에 대한 자세한 내용은 IV를 참고할 것.

증권을 포함한 비효율적 포트폴리오의 기대수익률과 위험의 관계를 설명하기 위해서는 시장 포트폴리오의 위험에 대한 보다 깊은 이해가 필요하다.

시장 포트폴리오의 분산은 식 (3)과 같다.

$$\sigma_M^2 = \sum_{i=1}^{n}\sum_{j=1}^{n} w_i\, w_j\, \sigma_{ij} \tag{3}$$

w_i : 위험증권 i 에 대한 투자비율
w_j : 위험증권 j 에 대한 투자비율

식 (3)을 풀어쓰면 식 (4)와 같다.

$$\sigma_M^2 = w_1 \sum_{j=1}^{n} w_j\, \sigma_{1j} + w_2 \sum_{j=1}^{n} w_j\, \sigma_{2j} + \cdots + w_n \sum_{j=1}^{n} w_j\, \sigma_{nj} \tag{4}$$

한편 시장 포트폴리오 M에 대한 위험증권 i의 공분산은 식 (5)와 같다.

$$\sigma_{iM} = \sum_{j=1}^{n} w_i\, \sigma_{ij} \tag{5}$$

따라서 식 (5)를 식 (4)에 대입하여 정리하면 식 (6)과 같다.

$$\sigma_M^2 = w_1\sigma_{1M} + w_2\sigma_{2M} + w_3\sigma_{3M} + \cdots + w_n\sigma_{nM} \tag{6}$$

식 (6)에서 보여주는 것처럼 시장 포트폴리오 M의 총위험(분산)은 구성증권의 공분산 위험을 투자비율에 따라 가중 평균한 것과 같다. 식 (6)에서 $w_i\, \sigma_{iM}$은 위험증권 i가 시장 포트폴리오 M의 총위험에 공헌하는 정도를 의미한다. 따라서 $CAPM$의 관점에서 보면 모든 투자자들은 공분산(σ_{iM})이 큰 증권일수록 시장 포트폴리오 M의 위험에 대한 공헌도가 크다고 생각하며, 공분산(σ_{iM})이 작은 증권일수록 공헌도가 작다고 생각한다. 이와 같은 결과는 모든 투자자들이 공분산 위험에 따라 개별증권의 가치를 평가할 것이라는 사실을 시사한다. 그러므로 개별증권의 가치평가에서 중요한 요인이 곧 시장 포트폴리오에 대한 증권 i의 공분산이라는 것을 알 수 있다.

이와 같은 논리에서 보면 시장에서 모든 투자자들은 공분산(σ_{iM})이 큰 증권에 대하여 상대적으로 높은 위험프리미엄을 요구하며, 공분산이 작은 증권에 대하여 상대적으로 낮은 위험프리미엄을 요구한다.

그 이유에 대하여 살펴보자. 어느 한 증권이 시장 포트폴리오의 위험에 영향을 미치는 정도와 비례하여 시장 포트폴리오의 기대수익률에 영향을 주지 않는다면 시장에서 어떠한 현상이 일어날까? 그 증권은 시장 포트폴리오에서 제외되기 때문에 증권가격 또한 균형에서 벗어날 것이다. 따라서 시장 포트폴리오의 위험에 공헌하는 만큼 그 증권의 기대수익률이 조정될 때 시장에서 균형이 유지된다.

이상에서 살펴본 바와 같이 균형시장에서는 모든 위험증권의 기대수익률은 공분산 위험에 따라 결정된다. 따라서 균형시장에서는 공분산 위험이 동일한 모든 위험증권의 시장가격이 일치하여야 한다. [그림 13-2]에서 개별증권 A는 점 r_f와 점 M을 연결한 직선의 아래쪽에 위치하고 있다. 증권 A의 공분산 위험(σ_{AM})과 효율적 포트폴리오 P의 공분산 위험(σ_{pM})이 동일함에도 증권 A의 기대수익률이 효율적 포트폴리오 P의 기대수익률보다 낮게 형성되고 있다. 이처럼 공분산 위험이 동일함에도 증권 A의 기대수익률이 낮게 형성되고 있다는 것은 증권 A가 시장 포트폴리오 M에 포함되지 않고 있음을 의미한다.

증권 A가 시장 포트폴리오에 포함되지 않고 있다는 것은 증권 A가 시장에서 고평가되고 있기 때문에 어느 누구도 증권 A에 투자하지 않고 있다는 것을 의미

그림 13-2 공분산과 기대수익률의 관계 : 증권시장선

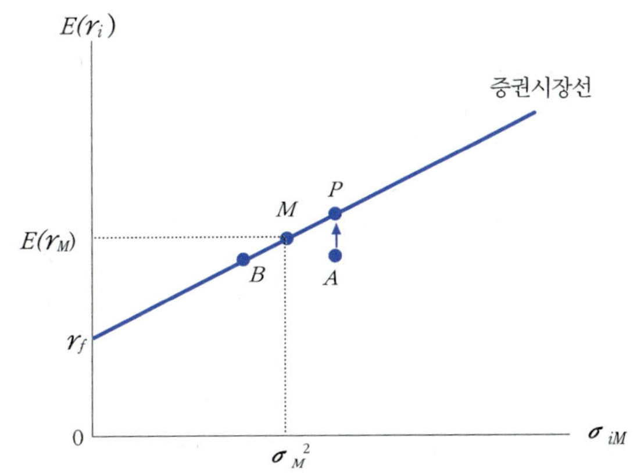

한다. 따라서 증권 A의 기대수익률이 효율적 포트폴리오 P의 기대수익률과 일치할 때까지 가격이 조정되어야 하며, 이때 증권 A가 비로소 시장 포트폴리오에 포함되는 시장균형이 유지된다.

개별증권을 포함한 비효율적 포트폴리오의 기대수익률과 위험 사이에 존재하는 정확한 균형관계식은 식 (7)과 같다.

$$E(r_i) = r_f + \frac{E(r_M) - r_f}{\sigma_M^2}\sigma_{iM} \tag{7}$$

식 (7)을 증권시장선(Security Market Line : *SML*)이라고 한다. 증권시장선에 의하면 개별증권을 포함한 모든 포트폴리오의 기대수익률은 시장 포트폴리오에 대한 공분산(σ_{iM})에 따라 결정된다는 사실을 알 수 있다. 증권시장선에서 절편 r_f(무위험수익률)은 보유기간 말까지 소비를 지연시키는데 따른 시간적 보상을 의미하며, 기울기 $[E(r_M) - r_f]/\sigma_M^2$은 증권 i의 공분산위험단위당 프리미엄으로서 위험에 대한 보상을 의미한다.

여기서 우리는 하나의 흥미로운 사실을 발견할 수 있다. $CAPM$의 관점에서 보면, 첫째, $\sigma_{iM} = 0$인 위험증권은 시장 포트폴리오의 위험에 영향을 미치지 않기 때문에 기대수익률이 무위험수익률과 일치한다는 사실이다. $\sigma_{iM} = 0$인 위험증권의 표준편차는 양(+)의 값을 갖는 한편 무위험증권의 표준편차(σ_f)는 0이라는 점에서 차이가 있을 뿐이다. 둘째, 무위험수익률보다 낮은 기대수익률을 갖는 위험증권이 존재할 수 있다는 사실이다. 음(−)의 공분산을 갖는 위험증권은 시장 포트폴리오의 위험을 감소시키는 역할을 하기 때문이다.

시장 포트폴리오에 대한 증권 i의 공분산을 시장 포트폴리오의 분산으로 나눈 것을 베타계수라고 하며, 이는 식 (8)과 같다.

$$\beta_i = \frac{\sigma_{iM}}{\sigma_M^2} \tag{8}$$

식 (8)에서 β_i는 시장 포트폴리오의 수익률이 변동함에 따라 증권 i의 수익률이 변동하는 상대적인 정도를 나타내는 민감도 계수로서 체계적 위험을 측정하는 도구로 이용된다. 따라서 증권시장선을 식 (9)와 같이 나타낼 수도 있다.

$$E(r_i) = r_f + \beta_{iM}[E(r_M) - r_f] \tag{9}$$

한편 포트폴리오의 베타계수는 각 구성증권의 베타계수를 투자비율에 따라 가중 평균한 것과 같다. 포트폴리오의 β_p는 식 (10)과 같다.

$$\beta_p = \sum_{i=1}^{n} w_i \beta_i \tag{10}$$

그리고 포트폴리오의 기대수익률은 구성증권의 기대수익률을 투자비율에 따라 가중 평균한 것으로 식 (11)과 같다.

$$E(r_p) = \sum_{i=1}^{n} w_i E(r_i) \tag{11}$$

그림 13-3 베타계수와 기대수익률의 관계 : 증권시장선

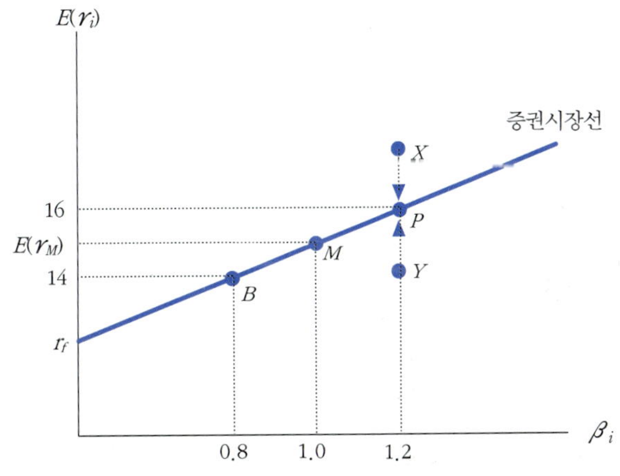

이러한 결과는 모든 증권과 포트폴리오의 기대수익률이 [그림 13-3]에서 보여주는 *SML*선상에서 결정된다는 것을 의미한다.

[그림 13-3]에서 보여주는 것처럼, β계수가 동일한 증권 X와 Y의 시장가격이 다르게 형성되는 불균형이 일시적으로 유지되는 경우에는 두 증권의 기대수익률이 효율적 포트폴리오 P의 기대수익률과 일치하는 수준으로 두 증권의 시장가격이 조

정되는 과정을 거쳐 균형으로 회복하게 된다. [그림 13-3]에서 증권 X는 SML의 위쪽에 있으므로 저평가되고 있으며, 증권 Y는 아래쪽에 있으므로 고평가되고 있음을 알 수 있다. 시장에서 이처럼 일시적인 수급불균형이 일어나는 경우 모든 투자자들이 증권 Y를 처분하여 그 자금으로 증권 X를 매입하는 차익거래에 참여하기 때문에 증권 X의 시장가격이 상승하는 한편 증권 Y의 시장가격이 하락하여 두 증권의 시장가격이 효율적 포트폴리오 P와 일치할 때 시장균형이 유지된다.

③ 증권특성선

$CAPM$에서는 모든 증권의 실제수익률이 시장 포트폴리오의 수익률에 따라서만 영향을 받는다고 가정하는 수익률생성모형을 암시적으로 가정하고 있다. 수익률생성모형(return generating model)은 시장에서 증권수익률이 실제로 어떻게 생성되고 있는가를 설명하는 통계적인 모형을 말한다. $CAPM$에서 암시하고 있는 수익률생성모형은 식 (12)와 같다.

$$r_i - r_f = \beta_{iM}(r_M - r_f) + \epsilon_i \tag{12}$$

r_i : 증권 i의 실제수익률
r_f : 무위험증권의 실제수익률
r_M : 시장포트폴리오의 실제수익률
β_{iM} : 증권 i의 베타계수
ϵ_i: $E(\epsilon_i) = 0$, $\sigma^2_{\epsilon_i} =$ 상수, $\sigma(\epsilon_i, r_M) = 0$ 및 $\sigma(\epsilon_i, \epsilon_j) = 0$의 조건을 충족하는 확률적 오차항

식 (12)를 증권 i의 실제수익률에 대한 관계식으로 나타내면 식 (13)과 같다.

$$r_i = r_f(1 - \beta_{iM}) + \beta_{iM} r_M + \epsilon_i \tag{13}$$

식 (13)을 일반식으로 나타내면 식 (14)와 같다.

$$r_i = \alpha_i + \beta_{iM} r_M + \epsilon_i \tag{14}$$

식 (14)를 시장모형(market model)이라고 한다. 그러므로 $CAPM$에서 가정하고 있는 수익률생성모형은 시장모형이다. 따라서 시장모형을 이용함으로써 개별증권이나 포트폴리오의 위험특성을 파악할 수 있다. 시장모형은 증권의 위험특성을 추정하는데 이용된다. 즉 개별증권의 수익률을 시장 포트폴리오의 수익률에 회귀시킴으로써 베타계수를 추정할 수 있다. 예를 들어 증권 A와 B의 추정 β계수가 각각 1.2와 0.8이라면 증권 A와 B의 수익률생성모형은 식 (15) 및 식 (16)과 같이 나타낼 수 있다.

$$r_A - r_f = 1.2(r_M - r_f) + \epsilon_A \tag{15}$$

$$r_B - r_f = 0.8(r_M - r_f) + \epsilon_B \tag{16}$$

[그림 13-4(b)]에서 증권 A와 B의 수익률생성모형을 보여주고 있다. 증권 A는 시장 포트폴리오의 초과수익률이 1% 변동할 때 증권 A의 초과수익률이 1.2% 변동하는 위험특성을 보이며, 증권 B는 시장 포트폴리오의 초과수익률이 1% 변동할 때 증권 B의 초과수익률이 0.8% 변동하는 위험특성을 보인다.

한편 불균형시장에서 수익률생성모형은 식 (17)과 같다.

$$r_i - r_f = \alpha_i + \beta_{iM}(r_M - r_f) + \epsilon_i \tag{17}$$

r_i : 증권 i의 실제수익률
r_f : 무위험증권의 실제수익률
r_M : 시장 포트폴리오의 실제수익률
β_{iM} : 증권 i의 베타계수
α_i : 불균형의 정도를 나타내는 절편항
ϵ_i : $E(\epsilon_i) = 0$, $\sigma^2_{\epsilon_i} =$ 상수, $\sigma(\epsilon_i, r_M) = 0$, $\sigma(\epsilon_i, \epsilon_j) = 0$의 조건을 충족하는 확률적 오차항

식 (17)에서 절편(α_i)은 불균형의 정도를 나타내는 척도이다. 예를 들어 증권 A의 α_A와 β_{AM}은 각각 2%와 1.2이고, 증권 B의 α_B와 β_{BM}이 각각 -1%와 0.8이라면 증권 A와 B의 수익률생성모형은 식 (18) 및 식 (19)와 같다.

$$r_A - r_f = 2\% + 1.2(r_M - r_f) + \epsilon_A \tag{18}$$

$$r_B - r_f = -1\% + 0.8(r_M - r_f) + \epsilon_B \tag{19}$$

그림 13-4 균형시장과 불균형시장에서 수익률생성모형

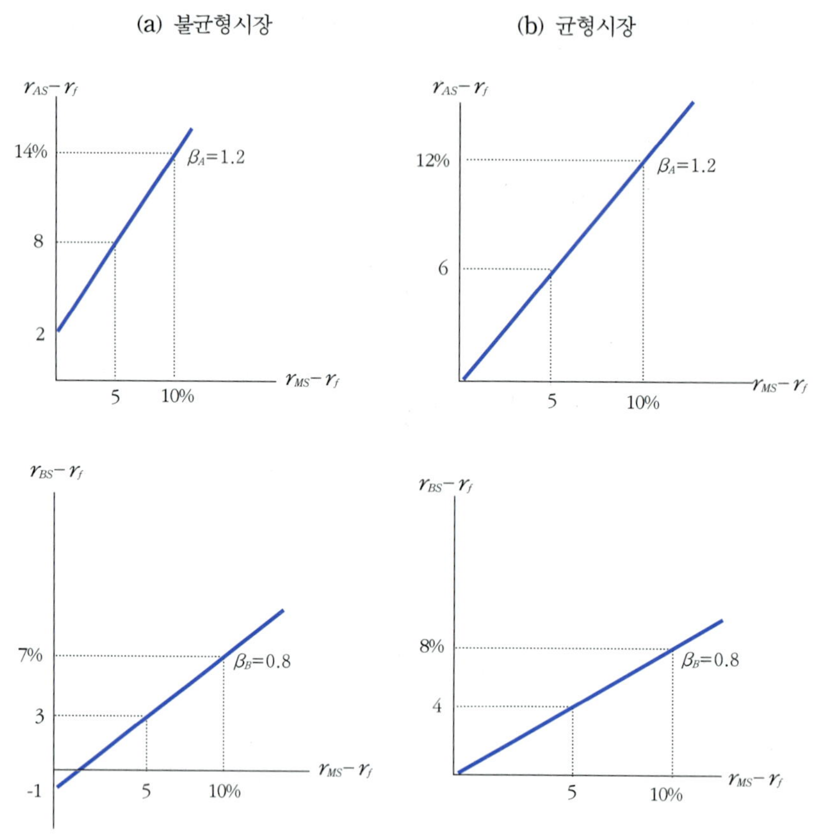

[그림 13-4(a)]에서 불균형시장에서 증권 A와 B의 수익률생성모형을 보여주고 있다. 증권 A는 시장에서 2%만큼 고평가되고 있는 반면 증권 B는 시장에서 1%만큼 저평가되고 있음을 알 수 있다.

식 (12)의 양변에 기대값을 취하면 식 (20)과 같다.

$$E(r_i)-r_f=\beta_i[E(r_M)-r_f] \quad (20)$$

$[E(r_i)-r_f]$: 증권 i의 기대위험프리미엄

$[E(r_M)-r_f]$: 시장포트폴리오의 기대위험프리미엄

식 (20)을 증권특성선(security characteristic line)이라고 한다. 증권특성선은 균형 시장에서 개별증권이나 포트폴리오의 기대위험프리미엄과 시장 포트폴리오의 기대위험프리미엄과의 관계를 설명하는 모형이다. 식 (20)에 의하면 증권 i의 기대위험프리미엄은 시장 포트폴리오의 기대위험프리미엄이 변동함에 따라 β_{iM}만큼씩 영향을 받고 있음을 알 수 있다. [그림 13-5]에서 보여주는 증권 A와 B의 증권특성선은 다음과 같다.

$$E(r_A) - r_f = 1.2[E(r_M) - r_f]$$
$$E(r_B) - r_f = 0.8[E(r_M) - r_f]$$

그림 13-5 증권특성선

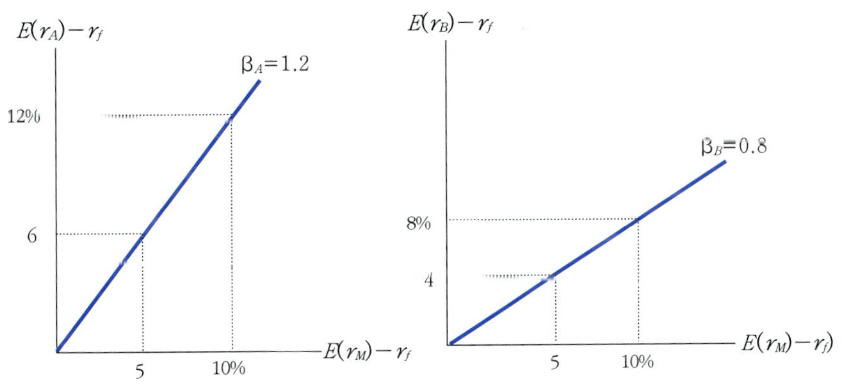

Ⅲ. 지수모형과 분산투자효과

1 지수모형

앞서 살펴본 바와 같이 이론적인 측면에서 보면 시장모형을 이용함으로써 개별증권이나 포트폴리오의 위험특성을 파악할 수 있다. 그러나 시장모형은 시장 포트폴리오에 근거를 두고 있기 때문에 현실적으로 시장모형을 이용하여 위험의 특성을 파악할 수가 없다. 왜냐하면 시장 포트폴리오는 시장에서 거래되는 모든 위험자산을 포함하는 하나의 가상적인 포트폴리오이며, 따라서 시장 포트폴리오를 확인하는 작업이 현실적으로 불가능하기 때문이다.

이와 같은 현실적인 문제를 해결할 수 있는 하나의 방법은 시장 포트폴리오를 대신할 수 있는 시장지수를 이용하여 위험의 특성을 파악하는 것이다. 시장 포트폴리오 대신에 시장지수에 근거를 두고 있는 수익률생성모형을 지수모형(index model)이라고 한다. 지수모형에서는 보통주의 수익률이 시장지수의 수익률에 따라 생성된다고 보고 있다. 지수모형은 식 (21)과 같다.

$$r_i = \alpha_i + \beta_{iI} r_I + \epsilon_i \tag{21}$$

r_i : 증권 i의 수익률
r_I : 시장지수의 수익률
α_i : 절편
β_{iI} : 기울기
ε_i : $E(\epsilon_i)=0$, $\sigma^2_{\epsilon_i}=$상수, $\sigma(\epsilon_i, r_I)=0$, $\sigma(\epsilon_i, \epsilon_j)=0$의 조건을 충족시키는 확률적 오차항

시장모형과 지수모형은 베타계수를 기울기로 한다는 점에서 공통점이 있다. 그러나 시장모형과 지수모형 사이에는 다음과 같은 중요한 차이점이 있다.

첫째, 지수모형에서는 시장지수를 공통요인으로 정의하고 있기 때문에 지수모형이 증권의 균형가격결정과정을 설명하는 모형이 아니라는 점이다.

둘째, 지수모형에서는 시장지수에 근거를 두고 있는 한편 시장모형에서는 시장 포트폴리오에 근거를 두고 있다는 점에서 차이가 있다. 시장 포트폴리오는 시장에서 거래되는 모든 위험자산의 집합체인 반면 시장지수는 증권시장에서만 거래되고 있는 보통주만을 대상으로 하여 산출되는 주가지수를 의미한다. 그러므로 개념적인 관점에서 보면 시장모형과 지수모형의 베타계수는 동일하지 않다. 지수모형에서는 시장지수에 근거하여 베타계수를 측정하지만 시장모형에서는 시장 포트폴리오에 근거하여 베타계수를 측정하기 때문이다.

지수모형을 이용하여 측정되는 베타계수가 *CAPM*에서 정의하고 있는 베타계수와 일치하지 않는 것은 매우 자연스런 현상이다. 그럼에도 불구하고 시장 포트폴리

오의 현실적 한계 때문에 실제로는 지수모형의 베타계수를 $CAPM$의 베타계수에 대한 추정치로 이용되고 있다.

② 분산투자효과

개별증권이나 포트폴리오의 위험은 체계적 위험과 비체계적 위험으로 구성되어 있다. 이를 구체적으로 살펴보기 위해서 식 (12)의 양 변에 분산 값을 취하면 식 (22)와 같다.

$$\sigma_i^2 = \beta_{iM}^2 \sigma_M^2 + \sigma_{\epsilon_i}^2 \tag{22}$$

σ_i : 증권 i의 총위험
β_{iM} : 증권 i의 베타계수
σ_M^2 : 시장 포트폴리오의 수익률분산
$\sigma_{\epsilon i}^2$: 증권 i의 확률적 오차항의 분산

식 (22)에서 보여주는 것처럼 증권 i의 총위험은 체계적 위험과 비체계적 위험으로 구성되어 있음을 알 수 있다. 식 (22)에서 $\beta_{iM}^2\sigma_M^2$과 $\sigma_{\epsilon_i}^2$은 각각 체계적 위험과 비체계적 위험을 의미한다.

체계적 위험은 시장 포트폴리오의 수익률이 변동함에 따라 증권 i의 수익률이 변동하는 위험을 말한다. 따라서 시장 전체의 수익률에 영향을 미치는 요인이 곧 증권 i의 체계적 위험을 결정하는 요인이라는 사실을 알 수 있다. 구체적으로 경제정책, 금융정책과 수출정책 등과 같은 거시경제 요인이 체계적 위험의 결정요인에 해당한다. 한편 비체계적 위험은 이와 같은 전체시장의 성과와 관계없이 개별기업 i의 경영성과에 따라 증권 i의 수익률이 변동하는 위험을 말한다. 구체적으로 기업의 노사관계, 경영진의 구성, 원자재의 확보능력과 자본구조 등의 요인은 비체계적 위험의 결정요인에 해당한다.

식 (22)에서 보여주는 것처럼 모든 증권에서 σ_M^2이 동일한 값을 갖기 때문에 증권 i의 체계적 위험($\beta_{iM}^2\sigma_M^2$)이 증권 i의 베타계수(β_{iM})에 따라 결정되고 있음을 알 수 있다. 이러한 사실은 베타계수(β_{iM})가 증권 i의 체계적 위험을 측정하는 도구로 이용될 수 있음을 의미한다.

한편 포트폴리오의 총위험은 식 (23)과 같다.

$$\begin{aligned}\sigma_p^2 &= \beta_p^2\,\sigma_M^2 + \sigma_{\epsilon_p}^2 \\ &= \sum_{i=1}^{n}(w_i\beta_{iM})^2\,\sigma_M^2 + \sum_{i=1}^{n}(w_i\,\sigma_{\epsilon_i})^2\end{aligned} \tag{23}$$

1) 포트폴리오의 체계적 위험

식 (23)에서 보여주는 것처럼 n개의 증권으로 구성되는 포트폴리오의 베타계수 (β_{pM})는 식 (24)와 같다.

$$\beta_p = \sum_{i=1}^{n} w_i\,\beta_{iM} \tag{24}$$

한편 식 (24)에서 중요한 사실을 발견할 수 있다. 각 구성증권의 베타계수를 투자비율에 따라 가중 평균하여 포트폴리오의 베타계수를 측정할 수 있다는 사실이다. 식 (24)에서 각 구성증권에 대한 투자비율이 동일하다면 $w_i = \frac{1}{n}$이므로 식 (24)를 식 (25)와 같이 나타낼 수 있다.

$$\beta_p = \frac{1}{n}(\beta_{1M} + \beta_{2M} + \cdots + \beta_{nM}) \tag{25}$$

식 (25)를 β_{iM}의 평균에 대한 식으로 고쳐 쓰면 식 (26)과 같다.

$$\beta_p = \frac{1}{n}n\,\overline{\beta}_{iM} = \overline{\beta}_{iM} \tag{26}$$

식 (26)에서 보여주는 것처럼 포트폴리오의 베타계수와 각 구성증권의 평균 베타계수가 일치하고 있다. 이러한 사실은 아무리 많은 증권에 분산투자를 하더라도 체계적 위험이 줄어들지 않는다는 것을 의미한다. 따라서 체계적 위험을 분산불능위험(non- diversifiable risk)이라고 한다.

2) 포트폴리오의 비체계적 위험

아무리 많은 증권으로 포트폴리오를 구성하더라도 체계적 위험은 줄어들지 않지만 비체계적 위험은 완전히 제거시킬 수 있다. 따라서 앞 장에서 설명한 것처럼 효율적 포트폴리오는 분산이 잘 된 포트폴리오이기 때문에 효율적 포트폴리오의 총위험은 체계적 위험만으로 구성된다는 사실을 유의해야 한다.

분산투자를 하는 경우 비체계적 위험이 줄어드는 이유에 대하여 살펴보기로 하자. 식 (23)에서 포트폴리오의 비체계적 위험을 풀어쓰면 식 (27)과 같다.

$$\sigma_{\epsilon_p}^2 = \frac{1}{n^2}\sum_{i=1}^{n}\sigma_{\epsilon_i}^2 = \frac{1}{n}\left[\frac{\sigma_{\epsilon_1}^2 + \sigma_{\epsilon_2}^2 + \cdots + \sigma_{\epsilon_n}^2}{n}\right] \tag{27}$$

식 (27)에서 [ ]는 구성증권의 비체계적 위험을 단순 평균한 것이므로 식 (27)을 고쳐 쓰면 식 (28)과 같다.

$$\sigma_{\epsilon_p}^2 = \frac{1}{n^2}\sum_{i=1}^{n}\sigma^2 = \frac{1}{n}\overline{\sigma_{\epsilon_i}^2}\epsilon_i \tag{28}$$

식 (28)에서 $\lim_{n\to\infty}\frac{1}{n} \approx 0$ 이므로 식 (28)은 식 (29)와 같다.

$$\sigma_{\epsilon_p}^2 = \frac{1}{n}\overline{\sigma_{\epsilon_i}^2} \approx 0 \tag{29}$$

식 (29)에서 보여주는 것처럼 다수의 증권에 분산투자를 하는 경우 포트폴리오의 비체계적 위험을 완전히 제거시킬 수 있음을 알 수 있다. 따라서 이와 같은 비체계적 위험을 분산가능위험(diversifiable risk)이라고 한다.

대부분의 실증적 연구결과에 의하면 대략 20개 정도의 증권으로 포트폴리오를 구성할 때 포트폴리오의 비체계적 위험이 거의 제거되는 것으로 알려지고 있다. [그림 13-6]에서 분산투자의 효과를 보여주고 있다. 구성증권의 수가 증가함에 따라 비체계적 위험이 줄어들어 체계적 위험의 평균에 수렴하고 있다.

그림 13-6 분산투자효과

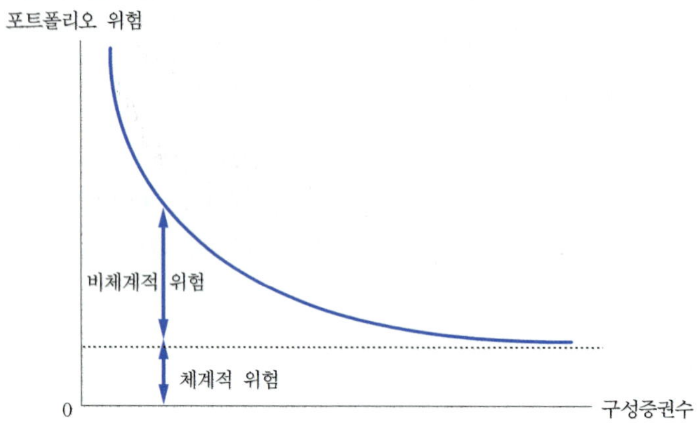

Ⅳ. 제로베타 *CAPM*

앞서 설명한 바와 같이 *CAPM*은 매우 단순한 세계를 가정하여 유도된 모형이다. 이와 같은 여러 가지 가정에서 유도된 *CAPM*을 표준형 *CAPM*이라고 한다. 표준형 *CAPM*의 여러 가지 가정을 보면 현실과 거리가 있는 가정들이 많다. 예를 들어 표준형 *CAPM*에서는 무위험자산이 존재한다고 가정하였다. 엄밀한 의미에서 보면, 지급불능위험이 없다 하더라도 인플레이션에 따라 영향을 받기 때문에 무위험자산이 존재한다고 말할 수 없다.

그러나 결론적으로 말하여 무위험자산이 존재하지 않거나 또는 무위험차입이 제한적인 경우에도 *CAPM*의 내용은 여전히 유지된다. 이처럼 무위험자산이 존재하지 않거나 차입이자율과 대출이자율이 다른 현실적 요인을 고려한 *CAPM*을 제로베타 *CAPM*이라고 한다. 이하에서는 제로베타 *CAPM*에 대해서 살펴보기로 한다.

❶ 자본시장선

표준형 *CAPM*에서는 모든 투자자들이 일정한 무위험이자율로 자금을 얼마든지 차입하거나 대출할 수 있다고 가정하였다. 그러나 실제로 차입액이 많을수록 보다 높은 이자율을 부담해야 하며, 또한 차입이자율이 대출이자율보다 높은 것이 현실이다. 이와 같은 현실적인 상황을 고려하더라도 표준형 *CAPM*의 내용은 달라지지 않는다.

대출이자율과 차입이자율이 다른 경우에는 두 개의 접점 포트폴리오가 존재하게 된다. [그림 13-7]에서 r_L과 r_B는 각각 대출이자율과 차입이자율을 의미한다. 그리고 효율적 포트폴리오 T_L과 T_B는 각각 대출포트폴리오와 차입포트폴리오를 구성

그림 13-7 차입이자율과 대출이자율이 다른 경우 : 효율적 포트폴리오집합

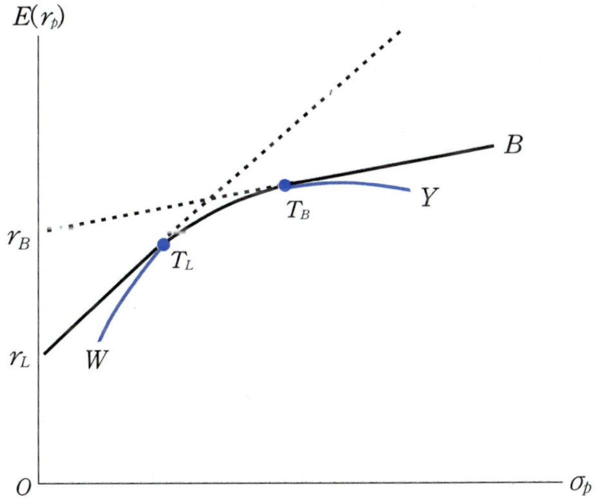

하는데 필요한 접점 포트폴리오를 의미한다. 따라서 대출이자율과 차입이자율이 다른 경우 효율적 포트폴리오 집합은 두 개의 직선과 하나의 곡선으로 나타난다.

[그림 13-7]에서 보여주는 것처럼 효율적 포트폴리오 집합은 $r_L T_L T_B B$와 같다. 여기서 직선 $r_L T_L$과 $T_B B$는 각각 대출포트폴리오 집합과 차입포트폴리오 집합을 의미한다. 그리고 곡선 $T_L T_B$는 접점 포트폴리오 T_L과 T_B로 구성되는 효율적 포트폴리오 집합을 의미한다.

이처럼 대출이자율과 차입이자율이 다른 경우 자본시장선은 어떤 형태로 나타나는가? 이에 대한 해답은 시장 포트폴리오가 T_L과 T_B를 연결한 곡선 상에 위치하는 효율적 포트폴리오 중의 하나인지에 따라 달라진다. 시장 포트폴리오가 T_L과 T_B를 연결한 곡선 상에 위치하는 효율적 포트폴리오 중의 하나라면 $CAPM$이 여전히 유지된다고 말할 수 있으며, 그렇지 않다면 $CAPM$이 유지된다고 말할 수 없기 때문이다.

모든 투자자들은 자신의 무차별곡선에 따라 직선 $r_L T_L$상에 위치하는 대출 포트폴리오를 선택하거나 직선 $T_B B$상에 위치하는 차입 포트폴리오를 선택한다. 이는 모든 투자자들이 자신의 무차별곡선의 형태와 관계없이 접점 포트폴리오 T_L과 T_B를 소유해야 함을 의미한다. 따라서 시장 포트폴리오 M이 곡선 $T_L T_B$의 사이에 존재하게 된다.

[그림 13-8]에서 효율적 포트폴리오 집합을 보여주고 있다. [그림 13-8]에서 보여주는 것처럼 시장 포트폴리오 M과 접하는 직선을 유도할 수 있으며, 이 경우 직선은 절편 $E(r_Z)$와 만나게 된다. [그림 13-8]에서 직선 $E(r_Z)M$은 가상적인 무위험수익률$E(r_Z)$로 무한히 차입 또는 대출할 수 있는 상황에서 가능한 자본시장선을 의미한다. 절편 $E(r_Z)$는 제로베타 포트폴리오의 기대수익률을 의미한다. 제로베타 포트폴리오(zero beta portfolio)는 시장 포트폴리오와의 공분산과 베타계수가 0이고, 비체계적 위험만을 갖는 포트폴리오를 의미한다.

[그림 13-8]에서 직선 $E(r_Z)MC$에 위치하는 모든 포트폴리오가 직선 $r_L T_L$, 곡선 $T_L T_B$와 직선 $T_B B$에 위치하는 모든 포트폴리오를 지배하기 때문에 직선 $E(r_Z)MC$에 위치하는 모든 포트폴리오가 효율적 포트폴리오이며, 그 밖에 두 개의 직선과 하나의 곡선에 위치하는 포트폴리오는 모두 비효율적 포트폴리오이다. 따라서 차입이자율이 대출이자율보다 높은 현실적인 상황을 고려하더라도 자본시장선의 기본적인 내용이 그대로 유지됨을 알 수 있다.

그림 13-8 차입이자율과 대출이자율이 다른 경우 포트폴리오 기회집합

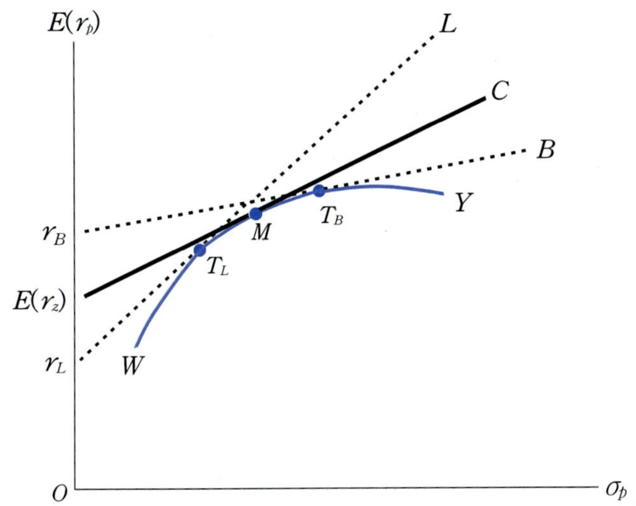

[그림 13-9]에서 제로베타 *CAPM*에서 자본시장선을 보여 주고 있다. 자본시장선은 식 (30)과 같이 나타낼 수 있다.

그림 13-9 제로베타 *CAPM* 에서 자본시장선

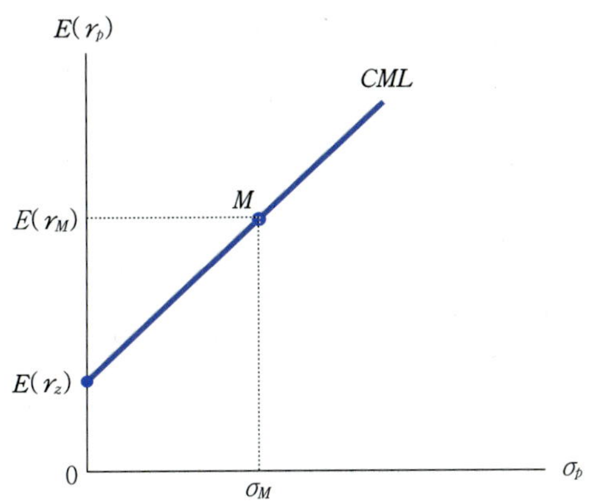

$$E(r_p) = E(r_Z) + \frac{E(r_M) - E(r_Z)}{\sigma_M}\sigma_p \tag{30}$$

표준형 *CAPM*의 자본시장선과 비교할 때 제로베타 *CAPM*의 자본시장선은 다음과 같은 특징을 갖는다.

첫째, 제로베타 포트폴리오의 기대수익률[$E(r_Z)$]이 무위험수익률(r_f)보다 크고, 둘째, 제로베타 *CAPM*에서 자본시장선의 기울기[$\frac{E(r_M) - E(r_Z)}{\sigma_M}$]가 표준형 *CAPM*에서 자본시장선의 기울기[$\frac{E(r_M) - r_f}{\sigma_M}$]보다 작은 값을 갖는다는 점이다.

❷ 증권시장선

앞서 설명한 바와 같이 시장 포트폴리오 M은 접점 포트폴리오 T_L과 T_B를 결합한 효율적 포트폴리오이다. 왜냐하면 대출 포트폴리오를 선호하는 투자자들은 접점 포트폴리오 T_L을 그리고 차입 포트폴리오를 선호하는 투자자들은 접점 포트폴리오 T_B를 소유하기 때문이다. 따라서 제로베타 *CAPM*에서 *SML*은 [그림 13-10]과 같다. 한편 *SML*을 수식으로 나타내면 식 (31)과 같다.[5)]

$$E(r_i) = E(r_Z) + \beta_{iM}[E(r_M) - E(r_Z)] \tag{31}$$

식 (31)에서 절편 $E(r_Z)$는 베타계수가 0인 제로베타 포트폴리오의 기대수익률을 의미한다. 표준형 *CAPM*과 비교할 때 무위험수익률(r_f) 대신에 제로베타 포트폴리오의 기대수익률 $E(r_Z)$로 교체된 것을 제외하면 표준형 *CAPM*과 차이가 없다.

이상에서는 대출이자율과 차입이자율이 다른 현실적인 상황을 고려하는 경우에도 *CAPM*의 내용이 그대로 유지되고 있음을 제로베타 *CAPM*을 통하여 살펴보았다. 그 밖에도 거래비용과 세금, 이질적 기대 및 시장성의 차이 등과 같은 현실적인 요인을 고려하더라도 *CAPM*의 내용이 여전히 유지되는 것으로 알려지고 있다.

---

5) 제로베타 *CAPM*에 대한 자세한 내용은 다음 논문을 참고할 것. F. Black, "Capital Market Equilibrium with Restricted Borrowing," *The Journal of Business*, Vol. 45, No. 3 (Jul.), 1972, pp. 444~455.

그림 13-10 증권시장선

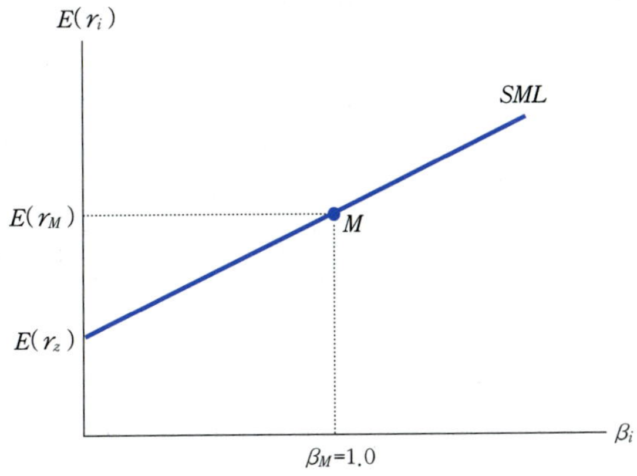

참고사항

자본시장선과 증권시장선의 유도

1. 자본시장선

모든 투자자가 효용을 극대화하기 위하여 시장 포트폴리오를 구성한 다음에 위험에 대한 자신의 취향에 따라 모든 무위험자산으로 구성되는 무위험 포트폴리오와 결합시켜 최적 포트폴리오를 선택하는 경우 시장균형이 유지되기 위해서는 시장에서 거래되는 모든 위험자산이 시장 포트폴리오의 한 구성자산이 되어야 한다.

어느 한 자산이 시장 포트폴리오에 포함되지 않는다는 것은 투자자들이 그 자산을 소유하고 있지 않는다는 것을 의미한다. 이는 시장에서 초과공급이 존재하고 있음을 의미하기 때문이다. 따라서 균형시장에서 시 장포트폴리오는 모든 위험자산을 각 자산의 시장가치비율에 따라 구성되는 효율적 포트폴리오이다.

균형상태에서 시장 포트폴리오의 각 구성자산에 대한 투자비율은 다음과 같다.

$$w_i = \frac{\text{개별자산 } i\text{의 시장가치}}{\text{모든 자산의 시장가치}}$$

시장 포트폴리오와 무위험 포트폴리오의 결합을 통하여 얻어지는 모든 효율적 포트폴리오는 [그림 1]에서 볼 수 있는 것처럼 효율적 포트폴리오집합선 상에 위치한다. 시장 포트폴리오에 a%를 투자하고 무위험 포트폴리오에 (1-a)%를 투자할 때 구성되는 효율적 포트폴리오의 기대수익률과 분산은 각각 식 (1)과 식 (2)와 같다.

그림 1 시장포트폴리오와 자산 i의 결합

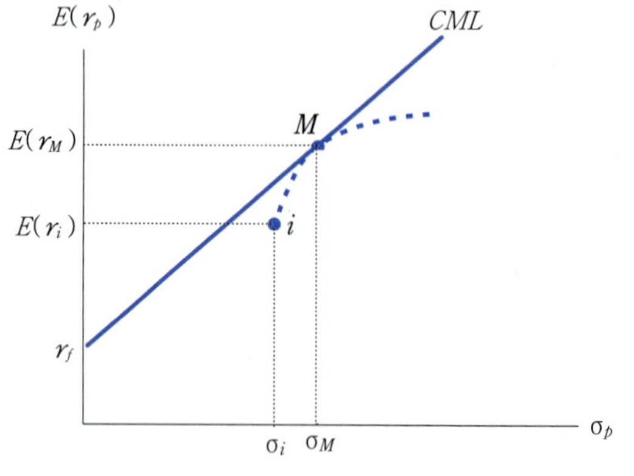

$$E(r_p) = (1-a)r_f + aE(r_M) = r_f + a[E(r_M) - r_f] \quad (1)$$

$$\sigma_p^2 = (1-a)^2\sigma_f^2 + a^2\sigma_M^2 + 2(1-a)a\sigma_{fM} \quad (2)$$

그런데 식 (2)에서 각각 $\sigma_{fM} = 0$과 $\sigma_f^2 = 0$이므로 식 (2)를 고쳐 쓰면 식 (3)과 같다.

$$\sigma_p^2 = a^2\sigma_M^2 \quad (3)$$

식 (3)을 a에 대하여 정리하면 식 (4)와 같다.

$$a = \frac{\sigma_p}{\sigma_M} \quad (4)$$

식 (4)를 식 (1)에 대입하면 식 (5)와 같다.

$$E(r_p) = r_f + \frac{E(r_M) - r_f}{\sigma_M}\sigma_p \quad (5)$$

식 (5)를 자본시장선이라고 한다. 자본시장선은 균형시장에서 효율적 포트폴리오의 기대수익률과 총위험의 관계를 설명하는 모형이다.

2. 증권시장선

균형시장에서 시장 포트폴리오의 각 구성자산의 투사비율은 다음과 같다.

$$w_i = \frac{\text{개별자산 } i\text{의 시장가치}}{\text{모든 자산의 시장가치}}$$

위험자산 i가 있다고 하자. 이 경우 위험자산 i와 시장 포트폴리오 M에 각각 a%와 (1-a)%를 투자할 때 구성되는 포트폴리오의 기대수익률과 표준편차는 식 (6) 및 식 (7)과 같다.

$$E(r_p) = aE(r_i) + (1-a)E(r_M) \quad (6)$$

$$\sigma_p^2 = a^2\sigma_i^2 + (1-a)^2\sigma_M^2 + 2a(1-a)\sigma_{iM} \quad (7)$$

위험자산 i에 대한 투자비율 a의 값을 달리함에 따라 $E(r_p)$과 σ_p^2이 어떻게 변화하는가를 보기 위하여 식 (6) 및 식 (7)을 a에 대하여 미분하면 식 (8) 및 식 (9)와 같다.

$$\frac{\partial E(r_p)}{\partial a} = E(r_i) - E(r_M) \tag{8}$$

$$\frac{\partial \sigma_p}{\partial a} = \frac{1}{2}\left[a^2\sigma_i^2 + (1-a)^2\sigma_M^2 + 2a(1-a)\sigma_{iM}\right]^{-\frac{1}{2}} \times \left[2a\sigma_i^2 - 2\sigma_M^2 + 2a\sigma_M^2 + 2\sigma_{iM} - 4a\,\sigma_{iM}\right] \tag{9}$$

그런데 균형시장에서는 모든 위험자산이 시장 포트폴리오에 포함되어 있기 때문에 위의 식에서 $a > 0$은 위험자산 i에 대한 초과수요가 존재하고 있음을 의미한다. 따라서 균형시장에서는 위험자산 i에 대한 초과수요가 존재할 수 없으므로 $a = 0$이 되어야 한다.

식 (8) 및 식 (9)에서 초과수요를 의미하는 a를 0으로 설정함으로써 [그림 1]에서 보여주는 점 M에서 균형가격의 관계식을 유도할 수 있다. $a = 0$일 때 식 (8) 및 식 (9)의 값을 구하면 다음과 같다.

$$\left.\frac{\partial E(r_p)}{\partial a}\right|_{a=0} = E(r_i) - E(r_M) \tag{10}$$

$$\left.\frac{\partial \sigma_p}{\partial a}\right|_{a=0} = \frac{1}{2}\frac{(-2\sigma_M^2 + 2\sigma_{iM})}{\left[\sigma_M^2\right]^{\frac{1}{2}}} = \frac{\sigma_{iM} - \sigma_M^2}{\sigma_M} \tag{11}$$

식 (10)을 식 (11)로 나누어 점 M에서 기울기를 구하면 식 (12)와 같다.

$$\left.\frac{\partial E(r_p)/\partial a}{\partial \sigma_p/\partial a}\right|_{a=0} = \frac{E(r_i) - E(r_M)}{(\sigma_{iM} - \sigma_M^2)/\sigma_M} \tag{12}$$

점 M에서는 식 (12)의 기울기가 CML의 기울기와 같아야 한다. 따라서 식 (13)의 관계가 성립된다.

$$\frac{E(r_M) - r_f}{\sigma_M} = \frac{E(r_i) - E(r_M)}{(\sigma_{iM} - \sigma_M^2)/\sigma_M} \tag{13}$$

식 (13)을 $E(r_i)$에 대하여 정리함으로써 다음과 같은 증권시장선을 유도할 수 있다.

$$E(r_i) = r_f + \frac{[E(r_M) - r_f]}{\sigma_M^2}\sigma_{iM} \tag{14}$$

식 (14)에서 $\sigma_{iM} / \sigma_M^2 = \beta_i$ 이므로 식 (14)를 다음과 같이 나타낼 수 있다.

$$E(r_i) = r_f + \beta_i[E(r_M) - r_f] \tag{15}$$

식 (14)와 식 (15)는 모든 위험자산의 기대수익률과 체계적 위험의 관계를 설명하는 증권시장선을 의미한다.

참고사항

소극적 투자전략과 적극적 투자전략

많은 투자자들은 자신들이 다른 투자자들보다 우월한 예측능력이 있다고 과신하면서 소수의 종목을 선별하여 포트폴리오를 구성한다. 이와 같이 주가가 자신의 기준에 따라 평가한 본실가치에 부합되지 않는다고 보고 기업분석 또는 기술적 분석을 통하여 저평가된 종목을 발굴하여 투자하는 전략을 적극적(active) 투자전략이라고 한다. 반면 특별한 예측이나 분석 없이 증권시장의 평균수익을 얻고자 하는 전략을 소극적(passive) 투자전략이라고 한다. 인덱스에 투자하는 전략이 바로 소극적 투자전략이다. 어느 쪽이 투자수익률이 높을까. 언뜻 생각해보면 적극적 투자전략의 수익률이 더 좋을 것이라고 생각하기 쉽다.

그러나 자본시장선, 즉 효율적 포트폴리오를 생각해보자. 이것이 주어진 위험에서 최대의 수익률을 올리는 방법이다. 즉 무위험자산과 위험자산으로 구성된 효율적 포트폴리오 중에서 위험자산은 시장 포트폴리오가 가장 좋다는 뜻이다.

실제로 그 어떤 펀드매니저도 장기간에 걸쳐 보면 시장수익률을 이기는 매니저는 없다. 유일한 예외는 피터 린치가 13년 동안 미국 S&P 500 지수를 'beat'한 것이다(시장수익률보다 높은 수익률을 올리는 것을 'beat the market'이라고 표현한다). 또한 원숭이가 다트를 던져서 선택한 종목들의 수익률과 유명 펀드매니저의 수익률을 비교해 보면 원숭이 쪽의 수익률이 좋은 경우가 많다는 것도 자주 거론된다.

이것은 다음 사항을 시사한다.

① 주식투자를 하기 위해 증권사 직원과 상담할 필요가 없다.
그냥 지수에 투자하라.

② 펀드에 가입할 필요가 없다(수수료가 비싸다).
그냥 지수에 투자하라.

③ 금융기관 경영자라면 딜러, 펀드매니저, 투자전략 분석가가 필요 없다. 관리자 한명과 실무 직원 한명이면 충분하다.
그냥 지수에 투자하라(회사경비를 획기적으로 줄일 수 있다).

이상의 방법을 소극적 투자전략이라 하고, 랜덤워크 투자전략이라고도 한다.

그러면 질문이 남는다. 예를 들어 증권사 직원의 역할은 무엇인가. 효율적 포트폴리오를 생각해 보자. 고객과 상담을 통하여 개인의 위험-수익 분석(risk-reward profile)을 파악하고, 위험자산의 비중을 결정하여 인덱스에 투자하도록 권유하는 것이다. 이것이 장기적으로 볼 때 고객에게 가장 '효율적'이 된다.

실제로 대형금융기관에서는 주요 고객의 자산을 무위험자산(은행예금)과 위험자산(주식, 채권, 보험) 간의 자산배분 전략으로 조언하면서 관리해 주고 있다.

연습문제

1. 다음 용어를 간략하게 설명하시오.

1) 동질적 기대	2) 위험보상	3) 베타위험
4) 제로베타포트폴리오	5) 시장포트폴리오	6) 분리정리
7) 자본시장선	8) 증권시장선	9) 체계적 위험
10) 비체계적 위험	11) 증권특성선	12) 수익률생성모형
13) 시장모형	14) 유동성	15) 지수모형

2. 증권시장선의 특성에 대하여 설명하시오.

3. 토빈의 분리정리에 대하여 설명하시오.

4. 자본시장선과 증권시장선을 비교 설명하시오. 그리고 모든 개별증권이 자본시장선의 아래쪽에 위치하는 이유를 설명하시오.

5. 동질적 기대의 가정이 무엇을 의미하며, 균형시장이론에서 동질적 기대의 가정이 요구되는 이유를 설명하시오.

6. $CAPM$의 실증적 검증에서 특히 주목되는 두 가지의 문제가 있다. 그것이 무엇이고, 문제가 되는 이유를 설명하시오.

7. 분산투자효과의 한계에 대한 이론적인 근거를 설명하시오.

8. 시장모형과 지수모형을 비교 설명하시오.

9. 다음과 같은 주식 A, B와 C로 포트폴리오를 구성하려고 한다. 시장포트폴리오의 기대수익률과 표준편차가 각각 13%와 18%이며, 무위험이자율이 5%라고 한다. 다음의 질문에 답하시오.

주식	β	표준편차	구성비율
A	1.1	7.0%	20%
B	0.8	2.3	50
C	1.0	1.0	30

(1) 포트폴리오의 표준편차와 기대수익률을 구하시오.

(2) 증권시장선을 유도하여 포트폴리오의 위치를 표시하시오.

10. 경제상황을 호황기, 성장기 및 침체기로 구분할 때 각 상황의 실현 확률이 동일하며, 주식 A, 시장포트폴리오, 무위험증권의 투자수익률이 다음과 같이 추정되었다고 한다.

구분	호황기	성장기	침체기
P_s	1/3	1/3	1/3
r_{Ms}	20%	15%	-5%
r_{As}	25	20	-10
r_f	7	7	7

(1) 시장포트폴리오의 기대수익률과 표준편차를 계산하시오.

(2) 자본시장선을 그림으로 나타내어보시오.

(3) 무위험증권과 시장포트폴리오에 각각 50%씩을 투자하는 대출포트폴리오의 기대수익률과 분산을 구하시오.

(4) 주식 A의 β계수를 구하시오.

(5) 주식 A의 기대수익률은 얼마인가?

11. 무위험수익률과 시장포트폴리오의 기대수익률이 각각 9%와 17%이고, β계수가 각각 0.5 및 1.0이라고 한다. 증권 i의 기대수익률을 계산하시오.

기출문제

1. 자본자산 결정모형(Capital Asset Pricing Model)에서 자본시장선(Capital Market Line)의 기울기를 결정하는 요소가 아닌 것은? (2013 7급 지방직 경제학)

① 시장 포트폴리오의 기대수익률
② 시장 포트폴리오의 수익률의 표준편차
③ 무위험자산의 수익률
④ 개별 자산수익률의 시장수익률에 대한 민감도지수인 베타계수

2. 포트폴리오 이론에 대한 설명으로 옳은 것은? (2010 7급 경제학)

가. 자산 수익률간의 상관계수가 0이면 위험분산의 효과가 전혀 없다. 나. 분산투자를 통해 자산선택에서 발생하는 체계적 위험을 모두 제거할 수 있다.

① 가　　② 나　　③ 가, 나　　④ 가, 나 모두 옳지않다.

3. CAPM에 대한 설명으로 틀린 것은? (2006 CPA)

① 시장위험프리미엄(market risk premium)은 항상 0보다 커야 한다.
② 시장 포트폴리오와 무위험자산간의 상관계수는 정확히 0이다.
③ SML에 위치한다고 해서 반드시 CML에 위치하는 것은 아니다.
④ 위험자산의 기대수익률은 무위험자산의 수익률보다 항상 높아야 한다.
⑤ 개별자산의 진정한 위험은 총위험의 크기가 아니라 체계적 위험의 크기만으로 평가되어야 한다.

4. 자본자산가격결정모형(CAPM)에 대한 다음의 설명 중 가장 올바른 것은? (2005 CPA)

① 증권시장선(SML)에서 다른 조건은 동일하고 시장 포트폴리오의 기대수익률이 커진다면 β가 1보다 매우 큰 주식의 균형수익률은 상승하지만, β가 0보다 크지만 1보다 매우 작은 주식의 균형수익률은 하락한다.

② 자본시장선(CML)에서 무위험자산과 시장포트폴리오에 대한 투자가중치는 객관적이지만, 시장포트폴리오에 대한 투자비율은 주관적이다.
③ 증권시장선(SML)의 기울기는 β값에 상관없이 항상 일정한 값을 가진다.
④ 자본시장선(CML) 상에 있는 포트폴리오는 효율적이므로 베타는 0이다.
⑤ 자본시장선(CML) 상에 있는 포트폴리오와 시장포트폴리오의 상관계수는 0이다.

5. 무위험이자율은 3%, 시장포트폴리오의 기대수익률은 13%이다. 아래 두 자산가격의 균형/저평가/고평가 여부에 대하여 가장 적절한 것은? (2005 CPA)

자산	β 계수	기대수익률
A	0.5	9%
B	1.5	17%

① 두 자산의 가격은 모두 균형상태이다.
② 두 자산의 가격은 모두 저평가되어 있다.
③ 두 자산의 가격은 모두 고평가되어 있다.
④ 자산 A는 저평가되어 있고 자산 B는 고평가되어 있다.
⑤ 자산 A는 고평가되어 있고 자산 B는 저평가되어 있다.

6. 다음 중 CAPM(자본자산가격결정모형)이 성립하는 시장에서 존재할 수 없는 경우는? (2006 CPA)
① A주식 : 기대수익률 = 8%, 표준편차 = 20%
B주식 : 기대수익률 = 20%, 표준편차 = 18%
② A주식 : 기대수익률 = 18%, 베타 = 1.0
B주식 : 기대수익률 = 22%, 베타 = 1.5
③ A주식 : 기대수익률 = 13%, 표준편차 = 20%
B주식 : 기대수익률 = 20%, 표준편차 = 40%
④ A주식 : 기대수익률 = 14.6%, 베타 = 1.2
시장포트폴리오의 기대수익률 = 13%, 무위험이자율 = 5%
⑤ A주식 : 기대수익률 = 20%, 표준편차 = 30%
시장포트폴리오 : 기대수익률 = 12%, 표준편차 = 16%, 무위험이자율 = 4%

7. 증권시장선(SML)과 자본시장선(CML)에 대한 다음의 설명 중 옳은 항목만을 모두 모은 것은? (2010 CPA)

> a. SML은 초과이익이 발생한다는 가격결정모형으로부터 도출된다.
> b. 인플레이션율이 상승하는 경우 SML의 절편이 상승한다.
> c. 개별증권의 수익률과 시장수익률간의 상관계수가 1인 경우 SML은 CML과 일치하게 된다.
> d. CML을 이용하여 비효율적 개별자산의 균형수익률을 구할 수 있다.
> e. 수동적(passive) 투자포트폴리오를 구성하기 위해서는 CML을 이용할 수 있다.

① a, d ② b, e ③ a, b, c ④ a, c, e ⑤ b, c, e

8. 증권시장선(SML)에 관한 설명으로 가장 적절하지 않은 것은? (2015 CPA)

① 위험자산의 기대수익률은 베타와 선형관계이다.
② 개별 위험자산의 베타는 0보다 작을 수 없다.
③ 개별 위험자산의 위험프리미엄은 시장위험프리미엄에 개별 위험자산의 베타를 곱한 것이다.
④ 균형상태에서 모든 위험자산의 $\frac{E(R_j)-R_f}{\beta_j}$는 동일하다. 단, $E(R_j)$와 β_j는 각각 위험자산 j의 기대수익률과 베타이며, R_f는 무위험수익률이다.
⑤ 어떤 위험자산의 베타가 1% 변화하면, 그 자산의 위험프리미엄도 1% 변화한다.

9. 주식시장에서 거래되는 모든 주식의 베타는 3보다 작다고 가정한다. 투자자 갑은 자신의 자금 1,000만원으로 주식 A와 주식 B에 각각 w 및 (1-w)의 비중으로 분산투자하려 한다. 주식 A, B에 분산투자된 갑의 포트폴리오 C의 베타에 관한 주장 중 맞는 것의 개수를 골라라. 각 주식의 베타는 지난 6개월간 각 주식과 시장포트폴리오의 수익률 자료를 이용하여 추정되었다고 가정한다. 단, 주식의 공매도(short sale)가 가능하다. (2009 CPA)

> a. 포트폴리오 C의 베타가 3이 될 수 있다.
> b. 포트폴리오 C의 베타가 -4가 될 수 있다.
> c. 포트폴리오 C의 베타가 0이 될 수 있다.
> d. w가 어떤 값이 되더라도 포트폴리오 C의 베타 값이 전혀 변하지 않는 경우가 있다.

① 4개 ② 3개 ③ 2개 ④ 1개 ⑤ 0개

10. (주)대한은 총 5억원의 기금을 3개 프로젝트에 투자하고 있으며, 투자금액과 베타계수는 다음과 같다.

프로젝트	투자금액	베타계수
A	1.4억원	0.5
B	2.0억원	1.6
C	1.6억원	2.0

무위험자산수익률은 5%이며, 내년도 시장수익률의 추정확률분포는 다음과 같다.

확 률	시장수익률
0.2	9 %
0.6	12 %
0.2	15 %

주어진 자료에 근거하여 추정된 증권시장선(SML)으로부터 산출한 기금의 기대수익률로 가장 적절한 것은?

① 12.95% ② 13.52% ③ 13.95% ④ 14.52% ⑤ 14.94%

11. (주)대한은 투자자금 1,000,000원으로 베타가 1.5인 위험자산포트폴리오를 구성하려고 한다. (주)대한의 투자정보는 다음 표와 같다. 무위험자산수익률은 5.0%이다. 자산C의 기대수익률과 가장 가까운 것은? (2011 CPA)

투자자산	베타	기대수익률(%)	투자금액(원)
자산A	1.0	13.0	280,000
자산B	2.0	21.0	240,000
자산C	?	?	?
포트폴리오	1.5	?	1,000,000

① 16.90% ② 17.33% ③ 17.54%
④ 17.76% ⑤ 18.03%

12. 펀드K를 운용하고 있는 펀드매니저는 펀드의 위험을 표준편차로 추정하고 월간 수익률자료를 이용해 분석한다. 과거 5년간 펀드K와 KOSPI(주가지수)의 평균수익률은 각각 3.0%, 2.0%이다. 또한 KOSPI 수익률의 표준편차는 3.0%, 펀드K 수익률과 KOSPI 수익률의 상관계수는 0.8이다. 펀드K 수익률을 종속변수로, KOSPI 수익률을 독립변수로 한 단순회귀분석의 결과는 다음과 같다. 펀드K의 표준편차로 가장 적절한 것은? (2011 CPA)

변수	추정계수	표준오차	t-통계량	p-값
상수	0.15	0.50	0.26	0.75
KOSPI 수익률	1.60	0.08	15.4	0.0001

① 5.2% ② 5.8% ③ 6.0%
④ 7.5% ⑤ 8.0%

13. 최근 주식시장에 상장된 주식 A의 최초의 3거래일 동안 주식 A와 시장 포트폴리오의 일별 수익률은 다음과 같다. 문제 풀이의 편의를 위해 아래 자료가 주식 A의 수익률 자료의 전체 모집단이라 가정한다.

	주식 A의 수익률	시장포트폴리오의 수익률
거래일 1	0.1	0.1
거래일 2	0.3	0.2
거래일 3	-0.1	0.0

위 자료에 근거하여 자본자산가격결정모형(CAPM)에 의한 주식 A의 베타 값을 산출한 후 가장 가까운 값을 골라라. 소수 다섯째 자리에서 반올림하여 소수 넷째 자리로 확정하여 계산하여라. 예로서 0.00666은 0.0067로 간주하여 계산할 것. (2009 CPA)

① 1.2 ② 1.5 ③ 1.7 ④ 2.0 ⑤ 2.3

14. 다음의 설명 중 가장 옳지 않은 것은? (2005 CPA)

① 약 1,000 종목의 주식에 적절히 분산투자한 투자자가 새로운 주식을 포트폴리오에 편입할 때 요구하는 수익률은 비체계적 위험보다는 체계적 위험에 의하여 더 큰 영향을 받는다.
② 경제가 불경기에 처하여 수익성이 높은 투자기회가 축소되면 자금의 수요가 줄어들면서 전반적으로 시장이자율이 하락한다.
③ 물가가 큰 폭으로 상승할 것으로 예상되는 경우, 채권이나 주식 등 금융자산에 대한 요구수익률도 상승한다.
④ 총자산의 약 80%가 자신이 창업한 회사의 주식으로 구성된 경우 비체계적 위험도 총자산의 수익률에 큰 영향을 미칠 수 있다.
⑤ 어떤 무부채기업이 1억원 상당의 투자안에 대하여 자금을 조달하고자 할 때, 회사내부의 현금을 사용하는 경우의 자본비용은 외부로부터 자금을 차입할 때의 자본비용보다 대체적으로 낮다.

15. CAPM(자본자산가격결정모형)이 성립하는 시장에서 시장포트폴리오의 수익률의 표준편차는 0.04이며 세 자산의 베타와 수익률의 표준편차가 다음과 같다. 틀린 설명은 무엇인가? (2008 CPA)

자산	베타	표준편차
A	0.8	0.10
B	0.8	0.05
C	0.4	0.10

① 자산 B와 시장포트폴리오의 상관계수는 자산 A와 시장포트폴리오의 상관계수의 2배수이다.

② 자산 B와 시장포트폴리오의 상관계수는 자산 C와 시장포트폴리오의 상관계수의 2배수이다.

③ 자산 A와 자산 B의 체계적 위험 1단위당 위험프리미엄은 동일하다.

④ 자산 A의 분산가능한 위험은 자산 C의 분산가능한 위험보다 낮다.

⑤ 투자원금 50만원을 보유한 투자자가 무위험이자율로 25만원을 차입하여 총액인 75만원을 자산 A에 투자할 경우의 기대수익률은 시장포트폴리오의 기대수익률보다 높다.

제14장 차익거래가격 결정모형

$CAPM$에 의하면 개별증권뿐만 아니라 포트폴리오의 기대수익률을 결정하는 유일한 요인은 베타계수이다. 베타계수가 높은 증권일수록 체계적 위험이 높기 때문에 기대수익률이 높게 형성되며, 반대로 베타계수가 낮은 증권일수록 체계적 위험이 낮기 때문에 기대수익률이 낮게 형성된다.

그러나 많은 실증적 연구에 의하면 개별증권과 포트폴리오의 수익률이 시장 포트폴리오 이외에 여러 공통요인에 따라 영향을 받고 있는 것으로 알려지고 있다. 이처럼 개별증권과 포트폴리오의 수익률이 여러 공통요인에 따라 영향을 받는다면 새로운 균형시장모형이 필요하게 될 것이다. 이러한 관점에서 1976년에 로스(S. Ross)가 또 다른 하나의 균형모형으로서 차익거래가격결정모형을 제시하였다.

이 장에서는 요인모형과 차익거래가격결정모형에 대하여 살펴보자.

Ⅰ. APM의 배경과 요인모형

1 APM의 배경

앞 장에서 설명한 $CAPM$과 마찬가지로 APM 역시 개별증권과 포트폴리오의 기대수익률과 위험의 관계를 설명하는 균형시장모형이다. 그러나 $CAPM$에서는 개별증권과 포트폴리오의 기대수익률을 결정하는 유일한 요인이 베타계수라고 보는 반면 APM에서는 여러 요인계수에 의해서 증권의 기대수익률이 결정된다고 기술하고 있다. 한편 *CAPM*은 여러 가지 제한적인 가정에서 유도된 모형인 반면 *APM*은 보다 현실적인 가정에서 유도된 모형이기 때문에 *APM*이 보다 일반성을 갖는 모형이라고 할 수 있다.

*CAPM*이 개발된 이후 이에 대한 많은 비판이 제기되었으며, 이와 같은 비판은 *APM*의 개발을 위한 기초가 되었다. *CAPM*에 대한 비판은 *CAPM*의 본질적인 문제점에서 출발하고 있다. 그 내용을 살펴보면 다음과 같다.

첫째, *CAPM*에서 전제하고 있는 여러 가지 가정들이 지나치게 현실과 거리가 있다는 비판이 그것이다. 이와 같은 가정의 비현실성을 해소하려는 노력은 *CAPM*의 골격을 그대로 유지한 체 제한적인 가정을 보다 현실적인 가정으로 완화시키면서 모형을 확장시키는 노력에 초점이 두어졌다. 앞 장에서 설명한 제로베타 *CAPM*은 이와 같은 노력의 결과이며, 그 밖에도 세금, 이질적 기대와 유동성을 고려한 여러 형태의 확장된 *CAPM*이 개발되었다. 확장된 *CAPM*에 의하면 이와 같은 시장의 불완전 요인이 개별증권과 포트폴리오의 기대수익률에 영향을 미치지만 *CAPM*의 선형성은 여전히 유지되는 것으로 알려지고 있다.

둘째, *CAPM*의 실증적 검증과정에서 베타계수가 증권의 기대수익률을 결정하는 유일한 요인이 아니라는 실증적 증거가 제시되면서 *CAPM*의 타당성에 대한 문제가 끊임없이 제기되었다. 이와 같은 실증적 증거는 증권의 기대수익률을 설명하는데 있어 시장 포토폴리오 이외에 다수의 공통요인이 필요함을 의미한다. 예를 들어 기업규모, 주가의 계절성, 배당수익률 및 시장가치 대 장부가치 비율 등이 중요한 가격결정요인으로 작용한다는 실증적 증거가 제시되었다. 이러한 사실은 *CAPM*을 이용하여 증권의 가격결정과정을 설명하는데 한계가 있기 때문에 새로운 균형모형이 개발되어야 함을 시사하는 것이다.

셋째, *CAPM*은 시장 포트폴리오에 근거를 두고 있기 때문에 모형의 타당성을 검증하는 것이 현실적으로 불가능하다는 비판이 제기되었다. 롤(R. Roll, 1976)은 *CAPM*의 검증에 대한 비판에서 *CAPM*은 본질적으로 검증이 불가능한 모형이기 때문에 실제와 거리가 먼 모형이라고 주장하였다. 시장 포트폴리오는 시장에 존재하는 모든 위험자산을 포함하는 포트폴리오이기 때문에 사실상 시장 포트폴리오를 관찰할 수 없으며, 따라서 *CAPM*의 검증은 본질적으로 불가능하다는 것이다.

이상에서 설명한 것처럼 *CAPM*은 이론적 측면은 물론 검증측면에서도 문제가 많다는 비판이 제기되면서 새로운 균형모형의 필요성이 대두되었다. 로스(S. A. Ross,

1976)는 효율적 시장에서는 어떠한 차익거래의 기회도 존재하지 않는다는 논리에 근거하여 *APM*을 개발하였다.[1] 효율적 시장에서는 모든 정보의 경제적 가치가 시장가격에 신속하고 충분히 반영되기 때문에 고평가되거나 저평가되는 증권이 존재하지 않기 때문이다.

차익거래(arbitrage)란 추가적인 투자와 위험을 부담하지 않으면서 확실한 초과수익을 얻기 위한 목적에서 이루어지는 거래를 말한다. 예를 들어 위험이 동일한 증권 *A*와 *B*가 서로 다른 가격에서 거래되고 있다면 고평가되고 있는 증권을 매각하여 그 자금으로 저평가되고 있는 증권을 매입함으로써 추가투자나 위험부담이 없이 확실한 초과수익을 얻을 수 있다. 이처럼 일시적으로 차익거래의 기회가 존재하는 경우에는 모든 투자자들이 시장에서 차익거래에 참여하기 때문에 이와 같은 차익거래가 증권가격을 곧바로 균형가격으로 회복시키게 되는 것이다.

② 요인모형

*CAPM*에서는 모든 증권의 실제수익률이 시장 포트폴리오의 수익률 변동에 의해서만 영향을 받는 수익률생성모형으로서 시장모형을 가정하고 있으며, 이와 같은 수익률생성모형을 이용함으로써 접점 포트폴리오의 구성을 확인할 수 있었다. 앞장에서 살펴본 것처럼 증권 i의 수익률을 시장지수의 수익률에 대한 선형함수로 기술할 수 있다면 시장지수의 기대수익률, 표준편차와 시장지수에 대한 공분산을 추정함으로써 접점 포트폴리오와 선형적인 효율적 포트폴리오 집합을 확인할 수 있다.

그러나 개별증권과 포트폴리오의 실제수익률이 시장 포트폴리오의 수익률 이외에 다른 여러 공통요인에 따라 영향을 받는다면 새로운 형태의 수익률생성모형을 설계해야 한다. 이와 같은 수익률생성모형을 요인모형(factor model)이라고 한다.

앞서 설명한 시장모형은 시장 포트폴리오의 수익률을 공통요인으로 정의하는 수익률생성모형을 말한다. 다시 말하여 *CAPM*에서는 증권의 수익률이 시장 포트폴리오의 수익률에 의해서만 영향을 받는다고 가정하고 있다. 그러나 개별증권과 포트폴리오의 수익률이 시장 포트폴리오 이외에 다른 여러 공통요인에 따라 영향을

---

1) S. A. Ross, "The Arbitrage Theory of Capital Asset Pricing", *Journal of Economic Theory*, Vol. 13, No.3 (Dec.), 1976, pp. 341~360.

받는다면 새로운 수익률생성모형으로서 다수요인모형(multifactor model)이 필요하며, 이와 같은 다수요인모형을 이용함으로써 개별증권과 포트폴리오의 기대수익률, 표준편차와 공분산을 추정할 수 있다.

이하에서는 요인모형으로서 단일요인모형과 다수요인모형에 대하여 살펴보기로 한다.

1) 단일요인모형

요인모형은 개별증권과 포트폴리오의 수익률이 실제로 미지의 여러 공통요인에 따라 영향을 받고 있다는 가정에 근거를 두고 있는 수익률생성모형의 하나이다. 다시 말하여 단일요인모형(single factor model)은 개별증권과 포트폴리오의 실제수익률이 하나의 공통요인에 따라서만 영향을 받는다고 보는 수익률생성모형을 의미한다. 따라서 앞서 설명한 시장모형은 단일요인모형의 특수한 형태에 해당된다고 말할 수 있다. 시장모형에서는 공통요인을 시장 포트폴리오의 수익률로 정의하였기 때문이다. 다만 단일요인모형에서는 공통요인을 구체적으로 명시하지 않는다는 점에서 시장모형과 다른 차이점이 있다.

만일 i증권의 수익률이 GDP 성장률에 의하여 결정된다고 가정한다면, 식 (1)과 같다.

$$r_i = a_i + b_i GDP + e_i \tag{1}$$

r_i : 증권 i의 실제수익률
a_i : GDP 증가율이 0일 때 증권 i의 실제수익률
b_i : GDP 증가율에 대한 증권 i의 요인계수
GDP : GDP 증가율
e_i : $E(e_i) = 0$, $\sigma_{(GDP, e_i)} = 0$, $\sigma_{ei}^2 =$ 상수 등의 조건을 충족시키는 확률적 오차항

예를 들어 a_i가 3%이고, b_i가 1.2라고 하자. GDP 성장률이 5%이라면 증권 i의 수익률은 9%가 된다.

$$r_i = a_i + b_i GDP = 3\% + 1.2 \times 5\% = 9\%$$

식 (1)에 기댓값을 취하면 식 (2)와 같다.

$$E(r_i) = a_i + b_i E(GDP) \tag{2}$$

식 (1)에서 식 (2)를 차감하면 식 (3)과 같다.

$$r_i - E(r_i) = b_i(GDP - E(GDP)) + e_i \tag{3}$$

GDP의 실제성장률이 예상성장률과 다르며, 이와 같은 예상 밖의 충격을 F라고 하면 식 (3)은 다음과 같이 나타낼 수 있다.

$$r_i = E(r_i) + b_i F_{GDP} + e_i \tag{4}$$

식 (4)가 의미하는 것은 공통요인 F 또는 고유요인 e_i에 어떤 충격이 발생하면, 그 충격으로 인하여 자산 i의 수익률은 기대수익률 $E(r_i)$에서 괴리되는 것을 의미한다.

위의 예에서 GDP 성장률이 5%로 기대되었는데 실제로 6%가 되었다면 F_{GDP}는 1%가 되므로 증권 i의 수익률은 10.2%가 된다.

$$r_i = E(r_i) + b_i F_{GDP} + e_i = 9\% + 1.2 \times 1\% = 10.2\%$$

식 (4)에 분산을 취하면 식 (5)와 같다.

$$\sigma_i^2 = b_i^2 \sigma_F^2 + \sigma_{e_i}^2 \tag{5}$$

이와 같은 단일요인모형의 특성을 살펴보면 다음과 같다.

첫째, 시장모형을 이용할 때와 마찬가지로 단일요인모형을 이용함으로써 효율적 포트폴리오 집합을 쉽게 유도할 수 있다. 마코위츠의 포트폴리오 이론에 의하면 N개의 증권으로 포트폴리오를 구성하는 경우 N개의 $E(r_i)$, σ_i^2 및 $(N^2 - N)/2$개의 σ_{ij}을 추정해야 한다. 그러나 단일요인모형을 이용하는 경우 N개 구성증권의 $E(r_i)$, b_i 그리고 공통요인의 $E(F)$와 σ_F^2을 추정함으로써 효율적 포트폴리오 집합을 유도할 수 있다.

둘째, 단일요인모형에서도 분산투자효과가 존재한다는 점이다. 시장모형에서는 증권의 총위험을 체계적 위험과 비체계적 위험으로 구분하고 있다. 그러나 단일요인모형에서는 증권 i의 총위험을 요인위험(factor risk)과 비요인위험(nonfactor risk)으로 구분하고 있다.[2] 이처럼 총위험을 체계적 위험과 비체계적 위험으로 구분하지 않고 요인위험과 비요인위험으로 구분하는 이유는 요인모형에서는 공통요인을 구체적으로 정의하고 있지 않기 때문이다.

단일요인모형에 의하면 포트폴리오의 분산은 식 (6)과 같다.

$$\sigma_p^2 = b_p^2 \sigma_F^2 + \sigma_{e_p}^2 \tag{6}$$

식 (6)에서 포트폴리오의 요인계수(b_p)는 식 (7)과 같다.

$$b_p = \sum_{i=1}^{n} w_i \, b_i \tag{7}$$

식 (7)에서 구성증권의 투자비율이 동일하다고 가정하면 식 (7)을 식 (8)과 같이 고쳐 쓸 수 있다.

$$b_p = \sum_{i=1}^{n} \frac{1}{n} n \bar{b}_i = \bar{b}_i \tag{8}$$

식 (8)에서 보여주는 것처럼 포트폴리오의 요인계수가 구성증권의 평균요인계수($\overline{b_i}$)에 수렴함을 알 수 있다. 따라서 분산투자를 하더라도 요인계수가 $\overline{b_i}$ 이하로 줄어들지 않기 때문에 요인위험을 분산불능위험(undiversifiable risk)이라고 한다.

한편 비요인위험은 포트폴리오를 구성함으로써 제거시킬 수 있는 분산가능 위험(diversifiable risk)이다. 구성증권에 대한 투자비율이 동일하다고 가정한다면 포트폴리오의 비요인위험은 식 (9)과 같이 나타낼 수 있다.

$$\sigma_{e_p}^2 = \sum_{i=1}^{n} \frac{1}{n^2} \sigma_{e_i}^2 = \frac{1}{n} \overline{\sigma_{e_i}^2} \approx 0 \tag{9}$$

식 (9)는 구성증권의 비요인위험을 단순 평균한 것을 의미한다. 한편 식 (9)에서

2) $CAPM$의 관점에서 보면, 요인위험은 체계적 위험을, 비요인위험은 비체계적 위험을 의미한다.

$\lim_{n \to \infty} \frac{1}{n} \overline{\sigma_{e_i}^2} \approx 0$이기 때문에 다수의 증권으로 포트폴리오를 구성함으로써 비요인위험을 완전히 제거시킬 수 있음을 알 수 있다.

2) 다수요인모형

전반적인 경제활동의 변화는 기업의 수익력에 영향을 미치며, 기업의 수익력에 따라 보통주의 시장가격이 영향을 받는다. 예를 들어 경제성장에 대한 기대, 실질이자율에 대한 기대, 그 밖에 인플레이션에 대한 기대 등에 따라 증권의 수익률이 영향을 받을 수 있다. 이와 같은 거시경제요인에 대한 기대에 따라 개별증권의 수익률이 생성된다면 단일요인모형보다 다수요인모형(multi-factor model)이 수익률생성모형으로 더 적합할 것이다.

다수요인모형은 미지의 여러 공통요인에 따라 개별증권의 수익률이 생성된다고 보는 수익률생성모형 중의 하나이다. 예를 들어 증권의 실제수익률이 두 개의 공통요인에 따라 생성된다면 2요인모형(two factor model)을 설계할 수 있다. 2요인모형은 식 (10)과 같다.

$$r_i = E(r_i) + b_{i1} F_1 + b_{i2} F_2 + e_i \tag{10}$$

r_i : 증권 i의 실제수익률
$E(r_i)$: $F_1 = F_2 = 0$일 때 증권 i의 기대수익률
b_{i1} : 공통요인 F_1에 대한 증권 i의 요인계수
b_{i2} : 공통요인 F_2에 대한 증권 i의 요인계수
F_1 : 미지의 공통요인 F_1의 실제 값
F_2 : 미지의 공통요인 F_2의 실제 값
e_i : $E(e_i) = 0$, $\sigma(F_k, e_i)$, $\sigma(F_1, F_2) = 0$, $\sigma(e_i, e_j) = 0$, $\sigma_{e_i}^2 =$ 상수 등의 조건을 충족시키는 확률적 오차항

모든 증권의 수익률이 2요인모형에 따라 생성되는 경우 증권 i의 기대수익률, 분산과 증권 i와 증권 j의 공분산은 각각 식 (11), 식 (12) 및 식 (13)과 같다.

$$r_i = E(r_i) + b_{i1} F_1 + b_{i2} F_2 \tag{11}$$

$$\sigma_i^2 = b_{i1}^2 \sigma_{F_1}^2 + b_{i2}^2 \sigma_{F_2}^2 + \sigma_{e_i}^2 \tag{12}$$

$$\sigma_{ij} = b_{i1} b_{j1} \sigma_{F_1}^2 + b_{i2} b_{j2} \sigma_{F_2}^2 \tag{13}$$

예를 들어 i 증권의 수익률이 GDP 성장률과 이자율에 의해서 결정된다면, 2요인 모형은 식 (14)와 같다.

$$\begin{aligned} r_i &= E(r_i)+b_{i1}(GDP-E(GDP))+b_{i2}(i-E(i))+e_i \\ &= E(r_i)+b_{i1}F_1+b_{i2}F_2+e_i \end{aligned} \tag{14}$$

i : 이자율
F_1 : GDP 의 예상 밖의 충격
F_2 : 이자율의 예상 밖의 충격

예를 들어 a_i 가 3%이고, b_{i1} 가 1.2, b_{i2} 는 -0.8이라고 하자. b_{i2} 가 음(-)의 값을 가진다는 것은 이자율이 상승할 때 수익률이 낮아진다는 것을 의미한다. GDP 성장률이 5% 기리고 이자율이 4%로 예상되었는데 실제로 GDP 성장률은 6% 그리고 이자율이 3%이면 증권 i 의 수익률은 7.8%가 된다.

$$\begin{aligned} r_i &= E(r_i)+b_{i1}(GDP-E(GDP))+b_{i2}(i-E(i)) \\ &= E(r_i)+b_{i1}F_1+b_{i2}F_2 \\ &= 5.8\%+1.2\times1\%-0.8\times1\% \\ &= 7.8\% \end{aligned}$$

포트폴리오 분석에서 가장 중요한 것은 첫째, 적절한 요인모형을 설계하는 일이고, 둘째, 몇 개의 공통요인이 존재하는가를 확인하는 일이다. 공통요인의 수가 확인되면 다수요인모형의 모수를 추정하여 각 구성증권의 기대수익률, 분산과 증권간의 공분산을 추정하여 효율적 포트폴리오 집합을 유도할 수 있다.

다수요인모형은 식 (15)와 같다.

$$r_i = E(r_i)+b_{i1}F_1+b_{i2}F_2+\cdots+b_{ik}F_k+e_i \tag{15}$$

r_i : 증권 i의 실제수익률
$E(r_i)$: $F_1=F_2=\cdots=F_k=0$일 때 증권 i의 기대수익률
b_{i1} : 공통요인 F_1에 대한 증권 i의 요인계수
b_{i2} : 공통요인 F_2에 대한 증권 i의 요인계수
b_{ik} : 공통요인 F_k에 대한 증권 i의 요인계수
F_1 : 미지의 공통요인 F_1의 실제 값
F_2 : 미지의 공통요인 F_2의 실제 값
F_k : 미지의 공통요인 F_k의 실제 값
e_i : $E(e_i)=0$, $\sigma(F_i,e_i)=0$, $\sigma(F_i,F_k)=0$, $\sigma(e_i,e_j)=0$, $\sigma^2_{e_i}$ =상수 등의 조건을 충족시키는 확률적 오차항

Ⅱ. 순수요인포트폴리오와 등가포트폴리오

차익거래가격결정모형(arbitrage pricing model : *APM*)은 *CAPM*과 마찬가지로 개별증권과 포트폴리오의 가격형성과정을 설명하는 균형가격결정모형 중의 하나이다. 그러나 *CAPM*과 비교할 때 다음과 같은 차이점이 있다.

첫째, *CAPM*에서는 개별증권의 수익률이 시장 포트폴리오의 수익률에 따라 생성된다고 가정하고 있는 반면, *APM*에서는 개별증권의 수익률이 다수의 공통요인에 따라 생성된다고 가정하고 있다.

둘째, *CAPM*에서는 모든 투자자가 위험회피형 투자자라고 가정하고 있는 반면, *APM*에서는 위험회피성에 대한 어떠한 가정도 하고 있지 않다. *APM*에서는 다만 모든 투자자가 적은 것보다 많은 것을 선호한다는 사실만을 가정하고 있다.

1 순수요인포트폴리오

앞서 설명한 바와 같이 *APM*은 차익거래의 논리에 근거를 두고 있다. 효율적 시장에서는 어떠한 차익거래기회도 존재하지 않기 때문에 일시적으로 불균형상태가 유지되는 경우에는 차익거래에 의한 시장압력으로 모든 증권의 가격이 균형가격으로 즉시 회복되어 결국 차익포트폴리오의 기대수익률이 0이 되는 상태에서 균형이 유지된다.

*APM*에서 중요한 의미를 갖는 것은 차익 포트폴리오의 구성이 가능하며, 차익 포트폴리오의 기대수익률이 0일 때 시장에서 균형이 유지된다는 사실이다. 이와 같은 시장균형이 어떻게 이루어지는지를 이해하기 위해서는 순수요인포트폴리오와 등가포트폴리오에 대한 설명이 필요하다.

순수요인포트폴리오(pure factor portfoilo)는 여러 공통요인 중 하나의 공통요인과 동일한 특성을 갖는 복제 포트폴리오(replicated portfolio)를 말한다. 구체적으로 말하면 순수요인포트폴리오는 하나의 공통요인에 대한 요인계수가 1.0이고, 여타의 공통요인에 대한 요인계수가 0이 되도록 다수의 증권에 투자할 때 구성되는 포트폴리오를 의미한다.

예제 1

ㅇ 모든 증권의 수익률이 2요인모형에 따라 생성되며, 다음과 같은 위험특성을 갖는 증권 A, B와 C가 있다.

증권	b_{i1}	b_{i2}
A	−0.4	1.75
B	1.60	−0.75
C	0.67	−0.25

ㅇ 공통요인 F_1과 F_2를 복제한 순수요인포트폴리오를 구성하시오.

먼저 공통요인 F_1과 동일한 특성을 갖는 순수요인포트폴리오 (1)을 다음과 같은 방법으로 구성할 수 있다. 증권 A와 B에 각각 투자액의 30%와 나머지 70%를 투자하여 포트폴리오를 구성함으로써 공통요인 F_1과 동일한 특성을 갖는 순수요인포트폴리오 (1)을 구성할 수 있다. 이 경우 공통요인 F_1과 F_2에 대한 순수요인포트폴리오 (1)의 요인계수를 계산하면 각각 다음과 같다.

$$b_{p_1} = w_A \ b_{A_1} + w_B \ b_{B_1} + w_C \ b_{C_1} = 0.3(-0.40) + 0.7(1.60) + 0.0(0.67) = 1.0$$
$$b_{p_2} = w_A \ b_{A_2} + w_B \ b_{B_2} + w_C \ b_{C_2} = 0.3(1.75) + 0.7(-0.75) + 0.0(-0.25) = 0.0$$

같은 방법으로 공통요인 F_2와 동일한 특성을 갖는 순수요인포트폴리오 (2)를 다음과 같은 방법으로 구성할 수 있다. 증권 A와 C에 각각 투자액의 62.5%와 나머지 37.5%를 투자하여 포트폴리오를 구성함으로써 공통요인 F_2와 동일한 특성을 갖는 순수요인포트폴리오 (2)를 구성할 수 있다. 이 경우 공통요인 F_1과 F_2에 대한 순수요인포트폴리오 (2)의 요인계수를 계산하면 각각 다음과 같다.

$$b_{p_1} = w_A b_{A_1} + w_B b_{B_1} + w_C b_{C_1} = 0.625(-0.40) + 0.0(1.60) + 0.375(0.67) = 0.0$$
$$b_{p_2} = w_A b_{A_2} + w_B b_{B_2} + w_C b_{C_2} = 0.625(1.75) + 0.0(-0.75) + 0.375(-0.25) = 1.0$$

이상에서는 설명의 편의상 3개의 증권만을 대상으로 하여 순수요인포트폴리오를 구성하는 방법에 대하여 설명하였으나 많은 증권이 거래되는 경우에도 각 증권의 투자비율을 적절하게 조정하여 순수요인포트폴리오를 구성할 수 있다. 이 경우 순수요인포트폴리오 (1)과 (2)는 각각 공통요인 F_1과 F_2와 동일한 특성을 갖는 포트폴리오이기 때문에 이와 같은 순수요인포트폴리오를 흔히 복제포트폴리오(replicated portfolio)라고 부르기도 한다.

순수요인포트폴리오는 공통요인을 복제한 포트폴리오이기 때문에 순수요인포트폴리오 (1)과 (2)의 기대위험프리미엄을 식 (16) 및 식 (17)과 같이 나타낼 수 있다.

$$\lambda_1 = E(r_{p_1}) - r_f = E(F_1) - r_f \tag{16}$$

λ_1 : 공통요인 F_1과 순수요인포트폴리오 (1)의 기대위험프리미엄
$E(r_{p_1})$: 순수요인포트폴리오 (1)의 기대수익률
$E(F_1)$: 공통요인 F_1의 기대 값

$$\lambda_2 = E(r_{p_2}) - r_f = E(F_2) - r_f \tag{17}$$

λ_2 : 공통요인 F_2와 순수요인포트폴리오 (2)의 기대위험프리미엄
$E(r_{p_2})$: 순수요인포트폴리오 (2)의 기대수익률
$E(F_2)$: 공통요인 F_2의 기대 값

식 (16)과 식 (17)에서 볼 수 있는 것처럼 순수요인포트폴리오는 공통요인을 복제한 포트폴리오이기 때문에 순수요인 포트폴리오와 공통요인의 기대위험프리미엄이 일치해야 한다.

만일 순수요인포트폴리오의 시장가격이 서로 다른 수준에서 형성되는 경우에는 차익포트폴리오(arbitrage portfolio)를 구성함으로써 무위험 초과수익을 얻을 수 있는 기회가 존재하게 된다. 일시적으로 이와 같은 불균형상태가 유지되는 경우에는 고평가되고 있는 순수요인포트폴리오를 매각하여 그 자금으로 저평가되고 있는 순수요인포트폴리오를 매입하는 차익거래가 일어나기 때문에 이들 순수요인 포트폴리오의 기대수익률이 일치하는 수준에서 균형이 유지된다.

무위험차익포트폴리오(riskless arbitrage portfolio)는 고평가된 순수요인포트폴리오를 매각하여 그 자금으로 저평가된 순수요인포트폴리오를 매입하는 차익거래를 통하여 구성되는 포트폴리오를 의미한다. 따라서 무위험차익포트폴리오의 기대수익률이 0%일 때 시장균형이 유지된다. 예를 들어 공통요인 F_1을 복제한 순수요인 포트폴리오 X와 Y가 있다고 하자. X의 기대수익률은 15%이고, Y의 기대수익률이 20%라면 모든 투자자들이 순수요인포트폴리오 X를 매각하여 그 수익금으로 순수요인포트폴리오 Y를 매입하는 차익거래에 참여할 것이다. 이러한 차익거래는 순수요인포트폴리오 X의 기대수익률을 상승시키는 한편 순수요인포트폴리오 Y의 기

대수익률을 하락시키는 결과를 가져오기 때문에 두 순수요인포트폴리오의 기대수익률이 일치할 때 시장균형이 유지된다.

② 등가포트폴리오

효율적 시장에서 다수의 증권이 거래되는 경우 무위험증권과 순수요인포트폴리오에 대한 투자비율을 적절하게 조절함으로써 개별증권과 동일한 위험특성을 갖는 포트폴리오를 구성할 수 있다. 이처럼 개별증권과 동일한 위험특성을 갖는 포트폴리오를 등가포트폴리오(equivalent portfolio)라고 한다.

모든 증권의 실제수익률이 공통요인 F_1과 F_2에 따라 생성되고 있으며, 증권 h의 수익률생성모형이 식 (18)과 같다고 하자.

$$r_h = a_h + 0.8\,F_1 + 1.5\,F_2 + e_h \tag{18}$$

이 경우 증권 h의 기대수익률은 식 (19)과 같다.

$$E(r_h) = a_h + 0.8\,E(F_1) + 1.5\,E(F_2) \tag{19}$$

식 (18)에서 보여주는 것처럼 증권 h는 공통요인 F_1과 F_2에 대한 요인계수(b_1, b_2)가 각각 0.8과 1.5의 값을 갖는 증권임을 알 수 있다.

그렇다면 증권 h와 동일한 특성을 갖는 등가포트폴리오 H를 어떻게 구성할 수 있는가? 투자액의 130%를 무위험수익률로 차입하여 순수요인 포트폴리오 (1)과 (2)에 각각 80%와 150%를 투자함으로써 증권 h와 동일한 위험특성을 갖는 등가 포트폴리오 H를 구성할 수 있다. 이 경우 등가포트폴리오 H의 기대수익률은 식 (20)과 같다.

$$E(r_H) = w_{r_f}\,r_f + w_{p_1}\,E(r_{p_1}) + w_{p_2}E(r_{p_2}) \tag{20}$$

식 (20)에 각 증권의 투자비율을 대입하면 식 (21)과 같다.

$$E(r_H) = -1.3\,r_f + 0.8\,E(r_{p_1}) + 1.5\,E(r_{p_2}) \tag{21}$$

식 (21)에서 $E(r_{p_1})=E(F_1)$이고, $E(r_{p_2})=E(F_2)$이므로 식 (21)을 고쳐 쓰면 식 (22)와 같다.

$$E(r_H)=-1.3r_f+0.8E(F_1)+1.5E(F_2) \tag{22}$$

식 (19)와 식 (22)에서 보여주는 것처럼 요인계수 b_1과 b_2의 값이 각각 0.8과 1.5로서 일치하기 때문에 증권 h와 등가포트폴리오 H의 위험특성은 동일하다. 따라서 등가포트폴리오 H의 수익률생성모형을 식 (23)과 같이 나타낼 수 있다.

$$r_H=a_H+0.8F_1+1.5F_2+e_H \tag{23}$$

이상에서 살펴본 바와 같이 증권 h와 등가포트폴리오 H의 수익률생성모형이 동일하기 때문에 증권 h와 등가포트폴리오 H의 기대수익률이 일치할 때 시장에서 균형이 유지된다. 따라서 식 (21)을 이용하여 증권 h의 기대수익률을 구할 수 있다.

식 (16)에서 $E(F_1)=r_f+\lambda_1$, $E(F_2)=r_f+\lambda_2$ 및 $E(r_h)=E(r_H)$이므로 식 (22)를 고쳐 쓰면 식 (24)와 같다.

$$\begin{aligned} E(r_h) &=-1.3r_f+0.8(r_f+\lambda_1)+1.5(r_f+\lambda_2) \\ &=r_f+0.8\lambda_1+1.5\lambda_2 \end{aligned} \tag{24}$$

③ 차익거래가격 결정모형

시장에서 증권 h의 기대수익률이 등가 포트폴리오 H의 기대수익률보다 낮은 수준에서 형성되는 불균형상태가 일시적으로 나타나는 경우에는 어떤 현상이 일어날까? 모든 투자자들이 증권 h를 처분하여 그 자금으로 등가포트폴리오 H를 매입함으로써 무위험차익포트폴리오를 구성하는 차익거래에 참여할 것이다. 이 경우 투자자들은 차익거래를 통하여 추가적인 요인위험이나 비요인위험을 부담하지 않고 확실한 무위험초과수익을 얻을 수 있다. 이와 같은 차익거래를 통한 시장의 압력에 따라 증권 h와 등가포트폴리오 H의 가격이 조정되어 기대수익률이 일치할 때 시장에서 균형이 유지될 것이다. 따라서 균형시장에서는 무위험차익포트폴리오의 초과수익률은 0%가 됨을 알 수 있다.

이상에서 설명한 바와 같이 모든 증권의 수익률이 2요인모형에 따라 생성되는 경우 차익거래의 기회가 존재하지 않는 균형시장에서 모든 증권의 기대수익률은 각 공통요인에 대한 요인계수에 따라 결정된다는 사실을 알 수 있다. 결론적으로 균형시장에서 증권의 기대수익률은 식 (24)에서 보여주는 것처럼 요인계수와 선형관계를 갖는다. 그러므로 식 (24)을 일반식으로 나타내면 식 (25)와 같다.

$$E(r_i) = r_f + 0.8\lambda_1 + 1.5\lambda_2 \tag{25}$$

모든 개별증권의 수익률이 다수요인모형에 따라 생성되는 경우에도 마찬가지이다. 모든 개별증권의 수익률이 다수요인모형에 따라 생성되는 경우 증권 i의 기대수익률은 식 (26)과 같이 나타낼 수 있다.

$$E(r_i) = r_f + b_{i1}\lambda_1 + b_{i2}\lambda_2 + b_{i3}\lambda_3 + \cdots + b_{ik}\lambda_k \tag{26}$$

식 (26)을 차익거래가격결정모형(arbitrage pricing model : *APM*)이라고 한다. *APM*의 관점에서 보면 증권 i의 기대수익률은 각 공통요인에 대한 요인계수와 선형관계를 갖는다. *CAPM*에서 증권 i의 베타계수는 시장 포트폴리오의 수익률에 대한 민감도계수를 의미하지만, *APM*에서 증권 i의 요인계수는 미지의 각 공통요인에 대한 민감도계수를 의미한다는 점에서 차이가 있다. 따라서 *APM*은 다수의 공통요인을 고려하기 때문에 시장 포트폴리오 수익률을 단일공통요인으로 정의하고 있는 *CAPM*보다 일반성을 갖는 모형이라고 할 수 있다.

그러나 *APM*은 공통요인의 수가 몇 개이고, 공통요인이 구체적으로 정의되지 않으며, 또한 식 (26)에서 λ_1, λ_2, $\cdots$, λ_k의 값이 주어지지 않는다는 한계점이 있다. λ_k의 값은 +, − 또는 0일 수도 있다. 따라서 각 공통요인이 구체적으로 무엇을 의미하며, 공통요인과 관련된 λ_k를 확인하는 일은 실증적인 문제이다.

4 공통요인의 경제적 의미

*APM*에서는 몇 개의 공통요인이 존재하며, 공통요인의 경제적 의미가 무엇인지에 대한 해답을 주지 않는다. 많은 학자들의 노력에 따라 증권의 기대수익률에 영향을 미치는 대략 3개에서 5개의 공통요인이 존재할 것이라고 추정되고 있다. 또한 이와 같은 공통요인을 확인하고자 하는 노력 또한 계속되고 있다.

첸-롤-로스(N. F. Chen, R. Roll and S. Ross, 1986)는 산업생산증가율, 예상 밖의 인플레이션 증가율, 장기이자율과 단기이자율의 차이 및 우량채권과 불량채권의 수익률 차이 등 4개의 공통요인이 보통주의 기대수익률에 영향을 미친다고 주장하였다.[3] 한편 베리-버마이스터-맥로이(M. Berry, E. Burmeister and M. McElroy, 1988)는 예상 밖의 인플레이션 증가율, 장기이자율과 단기이자율의 차이, 우량채권과 불량채권의 수익률 차이, 전체 경제의 매출액 성장률과 S&P500지수의 수익률 등 5개의 공통요인을 확인하였다.[4] 마지막으로 미국의 투자은행인 살로몬 브라더스(Salomon Brothers)사에서는 인플레이션율, *GDP*성장률, 이자율, 유가변화율과 국방비 증가율 등 5개의 공통요인을 이용하고 있다.

이상에서 살펴본 몇 개의 연구결과에서 공통점을 발견할 수 있다.

첫째, 전체 경제활동의 지표를 포함하고 있다는 점이다. 산업생산증가율, 전체경제의 매출액성장률과 *GDP*성장률은 경제활동의 성과를 나타내는 경제지표들이다.

둘째, 인플레이션을 포함하고 있다는 점이다.

마지막으로 이자율요인을 고려하고 있다는 점이다.

미래 배당흐름의 할인가치가 주가라는 점을 고려할 때 이들 공통요인은 의미가 있는 요인들이다. 미래의 배당흐름은 전체 경제활동과 밀접한 관계가 있으며, 할인율 또한 이자율 및 인플레이션과 밀접한 관계를 갖기 때문이다.

---

3) N. Chen, R. Roll and S. A. Ross, "Economic Forces and the Stock Market," *The Journal of Business,* Vol. 59, No. 3 (Jul.), 1986, pp. 383~403.

4) M. Berry, E. Burmeister and M. McElroy, "Sorting out Risks Using Known APT Factors," *Financial Analysts Journal,* Vol. 44, No.2 (Mar.-Apr.), 1988, pp. 29~42.

연습문제

1. 다음 용어를 간략하게 설명하시오.

1) 차익거래이익　　2) 단일요인모형　　3) 차익포트폴리오
4) 요인위험　　5) 비요인위험　　6) 다수요인모형
7) 순수요인포트폴리오　　8) 등가포트폴리오

2. *CAPM*과 *APM*의 중요한 차이점에 대하여 설명하시오.

3. 시장균형의 형성과정에서 차익 포트폴리오의 역할에 대하여 설명하시오.

4. 모든 증권수익률이 단일요인모형에 따라 생성된다고 가정할 때 *APM*과 *CAPM*의 사이에 어떠한 관계가 성립되는가에 대하여 설명하시오.

5. *CAPM*에서는 증권수익률이 단일요인모형에 따라 생성된다는 가정에 근거를 두고 있다. 단일요인이 구체적으로 무엇을 의미하는가를 설명하시오.

6. 증권수익률이 2요인모형에 따라 생성되며, 공통요인 F_1과 F_2에 대한 주식 A와 B의 요인계수, 무위험수익률 그리고 주식 A와 B의 기대수익률은 다음과 같다.

주식	b_{i1}	b_{i2}	$E(r_i)$
A	0.5	0.8	16.2%
B	1.5	1.42	1.6
r_f	0.0	0.0	6.0

(1) 주식 B를 50,000원에 공매하여 총 150,000원을 주식 A에 투자하여 포트폴리오를 구성하는 경우 공통요인 F_2에 대한 포트폴리오의 요인계수를 구하시오.

(2) 무위험수익률로 100,000원을 차입하여 200,000원을 주식 A와 B에 각각 50%씩 투자할 때 공통요인 F_2에 대한 포트폴리오의 요인계수를 구하시오.

7. σ_M^2은 0.0342, b_{A1}과 b_{A2}는 각각 0.8과 1.1이고, b_{B1}과 b_{B2}는 각각 1.0과 0.7이며, $\sigma_{F_1, M}$과 $\sigma_{F_2, M}$는 각각 0.0156과 0.0500이다. 모든 증권수익률이 다음과 같은 2요인모형에 따라 생성되는 한편 시장포트폴리오의 수익률이 두 공통요인의 변화를 충분히 설명한다는 가정에서 아래의 질문에 답하시오.

$$r_i = r_f + b_{i1} F_1 + b_{i2} F_2 + e_i$$

(1) 주식 A와 B의 β계수를 계산하시오.

(2) 무위험수익률이 6%이고, 시장포트폴리오의 기대수익률이 12%일 때 주식 A와 B의 기대수익률은 얼마인가?

8. 증권수익률이 2요인모형에 따라 생성되며, 수많은 증권이 시장에서 거래되고 있고, 공통요인 1과 2의 기대수익률이 각각 15%와 −20%이며, 무위험수익률이 5%라고 한다. 아래에서 보여주는 자료를 이용하여 *APM*에 따라 주식 X와 Y의 기대수익률을 계산하시오.

증권	b_{i1}	b_{i2}
X	1.4	0.4
Y	0.9	0.2

기출문제

1. 다음의 APT(차익거래가격결정이론)에 대한 설명 중 옳지 않은 것은? (2004 CPA)

① APT를 유도하기 위한 가정은 CAPM의 경우보다 상대적으로 약하며, 따라서 CAPM은 APT의 특수한 형태로 볼 수 있다.

② APT에서는 자산의 수익률 분포에 대한 제약이 필요 없으며, 투자자가 위험회피적이라는 가정도 필요 없다.

③ APT는 시장 포트폴리오를 필요로 하지 않기 때문에 시장에 존재하는 자산 일부만으로 자산가치평가를 할 수 있다.

④ APT에서 위험자산의 기대수익률 결정에 영향을 미치는 체계적 위험은 하나 이상이다.

⑤ APT와 CAPM은 둘 다 자산의 기대수익률과 관련 위험요인이 선형관계를 갖고 있다는 것을 보여 준다.

2. 증권 또는 포트폴리오의 수익률이 다음의 2요인모형에 의하여 설명된다고 가정하자.

$$R_i = E(R_i) + \beta_{i1}F_1 + \beta_{i2}F_2 + e_i$$

R_i=포트폴리오 i의 수익률
$E(R_i)$=포트폴리오 i의 기대수익률
F_1=공통요인 1
F_2=공통요인 2
β_{i1}=포트폴리오 i의 공통요인 1에 대한 체계적 위험
β_{i2}=포트폴리오 i의 공통요인 2에 대한 체계적 위험
e_i=잔차항 (비체계적 위험)

위 2요인 차익거래가격결정모형(arbitrage pricing theory)이 성립하는 자본시장에서 다음과 같은 3가지 충분히 분산된 포트폴리오가 존재한다. 요인 1 포트폴리오와 요인 2 포트폴리오 위험프리미엄(risk premium)의 조합으로 가장 적절한 것은? (2011 CPA)

포트폴리오	기대수익률	베타 1	베타 2
A	16%	1.0	1.0
B	17%	0.5	1.5
C	18%	-1.5	3.0

	요인 1 포트폴리오	요인 2 포트폴리오
①	4%	4%
②	4%	6%
③	6%	4%
④	6%	6%
⑤	8%	8%

3. 증권 수익률은 다음의 3-요인모형으로 설명된다고 가정하자.

$$R_i = E(R_i) + \beta_{i1}F_1 + \beta_{i2}F_2 + \beta_{i3}F_3 + e_i$$

여기서, R_i: 증권 i의 수익률, $E(R_i)$: 증권 i의 기대수익률, F_j: 공통요인 $j(j=1,2,3)$, β_{ij}: 증권 i의 공통요인 j에 대한 체계적 위험(민감도), e_i: 잔차항

3-요인 차익거래가격결정모형(arbitrage pricing theory; APT)이 성립하며 각 요인들의 위험프리미엄(risk premium)은 아래와 같다.

요인	요인 1	요인 2	요인 3
위험 프리미엄	6%	4%	5%

무위험자산수익률은 3%이다. 요인 1, 요인 2, 요인 3의 체계적 위험이 각각 1.2, 0.2, 0.8인 증권의 균형 기대수익률은 얼마인가? (2014 CPA)

① 12% ② 15% ③ 17% ④ 19% ⑤ 21%

제15장 포트폴리오의 성과평가

포트폴리오의 성과평가는 투자관리자의 자금운용능력은 물론 자금운용 상의 강점과 약점을 파악하여 새로운 투자목표를 설정하는 등 투자정책 수립에 필요한 정보를 얻는데 의의가 있다. 따라서 포트폴리오의 성과평가에서 첫 번째 과제는 운용성과의 우열을 평가하는 것이고, 두 번째 과제는 운용성과가 투자관리자의 자금운용능력에 의해서 실현된 것인지를 분석하는 일이다.

포트폴리오의 운용성과는 투자관리자의 능력 이외에 운(運)에 따라 영향을 받는다. 전반적으로 시장상황이 좋을 때는 자금운용능력과 관계없이 운용성과도 좋을 것이고, 전반적으로 시장상황이 나쁠 때는 운용성과도 나빠질 것이기 때문이다.

운에 의한 운용성과를 통제하기 위해서는 평가기간을 적절하게 설정해야 한다. 적절한 평가기간은 시황에 따른 영향을 최소화하는 한편 자료를 통계적으로 처리하는데 무리가 없을 정도의 기간이면 충분하다. 평가기간을 너무 길게 설정하면 시황에 따른 영향은 줄일 수 있지만 투자관리에 필요한 정보를 얻는데 한계가 있기 때문이다. 일반적으로 4년 내지 5년간의 주기로 포트폴리오의 성과를 평가하는 것이 보통이다.

이 장에서는 포트폴리오의 성과평가에 대하여 설명한다. 먼저 포트폴리오의 성과측정방법에 대하여 살펴보고, 상대적 평가의 문제점과 성과평가의 척도, 그리고 성과의 원인분석에 대하여 차례로 설명하기로 한다.

Ⅰ. 포트폴리오 성과의 측정

1 포트폴리오의 운용성과와 투자위험

투자관리자가 포트폴리오를 구성하여 자금을 운용한 결과 얻어진 운용성과는 투자수익률을 이용하여 측정할 수 있다. 일반적으로 투자수익률은 월별 또는 분기별로 측정된다. 그러나 포트폴리오의 운용성과가 좋았는지의 여부를 평가하기 위해서는 투자수익률 이외에 투자위험을 측정해야 한다.

투자위험은 총위험 또는 체계적 위험으로 정의된다. 포트폴리오의 총위험은 표준편차를 이용하여 측정할 수 있으며, 체계적 위험은 β계수를 이용하여 측정할 수 있다.

다음에는 총위험과 체계적 위험 중에서 어떤 유형의 투자위험이 포트폴리오의 성과평가에 적절한지를 결정해야 한다. 여러 증권에 분산투자를 하여 자금을 운용하였다면 체계적 위험이 적절한 위험의 척도가 될 것이며, 몇 개의 증권에만 집중적으로 투자하여 자금을 운용하였다면 총위험이 적절한 위험의 척도가 될 것이다.

2 운용성과의 측정

포트폴리오의 운용성과는 투자수익률을 이용하여 측정할 수 있으며, 투자수익률을 계산할 때는 운용기간 중에서 자금이 추가적으로 유입되거나 유출되었는지를 고려하여야 한다. 투자수익률은 식 (1)과 같다.

$$r_{p,t} = \frac{V_{p,t} - V_{p,t-1}}{V_{p,t-1}} \tag{1}$$

$r_{p,t}$: t분기의 포트폴리오수익률
$V_{p,t-1}$: t분기 초의 포트폴리오가치
$V_{p,t}$: t분기 말의 포트폴리오가치

예를 들어 t분기에서 포트폴리오의 운용성과가 〈표 15.1〉과 같다고 하자.

〈표 15.1〉 t분기의 포트폴리오 운용성과

증권	기초 시장가격	보유증권수	기말 시장가격	보유증권수
A	20,000원	100주	21,000원	100주
B	30,000	100	33,000	100
C	25,000	100	25,000	100
D	40,000	100	39,000	100

포트폴리오의 수익률을 계산하기 위해서는 기초가치와 기말가치를 알아야 한다. 먼저 포트폴리오의 기초가치와 기말가치를 계산하면 각각 다음과 같다.

$$\begin{aligned} V_{p,t-1} &= 100\text{주} \times 20\text{천원} + 100\text{주} \times 30\text{천원} + 100\text{주} \times 25\text{천원} + 100\text{주} \times 40\text{천원} \\ &= 11,500\text{천원} \end{aligned}$$

$$\begin{aligned} V_{p,t} &= 100\text{주} \times 21\text{천원} + 100\text{주} \times 33\text{천원} + 100\text{주} \times 25\text{천원} + 100\text{주} \times 39\text{천원} \\ &= 11,800\text{천원} \end{aligned}$$

따라서 t분기의 포트폴리오수익률을 계산하면 다음과 같다.

$$r_{p,t} = \frac{11,800\text{천원} - 11,500\text{천원}}{11,500\text{천원}} = 2.6\%$$

이상에서는 포트폴리오의 운용기간에서 추가로 자금이 투자되거나 인출되지 않았다는 가정에서 투자수익률을 계산하는 방법에 대하여 설명하였다.

그러나 실제로는 운용기간 중에서 자금이 추가로 투자되거나 인출되는 경우가 종종 있다. 이처럼 추가로 자금이 투자되거나 인출되는 경우에는 이를 고려하여 포트폴리오의 수익률을 측정해야 한다.

앞의 예에서 $t+1$분기 말에 7백만원이 보통주 B에 추가로 투자되었으며, $t+1$분기의 운용성과가 〈표 15.2〉와 같다고 하자. $t+1$분기 말에 추가로 투자된 7백만원의 운용성과는 $t+2$분기 이후에 나타나기 때문에 $t+1$분기 말의 포트폴리오가치에서 차감하여 포트폴리오 수익률을 계산해야 한다.

〈표 15.2〉 $t+1$ 분기의 자금운용내용

증권	기초 시장가격	보유증권수	기말 시장가격	보유증권수
A	21,000원	100주	20,000원	100주
B	33,000	100	35,000	300
C	25,000	100	26,000	100
D	39,000	100	40,000	100

〈표 15.2〉의 자료를 이용하여 포트폴리오의 기초와 기말가치를 계산하면 각각 11,800천원과 19,100천원이다. 그러나 포트폴리오의 기말가치 19,100천원에는 기말에 추가로 투자된 7백만원이 포함되어 있으므로 7백만원을 차감하여 기말가치를 계산하면 12,100천원이 된다. 따라서 $t+1$분기의 포트폴리오 수익률을 계산하면 다음과 같다.

$$r_{p,t+1} = \frac{19,100\text{천원} - 7,000\text{천원} - 11,800\text{천원}}{11,800\text{천원}} = 2.54\%$$

이처럼 분기 초 또는 말에 추가투자가 있었거나 자금인출이 있는 경우에는 이를 고려하여 포트폴리오 수익률을 측정해야 한다.

이와 마찬가지로 분기 중에 추가투자가 있었거나 자금인출이 있었던 경우에도 이를 추가투자나 자금인출이 있었던 시점의 직전 포트폴리오 가치에 반영시켜서 투자수익률을 계산해야 한다. 이 경우 투자수익률을 계산하는 방법은 추가투자 또는 자금인출이 일어난 시점을 기준으로 이전과 이후의 기간으로 분리해서 투자수익률을 계산한 다음 이를 분기수익률로 전환시키는 방법이다.

앞의 예에서 7백만원이 추가로 투자되었던 직전 시점의 포트폴리오 가치가 12,000천원이었다면 추가투자 직후의 포트폴리오 가치는 19,000천원이 된다. 따라서 추가투자 이전과 이후의 포트폴리오 수익률을 계산하면 각각 다음과 같다.

$$r^{-}_{p,t+1} = \frac{12,000\text{천원} - 11,800\text{천원}}{11,800\text{천원}} = 1.69\%$$

$$r^{+}_{p,t+1} = \frac{19,100\text{천원} - 19,000\text{천원}}{19,000\text{천원}} = 0.53\%$$

그러므로 식 (2)를 이용하여 $t+1$분기의 투자수익률을 계산하면 다음과 같다.

$$r_{p,t+1} = (1+r^{-}_{p,t+1})(1+r^{+}_{p,t+1})-1 \tag{2}$$
$$= (1+0.0169)(1+0.0053)-1$$
$$= 2.229\%$$

Ⅱ. 포트폴리오 성과의 상대적 평가

1 상대적 평가의 의의

포트폴리오의 운용성과를 평가하기 위해서는 성과의 우열을 가늠할 수 있는 평가기준(benchmark)이 필요하다. 평가기준이 있어야 운용성과가 상대적으로 좋았는지 나빴는지를 평가할 수 있기 때문이다. 예를 들어 1년 동안 보통주에 분산투자를 하여 자금을 운용한 결과 10%의 평균투자수익률을 얻었다고 가정하자. 과연 포트폴리오의 운용성과가 좋았다고 평가할 수 있는가?

하나의 방법으로서 시장지수의 평균수익률과 비교하는 것을 고려할 수 있다. 포트폴리오의 운용기간에서 시장지수의 평균수익률이 15%이었다면, 시장지수의 평균수익률과 비교할 때 포트폴리오의 운용성과가 상대적으로 불량하였다고 평가할 수 있다. 이처럼 적절한 평가기준을 설정하여 운용성과를 평가하는 것을 상대적 평가라고 한다.

2 상대적 평가의 문제점

포트폴리오의 운용성과를 평가하는데 있어 가장 중요한 것은 비교의 대상이 되는 평가기준(benchmark performance)을 선정하는 일이다. 그러나 평가기준을 선정하는 일은 결코 쉽지 않다. 평가대상포트폴리오와 동일한 위험특성을 갖는 포트폴리오를 찾는 일이 쉽지 않기 때문이다.

앞의 예에서 시장지수의 평균수익률을 평가기준으로 사용한 이유는 분산투자를 통하여 운용한 결과 포트폴리오의 위험이 시장지수의 위험과 동일하다고 판단하였기 때문이다. 그러나 평가대상포트폴리오와 시장지수의 위험이 일치하는 경우는 흔치 않다. 왜냐하면 투자자에 따라 위험에 대한 선호도가 다르기 때문이다. 공격적인 투자자는 시장지수의 위험보다 높은 위험을 부담하면서 포트폴리오를 운용할 것이고, 방어적인 투자자는 시장지수보다 낮은 위험을 부담하면서 포트폴리오를 운용할 것이다.

포트폴리오의 특성을 고려하지 않은 채 운용성과를 평가하는 경우 나타나는 문제점에 대하여 살펴보기로 하자. 보통주로 구성된 포트폴리오의 성과를 평가하기 위하여 시장지수의 평균수익률을 평가기준으로 이용하였다고 하자. 〈표 15.3〉에서 보통주로 구성된 포트폴리오의 평균투자수익률을 시장지수의 평균투자수익률과 비교한 결과를 보여주고 있다.

〈표 15.3〉에서 볼 수 있는 것처럼 시장지수와 평가대상포트폴리오의 위험이 동일하다면 시장지수수익률의 분포에서 평가대상포트폴리오의 평균투자수익률이 위치하는 수준에 따라 상대적인 우열을 평가할 수 있을 것이다. 20X1년의 경우 시장지수수익률의 분포에서 평가대상포트폴리오의 평균투자수익률이 82분위에 위치하고 있기 때문에 포트폴리오의 성과가 상대적으로 불량하였으며, 20X2년 이후에는 전반적으로 평가대상포트폴리오의 평균투자수익률이 50분위 이내에 위치하고 있기 때문에 운용성과가 상대적으로 양호하였던 것으로 평가할 수 있다.

과연 이와 같은 평가결과가 의미있는 것인가? 의미있는 평가결과를 얻기 위해서는 투자위험을 함께 고려해야 한다. 왜냐하면 평가대상포트폴리오의 총위험이나 체계적 위험을 시장지수의 그것보다 높은 수준으로 유지하면서 자금을 운용하였다면 결코 운용성과가 좋았다고 말할 수 없기 때문이다.

〈표 15.3〉 포트폴리오 성과의 상대적 평가

분포/연도	20X1년	20X2년	20X3년	20X4년	20X5년	20X6년	20X7년
시장지수의 투자수익률 분포							
5분위값	51.8%	9.0%	36.4%	34.9%	17.2%	46.9%	35.0%
중위값	32.7	−5.0	21.9	21.4	7.1	33.1	21.2
95분위값	16.9	−16.9	5.5	9.3	−0.2	19.9	10.4
평가대상 포트폴리오의							
평균투자수익률	24.2	0.0	29.8	20.5	8.3	40.0	21.1
분위수준	82	25	17	56	39	16	50

〈표 15.4〉에서 평가대상포트폴리오와 시장지수의 표준편차를 비교한 결과를 보여주고 있다. 20X1년~20X5년을 제외한 나머지 기간에서 평가대상포트폴리오의 표준편차가 50분위 이상에 위치하고 있어 평가대상포트폴리오의 위험도가 시장지수보다 낮은 것으로 나타났다. 이는 자금을 보수적으로 운용하였음을 의미한다. 이처럼 평가대상포트폴리오와 시장지수의 표준편차가 동일하지 않은데도 불구하고 투자수익률만을 비교하여 성과의 우열을 상대적으로 평가하는 것은 바람직하지 않다.

이상에서 살펴본 바와 같이 평가대상포트폴리오와 시장지수의 위험 또는 평균투자수익률 중에서 하나만을 비교하여 상대적인 우열을 평가하는 것은 의미가 없다. 따라서 투자위험을 적절하게 통제할 수 있는 방법이 필요하다. 이하에서는 투자위험을 고려하여 포트폴리오의 운용성과를 평가하는 방법에 대하여 살펴보기로 한다.

〈표 15.4〉 평가대상포트폴리오와 기준 포트폴리오의 표준편차

분포/연도	20X1년-20X5년	20X2년-20X6년	20X3년-20X7년
시장지수수익률의 표준편차 분포			
5분위값	17.9%	20.9%	22.4%
중위값	14.4	17.7	17.5
95분위값	12.3	14.4	14.5
평가대상포트폴리오의			
표준편차	14.5	17.3	16.3
분위수준	44	60	78

Ⅲ. 위험조정성과 척도

투자위험을 고려하여 포트폴리오의 운용성과를 평가해야 한다. 그 이유는 $CAPM$에서 논리적 근거를 찾을 수 있으며, $CAPM$에 의하면 투자위험에 따라 포트폴리오의 운용성과가 영향을 받기 때문이다.

$CAPM$에 논리적 근거를 두고 있는 위험조정성과 척도는 젠센지수(DR), 트레이너지수($RVOL$) 및 샤프지수($RVAR$) 등으로 구분된다. 젠센지수와 트레이너지수

지수는 증권시장선에 근거를 두고 있는 한편 샤프지수는 자본시장선에 근거를 두고 있는 성과척도이다.

7 젠센지수

젠센지수(Jensen Index)는 사후적 수익률차이를 이용하여 포트폴리오의 운용성과를 측정하는데 이용되는 성과척도이다.[1] 사후적 수익률차이(ex-post differential returns : *DR*)는 평가대상 포트폴리오의 평균수익률에서 기준수익률을 공제한 차이를 의미한다.

기준수익률은 사후적 증권시장선(ex-post security market line)을 이용하여 추정할 수 있다. 과거의 평균투자수익률과 베타계수의 관계를 설명하는 모형을 사후적 증권시장선이라고 한다.

사후적 증권시장선은 식 (3)과 같다.

$$r_p^e = \bar{r}_f + \beta_p(\bar{r}_I - \bar{r}_f) \tag{3}$$

r_p^e : 기준수익률
$\bar{r}_f$: 평가기간에서 무위험수익률의 평균
$\bar{r}_I$: 평가기간에서 시장지수의 평균수익률
β_p : 평가대상 포트폴리오의 추정 베타계수

식 (3)에서 기준수익률(r_p^e)은 베타계수가 동일한 포트폴리오의 균형수익률을 의미한다. 균형시장에서는 베타계수가 β_p인 모든 포트폴리오의 평균수익률이 *SML* 상에서 결정될 것이기 때문이다. 그러므로 식 (3)에서 r_p^e를 기준수익률(benchmark risk adjusted returns)로 이용할 수 있다.

식 (3)을 이용하여 평가대상 포트폴리오의 사후적 수익률차이(DR_p)를 다음과 같이 측정할 수 있다.

$$DR_p = \bar{r}_p - r_p^e \tag{4}$$

---

1) M. Jensen, "The Performance of Mutual Funds in the Period 1945~1964", *The Journal of Finance*, Vol. 23, No. 2 (May), 1968, pp. 389~416.

식 (4)에서 DR이 양(+)이면 평가대상 포트폴리오의 평균수익률이 기준수익률보다 높기 때문에 운용성과가 좋았다는 것을 의미하며, 반대로 DR이 음(−)이면 평가대상포트폴리오의 평균수익률이 기준수익률보다 낮기 때문에 운용성과가 불량했다고 평가할 수 있다.

DR = 양(+) : 양호
DR = 음(−) : 불량

예제 1

○ 20X1년~20X4년의 기간에서 무위험수익률, 시장지수와 포트폴리오 A의 분기수익률은〈표 15.5〉와 같다.

〈표 15.5〉 20X1년~20X4년에서 무위험증권, 포트폴리오 A와 시장지수의 분기수익률

분기		90일만기재정증권의 투자수익률	포트폴리오 A의 분기수익률	시장지수의 분기수익률
20X1년	1	2.97%	−8.77%	−5.86%
	2	3.06	−6.03	−2.94
	3	2.85	14.14	13.77
	4	1.88	24.96	14.82
20X2년	1	1.90	3.71	11.91
	2	2.00	10.65	11.55
	3	2.22	−0.22	−0.78
	4	2.11	0.27	0.02
20X3년	1	2.16	−3.08	−2.52
	2	2.34	−6.72	−1.85
	3	2.44	8.58	8.73
	4	2.40	1.15	1.63
20X4년	1	1.89	7.87	10.82
	2	1.94	5.92	7.24
	3	1.72	−3.10	−2.78
	4	1.75	13.61	14.36
평균투자수익률		2.23%	3.93%	4.88%
표준편차			9.08	7.39

○ 젠센지수를 이용하여 포트폴리오 A의 운용성과를 평가하시오.

먼저 포트폴리오 A의 분기수익률을 시장지수의 분기수익률에 회귀시킴으로써 포트폴리오 A의 β계수를 구하면 다음과 같다.

$$\beta_A = \frac{T\sum_{t=1}^{T} r_{At}\, r_{I_t} - \sum_{t=1}^{T} r_{At} \sum_{t=1}^{T} r_{I_t}}{T\sum_{t=1}^{T} r_{I_t}^2 - (\sum_{t=1}^{T} r_{I_t})^2}$$
$$= \frac{16 \times 1{,}039.85 - 27.31 \times 42.49}{16 \times 972.16 - (42.49)^2}$$
$$= 1.13$$

여기서 포트폴리오 A의 β계수(1.13)가 시장지수의 β계수(1.0)보다 크다는 것은 자금을 공격적으로 운용하였음을 의미한다.

다음으로 무위험수익률의 평균, 시장지수의 평균수익률과 포트폴리오 A의 베타계수를 식 (3)에 대입하여 포트폴리오 A의 기준수익률을 계산하면 다음과 같다.

$$r_p^e = \bar{r}_f + \beta_p(\bar{r}_I - \bar{r}_f)$$
$$= 2.23\% + 1.13(4.88\% - 2.23\%)$$
$$= 5.22\%$$

포트폴리오 A의 평균분기수익률은 3.93%이고, 기준수익률이 5.22%이므로 포트폴리오 A의 DR을 계산하면 다음과 같다.

$$DR_A = \bar{r}_A - r_P^e$$
$$= 3.93\% - 5.22\%$$
$$= -1.29\%$$

포트폴리오 A의 DR은 -1.29% 포인트이다. 이는 포트폴리오 A의 운용성과가 기준수익률보다 1.29% 포인트만큼 낮았음을 의미한다. 따라서 포트폴리오 A의 운용성과가 불량하였다고 평가할 수 있다. 이처럼 DR이 음(—)의 값을 보인다는 것은, [그림 15-1]에서 볼 수 있는 것처럼, 포트폴리오 A가 사후적 증권시장선의 아래쪽에 위치하고 있음을 의미한다.

한편 DR은 사후적 증권특성선의 절편을 의미한다. 포트폴리오 A의 사후적 증권특성선은 식 (5)와 같다.

$$\bar{r}_A - \bar{r}_f = -1.29\% + 1.13(\bar{r}_I - \bar{r}_f) \tag{5}$$

그림 15-1 사후적 증권시장선

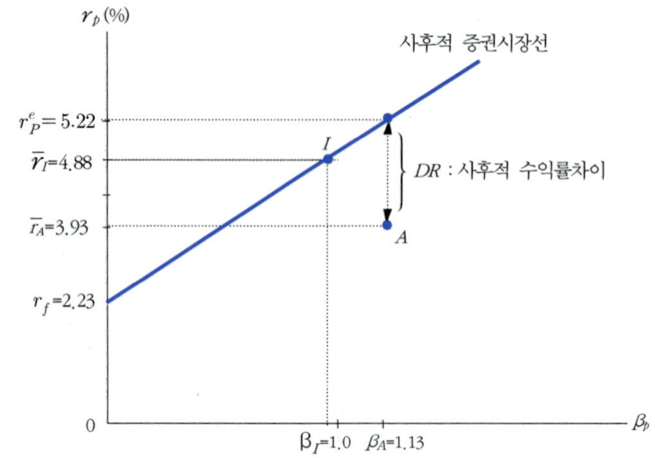

또한 DR을 젠센의 알파(Jensen's α)라고도 한다.

[그림 15-2]에서 포트폴리오 A의 사후적 증권특성선을 보여주고 있다. 사후적 증권특성선의 절편이 −1.29%로 DR과 일치하고 있음을 알 수 있다.

그림 15-2 포트폴리오 A의 사후적 증권특성선

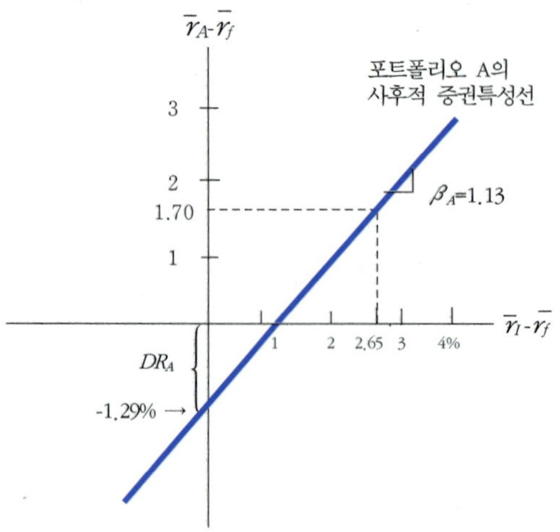

② 트레이너지수

트레이너지수(Treyner Index)는 체계적 위험단위당 성과비율을 이용하여 포트폴리오의 운용성과를 평가하는데 이용되는 성과척도를 말한다.[2] 체계적 위험단위당 성과비율(reward to volatility ratio : $RVOL$)은 평가대상 포트폴리오의 평균초과수익률을 β계수로 나누어 계산된다. 따라서 $RVOL$은 평가대상 포트폴리오의 β계수가 1일 때 체계적 위험에 대한 보상으로 벌어들인 운용성과의 크기를 의미한다.

$RVOL$은 증권시장선에 근거를 두고 있다. 증권시장선에 의하면 균형시장에서 모든 개별자산은 물론 포트폴리오의 기대수익률이 SML 상에서 결정되기 때문에 SML의 기울기는 체계적 위험에 대한 보상을 의미한다. 그러므로 $RVOL$을 이용하여 포트폴리오의 성과를 평가하는 경우 사후적 증권시장선의 기울기를 평가기준으로 이용할 수 있음을 알 수 있다.

[예제 1]에서 사후적 증권시장선은 식 (6)과 같다.

$$r_p^e = 2.23\% + 1.13(\bar{r}_I \quad \bar{r}_f) \tag{6}$$

이를 그래프로 나타내면 [그림 15-3]과 같다. [그림 15-3]에서 볼 수 있는 것처럼 절편 $\bar{r}_f$와 M을 연결한 직선을 사후적 증권시장선이라고 한다. 따라서 포트폴리오 A의 베타계수가 1.13이라면 포트폴리오 A의 평균수익률은 적어도 사후적 증권시장선 상의 점 P에 위치해야 할 것이다. 점 P에 해당하는 평균수익률은 β계수가 1.13일 때 체계적 위험에 대한 보상으로 벌어들여야 하는 최소한의 운용성과를 의미하기 때문이다.

[그림 15-3]에서 사후적 증권시장선의 기울기는 식 (7)과 같다.

$$RVOL_P^e = \frac{[\bar{r}_I - \bar{r}_f]}{\beta_I} \tag{7}$$

식 (7)에서 $RVOL_P^e$는 포트폴리오 A로부터 벌어들여야 하는 체계적 위험에 대한 최소한의 보상을 의미한다.

---

2) J. L. Treyner, "How to Rate Management of Investment Fund", *Harvard Business Review*, Vol. 43, No. 1, 1965, pp. 63~75.

그림 15-3 사후적 증권시장선과 $RVOL_p^e$

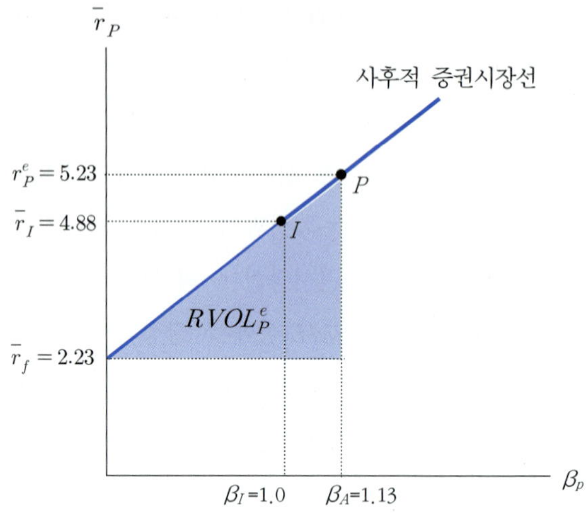

한편 포트폴리오 A의 $RVOL_A$는 식 (8)과 같다.

$$RVOL_A = \frac{[\bar{r}_A - \bar{r}_f]}{\beta_A} \tag{8}$$

식 (8)에서 $RVOL_A$는 포트폴리오 A로부터 실제로 벌어들인 체계적 위험에 대한 보상을 의미한다. 따라서 $RVOL_A$가 $RVOL_P^e$ 보다 크면 포트폴리오 A의 운용성과가 좋았음을 의미하며, $RVOL_A$가 $RVOL_P^e$ 보다 작으면 운용성과가 불량했음을 의미한다.

$RVOL_A > RVOL_P^e$: 양호
$RVOL_A < RVOL_P^e$: 불량

예제 2

○ $RVOL$을 이용하여 [예제 1]에서 포트폴리오 A의 운용성과를 평가하시오.

$RVOL_P^e$ 와 $RVOL_A$을 계산하면 다음과 같다.

$$RVOL_P^e = \frac{4.88\% - 2.23\%}{1.0} = 2.65\%$$

$$RVOL_A = \frac{3.93\% - 2.23\%}{1.13} = 1.50\%$$

사후적 증권시장선의 기울기에 의하면 포트폴리오 A의 체계적 위험을 고려하는 경우 포트폴리오 A로부터 β계수 1단위당 적어도 2.65%의 평균수익률을 벌어들였어야 했다. 그러나 포트폴리오 A에서 실제로 β계수 1단위당 1.50%의 평균수익률을 벌어들였기 때문에 운용성과가 불량하였음을 알 수 있다. [그림 15-4]에서 보여주는 것처럼 포트폴리오 A가 사후적 증권시장선의 아래쪽에 위치하고 있기 때문에 $RVOL_A$가 $RVOL_P^e$ 보다 작은 것으로 나타나고 있다.

그림 15-4 포트폴리오 A의 $RVOL_A$

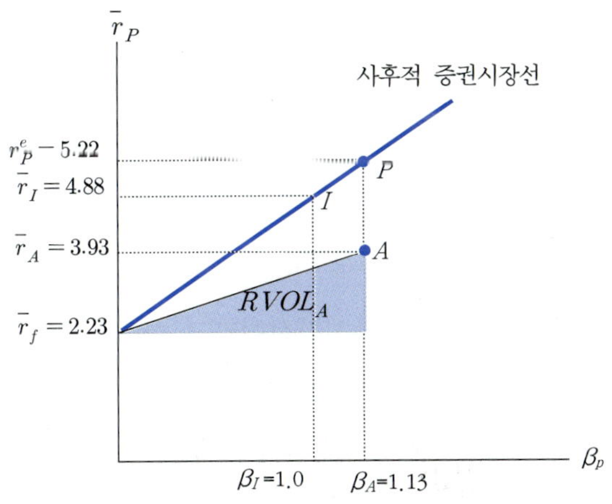

③ 샤프지수

샤프지수(Sharpe Index)는 총위험단위당 성과비율을 이용하여 포트폴리오의 운용성과를 평가하는데 이용되는 성과척도를 말한다.[3] 앞서 살펴본 DR과 $RVOL$은 사후적 증권시장선에 근거를 두고 있는 성과척도이다. 한편 총위험 단위당 성과비율(reward to variability ratio : *RVAR*)은 사후적 자본시장선에 근거를 두고 있는 성과척도라는 점에서 차이가 있다.

$RVAR$은 평가대상 포트폴리오의 평균초과수익률을 표준편차로 나누어 계산된다. 따라서 $RVAR$은 평가대상 포트폴리오의 표준편차가 1%일 때 총위험에 대한 보상으로 벌어들인 운용성과의 크기를 말한다. 자본시장선에 의하면 균형시장에서 모든 효율적 포트폴리오의 평균수익률이 CML 상에서 결정되기 때문에 CML의 기울기는 총위험에 대한 최소한의 보상을 의미한다. 그러므로 $RVAR$을 이용하여 포트폴리오의 성과를 평가하는 경우 사후적 자본시장선의 기울기를 평가기준으로 이용할 수 있음을 알 수 있다.

[예제 1]에서 사후적 자본시장선은 식 (9)와 같다.

$$r_p^e = \bar{r}_f + \frac{(\bar{r}_I - \bar{r}_f)}{\sigma_I}\sigma_p \tag{9}$$

식 (9)에 관련수치를 대입하여 정리하면 사후적 자본시장선은 식 (10)과 같다.

$$\begin{aligned} r_p^e &= 2.23\% + \frac{4.88\% - 2.23\%}{7.39\%}\sigma_p \\ &= 2.23\% + 0.359\sigma_p \end{aligned} \tag{10}$$

식 (10)을 그래프로 나타내면 [그림 15-5]와 같다. [그림 15-5]에서 볼 수 있는 것처럼 절편 $\bar{r}_f$와 I을 연결한 직선을 사후적 자본시장선이라고 한다. 따라서 포트폴리오 A의 표준편차가 9.08%이라면 포트폴리오 A의 평균수익률이 사후적 자본시장선 상의 점 P보다 높은 수준에 위치할 때 운용성과가 좋았다고 평가할 수 있다.

[그림 15-5]에서 사후적 자본시장선의 기울기는 식 (11)과 같다.

$$RVAR_p^e = \frac{\bar{r}_I - \bar{r}_f}{\sigma_I} \tag{11}$$

식 (11)에서 $RVAR_p^e$는 포트폴리오 A로부터 벌어들여야 하는 총위험에 대한 최소한의 보상을 의미한다.

---

3) W. F. Sharpe, "Mutual Fund Performance", *The Journal of Business*, Vol. 39, No. 1 (Jan.), 1966, pp. 119~138.

그림 15-5 사후적 자본시장선과 $RVAR_p^e$

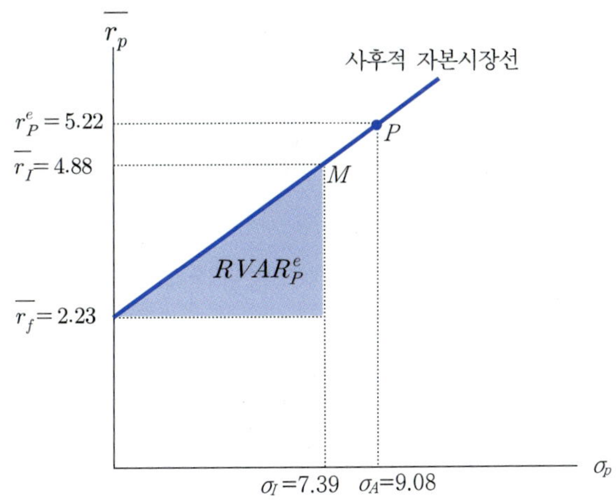

한편 포트폴리오 A의 $RVAR$는 식 (12)와 같다.

$$RVAR_A - \frac{[\overline{r}_A - \overline{r}_f]}{\sigma_A} \tag{12}$$

식 (12)에서 $RVAR_A$는 포트폴리오 A로부터 실제로 벌어들인 총위험에 대한 보상을 의미한다. 따라서 $RVAR_A$가 $RVAR_p^e$보다 크면 포트폴리오 A의 운용성과가 좋았음을 의미하며, $RVAR_A$가 $RVAR_p^e$보다 작으면 운용성과가 불량했다고 말할 수 있다.

$RVAR_A > RVAR_p^e$: 양호
$RVAR_A < RVAR_p^e$: 불량

이상에서 설명한 바와 같이 $RVAR$에 의하면 포트폴리오 A가 사후적 자본시장선 위쪽에 위치할수록 $RVAR_A$가 $RVAR_p^e$보다 큰 값을 보이므로 운용성과가 우수하였다고 말할 수 있다.

예제 3

○ [예제 1]에서 포트폴리오 A의 운용성과를 $RVAR$을 이용하여 평가하시오.

먼저 시장지수의 표준편차를 구하면 다음과 같다.

$$\sigma_I = \left[\frac{\sum_{i=1}^{T} (r - \bar{r}_I)^2}{T-1} \right]^{\frac{1}{2}} = 7.39\%$$

다음으로 포트폴리오 A의 표준편차를 이용하여 $RVAR_A$를 계산하면 다음과 같다.

$$RVAR_A = \frac{3.93\% - 2.23\%}{9.08\%} = 0.19$$

따라서 $RVAR_A$ (0.19)가 $RVAR_p^e$(0.359)보다 작기 때문에 포트폴리오 A의 운용성과가 불량하였음을 알 수 있다. [그림 15-6]에서 보여주는 것처럼 포트폴리오 A가

그림 15-6 포트폴리오 A의 $RVAR_A$

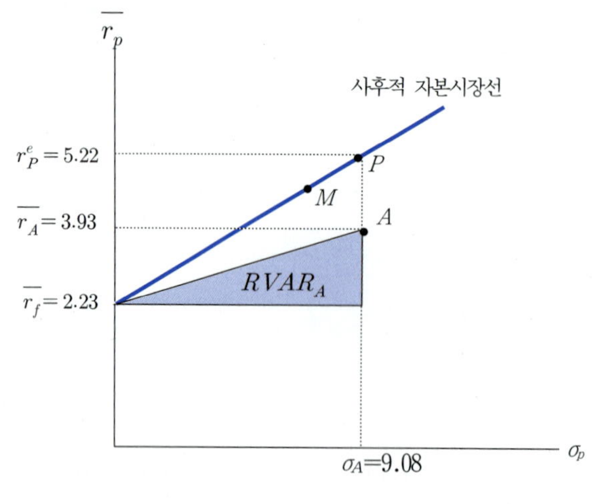

사후적 자본시장선 상의 점 P보다 아래쪽에 위치하고 있기 때문에 $RVAR_A$가 $RVAR_p^e$보다 작은 것으로 나타나고 있다.

4 위험조정성과척도의 비교

1) *DR*과 *RVOL*의 비교

$RVOL$과 DR은 모두 사후적 증권시장선에 근거를 두고 있는 성과척도라는 점에서 공통점이 있다. 그러나 $RVOL$과 DR의 평가결과가 일치하지 않을 수 있다는 사실을 유의해야 한다. 하나의 포트폴리오만을 대상으로 운용성과를 평가할 때는 $RVOL$과 DR의 평가결과가 일치한다. 따라서 어느 평가척도를 이용하더라도 동일한 평가결과를 얻을 수 있다.

포트폴리오 X와 A에 대하여 살펴보기로 하자. [그림 15-7]에서 포트폴리오 X의 운용성과를 보여주고 있다. [그림 15-7]에서 볼 수 있는 것처럼 포트폴리오 X가 사후적

그림 15-7 포트폴리오 *X*의 *DR*과 *RVOL*

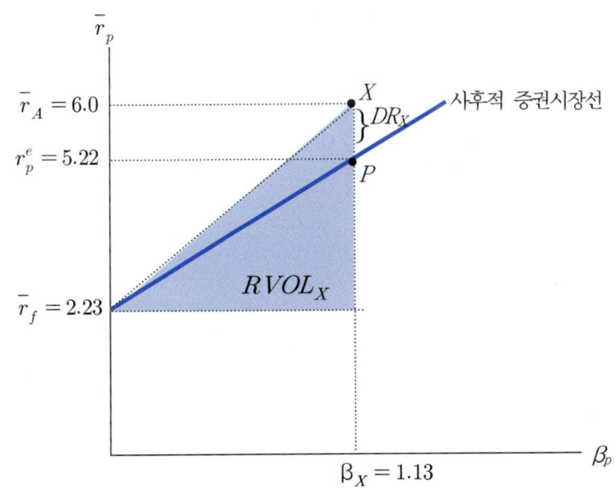

증권시장선의 위쪽에 위치하고 있다. 이 경우 포트폴리오 X의 DR이 양(+)의 값을 갖는 한편 $RVOL_X$ 또한 $RVOL_p^e$보다 큰 값을 갖기 때문에 포트폴리오 X의 운용성과가 양호하였음을 알 수 있다.

다음에는 [예제 I]에서 제시된 포트폴리오 A의 운용성과에 대하여 살펴보기로 하자. [그림 15-8]에서 보여주는 것처럼 포트폴리오 A는 사후적 증권시장선 아래쪽에 위치하고 있다. 이처럼 사후적 증권시장선의 아래쪽에 위치하는 경우에는 포트폴리오 A의 DR이 음(−)의 값을 갖는 한편 $RVOL_A$ 또한 $RVOL_p^e$보다 작은 값을 갖기 때문에 포트폴리오 A의 운용성과가 불량하였던 것으로 나타나고 있다.

그러나 여러 개의 포트폴리오를 대상으로 하여 운용성과를 평가하는 경우에는 $RVOL$과 DR의 평가결과가 일치하지 않을 수 있다는 사실을 유념해야 한다. $RVOL$과 DR의 성과척도를 이용하는 경우 평가의 기준이 다르기 때문이다.

그림 15-8 포트폴리오 *A*의 *DR*과 *RVOL*

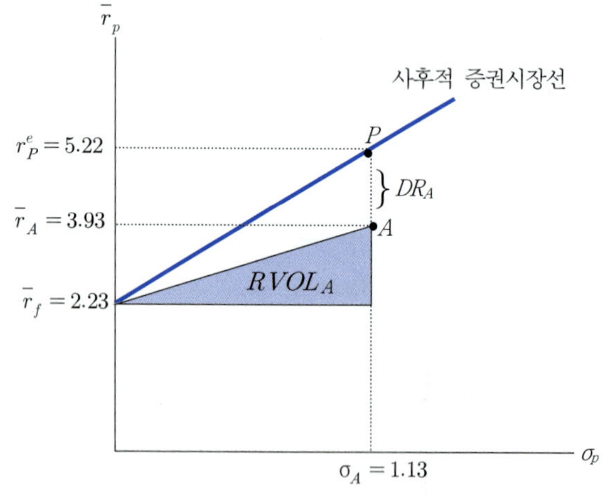

예제 4

- 20X1년~20X4년의 기간에서 포트폴리오 A와 B의 운용성과를 평가하고자 한다.
- 포트폴리오 A와 B의 평균투자수익률이 각각 3.93%와 4.86%이었고, β계수는 각각 1.13과 1.5이었다.
- DR과 $RVOL$을 이용하여 포트폴리오 A와 B의 운용성과를 평가하시오.

먼저 DR을 이용하여 포트폴리오 A와 B의 운용성과를 평가하여 보자. 포트폴리오 A와 B의 DR을 계산하면 각각 다음과 같다.

$$DR_A = 3.93\% - [2.23\% + 1.13(4.88\% - 2.23\%)] = -1.29\%$$

$$DR_B = 4.86\% - [2.23\% + 1.5(4.88\% - 2.23\%)] = -1.35\%$$

따라서 DR의 성과척도에 의하면 포트폴리오 A와 B의 운용성과가 모두 불량하였지만, 특히 포트폴리오 B의 운용성과가 더 불량한 것으로 나타났다.

다음으로 $RVOL$의 성과척도를 이용하여 포트폴리오 A와 B의 운용성과를 평가하여 보자. 먼저 $RVOL_p^e$를 구하면 다음과 같다.

$$RVOL_p^e = 4.88\% - 2.23\% = 2.65\%$$

한편 포트폴리오 A와 B의 $RVOL$을 구하면 각각 다음과 같다.

$$RVOL_A = \frac{3.93\% - 2.23\%}{1.13} = 1.50\%$$

$$RVOL_B = \frac{4.86\% - 2.23\%}{1.5} = 1.75\%$$

따라서 $RVOL$에 의하면 포트폴리오 A와 B의 $RVOL$이 $RVOL^e$보다 작은 값을 갖기 때문에 성과가 불량하였지만 포트폴리오 A의 운용성과가 더 불량하였던 것으로 나타났다.

이상에서 살펴본 것처럼 DR에 의하면 포트폴리오 B의 운용성과가 더 불량하였던 반면 $RVOL$에 의하면 포트폴리오 A의 운용성과가 더 불량하였던 것으로 나타났다. 이처럼 평가결과가 다르게 나타나는 이유는 포트폴리오 A와 B의 β계수가 다르기 때문이다. DR이 동일하더라도 β계수가 클수록 $RVOL$이 작아지기 때문에 여러 개의 포트폴리오를 평가하는 경우에는 이처럼 상반된 평가결과가 나타날 수 있음을 유의해야 한다.

2) *RVOL*과 *RVAR*의 비교

$RVOL$과 $RVAR$의 성과척도는 각각 사후적 증권시장선과 자본시장선에 근거를 두고 있다는 점에서 차이가 있다. 따라서 포트폴리오 운용성과를 평가할 때 상반된 평가결과가 나타날 수 있다는 점을 유의해야 한다.

첫째, 운용성과에 대한 평가결과가 다르게 나타나는 경우에 대하여 살펴보기로 하자.

예제 5

- 20X1년~20X4년의 기간에서 포트폴리오 C의 평균투자수익률, β계수와 표준편차는 각각 4.5%, 0.8와 18%이었다.
- $RVOL$과 $RVAR$을 이용하여 포트폴리오 C의 운용성과를 평가하고, 평가 결과가 다른 이유를 설명하시오.

먼저 $RVOL$을 이용하여 포트폴리오 C의 운용성과를 평가하여 보자. $RVOL_p^e$와 $RVOL_C$을 계산하면 각각 다음과 같다.

$$RVOL_p^e = \frac{4.88\% - 2.23\%}{1.0} = 2.65\%$$

$$RVOL_C = \frac{4.5\% - 2.23\%}{0.8} = 2.84\%$$

따라서 $RVOL$에 의하면 $RVOL_C$(2.84%)가 $RVOL_p^e$(2.65%)보다 크기 때문에 포트폴리오 C의 운용성과가 우수하였음을 알 수 있다.

다음으로 $RVAR$을 이용하여 포트폴리오 C의 운용성과를 평가하여 보자. $RVAR_p^e$와 $RVAR_C$를 계산하면 각각 다음과 같다.

$$RVAR_p^e = \frac{4.88\% - 2.23\%}{7.39\%} = 0.36\%$$

$$RVAR_C = \frac{4.5\% - 2.23\%}{18\%} = 0.13\%$$

따라서 $RVAR$에 의하면 $RVAR_C$(0.13%)가 $RVAR_p^e$(0.36%)보다 작기 때문에 포트폴리오 C의 운용성과가 불량하였음을 알 수 있다.

이상에서 살펴본 바와 같이 포트폴리오 C의 경우 $RVOL$에서는 운용성과가 우수하였던 것으로 나타난 반면 $RVAR$에서는 운용성과가 불량했던 것으로 나타났다. 이처럼 평가결과가 다른 이유는 평가기준이 다르기 때문이다. $RVOL$은 체계적 위험에 기초하여 계산되기 때문에 비체계적 위험에 영향을 받지 않는 반면에 $RVAR$은 총 위험에 기초하여 계산되기 때문에 비체계적 위험에 따라 영향을 받기 때문이다. 따라서 포트폴리오의 운용성과를 평가하는 경우에는 분산투자의 정도를 고려하여 적절한 성과척도를 이용하여야 함을 알 수 있다. 분산투자를 통하여 자금을 운용한 경우에는 $RVOL$이 적합할 것이며, 그렇지 않은 경우에는 $RVAR$이 적합할 것이다. 포트폴리오 C의 경우를 보면 표준편차(18%)가 시장지수의 표준편차(7.39%)보다 크지만, β계수(0.8)는 오히려 시장지수의 β계수(1.0)보다 작음을 볼 수 있다.

둘째, 여러 개의 포트폴리오를 대상으로 하여 운용성과를 평가하는 경우 평가의 서열이 다르게 나타나는 경우에 대하여 살펴보기로 하자.

예제 6

- 20X1년~20X4년의 기간에서 포트폴리오 A와 C를 운용하였다.
- 포트폴리오 A의 $\bar{r}_A$, β_A와 σ_A는 각각 3.93%, 1.13과 9.08%, 그리고 포트폴리오 C의 $\bar{r}_C$, β_C와 σ_C는 각각 4.5%, 0.8와 18%이었다.
- $RVOL$과 $RVAR$을 이용하여 포트폴리오 A와 C에서 운용성과의 서열을 평가하시오.

먼저 $RVOL$을 이용하여 포트폴리오 A와 C의 운용성과를 평가하여 보자. 포트폴리오 A와 C에서 $RVOL_p^e$와 $RVOL$을 계산하면 각각 다음과 같다.

$$RVOL_p^e = 4.88\% - 2.23\% = 2.65\%$$

$$RVOL_A = \frac{3.93\% - 2.23\%}{1.13} = 1.50\%$$

$$RVOL_C = \frac{4.5\% - 2.23\%}{0.8} = 2.84\%$$

따라서 $RVOL$에 의하면 포트폴리오 C의 운용성과는 우수하였던 반면에 포트폴리오 A의 운용성과는 불량하였던 것으로 나타났다.

다음으로 $RVAR$을 이용하여 포트폴리오 A와 C의 운용성과를 평가하여 보자. 포트폴리오 A와 C에서 $RVAR_p^e$와 $RVAR$을 계산하면 각각 다음과 같다.

$$RVAR_p^e = \frac{4.88\% - 2.23\%}{7.39\%} = 0.36\%$$

$$RVAR_A = \frac{3.93\% - 2.23\%}{9.08\%} = 0.19$$

$$RVAR_C = \frac{4.5\% - 2.23\%}{18\%} = 0.13\%$$

따라서 $RVAR$에 의하면 포트폴리오 A와 C의 운용성과가 모두 불량하였으며, 특히 포트폴리오 C의 운용성과가 더 불량하였던 것으로 나타났다.

Ⅳ. 운용성과의 원인분석

1 투자관리자의 자금운용능력

포트폴리오의 운용성과는 투자관리자의 증권선택능력과 매매시기의 포착능력에 따라 영향을 받는다. 투자관리자의 증권선택능력과 매매시기의 포착능력에 대한 정보는 평가대상포트폴리오와 시장지수의 초과수익률을 그래프로 나타낸 산포도를 분석함으로써 얻을 수 있다.

[그림 15-9]에서 포트폴리오 P와 시장지수의 초과수익률에 대한 산포도를 보여주고 있다. 포트폴리오 P와 시장지수의 초과수익률 사이에 2차 선형관계가 존재함을 알 수 있다. 이를 수식으로 나타내면 식 (13)과 같다.

$$r_{pt} - r_{ft} = \alpha_p + \beta_p (r_{It} - r_{ft}) + \gamma_p (r_{It} - r_{ft})^2 + \epsilon_{pt} \qquad (13)$$

식 (13)에서 절편 값(α_p)은 투자관리자의 증권선택능력을 평가하는데 이용된다. 양(+)의 절편 값은 포트폴리오의 운용성과가 우수하였음을 의미한다. 구체적으로 이와 같은 우수한 운용성과가 운용기간에서 투자관리자가 고평가된 증권을 저평가된 증권으로 교체하면서 포트폴리오를 운용하였던데 기인한 결과로 해석할 수 있다. 반대로 음(—)의 절편 값은 투자관리자가 적절하게 증권을 선택하여 포트폴리오를 운용하지 못한 결과로서 운용성과가 불량하였음을 의미한다.

그림 15-9 포트폴리오 P와 시장지수의 초과수익률

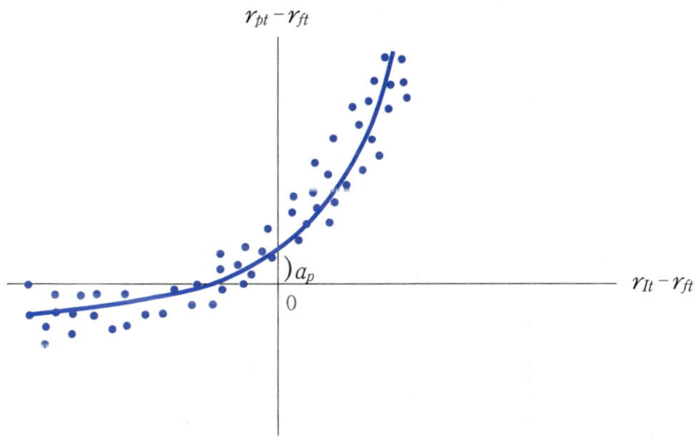

한편 2차 회귀계수는 투자관리자의 매매시기 포착능력을 평가하는데 이용된다. [그림 15-9]에서 볼 수 있는 바와 같이 주가가 전반적으로 상승할 것으로 기대되는 활황시장에서 $r_{It} > r_{ft}$의 관계가 유지되기 때문에 β_P를 높게 유지할수록 포트폴리오의 운용성과가 높아지며, 주가가 전반적으로 하락할 것으로 기대되는 침체시장에서는 $r_{It} < r_{ft}$의 관계가 유지되기 때문에 β_P를 낮게 유지할수록 포트폴리오의 운용성과가 높아진다.

이처럼 활황시장에서 기울기를 높게 유지하고 있다는 것은 β계수가 낮은 증권을 높은 증권으로 교체하여 자금을 운용함으로써 포트폴리오의 β계수를 시장지수의

β계수보다 높은 수준으로 유지하였음을 의미하며, 반대로 침체시장에서 기울기를 낮게 유지하고 있다는 것은 β계수가 높은 증권을 낮은 증권으로 교체하여 포트폴리오를 운용하였다는 것을 의미한다.

한편 투자관리자가 운용기간에서 시황과 관계없이 포트폴리오 X의 β계수를 일정하게 유지하면서 포트폴리오를 운용한 경우의 산포도를 [그림 15-10]에서 보여주고 있다. [그림 15-10]에서 포트폴리오 X의 초과수익률이 사후적 증권특성선을 중심으로 하여 무작위하게 분포되어 있음을 볼 수 있다. 이처럼 포트폴리오 X와 시장지수의 초과수익률이 선형관계에 있다는 것은 투자관리자가 시황과 관계없이 포트폴리오의 β계수를 일정하게 유지하면서 자금을 운용하였다는 것을 의미한다.

그림 15-10 운용성과의 산포도

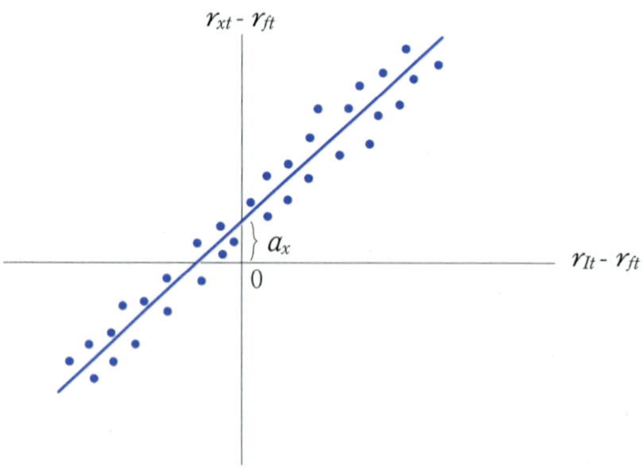

② 운용능력의 평가방법

앞서 설명한 바와 같이 DR을 이용함으로써 투자관리자의 증권선택능력을 평가할 수 있으며, 더미변수를 이용한 회귀분석 또는 2차 회귀분석을 통하여 투자관리자의 매매시기포착능력을 평가할 수 있다.

2차 회귀분석(quadratic regression analysis)과 더미변수를 이용한 회귀분석(dummy variable regression analysis)을 이용하여 자금운용능력을 평가하는 방법에 대하여 살펴보기로 하자.

1) 2차 회귀분석

투자관리자가 시황에 따라 매매시기를 잘 활용함으로써 포트폴리오를 효과적으로 운용하였는가? 예컨대 활황시장에서는 β계수가 높은 증권 중심으로 포트폴리오를 운용하는 한편 침체시장에서는 β계수가 작은 증권 중심으로 포트폴리오를 운용하였다면 식 (14)에서 2차 회귀계수가 통계적으로 유의한 값을 보일 것이다.

$$r_{Xt} - r_{ft} = \alpha_X + \beta_X (r_{It} - r_{ft}) + \gamma_X (r_{It} - r_{ft})^2 + \epsilon_{Xt} \tag{14}$$

식 (14)에서 회귀계수(γ_X)가 통계적으로 유의한 양(+)의 값을 보인다는 것은 오른쪽으로 갈수록 점점 가파른 기울기를 갖는 2차함수를 의미하기 때문에 투자관리자가 시황에 따라 포트폴리오의 β계수를 조정하면서 자금을 효과적으로 운용하였다고 볼 수 있다.

2) 더미변수를 이용한 회귀분석

투자관리자의 매매시기포착능력을 평가하는데 이용되는 다른 하나의 방법은 더미변수를 이용한 회귀분석이다. 포트폴리오의 운용기간에서 $r_{It} > r_{ft}$인 경우에는 0의 더미 값을 그리고 $r_{It} < r_{ft}$인 경우에는 -1의 더미 값을 부여하여 회귀모형을 설계할 수 있다. 식 (15)에서 γ_X의 값이 통계적으로 유의적인지를 분석함으로써 매매시기의 포착능력을 평가할 수 있다.

$$r_{Xt} - r_{ft} = \alpha_X + \beta_X (r_{It} - r_{ft}) + \gamma_X [D_t (r_{It} - r_{ft})] + \epsilon_{Xt} \tag{15}$$

$$r_{It} > r_{ft}\text{인 경우에는 } D_t = 0,\ r_{It} < r_{ft}\text{인 경우에는 } D_t = -1.$$

식 (15)를 활황시장과 침체시장으로 구분하면, $r_{It} > r_{ft}$인 활황시장에서는 식 (16)과 같으며, $r_{It} < r_{ft}$인 침체시장에서는 식 (17)과 같다.

$$r_{Xt} - r_{ft} = \alpha_X + \beta_X (r_{It} - r_{ft}) + \epsilon_{Xt} \tag{16}$$

$$r_{Xt} - r_{ft} = \alpha_X + (\beta_X - \gamma_X)(r_{It} - r_{ft}) + \epsilon_{Xt} \tag{17}$$

[그림 15-11]에서 보여주는 것처럼 침체시장에서는 식 (17)이 유지되는 한편 활황

시장에서는 식 (16)이 유지됨을 알 수 있다.

식 (15)에서 회귀계수 γ_X가 통계적으로 유의하다는 것은 식 (16)의 기울기가 식 (17)의 기울기보다 크다는 것을 의미한다. 이는 투자관리자가 활황시장에서는 β계수가 높은 증권을 중심으로 포트폴리오를 운용하는 한편 침체시장에서는 β계수가 낮은 증권을 중심으로 운용하였음을 의미한다. 따라서 γ_X가 통계적으로 유의하다면 투자관리자가 매매시점을 잘 활용하여 포트폴리오를 운용하였다고 평가할 수 있다.

그림 15-11 더미변수를 이용할 때 포트폴리오 X의 사후적 증권특성선

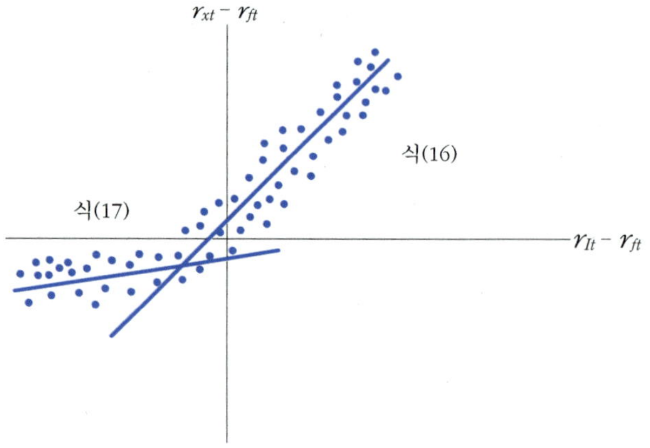

〈표 15.6〉에서 포트폴리오 A에 대한 평가결과를 보여주고 있다. α_A가 통계적으로 유의한 음(−)의 값을 보인 한편 γ_A가 0에 가까운 값으로 통계적으로 유의하지 않기 때문에 포트폴리오의 운용성과가 불량했던 원인이 투자관리자의 증권선택능력과 매매시기포착능력의 부족에 기인하였음을 알 수 있다.

〈표 15.6〉 포트폴리오 A의 운용성과에 대한 분석결과

모수추정치	사후적 증권특성선	식(14)	식(15)
α	−2.18%	−4.32%	−2.42%
	(2.00)	(2.65)	(3.54)
β	1.13	1.03	1.13
	(0.13)	(0.20)	(0.28)
ɣ		0.04	0.03
		(0.05)	(0.78)
상관계수	0.92	0.90	0.90

* 괄호안의 수치는 표준오차를 의미함

Ⅴ. 위험조정성과척도의 한계점

이상에서 살펴본 위험조정성과척도는 *CAPM*에 근거를 두고 있기 때문에 다음과 같은 점에서 한계가 있다.

① 대용지수 선정의 문제

DR, *RVOL*과 *RVAR*를 이용하여 포트폴리오의 운용성과를 평가하고자 하는 경우 시장 포트폴리오에 대한 정보가 필요하다. 시장 포트폴리오는 모든 자산으로 구성되는 포트폴리오를 말한다. 그러나 엄밀한 의미에서 시장 포트폴리오는 현실적으로 존재하지 않는 가상적인 포트폴리오이기 때문에 시장 포트폴리오의 대용으로 시장지수를 이용하여 자금의 운용성과를 평가한다. 따라서 어떤 시장지수를 이용하느냐에 따라 포트폴리오의 성과서열이 달라질 수 있다.

② 운(運)에 의한 운용성과의 문제

투자관리능력에 의한 운용성과는 장기간에 걸쳐 지속되지만, 운에 의한 운용성과는 일시적으로 나타나는 경향이 있다. 따라서 평가기간을 길게 설정해야만 투자관

리자의 관리능력과 운에 기인한 운용성과를 구분할 수 있다. 그러나 포트폴리오의 관리상 필요한 정보를 얻기 위해서는 평가기간을 짧게 설정하는 것이 유리하다. 평가기간을 지나치게 길게 설정하는 경우 자금의 운용에 대한 정보를 수집하는데 어려움이 있기 때문이다. 따라서 평가기간의 설정은 포트폴리오 관리의 목적에 따라 영향을 받기 때문에 자금의 운용성과가 투자관리자의 능력에 기인하는지 아니면 운에 기인하는지를 구분하는 일은 결코 쉽지 않다.

③ 무위험수익률 선정의 문제

무위험수익률의 대용으로 흔히 재정증권의 평균투자수익률이 이용되고 있다. 따라서 어느 재정증권의 평균수익률을 무위험수익률의 대용으로 이용하느냐에 따라 평가결과가 달라질 수 있다. 예를 들어 90일 만기재정증권과 담보부상업어음이 있다고 하자. 담보부상업어음보다 낮은 수익률을 갖는 재정증권을 무위험자산의 대용으로 이용하는 경우 이것이 운용성과를 우수한 것으로 평가하게 하는 원인이 된다. 따라서 재정증권수익률이 상대적으로 낮을 때는 담보부상업어음의 투자수익률을 이용하는 것이 더 바람직할 것이다.

한편 무위험수익률로 차입하여 시장 포트폴리오에 투자하는 차입 포트폴리오를 기준 포트폴리오로 사용하는데도 문제가 있다. 현실적으로 차입이자율이 대출이자율보다 높은 것이 일반적이기 때문에 이것이 포트폴리오의 운용성과를 우수한 것으로 평가하게 하는 원인이 된다. 따라서 (콜금리+프리미엄)과 같은 보다 높은 차입이자율을 이용하는 것이 바람직하다.

④ *CAPM*의 타당성 문제

DR, *RVOL*과 *RVAR*은 모두 *CAPM*에 이론적 근거를 두고 있다. 따라서 *CAPM*이 타당한 모형이 아니라면 *DR*, *RVOL* 또는 *RVAR*을 이용하여 포트폴리오의 운용성과를 평가하는 것이 오히려 부적절할 수도 있다.

연습문제

1. 다음 용어를 간략하게 설명하시오.

1) 위험조정성과척도
2) 사후적 수익률차이
3) 총위험 단위당 성과비율
4) 체계적 위험단위당 성과비율
5) 사후적 자본시장선
6) 사후적 증권시장선
7) 기준수익률

2. 투자성과를 평가할 때 적절한 평가기준이 필요한 이유를 설명하시오.

3. 투자자가 하나의 포트폴리오에만 투자하고 있다면 총위험단위당 성과비율을 이용하여 투자성과를 평가하는 것이 합리적이다. 그 이유에 대하여 설명하시오.

4. 투자관리자가 포트폴리오를 운용할 때 적절한 매매시점을 효과적으로 이용하였는가를 분석하려고 한다. 분석방법에 대하여 설명하시오.

5. 젠센지수, 트레이너지수와 샤프지수를 비교 설명하시오.

6. 포트폴리오 A와 B의 투자수익률과 β계수의 관계는 다음과 같다.

(1) 포트폴리오 A와 B의 트레이너지수를 계산하고 그 결과를 해석하시오.
(2) 포트폴리오 A와 B의 젠센지수를 계산하고 그 결과를 해석하시오.

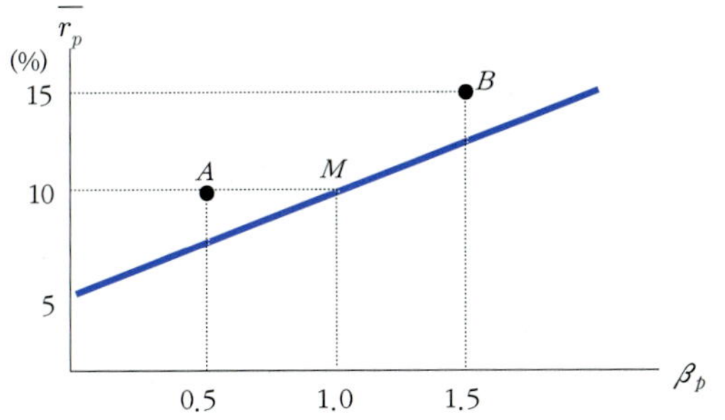

7. 다음의 그래프를 보고 물음에 답하시오.

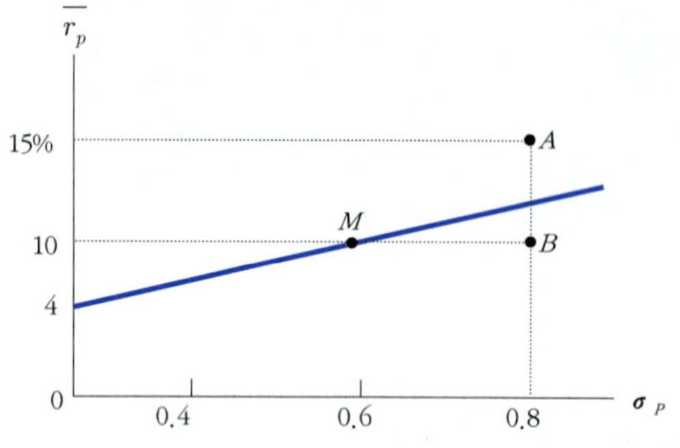

(1) 포트폴리오 A와 B의 샤프지수를 계산하고 그 결과를 해석하시오.

(2) β계수가 0.5이고, 평균수익률이 7.5%인 포트폴리오를 소유하고 있다. 운용성과를 어떻게 평가할 수 있는가?

기출문제

1. 다음 표는 지난 36개월간 월별 시장초과수익률에 대한 (주)한국의 월별 주식초과수익률의 회귀분석 결과이다.

	계수	표준오차	t 통계량	p-값
Y 절편	0.0047	0.0044	1.0790	0.2882
X_1	0.8362	0.1996	4.1892	0.0002

주) X_1 변수는 시장초과수익률을 나타낸다.

이 기간 중 (주)한국의 월별 주식수익률의 평균은 1.65%, 표준편차는 2.55%였고, 월별 시장수익률의 평균은 1.40%, 표준편차는 1.77%였다. 또한 무위험자산 수익률은 연 1.20%였고 36개월간 변동이 없었다. 주어진 정보를 이용하여 샤프지수(Sharpe measure), 트레이너지수(Treynor measure), 젠슨의 알파(Jensen's alpha)를 올바르게 계산한 것은? (2010 CPA)

	샤프지수	트레이너지수(%)	젠슨의 알파(%)
①	0.18	1.96	1.20
②	0.61	1.85	0.47
③	0.61	1.96	0.47
④	0.65	1.85	0.47
⑤	0.65	1.96	1.20

2. 주식시장이 주식 A와 주식 B만으로 이루어져 있다고 가정한다. 주식 A 45%와 주식 B 55%로 구성된 시장포트폴리오의 샤프비율(Sharpe ratio)이 0.2라고 할 때, 무위험이자율(risk free rate) 값으로 가장 가까운 것은? (2012 CPA)

	주식시장	
	주식 A의 수익률	주식 B의 수익률
평균	6.50%	8.50%
분산	0.10	0.15
공분산	0.06	

① 1.39% ② 1.43% ③ 1.47% ④ 1.51% ⑤ 1.55%

3. 지난 24개월 동안 펀드 A와 펀드 B 및 한국종합주가지수(KOSPI)의 평균수익률, 표준편차, 그리고 베타는 다음과 같다.

구분	평균수익률	표준편차	베타
펀드 A	12%	10%	0.5
펀드 B	20%	25%	1.5
KOSPI	15%	12%	1.0

이 기간 동안 무위험수익률이 4%로 변동이 없었다고 가정할 때 가장 적절하지 않은 것은? (2014 CPA)

① 펀드 A의 트레이너지수(Treynor measure)는 KOSPI의 트레이너지수보다 높다.
② 펀드 A의 샤프지수(Sharpe measure)는 KOSPI의 샤프지수보다 높다.
③ 젠센의 알파(Jensen's alpha) 기준으로 펀드 A의 성과가 펀드 B의 성과보다 우월하다.
④ 샤프지수 기준으로 펀드 A의 성과가 펀드 B의 성과보다 우월하다.
⑤ 젠센의 알파 기준으로 KOSPI의 성과가 펀드 B의 성과보다 우월하다.

제 5 편

파생금융상품이론

제16장 파생금융상품

파생금융상품(derivative financial instrument)은 증권시장에서 파생되어 나온 금융상품으로 기초자산의 가치에 따라 투자성과가 달라지는 특성이 있다. 예를 들어 주식 또는 주가지수를 기초자산으로 하는 옵션계약 및 선물계약은 주식시장으로부터 파생된 대표적인 파생금융상품 중의 하나이다.

이 장에서는 선물계약과 옵션계약에 대하여 살펴보기로 한다.

Ⅰ. 파생금융상품의 의의

1 선도계약과 선물계약

증권이나 상품이 거래되고 있는 시장은 현물시장과 선도시장으로 구분된다. 현물시장은 현물계약이 거래되고 있는 시장을 말하며, 선도시장은 선도계약이 거래되고 있는 시장을 말한다. 한편 현물계약(spot contract)은 매도자와 매수자가 특정자산을 현재의 시장가격으로 현재의 시점에서 결제하기로 하는 계약을 말하며, 선도계약(forward contract)은 매도자와 매수자가 특정자산을 정해진 가격으로 미래의 시점에서 결제하기로 하는 계약을 말한다.

현물계약과 선도계약은 계약의 체결시점은 동일하지만 결제조건이 다르다는 점에서 차이가 있다. 첫째, 현물계약은 현재의 시점에서 결제되는 반면에 선도계약은 미래의 시점에서 결제되며, 둘째, 현물계약은 현재의 가격으로 결제되는 반면에 선도계약은 협상에 따라 정해진 가격으로 결제된다는 점에서 차이가 있다.

선도계약은 거래당사자의 협상에 의해서 계약이 체결되기 때문에 결제조건이나 거래방식이 표준화되어 있지 않다. 따라서 마땅한 거래당사자를 찾아 계약조건을 협상해야 선도계약을 체결할 수 있다. 그러나 현실적으로 거래당사자를 찾는 일이 쉽지 않을 뿐만 아니라 찾았다 하더라도 신용을 보장할 수 없는 문제가 있다.

이러한 문제는 거래조건을 표준화시키는 한편 거래당사자의 신용을 보증해 주는 제도적 장치를 마련함으로써 해결할 수 있다. 이와 같은 선도계약의 결점을 해결하기 위하여 개발된 파생금융상품이 선물계약(futures contracts)이다. 따라서 선물계약은 거래조건과 결제방식이 표준화되어 있는 선도계약을 말한다.

선물계약과 선도계약은 다음과 같은 차이가 있다.

첫째, 선도계약은 거래당사자의 협상에 따라 계약조건이 결정되기 때문에 계약조건과 거래조건이 표준화되어 있지 않은 한편 선물계약은 계약조건과 거래조건이 표준화되어 있다.

둘째, 선물계약은 거래소시장에서 거래되지만 선도계약은 거래소시장 이외의 장소에서 거래당사자 간의 협상을 통하여 거래가 이루어진다.

셋째, 선도계약은 만기일에서만 결제가 이루어지기 때문에 만기일 이내에서 반대매매가 허용되지 않지만 선물계약은 만기일 이내에서 언제라도 반대매매를 통하여 거래를 청산시킬 수 있다.

넷째, 선도계약은 거래당사자의 신용에 따라 결제가 이루어지기 때문에 수도결제불이행위험이 있지만 선물계약은 결제회사가 결제를 보증하여 주기 때문에 수도결제불이행위험이 없다.

② 선물시장의 특성

선물시장(futures market)은 선물계약이 거래되는 조직화된 공개시장으로서 구체적으로 선물거래소 시장을 의미한다. 선물시장은 선물거래소, 거래소회원(중개회사)과 고객으로 구성된다. 선물거래소는 선물시장을 개설하고 운영하는 서비스를 제공하고 있으며, 중개회사는 고객의 주문을 시장에서 체결시켜 주는 업무를 담당하고 있다. 중개회사가 거래소 회원인 경우는 고객의 주문을 직접 처리할 수 있지만 거래소 회원이 아닌 중개회사는 거래소회원인 중개회사를 통하여 고객의 주문을 처리해야 한다. 또한 중개회사가 청산회사의 회원(Clearing Member)인 경우에는 고객의 포지션에 대한 결제(청산)업무를 직접 수행할 수 있으나 청산회원이 아닌 경우에는 청산회원을 통하여 수도결제를 해야 한다.

고객은 현물을 보유하고 있거나 보유할 예정인 투자자로서 현물가격의 변동에 따른 위험을 회피하기 위하여 선물거래에 참여하는 헤저(hedger)와 선물가격의 변동에 따른 시세차익을 얻기 위한 목적으로 선물거래에 참여하는 투기자(speculator)로 구분할 수 있다.

한편 현물시장에서는 증권이나 상품을 매입하여 보유하는데 제한이 없지만 선물시장에서는 만기일에서 반드시 거래를 청산해야 하기 때문에 만기일까지만 보유할 수 있다. 또한 현물시장에서는 통상 40~50%정도의 위탁증거금을 예탁해야 거래를 할 수 있지만 선물시장에서는 10% 내외의 위탁증거금만 예탁하면 선물거래를 할 수 있기 때문에 적은 금액으로 많은 투자를 할 수 있는 반면 높은 투자위험을 부담해야 한다. 따라서 현물시장에 비하여 레버지리효과가 매우 큰 시장이라고 할 수 있다.

선물시장의 경제적 기능을 살펴보면 다음과 같다.

첫째, 가격의 보험기능이다. 예를 들어 주식을 보유한 투자자가 그 주식을 기초자산으로 하는 선물계약을 매도함으로써 주가변동에 따른 투자위험을 헤지할 수 있다. 주가하락에 따른 현물시장에서 입은 손실을 선물시장에서 보전할 수 있으며, 반대로 주가상승에 따른 선물시장에서의 손실을 현물시장에서 보전할 수 있기 때문이다. 이와 같은 투자위험의 헤지 기능은 시세차익을 얻기 위하여 선물거래에 참여하는 투기자에게 위험을 전가시킴으로써 가능하다.

둘째, 미래의 가격에 대한 정보를 제공하는 기능이다. 선물시장에서 형성되는 선물가격은 기초자산의 미래가격에 대한 시장의 기대에 따라 영향을 받기 때문이다.

셋째, 유동성의 제고기능이다. 현물시장과 비교할 때 훨씬 적은 위탁증거금만으로 선물거래를 할 수 있기 때문에 선물시장을 통하여 적은 자금으로 원자재를 확보할 수 있으며, 자금의 원활한 이용을 통하여 경영의 효율성을 높일 수 있다.

넷째, 자원의 효율적 배분과 시장의 안정화 기능이다. 선물시장은 투기적 요소가 가미되어 있는 한편 경쟁적인 공개적 시장의 특성을 지니고 있다. 따라서 선물시장에서는 경쟁을 통하여 선물가격이 형성되는 효율적 시장이기 때문에 공정한 가격형성을 통하여 자원의 효율적 배분기능을 수행할 뿐만 아니라 현물시장의 가격을 안정시키는 역할을 한다.

③ 옵션계약

1973년에 최초로 시카고옵션거래소가 개설된 이후 연이어 아메리컨증권거래소, 필라델피아증권거래소와 패시픽증권거래소가 개설되면서 옵션계약의 거래가 활발하게 이루어지고 있다.

우리나라에서도 한국증권거래소에서 1997년 7월부터 KOSPI200지수를 기초지수로 하는 주가지수옵션이 거래되기 시작하였으며, 1999년에 문을 연 한국선물거래소에서는 미국달러화옵션, KOSDAQ50지수옵션과 국채선물옵션을 개발하여 거래를 시작하였고, 2002년에는 삼성전자, SK텔레콤, 한국전력, 국민은행, POSCO와 현대자동차의 보통주를 기초자산으로 하는 개별주식옵션(covered option)이 거래되기 시작하였다. 지금은 이들 두 증권거래소가 통합된 한국거래소에서 옵션거래가 이루어지고 있다.

옵션계약(option contracts)은 옵션소유자가 정해진 가격으로 정해진 날 또는 그 이전에 특정자산을 매입하거나 매도할 수 있는 권리를 갖는 계약을 말한다. 여기서 정해진 가격을 행사가격(exercise price), 정해진 날을 만기일(maturity) 그리고 특정자산을 기초자산(underlying assets)이라고 부른다. 따라서 전문용어를 빌리면 옵션계약은 옵션소유자가 만기일 또는 그 이전에 행사가격으로 기초자산을 사거나 또는 팔 수 있는 권리를 갖는 계약이라고 정의할 수 있다.

옵션계약은 권리행사의 유형에 따라 미국형 옵션계약(American option contracts)과 유럽형 옵션계약(European option contracts)으로 구분된다. 미국형 옵션계약은 옵션소유자가 만기일 이내에서 언제라도 권리를 행사할 수 있는 옵션을 말하며, 유럽형 옵션계약은 만기일에서만 권리를 행사할 수 있는 옵션으로서 우리나라에서 거래되고 있는 옵션계약은 유럽형 옵션계약에 해당된다.

옵션계약은 콜옵션(call option)과 풋옵션(put option)으로 구분된다. 콜옵션은 옵션소유자가 만기일 또는 그 이전에 행사가격으로 일정한 수의 기초자산을 매입할 수 있는 권리를 갖는 옵션계약을 의미하며, 풋옵션은 만기일 또는 그 이전에 행사가격으로 일정한 수의 기초자산을 매각할 수 있는 권리를 갖는 옵션계약을 말한다.

옵션소유자는 옵션계약을 매입하는 사람을 그리고 옵션발행자는 옵션계약을 매각하는 사람을 말한다. 따라서 옵션소유자는 옵션발행자에게 옵션프리미엄(옵션가격)을 주고 옵션계약을 매입할 수 있으며, 옵션계약의 권리행사는 전적으로 옵션소유자에게 있다.

옵션소유자는 권리행사에 따른 이득이 있을 경우에만 권리를 행사하는 한편 이득이 없을 경우에는 권리행사를 포기할 수 있는 재량권을 가지고 있다. 이 경우 옵션발행자는 옵션소유자의 권리행사에 반드시 응해야 하는 의무를 갖는다. 예를 들어 콜옵션소유자가 권리를 행사하여 기초자산을 행사가격으로 매입하고자 할 때는 반드시 옵션발행자가 그 자산을 행사가격으로 콜옵션소유자에게 매각해야만 하며, 옵션가격은 이와 같은 권리에 대한 프리미엄을 의미한다.

Ⅱ. 선물계약의 종류

선물계약은 상품선물계약과 금융선물계약으로 구분된다. 이하에서는 상품선물계약과 금융선물계약에 대하여 살펴보기로 한다.

1 상품선물계약

상품선물계약(commodity futures contracts)은 상품을 기초자산으로 하여 발행되는 선물계약을 말한다. 상품선물계약은 일반적으로 개별상품을 기초자산으로 하여 발행되지만 경우에 따라서는 여러 상품조합의 가격지수를 대상으로 하여 선물계약이 발행되기도 한다.

선물계약의 대상자산은 다음과 같은 몇 가지 조건이 충족되어야 한다.

첫째, 상품의 품질과 거래조건 등의 표준화가 가능한 상품이어야 한다. 선물거래소는 가장 보편화된 등급의 상품을 표준상품으로 설정하여 품질의 차이에 따라 조정계수(conversion factor)를 곱한 금액으로 결제가 이루어지도록 하고 있다.

둘째, 가격변동위험이 있는 상품이어야 한다. 상품가격을 인위적으로 조작할 수 있거나 가격변동이 없는 상품은 선물계약의 대상으로 적합하지 않다. 선물계약은 상품가격이 상승하거나 하락하리라고 예상하는 투자자들 사이에서 거래가 이루어지기 때문이다.

셋째, 가격에 대한 정보가 많은 상품이어야 한다. 정보가 충분치 않은 상품은 가격조작이 가능하며, 경쟁적인 거래를 할 수 없기 때문이다.

넷째, 현물시장에서 경쟁적으로 거래되는 상품이어야 한다. 현물시장에서 경쟁적으로 거래되는 상품은 시장성이 높기 때문이다. 시장성이 낮은 상품은 수급상황, 정보효율성 등과 관계없이 시장가격이 불공정하게 형성되기 때문에 현물거래에 따른 위험을 제거시키기가 어렵다.

이상에서 살펴본 바와 같이 석탄이나 철광석 등과 같이 부피가 크고 무게가 있는 상품을 대상으로 하는 선물계약은 아직까지 개발되지 않고 있다. 품질상의 차이 때문에 표준화가 어렵고 지역 간의 가격차이가 클 뿐만 아니라 운송비용이 많이 들기 때문이다. 따라서 대부분의 상품선물계약은 농산물이나 천연자원 등을 대상으로 하여 발행되고 있는 것이 일반적이다.

② 금융선물계약

금융선물계약(financial futures contracts)은 금융상품을 기초자산으로 하여 발행되는 선물계약을 말한다. 금융 선물계약이 도입되기 시작된 것은 1970년대이다. 그러나 금융선물거래량이 전체 선물거래의 절반 이상을 차지할 정도로 빠른 속도로 성장하고 있는데, 그 이유는 첫째, 상품선물계약에 비하여 거래조건의 표준화가 쉽고, 둘째, 보관 및 관리상의 제약이 없기 때문이다. 대표적인 금융선물계약으로 통화선물계약, 금리선물계약과 주가지수선물계약 등이 있다.

1) 통화선물계약

금융선물계약 중에서 가장 먼저 도입된 것이 통화선물계약이다. 각 국가별 통화에 대한 달러화의 가치가 불안정해지기 시작하였던 1972년에 시카고 상품거래소(Chicago Mercantile Exchange : *CME*)에서 파운드화, 마르크화, 엔화 등을 기초자산으로 하는 금융 선물계약이 거래되기 시작하였다.

외환선물계약은 외화(foreign currency)를 기초자산으로 하는 선물계약을 말한다. 은행 등의 금융기관 사이에서 운영되는 외환시장은 사실상 현물시장을 의미하는데, 이는 환율과 거래조건 등의 협상과 결제가 동일한 시점에서 이루어지기 때문이다. 한편 미리 정한 환율로 외화를 미래의 일정한 날에 인도하기로 하는 선도계약이 거래되는 선도시장(forward market)도 있다. 외환선도시장은 전 세계를 통하여 여러 가지 정보를 서로 교환하고 있는 은행과 전문적인 중개회사(broker)에 의해 운영되고 있으며, 기업, 금융기관과 일부 개인투자자 등이 은행을 통하여 선도거래에 참여하고 있다. 선도거래에서는 매일 환율변동에 의한 차금이 정산되지 않고 만기일에서 정산되기 때문에 이를 외환선도시장(foreign exchange forward market)이라고 부른다.

한편 표준화된 외화 선물계약이 거래되는 시장을 외환 선물시장(foreign exchange futures market)이라고 한다. 예를 들어 시카고 상업거래소(Chicago Mercantile Exchange)의 국제통화시장(International Monetary Market)에서 거래되고 있는 외환선물계약 중의 하나는 매도자가 미국 달러화에 대하여 엔화를 미래의 정해진 날에 매입자에게 지불하기로 하는 선물계약이다. 거래가격은 엔화 당 달러화, 달러화 당 엔화 등으로 표시되며, 거래조건이 표준화되어 있는 것이 특징이다.

2) 금리선물계약

1970년대부터 시작된 오일쇼크로 물가상승이 심화되는 가운데 금리변동에 대한 불안감이 확산되면서 오일쇼크가 금융기관의 자금운용에 심각한 타격을 주기 시작하였다. 이에 따라 시카고거래소(Chicago Board of Trade : *CBOT*)가 1975년에 부동산담보대출채권을 기초자산으로 하는 금리선물거래를 시작한 것이 최초이다. 그 후 T-Bond, T-Billl 및 유로달러예금 등을 대상으로 선물거래가 도입되어 활발하게 거래되고 있다.

확정이자부증권(fixed income securities)을 대상으로 하는 선물계약을 흔히 이자율선물계약(interest rate futures contracts)이라고 한다. 선도이자율(forward interest rate)과 현물이자율(spot interest rate)의 관계에 따라 확정이자부 증권의 가격이 결정되기 때문이다. 이처럼 이자율의 수준에 따라 가격이 결정되는 채권을 대상으로 하는 선물계약을 이자율선물계약이라고 한다.

3) 주가지수선물계약

주가지수선물계약은 1982년에 캔사스상품거래소(Kansas City Board of Trade : *KCBT*)가 최초로 도입한 선물계약이다. 도입 당시에는 포트폴리오의 시장위험을 헤지하는 수단으로 각광을 받았으나 주가지수의 채용종목이 너무 많을 뿐만 아니라 기하평균방식에 따라 주가지수를 산출하였던 관계로 실용성 면에서 문제가 제기되면서 S&P 500지수를 대상으로 하는 지수선물계약이 도입되었다. S&P 500선물거래는 현재 뉴욕증권거래소의 거래량을 훨씬 능가할 만큼 놀라운 신장세를 보이고 있다.

주가지수선물계약(stock index futures contracts)은 주가지수를 기초지수로 하는 선물계약으로 결제회사가 매입자와 매도자의 사이에 개입하여 주가지수의 가격변동에 따라 매일 차금을 정산함으로써 결제가 이루어진다. 우리나라에서도 1996년 5월부터 KOSPI 200지수를 기초지수로 하는 주가지수선물시장이 개설되면서 투자위험을 중화시키는 수단으로 일반투자자와 기관투자자들 사이에서 널리 이용되고 있다.

Ⅲ. 옵션계약의 유형

선물계약과 마찬가지로 옵션계약 또한 다양한 금융자산과 상품을 대상으로 하여 개발되고 있다. 상품옵션(commodity option)은 귀금속, 비철금속 및 농산물 등과 같은 상품을 대상으로 하는 옵션을 말하며, 금융옵션(financial option)은 외화, 국채, 주식 및 주가지수 등 금융자산을 대상으로 하는 옵션을 말한다. 이하에서는 금융자산을 대상으로 하는 옵션의 유형에 대하여 살펴보기로 한다.

① 지수옵션

지수옵션(index option)은 시장지수를 기초자산으로 하여 발행되는 옵션을 말한다. 지수옵션은 전반적인 주가수준을 반영하는 시장지수(market index)를 기초자산으로 하여 발행되기도 하며, 특정산업의 주가움직임을 반영하는 산업지수를 기초자산으로 하여 발행되기도 하고, 특정한 증권군의 주가변화를 반영하는 시장지수를 기초자산으로 하여 발행되기도 한다.

지수옵션은 한국거래소에서 정한 승수(multiplier)에 시장지수를 곱한 단위로 거래된다. 예를 들어 지수옵션매입자는 지수옵션가격에 승수를 곱한 금액을 발행자에게 지불하여야 한다. 코스피 200지수를 기초자산으로 하는 지수옵션의 경우 주가지수 1포인트 당 500,000원 단위로 거래되고 있다.

② 개별주식옵션

개별주식옵션(covered option)은 개별주식을 기초자산으로 하여 발행되는 옵션을 말한다. 앞에서 설명한 것과 같이 우리나라의 경우 2002년부터 삼성전자 등을 기초자산으로 하는 개별주식옵션이 거래되기 시작하였으며, 지금은 많은 개별주식옵션이 시장에서 거래되고 있다.

③ 이자율옵션과 외환옵션

재정증권 등 부채증서를 기초자산으로 하여 발행되는 옵션을 이자율옵션(interest rates options)이라고 하며, 외화를 기초자산으로 하여 발행되는 옵션을 외환옵션(foreign currency options)이라고 한다. 외환옵션은 외국통화를 기초자산으로 발행되기 때문에 기초자산의 인도는 해당국가에 있는 은행계정에서 이루어진다.

④ 기타 옵션과 관련된 파생증권

옵션의 특성이 가미되어 있는 증권으로는 주식매수권, 신주인수권, 수의상환사채와 전환증권 등이 있다.

1) 주식매수권

주식매수권(warrants)은 일정한 기간 내에 정해진 가격으로 특정기업의 보통주를 매입할 수 있는 권리를 말한다. 기업은 주식매수권의 발행자이고, 투자자는 주식매수권의 매입자가 된다. 주식매수권은 기업이 발행하는 콜옵션에 해당되며, 기초자산은 기업의 보통주가 된다. 주식매수권의 만기일은 콜옵션의 만기일보다 길며, 흔히 만기일이 없는 주식매수권이 발행되기도 한다.

대부분의 주식매수권은 만기일 이전에 권리가 행사되기 때문에 미국형 콜옵션의 한 형태로 볼 수 있다. 다시 말하여 주식매수권의 권리행사는 일정한 기간이 경과한 후에 가능하기 때문에 조건부 미국형 콜옵션에 해당된다. 주식매수권의 행사가격은 발행당시의 보통주가격보다 높은 수준에서 결정되는 것이 일반적이다.

대부분의 주식매수권은 주식분할과 주식배당 등으로부터 보호를 받기 때문에 발행회사가 주식분할 또는 주식배당을 실시하는 경우에는 조정된 행사가격으로 권리를 행사할 수 있다. 예를 들어 발행회사가 2 : 1로 주식분할을 하는 경우 주식매수권 소유자는 행사가격의 1/2로 주식 1주를 매입할 수 있다. 선진국의 많은 기업들이 주식배당 또는 현금배당 대신에 주식매수권을 주주들에게 분배하거나 매각하는 경향이 높아지고 있다. 주식매수권이 부여된 주식매수권부 사채, 그 밖에 사채와 주식매수권을 분리시켜 매각할 수 있는 분리형 주식매수권부 사채 등이 발행되기도 한다.

주식매수권과 콜옵션의 차이점은 다음과 같다. 첫째, 발행액의 한도에 차이가 있다. 주식매수권은 발행한도에 제한을 받지만, 콜옵션은 발행한도에 제한을 받지 않는다. 둘째, 권리행사가 기업의 발행주식수와 현금흐름에 미치는 영향에 차이가 있다. 콜옵션의 행사는 기업의 현금흐름과 발행주식수에 영향을 미치지 않지만, 주식매수권의 행사는 기업의 현금흐름과 발행주식수를 증가시킨다.

2) 신주인수권

신주인수권(preemptive rights)은 구주주들이 소유지분비율에 따라 신주를 매입할 수 있는 권리를 말한다. 신주인수권은 신규보통주를 기초자산으로 하는 콜옵션에 해당된다. 신규보통주의 발행가격은 보통주가격보다 낮게 책정되는 것이 일반적이다. 신주인수권의 만기는 2~10주 정도이다. 따라서 신주인수권은 만기까지의 기간이 짧은 주식매수권과 사실상 유사하다.

주식매수권과 신주인수권은 다음과 같은 점에서 차이가 있다.

첫째, 행사가격에 차이가 있다. 주식매수권의 행사가격은 시장가격보다 높은 수준에서 책정되는 반면, 신주인수권의 행사가격은 시장가격보다 낮은 수준에서 책정된다.

둘째, 보호장치에서 차이가 있다. 신주인수권은 만기가 짧기 때문에 주식분할과 주식배당 등으로부터 보호를 받지 못하지만, 주식매수권은 주식분할과 주식배당으로부터 보호를 받는다.

3) 수의상환사채

수의상환사채(callable bond)는 사채발행회사가 만기일 이전에서 정해진 가격으로 기존사채를 재매입할 수 있는 권리가 부여된 사채를 말한다. 따라서 수의상환사채의 발행은 기업이 순수사채를 발행하는 동시에 사채매입자로부터 콜옵션을 매입하는 것을 의미한다. 수의상환권리는 일정한 기간이 경과한 후에만 권리행사가 가능하다.

4) 전환증권

전환증권(convertable securities)은 일정한 기간이 경과한 후에 정해진 조건으로 동일기업의 다른 증권으로 전환할 수 있는 권리가 부여된 증권을 말한다. 따라서 전환증권을 소유하고 있는 투자자는 순수사채 이외에 일정한 기간이 경과한 후에 정해진 가격으로 보통주로 전환할 수 있는 권리를 갖기 때문에 순수사채와 콜옵션을 소유하는 셈이 된다.

Ⅳ. 우리나라의 파생금융상품시장

우리나라에서 현재(2016년 7월 4일) 상장되어 있는 선물 옵션상품은 주가지수상품(코스피200지수선물, 미니코스피200선물, 코스피200옵션, 코스피200미니옵션, 코스닥50선물, 유로스톡스50선물 등), 변동성지수상품(코스피200변동성지수선물), 금리상품(3년국채선물, 5년국채선물, 10년국채선물), 통화선물(미국달러선물, 일본엔선물, 유로선물, 미국달러옵션, 위안선물 등), 일반상품(금선물, 돈육선물), 기초주권상품(삼성전자선물 등 주식선물, 삼성전자옵션 등 주식옵션)이 있다.

2016년 8월 16일 현재 한국거래소에서 거래되고 있는 코스피200선물과 코스피200 옵션의 상품명세는 〈표 16.1〉 및 〈표 16.2〉와 같다.[1)]

〈표 16.1〉 코스피200선물의 상품명세

항목	내용
기초자산	코스피200지수
거래단위	코스피200선물가격X50만(거래승수)
결제월	3, 6, 9, 12월
상장결제월	3년 이내 7개 결제월(3,9월 : 각 1개, 6월 : 2개, 12월 : 3개)
가격의 표시	코스피200선물 수치(포인트)
호가가격단위	0.05 포인트
최소가격변동금액	25,000원 (50만원X0.05)
거래시간	09:00 ~ 15:45 (최종거래일 09:00 ~ 15:20)
최종거래일	각 결제월의 두 번째 목요일(공휴일인 경우 순차적으로 앞당김)
최종결제일	최종거래일의 다음 거래일
결세방법	현금결제
가격제한폭	기준가격 대비 각 단계별로 확대 적용 ① ±8% ② ±15% ③ ±20%
정산가격	최종 약정가격(최종 약정가격이 없는 경우, 선물이론정산가격)
기준가격	전일의 정산가격
단일가격경쟁거래	개장시(08:00~09:00) 및 거래종료시 (15:35~15:45)
필요적 거래중단(Circuit Breakers)	현물가격 급변 시 선물거래 일시중단 및 단일가로 재개

1) 다른 상품의 상품명세는 한국거래소의 홈페이지(www.krx.co.kr)에서 KRX시장, 파생상품시장을 순서대로 클릭하여 조회할 수 있다.

〈표 16.2〉 코스피200옵션의 상품명세

거래대상	코스피200지수
거래단위	코스피200옵션가격×50만(거래승수)
결제월	매월
상장결제월	비분기월 4개 및 분기월 7개(3,9월 각 1개, 6월 2개, 12월 3개)
행사가격의 설정	- 각 결제월의 최초 상장시 행사가격 설정방법 최근 6개월 : 2.5포인트 간격으로 ATM 1개, ITM 12개, OTM 12개 제 7 및 8근월물 : 5포인트 간격으로 ATM 1개, ITM 6개, OTM 6개 최종결제월이 가장 나중에 도래하는 3개 월물 : 10포인트 간격으로 ATM 1개, ITM 3개, OTM 3개 - 지수 변동에 따라 항상 ATM 기준으로 아래 행사가격 수가 유지되도록 추가 설정 최근 6개월 : 25개 제7 및 8근월물 : 13개 최종결제월이 가장 나중에 도래하는 3개 월물 : 7개 - 최종거래일 도래로 신규결제월 상장 시 결제월 순서에 따라 상기와 같이 행사가격 추가 설정
가격의 표시	프리미엄(포인트)
호가가격단위	- 프리미엄 10 포인트 미만 : 0.01포인트 - 프리미엄 10 포인트 이상 : 0.05포인트
최소가격 변동금액	- 프리미엄 10 포인트 미만 : 5,000원(50만X0.01 포인트) - 프리미엄 10 포인트 이상 : 25,000원(50만X0.05 포인트)
거래시간	09:00 ~ 15:45 (최종거래일 09:00 ~ 15:20)
최종거래일	각 결제월의 두 번째 목요일(공휴일인 경우 순차적으로 앞당김)
최종결제일	최종거래일의 다음 거래일
권리행사	최종거래일에만 가능(European 형)
결제방법	현금결제
가격제한폭	기초자산 기준가격 대비 아래에 해당하는 옵션이론가격을 단계적으로 확대적용 ① ±8% ② ±15% ③ ±20%
거래증거금 기준가격	거래증거금 기준가격
기준가격	전일의 거래증거금 기준가격
단일가격경쟁거래	개장시(08:00 ~ 09:00) 및 거래종료시(15:35 ~ 15:45)
필요적 거래중단 (Circuit Breakers)	현물가격 급변 시 선물거래 일시중단 및 단일가로 재개

선물시장과 옵션시장의 증거금은 한국거래소가 수시로 변동시키고 있다. 2016년 8월 16일 현재 주요 선물 및 옵션상품에 대한 증거금률을 살펴보면 〈표 16.3〉과 같다.

〈표 16.3〉 주요 선물 및 옵션상품의 증거금률

구 분	위탁증거금률	유지위탁증거금률
코스피200선물	9.00%	6.00%
미니코스피200선물	9.00	6.00
코스피200옵션	9.00	6.00
미니코스피200옵션	9.00	6.00
유로스톡스50선물	10.50	7.00
3년국채선물	0.75	0.50
5년국채선물	1.35	0.90
10년국채선물	2.55	1.70
미국달러선물	4.80	3.20
일본엔선물	6.30	4.20
유로선물	5.70	3.80
미국달러옵션	4.80	3.20
위안선물	4.20	2.80
금선물	7.50	5.00
돈육선물	21.00	14.00
삼성전자선물	14.25	9.50
삼성전자옵션	14.25	9.50

주 : 2016.7.4. 현재 기준, 단위: %

V. 선물계약과 옵션계약의 투자성과

1 선물계약과 옵션계약의 특성

파생금융상품의 투자에 대한 기본적인 성격에 대하여 살펴보기로 하자. 예를 들어 주식 A를 기초자산으로 하는 행사가격이 $F_0(=X$, exercise price$)$인 콜옵션과 선물계약이 각각 C_0와 F_0의 가격으로 거래되고 있으며, 만기인 3개월 후에 주식 A를 매입하고자 하는 투자자가 있다고 하자.

3개월 후에 정해진 가격으로 주식 A를 매입할 수 있는 두 가지의 방법이 있다.

첫 번째의 방법은 선물계약을 매입하는 방법이고, 두 번째의 방법은 콜옵션을 매입하는 방법이다. 이 경우 0시점과 T시점에서 현금흐름을 정리하면 〈표 16.4〉와 같다.

〈표 16.4〉 선물계약과 콜옵션(현재와 만기일의 현금흐름)

	투자비용 현재(0일)	투자수익 만기일(T일)	
		$S_T > F_0$	$S_T < F_0$
선물계약 매입	0	$[S_T - F_0] > 0$	$[S_T - F_0] < 0$
콜옵션 매입	$C_0 > 0$	$[S_T - F_0] > 0$	0

〈표 16.4〉에서 보여주는 것처럼 콜옵션을 매입하는 경우에는 매입시점에서 콜옵션프리미엄(C_0)을 비용으로 부담해야 하는 반면 선물계약을 매입할 때는 만기일에서 비용을 부담한다는 점에서 차이가 있다.

선물계약의 경우에는 3개월 후에 주식 A의 가격(S_T)이 선물가격(F_0) 이상으로 상승하더라도 선물가격(F_0)으로 주식 A를 매입할 수 있기 때문에 $[S_T - F_0]$의 투자수익을 얻을 수 있지만, 반대로 선물가격 이하로 하락하는 경우에는 선물가격으로 주식 A를 매입해야 하기 때문에 $[S_T - F_0]$의 손실을 입게 된다. 한편 콜옵션의 경우에는 3개월 후에 주식 A의 가격(S_T)이 콜옵션의 행사가격(F_0) 이상으로 상승하더라도 정해진 행사가격(F_0)으로 주식 A를 매입할 수 있기 때문에 $[S_T - F_0]$의 투자수익을 얻을 수 있는 반면에 행사가격(F_0) 미만으로 하락할 때는 권리를 포기해야 하기 때문에 콜옵션의 매입비용만큼의 손실을 입게 된다.

이상에서 살펴본 바와 같이 선물계약과 콜옵션은 다음과 같은 점에서 차이가 있다. 선물계약의 경우에는 매입시점에서 비용부담을 하지 않는 반면 3개월 후에 선물가격으로 매입해야 하기 때문에 만기일에서 F_0에 상당하는 비용을 부담해야 한다는 점이다.

한편 콜옵션의 경우에는 매입시점에서 프리미엄을 지불해야 하는 반면에 3개월 후에는 주가가 선물가격 미만으로 하락하더라도 권리를 포기할 수 있기 때문에 비용부담을 하지 않아도 된다는 점이다. 따라서 3개월 후에 주식 A를 정해진 가격으로 매입할 수 있는 기회를 보장받기 위하여 선물계약과 콜옵션을 이용하는 차이점은 현재의 시점에서 비용을 부담할 것인지 아니면 3개월 후에 비용을 부담할 것인지에 대한 의사결정에 있다.

② 선물계약의 투자성과

선물계약을 매입하거나 매도하는 경우 만기일에서 실현되는 투자성과를 [그림 16-1]에서 보여주고 있다. 만기일에서 선물계약의 가치는 만기일(T일)의 현물가격에 따라 달라진다. 선물계약의 경우 매입자의 이득은 매도자의 손실과 일치한다. 예를 들어 주식 A를 기초자산으로 하는 선물계약의 가격이 50,000원이라고 하자. 만기일에서 주식 A의 가격이 51,000원으로 상승하는 경우에는 선물계약의 매입자가 1,000원의 이득을 보는 한편 매도자는 1,000원의 손실을 보게 된다. 따라서 선물계약은 제로섬게임(zero-sum games)이라고 할 수 있다.

[그림 16-1]에서 보여주는 것처럼 만기일(T일)에서 기초증권가격(S_T)이 선물가격(F_0)보다 낮은 경우에는 매도자가 매입자로부터 $[F_0 - S_T]$을 받음으로써 거래가 청산되며, 만기일(T일)에서 기초증권가격(S_T)이 선물가격(F_0)보다 높은 경우에는 매입자가 매도자로부터 $[S_T - F_0]$을 받음으로써 거래가 청산된다. 그러므로 선물시장에서 매입자는 기초증권가격이 상승할 때이득을 볼 수 있으며, 매도자는 하락할 때 이득을 볼 수 있음을 알 수 있다.

그러나 어느 경우에서든 0원 이하로 하락하지 않기 때문에 매입자의 가능한 손실은 제한적이지만 기초증권가격은 얼마든지 상승할 수 있기 때문에 매도자의 가능한 손실에는 제한이 없다.

그림 16-1 선물계약의 투자성과

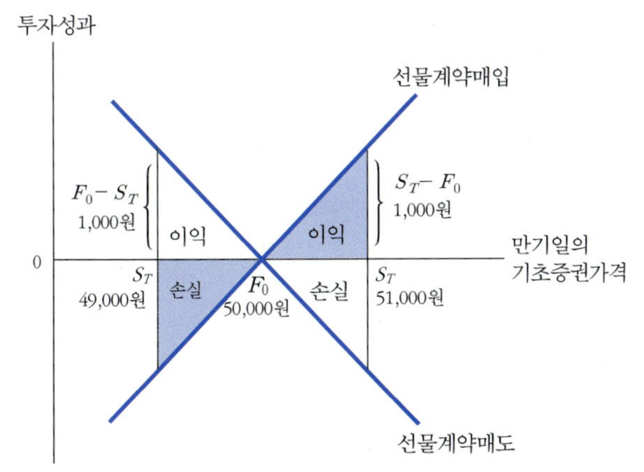

③ 옵션계약의 투자성과

1) 콜옵션

[그림 16-2]는 콜옵션의 투자성과를 보여주고 있다. 만기일에서 $S_T > X$ 인 경우에는 콜옵션소유자가 권리를 행사한다. 이때 $[S_T - (X + C_0)]$의 손익이 발생된다. 즉 $S_T > (X + C_0)$이면 이득을 보게 되지만 $S_T < (X + C_0)$이면 손실을 보게 된다. 한편 $S_T < X$ 인 경우에는 권리행사를 포기함으로써 매입비용(C_0)만큼의 손실을 보게 된다. 콜옵션소유자의 이익은 그만큼 콜옵션발행자의 손실이 되고, 콜옵션소유자의 손실은 그만큼 콜옵션발행자의 이익이 된다. 왜냐하면 옵션소유자가 권리를 행사하는 경우에는 옵션발행자가 반드시 그 권리행사에 응해야 하기 때문이다. 또한 옵션소유자가 권리를 포기하면 옵션발행자는 옵션발행비용(C_0)만큼의 이익을 보게 되기 때문이다.

그림 16-2 콜옵션의 투자성과

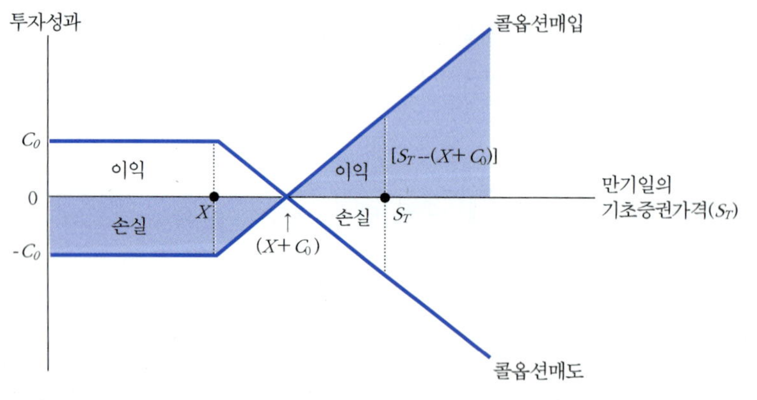

(2) 풋옵션

[그림 16-3]은 풋옵션의 투자성과를 보여주고 있다. 만기일에서 $S_T < X$ 인 경우에는 풋옵션소유자가 권리를 행사한다. 이때 $[X - (S_T + P_0)]$의 손익이 발생된다. 즉 $(X - P_0) > S_T$이면 이득을 보게 되지만 $(X - P_0) < S_T$이면 손실을 보게 된다. 한편 $S_T > X$ 인 경우에는 권리행사를 포기함으로써 매입비용(P_0)만큼의 손실을 보게 된다.

그림 16-3 풋옵션의 투자성과

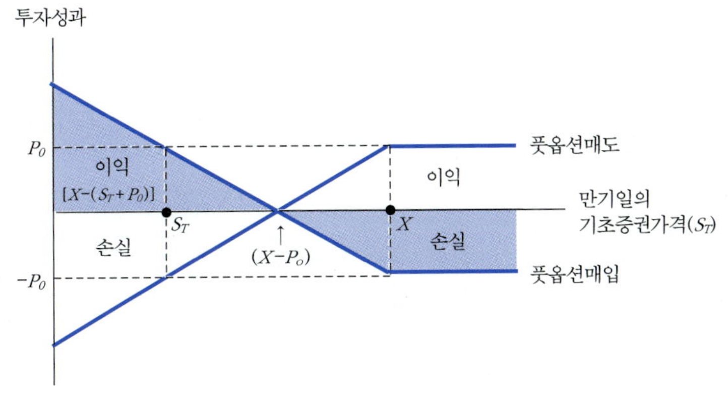

콜옵션의 경우와 마찬가지로 풋옵션소유자의 이익은 그만큼 풋옵션발행자의 손실이 되고, 풋옵선소유자의 손실은 그만큼 풋옵션발행자의 이익이 된다.

Ⅵ. 옵션을 이용한 투자전략

옵션을 이용함으로써 다양한 특성을 갖는 투자전략을 수립할 수 있다. 여기서는 대표적인 투자전략으로서 스트래들(straddle), 스트랭글(strangle)과 스프레드(spread)에 대하여 살펴보기로 하자.

1 스트래들 전략

스트래들(straddle)은 기초증권, 행사가격과 만기가 동일한 콜옵션과 풋옵션을 동시에 매입하는 투자전략을 말한다. 스트래들은 주가가 크게 변동할 것으로 예상되지만 변화방향이 불확실한 경우에 이용할 수 있는 투자전략이다. 예를 들어 시장에서 주가가 크게 하락할 수도 있고 상승할 수도 있는 불확실한 상황에서 스트래들의 매입포지션을 취함으로써 가격변동에 따른 이익을 얻을 수 있다.

스트래들의 매입포지션을 취하는 경우 만기일에서 주식 A의 가격 S_T가 $(X+C_0+P_0)$원 이상으로 상승할 때는 콜옵션의 권리를 행사하여 $[S_T-(X+C_0+P_0)]$원의 이득을 얻을 수 있으며, 반대로 $(X-C_0-P_0)$원 이하로 하락할 때는 풋옵션의 권리를 행사하여 $[(X-C_0-P_0)-S_T]$원의 이득을 얻을 수 있다.

예제 1

- 주식 A를 기초자산으로 하는 콜옵션과 풋옵션의 가격은 각각 5,240원과 3,670원이며, 행사가격은 40,000원으로 동일하다고 한다.
- 주식 A를 40,000원에 매입하였는데, 콜옵션과 풋옵션을 이용하여 스트래들의 매입포지션을 취하고자 한다.
- 주식 A의 가격이 각각 50,000원으로 상승할 때와 30,000원으로 하락할 때 스트래들의 매입포지션에서 얻을 수 있는 투자성과를 계산하시오.

[예제 1]에서 5,240원+3,670원=8,910원의 투자비용으로 콜옵션과 풋옵션을 동시에 매입하는 스트래들의 매입포지션을 취함으로써 주식 A의 가격이 50,000원으로 상승하는 경우에는 콜옵션으로부터 50,000원-(40,000원+5,240원+3,670원)=1,090원의 이득을 얻을 수 있으며, 반대로 30,000원으로 하락하는 경우에도 풋옵션으로부터 (40,000원−5,240원−3,670원)−30,000원=1,090원의 이득을 얻을 수 있게 된다.

[그림 16-4]에서 스트래들의 매입포지션과 매도포지션으로부터 얻을 수 있는 투자성과를 보여주고 있다. [그림 16-4]에서 보여주는 것처럼 주가가 하락할 때는 풋옵션으로부터 이익을 얻는 한편 주가가 상승할 때는 콜옵션으로부터 이득을 얻고 있다. 따라서 스트래들의 매입포지션은 주가의 변화방향과 관계없이 주가변동이 클 것으로 예상될 때 유용하게 이용할 수 있는 투자전략이다. 그러나 예상과 달리 주가가 크게 변동하지 않는 경우에는 스트래들의 투자비용만큼 손해를 볼 수 있다. 따라서 주가가 크게 변동하지 않을 것으로 예상될 때는 스트래들의 매도포지션을 취함으로써 옵션프리미엄을 이득으로 취할 수 있다.

한편 스트래들에서 변형된 투자전략으로서 스트랩(strap)과 스트립(strip)이 있다. 스트랩은 기초증권, 행사가격과 만기가 동일한 두 개의 콜옵션과 하나의 풋옵션을 동시에 매입하는 투자전략으로서 주가가 하락할 가능성보다 상승할 가능성이 높다고

그림 16-4 스트래들의 투자성과

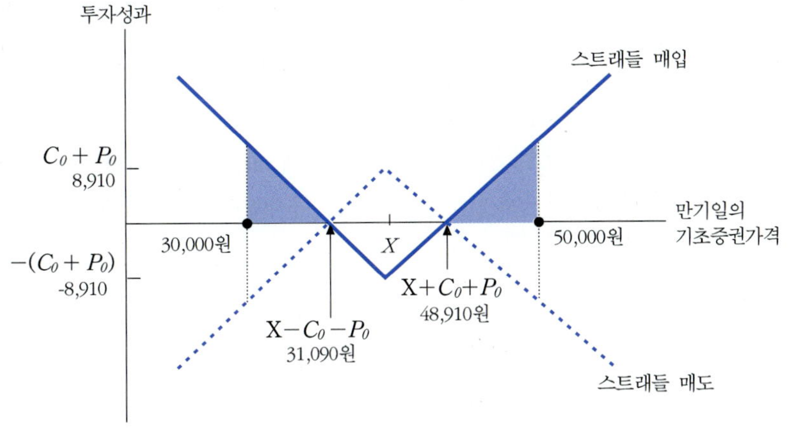

판단되는 상황에서 유용하게 이용되는 투자전략이며, 반대로 스트립은 두 개의 풋옵션과 하나의 콜옵션을 동시에 매입하는 투자전략으로서 주가가 상승할 가능성보다 하락할 가능성이 높은 상황에서 유용하게 이용될 수 있는 투자전략이다.

② 스트랭글 전략

스트랭글(strangle)은 스트래들 전략과 유사한 것으로 기초증권과 만기가 동일하고 행사가격이 서로 다른 콜옵션과 풋옵션을 동시에 매입하거나 매도하는 투자전략을 말한다. 이 경우 풋옵션과 콜옵션을 매입하는 전략을 스트랭글 매입포지션이라고 하며, 반대로 매도하는 전략을 스트랭글 매도포지션이라고 한다. 스트래들 전략과 비교할 때, 스트랭글 전략에서는 주로 외가격 옵션을 대상으로 하기 때문에 투자비용을 줄일 수 있는 이점이 있다.

스트랭글의 매입포지션을 취하는 경우 주식 A의 가격 S_T가 $(X+C_0+P_0)$원 이상으로 상승할 때는 콜옵션의 권리를 행사하여 $[S_T-(X+C_0+P_0)]$원의 이득을 얻을 수 있으며, 반대로 $(X-C_0-P_0)$원 이하로 하락할 때는 풋옵션의 권리를 행사하여 $[(X-C_0-P_0)-S_T)]$원의 이득을 얻을 수 있다.

예제 2

- 주식 *A*를 기초자산으로 하는 콜옵션과 풋옵션의 가격은 각각 3,240원과 1,700원이며, 콜옵션의 행사가격은 45,000원 그리고 풋옵션의 행사가격은 35,000원이다.
- 주식 *A*를 40,000원에 매입하였는데, 콜옵션과 풋옵션을 이용하여 스트랭글의 매입포지션을 취하고자 한다.
- 주식 *A*의 가격이 각각 60,000원으로 상승할 때와 20,000원으로 하락할 때 스트랭글의 매입포지션에서 얻을 수 있는 투자성과를 계산하시오.

[예제 2]에서 4,940원의 투자비용으로 콜옵션과 풋옵션을 동시에 매입하여 스트랭글의 매입포지션을 취함으로써 주식 *A*의 가격이 60,000원으로 상승하는 경우 콜옵션의 권리를 행사함으로써 60,000원−(45,000원+3,240원+1,700원)=10,060원의 이득을 보는 한편 20,000원으로 하락할 때도 풋옵션의 권리를 행사함으로써 (35,000원−3,240원−1,700원)−20,000원=10,060원의 이득을 얻을 수 있다. 스트래들의 매입포지션과 비교할 때 투자비용을 줄일 수 있는 이점이 있지만 주가의 변동에 따른 이득이 적어진다는 차이가 있다.

[그림 16-5]에서 스트랭글 매입포지션으로부터 실현되는 투자성과를 보여주고 있다.

그림 16-5 스트랭글 매입포지션의 투자성과

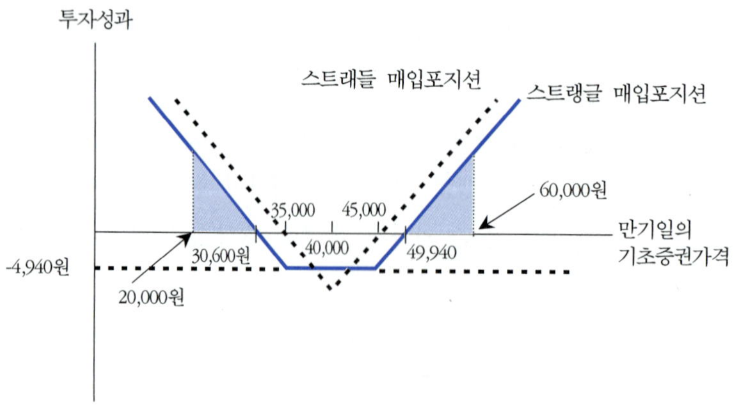

③ 스프레드 전략

스프레드(spread) 전략은 두 가지가 있는데, 만기가 동일한 옵션을 이용하여 구성하는 것을 수직스프레드(vertical spread)라 하고, 만기가 다른 옵션을 이용하여 구성하는 것을 수평스프레드(horizontal spread)라고 한다. 여기서는 수직스프레드에 대해서만 살펴보기로 한다. 행사가격이 다른 두개의 콜옵션 중에서 하나의 콜옵션을 매입하는 동시에 다른 콜옵션을 매도하여 구성하면 콜스프레드라고 하고, 행사가격이 다른 두개의 풋옵션 중에서 하나의 풋옵션을 매입하는 동시에 다른 풋옵션을 매도하여 구성하면 풋스프레드라고 한다. 또한 기초자산이 상승하면 이득을 보는 전략을 강세스프레드(bull spread)라고 하고, 하락하면 이득을 보는 전략을 약세스프레드(bear spread)라고 한다.

예를 들어 콜옵션으로 구성하여 기초자산이 상승하면 이득을 보는 전략을 강세콜스프레드(bull call spread)라고 한다. 이 전략은 기초증권과 만기가 동일한 두개의 콜옵션 중에서 행사가격이 낮은 옵션을 매입하는 동시에 행사가격이 높은 옵션을 매도하여 구성한다. 이 전략의 특징은 [그림 16-6]에서 볼 수 있듯이 기초자산이 상승할 때 이득을 보지만 그 이익은 제한되며, 기초자산이 하락할 때 손실을 보지만 그 손실은 제한된다. 반대로 약세콜스프레드는 행사가격이 낮은 옵션을 매도하는 동시에 행사가격이 높은 옵션을 매수하여 구성한다. 이 전략은 기초자산이 하락하면 제한된 이득을 보지만 상승하면 제한된 손실을 본다.

예제 3

- 주식 A를 기초증권으로 하는 콜옵션 1#와 2#가 시장에서 거래되고 있으며, 주식 A가 시장에서 40,000원에 거래되고 있다.
- 콜옵션 1#과 2#의 만기일은 같고, 행사가격이 각각 35,000원과 45,000원이며, 옵션프리미엄이 각각 8,070원과 3,240원이라고 한다.
- 만기일에서 주식 A의 가격이 30,000원으로 하락하거나 50,000원으로 상승할 것으로 기대된다고 한다.
- 강세콜스프레드와 약세콜스프레드의 투자성과를 계산하시오.

먼저 강세콜스프레드에 대하여 살펴보자. 강세콜스프레드는 콜옵션 1#을 매입하는 한편 콜옵션 2#를 매도함으로써 구성된다. 이 경우 구성시점에서 현금흐름은 다음과 같이 계산된다.

현금흐름 = 콜옵션 2#의 매각수익 − 콜옵션 1#의 매입비용
= 3,240원 − 8,070원
= − 4,830원

따라서 강세콜스프레드의 경우 구성시점에서 4,830원의 현금유출이 발생함을 알 수 있다. 한편 만기일에서 현금흐름은 다음과 같은 두 가지의 경우로 구분하여 계산할 수 있다. 첫째, 만기일에서 주식 A의 가격이 30,000원으로 하락하는 경우로서 모든 콜옵션의 권리가 포기되기 때문에 투자비용에 해당하는 4,830원의 손실을 보게 되며, 둘째, 주식 A의 가격이 50,000원으로 상승하는 경우로서 콜옵션 1#과 2#의 권리가 행사됨에 따라 콜옵션 1#에서 이득을 보는 한편 콜옵션 2#에서 손실을 보기 때문에 만기일에서 현금흐름을 계산하면 다음과 같다.

현금흐름 = $(S_T - X_1) + (X_2 - S_T) + C_0^2 - C_0^1$
= (50,000원 - 35,000원) + (45,000 - 50,000) + (3,240원 - 8,070원)
= 5,170원

이상에서 설명한 강세콜스프레드를 그래프로 나타내면 [그림 16-6(a)]와 같다.

[그림 16-6(a)]에서 보여주는 것처럼 만기일에서 주식 A의 가격이 35,000원 이하로 하락하는 경우에는 4,830원 손실을 보는 한편 45,000원 이상으로 상승하는 경우에는 5,170원의 이득을 얻을 수 있음을 알 수 있다.

다음에는 약세콜스프레드에 대하여 살펴보기로 하자, 약세콜스프레드는 콜옵션 2#를 매입하는 동시에 콜옵션 1#를 매도할 때 구성되는 투자전략이다. 이 경우 구성시점에서 현금흐름을 계산하면 다음과 같다.

현금흐름 = (콜옵션 1#의 매각수익) - (콜옵션 2#의 매입비용)
= 8,070원 - 3,240원
= 4,830원

그림 16-6 콜스프레드의 투자성과

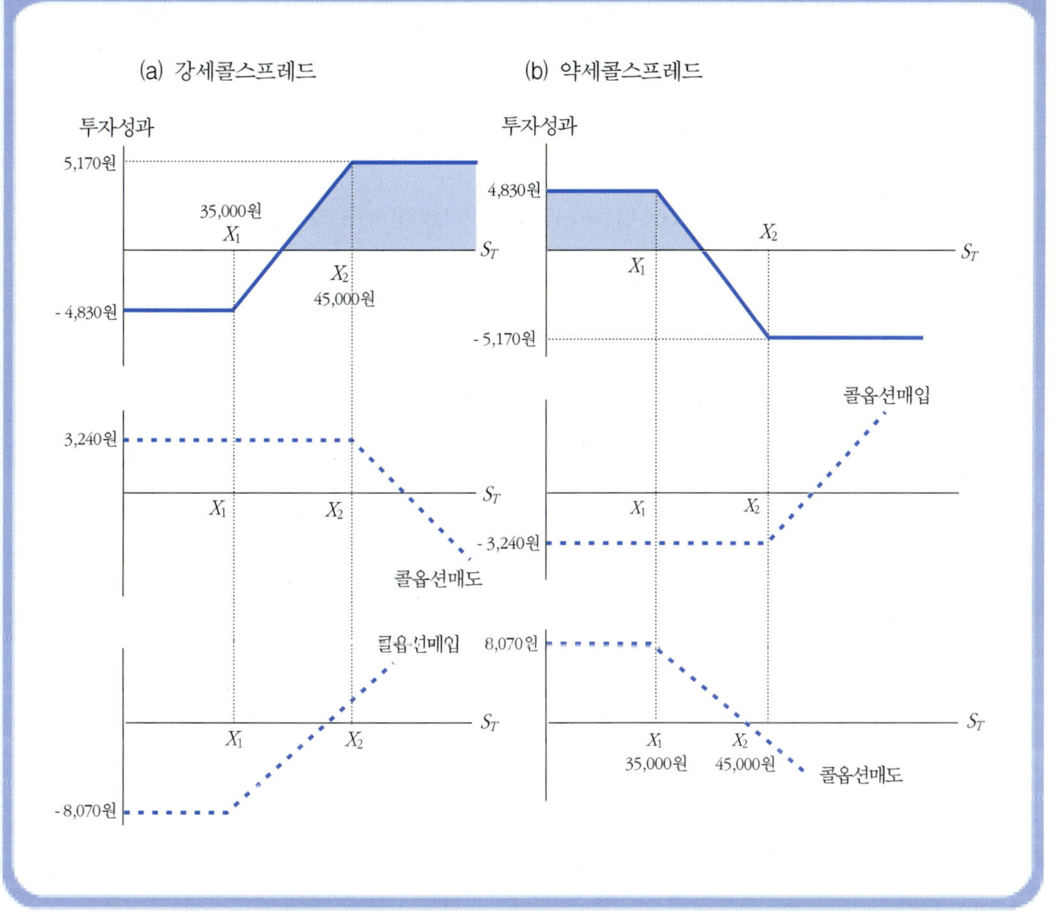

따라서 약세콜스프레드의 경우 구성시점에서 4,830원의 현금유입이 실현됨을 알 수 있다.

한편 만기일에서 현금흐름은 다음과 같은 두 가지의 경우로 구분하여 계산할 수 있다. 첫째, 만기일에서 주식 A의 가격이 30,000원으로 하락하는 경우로서 콜옵션 1#과 2#의 권리가 포기되기 때문에 콜옵션 1#의 매도에서 옵션프리미엄에 해당하는 이득을 보는 한편 콜옵션 2#의 매입에서 옵션프리미엄에 해당하는 손실을 보게 된다. 따라서 만기일에서 현금흐름을 계산하면 다음과 같다.

현금흐름 = 콜옵션 1#의 이득 + 콜옵션 2#의 손실
= 8,070원 - 3,240원
= 4,830원

둘째, 주식 A의 가격이 50,000원으로 상승하는 경우로서 콜옵션 1#과 2#의 권리가 행사됨에 따라 콜옵션 2#에서 이득을 보는 한편 콜옵션 1#에서 손실을 보기 때문 만기일에서 현금흐름을 계산하면 다음과 같다.

$$
\begin{aligned}
\text{현금흐름} &= (S_T - X_2) + (X_1 - S_T) + C_0^1 - C_0^2 \\
&= (50{,}000\text{원} - 45{,}000\text{원}) + (35{,}000 - 50{,}000) + (8{,}070\text{원} - 3{,}240\text{원}) \\
&= -5{,}170\text{원}
\end{aligned}
$$

이상에서 설명한 약세콜스프레드를 그래프로 나타내면 [그림 16-6(*b*)]와 같다. [그림 16-6(b)]에서 보여주는 것처럼 만기일에서 주식 A의 가격이 35,000원 이하로 하락하는 경우에는 4,830원의 이득을 얻는 한편 45,000원 이상으로 상승하는 경우에는 5,170원의 손실을 보게 됨을 알 수 있다.

여기서는 콜옵션을 이용한 스프레드전략을 설명하였다. 스프레드전략은 풋옵션을 이용하여 구성할 수도 있다. 이 전략에도 강세풋스프레드(bull put spread)와 약세풋스프레드(bear put spread)가 있다.

Ⅶ. 파생금융상품과 위험관리

1 포트폴리오보험화의 의의

효율적 시장에서는 저평가된 증권으로 포트폴리오를 구성하여 투자수익을 높이고자 하는 노력이 의미가 없다. 따라서 연금기금과 같은 기관투자자들은 저평가된 증권으로 포트폴리오를 구성하여 기금을 운용하는 적극적인 운용방법보다 주식시장의 평균적인 성과를 목표로 하는 한편 위험을 최소화하는 소극적인 운용방법을 선호한다.

하나의 방법으로서 코스피 200지수와 동일한 특성을 갖는 포트폴리오를 구성하여 기금을 운용하는 방법을 고려해 볼 수 있다. 그러나 이 경우 코스피 200지수가 상승할 때는 이득을 볼 수 있지만 하락할 때는 손실을 볼 수 있는 위험을 감수해야 한다. 이와 같은 위험을 시장위험이라고 한다. 이 시장위험을 제거함으로써 기금의 가치를 일정한 수준 이상으로 유지하기 위한 목적에서 포트폴리오의 보험화 전략이 이용되고 있다.

포트폴리오의 보험화 전략(portfolio insurance strategy)은 위험증권으로 구성된 포트폴리오를 운용하는 과정에서 포트폴리오의 가치가 상승할 때는 그에 따라 투자수익률을 실현하는 한편 포트폴리오의 가치가 하락하는 경우에는 일정한 수준의 투자수익률이 유지되도록 설계된 투자전략을 말한다. 이처럼 포트폴리오의 기본적인 성격을 재구성하기 위한 투자전략에서 파생금융상품이 널리 이용되고 있다.

포트폴리오의 보험화 전략은 주식으로 포트폴리오를 구성하여 자금을 운용할 때 이용되는 투자기법의 하나로써 미국의 연금운용에써 널리 이용되어 왔다. 포트폴리오의 보험화 전략은 시장위험을 헤지하는 수단으로써 풋옵션을 매입하거나 또는 주가지수선물을 매도함으로써 시작되었으나 최근에는 동적자산배분(dynamic assets allocation)전략이 주류를 이루고 있다. 동적자산배분전략은 최대의 투자수익과 최소의 투자위험을 확보하기 위하여 포트폴리오의 구성증권인 주식, 채권과 콜론 등의 구성비율을 주식시장의 동향에 따라 자동적으로 조정하도록 하는 프로그램매매를 통하여 기금을 운용하는 투자전략을 말한다.

② 주가지수선물과 위험관리

주가지수선물을 이용하여 시장위험을 관리하는 방법에 대하여 살펴보기로 하자. 연금기금을 코스피200지수에 연동된 지수기금(index fund)에만 투자하여 운용하는 경우에는 코스피200지수가 상승할 때는 이득을 볼 수 있지만 하락할 때 손실이 발생되는 위험을 부담해야 한다.

주식시장이 과거 수개월 동안에 걸쳐 안정적인 상승세를 보였던 관계로 현재 지수기금의 가치가 100억원에 이르고 있다고 하자. 그러나 다가오는 분기에서는 물가상승에 따른 압력으로 기업의 수익력이 떨어지고 전반적으로 주가가 하락할 가능성이 있다고 하자. 다음 분기에서 코스피200지수가 실제로 하락할 것인지는 확실하지 않지만 주식시장이 침체될 가능성이 상존하고 있다는 것이 문제이다.

기금관리자의 입장에서 보면 이와 같은 불확실성은 기금운용에 중대한 영향을 미친다. 주식시장의 침체가능성을 고려하여 지수기금에 대한 투자비율을 줄이는 한편 무위험채권에 대한 투자비율을 늘려야 할 것인지를 결정해야 하기 때문이다. 만일 기금운용의 방향을 바꾸지 않는다면 이와 같은 불확실성을 해소시킬 수 있는 방안을 적극적으로 모색해야 할 것이다.

불확실성을 해소시키는 가장 확실한 방법은 지수기금을 매각하여 100억원의 자금을 3개월 동안 무위험채권에 투자하는 것이다. 그러나 100억원의 기금을 모두 무위험채권에 투자하는 것은 비용부담이 클 뿐만 아니라 예상과 달리 주식시장이 활황을 보이는 경우에는 기금의 가치가 상대적으로 줄어드는 위험을 감수해야 한다.

주식시장의 침체에 대한 불확실성을 해소시킴으로써 지수기금의 가치를 100억원 수준 이상으로 유지할 수 있는 하나의 방법으로 주가지수선물을 이용할 수 있다. 즉 코스피 200지수를 기초자산으로 하는 지수선물을 매도하면 이와 같은 목적을 달성할 수 있다. [그림 16-7]에서 보여주는 것처럼 지수선물에 매도포지션을 취함으로써 코스피 200지수의 하락(상승)에 따른 지수기금의 손실(이득)을 지수선물계약의 이득(손실)으로 완전히 상쇄시킬 수 있음을 알 수 있다.

그림 16-7 선물계약을 이용한 위험관리

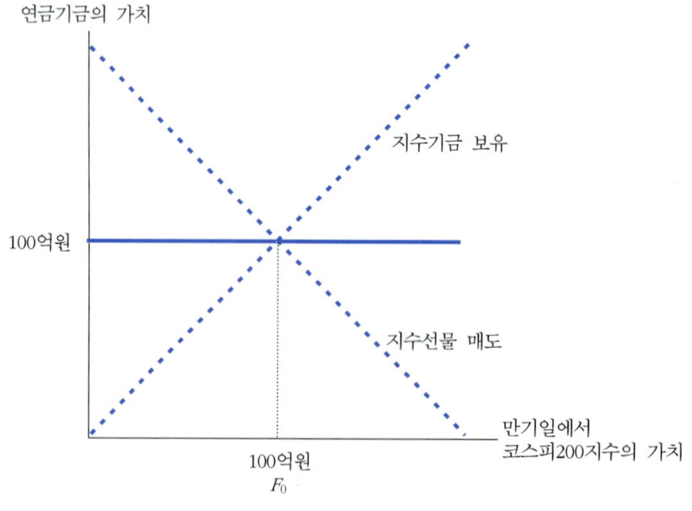

선물계약을 이용하는 장점은 적은 비용을 부담하면서 주식시장의 시황에 따라 유연하게 기금을 운용할 수 있다는데 있다. 3개월 후에 주식시장이 침체를 보이는 경우에는 선물계약에 대한 매도포지션을 그대로 유지하는 한편 예상과 달리 주식시장이 활황을 보이는 경우에는 선물계약에 반대포지션을 취하여 포지션을 정리함으로써 기금의 가치를 주식시장의 성과에 연동시킬 수 있기 때문이다.

③ 풋옵션과 위험관리

주식시장의 침체에 대한 우려로부터 지수기금의 가치를 보호하는데 지수선물계약이 어떻게 이용될 수 있는지에 대하여 살펴보았다.

기관투자자들은 전반적인 주가상승으로부터 이득을 얻는 동시에 주가하락에 따라 기금의 가치가 감소하는 것을 방지할 수 있는 방향으로 포트폴리오를 운용하려고 노력한다. 이와 같은 목적에서 포트폴리오의 보험화 전략으로 풋옵션을 이용할 수 있다. 이하에서는 지수풋옵션과 합성풋옵션을 이용하여 포트폴리오의 가치를 보호하는 방법에 대하여 살펴보기로 한다.

1) 지수풋옵션의 이용

연금기금을 코스피200지수에 연동된 지수기금에 투자하여 운용하고 있는 기관투자자가 코스피200지수가 상승할 때는 지수상승으로부터 이득을 얻는 한편 하락할 때는 기금의 가치를 일정한 수준으로 유지할 수 있는 투자전략을 모색하고 있다고 하자. 이 경우 코스피200지수를 기초자산으로 하는 풋옵션을 매입함으로써 그와 같은 목적을 달성할 수 있다.

[그림 16-8]에서 그 결과를 보여주고 있다. [그림 16-8]에서 곡선 ADE는 행사가격이 100억원인 지수풋옵션의 기말가치를 나타낸 것이고, 직선 OBC는 지수기금의 기말가치를 나타낸 것이다. 한편 [그림 16−8]에서 ABC는 기금관리자가 지수풋옵션을 매입하여 지수기금을 보험화할 때의 보험화된 지수기금의 기말가치를 보여주고 있다.

그림 16-8 지수풋옵션을 이용한 연금기금의 보험화 전략

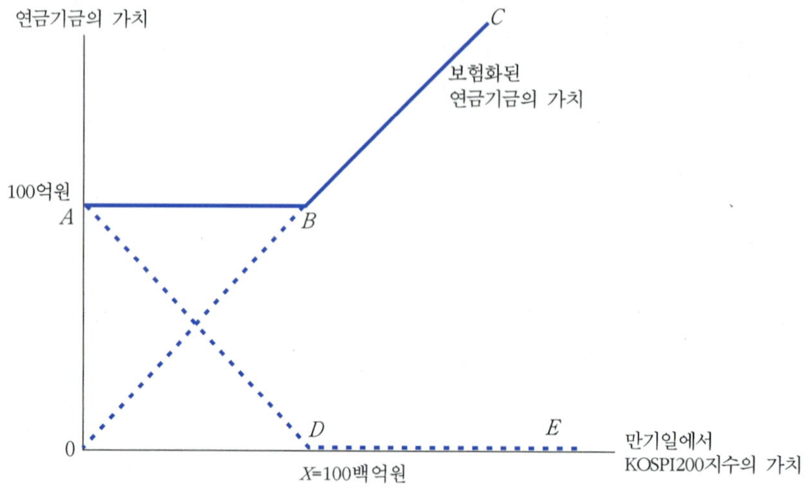

[그림 16-8]에서 볼 수 있는 것처럼 지수풋옵션을 매입함으로써 코스피 200지수가 하락하는 경우에는 지수기금의 가치가 일정한 수준 미만으로 감소하는 것을 방지하는 한편 상승할 경우에는 그에 따라 이득을 얻을 수 있는 포트폴리오의 보험화가 가능함을 알 수 있다. 이 경우 [그림 16-8]에서 보여주는 것처럼 지수풋옵션은 코스피 200지수의 하락에 따라 지수기금의 가치가 감소하는 것을 방지하는 역할을 하기 때문에 이와 같은 지수풋옵션을 보장성풋옵션(protective put option)이라고 하며, 보장성풋옵션을 이용한 투자전략을 포트폴리오 보험화 전략(portfolio insurance strategy)이라고 한다.

2) 합성풋옵션의 이용

합성풋옵션(synthetic put option)은 주식시장의 시황에 따라 포트폴리오의 구성증권인 지수기금과 무위험채권에 대한 투자비율을 자동적으로 조정하도록 설계된 프로그램매매를 통하여 기금을 운용할 때 생성되는 가상적인 풋옵션을 말한다. 예컨대 주식시장이 활황을 보일 때는 지수기금에 대한 투자비율을 늘리는 한편 주식시장이 침체

를 보일 때는 무위험채권에 대한 투자비율을 늘리도록 설계된 프로그램매매를 통하여 기금을 운용하는 과정에서 합성풋옵션이 생성된다. 합성풋옵션을 이용한 포트폴리오의 보험효과에 대하여 살펴보자.

100억원의 연금기금을 2년 동안 운용하려고 하는데, 코스피200지수가 계속 하락할 경우에는 연금기금의 가치를 100억원의 수준으로 유지하는 한편 상승할 경우에는 연금기금의 성과를 코스피200지수의 성과에 연동시키는 것이 목적이라고 하자. 코스피200지수는 년 단위로 현재가치 대비 20%씩 상승하거나 20%씩 하락할 것으로 예상되며, 무위험수익률이 연율 5%라고 하자.

100억원의 연금기금을 지수기금에 투자하는 경우 주식시장의 시황에 따라 2년 후에 실현되는 연금기금의 가치를 정리하면 〈표 16.5〉와 같다. 〈표 16.5〉에서 보여주는 것처럼 코스피200지수가 2년 연속 상승하는 경우에는 연금기금의 가치가 140억원으로 상승하지만, 2년 연속 하락하는 경우에는 연금기금의 가치가 60억원으로 줄어들 수 있음을 알 수 있다.

〈표 16.5〉 지수기금에 투자하는 경우 연금기금의 가치(2년 후)

연금기금의 가치 (현재)		연금기금의 가치 (1년후)		연금기금의 가치 (2년후)
			상승	140억원
	상승	120억원		
			하락	100억원
100억원				
			상승	100억원
	하락	80억원		
			하락	60억원

따라서 연금기금의 가치를 2년 후에 적어도 100억원 이상으로 유지하기 위해서는 다음과 같은 전략이 필요하다. 연금기금을 지수기금과 무위험채권에 투자하여 1년 동안 운용한 다음 주식시장의 시황에 따라 투자비율이 조정되도록 설계된 프로그램매매를 이용하는 투자전략이 그것이다. 다시 말하여 코스피200지수가 1년 후에도 계속 상승하는 경우에는 무위험채권의 투자액을 회수하여 지수기금에 투자하는 한편 반대로 하락할 때는 지수기금의 투자액을 회수하여 무위험채권에 투자하도록 설계된 프로그램매매를 이용함으로써 그와 같은 목적을 달성할 수 있다.

코스피200지수가 2년 연속 하락하더라도 연금기금의 가치가 100억원에서 유지되도록 하는 것이 목적이다. 2년 후에 연금기금의 가치가 100억원의 수준을 유지하기 위해서는 다음과 같은 포트폴리오의 재구성이 필요하다. 1년 후에도 연속 코스피 200지수가 하락할 때는 지수기금에 투자한 자금을 회수하여 무위험채권에 투자하는 것이며, 이 경우 무위험채권에 대한 투자액은 2년 후에 100억원의 투자수익을 얻을 수 있는 금액이어야 한다. 따라서 1년 후에 무위험채권에 투자해야 하는 금액을 계산하면 다음과 같다.

$$\text{무위험채권에 대한 1년후의 투자액} = \frac{100\text{억원}}{(1+0.05)} = 95.238\text{억원}$$

위의 식에서 보여주는 것처럼 1년 후에도 여전히 코스피200지수가 하락할 때는 지수기금에 대한 투자액을 회수하여 총 95.238억원을 무위험채권에 투자함으로써 2년 후에 100억원을 얻을 수 있기 때문에 연금기금의 가치를 100억원으로 유지할 수 있다.

이상에서 살펴본 바와 같이 2년 후에 연금기금의 가치를 적어도 100억 이상의 수준으로 유지하기 위하여 현재의 시점에서 지수기금과 무위험채권에 투자해야 하는 금액은 식 (1)과 식 (2)에서 각각 S와 B에 해당함을 알 수 있다.

$$1.2S + 1.05B = 120\text{억원} \tag{1}$$

$$0.8S + 1.05B = 95.238\text{억원} \tag{2}$$

식 (1)과 식 (2)에서 S는 지수기금에 대한 투자액을 그리고 B는 무위험채권에 대한 투자액을 의미한다. 식 (1)과 식 (2)에서 S와 B를 구하면 각각 $S = 61.905$억원과 $B = 43.537$억원이 된다. 따라서 2년 후에 연금기금의 가치가 적어도 100억원 이상의 수준에서 유지되도록 하기 위해서는 현재의 시점에서 지수기금과 무위험채권에 각각 61.905억원과 43.537억원을 투자해야 함을 알 수 있다. 105.442억원을 지수기금과 무위험채권에 각각 61.905억원과 43.537억원을 투자한 다음 1년 후에도 여전히 코스피200지수가 상승할 때는 무위험채권의 투자액을 회수하여 지수기금에 투자하는 한편 반대로 하락할 때는 지수기금의 투자액을 회수하여 무위험채권에 투자함으로써 연금기금의 가치를 적어도 100억원 이상으로 유지할 수 있다.

〈표 16.6〉에서 프로그램매매의 과정을 보여주고 있다. 〈표 16.6〉에서 보여주는 것처럼 코스피 200지수가 상승하는 경우에는 지수기금과 무위험채권의 가치가 74.286억원(61.905억원×1.2)과 45.714억원(43.537억원×1.05)으로 증가하며, 1년 후에도 여전히 상승할 때는 무위험채권을 매각한 45.714억원을 합한 120억원이 지수기금에 투자되기 때문에 2년 후에는 연금기금의 가치가 140억원으로 증가하게 된다.

〈표 16.6〉 연금기금의 보험화 전략에서 2년 후 연금기금의 가치

연금기금의 가치 (현재)		연금기금의 가치 (1년후)		연금기금의 가치 (2년후)
지수기금 61,905억원 무위험채권 43,537억원 105,422억원	상승	지수기금 120억원 무위험채권 0 120억원	상승	140억원
			하락	100억원
	하락	지수기금 0 무위험채권 95,238억원 95,238억원	상승	100억원
			하락	100억원

한편 코스피 200지수가 하락하는 경우에는 지수기금과 무위험채권의 가치가 1년 후에 각각 49.524억원(61.905억×0.8)과 45.714억원(43,537원×1.05)이 되며, 1년 후에도 여전히 하락할 때는 지수기금을 매각한 49.524억원을 합한 95.238억원이 무위험채권에 투자되기 때문에 2년 후에 연금기금의 가치가 100억원에서 유지된다.

이상에서 살펴본 바와 같이 코스피 200지수의 하락에 따라 연금기금의 가치가 감소하는 위험을 해소시키는데 544.2백만원의 자금이 추가로 투자되어야 한다. 즉 2년 후에 연금기금의 가치를 적어도 100억원 수준 이상에서 유지하기 위한 포트폴리오의 보험화 전략에서 544.2백만원의 추가비용을 부담해야 하며, 이와 같은 추가비용은 합성풋옵션을 매입하는데 소요되는 비용에 해당한다.

연습문제

1. 다음 용어를 간략하게 설명하시오.

1) 미국형 옵션	2) 유럽형 옵션	3) 지수옵션
4) 이자율옵션	5) 외화옵션	6) 스트랭글
7) 주식매수권	8) 신주인수권	9) 보장성풋옵션
10) 포트폴리오보험화	11) 콜옵션	12) 풋옵션
13) 헤지비율	14) 행사가격	15) 옵션의 내재가치
16) 옵션의 시간가치	17) 기초자산	18) 선물계약
19) 선도계약	20) 개별주식옵션	21) 스트래들 전략
22) 스트립 전략	23) 스트랩 전략	24) 스프레드 전략

2. 선도계약과 선물계약의 차이점에 대하여 설명하시오.

3. 선물계약의 종류를 아는 대로 제시하고 설명하시오.

4. 옵션계약의 유형을 아는 대로 제시하고 설명하시오.

5. 옵션을 이용한 투자전략으로서 스트래들 전략과 스트랭글 전략을 비교 설명하시오.

6. 선물계약을 이용한 위험관리에 대하여 설명하시오.

7. 옵션계약을 이용한 위험관리에 대하여 설명하시오.

8. 만기일에 가까워짐에 따라 옵션가치가 하락하는 이유를 설명하시오.

기출문제

1. 다음 표는 어느 특정일의 코스피200 주가지수 옵션시세표 중 일부이다. 다음의 설명 중 가장 적절하지 않은 것은? (단, 만기 전 배당, 거래비용, 세금은 없다고 가정한다. 1포인트는 10만원이다.) (2010 CPA)

(단위 : 포인트, 계약)

종목	종가	전일 대비	고가	저가	거래량	미결제 약정수량
코스피200	213.44	3.71	213.56	212.09	-	-
C 1003 217.5	1.99	0.78	2.17	1.43	597,323	73,427
C 1003 215.0	3.05	1.15	3.25	2.31	265,900	63,076
C 1003 212.5	4.55	1.70	4.55	3.40	57,825	44,939
C 1003 210.5	5.85	1.85	6.15	4.80	34,650	30,597
P 1003 215.0	4.55	-2.95	6.10	4.35	24,324	26,032
P 1003 212.5	3.30	-2.55	4.85	3.20	39,636	21,824
P 1003 210.5	2.40	-2.15	3.50	2.34	253,298	49,416
P 1003 207.5	1.73	-1.67	2.60	1.69	329,762	33,767

① 등가격(ATM)에 가장 가까운 종목 중 행사가격이 동일한 콜과 풋옵션의 경우 콜옵션 가격이 풋옵션 가격보다 비싸다.

② 행사가격이 210.5인 풋옵션 10계약을 장 중 최저가에 매입한 후 최고가에 매도하였다면 116만원의 매매차익을 얻었을 것이다.

③ 외가격(OTM)이 심한 종목일수록 거래량이 많았다.

④ 콜옵션의 경우 내가격(ITM)이 심한 종목일수록 청산되지 않고 남아있는 수량이 적었다.

⑤ 풋콜패러티(put-call parity)를 통한 계산결과, 행사가격이 212.5인 풋옵션은 과소평가되어 있다. 단, $(1+\text{무위험수익률})^{\text{잔존기간}}$은 1.002이다.

2. 배당지급이 없는 주식에 대한 옵션가격에 관한 설명으로 가장 적절하지 않은 것은? 단, C는 콜옵션의 가격, S는 주식의 현재가치, K는 옵션행사가격이고, $PV(K)$는 행사가격의 현재가치이다. (2012 CPA)

① 유럽식 콜옵션은 권리이므로 행사의 의무를 가지지 않으며, 만기일에 영(0) 아니면 양(+)의 수익을 얻는다.

② $C \geq \max[S-PV(K),0]$ 이다. 이 조건이 충족되지 않는 경우, 투자자는 콜옵션을 매입하고 주식을 공매도하여 얻은 자금을 무위험이자율로 투자하여 차익을 얻을 수 있다.

③ 이자율이 양(+)이면, 만기 전 미국식 콜옵션의 매도가격은 행사로부터의 이득보다 크다.

④ 외가격(out of the money)이나 등가격(at the money) 옵션의 내재가치는 0이다.

⑤ 콜옵션가격의 상한선은 주식의 현재가치에서 콜옵션의 행사가격을 차감한 값이다(즉, $C \leq S-K$). 이 조건이 충족되지 않는 경우, 투자자는 콜옵션을 매도하고 주식을 매입하는 전략으로 차익을 얻을 수 있다.

3. CPA 파생상품 투자주식회사의 옵션 운용부에서 근무하는 A부터 E까지 5명의 매니저(managers)가 다음과 같은 옵션 거래전략을 구성하였다. 옵션을 발행한 기초자산(underlying assets)의 주식가격이 향후 대폭 상승할 경우에 가장 불리한 투자결과를 낳을 것으로 예상되는 매니저는 누구인가? (옵션의 행사가격들은 현재의 주가에 근접하고 있으며 동일한 주식을 기초자산으로 하고 있다고 가정함) (2002 CPA)

A : 주식을 매입하고 매입한 주식에 대한 콜 옵션을 동시에 발행
B : 행사가격이 동일한 콜을 매입하고 동시에 풋을 발행
C : 행사가격이 다른 콜과 풋을 동시에 매입
D : 행사가격이 다른 두 개의 콜 중에서 높은 행사가격을 가진 콜을 매입하고 낮은 행사가격을 가진 콜을 발행
E : 주식을 매입하고 매입한 주식에 대한 풋 옵션을 동시에 매입

① A 매니저 ② B 매니저 ③ C 매니저
④ D 매니저 ⑤ E 매니저

4. 투자자 갑은 3개월 만기 콜옵션 1계약과 3개월 만기 풋옵션 1계약을 이용하여 주가지수옵션에 대한 스트랭글 매도(short strangle) 투자전략을 구사하려 한다. 현

재 형성된 옵션시세는 다음과 같다. 만기 주가지수가 1,120포인트일 때, 투자자의 만기손익과 최대손익을 구하시오. (2009 CPA)

a. 3개월 만기 주가지수 콜옵션
(행사가격 = 1,100포인트, 콜옵션 프리미엄 = 35원)
b. 3개월 만기 주가지수 풋옵션
(행사가격 = 1,100포인트, 풋옵션 프리미엄 = 21원)
c. 3개월 만기 주가지수 콜옵션
(행사가격 = 1,200포인트, 콜옵션 프리미엄 = 32원)
d. 3개월 만기 주가지수 풋옵션
(행사가격 = 1,200포인트, 풋옵션 프리미엄 = 27원)

	만기손익	최대손익
①	53	53
②	56	56
③	59	59
④	-60	60
⑤	-62	-62

5. 어느 투자자가 행사가격이 25,000원인 콜옵션을 개당 4,000원에 2개 매입하였고, 행사가격이 40,000원인 콜옵션을 2,500원에 1개 발행하였나. 옵션만기일에 기초주식가격이 50,000원이라고 할 때, 이러한 투자전략의 만기가치와 투자자의 만기손익을 각각 구하라. (단, 옵션의 기초주식과 만기는 동일하며 거래비용은 무시하라) (2005 CPA)

	투자전략의 만기가치	투자자의 만기손익
①	15,000원	13,500원
②	25,000원	23,500원
③	30,000원	27,000원
④	35,000원	30,000원
⑤	40,000원	34,500원

제17장 파생금융상품의 가치평가

옵션과 선물계약은 포트폴리오의 위험관리에서 유용하게 이용되고 있다. 특히 옵션은 투자전략적 측면에서 중요한 의미를 갖고 있으며, 옵션가격결정이론은 재무관리 분야에서 광범위하게 적용되고 있다.

이 장에서는 현물가격 또는 선물가격과 옵션가격 사이에 존재하는 패리티 관계에 대하여 살펴본 다음에 선물가격과 옵션가격의 결정모형에 대하여 설명하기로 한다.

Ⅰ. 현물 · 선물과 옵션 가격의 관계

앞 장에서 우리는 기초증권의 가격이 예상했던 방향으로 움직일 때는 옵션계약과 선물계약의 투자성과가 유사하지만 반대의 방향으로 움직일 때는 투자성과에 차이가 있음을 살펴보았다. 이와 같은 투자성과의 특성을 이용함으로써 현물가격 또는 선물가격과 옵션가격 사이에 존재하는 구조적인 관계를 이해할 수 있다.

이 절에서는 무위험증권, 기초증권, 선물계약과 옵션계약의 가치 사이에 존재하는 패리티 관계에 대하여 살펴보기로 한다.

1 풋-콜-현물 패리티 관계

기초증권, 만기까지의 기간과 행사가격이 동일한 콜옵션과 풋옵션의 가치 사이에 존재하는 관계를 풋-콜-현물 패리티 관계(put-call-spot parity relationship)라고 한다. 풋-콜-현물 패리티 관계에서는 콜옵션과 풋옵션 중에서 어느 한 옵션의 가격에 따라 다른 옵션의 가격이 상대적으로 어떻게 결정되어야 하는가를 설명하고 있다.

효율적 시장에서는 차익거래의 기회가 존재하지 않기 때문에 투자수익과 위험이 동일한 모든 증권이 동일한 가격에서 거래될 때 균형이 유지된다. 따라서 이와 같은 풋-콜-현물 패리티관계를 통하여 효율적 시장에서 파생금융상품의 가치가 어떻게 결정되는가를 이해할 수 있다.

주식 A를 기초증권으로 하는 유럽형 콜옵션 및 풋옵션의 행사가격(X원)과 만기일(T일)이 동일하며, 만기까지의 기간에서 주식 A에 대한 배당금이 지급되지 않는다고 가정하자. 이 경우 주식 A와 풋옵션 1주를 각각 S_0와 P_0에 매입하는 한편 콜옵션 1주를 C_0에 매도함으로써 무위험포트폴리오를 구성할 수 있다. 왜냐하면 만기일에서 주식 A의 가격과 관계없이 행사가격인 X에 해당하는 투자수익이 보장되기 때문이다.

이 경우 무위험포트폴리오의 투자비용은 $(S_0 + P_0 - C_0)$이고, 만기일(T일)에서 투자수익은 〈표 17.1〉과 같다.

〈표 17.1〉 만기일에서 무위험포트폴리오의 투자수익

	$S_T \le X$	$S_T > X$
주식 A 매입	S_T	S_T
풋옵션 매입	$X - S_T$	0
콜옵션 매도	0	$-(S_T - X)$
무위험포트폴리오	X	X

〈표 17.1〉에서 보여주는 바와 같이 만기일에서 주식 A의 가격(S_T)과 관계없이 무위험포트폴리오로부터 행사가격(X원)에 해당하는 일정한 투자수익을 얻을 수 있음을 알 수 있다. 따라서 $(S_0 + P_0 - C_0)$의 투자비용으로 무위험포트폴리오를 구성하는 경우 만기일(T일)에서 무위험포트폴리오의 가치는 기초증권의 가격변동과 관계없이 X원이 될 것이다. 그러므로 만기일에서 무위험포트폴리오의 투자수익은 X원의 원리금이 보장되는 무위험증권에 투자할 때의 투자수익과 동일해야 한다. 따라서 이들 증권 사이에는 다음과 같은 관계가 존재한다.

$$S_0 + P_0 - C_0 = \frac{X}{(1+r_f)^T} \tag{1}$$

r_f : 무위험수익률(연율)
T : 만기까지의 기간을 연 단위로 환산한 상대적 연수
$X/(1+r_f)^T$: 만기일에 원리금 X원을 받을 수 있는 무위험증권의 투자비용

식 (1)을 풋-콜-현물 패리티관계라고 한다. 식 (1)을 이용하여 4개의 증권 중에서 3개의 증권으로 포트폴리오를 구성함으로써 나머지 증권의 가격을 추정할 수 있다. 식 (1)을 고쳐 쓰면 식 (2)와 같다.

$$C_0 = S_0 + P_0 - \frac{X}{(1+r_f)^T} \tag{2}$$

식 (2)에서 보여주는 것처럼 주식 A와 풋옵션 1주를 각각 매입하는 한편 무위험증권을 공매하여 포트폴리오를 구성함으로써 콜옵션을 복제할 수 있음을 알 수 있다.

이와 같은 방법으로 풋옵션과 주식 A를 각각 복제한 포트폴리오를 구성함으로써 풋옵션과 주식 A의 가격을 추정할 수 있다. 식 (3)은 풋옵션을 복제한 포트폴리오, 그리고 식 (4)는 주식 A를 복제한 포트폴리오의 구성방법을 보여주고 있다.

$$P_0 = \frac{X}{(1+r_f)^T} - S_0 + C_0 \tag{3}$$

$$S_0 = \frac{X}{(1+r_f)^T} + C_0 - P_0 \tag{4}$$

이와 같은 결과는 다음과 같은 두 가지의 측면에서 유용하게 이용될 수 있다.

첫째, 콜옵션과 풋옵션 중에서 하나의 파생금융상품만 거래되고 있더라도 나머지 3개의 증권을 이용하여 투자자가 원하는 합성증권(synthetic securities)을 창출할 수 있다는 점이다. 예를 들어 주식 A를 공매하는 한편 콜옵션 1주와 무위험증권을 매입하여 포트폴리오를 구성함으로써 풋옵션과 동일한 특성을 갖는 합성증권을 창출할 수 있다.

둘째, 풋-콜-현물 패리티 관계를 이용함으로써 시장에서 실제로 차익거래기회가 존재하고 있는지를 확인할 수 있다는 점이다. 예를 들어 시장에서 풋옵션과 콜옵션이 활발하게 거래되고 있는 경우 이와 같은 파생금융상품의 가격이 복제포트폴리오의 가치와 일치하지 않을 때는 차익거래를 통하여 초과수익을 얻을 수 있는 기회가 존재하기 때문이다.

② 풋-콜-선물 패리티 관계

균형시장에서 파생금융상품의 가격 사이에 존재하는 이와 같은 구조적인 관계는 선물계약을 고려하는 경우에도 여전히 유지된다. 선물시장이 존재하는 경우에는 주식 A를 선물시장을 통하여 매입할 수 있기 때문이다.

주식 A를 기초자산으로 하는 풋옵션 및 콜옵션의 행사가격과 만기까지의 기간이 동일하고, 주식 A가 선물시장에서 거래되고 있다고 하자. 주식 A와 풋옵션 1주를 각각 선물가격(F_0)과 풋옵션가격(P_0)으로 매입하는 한편 콜옵션 1주를 매도하여 무위험포트폴리오를 구성할 수 있다. 이 경우 만기일에서 무위험포트폴리오의 투자수익을 정리하면 〈표 17.2〉와 같다.

〈표 17.2〉 만기일에서 무위험포트폴리오의 투자수익

	$S_T \leq X$	$S_T > X$
선물매입(주식 A)	$S_T - F_0$	$S_T - F_0$
풋옵션 매입	$X - S_T$	0
콜옵션 매도	0	$-(S_T - X)$
무위험포트폴리오	$X - F_0$	$X - F_0$

〈표 17.2〉에서 보여주는 것처럼 만기일에서 주식 A의 가격과 관계없이 무위험포트폴리오로부터 $(X - F_0)$의 일정한 투자수익을 얻을 수 있다. 따라서 무위험포트폴리오의 투자비용은 만기일에서 $(X - F_0)$의 원리금을 지급하는 무위험증권의 투자비용과 일치해야 한다.

그러나 〈표 17.1〉과 〈표 17.2〉는 현금흐름의 측면에서 다음과 같은 두 가지 중요한 차이가 있다. 첫째, 무위험포트폴리오를 구성하기 위하여 주식 A를 선물시장에서 매입하는 경우에는 매입시점에서 투자비용을 부담하지 않아도 된다는 점이다. 따라서 현물시장에서 주식 A를 매입하는 경우에는 매입시점에서 $(S_0 + P_0 - C_0)$의 투자비용을 부담해야 하지만 선물시장에서 주식 A를 매입하는 경우에는 $(P_0 - C_0)$의 투자비용만 부담하면 된다. 둘째, 선물시장을 이용하여 무위험포트폴리오를 구성하는 경우 만기일에서 실현되는 투자수익이 상대적으로 작다는 점이다. 현물시장에서 주식 A를 매입하여 무위험포트폴리오를 구성하는 경우에는 주가변동과 관계없이 X원의 투자수익이 실현되지만 선물시장을 이용하는 경우에는 $(X - F_0)$원의 투자수익이 실현되기 때문이다. 그러므로 식 (5)의 관계가 성립함을 알 수 있다.

$$P_0 - C_0 = \frac{X - F_0}{(1 + r_f)^T} \tag{5}$$

식 (5)를 풋-콜-선물 패리티 관계(put-call-futures relationship)라고 한다. 앞서 설명한 풋-콜-현물 패리티 관계식과 풋-콜-선물 패리티 관계식을 결합함으로써 현물가격과 선물가격의 관계를 유도할 수 있다. 식 (1)을 식 (5)에 대입하여 정리하면 식 (6)과 같다.

$$S_0 = \frac{F_0}{(1 + r_f)^T} \tag{6}$$

식 (6)에서 보여주는 것처럼 효율적 시장에서는 주식 A의 현물가격이 선물가격을 무위험수익률로 할인한 가치와 일치해야 함을 알 수 있다.

Ⅱ. 선물계약의 가치평가

1 헤지거래와 베이시스위험

선물시장에서는 헤저와 투기자들이 선물거래에 참여하고 있다. 헤저(hedger)는 특정자산의 가격변동에 따른 손실을 방지하기 위한 목적에서 선물거래에 참여하는 투자자를 말하며, 투기자는 선물가격의 변동에 따른 시세차익을 얻기 위한 목적에서 선물거래에 참여하는 투자자를 말한다. 한편 선물계약을 매입하거나 매도함으로써 가격변동에 따른 손실을 방지할 수 있다. 이와 같은 목적에서 선물계약을 사거나 파는 거래를 헤지거래(hedge transaction)라고 한다.

헤지거래는 매입헤지(long hedging)와 매도헤지(short hedging)로 구분된다.

매입헤지는 특정자산을 소유하고 있는 투자자가 현물가격의 상승에 따른 손실을 방지하기 위하여 선물계약을 매입하는 것을 말한다. 예를 들어 제조업자의 경우에는 원자재의 가격이 상승할수록 원가부담이 증가하기 때문에 선물계약을 매입함으로써 이와 같은 원자재가격의 상승에 따른 손실을 방지할 수 있다. 현물가격이 상승하더라도 원자재의 구입가격을 선물가격 수준으로 고정시킬 수 있기 때문이다.

한편 매도헤지는 특정자산을 소유하고 있는 투자자가 현물가격의 하락에 따른 손실을 방지하기 위한 목적에서 선물계약을 매도하는 것을 말한다. 예를 들어 농부가 가을에 수확하는 쌀의 가격이 하락할 것을 염려하여 쌀선물계약을 매도함으로써 가을의 쌀가격과 관계없이 선물가격으로 수익을 고정시킬 수 있다. 또한 채권을 소유하고 있는 투자자의 경우 채권선물계약을 매도함으로써 이자율변동에 따른 투자위험을 제거시킬 수 있다. 이자율이 상승하는 경우 채권가격의 하락에 따른 손실을 선물가격의 하락에 의한 이익으로 보전할 수 있으며, 반대로 이자율이 하락하는 경우에는 선물가격의 상승에 따른 손실을 채권가격의 상승에 의한 이익으로 보전할 수 있기 때문이다. 그 밖에 지수선물계약을 이용하여 주가변동에 따른 투자위험을 제거시킬 수 있다. 포트폴리오를 소유하고 있는 투자자가 주가지수선물계약을 매도하는 경우이다.

헤지거래(hedge transaction)의 목표는 가격위험을 상쇄시키는 포지션을 만드는데 있다. 헤지거래는 현물가격과 선물가격이 같은 방향으로 변화하기 때문에 가능하다. 현물가격과 선물가격이 같은 방향으로 움직이는 경우 반대포지션을 취함으로써 가격변동에 따른 손실을 서로 상쇄시킬 수 있기 때문이다.

베이시스(basis)는 현물가격에서 선물가격을 공제한 차이를 의미한다. 주식시장을 중심으로 하여 살펴보기로 하자. 예를 들어 주식시장은 여러 기업의 주식이 거래되는 현물시장이며, 현물시장에서 거래되는 주식 또는 주가지수를 기초자산으로 하는 선물계약이 거래되는 시장을 선물시장이라고 한다. 따라서 베이시스는 식 (7)과 같이 정의할 수 있다.

$$B_t = S_t - F_t \tag{7}$$

B_t : t시점에서 베이시스
S_t : t시점에서 현물가격
P_t : t시점에서 만기가 T일인 선물가격

베이시스는 다음과 같은 특성을 지니고 있다. 첫째, 현재의 시점에서는 현물가격과 선물가격을 직접 관찰할 수 있기 때문에 최초베이시스(initial basis)를 확실하게

파악할 수 있으며, 둘째, 만기일에서는 현물가격과 선물가격이 정확하게 일치하기 때문에 만기베이시스(maturity basis)는 언제나 0이 되지만, 셋째, 만기일 이전인 t 시점에서는 베이시스가 불확실하다는 점이다. 만기일 이전인 t시점의 베이시스를 정리베이시스(covered basis)라고 한다. 여기서 t시점은 선물계약에 대한 포지션이 정리되는 시점을 의미한다.

만기일 이전에서는 현물가격과 선물가격의 변동에 따라 베이시스가 변동하며, 이처럼 베이시스가 변동하는 위험을 베이시스위험(basis risk)이라고 한다. 그러므로 포지션이 정리되는 t시점에서 정리베이시스가 최초베이시스와 일치하지 않을 수도 있다. 예를 들어 지수기금을 소유하고 있는 기관투자자가 t시점에서 지수기금을 매각하는 한편 선물시장에서 지수선물계약을 매입함으로써 포지션을 정리한다고 하자. 포지션이 정리되는 t시점에서 이익은 식 (8)과 같다.

$$B_t - B_0 = (S_t - F_t) - (S_0 - F_0) \tag{8}$$

식 (8)에서 B_0와 B_t는 각각 최초베이시스와 정리베이시스를 의미한다. 식 (8)에서 헤지에 대한 중요한 사실을 보여주고 있다. 지수기금을 소유하고 있는 기관투자자가 포지션을 정리하는 경우 주식시장의 시황과 관계없이 가격변동에 따른 손실을 보지 않아도 되지만 베이시스위험(basis risk)만은 부담해야 한다는 사실이다. 식 (8)에서 보여주는 것처럼 결합포지션의 가치는 정리포지션에서 최초포지션을 공제한 것으로 정의되기 때문에 베이시스위험(basis risk)을 부담해야 한다.

베이시스위험은 현물가격과 선물가격의 상관관계에 따라 결정된다. 선물계약의 기초자산이 현물자산과 정확하게 일치하지 않을 뿐만 아니라 현재의 시점에서 볼 때 정리베이시스가 불확실하기 때문이다. 다시 말하여 현물시장과 선물시장에서 가격변동의 상관관계에 따라 베이시스위험이 결정된다. 따라서 선물계약을 이용하더라도 가격위험을 완전히 제거시킬 수 없다는 사실을 알 수 있다.

현물자산과 선물계약의 기초자산이 동일한 경우에는 완전 양(+)의 상관관계를 갖기 때문에 베이시스위험을 부담하지 않아도 되지만 이와 같은 경우는 현실적으로 거의 존재하지 않는다. 따라서 현물가격과 선물가격의 상관관계를 파악하여 베이시스위험을 줄일 수 있는 방법을 강구해야 한다.

베이시스위험을 줄이기 위하여 현물계약 1단위에 대하여 매도해야 하는 선물계약의 수를 헤지비율(hedge ratio)이라고 한다. 1단위의 현물자산을 소유하고 있는 투자자가 N단위의 선물계약에 매도포지션을 취함으로써 가격위험을 줄일 수 있다고 하자. 이 경우 헤지포지션으로부터 얻을 수 있는 이익은 식 (9)와 같다.

$$E_t = \Delta S - \Delta F N \qquad (9)$$

$$\Delta S = S_t - S_0$$

$$\Delta F = F_t - F_0$$

한편 헤지포지션의 이익에 대한 분산은 식 (10)과 같다.

$$\sigma_E^2 = \sigma_{\Delta S}^2 + N^2 \sigma_{\Delta F}^2 - 2N\sigma_{\Delta S, \Delta F} \qquad (10)$$

σ_E^2 : 헤지포지션 이익의 분산
$\sigma_{\Delta S}^2$: 현물가격의 분산
$\sigma_{\Delta F}^2$: 선물가격의 분산
$\sigma_{\Delta S, \Delta F}$: 현물가격과 선물가격의 공분산

식 (10)을 N에 대하여 미분하면 식 (11)과 같다.

$$\frac{d\sigma_E^2}{dN} = 2N\sigma_{\Delta F}^2 - 2\sigma_{\Delta S, \Delta F} - 0 \qquad (11)$$

식 (11)을 N에 대하여 정리하면 식 (12)와 같다.

$$N = \frac{\sigma_{\Delta S, \Delta F}}{\sigma_{\Delta F}^2} \qquad (12)$$

$\rho_{S,F}$: 현물가격과 선물가격의 상관계수

식 (12)에서 $\sigma_{\Delta S, \Delta F} = \rho_{S,F}\, \sigma_{\Delta S}\, \sigma_{\Delta F}$이므로 이를 식 (12)에 대입하면 식 (13)과 같다.

$$N = \frac{\sigma_{\Delta S}}{\sigma_{\Delta F}} \rho_{S,F} \qquad (13)$$

식 (13)에서 보여주는 것처럼 $\rho_{S,F} = 1.0$인 선물계약이 베이시스위험을 줄일 수 있는 헤지포지션에서 최선의 선물계약임을 알 수 있다. 한편 현물가격과 선물가격

이 완전 양(+)의 상관관계에 있지 않은 경우에는 상관관계를 고려하여 헤지비율을 추정한 다음 그에 따라 선물계약에 헤지포지션을 취함으로써 베이시스위험을 줄일 수 있다.

② 현물가격과 선물가격의 관계

선물가격결정이론은 현물가격과 선물가격의 관계를 설명하는 이론, 선물가격과 기대현물가격의 관계를 설명하는 이론 등으로 구분된다. 현물가격과 선물가격 사이의 관계를 살펴보기 위하여 다음과 같은 사실을 가정하자.

첫째, 현물시장과 선물시장은 완전시장이다.

둘째, 기초자산을 보유할 때 발생되는 보유비용은 이자비용으로 구성된다.1)

셋째, 기초자산을 보유할 때 발생되는 보유수익은 없다.2)

넷째, 기초자산의 공매(short sale)에 제한이 없다.

마지막으로 자금의 차입과 대출에 제한이 없으며, 차입이자율과 대출이자율은 동일하다.

풋-콜-선물 패리티 관계식에서 살펴본 바와 같이 현물가격은 선물가격을 무위험수익률로 할인한 가치와 같다. 왜냐하면 현물시장과 선물시장에서 반대포지션을 취함으로써 현물가격과 관계없이 만기일에서 일정한 투자수익을 얻을 수 있는 무위험포트폴리오를 구성할 수 있기 때문이다. 이 경우 무위험포트폴리오의 수익률은 무위험수익률과 같기 때문에 식 (14)와 같이 나타낼 수 있다.

$$\frac{F_0 - S_0}{S_0} = r_0 \tag{14}$$

F_0 : 만기일이 T 일인 선물계약의 시장가격
S_0 : 현물가격
r_o : 현재부터 T 일까지의 무위험수익률

식 (14)를 선물가격에 대하여 정리하면 식 (15)와 같다.

---

1) 기초자산의 보유비용은 상품과 금융자산에서 차이가 있다. 상품의 보유비용은 저장 또는 보관비용, 수송료, 보험료 등이 포함되며, 금융자산의 보유비용은 이자비용으로 구성된다.

2) 상품의 보유수익은 상품의 이용에 의해 얻어지는 편의가치이며, 금융자산의 보유비용은 배당수익과 이자수익을 말한다. 금융자산의 보유수익(D)을 고려하는 경우 현물가격과 선물가격 사이에는 다음과 같은 관계가 성립된다. $F_0 = S_0(1+r_0) - D$

$$F_0 = S_0(1 + r_0) \tag{15}$$

식 (15)를 보유비용모형(cost of carry model)이라고 한다. 식 (15)의 관계가 유지되지 않는 경우에는 시장에서 차익거래가 일어나며, 이와 같은 차익거래의 압력으로 식 (15)의 관계가 유지될 때 시장에서 균형이 유지된다.

차익거래의 과정에 대하여 살펴보기로 하자. 식 (15)에서 $F_0 > S_0(1+r_0)$인 경우에는 모든 투기자들이 선물계약을 매도하는 한편 현물을 매입함으로써 무위험초과수익률을 얻기 위한 차익거래에 참여하게 된다. 한편 $F_0 < S_0(1+r_0)$인 경우에는 모든 투기자들이 현물을 매도하는 한편 선물을 매입하는 차익거래에 참여하게 된다. 따라서 차익거래에 의한 초과수익률이 0이 되는 수준에서 균형이 유지되기 때문에 균형시장에서는 $F_0 = S_0(1+r_0)$ 의 관계가 유지되는 것이다.

식 (15)의 보유비용모형은 만기가 다른 선물가격의 관계에서도 유지된다. 만기가 긴 선물계약과 만기가 짧은 선물계약 사이에 식 (16)의 관계가 성립한다.

$$F_0^2 = F_0^1(1 + {}_T r_{T+20}) \tag{16}$$

F_0^1 : 만기가 T 일인 선물계약의 가격

F_0^2 : 만기가 $T+20$일인 선물계약의 가격

${}_T r_{T+20}$: T일에서 $T+20$일까지의 무위험수익률

③ 기대현물가격과 선물가격의 관계

기대현물가격과 선물가격 사이의 관계를 설명하는 가설은 불편기대가설, 정상인도유예가설과 정상인수유예가설로 구분된다.

1) 불편기대가설

불편기대가설(unbiased expectation hypothesis)은 선물가격이 미래의 기대현물가격과 일치하는 수준에서 형성된다고 보는 가설이다. 다시 말하여 미래의 현물가격에 대한 시장의 기대를 반영하여 선물가격이 결정되는 효율적 시장에 근거를 두고 있다. 불편기대가설은 식 (17)과 같이 나타낼 수 있다.

$$F_0 = E(S_T) \tag{17}$$

F_0 : 만기가 T 일인 선물계약의 가격
$E(S_T)$: 만기일에서 기대되는 현물가격

식 (17)에 의하면 $F_o = E(S_T)$이기 때문에 선물계약의 매도에 따른 기대이익은 $F_0 - E(S_T) = 0$이 되며, 매입에 따른 기대이익 또한 $[E(S_T) - F_0] = 0$이 된다. 예를 들어 6개월 후에 기대되는 현물가격이 3,000원이라면 6개월만기 선물계약은 3,000원에서 가격이 형성될 것이기 때문이다.

선물가격이 기대현물가격보다 낮은 경우에는 선물계약을 매입하여 인도일에서 그보다 높은 현물가격으로 기초자산을 매각하는 차익거래를 통하여 초과이익을 얻을 수 있으며, 선물가격이 기대현물가격보다 높은 경우에는 선물계약을 매각한 후 인도일에서 그보다 낮은 현물가격으로 매입하여 선물계약을 청산하는 차익거래를 통하여 초과수익을 얻을 수 있기 때문에 기대현물가격과 일치하는 수준에서 선물가격이 형성될 때 시장균형이 유지된다.

불편기대가설에서는 모든 투기자들이 현물과 선물을 이용하여 무위험포트폴리오를 구성할 수 있기 때문에 위험프리미엄을 요구하지 않으면서 헤저들이 위험을 분담하여 준다는 논리에 근거를 두고 있다. [그림 17-1]에서 불편적 기대가설을 보여

그림 17-1 선물가격과 기대현물가격의 관계(불편적 기대가설)

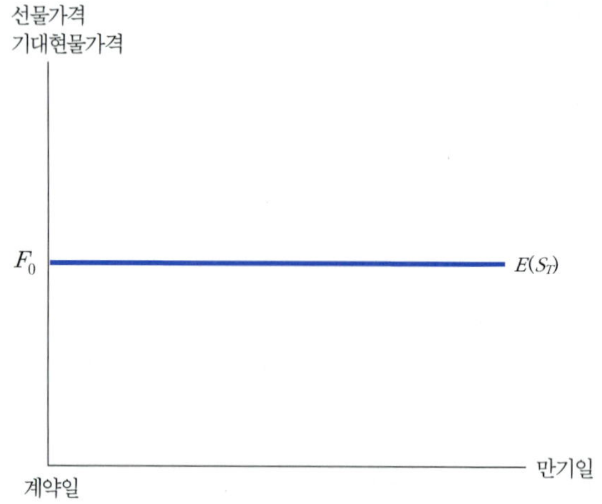

주고 있다. 불편기대가설에 의하면 모든 시점에서 선물가격과 기대현물가격이 일치하게 된다.

2) 정상인도유예가설

케인즈는 미래의 현물가격이 불확실하기 때문에 헤저들이 선물계약을 매도하고자 할 때 투기자들로 하여금 선물계약을 매입할 수 있도록 유도하기 위하여 적절한 유인을 제공하여야 한다고 주장하였다.[3] 투기자의 입장에서 보면 선물계약을 매입하는 경우 선물가격의 하락에 따른 손실을 감수해야 하기 때문에 이와 같은 손실에 대한 적절한 보상을 요구할 것이다. 따라서 헤저들이 가격하락에 따른 위험을 회피하기 위한 목적에서 선물계약을 매도하고자 할 때는 투기자들에게 적절한 보상을 제공해야만 원래의 목적을 달성할 수 있을 것이다.

정상인도유예가설(normal backwardation hypothesis)에 의하면 헤저들이 적절한 초과수익률을 제공함으로써 투기자들을 유인하기 위해서는 기대현물가격보다 낮은 가격으로 선물계약을 매도해야 하기 때문에 선물가격이 언제나 기대현물가격보다 낮은 수준에서 형성되어야 한다. 따라서 정상인도유예가설에서는 식 (18)과 같은 관계가 성립된다.

$$F_0 < E(S_T) \tag{18}$$

식 (18)에 의하면 선물계약을 매입한 투기자들이 만기일 내에서 매입가격보다 높은 가격으로 선물계약을 매각하여 선물거래를 청산함으로써 시세차익을 얻을 수 있다. [그림 17-2]에서 정상인도유예가설을 보여주고 있다. [그림 17-2]에서 보여주는 것처럼 만기일에 가까워질수록 선물가격이 기대현물가격에 수렴하고 있음을 알 수 있다.

---

3) J. M. Keynes, *Treatise on Money*, London : MacMilan, 1930, pp. 142~144.

그림 17-2 선물가격과 기대현물가격의 관계(정상인도유예가설)

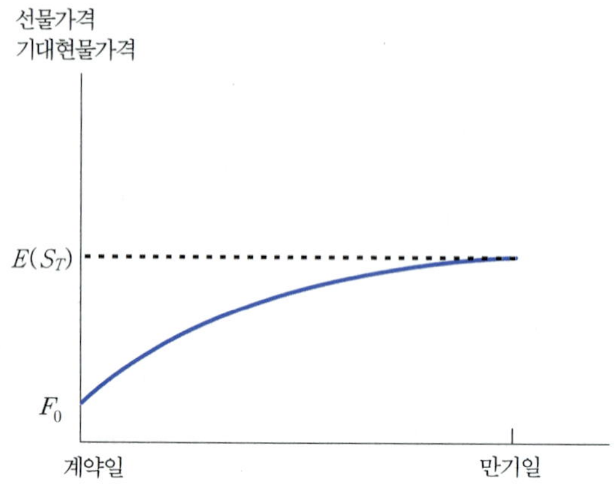

3) 정상인수유예가설

정상인도유예가설과 반대되는 상황을 가정해 보자. 헤저들은 투기자들로부터 선물계약을 매입하여 가격상승에 따른 위험을 회피하고자 한다. 그러나 투기자들이 선물계약을 헤저들에게 매도하는 경우 예상과 달리 선물가격의 상승에 따른 손실을 부담해야 하기 때문에 헤저들이 선물계약을 매각하고자 하는 투기자들에게 적절한 보상을 제공해야 한다. 이와 같은 유인은 기대현물가격보다 선물가격이 높게 형성되는 원인이 된다.

정상인수유예가설(normal contango hypothesis)에 의하면 선물가격은 언제나 기대현물가격보다 높은 수준에서 형성되며, 식 (19)의 관계가 성립된다.

$$F_0 > E(S_T) \tag{19}$$

식 (19)에 의하면 선물계약을 매각한 투기자들은 만기일 내에서 매도가격보다 낮은 가격으로 선물계약을 매입하여 선물거래를 청산함으로써 시세차익을 얻을 수 있다. [그림 17-3]에서 정상인수유예가설을 보여주고 있다. 만기일 내에서 선물가격과 기대현물가격의 차이가 만기일에 가까워짐에 따라 줄어들고 있다.

그림 17-3 선물가격과 기대현물가격의 관계(정상인수유예가설)

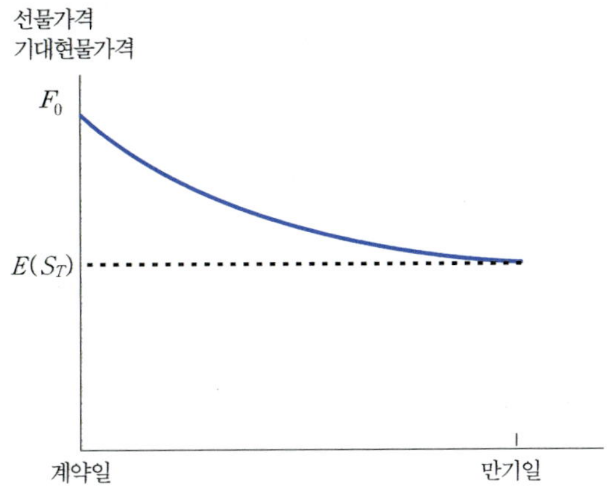

Ⅲ. 옵션계약의 가치평가

1 옵션가치의 경계선

1) 콜옵션

[그림 17-4]에서는 만기일에서 기초증권의 가격에 따라 변화하는 콜옵션가치를 보여주고 있다. 만기일에서 기초증권의 가격이 행사가격 이상으로 상승할 때는 콜옵션가치가 $(S_T - X)$원이 되는 반면, 그 이하로 하락할 때는 콜옵션소유자가 권리를 포기하기 때문에 콜옵션가치는 0원이 된다.[4] 따라서 콜옵션가치는 $C_0 \geq (S_T - X)$이거나 $C_0 \geq 0$이어야 함을 알 수 있다.

---

4) 만기일의 주가가 8,000원이고, 행사가격이 10,000원이라면 콜옵션소유자가 권리를 행사하여 보통주를 10,000원에 매입하는 것보다 권리를 포기하고 시장에서 보통주를 8,000원에 매입하는 것이 더 유리하기 때문에 콜옵션은 행사되지 않는다.

한편 콜옵션가치는 기초증권의 가격보다 언제나 낮은 수준에서 결정된다. 기초증권을 시장에서 직접 매입할 수 있는 가격 이상을 지불하면서 콜옵션을 매입하지 않을 것이기 때문이다. 따라서 콜옵션가치는 [그림 17-4]의 범위에서 결정됨을 알 수 있다.

한편 [그림 17-4]에서 보여주는 것처럼 옵션가치는 시간가치와 내재가치로 구성되어 있음을 알 수 있다.

$$\text{옵션가치} = \text{내재가치} + \text{시간가치} \tag{20}$$

첫째, 내재가치(intrinsic value)는 지금 권리를 행사할 때의 옵션가치로서 기초증권의 가격과 행사가격의 차이로 측정된다. 따라서 양(+)의 내재가치는 지금 옵션을 행사하더라도 이득을 취할 수 있는 상황에 있음을 의미하며, 이러한 상황에 있는 옵션을 내가격옵션(in the money option)이라고 한다. 반대로 음(−)의 내재가치는 지금 옵션을 행사하더라도 이득을 취할 수 없는 상황에 있음을 의미하며, 이와 같은 상황에 있는 옵션을 외가격옵션(out of the money option)이라고 한다. 한편 내재가치가 0원인 상황에 있는 옵션을 등가격옵션(at the money option)이라고 한다.

그림 17-4 콜옵션가치의 경계선

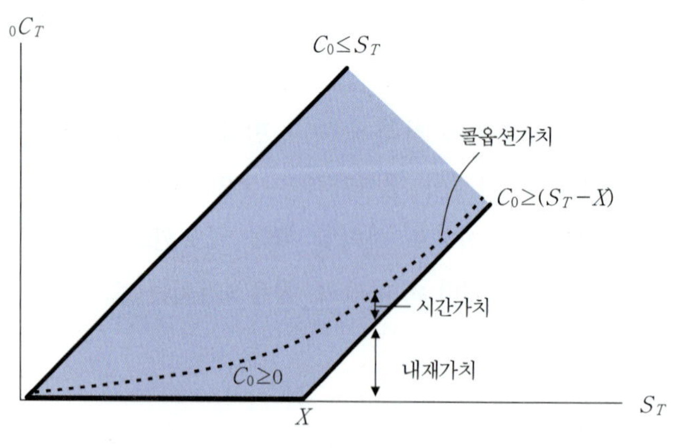

둘째, 시간가치(time value)는 만기까지의 기간에서 기초증권의 가격이 상승함에 따라 이득을 얻을 수 있는 가능성에 대한 가치를 의미한다. 따라서 만기까지의 기간이 가까워질수록 시간가치는 급격하게 줄어들게 되며, 만기일에서 시간가치는 0원이 된다.

2) 풋옵션

[그림 17-5]에서 풋옵션가치의 경계선을 보여주고 있다. 만기일에서 기초증권가격이 행사가격보다 높을 때는 풋옵션소유자가 권리를 포기하기 때문에 풋옵션가치는 0이 되지만 행사가격보다 낮을 때는 풋옵션소유자가 권리를 행사하여 시장가격보다 높은 가격으로 기초증권을 매각함으로써 $(X-S_T)$의 이득을 얻을 수 있다. 따라서 풋옵션의 가치는 $(X-S_T)$보다 같거나 커야 한다.

풋옵션은 기초증권을 행사가격으로 매각할 수 있는 권리이기 때문에 풋옵션소유자는 행사가격과 같거나 작은 금액으로 풋옵션을 매각할 수 있다. 따라서 풋옵션가치는 행사가격보다 같거나 작아야 한다.

그림 17-5 풋옵션가격의 경계선

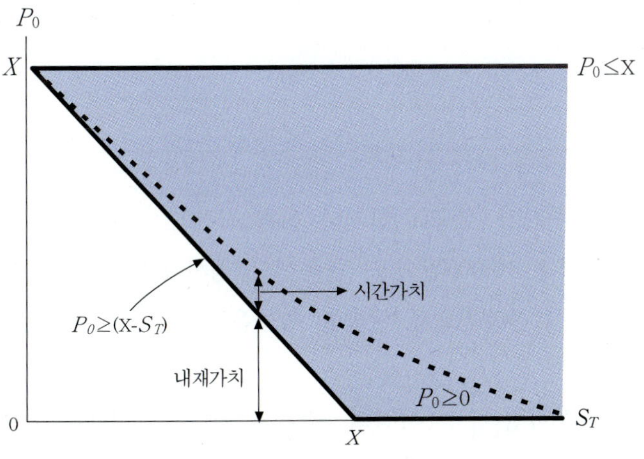

한편 풋옵션가치는 언제나 양(+)의 값을 갖는다. 풋옵션가치가 음(-)의 값을 보인다는 것은 풋옵션발행자가 매입자에게 옵션프리미엄을 지불한다는 것을 의미하기 때문이다.

② 콜옵션가격결정모형 : 이항접근법

보통주를 기초증권으로 하는 콜옵션이 거래되고 있으며, 보통주가격과 옵션가격이 이항과정에 따라 형성된다고 가정하자. 〈표 17.3〉에서 주가와 옵션가격의 생성과정을 설명하는 이항과정의 일반적인 형태를 보여주고 있다.

〈표 17.3〉 보통주가격과 콜옵션가치의 이항과정

(a) 보통주가격의 이항과정

S_t 10,000원

0.6 → $S^u_{t+1} = 1.05S_t = 10{,}500$원

0.4 → $S^d_{t+1} = 0.95S_t = 9{,}500$원

(b) 콜옵션가격의 이항과정

C_t

0.6 → $C^d_{t+1} = S^u_{t+1} - X = 10{,}500$원$-10{,}000$원$=500$원

0.4 → $C^d_{t+1} = S^u_{t+1} - X = 0$원

t시점과 $t+1$시점 사이에서 주가가 상승(u)하거나 하락(d)하는 두 가지 상황이 주어지며, t시점에서 보통주가격은 10,000원이고, 콜옵션의 행사가격이 10,000원이며, $t+1$시점에서 보통주가격이 10,500원으로 상승할 확률은 0.6이고, 9,500원으로 하락할 확률이 0.4라고 하자.[5)]

〈표 17.3〉에서 보여주는 것처럼 $t+1$시점의 주가가 행사가격보다 높으면 $(S_{t+1} - X)$의 투자수익을 얻을 수 있지만, 행사가격보다 낮을 때는 권리행사를 포

5) 주가나 옵션이 상승하는 상황은 u, 하락하는 상황은 d로 표시한다. 예를 들어 S^u는 기초증권이 상승하는 상황이며, S^d는 기초증권이 하락상황을 의미한다.

기하기 때문에 투자수익은 0원이 된다. 따라서 $t+1$시점의 콜옵션가치는 식 (21)과 같이 나타낼 수 있다.

$$C_{t+1} = MAX[(S^u_{t+1} - X), 0] = MAX[500\text{원}, 0] \tag{21}$$

기초증권과 콜옵션이 이항과정에 따라 변동하는 경우 두 증권으로 구성되는 무위험헤지포트폴리오의 가치도 이항과정에 따라 변동할 것이다. 따라서 무위험헤지포트폴리오를 구성함으로써 t시점의 콜옵션가치(C_t)를 구할 수 있다. 무위험헤지포트폴리오(risk-free hedge portfolio)는 보통주 1주를 매입하는 한편 적절한 수의 콜옵션을 발행함으로써 구성할 수 있다. 〈표 17.4〉에서 무위험헤지포트폴리오의 이항과정을 보여주고 있다.

〈표 17.4〉 무위험헤지포트폴리오의 이항과정

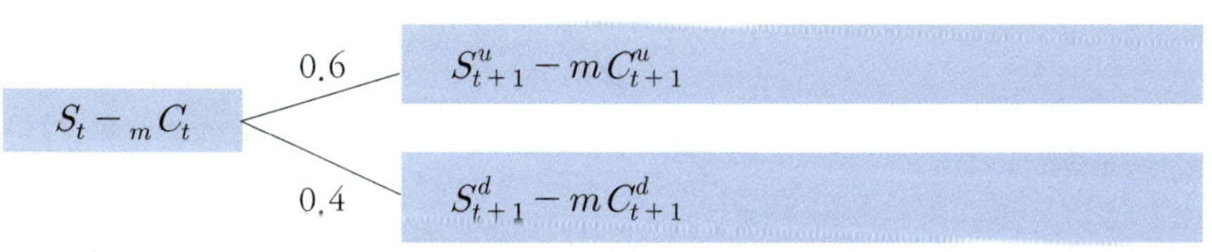

$t+1$시점에서 무위험헤지포트폴리오의 투자수익은 기초증권의 가격과 관계없이 일정하기 때문에 식 (22)의 관계가 성립된다.

$$S^u_{t+1} - mC^u_{t+1} = S^d_{t+1} - mC^d_{t+1} \tag{22}$$

식 (22)에서 m을 헤지비율이라고 한다. 헤지비율(hedge ratio)은 무위험헤지포트폴리오를 구성하기 위하여 기초증권인 보통주 1주를 매입하는 동시에 발행해야 하는 콜옵션의 수를 의미한다.

한편 [그림 17-6]에서 기울기는 헤지비율의 역수로서 만기일에서 보통주의 가격이 변동함에 따라 콜옵션의 가치가 변화하는 정도를 의미한다. 예를 들어 헤지비율이 2라면 헤지비율의 역수인 0.5가 기울기이며, 이는 만기일에서 보통주의 가격이 1원 상승하는 경우 콜옵션의 가치가 0.5원 만큼 상승한다는 것을 의미한다.

식 (22)에서 $C_{t+1}^{d}=0$이므로 식 (22)을 m에 대하여 정리하면 식 (23)과 같다.

$$m=\frac{S_{t+1}^{u}-S_{t+1}^{d}}{C_{t+1}^{u}} \tag{23}$$

식 (23)을 이용하여 헤지비율을 계산하면 다음과 같다.

$$m=\frac{10,500원-9,500원}{500}=2주$$

그림 17-6 t+1 시점에서 보통주가격과 콜옵션가치의 관계

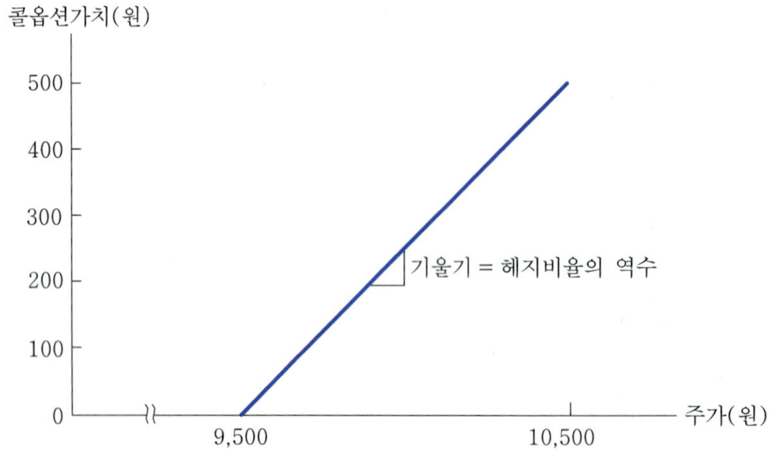

따라서 보통주 1주를 매입하는 동시에 콜옵션 2주를 발행함으로써 무위험헤지포트폴리오를 구성할 수 있으며, 무위험헤지포트폴리오의 투자수익을 계산하면 〈표 17.5〉와 같다. 두 가지 상황에서 무위험헤지포트폴리오의 투자성과가 일치함을 보여주고 있다.

〈표 17.5〉 무위험헤지포트폴리오의 투자성과

	$S_{t+1} > X$	$S_{t+1} \leq X$
보통주 1주 보유 콜옵션 2주 발행	10,500원 −1,000	9,500원 0
무위험포트폴리오	9,500원	9,500원

t시점과 $t+1$시점 사이의 무위험이자율이 0.5%라면 식 (24)의 관계가 성립한다.

$$(10,000\text{원} - 2 \times C_t)(1 + 0.005) = 9,500\text{원} \tag{24}$$

식 (24)에서 C_t를 계산하면 $C_t = 273.6$원이므로 콜옵션가격(콜옵션프리미엄)이 273.6원 임을 알 수 있다.

한편 식 (24)를 일반식으로 나타내면 식 (25)와 같다.

$$(S_t - mC_t)(1 + r_f) = (S_{t+1}^u - mC_{t+1}^u) \tag{25}$$

식 (25)에서 $(S_t - mC_t)$와 $(S_{t+1}^u - mC_{t+1}^u)$는 각각 무위험헤지포트폴리오의 기초가치와 기말가치를 의미한다. 따라서 식 (25)의 관계가 유지되는 수준에서 콜옵션의 가치가 형성될 때 시장에서 균형이 유지될 것이다. 그렇지 않은 경우에는 시장에서 차익거래가 일어나게 된다. 차익거래의 과정에 대하여 살펴보자.

t시점에서 콜옵션의 가격이 280원에 형성된다면 식 (25)에서 무위험헤지포트폴리오의 투자수익률(0.64%)이 무위험수익률(0.5%)보다 높은 상태가 유지될 것이다.

$$(10,000\text{원} - 2 \times 280\text{원})(1 + r_f) = 9,500\text{원} \rightarrow r_f = 0.64\%$$

식 (25)에서 $(S_t - mC_t)(1 + r_f) > (S_{t+1}^u - mC_{t+1}^u)$가 유지되는 경우에는 모든 투자자들이 콜옵션을 매각하여 보통주를 매입하는 차익거래를 통하여 0.14%(0.64%-0.5%)의 무위험초과이익을 얻을 수 있기 때문에 모든 투자자들이 차익거래에 참여할 것이고, 이와 같은 차익거래의 압력에 따라 콜옵션가격이 273.6원까지 조정될 때 균형이 유지된다. 이 경우 무위험헤지포트폴리오의 투자수익률은 무위험수익률과 일치하게 된다.

반대로 t시점에서 콜옵션의 가격이 270원에 형성된다면 무위험헤지포트폴리오의 투자수익률(0.42%)이 무위험수익률(0.5%)보다 낮은 상태가 유지될 것이다.

$$(10{,}000\text{원} - 2 \times 270\text{원})(1 + r_f) = 9{,}500\text{원} \rightarrow r_f = 0.42\%$$

한편 $(S_t - mC_t)(1 + r_t) < (S^u_{t+1} - mC^u_{t+1})$의 관계가 유지되는 경우에는 모든 투자자들이 보통주를 매각하여 콜옵션을 매입하는 차익거래를 통하여 0.08%(0.5%-0.42%)의 초과수익률을 얻을 수 있는 기회가 존재하게 된다. 따라서 이와 같은 차익거래에 따른 시장압력으로 콜옵션의 시장가격이 273.6원까지 조정될 때 시장에서 균형이 유지된다.

이상의 설명에서는 단일기간을 가정하였다. 다기간의 가정에서도 같은 맥락으로 콜옵션의 가치를 추정할 수 있다. 〈표 17.6〉에서는 만기까지의 기간이 2년이고, 보통주가격이 10,000원인 경우의 이항과정을 보여주고 있다.

먼저 $t+1$시점의 헤지비율을 구하면 다음과 같다.

$$m_{t+1} = \frac{11{,}025\text{원} - 9{,}975\text{원}}{1{,}025\text{원}} = 1.0244\text{주}$$

따라서 식 (25)를 이용하여 $t+1$ 시점의 콜옵션의 가치를 다음과 같이 나타낼 수 있다.

$$(10{,}500\text{원} - 1.0244\text{주} \times C_{t+1})(1 + 0.005) = 9{,}975\text{원}$$

위의 식에서 $t+1$시점의 콜옵션의 가치(C_{t+1})를 계산하면 561원임을 알 수 있다. 다음으로 t시점의 헤지비율을 구하면 다음과 같다.

$$m_t = \frac{10{,}500\text{원} - 9{,}500\text{원}}{561\text{원}} = 1.7825\text{주}$$

따라서 t시점의 콜옵션가치(C_t)를 다음과 같이 나타낼 수 있다.

$$(10{,}000\text{원} - 1.7825\text{주} \times C_t)(1 + 0.005) = 9{,}500\text{원}$$

위의 식에서 t시점의 콜옵션가치를 계산하면 307원임을 알 수 있다.

단일기간과 2기간의 가정에서 구한 콜옵션의 가치가 각각 273.6원과 307원으로 차이가 있는 것으로 나타나고 있다. 이처럼 2기간의 가정에서 콜옵션의 가치가 더 높게 형성되는 이유는 만기까지의 기간이 길어질수록 시간가치가 반영되기 때문이다. 따라서 다른 조건이 동일하다면 만기까지의 기간이 짧은 콜옵션의 가치가 만기까지의 기간이 긴 콜옵션의 가치보다 낮은 수준에서 형성된다는 것을 알 수 있다.

콜옵션의 가치는 만기일에 가까워짐에 따라 내재가치에 수렴하게 된다. 그 이유는 만기에 가까워질수록 시간가치가 급격하게 줄어들기 때문이다. 이를 그림으로 나타내면 [그림 17-7]과 같다.

〈표 17.6〉 보통주가격과 콜옵션가치의 이항 과정(2기간의 가정)

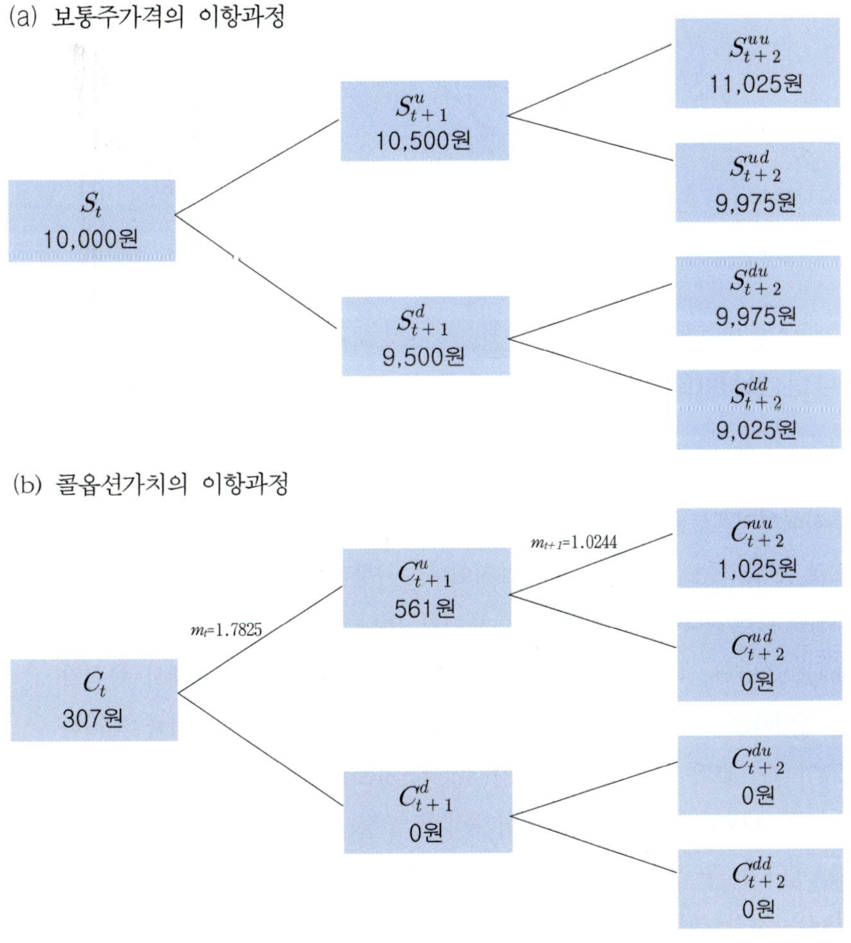

그림 17-7 만기까지의 기간과 콜옵션가치의 관계

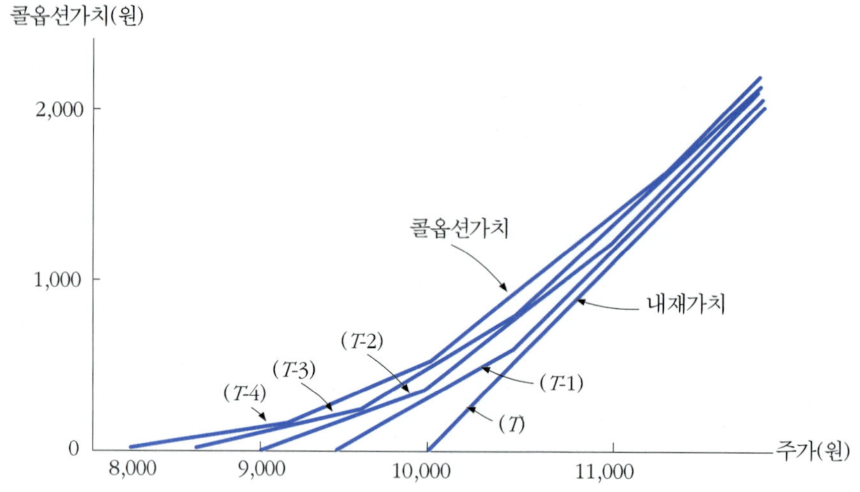

③ 콜옵션가격결정모형(Black-Scholes의 접근법)

콜옵션가격의 이항접근법에서는 주가에 대한 기대가 변화될 때마다 헤지비율을 조정함으로써 무위험헤지포트폴리오를 구성할 수 있다는 논리에 근거를 두고 있다. 주가가 연속적으로 변화하는 경우에도 마찬가지이다. 이항접근법에 비하여 헤지비율의 조정기간이 매우 짧아진다는 사실 이외에 차이가 없다.

블랙–숄즈(Black-Scholes, 1973)는 주가가 연속적으로 변화한다는 가정에서 옵션가격의 형성과정을 설명하는 콜옵션가격결정모형(option pricing model : *OPM*)을 제시하였다. 블랙–숄즈의 *OPM*은 콜옵션의 공정가격(fair price)을 추정하는데 이용된다. 따라서 블랙–숄즈의 *OPM*을 이용하여 옵션가격과 공정가격 사이에 어느 정도 차이를 보이는가를 평가할 수 있다. 공정가격이 실제가격보다 높은 경우에는 매입의 대상이 되며, 반대의 경우는 발행(매각)의 대상이 된다.

블랙–숄즈의 *OPM*에서는 주가가 연속적으로 변화하며, 만기까지의 기간에서 배당이 지급되지 않으며, 세금과 거래비용이 존재하지 않는 완전시장을 가정하고

있다.[6] 블랙-숄즈의 OPM은 식 (26)과 같다.[7]

$$C_t = S_t N(d_1) - \frac{X}{e^{rT}} N(d_2) \tag{26}$$

$$d_1 = \frac{\ln \frac{S_t}{X} + \left[r_f + \frac{1}{2}\sigma^2\right]T}{\sigma\sqrt{T}}$$

$$d_2 = \frac{\ln \frac{S_t}{X} + \left[r_f - \frac{1}{2}\sigma^2\right]T}{\sigma\sqrt{T}} = d_1 - \sigma\sqrt{T}$$

C_t : t일에서 콜옵션가치
S_t : t일에서 기초증권의 시장가격
X : 옵션의 행사가격
r_f : 연속복리무위험수익률(연율)
T : 만기까지의 기간(1년에 대한 상대적 기간으로 표시)
σ : 연속복리수익률의 표준편차
$\frac{1}{e^{rT}}$: 연속복리할인계수
$N(d_1)$: 헤지비율의 역수
$N(d_2)$: 만기일에서 $S_T > X$의 확률

예제 1

- 보통주 A의 시장가격은 36,000원이고, 주가수익률의 표준편차는 50%이며, 무위험수익률은 5%이다.
- 만기까지의 기간과 행사가격이 각각 3개월과 40,000원인 콜옵션의 가치를 추정하시오.

먼저 d_1과 d_2를 계산하면 다음과 같다.

$$d_1 = \frac{\ln \frac{36,000}{40,000} + \left[0.05 + \frac{1}{2}(0.5)^2\right]0.25}{0.5\sqrt{0.25}} = -0.25$$

$$d_2 = -0.25 - 0.5\sqrt{0.25} = -0.50$$

6) 옵션가격결정모형은 유럽형 콜옵션(European call option)을 대상으로 개발된 것이다. 자세한 내용은 다음 논문을 참고할 것. F. Black and M. Scholes, "The Pricing of Options and Corporate Liabilities", *Journal of Political Economy,* Vol. 81, No. 3 (May), 1973, pp. 637~654.

7) OPM의 유도과정에 대한 자세한 내용은 다음을 참고할 것. 국찬표, 구본열, "현대재무론" 3판, 비봉출판사, 2001, pp. 792~796.

〈표 17.7〉 $N(d)$의 값

d	$N(d)$	d	$N(d)$	d	$N(d)$
		−1.00	.1587	1.00	.8413
−2.95	.0016	−.95	.1711	1.05	.8531
−2.90	.0019	−.90	.1841	1.10	.8643
−2.85	.0022	−.85	.1977	1.15	.8749
−2.80	.0026	−.80	.2119	1.20	.8849
−2.75	.0030	−.75	.2266	1.25	.8944
−2.70	.0035	−.70	.2420	1.30	.9032
−2.65	.0040	−.65	.2578	1.35	.9115
−2.60	.0047	−.60	.2743	1.40	.9192
−2.55	.0054	−.55	.2912	1.45	.9265
−2.50	.0062	−.50	.3085	1.50	.9332
−2.45	.0071	−.45	.3264	1.55	.9394
−2.40	.0082	−.40	.3446	1.60	.9452
−2.35	.0094	−.35	.3632	1.65	.9505
−2.30	.0107	−.30	.3821	1.70	.9554
−2.25	.0122	−.25	.4013	1.75	.9599
−2.20	.0139	−.20	.4207	1.80	.9641
−2.15	.0158	−.15	.4404	1.85	.9678
−2.10	.1790	−.10	.4602	1.90	.9713
−2.05	.0202	−.05	.4801	1.95	.9744
−2.00	.0228	.00	.5000	2.00	.9733
−1.95	.0256	.05	.5199	2.05	.9798
−1.90	.0287	.10	.5398	2.10	.9821
−1.85	.0322	.15	.5596	2.15	.9842
−1.80	.0359	.20	.5793	2.20	.9861
−1.75	.0401	.25	.5987	2.25	.9878
−1.70	.0446	.30	.6179	2.30	,9893
−1.65	.0495	.35	.6368	2.35	.9906
−1.60	.0548	.40	.6554	2.40	.9918
−1.55	.0606	.45	.6736	2.45	.9929
−1.50	.0668	.50	.6915	2.50	.9938
−1.45	.0735	.55	.7088	2.55	.9946
−1.40	.0808	.60	.7257	2.60	.9953
−1.35	.0885	.65	.7422	2.65	.9960
−1.30	.0968	.70	.7580	2.70	.9965
−1.25	.1057	.75	.7734	2.75	.9970
−1.20	.1151	.80	.7881	2.80	.9974
−1.15	.1251	.85	.8023	2.85	.9978
−1.10	.1357	.90	.5159	2.90	.9981
−1.05	.1469	.95	.8289	2.95	.9984

〈표 17.7〉을 이용하여 $N(d_1)$과 $N(d_2)$의 값을 구하면 각각 $N(-0.25)=0.4013$과 $N(-0.5)=0.3085$이다. $N(d_1)$과 $N(d_2)$의 값을 식 (26)에 대입하여 콜옵션의 가치를 추정하면 다음과 같다.

$$C_0 = 36{,}000\text{원} \times 0.4013 - \left[\frac{40{,}000\text{원}}{e^{0.05 \times 0.25}}\right] \times 0.3085 = 2{,}260\text{원}$$

한편 블랙-숄즈의 풋옵션가격결정모형은 식 (27)과 같다.

$$P_0 = \frac{X}{e^{rT}} N(-d_2) - S_t\, N(-d_1) \tag{27}$$

[예제 1]에서 콜옵션을 풋옵션이라고 가정한다면 $N(-d_1)$과 $N(-d_2)$는 각각 다음과 같이 구할 수 있다.

$$N(-d_1) = 1 - N(d_1) = 1 - 0.4013 = 0.5987$$
$$N(-d_2) = 1 - N(d_2) = 1 - 0.3085 = 0.6915$$

$N(-d_1)$과 $N(-d_2)$의 값을 식 (24)에 대입하여 풋옵션가치를 추정하면 다음과 같다.

$$P_0 = \frac{40{,}000\text{원}}{e^{0.05 \times 0.25}} 0.6915 - 36{,}000\text{원} \times 0.5987 = 5{,}763\text{원}$$

4 옵션가격의 결정요인

OPM에 의하면 콜옵션가치는 보통주가격(S_t), 행사가격(X), 만기까지의 기간(T), 무위험수익률(r_f)과 보통주수익률의 변동성(σ) 등 다섯 가지 요인에 의해 결정된다.

콜옵션가치는 ① 보통주가격이 높을수록, ② 만기까지의 기간이 길수록, ③ 무위험수익률이 높을수록, ④ 보통주수익률의 변동성이 클수록 상승하며, ⑤ 행사가격이 높을수록 하락한다. 한편 풋옵션가치는 ① 보통주가격이 높을수록, ② 무위험수익률이 높을수록 하락하며, ③ 행사가격이 높을수록, ④ 만기까지의 기간이 길수록,

⑤ 보통주수익률의 변동성이 클수록 상승한다. 그러나 만기까지의 기간과 옵션가격의 관계는 정비례하지 않는다. 만기까지의 기간이 긴 경우에는 시간의 경과에 따라 옵션의 시간가치가 서서히 줄어드는 반면에 만기까지의 짧은 경우에는 시간의 경과에 따라 옵션의 시간가치가 급속하게 줄어들기 때문이다.

상기의 다섯 가지 요인 중 S_t, X와 T의 세 가지 요인은 확정된 값이고, 무위험수익률은 옵션과 동일한 만기를 갖는 무위험증권의 만기수익률을 의미하며, 보통주수익률의 변동성만이 실제로 관찰할 수 없는 요인이다. 따라서 콜옵션가치의 추정에서 가장 중요한 일은 보통주수익률의 변동성을 추정하는 것이다.

연습문제

1. 다음 용어를 간략하게 설명하시오.

1) 헤지거래	2) 매입헤지	3) 매도헤지
4) 최초 베이시스	5) 정리 베이시스	6) 만기 베이시스
7) 베이시스 위험	8) 헤지비율	9) 불편적 기대가설
10) 정상인도유예가설	11) 정상인수유예가설	12) 내가격 옵션
13) 외가격 옵션	14) 등가격 옵션	

2. 풋-콜-현물 패리티 관계에 대하여 설명하시오.

3. 풋-콜-선물 패리티 관계에 대하여 설명하시오.

4. 선물시장에서 어떠한 요인이 정상인도유예(normal backwardation)와 정상인수유예(normal contango)를 발생시키는지를 설명하시오.

5. 선물가격과 현물가격의 관계를 설명하시오.

6. 선물가격과 기대현물가격의 관계에 대한 세 가지 가설을 설명하시오.

7. 선물시장과 옵션시장에서 말하는 헤지비율을 비교 설명하시오.

8. 콜옵션의 만기는 3개월이고, 행사가격은 45,000원이다. 한편 콜옵션의 기초증권인 증권 A의 시장가격은 47,000원이며, 표준편차는 0.40이고, 무위험수익률이 5%라고 한다. 블랙-숄즈의 모형을 이용하여 콜옵션가치를 추정하시오.

9. 주식 B의 시장가격은 16,000원이고, 6개월 후에 주가가 15,000원으로 하락하거나 17,500원으로 상승하며, 배당은 지급되지 않고, 무위험수익률은 12%이고, 행사가격이 15,500원이라고 한다. 아래의 물음에 답하라.
   1) 주식 B와 콜옵션을 이용하여 무위험헤지포트폴리오를 구성하시오.
   2) 콜옵션가치를 계산하시오.

10. 주식 K의 시장가격은 20,000원이고, 매년 30%씩 상승하거나 10%씩 하락할 수 있으며, 무위험이자율은 연리 12%라고 한다. 행사가격이 23,000원이고 만기까지의 기간이 2년인 풋옵션의 가치를 계산하시오.

11. 주식 Y의 시장가격은 16,000원이고, 6개월 후에 주가가 15,000원으로 하락하거나 18,500원으로 상승할 수 있으며, 무위험이자율은 12%이고 배당이 지급되지 않는다고 한다. 행사가격이 18,000원인 풋옵션을 가정하여 다음의 물음에 답하시오.

(1) 주식 Y와 풋옵션을 어떻게 결합하여야 무위험헤지포트폴리오를 구성할 수 있는가?

(2) 풋옵션의 균형가격을 계산하시오.

기출문제

1. 펀드매니저 A는 10억원 규모로 KOSPI 200 지수와 상관계수가 1인 주식 인덱스 펀드(index fund)를 6개월간 구성하여 운영하려고 한다. 그러나 인덱스 펀드의 관리에 어려움을 경험한 펀드매니저 B는 인덱스 펀드 대신 만기까지 6개월 남은 KOSPI 200 지수선물 20계약과, 연수익률 6%이고 6개월 만기인 채권을 10억원 매입하였다. 두 펀드 매니저의 펀드 운용결과가 향후 시장의 등락에 관계없이 동일하려면 B는 얼마의 가격에 선물을 매입하여야 하는가? (수수료 및 증거금을 포함한 거래비용은 없으며 채권은 무위험으로 가정함) (2002 CPA)

KOSPI 200 지수 = 100 pt., 무위험금리 = 연 6%
지수종목주식 기대배당수익률 = 연 4%, 선물승수 = 50만원/pt.

① 97 pt. ② 99 pt. ③ 101 pt. ④ 103 pt. ⑤ 105 pt.

2. 동일한 수익구조를 만들어내는 복제포트폴리오의 구성방법 중 옳은 항목만을 모두 모은 것은? (2010 CPA)

a. 미 달러화 선물환 매도 = 원화채권 매입 + 현물환 매도 + 미 달러채권 매도
b. 채권 매입 = 선물 매도 + 기초자산 매입
c. 주식 공매 = 채권 매도 + 콜옵션 매도 + 풋옵션 매입

① a, b, c ② b, c ③ a, c ④ c ⑤ a, b

3. 배당을 지급하지 않는 A기업의 주가는 현재 10,000원이다. 투자자는 1년 동안 10,000원을 예금하는 경우 만기에 11,000원을 확정적으로 받게 되며, 예금 금리와 동일한 금리로 자금을 차입할 수 있다. 여기서 콜옵션과 풋옵션은 A기업 주식에 대한 만기 1년의 유럽형(European) 옵션을 의미하며, 행사가격은 11,000원으로 동일하다. 콜옵션 가격이 3,000원이라면 다음 중 옳은 것은? (2004 CPA)

① 풋옵션 가격이 2,000원이라면, 콜옵션 하나를 매수하고 풋옵션 하나를 매도함으로써 1년 후 1,100원의 무위험차익을 얻을 수 있다.
② 콜옵션 2개를 매수하고 A기업 주식 1주를 공매도(short selling)함과 동시에 10,000원을 예금하는 경우, 만기에 주가가 2,500원으로 하락하거나 12,500원으로 상승하면 이익이 발생한다.
③ A기업의 주식에 대한 만기 1년 선도계약의 선도가격이 10,500원이고 풋옵션 가격이 2,500원이라면 무위험차익거래(arbitrage) 기회는 존재하지 않는
④ 무위험차익거래 기회가 존재하지 않는 경우, 풋옵션 1개를 매수함과 동시에 10,000원을 차입하여 A기업 주식 한 주를 매수함으로써 A기업 주식에 대한 만기 1년의 미국형(American) 콜옵션을 매수하는 것과 같은 효과를 얻을 수 있다.
⑤ 콜옵션과 풋옵션에 대한 행사가격이 A기업 주식에 대한 1년 만기 선도계약의 선도가격과 같다면, 무위험차익거래 기회가 존재하지 않기 위해서는 콜 가격은 풋 가격보다 높아야 한다.

4. 기초자산의 현재가격이 10,000원이고 이에 대한 콜옵션의 현재가격은 2,000원이다. 콜옵션의 델타가 0.8일 때 기초자산의 가격이 9,000원이 되면 콜옵션의 가격은 얼마가 되겠는가? (2014 CPA)

① 300원 ② 800원 ③ 1,200원 ④ 1,700원 ⑤ 2,800원

5. 포트폴리오보험(portfolio insurance)전략에 대한 설명으로 옳지 않은 것은? (2011 7급)

① 포트폴리오의 가치가 일정수준 이하로 하락하는 것을 방지하려는 투자전략이다.
② 보유하고 있는 포트폴리오에 기초한 풋옵션을 포트폴리오와 함께 매입하여 만들 수 있다.
③ 주식포트폴리오의 경우 콜옵션을 매도하고 동시에 무위험채권을 매입하여 만들 수 있다.
④ 풋옵션 매입포지션을 이용할 경우 방어적 풋(protective put) 전략이라고 한다.

6. 다음 중 주가가 올라갈 때는 그 이익을 향유하지만 주가가 떨어질 때는 투자가치를 행사가격에 고정시킴으로써 일종의 포트폴리오보험(portfolio insurance)을 들어두는 옵션 투자전략에 해당하는 것은? (2012 보험계리사)
① 주식을 매입하고 매입한 주식을 기초자산으로 하는 풋옵션을 동시에 매입
② 주식을 매입하고 매입한 주식을 기초자산으로 하는 풋옵션을 동시에 매도(발행)

③ 주식을 매입하고 매입한 주식을 기초자산으로 하는 콜옵션을 동시에 매입
④ 주식을 매입하고 매입한 주식을 기초자산으로 하는 콜옵션을 동시에 매도(발행)

7. 포트폴리오 보험(portfolio insurance)에 관한 설명으로 가장 적절하지 않은 것은? (2015 CPA)

① 보유하고 있는 포트폴리오의 가치가 일정수준 이하로 하락하는 것을 방지하면서 가치상승시에는 이익을 얻도록 하는 전략이다.
② 기초자산을 보유한 투자자가 풋옵션을 매도하여 기초자산의 가치가 행사가격 이하가 되지 않도록 방지하는 포트폴리오 보험전략을 실행할 수 있다.
③ 주식포트폴리오에 대해 선물계약이 존재하는 경우 포트폴리오 보험은 선물계약과 무위험순수할인채권의 매입으로 합성될 수 있다.
④ 보유한 자산에 대한 풋옵션이 존재하지 않거나 투자기간과 풋옵션의 만기가 일치하지 않는 경우 풋옵션 대신 주식과 채권으로 복제된 합성풋옵션을 이용하여 보호풋전략을 실행할 수 있다.
⑤ 시간이 흐름에 따라 풋옵션 델타가 변하는 경우 기초자산 투자액과 무위험대출액을 계속적으로 조정해야 하므로 합성풋옵션을 이용한 포트폴리오 보험전략은 동적헤지전략의 일종으로 볼 수 있다.

8. 콜옵션 가격에 영향을 미치는 요소에 대한 설명으로 옳지 않은 것은? (2010 보험계리사)

① 행사가격이 클수록 콜옵션 가격이 작아진다.
② 만기가 길수록 콜옵션의 가격은 커진다.
③ 기초주식 가격이 클수록 콜옵션 가격은 커진다.
④ 기초주식 수익률의 분산이 클수록 콜옵션 가격은 작아진다.

해답집

제 2 장

연습문제

3. $E(r_i)=\sum_{s=1}^{n} p_s r_{i,s}$

$= 0.03\times(-0.4)+0.07\times(-0.1)+0.30\times(0)+0.1\times(0.05)+0.05\times(0.3)$
$+0.2\times0.4+0.25\times0.5 = 20.6\%$

$\sigma_i=[\sum_{s=1}^{n} p_s(r_{i,s}-E(r_i)]^{1/2}$

$=[0.03(-0.4-0.206)^2+0.07(-0.1-0.206)^2+0.3(0.0-0.206)^2+0.1$
$(0.05-0.206)^2+0.05(0.3-0.206)^2+0.2(0.4-0.206)^2+0.25(0.5-0.206)^2]^{1/2}$
$=24.98\%$

4. 1) $20,000=\frac{2,000}{(1+r)}+\frac{27,500}{(1+r)^2} \Rightarrow r=22\%$

2) $r_1=\frac{2,000+18,000}{20,000}-1=0\%$,

$r_2=\frac{2,500+25,000}{18,000}-1=52.78\%$

∴ 기하평균수익률을 계산하면 다음과 같다.

$r_g=[(1+r_1)(1+r_2)]^{1/2}-1=[(1+0.0)(1+0.5278)]^{1/2}-1=23.6\%$

3) 내부수익률과 기하평균수익률의 차이점

- 내부수익률: 보유기간에서 얻어지는 투자수익이 내부수익률로 재투자된다는 가정에서 계산되는 평균투자수익률
- 기하평균수익률: 보유기간에서 얻어지는 투자수익이 다음 기간의 실제수익률로 재투자된다는 가정에서 계산되는 평균투자수익률.
- 그러므로 재투자가정에서 차이가 있다.
- 기하평균수익률에서 재투자의 가정이 현실적이므로 기하평균수익률이 투자성과의 척도로 적합하다.

5. $r_H=\sqrt{\frac{V_2}{V_0}}-1=\sqrt{\frac{57,120}{50,000}}-1=6.88\%$

$$보유주식수 = 1 + \frac{1{,}000원}{50{,}000원} = 1.02주$$

$$V_2 = 1.02주 \times 1{,}000원 + 1.02주 \times 55{,}000원 = 57{,}120원$$

$$r_g = \sqrt{(1+0.0688)} - 1 = 3.38\%$$

6. $r_{ng} = [(1+0.1)(1+0.2)(1-0.2)(1+0.03)(1-0.3)]^{1/5} - 1$
$= (0.9469 - 1) = -5.3\%$

$I_g = ([(1+0.05)(1+0.04)(1+0.07)(1+0.07)(1+0.1)]^{1/5} - 1 = 6.6\%$

∴ 실질기하평균수익률을 계산하면 다음과 같다.

$$r_{rg} = \frac{(1+r_{ng})}{(1+I_g)} - 1 = \frac{(1-0.053)}{(1+0.066)} - 1 = 11.16\%$$

7. 1)

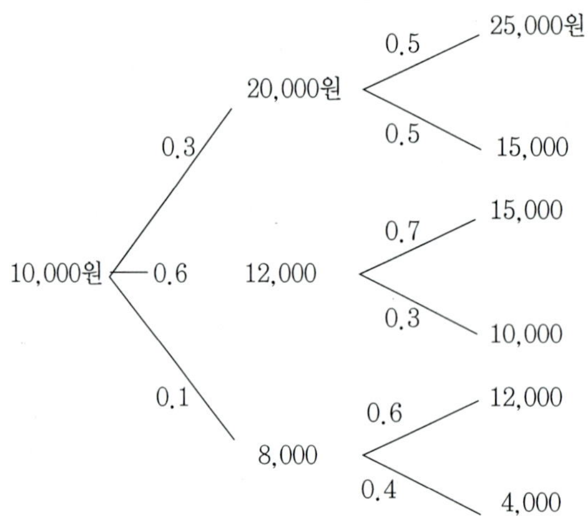

상태	기말주가	확률
1	25,000원	0.3×0.5=0.15
2	15,000원	0.3×0.5=0.15
3	15,000원	0.6×0.7=0.42
4	10,000원	0.6×0.3=0.18
5	12,000원	0.1×0.6=0.06
6	4,000원	0.1×0.4=0.04

2) 기대기말주가를 계산하면 다음과 같다.

$$E(p_{t+1}) = 25{,}000원 \times 0.15 + 15{,}000원 \times 0.15 + 15{,}000원 \times 0.42 + 10{,}000원 \times 0.18 + 12{,}000원 \times 0.06 + 4{,}000원 \times 0.04 = 14{,}980원$$

8. 1) $r_g = [(1+0.2)(1+0.3)(1-0.5)]^{1/3} - 1 = -8\%$

2) 3년 후의 투자수익 = $10{,}000$천원$(1-0.08)^3 = 7{,}787$천원

기출문제

1. 4번. $1{,}000 = \dfrac{1{,}000}{(1+y)} + \dfrac{2{,}000}{(1+y)^2}$. 양변에 $(1+y)^2$을 곱하고, 1,000을 나누면

$y^2 + y - 2 = 0$. $(y+2)(y-1) = 0$에서 $y = 1$

2. 4번

3. 자유도를 고려하여야 함. $E(R_M) = 2\%$

$$\sigma_M^2 = \frac{(0.02-0.02)^2 + (0-0.02)^2 + (0.04-0.02)^2}{2} = 0.0004,\ \ \sigma_M = 0.02$$

제 3 장

연습문제

7. 1) 권리락 조치일 : 6월 29일

2) 권리락 기준가격은 권리락일에서 주가변동이 전혀 없다는 가정에서 계산되는 이론적인 주가를 의미한다. 권리락 기준가격을 계산하면 다음과 같다.

$$\text{권리락기준가격} = \frac{\text{권리부주가} + \text{발행가격} \times \text{유상증자비율}}{1 + \text{유상증자비율}}$$

$$= \frac{20{,}400\text{원} + 5{,}000\text{원} \times 0.2}{1+0.2} = 17{,}833\text{원}$$

한편 6월 29일과 6월 30일에 주가가 각각 전일에 비하여 500원과 100원씩 상승하였으므로 다음과 같이 조정해야 한다.

6월 29일의 주가 = 17,833원 + 500원 = 18,333원
6월 30일의 주가 = 18,333원 + 100원 = 18,433원

3) 무상증자에 따른 권리락 기준가격을 계산하면 다음과 같다.

$$\text{권리락기준가격} = \frac{\text{권리부주가}}{1 + \text{무상증자비율}} = \frac{20{,}400\text{원}}{1+0.2} = 17{,}000\text{원}$$

6월 29일과 30일의 주가를 다음과 같이 조정해야 한다.

6월 29일의 주가 = 17,000원 + 500원 = 17,500원
6월 30일의 주가 = 17,500원 + 100원 = 17,600원

4) 신주인수권가치의 계산공식은 다음과 같다.

$$\text{신주인수권가치} = \frac{p_r - p_s}{N+1}, \text{ 또는 } \text{신주인수권가치} = \frac{p_e - p_s}{N}$$

위의 공식을 이용하여 신주인수권가치를 계산하면 다음과 같다.

○ $\text{신주인수권가치} = \dfrac{20{,}400\text{원} - 5{,}000\text{원}}{(5+1)} = 2{,}566\text{원}$

○ $\text{신주인수권가치} = \dfrac{17{,}833\text{원} - 5{,}000\text{원}}{5} = 2{,}566\text{원}$

8. 1) 5월 19일에 주식을 매입하는 투자자는 주주명부패쇄일(5월 20일)이 지난 5월 21일에 주주명부에 기재되기 때문에 주식분할에 참여할 수 있는 권리가 없다.

2) $\text{권리락기준가격} = \dfrac{\text{권리부주가}}{1+\text{주식분할비율}} = \dfrac{20{,}400\text{원}}{1+1.0} = 10{,}200\text{원}$

∴ 5월 19일과 20일의 주가를 다음과 같이 조정해야 한다.
5월 19일 주가 = 10,200원 + 500원 = 10,700원
5월 20일 주가 = 10,700원 + 100원 = 10,800원

기출문제

1. 4번, 증자전 10,000×300,000주=30억, 증자 8,560×37,000주=3.21억, 증자후 9,840×137,500주=33.21억원, 신주인수권의 가치= 10,000-9,840=160원
증자비율=37,000/300,000=12.5%, 신주 1개를 받기위해서는 신주인수권의 수는 8개가 필요. 즉 160주를 보유한 주주는 신주 20주를 배정받으며 20×8,560=171,200원이 필요. 신주인권 행사후 보유주식 가치는 200×9,840=1,771,200원

제 5 장

기출문제

1. 3번. ① 비효율적이다. ② 준-강형 효율적이다. ④ 약형 효율적 시장가설이 성립하여도 준-강형과 강형 효율적 시장가설도 성립하지 않을 수 있다.

2. 3번. 베타계수는 내부정보가 아니다.

3. 1번. 1번 지문에서 날씨는 과거정보가 아닌 미래정보이므로 날씨와 주가지수의 상관관계는 약형 효율시장가설에 대한 반대근거가 될 수 없다.

제 6 장

기출문제

1. 4번. 손실의 한계효용은 체증한다.
2. 3번. 기대자산 = $0.4\times 10{,}000+0.6\times 90{,}000=58{,}000$
   기대효용 = $0.4\times \sqrt{10{,}000}+0.6\times \sqrt{90{,}000}=220$

3. 3번. 기대자산은 $(0.9\times 1\text{억})+(0.1\times 25{,}000{,}000)=92{,}500{,}000$
   기대효용은$(0.9\times \sqrt{1\text{억}})+(0.1\times \sqrt{25{,}000{,}000})=9{,}000+500=9{,}500$
   확성통등시은 $9{,}500-\sqrt{W}$, $W=90{,}250{,}000$
   최대위험수당은 $92{,}500{,}000-90{,}250{,}000=2{,}250{,}000$

4. 2번. 영화배우 A씨는 불확실한 소득에서의 기대효용과 동일한 효용을 가질 수 있는 확실한 소득을 얻고자 한다. A씨는 확정동등치(CE)만큼 받아야 B씨에게 출연계약을 이전한다.
   $U(CE)=\sqrt{CE}=E(U(W))=0.5\times \sqrt{3{,}600}+0.5\times \sqrt{1{,}600}=50$, $CE=2{,}500$

5. 1) $\Delta W\geq 0$인 경우 효용함수는 오목형이므로 W가 증가할수록 효용은 체감적으로 증가한다. 즉 위험회피형이다. $\Delta W<0$인 경우 효용함수는 볼록형이므로 W가 증가할수록 효용은 체증적으로 증가한다. 즉 위험선호형이다.

   2) 위험프리미엄$=(-15\times 0.5-5\times 0.5)+(-\sqrt{15}\times 0.5-\sqrt{5}\times 0.5)^2$
   $=-10+9.3301=-0.6699$

   3) [그림 6-4]에서 원점을 기준으로 자산의 증감이 표시되어 있고 이에 따라 효용수준의 변화가 나타난다(준거점 의존성). 이익구간에서 가치함수는 오목형(concave)이며, 손실구간에서 가치함수는 볼록형이다. 원점을 기준으로 효용수준이 급격하게 변한다(민감도 체감성). 손실의 감소에 대하여 한계효용은 체증적으로 증가한다(손실회피성). 이러한 한계효용을 갖는 투자자를 손실기피형(loss aversion) 투자자라고 한다(손실을 보면 원금을 회복하기 위해 위험추구(risk seeking) 행태를 나타낸다).

제 7 장

연습문제

5. 할인채 $A: 80,000원 = \frac{100,000원}{(1+r_A)^3} \quad \Rightarrow r_A = 7.7\%$

이표채 $B: 77,540원 = \frac{6,000원}{(1+r_B)} + \frac{6,000원}{(1+r_B)^2} + \frac{106,000원}{(1+r_B)^3} \quad \Rightarrow r_B = 16\%$

6. $p_C = \frac{6,000원}{(1+0.06)} + \frac{6,000원}{(1+0.06)(1+0.07)} + \frac{106,000원}{(1+0.06)(1+0.07)(1+0.08)}$
$= 97,485원$

7. 1) $3,000,000원(1+0.04)(1+0.04)(1+0.05)(1+0.05)(1+0.06)(1+0.06) = 4,019,558원$

2) $3,000,000원(e^{0.08})(e^{0.1})(e^{0.12}) = 4,049,576원$

8. $r_r = \frac{(1+r_n)}{(1+i)} - 1 = \frac{(1+0.1)}{(1+0.08)} - 1 = 1.85\%$

9. 1) 상향기울기의 수익률곡선을 갖는 시장에서는 장기수익률이 단기수익률보다 높게 형성기 때문에 10년만기 할인채보다 15년만기 할인채의 만기수익률이 더 높게 형성된다.

2) 만기가 동일한 경우 액면이자율이 낮을수록 듀레이션이 길어지기 때문에 액면이자율이 낮은 10년만기 이표채의 만기수익률이 높게 형성된다.

10. 1) ◦ $\frac{1}{(1+{}_0r_2)^2} = \frac{1}{(1+{}_0r_1)}\frac{1}{(1+{}_1f_2)} \Rightarrow 0.8534 = 0.9259\frac{1}{(1+{}_1f_2)} \Rightarrow {}_1f_2 = 8.5\%$

◦ $0.7829 = 0.8534\frac{1}{(1+{}_2f_3)} \Rightarrow {}_2f_3 = 9\%$

◦ $0.7150 = 0.7829\frac{1}{(1+{}_3f_4)} \Rightarrow {}_3f_4 = 9.5\%$

2) $p_A = \frac{1,000원}{(1+{}_0r_1)} + \frac{1,000원}{(1+{}_0r_2)^2} + \frac{1,000원}{(1+{}_0r_3)^3} + \frac{11,000원}{(1+{}_0r_4)^4}$

$= 1,000원 \times 0.9259 + 1,000원 \times 0.8534 + 1,000원 \times 0.7829 + 11,000원 \times 0.7150$

$= 10,427$

3) $p_B = \frac{10,000원}{(1+{}_0r_4)^4} = 10,000원 \times 0.7150 = 7,150원$

11. 1) 불편적 기대이론에서는 $E({}_1r_2) = {}_1f_2$의 관계가 성립되므로 아래 공식에서 ${}_1F_2$를 계산하여 $E({}_1r_2)$를 구할 수 있다.

$$(1+{}_0r_2)^2 = (1+{}_0r_1)(1+{}_1f_2)$$
$$\Rightarrow (1+0.12)^2 = (1+0.1)(1+{}_1f_2) \quad \Rightarrow {}_1f_2 = E({}_1r_2) = 14\%$$

2) 유동성프리미엄이론에서는 다음과 같은 관계가 유지된다.

$${}_1f_2 = E({}_1r_2) + {}_1L_2$$

위 식에 관련수치를 대입하여 $E({}_1r_2)$를 계산하면 다음과 같다.

$$0.14 = E({}_1r_2) + 0.02 \Rightarrow E({}_1r_2) = 12\%$$

기출문제

1. 4번. $W + \frac{W}{0.1} = 100,\ W \fallingdotseq 9.09,\ \frac{X}{1.1} = 100,\ X = 110,\ \frac{Y}{1.1} + \frac{110}{(1.1)^2} = 100,\ \ Y = 10$

2. 1번. $\frac{20{,}000}{(1+0.02)} + \frac{20{,}000}{(1+0.04)^2} + \frac{1{,}020{,}000}{(1+0.05)^3} = 19{,}608 + 18{,}491 + 881{,}114 = 919{,}213$

3. 2번. $(1+{}_0r_2)^2 \times (1+{}_2f_4)^2 = (1+{}_0r_4)^4,\ (1+0.065\%)^2 \times (1+{}_2f_4)^2$

${}_2f_4 = 0.105\%$

4. 5번. k > 0 이면 수익률 곡선은 우상향, ${}_1f_2$는 ${}_0r_2$ 보다 크다.
k < 0 이면 수익률 곡선은 우하향, ${}_1f_2$는 ${}_0r_2$ 보다 작다.

5. 1번.

6. 2번. 유동성 선호가설은 미래단기이자율의 기대값에 일정 프리미엄을 가산한 값으로 결정한다. 따라서 기댓값과 위험프리미엄의 크기에 따라 수익률 곡선의 다양한 형태를 보일 수 있다.

7. 4번. 기대가설에 따라 계산한 선도이자율은 미래 기대현물이자율과 같다.

제 8 장

연습문제

8. $8{,}000\text{원} = \frac{800\text{원}}{(1+r)} + \frac{800\text{원}}{(1+r)^2} + \frac{800\text{원}}{(1+r)^3} + \frac{10{,}800\text{원}}{(1+r)^4} \quad \Rightarrow r = 15\%$

9. 1) $P_0 = \dfrac{1{,}000\text{원}}{(1+0.1)^5} = 621\text{원}$

2) 다음과 같은 두 가지 방법을 이용하여 채권가격의 상승액을 추정할 수 있다.

○ $P_0 = \dfrac{1{,}000\text{원}}{(1+0.1)^5} = 621\text{원} \Rightarrow P_0 = \dfrac{1{,}000\text{원}}{(1+0.09)^5} = 650\text{원}$

∴ 채권가격이 29원 상승할 것으로 추정된다.

○ $IE = -\dfrac{r}{(1+r)} \times D = -\dfrac{0.1}{(1+0.1)} \times 5 = -0.4546$

이는 만기수익률이 1%하락하는 경우 채권가격이 0.4546% 상승함을 의미한다. 10%의 만기수익률에서 채권가격은 621원이므로 9%로 하락할 때 채권가격의 상승액은 29원(621원 ×0.04546) 상승하는 것으로 추정된다.

10. $1{,}019 = \dfrac{60}{(1+r)} + \dfrac{60}{(1+r)^2} + \dfrac{1{,}060}{(1+r)^3} \Rightarrow r = 5.3\%$

요구수익률이 6%이므로 수익률차이를 계산하면 채권 Y가 고평가되고 있음을 알 수 있다.

$DR = r - k = 5.3\% - 6\% = -0.7\%$포인트

11. 채권 S의 내재가치는 1,000원(∵ 액면이자율=요구수익률)이므로 NPV를 계산하면 다음과 같다.

$$NPV_S = 924\text{원} - 1{,}000\text{원} = -76\text{원}$$

∴ 채권 S의 경우 76원 저평가되고 있다.

12. 순수할인채의 듀레이션은 만기와 같다. 따라서 이자율탄력성을 계산하면 다음과 같다.

3년만기 순수할인채: $IE = -\dfrac{r}{(1+r)} D = -\dfrac{0.1}{(1+0.1)} \times 3 = -0.27$

5년만기 순수할인채: $IE = -\dfrac{r}{(1+r)} D = -\dfrac{0.1}{(1+0.1)} \times 5 = -0.45$

따라서 만기수익률이 현재의 10%에서 1%상승(하락)할 때 3년만기 순수할인채의 가격은 0.27% 하락(상승)하는 한편, 5년만기 순수할인채의 가격은 0.45% 하락(상승)함을 의미한다.

13. ○ 채권 D의 듀레이션을 계산하면 다음과 같다.

$$\text{듀레이션} = \sum_{t=1}^{T} \frac{PV(C_t)}{p_0} \times t = \frac{100 \times 0.9174}{1{,}025.33} \times 1 + \frac{100 \times 0.8417}{1{,}025.33} \times 2 + \frac{1{,}100 \times 0.7722}{1{,}025.33} \times 3$$

$$= 2.74\text{년}$$

만기수익률이 현재의 9%에서 10%로 상승하는 경우 듀레이션 효과를 추정하면 다음과 같다.

$$\text{듀레이션효과에 의한 가격하락액} = -P_0 \times \frac{D}{(1+r)} \times \partial r$$
$$= -1{,}025.33\text{원} \times \frac{2.74\text{년}}{(1+0.09)} \times 0.01$$
$$= -25.77\text{원}$$

∴ 만기수익률이 현재의 9%에서 10%로 상승하는 경우 듀레이션효과에 따라 채권 D의 가격이 25.77원 하락할 것으로 추정된다.

○ 채권 D의 볼록성을 계산하면 다음과 같다.

$$\text{볼록성}(CV) = \frac{1}{(1+r)^2}\sum_{t=1}^{T}\frac{PV(C_t)}{p_0}\times(t^2+t)$$
$$= \frac{1}{(1+0.09)^2}\left[\frac{100\times0.9174}{1{,}025.33}\times2+\frac{100\times0.8417}{1{,}025.33}\times6+\frac{1{,}100\times0.7722}{1{,}025.33}\times12\right]$$
$$= 8.93$$

볼록성효과에 의한 가격하락액을 추정하면 다음과 같다.

$$\text{볼록성효과에 의한가격하락액} = \frac{1}{2}\times P_0\times CV\times(\partial r)^2$$
$$= \frac{1}{2}\times1{,}025.33\times8.77\times(0.01)^2$$
$$= 0.45$$

∴ 만기수익률이 현재의 9%에서 10%로 상승하는 경우 볼록성효과에 따라 채권 D의 가격이 0.45원 하락할 것으로 추정된다.

○ 이상에서와 같이 만기수익률이 현재의 9%에서 10%로 상승하는 경우 듀레이션과 볼록성 효과에 따라 채권 D의 가격이 26.22원(25.77원+0.45원) 하락할 것으로 추정된다.

14. $p_{dp} = r_i - E(r_i) = \dfrac{E(r_i)+\lambda p_d}{(1-p_d)} - E(r_i) = \dfrac{0.085+0.4\times0.1}{(1-0.1)} - 0.085 = 5.39\%$

15. 1) 각 채권의 만기수익률을 계산하면 다음과 같다.

$$\text{채권 } A:\ 9{,}223\text{원} = \frac{700}{(1+r)}+\frac{700}{(1+r)^2}+\cdots+\frac{10{,}700}{(1+r)^5} \Rightarrow r=9\%$$

$$\text{채권 } B:\ 12{,}104\text{원} = \frac{1{,}000}{(1+r)}+\frac{1{,}000}{(1+r)^2}+\cdots+\frac{11{,}000}{(1+r)^{10}} \Rightarrow r=5.1\%$$

$$\text{채권 } C:\ 7{,}887\text{원} = \frac{400}{(1+r)}+\frac{400}{(1+r)^2}+\cdots+\frac{10{,}400}{(1+r)^{10}} \Rightarrow r=9.5\%$$

2) 만기가 길고, 액면이자율이 가장 낮은 채권 C의 가격이 가장 많이 상승한다.

3) 채권 B와 C의 만기는 동일하지만 채권 C의 액면이자율이 낮기 때문에 채권 C의 듀레이션이 채권 B보다 길다. 따라서 채권 C의 가격이 더 상승한다.

16. 1) $P_0 = \frac{1}{(1+r)} + \frac{1}{(1+r)^2} + \cdots = \frac{1}{r}$

2) $\frac{dP_0}{dr} = -\frac{1}{r^2} = -\frac{P_0}{1+r}D = -\frac{1/r}{1+r}D. \ \therefore \ D = \frac{1+r}{r}$

3) $\frac{1}{0.05} = 20$(원)

4) $\frac{1+0.05}{0.05} = 21$(년)

17. 1) 듀레이션의 계산

$$D_1 = \sum_{t=1}^{T} \frac{PV(C_t)}{P_0} \times t$$

$$= \frac{100 \times 0.9191}{1{,}000} \times 1 + \frac{100 \times 0.8264}{1{,}000} \times 2 + \cdots + \frac{1{,}100 \times 0.2633}{1{,}000} \times 30$$

$= 10.35$년

같은 방법으로 듀레이션을 구하면 다음과 같다.

D_2 = 30년,

D_3 = 12.54년,

D_4 = 4.17년.

2) 듀레이션이 길수록 이자율탄력성이 크기 때문에 투자우선순위를 정하면 채권 2, 채권 3, 채권 1, 채권 4의 순이 된다.

기출문제

1. 2번. 채권가격이 액면가 이하일 때는 만기수익률이 표면이자율보다 커진다.

2. 2번. $\frac{45{,}000}{1.1} + \frac{1{,}000{,}000}{1.1} = 950{,}000$(원)

3. 5번. 액면이자율이 높을수록 듀레이션이 짧아진다. 듀레이션이 짧을수록 이자율탄력성의 절대값은 작아진다.

4. 5번. ① 만기에 가까워질수록 할증채와 할인채 모두 할증폭과 할인폭이 작아지나, 만기의 감소에 따른 가격변동폭은 커진다.

② 만기에 가까워져도 액면채는 이자수익률과 자본이득률은 일정하다.

③ 시장분할가설은 만기에 따라 분할된 하위시장내에서 수요와 공급에 의해 이자율이 결

정된다는 가설이다.

④ 순수할인채와 이자부채권, 영구채는 이자율변동위험이 듀레이션의 크기에 따라 달라진다.

5. 3번. 경상수익률이 액면이자율보다 작고, 만기수익률이 경상수익률보다 작으므로 이 채권은 할증채이다. 즉 경상(단순)수익률이 9.09%이면 채권 A는 현재가는 11,000원이다. 따라서 다른 조건이 변하지 않는다면, 시간이 경과하면 채권 A의 가격은 10,000원을 향하여 하락한다.

6. 2번. $\frac{\Delta P}{P}=-\frac{\Delta r}{1+r}D=-\frac{0.001}{1+0.1}4.5=-0.004091$

7. 5번. 동일 조건하에서 B채권의 액면이자율이 C채권의 액면이자율보다 작으므로 듀레이션은 B채권이 크다.

8. 1번. ① 채권의 잔존기간이 길어짐으로써 발생하는 가격변동률은 체감적으로 증가하므로, 채권 A와 채권 B의 가격하락폭의 차이는 채권 A와 채권 B의 가격하락폭의 차이보다 크다.

② 듀레이션의 성질, ③ 말킬의 채권정리

④, ⑤ 채권포트폴리오의 이자율위험을 면역화하기 위해서는 시간이 경과함에 따라 또 시장이자율이 변동할 때마다 채권포트폴리오를 지속적으로 재조정해야 한다.

9. 3번. 상환청구권부사채(puttable bond)는 이자율 상승(채권가격 하락)시에 일정가격으로 채권자에게 팔 수 있으므로 일반사채에 비해 볼록성이 크다고 할 수 있다.

10. 2번. 볼록성은 투자자에게 유리하므로 볼록성이 큰 채권이 비싸다. 수의상환채권(callable bond)의 발행자는 이자율이 하락하면 채권을 상환하고 낮아진 금리로 채권을 신규발행할 수 있으므로 채권 발행자에게 유리하고 투자가에게 불리하다. 상환청구권부채권(puttable bond)의 투자자는 이자율이 상승하면 채권을 상환하고 현금을 받을 수 있으므로 투자가에게 유리하고 채권 발행자에게 불리하다.

11. 3번. 1,000억 × 4년 > 700억 × 5년. 금리상승위험에 노출. 자산을 줄이거나 자산의 듀레이션을 줄인다. 또는 부채를 늘이거나 부채의 듀레이션을 늘린다.

12. 1번. $\Delta A=-\frac{\Delta r}{1+r}D_A=-\frac{0.01}{1.08}6\text{년}\times(100\text{조})=-5.555$

$\Delta L=-\frac{\Delta r}{1+r}D_L=-\frac{0.01}{1.08}4\text{년}\times(92\text{조})=-3.407$

13. 1번. 이 기업은 5%보다 높은 이자율로 채권을 발행해야 한다. 따라서 이 회사채의 현재가격은 100만원 미만이 된다.

제 9 장

연습문제

8. $V_0 = \dfrac{D_1}{(r-g)} = \dfrac{500원(1+0.04)}{(0.12-0.04)} = 6,500원$

9. 배당성장률과 할인을 구하면 각각 다음과 같다.

- $g = \dfrac{500원 - 454원}{454원} = 10\%$
- $r = r_f + \beta[E(r_M) - r_f] = 0.06 + 1.5 \times 0.04 = 12\%$
- 상도주의 내재가치를 계산하면 다음과 같다.

  $V_0 = \dfrac{D_1}{(r-g)} = \dfrac{500원(1+0.1)}{(0.12-0.1)} = 27,500원$

10. $35,000원 = \dfrac{2,000원(1+0.06)}{(r-0.06)} \quad \Rightarrow r = 12.1\%$

11.
- $g = 유보율 \times 재투자수익률 = 0.6 \times 0.1 = 0.06$
- $r = r_f + \beta[E(r_M) - r_f] = 0.08 + 1.3(0.15 - 0.08) = 17.1\%$
- 정훈주의 내재가치를 계산하면 다음과 같다.

  $V_0 = \dfrac{2,500(1+0.06)}{(0.171-0.06)} = 23,874원$

  $NPV = 23,874원 - 30,000원 = -6,126원$이므로 6,126원만큼 고평가되고 있다.

12. 1년 및 2년 후의 주당순이익을 계산하면 각각 다음과 같다.

$EPS_1 = EPS_0(1 + (1-d_0) \times r_0) = 5,000(1 + 0.6 \times 0.3) = 5,000(1+0.18)$

$EPS_2 = EPS_1(1 + (1-d_1) \times r_1) = 5,600(1 + 0.5 \times 0.4) = 5,900(1+0.2)$

그러므로 주당순이익은 각각 18%와 20%의 율로 성장한다.

13. 1) $V_0 = \sum_{t=1}^{5} \dfrac{1,000원(1+0.2)^t}{(1+0.1)^t} + \dfrac{1,000원(1+0.2)^5(1+0.09)}{(1+0.1)^5(0.1-0.09)} = 174,951원$

2) 상도주의 내재가치는 174,951원인 반면 시장에서는 180,000원에 거래되고 있으므로 5,049원만큼 고평가되고 있다.

$NPV = 174,951원 - 180,000원 = -5,049원$

기출문제

1. 1번. 할인율이 상승하면 주식가격은 하락한다.

2. 4번. $D_0 = D_0(1+g) = D_0(1+0.08) = 3,000$

$$D_1 = \frac{3,000}{1.08} = 2,778,\ \text{배당수익률} = \frac{2,778}{50,000} = 5.6\%$$

$$D_2 = D_1(1+g) = 3,000(1+0.08) = 3,240$$

$$P_2 = \frac{D_2}{k-g} = \frac{3,240}{0.06} = 54,000\text{원}$$

3. 4번. $g = b \times ROE = (1-0.2) \times 0.1 = 0.08$

$$k = R_f + [E(R_m) - R_f] \times \beta_i = 0.04 + (0.14-0.04) \times 1.4 = 0.18$$

$$P_1 = \frac{D_2}{k-g} = \frac{D_0 \times (1+g)^2}{k-g} = \frac{4,000 \times (1+0.08)^2}{0.18-0.08} = 46,656\text{원}$$

$$P_2 = \frac{D_3}{k-g} = \frac{D_0 \times (1+g)^3}{k-g} = \frac{4,000 \times (1+0.08)^3}{0.18-0.08} = 50,388.48\text{원}$$

4. 3번. ① 순이익 전부를 배당하였을 경우의 주가

$$P_0 = \frac{20,000}{0.13} = 153,846\text{원}$$

② 40%를 투자했을 경우의 주가

$$P_0 = \frac{20,000 \times 0.6}{(0.13 - 0.13 \times 0.4)} = 153,846\text{원}$$

5. 4번. $g = b \times ROE = (1-0.3) \times 10\% = 7\%$

$$E(r) = 5\% + (15\% - 5\%) \times 1.2 = 17\%$$

$$P_0 = \frac{D_1}{k-g} = \frac{2,000 \times 1.07}{0.17-0.07} = 21,400\text{원},\ P_0 = \frac{D_1}{1+k} + \frac{P_1}{1+k} = 21,400\text{원}$$

$$P_1 = \frac{D_2}{1+k} + \frac{P_2}{1+k}$$

$$P_1 = 21,400 \times (1+0.17) - 2,000 \times 1.07 = 22,898$$

$$P_2 = 22,898 \times (1+0.17) - 2,000 \times 1.07^2 = 24,500.86$$

6. 3번. $D_1 = 2,000 \times 0.6 = 1,200,\ g = b \times ROE = 0.4 \times 0.2 = 0.08$

$$P_0 = \frac{D_1}{k-g} = \frac{1,200}{0.14-0.08} = 2,000$$

7. 3번. $NPV = \frac{10}{1.2} + \frac{16}{1.2^2} + \frac{20}{1.2^3} + \frac{30}{1.2^4} + \frac{\frac{16}{0.1-0.04}}{1.2^4} - 100 = 74.09$억원

8. 2번. $P_A = \frac{2,500}{1.15} + \frac{2,500 \times 1.25}{1.15^2} + \frac{2,500 \times 1.25^2}{1.15^3} + \frac{2,500 \times 1.25^2 \times 1.05}{0.1-0.05})/1.15^3 = 61,042.16$원

$k = 0.025 + 0.06 \times 1.2 = 0.097$

$P_B = \frac{3,200 \times 0.8 \times 1.05}{0.097 - 0.05} = 57,191.49$원

$P_A - P_B = 61,042.16 - 57,191.49 = 3,850.67$원

9. 1번. 다른 조건이 일정할 때, 재투자수익률이 상승하면 ㈜XYZ의 현재($t=0$) 주가는 상승할 것이다.

$g = b \times ROE = 0.4 \times 0.1 = 0.04$. $D_1 = (1-b) \times 1,000 = 400$

$P_1 = \frac{D_1}{k-g} = \frac{D_0(1+g)}{k-g} = \frac{600(1+0.04)}{0.09-0.04} = 12,480$

제 12 장

연습문제

6. 1) $E(r_A) = \frac{E(p_1) - p_0}{p_0} = \frac{700원 - 500원}{500원} = 40\%$

같은 방법으로 각 주식의 기대수익률을 계산하면 다음과 같다.

$E(r_B) = 25\%$, $E(r_C) = 10\%$,, $E(r_D) = 50\%$.

2) $E(r_p) = \sum_{i=1}^{n} x_i E(r_i) = 0.192 \times 0.4 + 0.077 \times 0.25 + 0.385 \times 0.1 + 0.346 \times 0.5$

$= 30.76\%$

7. 1) $\sigma_P = [x_A^2 \sigma_A^2 + x_C^2 \sigma_C^2 + 2x_A x_C \sigma_A \sigma_C \rho_{AC}]^{1/2}$

$= [(0.3)^2(0.12)^2 + (0.7)^2(0.1)^2 + 2 \times 0.3 \times 0.7 \times 0.12 \times 0.1 \times 0.2]^{1/2}$

$= 8.49\%$

2)

$$\sigma_P=[x_A^2\sigma_A^2+x_B^2\sigma_B^2+x_C^2\sigma_C^2+2x_Ax_B\sigma_A\sigma_B\rho_{AB}+2x_Bx_C\sigma_B\sigma_C\rho_{BC}+2x_Ax_C\sigma_A\sigma_C\rho_{AC}]^{1/2}$$

$$=[(0.3)^2(0.12)^2+(0.3)^2(0.15)^2+(0.4)^2(0.1)^2+2\times0.3\times0.3\times0.12\times0.15\times(-1.0)$$

$$+2\times0.3\times0.4\times0.15\times0.1\times(0.6)+2\times0.3\times0.4\times0.12\times0.15\times(0.2)]^{1/2}$$

$$=6.86\%$$

3) $0=[x_A^2\sigma_A^2+(1-x_A)^2\sigma_B^2+2x_A(1-x_A)\sigma_A\sigma_B\,\rho_{AB}]^{1/2}$

$=[x_A^2(0.12)^2+(1-x_A)^2(0.15)^2+2x_A(1-x_A)(0.12)(0.1)(-1.0)]^{1/2}$

$\Rightarrow 0=0.12x_A-0.15(1-x_A)\Rightarrow x_A=55.6\%,$

$x_A+x_B=1.0\Rightarrow x_B=44.4\%$

8. ○ $\rho_{XY}=+1.0$인 경우

$x_X=0.7,\ x_Y=0.3$일 때 포트폴리오의 기대수익률과 표준편차를 계산하면 다음과 같다.

$E(r_p)=0.7\times0.25+0.3\times0.3=26.5\%$

$\sigma_p=0.7\times0.12+0.3\times0.14=12.6\%$

같은 방법으로 투자비율을 달리하여 각 포트폴리오의 기대수익률과 표준편차를 계산하면 다음과 같다.

	$x_X=0.7$	$x_X=0.5$	$x_X=0.3$	$x_X=0.1$
$E(r_p)$	26.5%	27.5%	28.5%	29.5%
σ_p	12.6	13	13.4	13.8

○ $\rho_{XY}=0$일 때 각 증권에 대한 투자비율을 달리하는 경우 포트폴리오의 기대수익률과 표준편차를 계산하면 다음과 같다.

	$x_X=0.7$	$x_X=0.5$	$x_X=0.3$	$x_X=0.1$
$E(r_p)$	26.5%	27.5%	28.5%	29.5%
σ_p	9.4	. 9.2	10.4	12.7

○ $\rho_{XY}=-1$일 때 각 증권에 대한 투자수익률을 달리하는 경우 포트폴리오의 기대수익률과 표준편차를 계산하면 다음과 같다.

	$x_X=0.7$	$x_X=0.5$	$x_X=0.3$	$x_X=0.1$
$E(r_p)$	26.5%	27.5%	28.5%	29.5%
σ_p	4.4	1.0	6.2	11.4

이상의 결과를 그래프로 나타내면 다음과 같다.

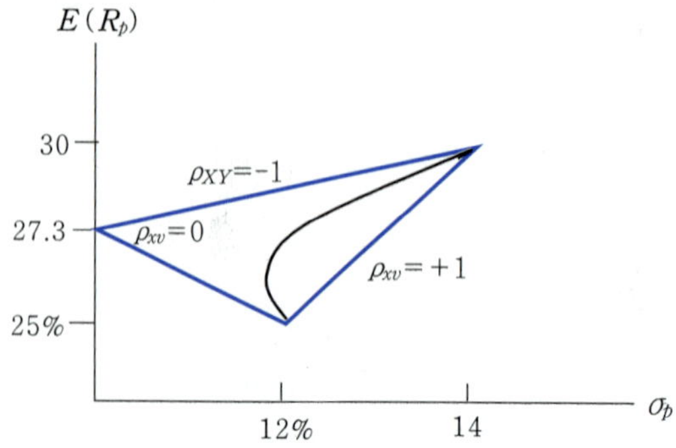

9. 1) 대출포트폴리오의 기대수익률은 다음과 같다.

$$E(r_p) = 0.7 \times 0.1 + 0.3 \times 0.2 = 13\%$$

한편 $\sigma_f = 0$, $\rho_{f,i} = 0$이므로 대출포트폴리오의 표준편차는 다음과 같다.

$$\sigma_p = x_i \sigma_i = 0.3 \times 0.15 = 4.5\%$$

2) 차입포트폴리오의 기대수익률과 표준편차를 계산하면 각각 다음과 같다.

$$E(r_p) = -0.5 \times 0.1 + 1.5 \times 0.2 = 25\%$$

$$\sigma_p = x_i \sigma_i = 1.5 \times 0.15 = 22.5\%$$

기출문제

1. 3번. 위험중립형 투자자는 위험수준과 무관하게 기대수익이 동일하면 기대효용이 동일하다.

2. 2번. 남미와 중동의 공분산이 0.25로 가장 작다.

3. 3번. a에서 B가 A를 지배한다. b에서 C가 B를 지배한다.

4. 2번. 포트폴리오 Ⅰ은 포트폴리오 Ⅱ, Ⅲ에 지배당한다. 포트폴리오 Ⅱ, Ⅲ은 어느 쪽이 우월한지 알 수 없다. 포트폴리오 Ⅱ가 Ⅰ보다 한단위의 위험 증가에 대하여 요구수익률이 크게 증가한다. 위험회피도가 낮은 투자자는 포트폴리오 Ⅲ, 위험회피도가 높은 투자자는 포트폴리오 Ⅱ에 투자할 가능성이 크다.

5. 4번. 포트폴리오의 기대수익률이 15%와 21% 사이에서 포트폴리오를 구성할 것이다.

① $E(r_P) = 0.3 \times 6\% + 0.7 \times 18\% = 14.4\%$

② $E(r_P) = 0.5 \times 6\% + 0.5 \times 18\% = 12\%$

③ $E(r_P)=0.67\times6\%+0.33\times18\%=9.96\%$

④ $E(r_P)=(-0.08)\times6\%+1.08\times18\%=18.96\%$

⑤ $E(r_P)=(-0.5)\times6\%+1.5\times18\%=24\%$

6. 2번.

7. 2번. a: B를 공매하여 A를 추가매입하면 A보다 더 높은 수익률을 얻는다.
b,c: A를 공매하여 B를 추가매입하면 B보다 더 낮은 수익률을 얻는다.
d: A와 B의 상관관계가 0이므로 이를 이용하여 무위험포트폴리오를 구성하는 것은 불가능하다. 무위험포트폴리오를 구성하기 위해서는 상관관계가 -1이어야 한다.

8. 3번. 주식: $30{,}000=\dfrac{2{,}000\times1.05}{E(R_e)-0.05}$, $E(R_e)=0.12$

채권: $E(R_B)=\dfrac{700}{10{,}000}=0.07$

포트폴리오: $E(R_P)=\dfrac{120{,}000}{160{,}000}\times0.12+\dfrac{40{,}000}{160{,}000}\times0.07=0.1075$

9. 2번 a: 상관계수가 −1일 경우 무위험포드폴리오 구성비율은

$$w_1=\frac{\sigma_2}{\sigma_1+\sigma_2},\ w_2=\frac{\sigma_1}{\sigma_1+\sigma_2}$$. b: $\sigma_p=|0.5\times0-0.5\times\sigma_2|=0.5\sigma_P$

10. (1) $r_f=0.06$, $E(r_B)=0.09$, $\sigma_B=0.03$, $\sigma_f=0$

$r_p=xE(r_B)+(1-x)r_f=0.06+0.03x$ ……… ①

$\sigma_p^2=x^2\sigma_B^2+(1-x)^2\sigma_f^2+2x(1-x)\sigma_{Bf}$, $\sigma_f^2=0$, $\sigma_{Bf}=0$이므로 $\sigma_p^2=x^2\sigma_B^2$ …… ②

정리하면 $x=\dfrac{\sigma_p}{\sigma_B}=\dfrac{\sigma_p}{0.03}$ ……… ③

③을 ①에 대입하면 $r_p=0.06+\sigma_p$ ……… ④

식 ④는 포트폴리오 기대수익률(r_p)이 무위험자산 수익률 6%에 위험 1단위당 1%포인트씩 수익률이 추가되어야 한다는 것을 나타낸다. 따라서 위험성의 가격(price of risk)은 기울기인 1이다.

(2) 효용함수의 특성

① 효용 u은 기대수익률(r_p)에 비례하고 위험(표준편차)에 반비례한다.

② u는 무차별곡선을 나타내는데 좌우가 바뀐 L자형이다. 예를 들어 σ_p가 0.02일 때 r_p가 0.08인 점을 기준으로 좌우가 바뀐 L자로 나타나게 된다. 이러한 효용함수를 Leontief형 효용함수라고 한다.

③ 무차별곡선은 좌상방으로 이동할수록 효용수준이 더 높아진다.

이때 최적 기대수익률과 표준편차를 구하면 다음과 같다.

$$Max\ u = \min(r_p, 0.1 - \sigma_p)$$
$$s.t.\ r_p = 0.06 + \sigma_p$$
$$r_p = 0.1 - \sigma_p,\ \ 0.1 - \sigma_p = 0.06 + \sigma_p,\ \ \sigma_p^{*}\ \ 0.02,\ \ r_p^{*} = 0.08.$$

(3) $x = \dfrac{\sigma_p}{\sigma_B} = \dfrac{\sigma_p}{0.03}$이므로 $\sigma_p^{*} = 0.02$을 대입하면 $x = \dfrac{2}{3}$.

위험자산에 전재산의 2/3, 무위험자산에 1/3을 투자.

제 13 장

연습문제

9. 1) 포트폴리오의 표준편차는 식 (1)과 같다.

$$\sigma_P = [x_A^2\sigma_A^2 + x_B^2\sigma_B^2 + x_C^2\sigma_C^2 + 2x_Ax_B\sigma_{AB} + 2x_Bx_C\sigma_{BC} + 2x_Ax_C\sigma_{AC}]^{1/2} \quad (1)$$

식 (1)에서 $\sigma_{ij} = \beta_i\,\beta_j\,\sigma_M^2$이므로 이를 위의 식에 대입하면 다음과 같다.

$$\sigma_P = [x_A^2\sigma_A^2 + x_B^2\sigma_B^2 + x_C^2\sigma_C^2 + 2x_Ax_B\beta_A\beta_B\sigma_M^2 + 2x_Bx_C\beta_B\beta_C\sigma_M^2 + 2x_Ax_C\beta_A\beta_C\sigma_M^2]^{1/2} \quad (2)$$

식 (2)를 이용하여 포트폴리오의 표준편차를 계산하면 다음과 같다.

$$\sigma_p = [(0.2)^2(0.07)^2 + (0.5)^2(0.023)^2 + (0.3)^2(0.01)^2 + 2(0.2)(0.5)(1.1)(0.8)(0.18)^2$$
$$+ 2(0.5)(0.3)(0.8)(1.0)(0.18)^2 + 2(0.2)(0.3)(1.1)(1.0)(0.18)^2]^{1/2}$$
$$= 13.45\%$$

각 증권의 기대수익률을 계산하면 다음과 같다.

$$E(r_A) = r_f + \beta_i\,[E(r_M) - r_f] = 0.05 + 1.1(0.13 - 0.05) = 13.8\%$$
$$E(r_B) = 0.05 + 0.8(0.13 - 0.05) = 11.4\%$$
$$E(r_B) = 0.05 + 1.0(0.13 - 0.05) = 13\%$$

따라서 포트폴리오의 기대수익률을 계산하면 다음과 같다.

$$E(r_p) = 0.2 \times 0.138 + 0.5 \times 0.114 + 0.3 \times 0.13 = 12.36\%$$

2) $\beta_p = \sum_{i=1}^{n} x_i\,\beta_i = 0.2 \times 1.1 + 0.5 \times 0.8 + 0.3 \times 1.0 = 0.92$

증권시장선상에서 각 증권 및 포트폴리오의 위치는 다음과 같다.

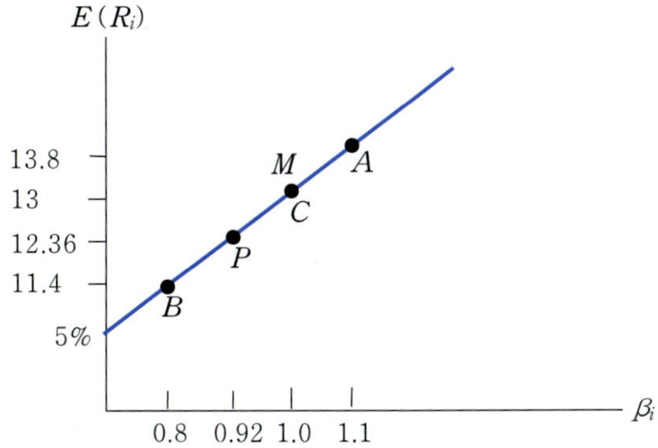

10. 1) $E(r_M)=\sum_{s=1}^{n}p_s\, r_{M,s}=\frac{1}{3}0.2+\frac{1}{3}0.15+\frac{1}{3}(-0.05)=10\%$

$$\sigma_m=[\sum_{s=1}^{n}p_s\, r_{M,s}-E(r_M)]^{1/2}$$
$$=[\frac{1}{3}(0.2-0.1)^2+\frac{1}{3}(0.15-0.1)^2+\frac{1}{3}(-0.05-0.1)^2]^{1/2}$$
$$=(0.0117)^{1/2}=10.8\%$$

2) $E(r_A)=\sum_{s=1}^{n}p_s\, r_{A,s}=\frac{1}{3}0.25+\frac{1}{3}0.2+\frac{1}{3}(-0.1)=11.67\%$

$$\sigma_A=[\sum_{s=1}^{n}p_s\, r_{A,s}-E(r_A)]^{1/2}$$
$$=[\frac{1}{3}(0.25-0.1167)^2+\frac{1}{3}(0.2-0.1167)^2+\frac{1}{3}(-0.1-0.1167)^2]^{1/2}$$
$$=15.55\%$$

자본시장선은 다음 그림과 같다.

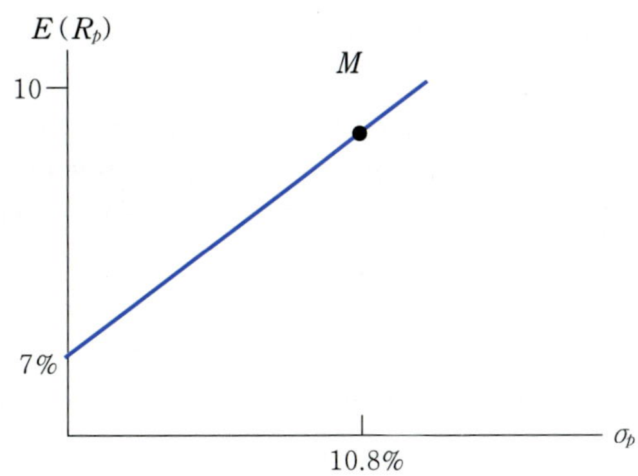

3) $E(r_p) = x_f r_f + (1-x_f)E(r_M) = 0.5 \times 0.07 + 0.5 \times 0.1 = 8.5\%$

$\sigma_p^2 = x_M^2 \sigma_M^2 = 0.00292$

4) $$\beta_A = \frac{N\sum_{s=1}^{n}(r_{A,s} - E(r_A))[r_{M,s} - E(r_M)] - \sum_{s=1}^{n}(r_{A,s} - E(r_A))[r_{M,s} - E(r_M)]}{N\sum_{s=1}^{n}(r_{A,s} - E(r_A))^2 - [\sum_{s=1}^{n}(r_{A,s} - r_A))]^2} = 1.43$$

5) $E(r_A) = r_f + \beta_A[E(r_M) - r_f] = 0.07 + 1.43(0.1 - 0.07) = 11.29\%$

11. $\beta_i = 0.5$인 경우 : $E(r_i) = r_f + \beta_i[E(r_M) - r_f] = 0.09 + 0.5(0.17 - 0.09] = 13\%$

$\beta_i = 1.0$인 경우 : $E(r_i) = r_f + \beta_i[E(r_M) - r_f] = 0.09 + 1.0(0.17 - 0.09] = 17\%$

기출문제

1. 4번. CML은 $E(R_P) = R_f + [E(R_M) - R_f]\frac{\sigma_P}{\sigma_M}$

2. 4번. 가. 자산 수익률간의 상관계수가 1보다 작기만 하면 위험분산의 효과가 있다.
나. 분산투자를 통해 자산선택에서 발생하는 비체계적 위험은 제거할 수 있으나 체계적 위험은 제거할 수 없다.

3. 4번. $\beta_i = \frac{\sigma_{im}}{\sigma_m^2} = \rho\frac{\sigma_i}{\sigma_m}$, $\rho < 0$이면 $\beta_i < 0$이고 이 경우 무위험자산의 수익률보다 낮다.

4. 3번. ① β가 0보다 크지만 1보다 매우 작은 주식의 균형수익률도 상승한다.
② 자본시장선(CML)에서 무위험자산과 시장포트폴리오에 대한 투자가중치는 주관적이다.
④ 자본시장선(CML)상에 있는 포트폴리오는 효율적이다. 그러나 베타는 0인 포트폴리오는 자산 전체를 무위험자산에 투자한 포트폴리오뿐이다.
⑤ 자본시장선(CML)상에 있는 포트폴리오와 시장포트폴리오의 상관계수는1이다.

5. 4번. A의 균형수익률: 3%+(13%−3%)×0.5=8%
B의 균형수익률: 3%+(13%−3%)×1.5=18%
A는 저평가되어 있고, B는 고평가되어 있다.

6. 5번. $E(R_i) = 0.2 = R_f + [E(R_m) - R_f] \times \rho_{im}\frac{\sigma_i}{\sigma_m} = 0.04 + [0.12 - 0.04] \times \rho_{im}\frac{0.30}{0.16}$,
$\rho_{im} = 1.067$, 정의상 $0 \le \rho_{im} \le 1$ 이므로 ⑤번은 존재할 수 없다.

7. 5번. SML은 초과이익이 발생하지 않는 균형상태를 가정하고 있다. 인플레이션율이 상승하면 SML의 절편이 상승한다. SML을 이용하여 비효율적 개별자산의 균형수익률을 구할 수 있다.

8. 2번. 위험자산의 기대수익률과 시장의 기대수익률의 공분산이 0보다 작다면 베타는 0보다 작을 수 있다.

9. 1번. a,b,c: 공매도가 가능하다면 포트폴리오의 베타 값은 어느 값도 가능하다.
d: 두 주식의 베타가 동일하다면 가능하다.

10. 5번. $\beta_P = 0.5 \times 0.28 + 1.6 \times 0.4 + 2 \times 0.32 = 1.42$

$E(r_m) = 0.2 \times 0.09 + 0.6 \times 0.12 + 0.2 \times 0.15 = 0.12$

$E(r_P) = 0.05 + (0.12 - 0.05) \times 1.42 = 0.1494$

11. 2번. 자산 A의 베타가 1이므로 $E(r_m) = 0.13$,

$E(r_P) = 0.05 + (0.13 - 0.05) \times 1.5 = 0.17, 0.17 = 0.13 \times 0.28 + 0.21 \times 0.24 + E(r_C) \times 0.48$

$E(r_C) = 0.1733$

12. 3번. $R_A = 0.15 + 1.60 \times R_M, \beta_A = 1.60 = \rho \dfrac{\sigma_A}{\sigma_M} = \dfrac{\sigma_A}{0.03} \times 0.8,\ \sigma_A = 0.06.$

13. 4번. $\overline{R}_A = \dfrac{0.1 + 0.3 - 0.1}{3} = 0.1,\ \overline{R}_m = \dfrac{0.1 + 0.2 - 0}{3} = 0.1$

$$Var(R_m) = \frac{(0.1-0.1)^2 + (0.2-0.1)^2 + (0-0.1)^2}{3} = 0.0067$$

$$Cov(R_A, R_m) = \frac{(0.1-0.1)(0.1-0.1) + (0.3-0.1)(0.2-0.1) + (-0.1-0.1)(0-0.1)}{3} = 0.0133$$

$$\beta_A = \frac{0.0133}{0.0067} = 1.9851$$

14. 5번. 일반적으로 법인세가 있으면 내부유보자금의 자본비용은 부채에 대한 자본비용보다 높아진다.

15. 2번. ① $0.8 = \dfrac{0.1}{0.04} \times \rho_{AM},\ \rho_{AM} = 0.32,\ 0.8 = \dfrac{0.05}{0.04} \times \rho_{BM},\ \rho_{BM} = 0.64$

② $0.4 = \dfrac{0.1}{0.04} \times \rho_{CM},\ \rho_{CM} = 0.16$

③ 자산 A와 자산 B의 체계적 위험 1단위당 위험프리미엄은 $E(R_M) - R_f$로 동일

④ $Var(e_A) = 0.1^2 - 0.8^2 \times 0.04^2 = 0.0090,$

$Var(e_C) = 0.1^2 - 0.4^2 \times 0.04^2 = 0.0097$

A의 비체계적 위험이 더 작다.

⑤ $\beta_P = 1.5 \times 0.8 - 0.5 \times 0 = 1.2$ 포트폴리오의 베타가 1보다 크므로 기대수익률은 시장포트폴리오의 기대수익률보다 높다.

제 14 장

연습문제

6. 1) $b_{p2} = x_B b_{B2} + x_A b_{A2} = -0.5 \times 1.42 + 1.5 \times 0.8 = 0.5$

2) $b_{p2} = x_f\, b_{f2} + x_B b_{B2} + x_A b_{A2} = -1.0 \times 0.0 + 1.0 \times 0.8 + 1.0 \times 1.42 = 2.2$

7. $\sigma_M^2 = 0.0342,\ b_{A1} = 0.8,\ b_{A2} = 1.1,\ b_{B1} = 1.0,\ b_{B2} = 0.7,$

$\sigma(F_1, r_M) = 0.0156, \sigma(F_2, r_M) = 0.0500$

1) $$\beta_{F_1} = \frac{\sigma(F_1, r_M)}{\sigma_M^2} = \frac{0.0156}{0.0342} = 0.46$$

$$\beta_{F_2} = \frac{\sigma(F_2, r_M)}{\sigma_M^2} = \frac{0.0500}{0.0342} = 1.46$$

따라서 증권 A와 B의 베타계수를 구하면 다음과 같다.

$\beta_A = \beta_{F_1} b_{A1} + \beta_{F_2} b_{A2} = 0.46 \times 0.8 + 1.46 \times 1.1 = 1.97$

$\beta_B = \beta_{F_1} b_{B1} + \beta_{F_2} b_{B2} = 0.46 \times 1.0 + 1.46 \times 0.7 = 1.48$

2) 증권 A와 B의 기대수익률을 계산하면 다음과 같다.

$E(r_A) = r_f + \beta_A [E(r_M) - r_f] = 0.06 + 1.97(0.12 - 0.06) = 17.82\%$

$E(r_B) = r_f + \beta_B [E(r_M) - r_f] = 0.06 + 1.48(0.12 - 0.06) = 14.88\%$

8. $E(r_X) = r_f + b_{X1} [E(F_1) - r_f] + b_{X2} [E(F_2) - r_f]$

$= 0.05 + 1.4(0.15 - 0.05) + 0.4(-0.20 - 0.05) = 9\%$

$E(r_Y) = r_f + b_{Y1} [E(F_1) - r_f] + b_{Y2} [E(F_2) - r_f]$

$= 0.05 + 0.9(0.15 - 0.05) + 0.2(-0.20 - 0.05) = 9\%$

기출문제

1. 2번. APT에서는 투자자들이 개별증권의 수익률이 다수의 공통요인에 의해 생성된다고 가정한다. 이때 투자자가 위험회피형이면 충분하며, 효용함수나 수익률의 확률분포에 대한 구체적 가정은 하지 않는다.

2. 2번. $E(r_A) = 0.16 = \lambda_0 + 1 \times \lambda_1 + 1 \times \lambda_2$,

$E(r_B) = 0.17 = \lambda_0 + 0.5 \times \lambda_1 + 1.5 \times \lambda_2$

$E(r_C) = 0.18 = \lambda_0 + (-1.5) \times \lambda_1 + 3 \times \lambda_2$, $\lambda_1 = 0.04$, $\lambda_2 = 0.06$

3. 2번. $E(r) = r_f + 1.2 \times 0.06 + 0.2 \times 0.04 + 0.8 \times 0.05 = 0.15$

제 15 장

연습문제

6. 1) $RVOL_A = \dfrac{\bar{r}_A - r_f}{\beta_A} = \dfrac{0.1 - 0.05}{0.5} = 0.1$

$RVOL_B = \dfrac{\bar{r}_B - r_f}{\beta_B} = \dfrac{0.15 - 0.05}{1.5} = 0.067$

○ 포트폴리오 A에서는 체계적 위험 단위당 10%의 운용성과가 실현되었던 반면, 포트폴리오 B에서는 6.7%의 운용성과가 실현되었음을 의미한다.

2) $DR_A = \bar{r}_A - [r_f - \beta_A(\bar{r}_M - r_f)] = 0.1 - [0.05 + 0.5(0.1 - 0.05] = 2.5\%$

$DR_B = \bar{r}_B - [r_f - \beta_B(\bar{r}_M - r_f)] = 0.15 - [0.05 + 1.5(0.1 - 0.05] = 2.5\%$

○ 포트폴리오 A와 B의 경우 각각 2.5%의 초과수익률이 실현되었음을 의미한다.

7. 1) $RVAR_A = \dfrac{\bar{r}_A - r_f}{\sigma_A} = \dfrac{(0.15 - 0.04)}{0.8} = 0.138$

$RVAR_B = \dfrac{\bar{r}_B - r_f}{\sigma_B} = \dfrac{(0.1 - 0.04)}{0.8} = 0.075$

○ 포트폴리오 A와 B의 경우 총위험 단위당 13.8%와 7.5%의 운용성과가 실현되었음을 의미한다.

2) 트레이너지수를 이용하여 운용성과를 평가할 수 있다.

$RVOL_p^e = \dfrac{0.1 - 0.04}{1.0} = 0.06$

$RVOL_p = \dfrac{0.075 - 0.04}{0.5} = 0.07$

$\therefore$ $RVOL_p$가 $RVOL_p^e$보다 크기 때문에 운용성과가 양호하였다.

기출문제

1. 2번. 샤프지수: $\frac{R_k - R_f}{\sigma_k} = \frac{1.65\% - 0.1\%}{2.55\%} = 0.61$

트레이너지수: $\frac{R_k - R_f}{\beta_k} = \frac{1.65\% - 0.1\%}{0.8362} = 1.85\%$

젠센의 알파:

$R_k - (R_f + (R_m - R_f) \times \beta_k) = 1.65\% - (0.1\% + (1.4\% - 0.1\%) \times 0.8362) = 0.47\%$

2. 2번. $\overline{R}_P = 0.45 \times 0.065 + 0.55 \times 0.085 = 0.076$

$\sigma_P = \sqrt{0.45^2 \times 0.1 + 0.55^2 \times 0.15 + 2 \times 0.45 \times 0.55 \times 0.06} = 0.3088$

샤프지수 $= 0.2 = \frac{\overline{R}_P - R_f}{\sigma_p} = \frac{0.076 - R_f}{0.3088} \quad R_f = 0.0143$

3. 2번. A의 샤프지수 : $\frac{R_A - R_f}{\sigma_A} = \frac{12\% - 4\%}{10\%} = 0.8$

KOSPI의 사프지수 : $\frac{R_I - R_f}{\sigma_I} = \frac{15\% - 4\%}{12\%} = 0.92$

제 16 장

기출문제

1. 5번. 풋콜패리티에서 $P = 4.55 + \frac{212.5}{1.002} - 213.44 = 3.19$. 따라서 행사가격이 212.5인 풋옵션은 과대평가되어 있다.

2. 5번. 콜옵션가격의 상한선은 주식의 현재가치이다. ($C \leq S$).

3. 4번. ④ 약세콜스프레드이므로 주식가격이 대폭 상승한다면 손실이 발생한다.

4. 1번. 콜(1,100)매도, 풋(1,200)매도했을 때 만기 주가지수가 1,120이면 만기손익은 53(21+53)원이 되며, 최대손익도 53원이다.

5. 5번. ① 만기가치 : 매입비용을 포함하지 않음.

(25,000원×2개) − (10,000원×1개) = 40,000원

② 만기손익 : 매입비용을 포함함.

(25,000원 − 4,000원) × 2개 − (10,000원 − 2,500원) × 1개 = 34,500원

제 17 장

연습문제

8. $V_C = S_0 N(d_1) - \frac{E}{e^{rT}} N(d_2)$

$$d_1 = \frac{\ln\frac{S_0}{E} + (r + \frac{1}{2}\sigma^2)T}{\sigma\sqrt{T}} = \frac{\ln\frac{47,000}{45,000} + (0.05 + \frac{1}{2}(0.4)^2)0.25}{0.4\sqrt{0.25}} = 0.38$$

$$d_2 = d_1 - \sigma\sqrt{T} = 0.38 - 0.4\sqrt{0.25} = 0.18$$

따라서 $N(d_1)$과 $N(d_2)$의 값을 부록을 이용하여 구하면 다음과 같다.

$N(d_1) = 0.6480$

$N(d_2) = 0.5714$

○ $N(d_1)$과 $N(d_2)$의 값을 공식에 대입하여 콜옵션의 내재가치를 계산하면 다음과 같다.

$$V_C = 47,000N(d_1) - \frac{45,000}{e^{0.05\times0.25}}N(d_2) = 47,000\times0.6480 - \frac{45,000}{e^{0.05\times0.25}}\times0.5714$$

$= 5,063$원

9. 1) $m = \frac{S_1^u - S_1^d}{C_1^u - C_1^d} = \frac{17,500 - 15,000}{(17,500 - 15,500) + 0} = 1.25$

주식 1주를 매입하는 한편 콜옵션 1.25주를 발행하여 무위험헤지포트폴리오를 구성할 수 있으며, 이 경우 무위험헤지포트폴리오의 투자성과는 다음과 같다.

	주가>행사가격	주가<행사가격
보통주 1주 매입	17,500원	15,000원
콜옵션 1.25주 발행	−2,500	0
무이험헤지포트폴리오	15,000	15,000

2) $(S_0 - mC_0)(1 + r_f) = 15,000$원

$\Rightarrow$ (16,000원 − 1.25주 × C_0)(1 + 0.12) = 15,000원

$\Rightarrow C_0 = 2,085$원

10.

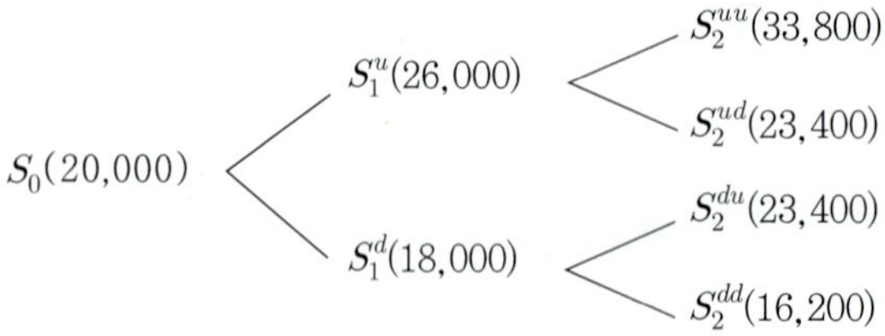

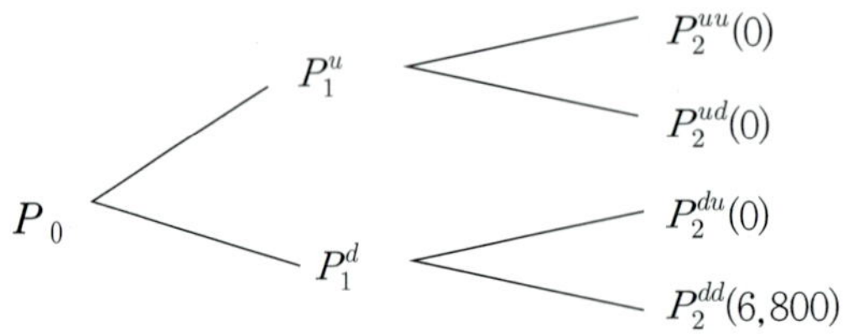

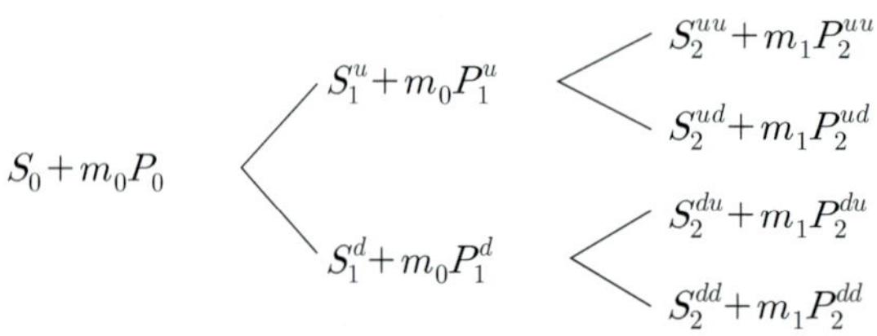

○ $S_2^{du}+m_1P_2^{du}=S_2^{dd}+m_1P_2^{dd} \Rightarrow m_1=\dfrac{S_2^{du}-S_2^{dd}}{P_2^{dd}-P_2^{du}}$

위 식에서 $P_2^{du}=0$이므로 다음과 같이 고쳐 쓸 수 있다.

$$m_1=\frac{S_2^{du}-S_2^{dd}}{P_2^{dd}} \Rightarrow m_1=\frac{23{,}400\text{원}-16{,}200,d\text{원}}{6{,}800\text{원}}=1.05882$$

○ 다음 식을 이용하여 1시점에서 풋옵션가치를 구할 수 있다.

$(S_1^d+m_1P_1^d)(1+r_f)=S_2^{dd}+m_1P_2^{dd}$

$\Rightarrow (18{,}000+1.05882P_1^d)(1+0.12)=16{,}200+1.05882\times 6{,}800$

$\Rightarrow P_1^d=2{,}732$원

○ 다음 식을 이용하여 0시점에서 헤지비율을 구하면 다음과 같다.

$S_1^u+m_0P_1^u=S_1^d+m_0P_1^d$

$\Rightarrow 26{,}000+0=18{,}000+m_0 2{,}732$

$\Rightarrow m_0=2.9283$

○ 따라서 풋옵션가치를 구하면 다음과 같다.

$(S_0+m_0P_0)(1+r_f)=S_1^d+m_0P_1^d$

$\Rightarrow (20{,}000+2.9283\times P_0)(1+0.12)=18{,}000+2.9283\times 2{,}732$

$\Rightarrow P_0=1{,}097$원

11. 1)

$$S_0(16,000) \quad \begin{cases} S_1^u(18,500) \\ S_1^d(15,000) \end{cases}$$

$$P_0 \quad \begin{cases} P_1^u = E - S^u(0) \\ P_1^d = E - S^d(3,000) \end{cases}$$

$$S_0 + mP_0 \quad \begin{cases} S_1^u + mP_1^u \\ S_1^d + mP_1^d \end{cases}$$

○ $S_1^u + mP_1^u = S_1^d + mP_1^d$

$\Rightarrow 18,500 + m \times 0 = 15,000 + m \times 3,000$

$\Rightarrow m = 1.1667$

2) $(S_0 + mP_0)(1 + r_f) = S_1^d + mP_1^d$

$\Rightarrow 16,000 + 1.1667 \times P_0)(1 + 0.06) = 18,500$

$\Rightarrow P_0 = 1,245$원

기출문제

1. 3번. 선물이론가 = 100(1+ 6%/2 − 4%/2) = 101pt.
101pt. × 50만원 × 20계약 = 10억원

2. 1번. a. 미 달러화 선물환 매도=달러 차입+ 현물환 매도+ 원화대출
= 원화채권 매입 + 현물환 매도+ 미 달러채권 매도
b. 차익거래 형태이다.
c. 풋콜패리티

3. 4번. ① 콜옵션 매수 + 풋옵션 매도는 합성주식 매수이다. 이것은 언제든지 청산할 수 있으므로 미국형 콜옵션과 같은 의미를 가진다.
참고로 풋콜패리티에서 $p + 10,000 = \frac{11,000}{1.1} + 3,000$. 균형가격 p는 3,000원.

4. 3번. 델타는 기초자산이 1단위 변화할 때 옵션가격이 어느 정도 변하는지를 나타낸다. 델타가 0.8일 때 기초자산이 1,000원 하락한다면 콜옵션 가격은 800원이 하락할 것이다. 따라서 콜옵션의 가격은 1,2000원이 된다.

5. 3번. ① 콜옵션을 매수하여야 한다.

6. 1번.

7. 2번. 풋옵션을 매입하여야 한다.

8. 4번. 기초주식 수익률의 분산(변동성)이 클수록 콜옵션과 풋옵션 가격은 커진다.

찾아보기

ㅅ

ㅇ

ㅈ

ㅊ

ㅋ

ㅌ

ㅍ

저자약력

• 우춘식

숭실대학교 경영학과 졸업
서울대학교 대학원 경영학과 졸업(경영학 석사)
성균관대학교 대학원 졸업(경영학 박사)
미국 덴버대학교 경영학과 연구교수
독학사시험출제위원
현재) 숭실대학교 경영학부 교수

[주요 저서 및 논문]
새로운 경영분석(공저), 탑북스, 2010.
핵심재무관리, 삼영사, 2001.
재무관리개론(공저), 탑북스, 2010.
추가추세선의 활용, 한국경제신문사, 1991.
재무이론과 기업정책(공역), 대영사, 1990.
연구개발집중도에 근거한 포트폴리오의 성과에 관한 실증연구 등 다수

• 조재호

한국외국어대학교 영어학사
연세대학교 경제학 석사
숭실대학교 경제학 박사
KOTRA, 한화증권, 교보증권
현재) 숭실대학교, 충북대학교, 원광대학교 출강

[주요 논문]
The Korean Stock Market Volatility During the Currency Crisis and the Credit Crisis.
주택가격지수의 국면전환 연구

• 신용균

숭실대학교 경영학과 졸업
숭실대학교 대학원 경영학과 졸업(경영학석사, 경영학박사)
NH증권, 메리츠증권, 한양증권, 서울신용평가정보, 고려신용정보 근무
현재) 숭실대학교 겸임교수
한국방송통신대 프라임컬리지, 서일대학교, 경기과학기술대 강사

[주요 논문]
기업분할형태와 공시효과(2016)
기업분할공시와 이익조정행위(2016)
수익비용대응수준과 보수주의회계가 이익예측치에 미치는 영향(2015) 외 다수

현대투자론[제2판]

2013년 2월 20일 1판 1쇄 발행
2016년 9월 5일 2판 1쇄 발행
2018년 8월 25일 2판 2쇄 발행

저 자 우춘식 · 조재호 · 신용균
발행인 김 광 식
조 판 아 람 기 획

07285
발행처 서울특별시 영등포구 선유로3길 10, 617호
도서출판 탑 북 스
등 록 2009.12.21 제 2016-000101 호
전 화 02)365-2223 팩스 02)365-2224

정가 34,000 원

ISBN 979-11-87343-17-2-93320